松江人文大辞典

方言·宗教卷

陆军 主编 | 欧粤 执行主编
盛济民 费水弟 编著

上海辞书出版社

图书在版编目(CIP)数据

松江人文大辞典.方言·宗教卷/陆军主编;欧粤执行主编;盛济民,费水弟编著.—上海:上海辞书出版社,2023
(人文松江创作研究院文库)
ISBN 978-7-5326-6075-9

Ⅰ.①松… Ⅱ.①陆… ②欧… ③盛… ④费… Ⅲ.①地方文化—松江区—词典 ②吴语—方言—松江区—词典 ③宗教文化—松江区—词典 Ⅳ.①G127.513-61 ②H173-61 ③B929.2-61

中国国家版本馆CIP数据核字(2023)第114204号

松江人文大辞典:方言·宗教卷

陆　军　主编
欧　粤　执行主编
盛济民　费水弟　编著

编辑统筹 王圣良
责任编辑 陆琦杨
责任印制 王亭亭
装帧设计 梁业礼

出版发行 上海世纪出版集团
上海辞书出版社®(www.cishu.com.cn)
地　　址 上海市闵行区号景路159弄B座(邮编201101)
印　　刷 上海中华印刷有限公司
开　　本 720毫米×1000毫米　1/16
印　　张 25.25
字　　数 679 000
版　　次 2023年12月第1版　2023年12月第1次印刷
书　　号 ISBN 978-7-5326-6075-9/G·1134
定　　价 168.00元

《松江人文大辞典》编辑委员会

《松江人文大辞典》编辑部

撰 稿 人　方言：盛济民

宗教：费水弟

图片主编　俞月娥

图片摄影主要作者　俞月娥　俞一德　唐西林

图片摄影作者及提供者（按作品多少为序）

吴四一　佘家康　何惠明　张金贵

松江区佛教协会　松江区道教协会　松江清真寺民主管理委员会

松江区天主教爱国会　松江区基督教三自爱国运动委员会和堂务委员会

松江区档案局　松江博物馆

部分图照摘录自

《云间美食》《松江史志》 网络

总　序

《松江人文大辞典》出版了。在我看来，本辞典不仅是一部记录“上海之根”——历史文化名城松江人文发展轨迹的重要文献，也是一座镌刻着当代松江学人精神品格的纪里碑碣。我相信，她的问世，对松江的文化建设具有重要的现实意义，对松江的政治、经济与社会发展也能增添有力助益。

我的故乡松江，是典型的江南鱼米之乡。唐宋以降经济文化发展较快，到了明代更是盛极一时，富甲一方。松江府文物衣冠为东南之望，与苏州齐名，并称“苏松”。勤劳的松江人在丰腴的土地上不仅创造了繁荣的经济，也创造了璀璨的文化。陆机、陆云、赵孟頫、杨维桢、袁凯、陶宗仪、徐阶、董其昌、陈继儒、陈子龙、夏完淳、王鸿绪、史量才、施蛰存、赵家璧等文化巨匠，犹如群星闪耀，在中国的历史文化长廊中熠熠生辉。松江书派、松江画派、云间派文学等文艺群体，更是以其独特的艺术魅力和文化成就推进了古典文学艺术的发展。而植根于稻作生产的民间文化亦丰富多彩，民间故事《孟姜女》、长篇叙事诗《姚小二官》等影响深远，江南丝竹、花篮马灯、田山歌等民间乐舞经久不衰，顾绣、草龙、锣鼓艺术等更是被列入国家级非物质文化遗产名录。无论是脍炙人口的民歌、摇曳多姿的舞蹈、丰富多彩的民间故事，还是代代相承的民俗民风，都创造出松江人引以为豪的精神文化家园。

雄厚的历史背景，璀璨的人文景观，独特的经济优势，使《松江人文大辞典》以丰富的史料为时代留下一部恢宏的松江历史文化长卷成为一种可能。在这部长卷中，有对松江各个历史时期文化发展的概括，有对松江文化名人与传世佳作的记述，有对松江文博、胜迹、景观的介绍，有对千百年来松江百姓衣食住行、市井生活等民俗细节的记录。其收录范围求广泛，引用资料求翔实，记述内容求精细，是我们的编纂团队所共有的思路共识与行动准绳。

我们希望，这部大辞典能体现出这样几个特点：第一，词条与释文的统一。所选词条详略得当，所撰释文有源可溯，尽力做到史料翔实，剪裁有方，描述规范。第二，地方性与全国性的统一。所选"松江"词条"不越位",通过窥一斑而知全豹。第三,学术性与实用性的统一。编纂大辞典的根本目的,一是为学者提供专业知识的参考指南,二是为普通民众接受人文教育搭建一个"大课堂"。第四,历史性与现实性的统一。词条内容不设上限,下限原则上截至2019年。其间,凡人文领域的历史和现状、人物和作品、团体和活动等皆分卷设目。

我们还希望,这部大辞典能体现出今天这个时代的新意:

其一,凸显人文学科发展之"新气象"。如在新闻传播、群文、场馆、团体,特别是文化产业方面,这些年都出现了一系列新事物、新成果,将这些具有鲜明时代印记的人文物事以词条形式记录下来,就成为了大辞典的一个亮点。

其二,关注和吸纳国内外学者研究的"新成果",尤其倡导自主研究。如学术分科主编徐侠先生在爬梳古代学人著作时就有不少新的斩获,兹举一例。李绍文的《云间杂识》,又名《云间杂记》《云间杂志》,现代大藏书家、版本学家黄裳曾于苏州购得明抄本一册,视若拱璧,题为《云间人物杂记》。跋曰:"佚去首尾各半叶,遍检书目,无著录者,不知撰人及卷数,所失当不多也。"其实此书被《四库全书》著录,为三卷,入子部小说家类存目,亦不知作者是谁。民国时有刊印本,仅二卷,后由松江史志办重刊。近年《上海府县旧志丛书》中也有《云间杂识》三卷本。不论是二卷本还是三卷本,都已是松江地方文献中的要籍。徐侠先生在进一步研究史料时,看到了八卷本,八卷本为全帙,存世有明刻本、旧抄本,较之前两种通行本,内容丰厚很多。作者杂记明代松江府人文,几乎将二百多年间一郡人、事网罗无遗,有征有据,多得自其经历、耳闻目睹及交游,是一部颇有价值兼具趣味的笔记体史学著作。倘予以整理重刊,即增加一部明代地方史经典原著。袖手于前,疾书于后。搞清楚了此著的来龙去脉,可以想见,徐侠先生端坐于书桌,气定神闲,欣欣然于耕读其间,称得上快事一桩!

其三,设定释文撰写的"新标准"。除了遵照"观点正确、资料翔实、结构清晰、层次分明、语言规范、文字精练"的撰写要求之外,还必须列出词条释文的依据,并配以恰当的史料图照予以佐证。我们坚信,只要坚持了这些"新",这部被誉为"全国第一部以人文专题形式编纂出版的大型工具书"才有可能实现兼具专业性、科学性和可读性的编纂目标。

我们更希望,这部大辞典还能体现出松江学人践行"云间风度",提升"文化自信、文化自觉、文化自强"的情怀与境界。

首先,从汗牛充栋的松江历史人文信息中爬罗剔抉出8卷本《松江人文大辞典》,为进一步强化松江人民的文化自信助力。总类、文学、书法、美术、摄影、戏剧、曲艺、音舞、非遗、学术、民俗、方言、宗教、文博、建筑、旅游、传媒、图书、档案、群文、团体、场馆、产业等23个分科及数千张图照,勾勒出松江人文历史发展的总脉络。6 000年前,我们的祖先用血和汗在茫茫荒原上开拓了崧泽文化、广富林文化等远古文化,播下了人类文明的种子。悠久的文化传统始终以一种无形的力量深刻地影响着有形的存在，它滋养着松江的风土人情，涵养着松江的社会生态，濡养着松江的经济发展，它引领着松江人民攻坚克难，激励着志士仁人前仆后继。正是这种伟大的文化传统奠定了松江人民文化自信的基石。

其次，文化自信是抵达文化自觉的基础。面对丰厚灿烂的松江历史传统文化，勤朴、睿智、进取的松江人民，不仅仅满足于盘点祖上留下的丰厚精神遗产，而是用今人的情怀、智慧与勇气去拓开新的人文疆域。无论是以“科创、人文、生态”的理念建设社会主义现代化新松江的发展定位，还是以建设“书香之域、书画之城、文博之府和影视之都”以及江南“戏剧之乡”为目标，都彰显出松江人民高度的文化自觉。

再者，文化自觉又是实现文化自强的前提。只有通过文化自觉，才能实现文化自强。对松江地区来说，文化自强主要表现为全区人民拥有共同的核心价值观和崇高的理想信念，积极投身于中国优秀传统文化的现代性转换与创新性发展，以生动的实践与优异的成果建设文化强区，在加快推进长三角G60科创走廊建设的同时，弘扬传统文化、传承红色文化、高扬海派文化、彰显江南文化和建设先进文化，充分利用辉映苍穹的“上海之根”文化资源，建设共有的现代精神家园。

一句话，我们希望，《松江人文大辞典》的编纂出版，既能为松江留存一部上对得起祖宗、下对得起子孙的高品质的历史典籍，又能为新时代松江人民以坚定的文化自信、高度的文化自觉来践习与实现文化自强提供一个可参照的生动案例。

事实上，我当初萌生编纂8卷本《松江人文大辞典》这一想法时，内心也是有顾虑的。这样一个浩大的文化建设系统工程，在缺少经验，缺少专职编撰人员，特别是缺少专门人才的情况下，要在较短的时间内将松江数千年的人文发展历史、当代文化建设的成果和经验，进行科学的、系统的、精细的爬梳、整理、研究、归纳，还必须要达到相当的学术高度，必须经得住当代和后代的检验，其复杂性、艰苦性与挑战性不言而喻。令人欣慰的是，项目上马以后，在编纂团队的共同努力下，《松江人文大辞典》编纂工作有条不紊地向着既定目标一步一步扎实推进，编纂人员同心同德，克难攻坚，取得了令人满意的成果。

取得这样的成果，主要原因如下：

第一，领导敢于担当。

近年来，全区人民按照区委提出的建设“科创、人文、生态”现代化新松江的目标，团结一致，唯实唯干，成果卓著。在这样的氛围感召下，2018年上半年，按照中共松江区委书记程向民同志关于“在人文松江建设方面，松江不仅要建设一流的文化设施，还要创造具有传世价值的一流的艺术与学术成果”的要求，我建议，松江能否及时组织力量编纂8卷本《松江人文大辞典》，能否推出10部松江历史名人题材系列戏剧，能否在条件成熟时整理出版100卷本《松江历代文史典籍总目提要》？而要完成这些高难度、跨学科、创纪录的大工程，先要在机制、体制上有所创新。由此我进一步建议能否成立一个在学术研究与创作引领方面具有示范性意义的民办公助的高端学术机构，由这个学术机构来统领这些重大艺术与学术项目的实施。这些建言获得了程向民同志的充分肯定，并要求我进一步认真运思，尽可能给出可行性方案。同年10月7日，程向民同志利用国庆长假召集区委常委、宣传部长赵勇等相关领导一起来垂听我所作的关于成立“江南题材创作研究院”、创编“一典一史”、创作“松江历史名人题材系列戏剧”的专题汇报。其中“一典”，即编纂8卷本《松江人文大辞典》；“一史”，即编写《松江简史》。2018年12月20日，在程向民同志与赵勇同志的关心下，“创立江南题材创作研究院”“编纂《松江人文大辞典》”写入了中共松江区委文件。从这个时候开始，我就正式着手启动大辞典编纂工程的前期准备，同时还对研究院的机构设置、人员配备以及运行模式进行设计。在准备过程中，经反复思考，我又将编纂《松江文学史》《松江戏剧史》《松江绘画史》《松江书法史》《松江诗歌史》纳入计划，加上原有的《松江简史》，合称为“一典六史”。希望能以《松江人文大辞典》为主干，以“六史”为分支，将松江的人文资源梳理清楚，整合成一套全面、系统记录松江人文历史和现状的大部头丛书。这些项目都得到了程向民同志的热情鼓励与有效指导，并列为“人文松江建设三年行动计划”的重点项目。

在此基础上，程向民同志在2019年3月16日建议将原“江南题材创作研究院”易名为“人文松江创作研究院”，这一改，研究院的使命更清楚，目标更明确。5月23日，在区委宣传部副部长、区文旅局党委书记徐界生同志的精心安排下，人文松江创作研究院正式入驻松江区图书馆二楼办公。6月16日，《松江人文大辞典》第一次编纂工作例会在松江区图书馆会展厅召开，区政协副主席、区文旅局局长金冬云等领导出席。7月13日，人文松江创作研究院由市、区领导揭牌。在2019年松江区人民政府工作报告中，“成立人文松江创作研究院”与“启动《松江人文大辞典》编纂”成为了其中的一项重要工作内容。而在2020年政府工作报告中，不仅再次强调做实人文松江创作研究院，还在附件中对“一典六史”专门作名词解释。在《松江人文大辞典》与“松江六史”编纂工作取得突破性进展之后，2020年4月20日，中共松江区委机构编制委员会下发关于“同意成立区人文松江创作研究院作为文化旅游局下属单位”的批复。这标志着一直以民办公助方式运行的人文松江创作研究院正式转为区属事业编制单位，《松江人文大辞典》与“松江六史”的编纂工作也进入了新的历史阶段。

可以说，无论是以民办公助的项目制方式运行，还是转为正式的事业编制管理，《松江人文大辞典》、“松江六史”的编纂以及人文松江创作研究院的机构设置，都是得益于松江区委、区政府营造的倡导创新、鼓励创新、推动创新的宽松和谐的人文环境，特别是得益于区委书记程向民，区委常委、宣传部长赵勇以及区委宣传部副部长、区文旅局党委书记徐界生等领导的创新意识与担当意识。

第二,名宿善于引领。

我曾不止一次地在各种场合说过,设计《松江人文大辞典》这个编纂工程时,首先想到的是,这件事必须由欧粤先生来担任前线指挥官。一方面,欧粤先生学识渊博,文史哲兼长;耆德忠正,智善信兼具。他长期在区史志办担任编审工作,为泱泱大著《松江县志》的副主编,在地方史志研究与民俗学研究方面著作等身,具有丰沛的学术素养与丰富的史志编纂经验,是松江学术界公认的德高望重的领军人物。另一方面,欧粤先生是一位卓越的儒帅,具有很好的统筹协调能力。他曾担任松江县政协文史委员会主任,既对松江文史如数家珍,又对松江文化人的禀性、学养、能力了如指掌,由他来牵头组织编纂班底,排兵布阵,协调各方,可谓不二人选。果不其然,欧粤先生到岗后,夙兴夜寐,筚路蓝缕,全身心扑在工作上,从每个词条的选定到每段释文的增删,他都亲力亲为,可谓呕心沥血,厥功至伟。

第三,同仁甘于奉献。

作为大辞典的编纂人员,松江老中青三代学人践行"云间风度",发扬义工精神,团结协作,齐心攻关,俯以观今,仰以察古,见微知著,尝鼎一脔。用"衣带渐宽终不悔,为伊消得人憔悴"来形容,是再合适不过的。如本辞典编辑部主任、原《松江报》主编吴纪盛先生,身先士卒,恪尽职守,即使是在亲人有恙,经常在家、医院间奔波时,他也坚持认真收集整理材料,悉心撰写词条,召集"老部下"商讨编写工作,做到工作、家事两不误,无怨无悔,尽心尽力,体现了一个老报人所具有的敬业精神与学者风范。研究院及本辞典编辑部办公室主任兼图片主编俞月娥,身兼数职,事务繁杂,但她兢兢业业,每天保持着充沛的工作热情。一度时间,为赶着修复数百张旧照片,常加班到晚上九十点钟。下班时,她在空荡荡的办公楼里不敢独自下来,就请值班保安在走廊里"吆喝"为她壮胆。还有像建筑分科主编邢砚斐先生,在患病期间仍笔耕不辍,并为其他分科积极提供资料。有的分科主编为了赶进度,放弃了外出旅游的机会,有的实在忙不过来,就让自己的子女做帮手。总之,这种恪尽职守、臻于至善的工作作风,几乎是编纂团队每个成员的"标配"。而集体性的无私奉献精神正是本辞典得以顺利推进的基本保证。虽然称不上惊天动地,却也是可歌可泣。

第四,各方勇于支持。

本辞典编纂过程中得到了全区各委办局以及各街镇领导的大力支持。在涉及编纂工作中有关的人、事、物时,陆忠新、曹金华、李涛、周祥波、陆联群、梁宝山、张国强、刘通、杨雨清、王灵辉、张冬梅、陈诚、金叶、奚建治、牛立超、俞宝琴等都以各种方式给予了支持与帮助。而新华社和《人民日报》、"学习强国"平台,以及《中国艺术报》《中国文化报》《解放日报》《文汇报》《新民晚报》《劳动报》《松江报》与全国其他各大主流媒体网站，也一直对大辞典的编纂予以亲切关注与热情鼓励，多家媒体连续十余次予以跟踪报道，其情其诚，令人感动。同样令我欣慰的是，我供职的上海戏剧学院领导没有忘记现代大学的崇高使命，坚持以人才培养、科学研究、社会服务、文化传承创新为己任，对我这样一个在职的教师回家乡兼职给予了应有的理解与支持。当然，就我本人来说，教书育人是第一天职，为学校承担的教学、科研、创作以及其他任务，决不敢有丝毫的懈怠。兼职两年间，教学上曾三获国家级奖励与资助；创作上曾有多部大型剧作公演，科研上也有较多的成果问世。聊以自慰的是，践行“把别人喝咖啡的工夫用在了工作上”，力求做到无愧于事，无愧于心，无愧于上戏，无愧于家乡，也算是我几十年如一日恪守的信条，至今也没有改变吧。

我始终认为，文化建设是一个潜移默化的过程，对先贤邦彦的言行举止、丰赡业绩，需要我们沉下心来，鉴古观今，读史悟道。尤其在经济发展快速推进、社会深刻转型的当下，摒弃喧嚣与浮躁，在充满温情与敬意之中追根溯源，将会让我们不忘本来、吸收外来、面向未来。而《松江人文大辞典》的出版，便是我们编辑部全体同仁交出的一份回应时代需求的答卷。

如果说松江是一座瑰丽的文化宝库，那么，我们希望这部大辞典能为人们打开这个宝库提供一把精致便捷的钥匙。有了她，不但可以为当代，更可以为后代了解和研究松江人文历史提供方便。我们更希望这部大辞典在建设社会主义新松江的宏伟事业中发挥越来越重要的作用。

行文至此，忽然想起，26年前的一个春日上午，在为家乡松江起“上海根”别名时的一刹那，我曾种下一个愿望，总有一天，要为“上海根”的称谓做一些经得起历史推敲的学术注解。想不到过了这么多年，才由一群志同道合的松江学人乘着“天时、地利、人和”的东风，以辛勤的付出、卓越的努力帮助我圆了这一久违了的梦想。为此，我要再一次向由执行主编欧粤率领的编纂团队，以及所有支持帮助这一文化建设工程的领导与朋友们表示由衷的感谢和崇高的敬意！

愿我美丽的家乡松江——岁月静好，山高水长！龙腾虎跃，布帆无恙！

陆军

2020年12月13日

作者为《松江人文大辞典》主编、上海戏剧学院学术委员会主任，二级教授，博士生导师。兼任《中国大百科全书》（第三版）戏剧文学分支主编、中国戏剧文学学会副会长、上海戏曲学会会长、松江区文学艺术界联合会主席、上海人文松江创作研究院院长。

凡　例

一、本辞典为上海市松江区人文领域的大型工具书。全书分为“总类·民俗卷”“文学卷”“书法·美术·摄影卷”“戏剧·影视·曲艺·音乐舞蹈·非物质文化遗产卷”“方言·宗教卷”“文物博物馆·建筑·旅游卷”“学术卷”“公共文化卷”，凡八卷。

二、本辞典收录古今松江地域内的人文现象、文化活动、文化样式，松江文化艺术的流派、团体、人物、作品，与人文相关的建筑、景点、文物，以及松江人的精神文化生活的词目，凡1万余条。内容包括松江概况、民俗、文学、书法、美术、摄影、戏剧、影视、曲艺、音乐舞蹈、非物质文化遗产、方言、宗教、文博、建筑园林、旅游、学术、群众文化、传媒、文化场馆、文化团体、文化产业、图书馆、档案诸方面。词目内容突出地方特点，凡普遍性的、共性的词目一律不收。

三、本辞典关于古代、近代的词目收录范围，原则上涵盖松江府华亭县、娄县行政区域。1912年撤销松江府，华亭、娄县合并为松江县后，原则上涵盖松江县。1966年松江县与金山县行政区划调整后，原则上涵盖松江县、松江区行政区域。因人文活动不局限于行政区域，故个别词目涉及松江邻县，或苏松两府，乃至江南地区。

四、本辞典所收人物，凡人文领域的古今松江名人分别在各分卷列传。列传人物以松江籍和长期寓居松江的客籍人物为主，适当收录在松江居住时间短暂但对松江颇有影响的客籍人物和“新松江人”。凡在历代地方志书、各类工具书已有记载的古代、近现代人物中有名望者均予收录。当代人物，以中国文联、中国作协、中国社联以及其他国家级协会会员，曾获国家级大奖者，具有文化艺术学科正高级职称者为收录标准。虽无上述条件，但社会上公认成果颇丰、影响或贡献较大者也酌情收录。主要贡献不在人文领域，但在松江历史上，或在国内外有较大影响的松江籍人物则在《总类·民俗卷》予以列传。

五、本辞典对于当代作品的收录标准为刊登于国家一级刊物的作品、国家一级展览的参展作品、获省级宣传文化部门颁发的一等奖以上的作品、由国家出版机构公开出版且有一定影响的作品等。

六、本辞典释文中的自然地名、政区地名均采用当时的称谓，在第一次出现时注明今地名或所处位置。资料以中华人民共和国民政部编《中华人民共和国行政区划简册2020》为准。

七、本辞典纪年表述以1912年中华民国成立为界，之前采用帝王纪年，括注公元纪年；之后采用公元纪年。凡公历年月日用阿拉伯数字表示，夏历月日、帝王纪年用汉字数字表示。

八、本辞典各卷以分类编排，设有类目，类目下设词目。词目按事物的逻辑关系排列。

九、本辞典词目有一事数名的，将其中常见者列为正条，余为参见条。

十、本辞典词目一词多义的，用①②③……分项叙述。

十一、本辞典词目的内容不设上限，下限截至2019年底。重要内容延伸至2020年。

十二、本辞典编纂依据的文献资料，主要为历代史志、碑传、文集、报纸、期刊、家谱、族谱与档案等，同时参考了相关工具书及学术界研究成果，有异说则尽力加以考订，无从考订取舍者诸说并存。因限于篇幅，参考文献及资料来源不逐一注明。

十三、本辞典各分卷前面刊有分类词目表，卷末附有词目笔画索引，以便读者检索。

编写说明

一、本卷为《松江人文大辞典》中的《方言·宗教卷》。由“方言”和“宗教”两个分科组成。共收录词目3 900余条,其中方言3 200余条,宗教660余条。

二、编纂“方言”分科,旨在更好地整理、传承松江方言这一珍贵的地域文化遗产,为读者尤其是众多新松江人学习松江话提供帮助,并为地方史、文化史、民俗学、移民史、地名学研究者提供参考。

1.“方言”分科主要收录松江方言特色鲜明且为人们日常生活中常闻常用的词语,分为常用词、俗成语、谚语和歇后语四类,其中常用词和谚语又分若干小类。

2. 正文所收词目除常用词按义类编排外,其余均按笔画编排(谚语分为六个小类,各小类也按笔画编排)。

3. 谚语释义后引出例句,例句或采用松江方言小说《玄空经》、松江方志类著作里的句子,或采用当今通行的松江话口语实例。

4. 释义后举例中使用本词目,以“~”代替。

5.“方言”分科主要参考文献有:《松江方言志》(上海辞书出版社2003年版)、《松江县志·方言》(上海人民出版社1991年版)、《中国民间文学集成上海卷·松江县谚语分卷》(松江县民间文学艺术集成编辑委员会1990年版)、《上海话大词典》(上海辞书出版社2007年版)、《汉语方言大词典》(中华书局1999年版)、《现代汉语方言大词典》(江苏教育出版社2002年版)、《中国俗语大辞典》(上海辞书出版社1989年版)、《松江地名志》(上海社会科学院出版社2014年版)、《松江老地名与地方历史文化》(上海书店出版社2016年版)。

三、“宗教”分科首设“松江宗教概述”,以便读者了解松江宗教发展的历史和现状。下设佛教、道教、伊斯兰教、天主教、基督教五类。每类根据实际情况分设现有场所、已湮没的场所(现存教产)、人物、建筑物(墓冢)、石刻、机构、教育文化等栏目。

1.“宗教”分科记述的“现有场所”指中共十一届三中全会后由政府机关批准恢复

和新建的各宗教寺观教堂和其他宗教活动固定处所(简称固定处所);已湮没的场所指历史上曾经存在的各宗教寺观教堂以及旧时作为祠祀类的各种祠庙(与道教排列在一起)。"现有场所"全部列为词目。已湮没的场所则选择有历史影响和人文价值的场所列为词目,未列词目的列入"松江历代各宗教湮没场所一览表"予以记录。

2. "宗教"分科词目排序原则。"场所"以现存的排位在前,已湮没的在后。现有的以批准恢复活动或新建的时间为序。已湮没的以始建时间或重修时间为序;具体时间不详仅知朝代或年号的,分别列于各朝代或年号最后;时间相同的以首字笔画为序。

3. "宗教"分科人物收录标准及人物排序。古代、近代宗教人物以见于各类史籍且有历史影响力的为设列词目标准。未单列词目的以"松江历代佛教僧人(道教知名道士)一览表"形式记录。现当代宗教人物收录松江区各宗教团体主要负责人及当选松江区人大代表和政协委员的宗教界代表人士。

人物按生卒年排列。已故人物,按卒年为序;卒年不详的,以其生活年代分别列于各朝代或年号最后;时间相同的按姓氏笔画排列。当代在世人物以生年为序。

4. "宗教"分科引用的文献资料或参考书目主要有:南宋绍熙《云间志》、明正德《华亭县志》、明正德《松江府志》、明崇祯《松江府志》、明《大明一统志》、清康熙《松江府志》、清乾隆《娄县志》、清乾隆《华亭县志》、清嘉庆《松江府志》、清光绪《松江府续志》、清光绪《娄县续志》、清光绪《重修华亭县志》、民国《华娄续志残稿》、《中国佛教人名大辞典》(上海辞书出版社1999年版)、《上海宗教志》(上海社会科学院出版社2001年版)、《上海道教碑刻资料集》(复旦大学出版社2014年版)、《上海佛教碑刻资料集》(复旦大学出版社2014年版)、《上海松江佛教》(宗教文化出版社2016年版)、《江南名观—松江东岳行宫》(2017年版),以及俞一德、顾荣泉、张织文、沈敖大等编《松江宗教志稿(草稿)》、潘明权编《上海佛教寺院大观》、潘明权编《上海道教宫观大观》、21世纪以来松江区出版的各街道志、镇志。

5. "宗教"分科审稿人员:邱海军、高长泰、潘明权、王永顺、俞一德、悟端、颜春喜、孙学成、何永辉、陈爱敏。

潘明权、俞一德参与了"宗教"分科编写工作。马小兴、许勇、张志坚、张织文、果静、俞宝琴、费钰娇、顾荣泉、蔡先周等以不同方式对"宗教"分科的编纂提供了帮助。

四、本卷共选用224张照片。大多数照片均由松江摄影爱好者和热心市民提供。

目 录

动植物

谚语

时政类

事理类

自然类

生产类

歇后语

宗　教

方 言

常用词

天文、地理

【日头】 ɲiɪʔ$^{2-2}$ dɯ$^{31-53}$ 太阳。

【旺日头】 ɦiɒ̃$^{13-22}$ ɲiɪʔ$^{2-5}$ dɯ$^{31-53}$ 大太阳，晴天。

【日头里】 ɲiɪʔ$^{2-2}$ dɯ$^{31-55}$ li$^{22-31}$ 也叫“太阳头里”。阳光底下。

【日光】 ɲiɪʔ$^{2-2}$ kuɒ̃$^{53-53}$ 白昼的光线。“火光接日光”，是指天色未暗尽的一段时间。

【西晒日转】 si$^{53-55}$ so$^{35-33}$ ɲiɪʔ$^{2-3}$ tse$^{35-31}$ 亦称“西晒日载”。太阳偏西后照射的阳光。

【晏开天】 ɛ$^{35-55}$ kʰe$^{53-33}$ tʰi$^{53-31}$ 太阳露脸较迟，多云转晴的天气。

【月亮里】 ɲyœʔ$^{2-2}$ liæ̃$^{13-55}$ li$^{22-31}$ 月光底下。

【扫帚星】 sɔ$^{44-44}$ tsɯ$^{44-44}$ siŋ$^{53-53}$ 彗星。

【星游河】 siŋ$^{53-35}$ ɦiɯ$^{31-55}$ βu$^{31-31}$ 流星。

【扁担星】 ɓi$^{44-33}$ ɗɛ$^{35-55}$ siŋ$^{53-31}$ 牵牛星。

【梭子星】 su$^{53-35}$ tsɿ$^{44-55}$ siŋ$^{53-31}$ 织女星。

【天好】 tʰi$^{53-35}$ hɔ$^{44-53}$ 晴天。

【阴兹天】 iŋ$^{53-35}$ tsɿ$^{44-55}$ tʰi$^{53-31}$ 阴天。

【雷响】 le$^{31-13}$ çiæ̃$^{44-53}$ 打雷。

【天打】 tʰi$^{53-35}$ ɗæ̃$^{44-53}$ 雷击。

【霍隙】 hɒʔ$^{4-4}$ çiɪʔ$^{4-4}$ 亦称“霍闪”。闪电。

【金线路】 ciŋ$^{53-55}$ si$^{35-33}$ lu$^{13-31}$ 打雷前天空出现的闪电。

【麻花雨】 mo$^{31-13}$ ho$^{53-55}$ ɦy$^{22-31}$ 毛毛雨。

【阵头雨】 zəŋ$^{13-22}$ dɯ$^{31-22}$ ɦy$^{22-22}$ 雷阵雨。

【秋拉惹】 tsʰiɯ$^{53-55}$ lɑ$^{13-33}$ zɑ$^{31-31}$ 秋雨淅沥。

【空阵头】 kʰoŋ$^{53-55}$ zəŋ$^{13-33}$ dɯ$^{31-31}$ 只打雷，不下雨。

【云里雨】 ɦioŋ$^{31-13}$ li$^{22-55}$ ɦy$^{22-31}$ 一片云飘过时带来几丝雨点。

【蒸阵头】 tsəŋ$^{53-55}$ zəŋ$^{13-33}$ dɯ$^{31-31}$ 阵雨在酝酿中，这时的气候特别燠热。

【天落水】 tʰi$^{53-55}$ lɒʔ$^{2-3}$ sɿ$^{44-31}$ 雨水。

【拗春】 ɔ$^{35-53}$ tsʰəŋ$^{53-31}$ 倒春寒。

【冰胶】 ɓiŋ$^{53-35}$ kɔ$^{53-53}$ 结冰。“冰胶雪冻”形容天气极冷。

【孵雪】 ɸu$^{35-35}$ siɪʔ$^{4-ʔ31}$ 亦称“做雪”。雪在酝酿中，气候偏暖。

【雪顿】 siɪʔ$^{4-4}$ ɗəŋ$^{35-35}$ 雪落地不化，积起来。

【鸡脚冰】 ci$^{53-35}$ ciɑʔ$^{4-5}$ ɓiŋ$^{53-31}$ 很薄的冰，表面有细纹如鸡爪。

【凌泽】 liŋ$^{13-22}$ dɒʔ$^{2-2}$ 屋檐头的冰锥。

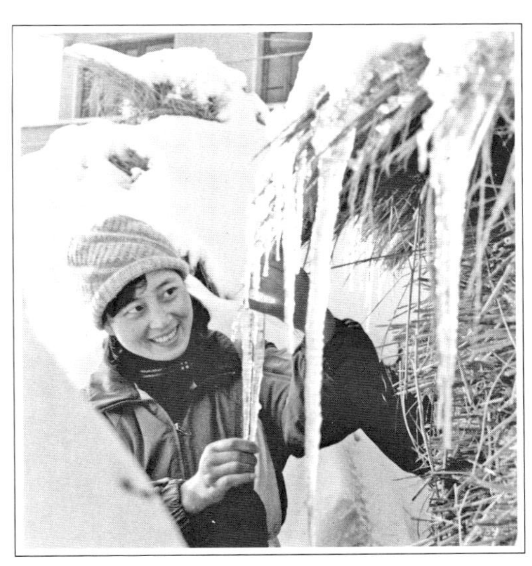

凌泽

【雾露】 βu$^{13-22}$ lu$^{13-35}$ 雾。

【鲎】 hɯ^{35} 虹。

【巧云】 cʰiɔ$^{44-35}$ ɦioŋ$^{31-31}$ 彩霞。

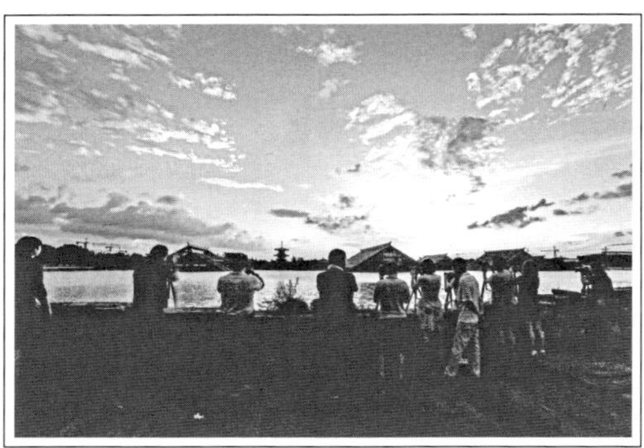

广富林晚霞

【着夜燥】 zɑʔ$^{2-2}$ iɑ$^{35-22}$ sɔ$^{35-22}$ 下雨天，傍晚突然转晴，西方天空出现红霞。兆第二天仍会下雨。

【水没】 sɿ$^{44-35}$ məʔ$^{2-31}$ 被大水淹没，多指水灾。

【地皮】 di$^{13-22}$ bi$^{31-22}$ 土地。

【地园】 di$^{13-22}$ ɦø$^{31-22}$ 种植蔬菜的地块，菜圃。旧时称菜农为“种地园”。

【高墩】 kɔ$^{53-35}$ ɗəŋ$^{53-53}$ 亦称“高泥墩”。土堆。旧时疏浚城河时挖出的淤泥堆积而成。

【城头】 zəŋ$^{31-13}$ dɯ$^{31-53}$ 城墙。今已拆除，东、北两面现为环城路。

【城河】 zəŋ$^{31-13}$ βu$^{31-53}$ 亦称“市河”。穿城而过的河道。

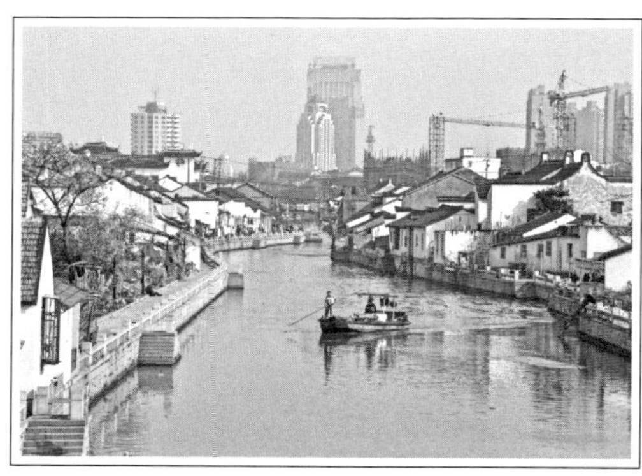

松江市河

【水关】 sɿ$^{44-35}$ kuɛ$^{53-31}$ 护城河穿过城墙处的拱形门洞，城墙里外两面的桥叫“水关桥”。

【池湖】 zɿ$^{31-13}$ βu$^{31-53}$ 池塘。

【吊桥】 ɗiɔ$^{35-53}$ ɟiɔ$^{31-31}$ 建于城门外护城河上，原先可吊起，故名。西门外吊桥今已不存，仍有这一叫法。

【跳板桥】 tʰiɔ$^{35-44}$ ɓɛ$^{44-44}$ ɟiɔ$^{31-53}$ 架在城河上的板桥，可以抽去，也可以翻侧。

跳板桥

【下塘】 ɦɔ$^{22-24}$ dɒ̃$^{31-31}$ 通称“下塘街”，城河南岸的小街。与之相反，上塘即为大街。

【滩渡】 tʰɛ$^{53-55}$ du$^{13-31}$ 亦称“河桥”。沿河居民自建下河的石级。

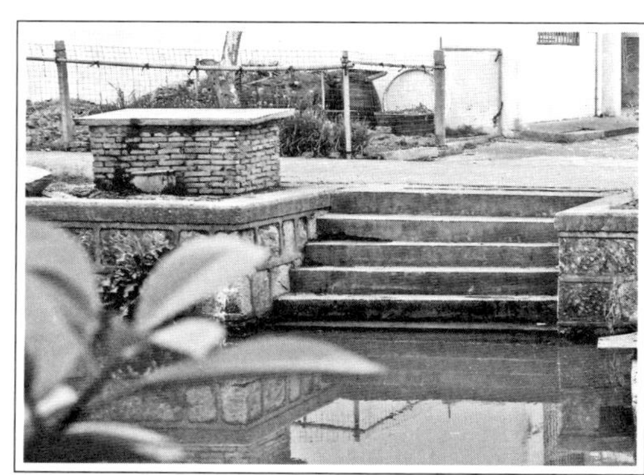

滩渡（新浜镇南杨村新农村滩涂）

【凼田】 dõ$^{22-24}$ di$^{31-31}$　地势低下的稻田，雨水多时常被淹没。

【田横头】 di$^{31-13}$ βæ̃$^{31-55}$ dɯ$^{31-31}$　田畔。

【田岸】 di$^{31-24}$ ŋø$^{13-31}$　田埂，分隔水田的小道。

【垄沟】 loŋ$^{31-13}$ kɯ$^{53-53}$　灌溉渠。

城东人民公社利丰大队开挖地下垄沟

【缺凼】 cʰyœʔ$^{4-4}$ dõ$^{22-44}$　缺口。多指乡间堤岸、田埂上的缺口。

【水凼】 sɿ$^{44-35}$ dõ$^{22-31}$　路面不平，低洼积水处。

【漾泥沟】 iæ̃$^{35-55}$ ɲi$^{31-33}$ kɯ$^{53-31}$　小水沟，明沟。

【浜兜】 ɓæ̃$^{53-35}$ ɗɯ$^{53-53}$　亦称“断头浜”。乡间的水凼，一头不通。

【独间野村】 doʔ$^{2-2}$ kɛ$^{53-55}$ ɦia$^{22-33}$ tsʰəŋ$^{53-31}$　旧指人口稀少的荒村。

【落乡】 lɒʔ$^{2-2}$ çiæ̃$^{53-53}$　离城市中心较远的地方。

【落角】 lɒʔ$^{2-2}$ kɒʔ$^{4-2}$　角落；偏僻的地方。

【落北】 lɒʔ$^{2-2}$ ɓoʔ$^{4-2}$　向北；往北。

【切脚】 tsʰiɪʔ$^{4-4}$ ciaʔ$^{4-4}$　地址。

【里向】 li$^{22-24}$ çiæ̃$^{35-31}$　里面。

【外头】 ŋa$^{13-22}$ dɯ$^{31-22}$　外面。

【出脚】 tsʰəʔ$^{4-4}$ ciaʔ$^{4-4}$　进出交通的条件。

【弯角】 ɗiɔ$^{35-35}$ kɒʔ$^{4-ʔ31}$　①偏僻不方便之处。②斜对角。弯，松江话音“吊”。

【搿搭】 gʌʔ$^{2-2}$ ɗæʔ$^{4-2}$　亦称“搿旦”。表近指，这儿。

【威搭】 ue$^{53-53}$ ɗæʔ$^{4-ʔ31}$　亦称“威旦”。表远指，那儿。

【啥搭】 ɦa$^{31-22}$ ɗæʔ$^{4-2}$　亦称“啥里”“啥里搭”“啥旦”“啥里旦”。表疑问，哪儿。

【漯水渡】 tʰæʔ$^{4-4}$sɿ$^{44-44}$du$^{13-44}$　松江叶榭镇黄浦江段渡口。此处有水獭傍水而居，渡客过江，常见水獭出没戏水，故渡口俗称“獭水渡”。后因胆小渡客害怕水獭翻船，忌讳“獭”字，遂改称漯水渡。

节令、时间

【年头路】 ɲi$^{31-13}$ dɯ$^{31-55}$ lu$^{13-31}$　农历年初，通常指春节开始的一些日子。

【年夜头】 ɲi$^{31-22}$ ɦia$^{13-22}$ dɯ$^{31-22}$　亦称“年夜脚”。农历除夕前几天。

【送灶】 soŋ$^{35-44}$ tsɔ$^{35-44}$　农历腊月廿三（或廿四）晚举行，把“灶君（灶神）”送上天（焚化神模），过了春节，重新供奉，谓之“接灶”。

【献土地】 çi$^{35-55}$ tʰu$^{44-33}$ di$^{13-31}$　亦称“祝福”“谢年”。旧时腊月底民间祭祀天地诸神的传统仪式，大多在夏历十二月廿七日举行。

【接财神】 tsiɪʔ$^{4-4}$ ze$^{31-55}$ zəŋ$^{31-53}$　亦称“接路头”“接五路财神”。夏历大年初四夜商家店铺祭祀赵公元帅的仪式，旧时商界一年中最重要的祭祀活动。

【年初一】 ɲi$^{31-22}$ tsʰu$^{53-22}$ iɪʔ$^{4-2}$　春节第一天，农历正月初一。

【正月半】 tsəŋ$^{53-55}$ ɲyœʔ$^{2-3}$ ɓe$^{35-31}$　农历正月十五，元宵节。

【当午】 ɗɒ̃$^{53-35}$ ɦŋ̍$^{22-53}$　农历五月初五，端午节。

【当午汛】 ɗɒ̃$^{53-35}$ ɦŋ̍$^{22-55}$ siŋ$^{35-31}$　端午时分。

【七月十四】 tsʰiɪʔ$^{4-4}$ ɲyœʔ$^{2-4}$ zəʔ$^{2-2}$ sɿ$^{35-35}$　明末抗清义士李待问的诞辰。清顺治二年（1645年）八月初，李慷慨就义，后被尊为松江府城隍，庙在城内（遗址在今方塔园内）。旧时每年夏历七月十四,府隍庙一带有盛大庙会。

【八月半】 ɓæʔ$^{4-4}$ ɲyœʔ$^{2-4}$ ɓe$^{35-44}$ 农历八月十五,中秋节。

【节肯】 ʦiɪʔ$^{4-4}$ kʰəŋ$^{35-35}$ 节气。一年二十四个节气,逢到节气称"交节肯"。

【交春】 kɔ$^{53-35}$ ʦʰəŋ$^{53-53}$ 立春。

【交秋】 kɔ$^{53-35}$ ʦʰiɯ$^{53-53}$ 立秋。

【春场里】 ʦʰəŋ$^{53-35}$ zæ̃$^{31-55}$ li$^{22-31}$ 春天。

【夏场里】 ɦɔ$^{13-22}$ zæ̃$^{31-22}$ li$^{22-22}$ 夏天。

【秋场里】 ʦʰiɯ$^{53-35}$ zæ̃$^{31-55}$ li$^{22-31}$ 秋天。

【寒场里】 ɦø$^{31-13}$ zæ̃$^{31-55}$ li$^{22-31}$ 冬天。

【热天公】 ɲiɪʔ$^{2-2}$ tʰi$^{53-55}$ koŋ$^{53-53}$ 泛称夏季。

【冷天公】 læ̃$^{22-22}$ tʰi$^{53-55}$ koŋ$^{53-31}$ 泛称冬季。

【大伏里】 dɑ$^{13-22}$ βoʔ$^{2-5}$ li$^{22-31}$ 伏天。夏至以后一年中最热的日子,分初伏、中伏、末伏,合称"三伏",共40天。

【大腊里】 dɑ$^{13-22}$ læʔ$^{2-5}$ li$^{22-31}$ 腊月。夏历十二月称腊月,小寒、大寒在这个月(前后),是一年中最冷的日子。

【年常】 ɲi$^{31-13}$ zæ̃$^{31-53}$ 每年。"年常旧规"指每年都一样的老规矩。

【多年】 ɗɑ$^{53-35}$ ɲi$^{31-53}$ 好些年。强调式为"多多年年"。多:松江话音近"带"。

【谅年】 liæ̃$^{13-22}$ ɲi$^{31-22}$ 往年。

【旧年】 ɟiɯ$^{13-22}$ ɲi$^{31-22}$ 去年。

【开年】 kʰe$^{53-35}$ ɲi$^{31-53}$ 明年。

【前年子】 zi$^{31-13}$ ɲi$^{31-55}$ ʦɿ$^{44-31}$ 前年。

【着前年子】 zɑʔ$^{2-2}$ zi$^{31-55}$ ɲi$^{31-55}$ ʦɿ$^{44-31}$ 大前年。

【贯日子】 kuɛ$^{35-33}$ ɲiɪʔ$^{2-5}$ ʦɿ$^{44-31}$ 前天。

【着贯日子】 zɑʔ$^{2-2}$ kuɛ$^{35-55}$ ɲiɪʔ$^{2-3}$ ʦɿ$^{44-31}$ 大前天。

【三日两横头】 sɛ$^{53-53}$ ɲiɪʔ$^{2-ʔ31}$ liæ̃$^{22-22}$ βæ̃$^{31-55}$ dɯ$^{31-31}$ 三天两头。

【日间日】 ɲiɪʔ$^{2-2}$ kɛ$^{4-2}$ ɲiɪʔ$^{2-2}$ 隔一天。

【十外年】 zəʔ$^{2-2}$ ŋɑ$^{13-55}$ ɲi$^{31-31}$ 十多年。

【早前头】 ʦɔ$^{44-33}$ zi$^{31-55}$ dɯ$^{31-31}$ 从前。

【千年把】 ʦʰi$^{53-35}$ ɲi$^{31-55}$ ɓo$^{44-31}$ 形容时间极长。

【日脚】 ɲiɪʔ$^{2-2}$ ciɑʔ$^{4-2}$ 日子。

【日逐】 ɲiɪʔ$^{2-2}$ zoʔ$^{2-2}$ 亦称"日朝"。每天;天天。强调时说"日常日逐"。

【老底子】 lɔ$^{22-22}$ ɗi$^{44-55}$ ʦɿ$^{44-31}$ 从前;本来。

【早起里】 ʦɔ$^{44-33}$ cʰi$^{44-55}$ li$^{44-31}$ 早晨。

【碌早起】 loʔ$^{2-2}$ ʦɔ$^{44-55}$ cʰi$^{44-53}$ 起床早。

【上昼】 zɒ̃$^{13-22}$ ʦɯ$^{35-35}$ 上午。

【下昼】 ɦɔ$^{22-22}$ ʦɯ$^{35-35}$ 下午。

【一发日头】 iɪʔ$^{4-4}$ ɸæʔ$^{4-4}$ ɲiɪʔ$^{2-2}$ dɯ$^{31-53}$ 旧时农忙农民一日四餐,两餐之间的时间称"一发日头",白天共分三发日头。

【日昼心里】 ɲiɪʔ$^{2-2}$ ʦɯ$^{35-55}$ siŋ$^{53-33}$ li$^{22-31}$ 正中午。

【垂夜快】 zø$^{31-22}$ ɦiɑ$^{13-22}$ kʰuɑ$^{35-22}$ 傍晚。

【黄昏头】 βɒ̃$^{31-13}$ ɸəŋ$^{53-55}$ dɯ$^{31-31}$ 傍晚。

【夜里向】 iɑ$^{4-3}$ li$^{22-55}$ siæ̃$^{53-53}$ 晚上。

【半夜把】 ɓe$^{35-33}$ ɦiɑ$^{13-55}$ ɓo$^{44-3}$ 午夜时分。

【天亮快】 tʰi$^{53-55}$ liæ̃$^{13-33}$ kʰuɑ$^{35-31}$ 凌晨。

【一日到夜】 iɪʔ$^{4-4}$ ɲiɪʔ$^{2-4}$ ɗɔ$^{35-44}$ ɦiɑ$^{13-44}$ 整天。

【一歇歇】 iɪʔ$^{4-3}$ çi$^{35-55}$ çi$^{35-53}$ 一会儿。表示很短的时间。

【闲常】 ɦɛ$^{31-13}$ zæ̃$^{31-53}$ 平时。

【有常时】 ɦiɯ$^{22-22}$ zæ̃$^{31-55}$ zɿ$^{31-31}$ 有时,偶尔。

【常桩】 zæ̃$^{31-13}$ ʦɒ̃$^{53-53}$ 亦称"常庄"。常常。

【等该歇】 ɗəŋ$^{44-33}$ ke$^{53-55}$ çiɪʔ$^{4-ʔ31}$ 等一会儿。

【晏歇点】 ɛ$^{35-33}$ çiɪʔ$^{4-5}$ ɗi$^{44-31}$ 过一会儿。

【晾出两日】 lɒ̃$^{13-22}$ ʦʰəʔ$^{4-5}$ liæ̃$^{22-33}$ ɲiɪʔ$^{2-31}$ 隔出两天(两:表示不定的数目,和"几"差不多)。

【隔日底】 kɑʔ$^{4-4}$ ɲiɪʔ$^{2-4}$ ɗi$^{44-44}$ 他日,以后某个时候。

【搿脚】 gəʔ$^{2-2}$ ciɑʔ$^{4-2}$ 亦称"搿歇"。此刻。

【搿呛】 gəʔ$^{2-2}$ ʦʰiæ̃$^{35-35}$ 这一阵子,近期。

【今朝】 ciŋ$^{53-35}$ ʦɔ$^{53-53}$ 今天。

【明朝】 miŋ$^{31-13}$ ʦɔ$^{53-53}$ 明天。

【后日】 ɦɯ$^{22-22}$ ɲiɪʔ$^{13-55}$ 后天。

【大后日】 du$^{13-22}$ ɦɯ$^{22-22}$ ɲiɪʔ$^{2-2}$ 大后天。

【吃昼饭】 cʰiʌʔ$^{4-4}$ ʦɯ$^{35-44}$ βɛ$^{13-44}$ 用午餐,也指午餐时间。

【吃烟里】 cʰiʌʔ$^{4-3}$ i$^{53-55}$ li$^{44-53}$ 抽烟休息时间。

【吃点心】 cʰiʌʔ$^{4-3}$ ɗi$^{44-55}$ siŋ$^{53-53}$ 下午工间休息。

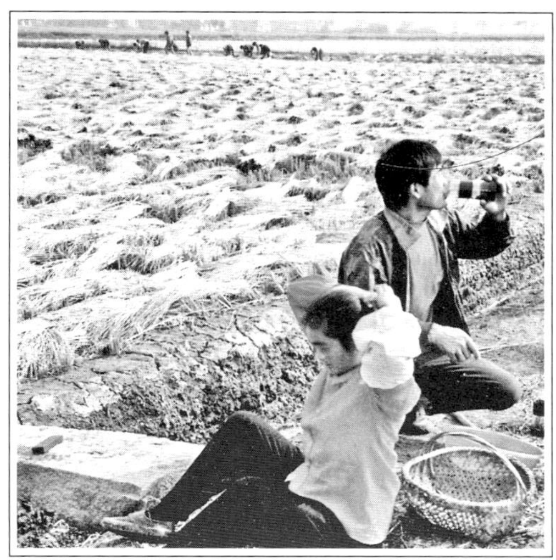

吃点心

【小嗨里】　siɔ$^{44-33}$ hɛ$^{53-55}$ li$^{44-31}$　儿时。

农工商

【种秧】　tsoŋ$^{35-53}$ iæ̃$^{53-31}$　插秧。

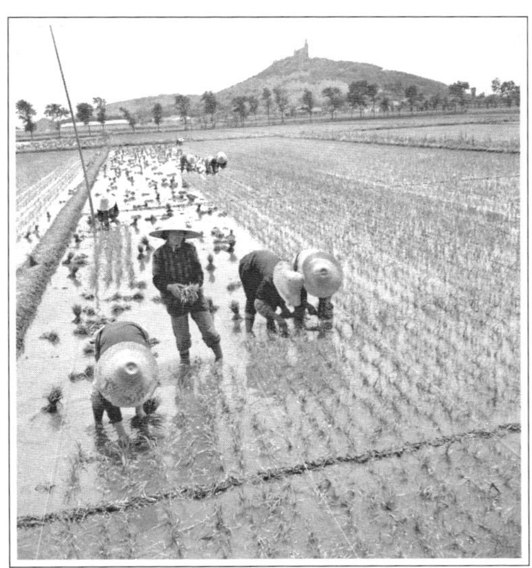

1962年佘山人民公社河泾大队大田插秧场景

【锄地】　zɿ$^{31-24}$ di$^{13-31}$　亦称“锄地皮”。翻土。锄，松江话音“时”。

【坌】　bəŋ^{13}　用铁铬翻土。坌，松江话音“笨”。

【挩草】　tʰæʔ$^{4-4}$ tsʰɔ$^{44-44}$　锄草。棉花地、油菜地锄草叫“挩花”“挩油菜”。挩，松江话音“塔”。

挩草

【垩】　kɔ^{35}　施肥。垩，松江话音“告”。

垩豆饼肥

【垩壅】　kɔ$^{35-53}$ ioŋ$^{44-31}$　肥料。

【墈】　ziɑ^{13}　厩肥。

【耘稻】　ɦioŋ$^{31-13}$ dɔ$^{22-53}$　双手在稻田内除草、松土。

耘稻

【耥稻】 tʰɒ̃$^{35-53}$ dɔ$^{22-31}$ 用耥耙在稻田内除草、松土。

【捉稻】 tsɒʔ$^{4-4}$ dɔ$^{22-44}$ 亦称“斫稻”。割稻。

捉稻

【捉麦】 tsɒʔ$^{4-4}$ mɑʔ$^{2-4}$ 亦称“斫麦”。割麦。

【砻糠】 loŋ$^{31-13}$ kʰɒ̃$^{53-53}$ 稻谷外壳，作燃料或提炼酒精等用。

【糠】 kʰɒ̃^{53} 谷粒的外皮，含维生素B，作饲料。

【粞】 si^{1} 碎米，多作鸡饲料。

【稻柴】 dɔ$^{22-24}$ zɑ$^{31-31}$ 脱粒后的稻草。

【麦柴】 mɑʔ$^{2-2}$ zɑ$^{31-53}$ 脱粒后的麦秸。

【花萁】 ho$^{53-35}$ ɟi$^{31-53}$ 亦称“花萁柴”。棉花采摘后的秆子，主要作燃料。

花萁柴

【豆萁】 dɯ$^{13-22}$ ɟi$^{31-22}$ 亦称“豆萁柴”。毛豆采摘后的秆子，主要作燃料。

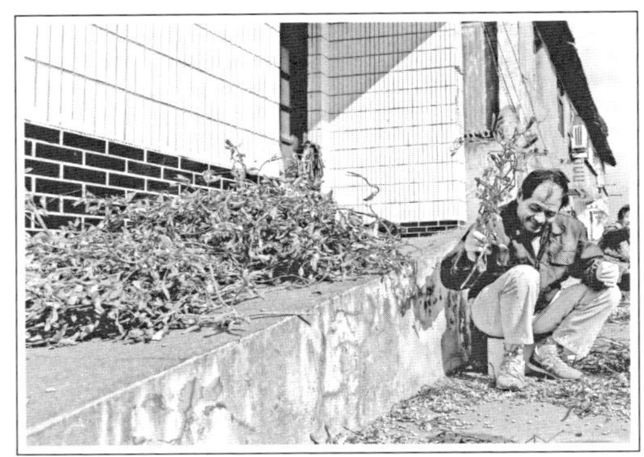

豆萁柴

【硬柴】 ŋæ̃$^{13-22}$ zɑ$^{31-22}$ 木柴、树枝。

硬柴1

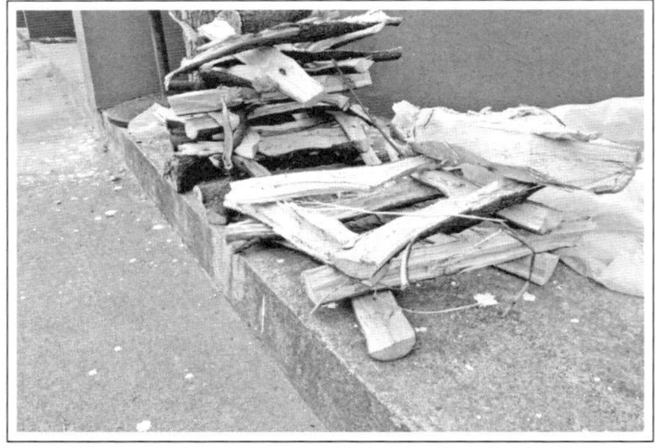

硬柴2

【绷筛】 ɓæ̃$^{53-35}$ sɿ$^{53-53}$ 筛粉用的小筛子，筛箩。有绢制、麻制。

【稻穗头】 dɔ$^{22-22}$ səʔ$^{4-5}$ dɯ$^{31-31}$ 亦称“稻稤头”。稻穗。

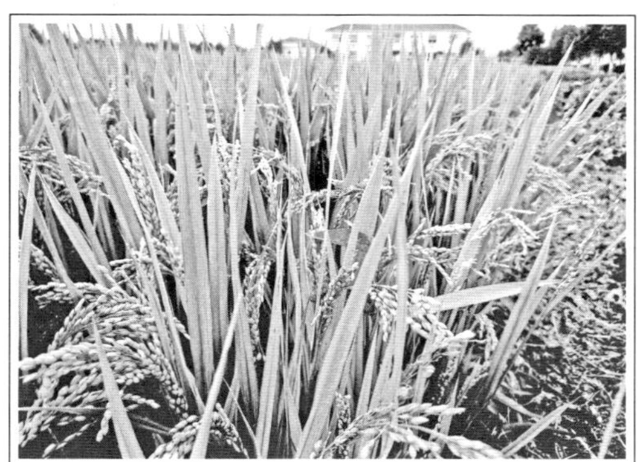

稻穗头

【筛油】 sɑ$^{53-35}$ ɦiɯ$^{31-53}$ 人粪尿。旧时农民摇船进城收购居民家的粪肥，以食油相交换，在市河中一路吆喝“筛油”。故以“筛油”为粪便的代称。

【粪料】 ɸəŋ$^{35-53}$ liɔ$^{13-31}$ 舀粪的工具，带有长柄的勺子。

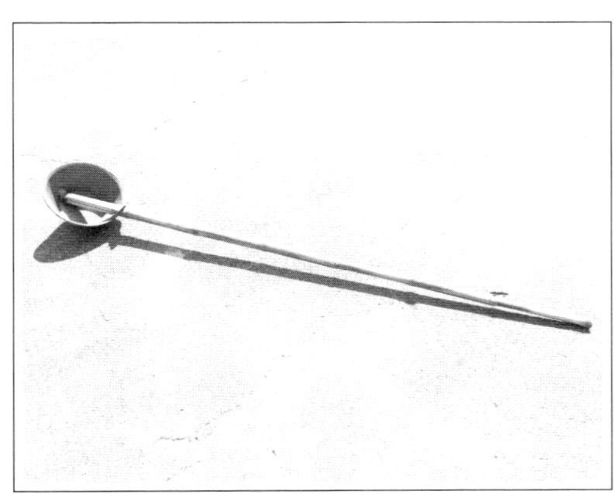

粪料

【驳灰】 ɓoʔ$^{4-4}$ ɸi$^{53-53}$ 旧时农民进城收购稻草灰。

【扬乱柴】 ɦiæ̃$^{31-22}$ lø$^{13-22}$ zɑ$^{31-22}$ 用木杈把打谷场上的杂乱稻草挑起抛向空中，使其中的谷粒分离出来。

【柴紨】 zɑ$^{31-55}$ ɦu$^{35-31}$ 用稻草结成的束东西的绳子。《集韵》：“紨，缚绳也。”

【穧头】 ʦi$^{35-53}$ dɯ$^{31-31}$ 稻垛或稻草垛。

【叠穧头】 dəʔ$^{2-2}$ ʦi$^{35-55}$ dɯ$^{31-31}$ 叠稻垛或稻草垛。

【泥拔头】 ɲi$^{31-13}$ bæʔ$^{4-5}$ dɯ$^{31-31}$ 土块。

【烂污泥】 lɛ$^{13-22}$ u$^{53-22}$ ɲi$^{31-22}$ 烂泥。

【捉狗污】 ʦɒʔ^{4} kɯ$^{44-35}$ u$^{53-31}$ 拾粪。

【摇车】 ɦiɔ$^{31-13}$ʦʰo$^{53-53}$ 纺车。

摇车

【铁铬】 tʰiɪʔ$^{4-4}$ ɗæʔ$^{4-4}$ 四齿铁耙，翻土用。

铁铬

【山嘴】 sɛ$^{53-35}$ ʦɿ$^{44-53}$ 亦称“山锥”“山子”“羊角”“羊角山嘴”“羊角山子”。刨土用的铁镐，形如羊角。

【叉袋】 ʦʰo$^{53-55}$ de$^{13-31}$ 麻袋。袋口两角呈丫杈状，可以打结，故名。一般规格为一叉袋装大米一斛，两斛为一石。

【耥耙】 tɒ̃$^{35-53}$ bo$^{31-31}$ 稻田松土除草工具。

长竹竿的一端装着板刷状的钉耙。耥稻时，手持竹竿在稻列间移动，把水稻行间的杂草除去并疏松稻田。

【钉耙】 ɗĩŋ$^{53-35}$ bo$^{31-53}$ 耙土的工具。铁耙的头上有一排长钉，故名。

【牛车棚】 ɲiɯ$^{31-13}$ tsʰo$^{53-55}$ bæ̃$^{31-31}$ 旧时农村耕牛在田头打水的棚舍。

【擮柴耙】 lɑ$^{22-22}$ zɑ$^{31-55}$ bo$^{31-31}$ 装有长柄的带齿竹耙（也有铁齿或木齿），用于聚拢或扒散柴草、谷物。

【匾】 ɓi^{44} 或作“箯”。用竹篾编成的容器，圆形平底，边框很浅，多用来放置针线或盛晒粮食。

匾

【筤】 dɑ^{13} 亦称“簣”。松江话音“汏”。与匾相似的浅口竹器，有三角形小孔。

筤

【横】 βæ̃^{31} 亦称“鏍”“鏍子”。镰刀。

横

【筛子】 sɿ$^{53-35}$ tsɿ$^{44-53}$ 似“匾”，有许多小孔的竹器。

筛子

【锸刀】 tsʰæʔ$^{4-4}$ɗɔ$^{53-53}$ 种菜用的刀。

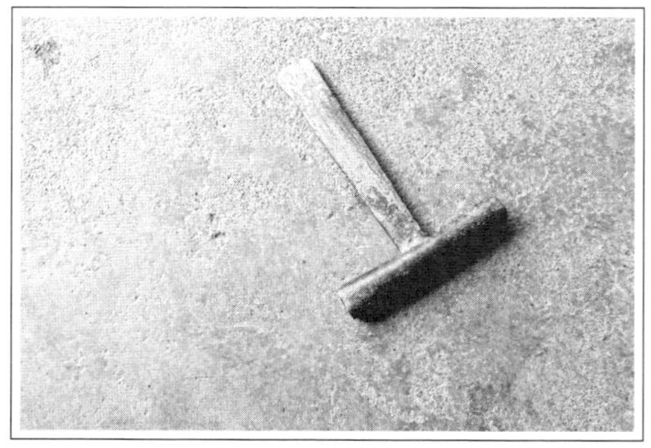

锸刀

【水车】 sɿ$^{44-35}$ tsʰo$^{53-31}$ 使用人力或畜力的

旧式提水灌溉工具。

【布机】 ɓu$^{35-53}$ ci$^{53-31}$ 亦称“织布机”。手工织布的工具。

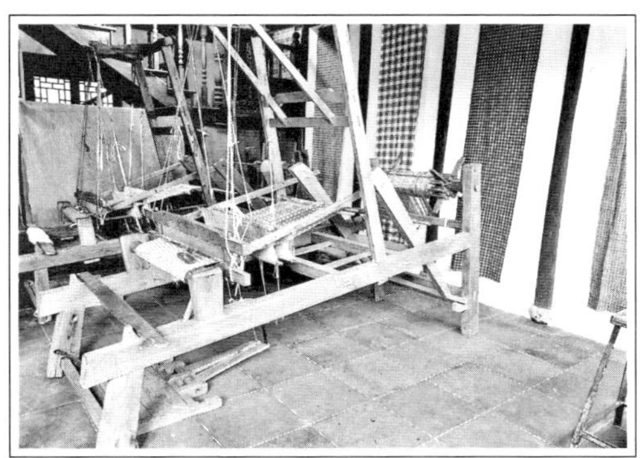

织布机

【烫板】 tʰɒ̃$^{35-53}$ ɓɛ$^{44-31}$ 砌墙时涂抹灰土用的工具。一块长方形的铁板，板的中央装有木柄。

【泥刀】 ɲi$^{31-13}$ ɗɔ$^{53-53}$ 亦称“瓦刀”，砌墙时在砖上抹泥用的工具，铁制刀状，还可用以斫砖。

【三脚马】 sɛ$^{53-55}$ ciɑʔ$^{4-3}$ mo$^{22-31}$ 旧时木工锯木料时搁木材的架子。

【鹰架】 iŋ$^{53-55}$ kɑ$^{35-31}$ 脚手架。

【捻凿】 ɲi$^{22-24}$ zɒʔ$^{2-231}$ 装卸螺丝钉用的工具。即螺丝刀。

【捉鱼船】 ʦɒʔ$^{4-3}$ ɦŋ̍$^{31-55}$ ze$^{31-53}$ 渔船。

【戳鱼】 ʦʰoʔ$^{4-4}$ ɦŋ̍$^{31-53}$ 用一端有尖刺的长柄鱼叉刺鱼，是捕鱼的一种方式。

【划衣庄】 βɑʔ$^{2-2}$ i$^{53-55}$ ʦɒ̃$^{53-53}$ 亦称“衣庄”。旧时估衣铺。

【裁缝作台】 ze$^{31-13}$ βoŋ$^{31-55}$ ʦɔʔ$^{4-4}$ de$^{31-53}$ 旧时个体的成衣铺，主要为来料加工做衣服。

【擂篮头】 zɔ$^{22-22}$ lɛ$^{31-55}$ dɯ$^{31-31}$ 旧指提篮售货的小贩。

【小米店】 siɔ$^{44-35}$ mi$^{22-33}$ ɗi$^{35-31}$ 旧时出售粮食（大米）的店铺。

【银匠店】 ɲiŋ$^{31-24}$ ziæ̃$^{13-31}$ ɗi$^{35-31}$ 亦称“银楼”。旧时专营（并加工）金银首饰的商店。

【馆子】 kue$^{44-35}$ ʦɿ$^{44-31}$ 饭店、酒楼的通称。

【戏馆】 çi$^{35-53}$ kue$^{44-31}$ 戏院、剧场的旧称。电影院叫“影戏馆”。

【典当】 ɗi$^{44-44}$ ɗɒ̃$^{35-44}$ 旧时称当铺。

【混堂】 βəŋ$^{22-24}$ dɒ̃$^{31-31}$ 浴池、澡堂的旧称。

【咸肉庄】 ɦɛ$^{31-13}$ɲioʔ$^{2-5}$ʦɒ̃$^{53-31}$ 亦称“私门头”。隐语。旧指私娼。

【项栅】 ɦɒ̃$^{22-24}$sɑʔ$^{4-31}$ 亦称“排门板”。旧时商店门口的条状活动门板。开市时，逐块卸下；打烊时，一一装上，称“上排门”。

【主客】 ʦy$^{44-35}$kʰɑʔ$^{4-31}$ 主顾，到商店购物的顾客。

【账房】 ʦæ̃$^{35-53}$ βɒ̃$^{31-31}$ 旧时称商店的经理，也指代人收租或红白大事时管账的人员。

【朋友】 bæ̃$^{31-13}$ɦiɯ$^{22-53}$ 旧时称商店伙计。现指彼此有交情的人，特指恋爱对象。也用于一般称呼。

【学生子】 ɦɒʔ$^{2-2}$sæ̃$^{53-55}$ʦɿ$^{44-53}$ 旧时称商店学徒。现指中小学生。

【做夜市】 ʦu$^{35-33}$ iɑ$^{35-55}$ zɿ$^{22-31}$ 小商贩在晚间设摊营业。

【做开销】 ʦu$^{35-55}$ kʰe$^{53-33}$siɔ$^{53-31}$ 经营的商业没有盈利，只够维持日常支出。

【落市】 lɒʔ$^{2-2}$zɿ$^{22-22}$ ①过了节令的蔬菜、瓜果等，通常称为“落市货”。②市场的贸易高峰已过，即将结束，顾客稀少。

【兜生意】 ɗɯ$^{53-35}$ sæ̃$^{53-55}$ i$^{35-31}$ 在外面兜揽生意，推销货物。

【起码货】 cʰi$^{44-35}$mo$^{22-33}$ɸu$^{35-31}$ 质量较差的货物，次品。

【杜堂货】 du$^{22-24}$ dɒ̃$^{31-33}$ ɸu$^{35-31}$ 家庭手工制造的物品。

【家有货】 kɑ$^{53-35}$ ɦiɯ$^{22-55}$ ɸu$^{35-31}$ 原指自家生产的物品，引申为家中常备之物。

【推板货】 tʰe$^{53-35}$ ɓɛ$^{44-53}$ ɸu$^{35-31}$ 亦称“蹩脚货”。质量差的货物。也比喻品质差或胆小、能力差的人。

【时鲜货】 zɿ$^{31-13}$si$^{53-55}$ɸu$^{35-31}$ 少量上市的应时的新鲜蔬果、鱼虾等。

【落脚货】 lɒʔ$^{2-2}$ciɑʔ$^{22-22}$ ɸu$^{35-31}$ 次品，挑选后剩下的较差的货物。

【丟脱货】 ɗɒʔ$^{4-4}$tʰəʔ$^{4-4}$ɸu$^{35-44}$ 无用的、该扔掉的东西。也喻指无用的人。

【滑头货】 βæʔ$^{2-2}$dɯ$^{31-55}$ɸu$^{35-31}$ 假货。

【跳水】 tʰiɔ$^{35-53}$ sɿ$^{44-31}$ 迅速跌落，比喻大幅度降价。

【大出血】 dɑ$^{13-22}$ tsʰəʔ$^{4-5}$ çyœʔ$^{4-?31}$ 比喻大幅度亏本,破财。

【打反作】 ɗæ̃$^{44-33}$ ɸɛ$^{44-55}$ tsɒʔ$^{4-31}$ 亦称"讨扳账"。购货后发现有错,上门交涉。

【卖俏价】 mɑ$^{13-24}$ tsʰiɔ$^{35-33}$ kɑ$^{35-31}$ 故意抬价。

【底板价】 ɗi$^{44-44}$ ɓɛ$^{44-44}$ kɑ$^{35-44}$ 基价,原始价。

【地板价】 di$^{13-24}$ ɓɛ$^{44-33}$ kɑ$^{35-31}$ 形容最低的价位。

【起板价】 cʰi$^{44-35}$ ɓɛ$^{44-33}$ kɑ$^{35-31}$ 起售价,讨价还价的最低价位。

【跳楼价】 tʰiɔ$^{35-53}$ lɯ$^{31-31}$ kɑ$^{35-44}$ 形容商品大甩卖,跌到极低的价。

【压秤棒】 æʔ$^{4-4}$ tsʰəŋ$^{35-55}$ bɒ̃$^{22-3}$ 小贩售货时在秤棒上玩花样,欺蒙顾客。

【隔手账】 kɑʔ$^{4-4}$ sɯ$^{44-44}$ tsæ̃$^{35-44}$ 不是自己从头开始做的账,常比喻别人未完成而自己接手的事。

【吃赔账】 cʰiʌʔ$^{4-3}$ be$^{31-55}$ tsæ̃$^{35-31}$ 因经手的财物发生差错而赔偿损失。

【吃倒账】 cʰiʌʔ$^{4-3}$ ɗɔ$^{44-35}$ tsæ̃$^{35-31}$ 商家收不回欠款。

【花账】 hɔ$^{53-55}$tsæ̃$^{35-31}$ 假账。

【值铜钿】 zʌʔ$^{2-2}$ doŋ$^{31-55}$ di$^{31-53}$ 值钱。

【赚头】 zɛ$^{22-24}$dɯ$^{31-31}$ 盈利。

【赚外快】 zɛ$^{22-24}$ ŋɑ$^{13-33}$ kʰuɑ$^{35-31}$ 赚取常规收入之外的钱。

【外拆生意】 ŋɑ$^{13-24}$ tsʰɑʔ$^{4-?31}$ sæ̃$^{53-33}$ i$^{35-31}$ 不属于本行业范围内的经营业务。

【脱生意】 tʰəʔ$^{4-3}$ sæ̃$^{53-55}$ i$^{35-31}$ 店员被解雇。今称"炒鱿鱼"。

【扒分】 bo$^{31-13}$ ɸəŋ$^{53-53}$ 赚钱,捞钞票。赚外币或在国外赚钱称"扒洋分"。

【坌分】 bəŋ$^{13-22}$ ɸəŋ$^{53-22}$ 亦称"畚分"。挣钱。

【搭卖】 ɗæʔ$^{4-4}$ mɑ$^{13-35}$ 硬把坏的东西和好的东西搭在一起卖给人家。

【催来就卖】 tsʰø$^{53-35}$ lɛ$^{31-53}$ ziɯ$^{13-22}$ mɑ$^{13-35}$ 本义指把批发来的东西马上予以转卖,引申为把刚从别处学来的本领或知识去教给别人。

【三角包】 sɛ$^{53-35}$kɒʔ$^{4-5}$ɓɔ$^{53-31}$ 商品的一种较简单的包装方式。呈三角状,用于包少量食品。

【石榔头】 zɑʔ$^{2-2}$lɒ̃$^{31-55}$dɯ$^{31-53}$ 一种锥杵。用柱子架一条木杠,杠的一头装有一块圆或锥形的石头,用以舂米。

【木作】 mɒʔ$^{2-2}$tsɒʔ$^{4-2}$ 手工木业。根据工种行业的不同可分大木作、小木作、圆作等。

【大木作】 du$^{13-22}$mɔʔ$^{2-5}$tsɒʔ$^{4-31}$ 营造房屋、桥梁等工程的木工。

【小木作】 siɔ$^{44-33}$mɔʔ$^{2-5}$tsɒʔ$^{4-31}$ 制作桌椅橱柜类家具和装饰功能木器的木工。

【圆作】 ɦø$^{31-22}$tsɒʔ$^{4-2}$ 生产马桶、脚桶、提桶、粪桶等圆形木器的木工。其中马桶、脚桶、提桶等都是新娘嫁妆中必备的"圆件"。

【水作】 sɿ$^{44-35}$tsɒʔ$^{4-31}$ 瓦工,泥水匠。

【篾作】 miɪʔ$^{2-2}$tsɒʔ$^{4-2}$ 篾工;生产竹篾器的作坊。

松江城西竹编篾工

【开秧门】 kʰe$^{53-35}$iæ̃$^{53-55}$məŋ$^{31-31}$ 亦称"发黄梅"。即开始插秧。是日,东家以酒肉招待伴工、帮工。

【开稻门】 kʰe$^{53-55}$dɔ$^{22-33}$məŋ$^{31-31}$ 清嘉庆《松江府志》:"八月二十四日,割新稻,谓之~,以祀灶。是月田家祀先农,醵钱为会,曰青苗社,亦曰谢天节。"是日,农民用新稻磨粉做团子祭灶。

动植物

【众牲】 tsoŋ$^{53-35}$ sæ̃$^{53-53}$ 泛指家畜。

【猢狲】 βəʔ$^{2-2}$səŋ$^{53-53}$ 亦称"活狲"。猴子。

【劣头马】 liɪʔ$^{2-2}$ dɯ$^{31-55}$ mo$^{22-53}$ 劣性马。

【潮头猫】 zɔ$^{31-13}$ dɯ$^{31-55}$ mɔ$^{31-31}$ 半大不小的猫。

【偎灶猫】 ue$^{53-55}$ tsɔ$^{35-33}$ mɔ$^{31-31}$ 亦称"煨灶猫"。指紧挨在灶前取暖的猫,常用来比喻精神萎靡不振的人。

【二圆眼】 ɲi$^{13-22}$ ɦø$^{31-22}$ ŋɛ$^{22-22}$ 两个眼珠颜

色不同的猫，属珍品。

【塘桥斑】 dɒ̃$^{31-13}$ɟiɔ$^{31-55}$ɓɛ$^{53-31}$ 三色猫中的珍品。

【獾】 hø^{53} 食肉目鼬科小兽，有猪獾和狗獾，两种獾头部均有三条白色纹路。

【夜先生】 iɑ$^{35-55}$si$^{53-33}$sæ̃$^{53-31}$ 亦称"小耳朵"。老鼠的讳称。

【夜狗】 iɑ$^{35-53}$ kɯ$^{44-31}$ 浦南地区对老鼠的称谓。

【翼翼】 ci$^{35-35}$ liʌʔ$^{2-31}$ 俗称"翼力""寄力"。翅膀。

【毛衣】 mɔ$^{31-13}$i$^{53-53}$ 禽兽皮上的毛。

【老丫】 lɔ$^{22-24}$o$^{53-31}$ 亦称"破老丫"。乌鸦。

【麻鸟】 mo$^{31-13}$ ɗiɔ$^{44-53}$ 麻雀。鸟，松江话音"刁"。

麻鸟

【丫鹊】 o$^{53-53}$tsʰiɑʔ$^{4-?31}$ 喜鹊。

【勃鸪】 bəʔ$^{2-2}$ ku$^{53-53}$ 布谷鸟。

【摇铃鸟】 ɦiɔ$^{31-13}$liŋ$^{31-55}$ɲiɔ$^{44-31}$ 猫头鹰。

【得木鸟】 ɗʌʔ$^{4-4}$ mɒʔ$^{2-4}$ɲiɔ$^{44-44}$ 啄木鸟。

【摸鱼公公】 mɒʔ$^{2-2}$ɦŋ̍$^{31-55}$koŋ$^{53-55}$koŋ$^{53-31}$ 鱼鹰。学名"鸬鹚"。

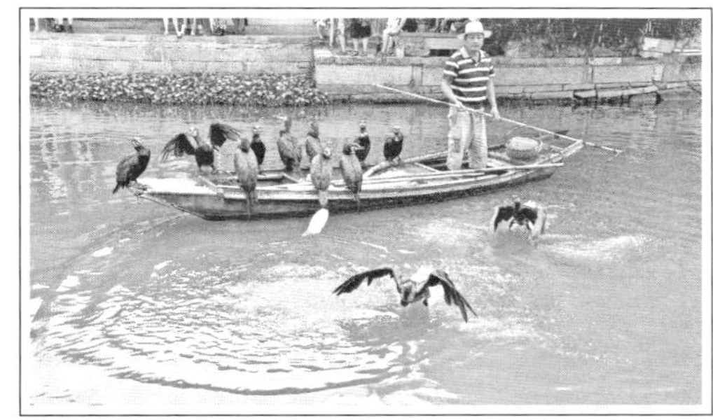

摸鱼公公

【针线包】 tsəŋ$^{53-55}$si$^{35-33}$ɓɔ$^{53-31}$ 鸡的脾脏。

【趸匍】 ɗəŋ$^{44-35}$bu$^{31-31}$ 鸡的嗉囊（胃）。

【鸭明珠】 æʔ$^{4-3}$miŋ$^{31-55}$tsy$^{53-53}$ 鸭子的屁股尖端。

【老婆鸡】 lɔ$^{22-22}$bu$^{31-55}$ci$^{53-31}$ 亦称"老孵鸡"。老母鸡。

【关煞鸡】 kuɛ$^{53-35}$sæʔ$^{4-5}$ci$^{53-31}$ 圈养的鸡。

关煞鸡

【白乌龟】 bɑʔ$^{2-2}$ u$^{53-55}$ cy$^{53-53}$ 鹅。"鹅""我"同音，称"鹅"为"白乌龟"，是一种避讳说法。

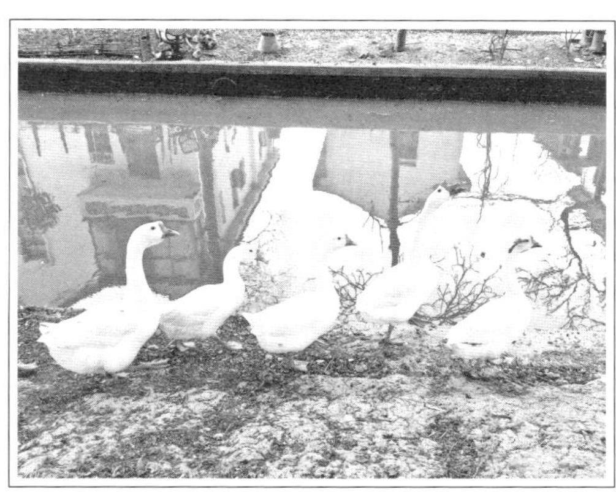

白乌龟

【甲鱼】 ciɑʔ$^{4-4}$ ɦŋ̍$^{31-53}$ 亦称"脚鱼""团菜"。即鳖。

【马交鱼】 mo$^{22-22}$kɔ$^{53-55}$ɦŋ̍$^{31-31}$ 鲐鱼。

【鳑鲏鱼】 bɒ̃$^{31-13}$bi^{31} ɦŋ̍$^{31-53}$ 体形和鲫鱼相似，比鲫鱼小。眼有彩色光泽，背呈淡绿色。

【墨鱼】 mʌʔ$^{2-2}$ɦŋ̍$^{31-53}$ 乌贼鱼。

【汪鸭头】 uɒ̃$^{53-35}$ æʔ$^{4-5}$ dɯ$^{31-31}$ 亦称“黄鸭头”“昂牛”。即黄颡鱼。体黄色，能发出似鸭的鸣声。

【肉匙鱼】 ȵioʔ$^{2-2}$ zɿ$^{31-55}$ ɦŋ̍$^{31-53}$ 野杂鱼，体形似麦穗，学名为“麦穗鱼”。

【四鳃鲈】 sɿ$^{35-55}$se$^{53-33}$lu$^{31-31}$ 松江鲈鱼。鳃膜左右各有两条红斑纹，似鳃外露，故名。

四鳃鲈

【元宝鱼】 ȵyø$^{31-22}$ ɓɔ$^{44-22}$ ɦŋ̍$^{31-22}$ 鲤鱼。头尾常翘起，形似元宝。民间祭祀多用此鱼。

【白鱼】 bɑʔ$^{2-2}$ ɦŋ̍$^{31-53}$ 亦称“翘嘴鲌”。俗称“白洋丝”。学名“翘嘴红鲌”。一身银白色，故名。

【白鲢】 bɑʔ$^{2-2}$ li$^{31-53}$ 鲢鱼。

【花鲢】 ho$^{53-35}$ li$^{31-53}$ 鳙鱼。

【鲭鱼】 tsʰi$^{53-35}$ ɦŋ̍$^{31-53}$ 俗称“千鱼”。青鱼。鲭，松江话读如“千”。

【乌鲭】 u$^{53-35}$ tsʰi$^{53-53}$ 俗称“乌千”。青鱼的一种。

【草青】 tsʰɔ$^{44-35}$ tsʰiŋ$^{53-31}$ 俗称“草千”。草鱼。

【鳜鱼】 cy$^{35-53}$ ɦŋ̍$^{31-31}$ 亦称“翘嘴鳜鱼”。俗称“蛀鱼”。鳜，松江话文读音“桂”，白读音“蛀”。

【鲹鲦鱼】 tsʰø^{53} diɔ$^{31-13}$ ɦŋ̍$^{31-53}$ 亦称“餐条鱼”“串条鱼”。一种身体细长扁薄的野生小鱼。

【棍子鱼】 kuəŋ$^{44-33}$ tsɿ$^{44-55}$ ɦŋ̍$^{31-31}$ 学名“颌须鮈”，鱼口角处有一对很短的小须。松江地区常见为“银色颌须鮈”“点纹颌须鮈”，鱼身圆棍状，故名。

【银鱼】 ȵiŋ$^{31-13}$ ɦŋ̍$^{31-53}$ 松江泖河一带所产叫“太湖短吻银鱼”。全身光滑无鳞，捕捞上岸即死亡，随后体色转为乳白色，故称“银鱼”。

【鲻鱼】 tsɿ$^{44-31}$ ɦŋ̍^{31} 近岸生活的海产鱼类，常栖在咸淡水混合的江河入口处，或上溯到淡水江湖。为松江内陆水域鱼类之一。鲻鱼眼大口小，因鱼体基本呈黑色，故名“鲻”。

【箬鳎鱼】 ȵiɑʔ$^{2-2}$ tʰæʔ$^{4-5}$ ɦŋ̍$^{31-53}$ 亦称“箬鱼”。比目鱼中的舌鳎鱼。

【塘鳢鱼】 dɒ̃$^{31-13}$ li$^{22-55}$ ɦŋ̍$^{31-31}$ 亦称“塘鳢头”“塘孵头”。古称“杜父鱼”或“蒲鱼”。即沙鳢。

【鸡鸽郎】 ci$^{53-35}$ kəʔ$^{4-5}$ lɒ̃$^{31-31}$ 亦称“鸡壳郎”“花鲇”“麻鲤”“栗花鱼”。形态与塘鳢鱼相似，嘴比塘鳢鱼稍尖。

【毛蟹】 mɔ$^{31-13}$ hɑ$^{44-53}$ 亦称“小毛蟹”。淡水蟹，螯上有毛，比“大闸蟹”体形小。

【蟛蜞】 bæ̃$^{31-13}$ ɟi$^{31-53}$ 螃蟹的一种。体形小，生长在水边。

【虾】 hø^{44} 松江话读音与“狗獾”之“獾”相近。其读音由“虾儿”的儿化合音变化而来。

【白米虾】 bɑʔ$^{2-2}$ mi$^{22-55}$ hø$^{44-53}$ 白虾。

【草虾】 tsʰɔ$^{44-35}$ hø$^{44-31}$ 大型的河虾。

【明虾】 miŋ$^{31-13}$ hø$^{44-53}$ 对虾。

【龙虾】 loŋ$^{31-13}$ hø$^{44-53}$ 头大壳硬的大型海虾。

【小龙虾】 siɔ$^{44-33}$ loŋ$^{31-55}$ hø$^{44-31}$ 河沟虾，学名“克氏螯虾”。头大壳硬，身体暗红，形似龙虾，但体形较小。

小龙虾

【瓦楞子】 ŋo$^{22-22}$ ləŋ$^{31-55}$ tsɿ$^{44-31}$ 毛蚶。

【水里物事】 sɿ$^{44-33}$ li$^{22-55}$ məʔ$^{2-3}$ zɿ$^{13-31}$ 鱼虾的通称。

【田鸡】 di$^{31-13}$ci$^{53-53}$ 青蛙。

【鞋蟆】 ɦɑ$^{31-13}$ mo$^{31-53}$ 蝌蚪。

【打拳蛆】 ɗæ$^{44-33}$ɟyø$^{31-55}$tsʰi$^{53-31}$ 孑孓。

【泻子】 siɑ^{35} tsɿ^{44} 昆虫产卵。

【癞蛤巴】 lɑ$^{13-22}$ kəʔ$^{4-5}$ ɓo$^{53-31}$ 亦称“癞蛤霸”。蟾蜍。

【赚绩】 zɛ$^{22-24}$tsiʌʔ$^{4-ʔ31}$ 亦称“蛞蝍”，蟋蟀。陆玑《毛诗草木鸟兽虫鱼疏》：“蟋蟀……幽州人谓之促织，督促之言也。吾乡谓之赚绩，其义本通。”谓“赚绩”之义，为勤心纺绩，冀有所赚。

【叫哥哥】 ciɔ$^{35-55}$ku$^{53-33}$ku$^{53-31}$ 蝈蝈儿。

【经布娘】 ciŋ$^{53-55}$ɓu$^{35-33}$ɲiæ̃$^{31-31}$ 纺织娘。经布，指用传统木织机手工织布。

【金铃子】 ciŋ$^{53-33}$ liŋ$^{31-55}$ tsɿ$^{44-31}$ 蟋蟀科针蟋亚科小虫，鸣声好听。

【胡知了】 βu$^{13-22}$ tsɿ$^{53-55}$ liɔ$^{22-53}$ 亦称“知了”。“蝉”的俗名。“胡”，词头。

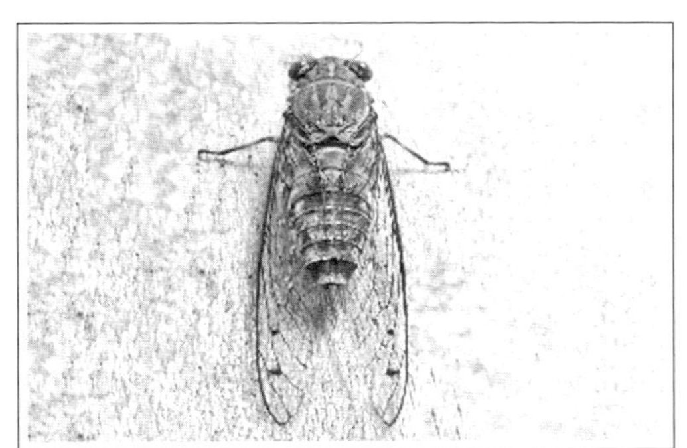

胡知了

【钥匙头】 ɦiɑʔ$^{2-2}$zɿ$^{31-22}$dɯ$^{31-22}$ 蝉的一种，即蟪蛄。因鸣声似“炎死脱—”“夜思多—”而得名。

【金胡虫】 ciŋ$^{53-35}$ βu$^{31-55}$ zoŋ$^{31-31}$ 金龟子。身体有光泽，幼虫吃作物的根和茎，是一种杂食性害虫。

【油葫芦】 ɦiɯ$^{31-13}$βu$^{31-55}$lu$^{31-31}$ 蝼蛄。

【游火虫】 ɦiɯ$^{31-13}$ɸu$^{44-55}$zoŋ$^{31-31}$ 萤火虫。

【蠓乓子】 mo$^{22-22}$ pʰæ̃$^{53-55}$ tsɿ$^{44-31}$ 俗称“马乓子”。即蠓。蠓虫可以通过叮咬对人畜等产生直接骚扰性危害，还可以通过吸血活动传播多种病原体。

【百脚】 ɓɑʔ$^{4-4}$ciɑʔ$^{4-4}$ 蜈蚣。

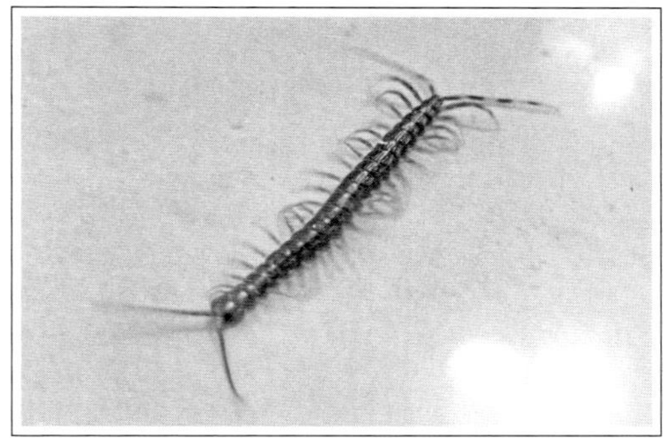

百脚

【蜒蚰】 ɦi$^{31-13}$ɦiɯ$^{31-53}$ 亦称“鼻涕虫”。蛞蝓。

【曲蟮】 cʰioʔ$^{4-4}$ ze$^{22-44}$ 蚯蚓。

【横爬】 βæ̃$^{31-13}$ bo$^{31-53}$ 河蟹。

【“骆驼”】 lɒʔ$^{2-2}$ du$^{31-53}$ 灶马。

【灶鸡】 tsɔ$^{35-53}$ci$^{53-31}$ 灶蟋。

【潜龙】 zi$^{31-13}$loŋ$^{31-53}$ 壁虎。

【蛛蛛】 tsy$^{53-35}$tsy$^{53-53}$ 蜘蛛。

蛛蛛

【铁嘴】 tʰiɪʔ$^{4-4}$tsɿ$^{44-44}$ 鼠的一种。

【污头苍蝇】 u$^{53-35}$ dɯ$^{31-53}$ tsʰɒ̃$^{53-35}$ iŋ$^{53-55}$ 亦称“污腾苍蝇”。体形较大，头部呈金黄色，常在粪便上盘旋的苍蝇。

【污蛆虫】 u$^{53-35}$ tsʰi$^{53-55}$ zoŋ$^{31-31}$ 粪蛆。

【蓑衣虫】 su$^{53-35}$ i$^{53-55}$ zoŋ$^{31-31}$ 皮虫。常作鸟饲料。

【掰梢】 gʌʔ$^{2-2}$ sɔ$^{53-53}$ 钱串子。

【白虱】 bɑʔ$^{2-2}$səʔ$^{4-2}$ 虱子。

【臭虱】 tsʰɯ$^{35-35}$səʔ$^{4-31}$ 臭虫。

【蚤虱】 tsɔ$^{44-35}$səʔ$^{4-31}$ 跳蚤。

【蛓毛】 tsʰɿ$^{35-53}$ mɔ$^{31-31}$ 亦称“蛓毛虫”“刺毛虫”。全身有毒刺的毛虫。

【缸蜗】 kɒ̃$^{53-35}$ku$^{53-53}$ 蜗牛。

【蛘子】 ɦiæ̃$^{31-13}$tsɿ$^{44-53}$ 米象。

【洋夹】 ɦiæ̃$^{31-22}$kæʔ$^{4-2}$ 亦称“洋轧”。天牛。

【土匪蛇】 tʰu$^{44-33}$ ɸi$^{53-55}$ zo$^{31-31}$ 土虺蛇,蝮蛇。

【构树】 kɯ$^{35-44}$ zy$^{13-44}$ 即谷树。果实红色,俗称“构树卵子”,酷似杨梅。谚云:“卖杨梅蚀是本,看见构树卵子伤心。”

【臭梧桐】 tsʰɯ$^{35-55}$βu$^{31-33}$doŋ$^{31-31}$ 灌木、有异味,叶煎汤服,可治风湿症。

【蟑螂花】 tsɒ̃$^{53-35}$ lɒ̃$^{31-55}$ ho$^{53-31}$ 石蒜,茎如蒜,花瓣似带,大红色,围成球状。

【族其花】 zoʔ$^{2-2}$ ɟi$^{31-55}$ ho$^{53-53}$ 蜀葵的俗称。花呈粉红色。松江话“葵”读如“巨”,转而为“其”。

【蝴蝶花】 βu$^{31-13}$ diɪʔ$^{2-5}$ ho$^{53-31}$ 鸢尾的俗称。花呈紫色。

【黄花郎】 βɒ̃$^{31-13}$ho$^{53-55}$lɒ̃$^{31-31}$ 蒲公英的俗称。

【花花娘子】 ho$^{53-35}$ho$^{53-55}$ɲiæ̃$^{31-33}$tsɿ$^{44-31}$ 牛蒡的俗称。

【东洋草】 ɗoŋ$^{53-35}$ ɦiæ̃$^{31-55}$ tsʰɔ$^{44-31}$ 亦称“木排草”。水花生。

【赚绩丝草】 zɛ$^{22-22}$ tsiʌʔ$^{4-5}$ sɿ$^{53-53}$ tsʰɔ$^{44-44}$ 亦称“蛄蛔丝草”。马唐草。茎尖有分岔,劈开后出现纤维,持之以逗引蟋蟀。

【艾蓬】 ŋe$^{13-22}$boŋ$^{31-22}$ 香艾。

【水落小菜】 sɿ$^{44-35}$lɒʔ$^{2-31}$siɔ$^{44-35}$tsʰe$^{35-31}$ 泛指蔬菜。

【苋菜】 hɛ$^{35-44}$tsʰe$^{35-44}$ 一种茎细长的蔬菜,叶暗紫色或绿色。苋,松江话音近“嗨”。

【野苋菜】 ɦia$^{22-24}$hɛ$^{35-33}$tsʰe$^{35-31}$ 刺苋。茎可食用,称“苋菜梗”。无刺的叫“凹头苋”。

【荠菜】 zi$^{22-22}$ tsʰe$^{35-35}$ 一种叶子呈羽状分裂的蔬菜,野生为主。荠,老派松江话读如“树”,新派读如“贱”。

【莼菜】 zəŋ$^{31-24}$ tsʰe$^{35-31}$ 多年生水草,叶子椭圆形,嫩叶可做汤菜。

【草头】 tsʰɔ$^{44-35}$ dɯ$^{31-31}$ 苜蓿的嫩叶。

【马兰】 mo$^{22-24}$ lɛ$^{31-31}$ 亦称“马兰头”。一种叶子形状与菊花相似的蔬菜,野生为主。

【蒿菜】 hɔ$^{53-55}$tsʰe$^{35-31}$ 茼蒿。

【蕹菜】 oŋ$^{53-55}$tsʰe$^{35-31}$ 空心菜。

【花菜】 ho$^{53-55}$ tsʰe$^{35-31}$ 花椰菜。

【香菜】 çiæ̃$^{53-55}$tsʰe$^{35-31}$ 芫荽。茎叶可生食,为菜肴中的配料。

【生菜】 sæ̃$^{53-55}$ tsʰe$^{35-31}$ ① 叶用莴笋。② 一种由西方传入的蔬菜,叶如大白菜形,生食。

【地匍】 di$^{13-24}$ bu$^{31-31}$ 瓠子的俗称。

【茭白】 kɔ$^{53-53}$bɑʔ$^{2-31}$ 菰。

【萝卜】 lɔ$^{31-22}$boʔ$^{2-2}$ 老派松江话“萝卜”读若“老卜”。

【番茄】 ɸɛ$^{53-35}$gɑ$^{31-53}$ 西红柿。

【胡葱】 βu$^{31-13}$ tsʰoŋ$^{53-53}$ 大葱。

【洋葱头】 ɦiæ̃$^{31-13}$tsʰoŋ$^{53-55}$dɯ$^{31-31}$ ① 洋葱。② 被敲竹杠的外国人。自动受骗被敲诈者称“侬头”(俗作“踵头”或“冲头”),与“葱头”谐音。

【芋艿】 ɦy$^{13-22}$nɑ$^{22-22}$ 多年生草本植物,块茎可食用。

【红花头】 ɦoŋ$^{31-13}$ho$^{53-55}$dɯ$^{31-31}$ 紫云英。

红花头

【香椿头】 çiæ̃$^{53-35}$tsʰəŋ$^{53-55}$dɯ$^{31-31}$ 香椿的嫩枝。

香椿头

【黄连头】 βɒ̃$^{31-13}$li$^{31-55}$dɯ$^{31-31}$　黄连的嫩枝。

【金花头】 ciŋ$^{53-35}$ho$^{53-55}$dɯ$^{31-31}$　亦称“金花菜”。南苜蓿。

【雪里蕻】 siɪʔ$^{4-4}$li$^{22-44}$hoŋ$^{35-44}$　亦称“雪里红”。芥菜的变种,通常腌制后食用。

【苔心菜】 de$^{31-13}$siŋ$^{53-55}$tsʰe$^{35-31}$　油菜。

【鸡毛菜】 ci$^{53-35}$mɔ$^{31-55}$tsʰe$^{35-31}$　小青菜。

【小塘菜】 siɔ$^{44-}$ dɒ̃$^{31-}$ tsʰe$^{35-31}$　小棵青菜。

【卷心菜】 cyø$^{44-35}$siŋ$^{53-33}$tsʰe$^{35-3}$　亦称“团菜”“包菜”。即结球甘蓝。

【塌棵菜】 tʰæʔ$^{4-3}$kʰu$^{53-55}$tsʰe$^{35-31}$　俗称“塌菜”“脱苦菜”。蔬菜,叶圆,呈墨绿色。叶面皱折,贴地面生长。相传古时某次松江泖湖泛滥,秋粮绝收。人们以塌棵菜充饥,生产自救,脱苦得甜。此菜遂得“脱苦”俗名。

【金针菜】 ciŋ$^{53-35}$tsəŋ$^{53-55}$tsʰe$^{35-31}$　黄花菜。

【枸杞头】 kɯ$^{44-33}$ cʰi$^{44-55}$ dɯ$^{31-31}$　亦称“枸杞藤”。枸杞的嫩叶。

【弥陀芥菜】 mi$^{31-22}$ du$^{31-22}$ kɑ$^{35-44}$ tsʰe$^{35-44}$　芥菜的一种。茎上呈瘤状突起,形似弥陀,故名。

【穄头黍】 ci$^{53-35}$ dɯ$^{31-55}$ soʔ$^{44-31}$　俗称“鸡头黍”,又称“珍珠米”“八珠米”“珠米”。玉米。穄头:稻堆。玉米棒外形与稻堆颇为相似,故名。

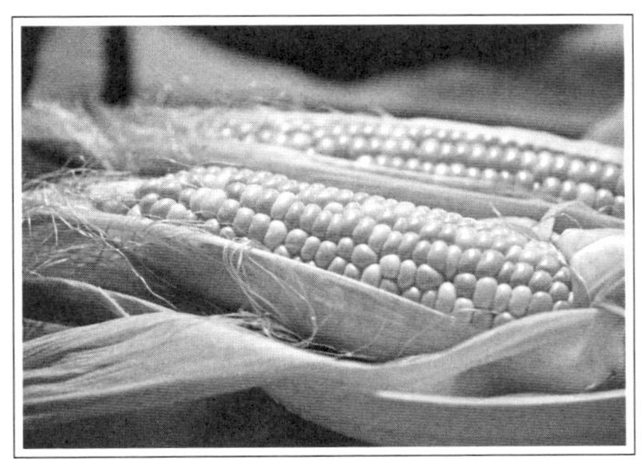

穄头黍

【毛豆】 mɔ$^{31-24}$dɯ$^{13-31}$　青色的大豆。松江有“踏扁青”“慈姑青”等优良品种。

【寒豆】 ɦø$^{31-24}$dɯ$^{13-31}$　蚕豆。明正德《松江府志》卷五《土产》:“蚕豆,一名寒豆,九月种,明年蚕时熟,故名。”

寒豆1

寒豆2

【羊眼豆】 ɦiæ̃$^{31-13}$ȵɛ$^{22-55}$dɯ$^{13-31}$　扁豆。成熟的扁豆果实的形状,颇像羊的眼睛,故名。

【小寒豆】 siɔ$^{44-33}$ɦø$^{31-55}$dɯ$^{13-31}$　亦称“小寒”。豌豆。明崇祯《松江府志》卷六《物产》:“豌豆,一名小寒,九月种,三月熟。”

【长生果】 zæ̃$^{31-13}$səŋ$^{53-55}$ku$^{44-31}$　花生。

【地栗】 di$^{13-24}$liɪʔ$^{2-31}$　亦称“地梨”“地力”。荸荠。

地栗

【落苏】 lɒʔ$^{2-2}$su$^{53-53}$ 茄子。茄子原产南亚，后经我国南方少数民族地区逐步推进到长江南岸、东海之滨。潘征峰《苗汉词典》记苗语“茄子”为LWS，读音类“落苏”。语言学家邢公畹调查记录的中国南方少数民族莫家语、侬语、偻语、布依语关于“茄子”的读音也跟“落苏”颇为接近。今浙江杭州、金华诸地方言也作“落苏”。

落苏

【茨菰】 zɿ$^{31-13}$ ku$^{53-53}$ 俗称“慈姑”。生在水田里，叶子像箭头，地下球茎可食用。

【洋山芋】 ɦiæ̃$^{31-13}$sɛ$^{53-55}$ɦy$^{13-31}$ 亦称“洋芋艿”。土豆。

【孵鸡笋】 bu$^{13-22}$ ci$^{53-22}$ səŋ$^{44-22}$ 亦称“孵鸡头”“孵鸡头笋”。正当孵小鸡时长出的一种竹笋。

【毛笋】 mɔ$^{31-13}$ səŋ$^{44-53}$ 毛竹的笋。

【萵苣笋】 u$^{53-35}$cy$^{53-55}$səŋ$^{44-31}$ 亦称“萵笋”“香萵笋”“乌笋”。茎用萵笋。

【芦笋】 lu$^{31-13}$ səŋ$^{44-53}$ 即“石刁柏”。一种绿色、长茎的蔬菜，口感如笋。

【蒲桃】 bu$^{31-33}$ dɔ$^{31-31}$ 核桃。核桃本出西域羌胡，故称“胡桃”。公元319年，前赵大将石勒占据中原，建立后赵。因其忌讳“胡”字，故将“胡桃”改名为“核桃”，此名延续至今。松江话“蒲桃”“胡桃”谐音。

【饭瓜】 βɛ$^{13-22}$ko$^{53-22}$ 南瓜。因南瓜含有丰富淀粉，可煮食代饭，救荒充饥，故名。

饭瓜

【黄狼饭瓜】 βɒ̃$^{31-13}$ lɒ̃$^{31-53}$ βɛ$^{13-22}$ ko$^{53-22}$ 南瓜优良品种。瓜形呈长棒槌形，横置地上，酷似黄鼠狼，故名。

【白蒲枣】 bɑʔ$^{2-2}$bu$^{31-55}$ʦɔ$^{44-53}$ 鲜枣。

【金柑】 ciŋ$^{53-53}$kəʔ$^{4-31}$ 即“金橘”。柑，松江话音“葛”。

【洋瓜】 ɦiæ̃$^{31-13}$ ko$^{53-53}$ 亦称“黄金瓜”。黄色的酥瓜。

【白梨头瓜】 bɑʔ$^{2-2}$ li$^{31-55}$ dɯ$^{31-55}$ ko$^{53-31}$ 甜瓜。白皮白瓤。味甜似梨。

【青皮绿玉瓜】 ʦʰiŋ$^{53-35}$ bi$^{31-53}$ loʔ$^{2-2}$ ɲyoʔ$^{2-5}$ ko$^{53-53}$ 亦称“青皮绿肉瓜”。甜瓜。青皮绿瓤。玉，松江话音“肉”。

青皮绿玉瓜

【芦粟】 lu$^{31-22}$soʔ$^{4-2}$ 亦称“甜芦粟”。甜高粱的变种，其茎甜如甘蔗。

【鞋蟆叶】 ɦɑ$^{31-22}$ mo$^{31-22}$ ɦiɪʔ$^{2-2}$ 车前草的俗称。

【生瓜】 sæ̃$^{53-35}$ ko$^{53-53}$ 亦称“水生瓜”。腌制酱瓜的原料。

【水红菱】 sɿ$^{44-33}$ɦoŋ$^{31-55}$liŋ$^{31-31}$ 颜色红艳，有角的菱。鲜嫩可口，以松江草长浜所产为最好吃。

水红菱

【和尚菱】 βu$^{31-22}$zɒ̃$^{13-22}$liŋ$^{31-22}$ 没有角的菱。

【腰菱】 iɔ$^{53-35}$liŋ$^{31-53}$ 两角弯长的菱，多熟食。

【金钩子】 ciŋ$^{53-35}$kɯ$^{53-55}$ʦɿ$^{44-31}$ 拐枣。民间作为醒酒食物。

【梗子】 kæ̃$^{44-35}$ʦɿ$^{44-31}$ 植物的茎。

【蕊头】 ɲy$^{22-24}$ dɯ$^{31-31}$ 花蕾。

【蒂驮】 ɗi$^{35-53}$ du$^{31-31}$ 亦称“蒂陀”。花或瓜果与枝茎相连的部分。

【茅针】 mɔ$^{31-13}$ ʦəŋ$^{53-53}$ 茅草的嫩蕊，可食。

房　舍

【宅基】 zɑʔ$^{2-3}$ ci$^{53-31}$ 房屋的地基。通常指房屋面积、建房的土地。旧时“大宅基”泛指大户人家。

【工房】 koŋ$^{53-35}$ βɒ̃$^{31-53}$ 统一建造的，式样、结构、设备等大致相同的职工住房。

【街面房】 kɑ$^{53-55}$ mi$^{13-33}$ βɒ̃$^{31-31}$ 面街的房子，大多开设店铺。

【老屋】 lɔ$^{22-35}$ oʔ$^{4-ʔ31}$ 祖传的旧屋。

【开间】 kʰe$^{53-35}$kɛ$^{53-53}$ 一进房屋的间数。

【进深】 tsiŋ$^{35-53}$səŋ$^{53-31}$ 房子的规模深度。

【埭】 dɑ^{13} 旧式建筑宅院前后房舍的层次，即“进”。

【庭心】 diŋ$^{31-13}$siŋ$^{53-53}$ 院子、天井。

【门臼】 məŋ$^{31-13}$ɟiɯ$^{22-53}$ 亦称“门隐子”。装在门槛上承门的石榫或木榫。

【石磉子】 zɑʔ$^{2-2}$sɒ̃$^{53-55}$ʦɿ$^{44-53}$ 柱下石；柱下基石。传统建筑中房屋柱子下面的垫石，防潮，避免木柱腐蚀。

【石库门】 zɑʔ$^{2-2}$ kʰu$^{35-55}$ məŋ$^{31-31}$ 亦称“宅库门”。大门框子用石头砌成，故名。通常进门为天井，正屋两侧为厢房，二层楼，建筑结构紧凑。

【夹弄】 kæʔ$^{4-4}$loŋ$^{13-35}$ 亦称“墙夹弄”。两边为高墙的小胡同，多数走不通。

【弄堂】 loŋ$^{13-22}$dɒ̃$^{31-22}$ 小巷。

【裙子板】 ɟioŋ$^{31-24}$ʦɿ$^{44-33}$ɓɛ$^{44-31}$ 旧式民居楼窗下的木板。

【板壁】 ɓɛ$^{44-35}$ɓiʌʔ$^{4-31}$ 用来分隔房间的一排木板。

【砖街】 ʦe$^{53-35}$kɑ$^{53-53}$ 砖侧砌的街面或通道。

【风火墙】 ɸoŋ$^{53-55}$ɸu$^{44-33}$ziæ̃$^{31-31}$ 旧时楼房的山墙，砌成阶梯形状，有防火的作用。

【墙门间】 ziæ̃$^{31-13}$məŋ$^{31-55}$kɛ$^{53-31}$ 亦称“脚门间”。旧时民宅头一进正中一间，一般有六扇大门（即“墙门”）。

【墙门头】 ziæ̃$^{31-13}$məŋ$^{31-55}$ dɯ$^{31-53}$ 亦称“大墙门”。指旧时大户人家有高大围墙的住宅。

【山头】 sɛ$^{53-35}$dɯ$^{31-53}$ 房屋两侧墙上端的三角形部分。

【房间】 βɒ̃$^{31-13}$ kɛ$^{53-53}$ 泛指屋子，专指卧室。

【次间】 ʦʰɿ$^{35-53}$ kɛ$^{53-31}$ 后厢房。

【灶头间】 ʦɔ$^{35-44}$dɯ$^{31-44}$kɛ$^{53-53}$ 亦称“灶披间”“灶间”。厨房的俗称。

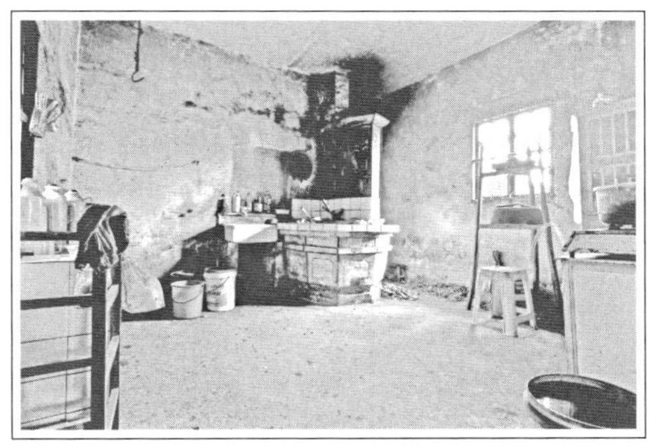

灶头间

【杂作间】 zəʔ$^{2-2}$ ʦɒʔ$^{4-5}$ kɛ$^{53-53}$ 住宅中堆放杂物、操作家务的小屋。

【地阁间】 di$^{13-22}$ kɒʔ$^{4-5}$ kɛ$^{53-53}$ 地板铺地的房间。

【马桶间】 mo$^{22-22}$ doŋ$^{22-55}$ kɛ$^{53-31}$ 卫生间。

【坑棚间】 kʰæ̃$^{53-35}$bæ̃$^{31-55}$kɛ$^{53-31}$ 旧时厕所。粪坑上放两块木板，供大便时踏脚。

【地落】 di$^{13-24}$lɒʔ$^{2-31}$ 造屋前所打的地基。旧时民间建房主要用三合土（碎砖）夯实。

【廊柱】 lɒ̃$^{31-13}$zy$^{13-53}$ 支撑房屋梁木的柱子。

【户槛】 βu$^{22-24}$ kʰɛ$^{44-31}$ 门槛。

户槛

【门樘子】 məŋ$^{31-13}$ dɒ̃$^{31-55}$ ʦɿ$^{44-31}$ 门框。

门樘子

【捉漏】 ʦɒʔ$^{4-4}$ lɯ$^{13-35}$ 亦称“筑漏”。修理房子屋顶漏水。

【摇杆】 ɦiɔ$^{13-22}$ kø$^{44-22}$ 门窗上的轴。

【拳头】 ɟyø$^{31-13}$dɯ$^{31-53}$ 固定在门窗上，与搭钮相配的小铁环。

【搭钮】 ɗæʔ$^{4-4}$ ɲiɯ$^{22-44}$ 钉吊儿，加在“拳头”上的有孔的铁襻；形似阿拉伯数码的8。

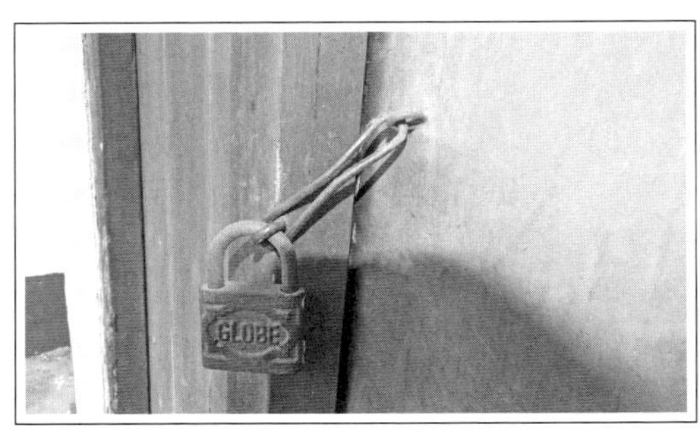

拳头和搭钮

【踏步级】 dæʔ$^{2-2}$ bu$^{13-55}$ ciʌʔ$^{4-253}$ 大门口或厅堂前的石级。

【枪篱】 ʦʰiæ̃$^{53-35}$li$^{31-53}$ 亦称“枪篱笆”。篱笆。《汉语大词典》：“枪，削尖的竹木片。供编篱用。”

【露台】 lu$^{13-22}$de$^{31-22}$ 晒台。

【窗闼】 ʦʰɒ̃$^{53-53}$ dæʔ$^{2-31}$ 上下开启的木板窗，开窗后用木棍支撑。街面房子的小店多为窗闼式，开窗开店，关窗关店。闼，松江话音“达”。

【独门独户】 doʔ$^{2-2}$ məŋ$^{31-55}$ doʔ$^{2-2}$ βu$^{22-22}$ 单家独户。

器物用具

【物事】 məʔ$^{2-2}$ zɿ$^{13-35}$ 泛指器物。

【家生】 kɑ$^{53-35}$ sæ̃$^{53-53}$ 泛指用具。

【屋肚肠】 oʔ$^{4-3}$ du$^{22-55}$ zæ̃$^{31-53}$ 家具的俗称。

【硬头家生】 ŋæ̃$^{13-22}$dɯ$^{31-22}$kɑ$^{53-22}$sæ̃$^{53-22}$ 木器家具。

【被头柜】 bi$^{22-24}$ dɯ$^{31-33}$ ɟy$^{13-31}$ 放置被褥等的柜子。

【踏板】 dæʔ$^{2-2}$ ɓɛ$^{44-22}$ 亦称“床踏板”。放在大床前面的一块木板。板上通常一头置马桶，一头置鞋箱或衣物箱。

【大橱】 du$^{13-22}$zy$^{31-22}$ 大衣柜，大立柜。旧

大橱

式大橱大多是两门，分为上下两截，表面饰吉祥图案或素面。新式大橱大多是三门，上下一体，中分数格。三门或多门橱配有穿衣镜。

【镜台】 ciŋ$^{35-53}$ de$^{31-31}$ 安有大镜子的梳妆台。

【穿】 tsʰe^{53} 桌椅下部起连接作用的横木。分别称“台子穿”“凳穿”。

【杌子】 ŋəʔ$^{2-2}$ tsɿ$^{44-22}$ 亦称“酒杌”。方凳。

杌子

【骨牌凳】 kuəʔ$^{4-3}$bɑ$^{31-55}$ɗəŋ$^{35-31}$ 凳面呈长方形，如骨牌，故名。

【栲栳椅】 kʰəʔ$^{4-4}$lɔ$^{22-44}$y$^{44-44}$ 交椅。

【太师椅】 tʰɑ$^{35-55}$sɿ$^{53-33}$y$^{44-31}$ 旧式靠背木椅子。

【戤背椅子】 gɛ$^{13-11}$ ɓəʔ$^{4-5}$ y$^{44-33}$ tsɿ$^{44-31}$ 靠背椅。

戤背椅子

【懒凳】 lɛ$^{22-22}$ ɗəŋ$^{35-35}$ 旧时放在墙门间内供下人休息的长凳，比一般长凳更长更宽，可坐可卧。

【春凳】 tsʰəŋ$^{53-55}$ɗəŋ$^{35-31}$ 旧时放在卧室内的带有抽屉的长凳，可坐三四人，也可供躺卧。

【烧火凳】 sɔ$^{53-35}$ɸu$^{44-55}$ɗəŋ$^{35-31}$ 长条形矮凳，放在灶后供烧火者坐。

【脚箱】 ciɑʔ$^{4-4}$siæ̃$^{53-53}$ 箱柜。

【洋箧】 ɦiæ̃$^{31-22}$ kæʔ$^{4-2}$ 亦称“拎箱”。旧时称手提的木板箱。

【竹榻】 tsʰoʔ$^{4-4}$tʰæʔ$^{4-4}$ 竹制床垫、卧榻。

【汤婆子】 tʰɒ̃$^{53-35}$bu$^{31-55}$tsɿ$^{44-31}$ 亦称“汤壶”。冬天供床上取暖的用具。

汤婆子

【脚炉】 ciɑʔ$^{4-4}$lu$^{31-53}$ 冬天烘脚的铜炉，盖上有小孔，里面燃烧炭墼、砻糠等。

脚炉

【拦床棒】 læʔ$^{31-13}$zɒ̃$^{31-55}$bɒ̃$^{22-31}$ 帐子放下后，放在床口压住帐门的木棍。

【褥单】 ɲioʔ$^{2-2}$dɛ$^{53-53}$ 床单。

【枕头衣】 ʦəŋ$^{35-55}$dɯ$^{31-33}$i$^{53-31}$ 枕巾。

【被封筒】 bi$^{22-22}$ɸoŋ$^{53-55}$doŋ$^{31-31}$ 被子叠成的袋状被窝。

【被横头】 bi$^{22-22}$βæ̃$^{31-55}$dɯ$^{31-31}$ ① 被子的两头。② 在被子的一头缝上的布片或毛巾，易拆洗，可保持被横干净。

【脚踏车】 ciɑʔ$^{4-3}$dæʔ$^{2-5}$ʦʰo$^{53-53}$ 自行车。

【坐车】 zu$^{22-24}$ʦʰo$^{53-31}$ 童车。

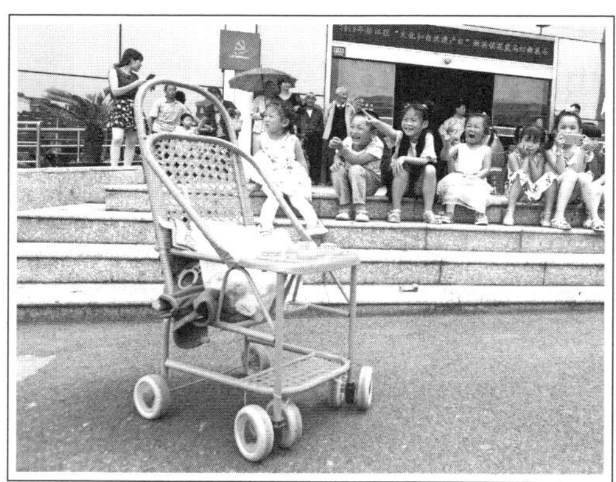

坐车

【箧篮】 ɯ$^{53-35}$ lɛ$^{31-53}$ 摇篮。

【立囤】 liɪʔ$^{2-2}$dəŋ$^{22-22}$ 供幼儿站立用的木制圆筒，底大口小，中间有板隔开，桌子般高，也有用稻草扎成的。

立囤

【河篮】 βu$^{31-13}$lɛ$^{31-53}$ 竹编洗菜用的大篮。

【罩篮】 ʦɔ$^{35-53}$lɛ$^{31-31}$ 盛菜肴的竹篮，有盖。

罩篮

【饭篮】 βɛ$^{13-22}$lɛ$^{31-22}$ 竹编有盖和提梁，盛米饭的圆篮。

饭篮

【元宝篮】 ɲyø$^{31-24}$ɓɔ$^{44-33}$lɛ$^{31-31}$ 形似元宝的竹篮。旧时买菜时用。

元宝篮

【尺盆】 tsʰɑʔ$^{4-4}$bəŋ$^{31-53}$ 特大的瓷盆。

【工碗】 koŋ$^{53-35}$ue$^{44-53}$ 粗瓷大碗。

【海碗】 he$^{44-35}$ue$^{44-31}$ 特大瓷碗。

【汤盏】 tʰɒ̃$^{53-35}$tsɛ$^{44-31}$ 瓷饭碗。

【调羹】 diɔ$^{31-13}$ kæ̃$^{53-53}$ 亦称“祭勺”“瓢羹”。汤匙。

【汤罐】 tʰɒ̃$^{53-55}$kue$^{35-31}$ 亦称“眼井”。灶上水锅。

【发鑊】 ɸæʔ$^{4-4}$ɦɒʔ$^{2-4}$ 灶上利用余热的小铁锅。

【铜勺】 doŋ$^{31-22}$zɒʔ$^{2-2}$ 舀水工具，常置汤罐上。

铜勺

【砧墩】 tsəŋ$^{53-55}$ɗəŋ$^{53-55}$ 切菜用的砧板。

【盖碗】 ke$^{35-53}$ue$^{44-31}$ 有盖的小瓷碗。

【铲刀】 tsʰɛ$^{44-35}$ɗɔ$^{53-31}$ 锅铲。

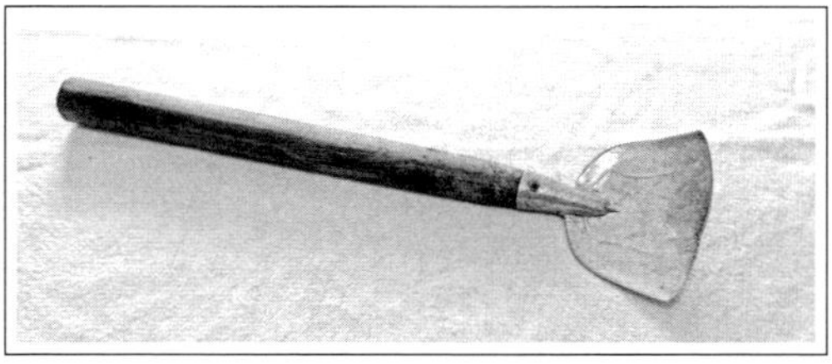
铲刀

【钢宗锅子】 kɒ̃$^{53-35}$ tsoŋ$^{53-55}$ ku$^{53-33}$ tsɿ$^{44-31}$ 钢精锅。

【铞子】 ɗiɔ$^{35-53}$ tsɿ$^{44-31}$ 亦称“水铞子”“铫子”。烧水壶。

【饭格】 βɛ$^{13-24}$ kɑʔ$^{4-\text{ʔ}31}$ / βɛ$^{13-22}$ kɑʔ$^{4-5}$ tsɿ$^{44-31}$ 亦称“饭格子”。饭盒子。

【勿得锅】 uəʔ$^{4-3}$ɗʌʔ$^{4-5}$ ku$^{53-53}$ 不粘锅。得：粘。

【猫叹气】 mɔ$^{31-22}$tʰɛ$^{35-22}$cʰi$^{35-22}$ 有盖的陶器，盖重，钵口有槽，猫无法拱掉其盖偷食。故名。

【猫昏图】 mɔ$^{31-13}$ ɸəŋ$^{53-55}$ du$^{31-31}$ 亦称“猫昏陀”。一种儿童玩具。细绳穿着一个圆形小木盒，拉动绳子，木盒会发出猫打鼾似的声音，故名。昏图：合音为“呼”，打鼾。

【鐾来火】 bi$^{13-22}$lɛ$^{31-22}$ɸu$^{44-22}$ 亦称“自来火”。火柴。

【节节高】 tsiɪʔ$^{4-3}$tsiɪʔ$^{4-5}$kɔ$^{53-53}$ 留有短枝的晾衣竹。

节节高

【丫杈头】 o$^{53-35}$ ʦʰo$^{53-55}$ dɯ$^{31-31}$ 一端安有丫形小架的小棍、把衣物送至高处的工具。

【图书】 du$^{31-13}$ sy$^{53-53}$ 图章,多指私人名章。书,松江话音“虚”。

【印色】 iŋ$^{35-35}$ sʌʔ$^{4-?31}$ 印泥。

【搛捻】 ciɪʔ$^{4-3}$ ɲi$^{22-53}$ 镊子。

【料泡】 liɔ$^{13-22}$pʰɔ$^{35-35}$ 煤油灯上的玻璃罩子。

【卵脬灯】 lø$^{22-22}$pʰɔ$^{53-55}$ɗəŋ$^{53-31}$ 旧称廉价的小灯笼,多为白色。

【鸭脚扇】 æʔ$^{4-4}$ciɑʔ$^{4-4}$se$^{35-44}$ 油纸扇。形似鸭掌,故名。

【信壳】 siŋ$^{35-35}$kʰɒʔ$^{4-31}$ 旧称信封。

【信肉】 siŋ$^{35-35}$ɲioʔ$^{2-31}$ 指信件本身。

【团箕】 dø$^{31-13}$ci$^{53-53}$ 亦称“团几”。用竹篾编成的盛器。圆形,边沿较浅,底部无孔。

【拍子 】 pʰɑʔ$^{4-4}$ʦɿ$^{44-44}$ ① 拍打东西的用具。如:羽毛球～。② 亦称“节拍”,音乐节奏单位。如:跟牢～跳舞。③ 性子;脾气;风格(多用于贬义)。如:搿种怀～,啥人吃得消。

服 饰

【衣裳刮草】 i$^{53-55}$zɒ̃$^{31-33}$kuæʔ$^{4-3}$ʦʰɔ$^{44-31}$ 衣被鞋帽的总称。

【杜布】 du$^{22-22}$ɓu$^{35-35}$ 亦称“老布”。手工纺织的布,即土布。

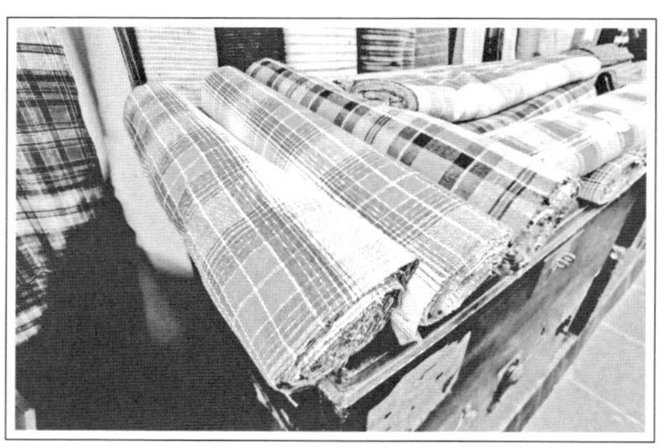

杜布

【洋布】 ɦiæ̃$^{31-24}$ɓu$^{35-31}$ 机织布。

【蚂蚁布】 mo$^{22-24}$ ɲi$^{22-33}$ ɓu$^{35-31}$ 蓝纱经、白纱纬织成蓝白混杂如蚁而得名的布。

【兜头布】 ɗɯ$^{53-35}$ dɯ$^{31-55}$ ɓu$^{35-31}$ 亦称“兜头手巾”。农村妇女在田间禾场劳作时包扎头部的方块布,用以遮阳挡风防尘。

【衲】 nəʔ^{2} 尿布。

【料作】 liɔ$^{13-24}$ʦɒʔ$^{4-31}$ 衣料。

料作(1993年摄于松江百货一店)

【纽子】 ɲiɯ$^{22-24}$ʦɿ$^{44-31}$ 纽扣。

纽子

【纽襻】 ɲiɯ$^{22-22}$pʰɛ$^{35-35}$ 纽扣套子。

纽襻

【绢头】 cyø$^{35-53}$dɯ$^{31-31}$ 手帕。

【裹裙】 ku$^{44-35}$ɟioŋ$^{31-31}$ 婴孩包裙。

【蜡烛包】 læʔ$^{2-2}$tsoʔ$^{4-5}$ɓɔ$^{53-53}$ 包裹婴儿的小被包。包法如同包蜡烛，故名。

【油衣】 ɦiɯ$^{31-13}$i$^{53-53}$ 泛指用防水布或塑料薄膜做的雨衣。

【饭单】 βɛ$^{13-22}$ɗɛ$^{53-22}$ 围裙。工作时围在身前以保护衣服。

【单层布衫】 ɗɛ$^{53-35}$zəŋ$^{31-55}$ɓu$^{35-33}$sɛ$^{53-31}$ 单衬衣。

【衬里布衫】 tsʰəŋ$^{35-44}$li$^{22-44}$ɓu$^{35-55}$sɛ$^{53-31}$ 衬衫、内衣。

【衬里裤子】 tsʰəŋ$^{35-44}$li$^{22-44}$kʰu$^{35-55}$tsɿ$^{44-31}$ 衬裤、内裤。

【秃笼】 tʰoʔ$^{4-4}$loŋ$^{31-53}$ 亦称"秃拢"。长袍里除衬衣外没有别的衣服的穿衣方式。

【扯襟】 tsʰɑ$^{44-35}$ciŋ$^{53-31}$ 衣襟呈斜线，今多见于婴儿衣服。

【馋围袋】 zɛ$^{31-13}$ ɦy$^{31-55}$ de$^{13-31}$ 小儿围脖。围，松江话音"余"。

【围身布襕】 ɦy$^{31-22}$ səŋ$^{53-22}$ ɓu$^{35-22}$ lɛ$^{31-22}$ 旧时围裙。

【赤膊背心】 tsʰɑʔ$^{4-4}$ ɓoʔ$^{4-4}$ ɓe$^{35-53}$ siŋ$^{53-31}$ 汗背心。

【老头衫】 lɔ$^{22-22}$ dɯ$^{31-55}$ sɛ$^{53-31}$ 低圆领的汗衫。老年男子穿的居多。

【棉箭衣】 mi$^{31-22}$tsi$^{35-22}$ i$^{53-22}$ 棉袍子。

【睏衣睏裤】 kʰuəŋ$^{35-53}$ i$^{53-31}$ kʰuəŋ$^{35-44}$ kʰu$^{35-44}$ 睡衣睡裤。

【领套】 liŋ$^{22-22}$tʰɔ$^{35-35}$ 脖套。

【牛头裤】 ɲiɯ$^{31-13}$ dɯ$^{31-55}$ kʰu$^{35-31}$ 三角裤。

【假袖】 kɑ$^{44-44}$ziɯ$^{13-44}$ 亦称"袖套"。套袖。

【假领头】 kɑ$^{44-33}$ liŋ$^{22-55}$ dɯ$^{31-31}$ 亦称"节约领"。为节约衣料，扣在脖子上的衬衫领子，下面无衬衫。

【破连肩】 pʰu$^{35-55}$li$^{31-33}$ci$^{53-31}$ 打过补丁的旧衣。

【半笼指】 ɓe$^{35-44}$loŋ$^{31-44}$tsɿ$^{44-53}$ 亦称"半笼子"。绒线编结的没有手指部分的手套。戴上后手指裸露在外，方便干活。

【夹鞋】 kæʔ$^{4-4}$ɦɑ$^{31-53}$ 布鞋。

【套鞋】 tʰɔ$^{35-53}$ɦɑ$^{31-31}$ 雨鞋。

【蚌壳棉鞋】 bæ̃$^{13-22}$kʰɒʔ$^{4-5}$mi$^{31-33}$ɦɑ$^{31-31}$ 老式棉鞋，鞋帮状如蚌壳。

蚌壳棉鞋

【蒲鞋】 bu$^{31-13}$ɦɑ$^{31-53}$ 用蒲草或稻草编织的鞋。

【木拖】 mɔʔ$^{2-2}$tʰu$^{53-53}$ 木屐。

【铁马】 tʰiɪʔ$^{4-4}$mo$^{22-44}$ 亦称"轧叉"。即发夹。

【踏缝纫机】 dæʔ^{2} βoŋ$^{31-24}$ zəŋ$^{13-33}$ ci$^{53-31}$ 亦称"踏铁车""踏洋车"。踩缝纫机。

【针线笾】 tsəŋ$^{53-55}$ si$^{35-33}$ ɓi$^{44-31}$ 放针线的圆形竹器。

【扎鞋底】 tsæʔ$^{4-3}$ɦɑ$^{31-55}$ɗi$^{44-53}$ 纳鞋底。

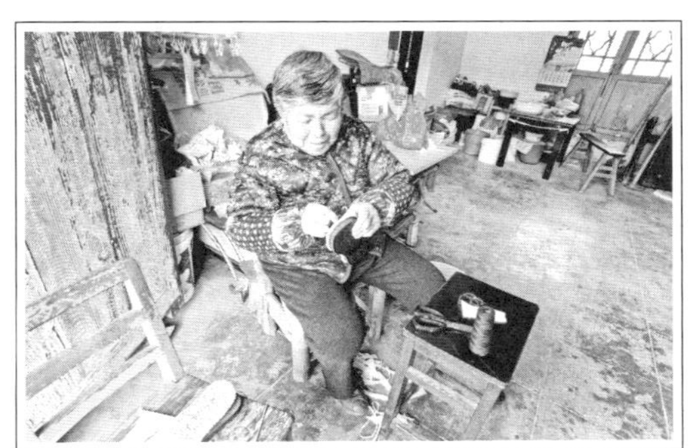

扎鞋底

【剪料作】 tsi$^{44-44}$liɔ$^{13-44}$ tsɒʔ$^{4-ʔ53}$ 买布。

【头箍】 dɯ$^{31-13}$ku$^{53-53}$ 妇女戴在头上，用于装饰和束拢头发。

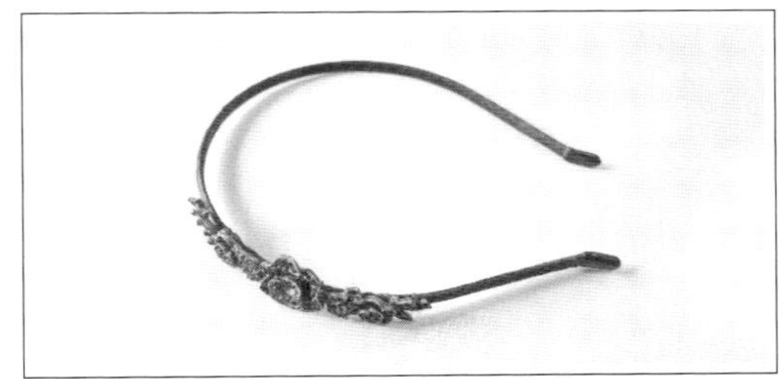

头箍

【开衫】 kʰe$^{53-53}$sɛ$^{53-31}$ 开襟的针织上衣。

【嘴套】 tsɿ$^{44-44}$tʰɔ$^{35-44}$ 口罩。

身体、疾病

【上额】 zɒ̃$^{13-24}$ ŋɒʔ$^{4-31}$ 上腭。

【结箍】 ciɪʔ$^{4-4}$ ku$^{53-53}$ 亦称“结箍肉”。面颊。“结”是“颊”的音变。

【酒靥】 tsiɯ$^{44-35}$iɪʔ$^{4-31}$ 亦称“酒靥潭”。酒窝。

【腡】 lu^{3} 手指纹。圆形的称“腡”,不呈圆形的称“畚箕”。

【节掐】 tsiɪʔ$^{4-4}$ kʰæʔ$^{4-4}$ 指甲。

【脉息窠】 mɑʔ$^{2-2}$siɪʔ$^{4-5}$kʰu$^{53-5}$ 手腕内侧。

【肉皵皮】 ȵioʔ$^{2-2}$tsʰiɑʔ$^{4-5}$bi$^{31-53}$ 指甲旁的皮刺。

【食肚】 zʌʔ$^{2-2}$ɗu$^{44-22}$ 胃。

【腰子】 iɔ$^{53-35}$tsɿ$^{44-53}$ 肾脏。

【手骱子】 sɯ$^{44-33}$gɑ$^{13-55}$tsɿ$^{44-31}$ 手腕。

【节头骨】 tsiɪʔ$^{4-3}$dɯ$^{31-55}$kuəʔ$^{4-31}$ 手指头。

【脚块子】 ciɑʔ$^{4-3}$ kʰue$^{35-55}$ tsɿ$^{44-31}$ 脚踝。

【脚板头】 ciɑʔ$^{4-3}$ɓɛ$^{44-55}$dɯ$^{31-53}$ 脚板。

【背脊骨】 ɓe$^{35-33}$tsiɪʔ$^{4-5}$kuəʔ$^{4-31}$ 脊柱。

【胳落作】 kəʔ$^{4-3}$ lɔ$^{22-55}$ tsɔ$^{44-31}$ 胳肢窝。

【髈哈赖】 pʰɒ̃$^{44-33}$ hɑ$^{53-55}$ lɑ$^{53-31}$ 腹股沟。

【脚馒头】 ciɑʔ$^{4-3}$me$^{31-55}$dɯ$^{31-53}$ 膝盖。

【节节骱骱】 tsiɪʔ$^{4-4}$ tsiɪʔ$^{4-4}$ gɑ$^{13-22}$ gɑ$^{13-35}$ 各个关节。

【臂撑子】 ɓi$^{35-33}$tsʰæ̃$^{35-55}$tsɿ$^{44-31}$ 胳膊肘儿。

【脚底板】 ciɑʔ$^{4-3}$ɗi$^{44-55}$ɓɛ$^{44-53}$ 脚掌。

【黄鱼肚皮】 βɒ̃$^{31-13}$ɦŋ̍$^{31-55}$du$^{22-33}$bi$^{31-31}$ 小腿肚。

【眼乌珠】 ŋɛ$^{22-22}$u$^{53-55}$tsy$^{44-31}$ 眼珠。

【眼仙人】 ŋɛ$^{22-22}$ si$^{53-55}$ ȵiŋ$^{31-31}$ 瞳孔。

【眼泡皮】 ŋɛ$^{22-22}$pʰɔ$^{35-55}$bi$^{31-31}$ 眼皮。

【眍眼】 kʰɯ$^{53-35}$ ŋɛ$^{22-53}$ 亦称“眗眼”。肉里眼。眍:眼睛深凹。

【保身价】 ɓɔ$^{44-35}$ səŋ$^{53-33}$ kɑ$^{53-31}$ 亦称“保身家”。爱惜自己的身体。

【长发头里】 tsæ̃$^{31-13}$ ɸæʔ$^{4-5}$ dɯ$^{31-31}$ li$^{22-22}$ 生长发育旺盛时期;青春期。

【拖身体】 tʰu^{53} səŋ$^{53-35}$ tʰi$^{44-53}$ 妇女有孕在身。

【拆身体】 tsʰɑʔ$^{4-3}$ səŋ$^{53-55}$tʰi$^{44-53}$ 使身体健康受到伤害。

【臀宫】 dəŋ$^{31-13}$ koŋ$^{53-53}$ 肛门。

【胎本】 tʰe$^{53-35}$ɓəŋ$^{44-53}$ 体质。

【医里】 i$^{53-35}$ li$^{22-53}$ 指健康状况。身体不适叫“医里勿好”。

【身斤】 səŋ$^{53-35}$ciŋ$^{53-53}$ 体重。

【左叠牙】 tsi$^{35-33}$ dəʔ$^{2-5}$ ŋɑ$^{31-53}$ 上牙扣在下齿后。左,松江话音“寄”。

【剔牙齿】 tʰiʌʔ$^{4-3}$ ŋɑ$^{31-55}$ tsʰɿ$^{44-53}$ 拔牙。

【龅牙】 tsʰiæ̃$^{53-35}$ ŋɑ$^{31-55}$ 齿旁长出小齿。

【塌鼻梁】 tʰæʔ$^{4-3}$bəʔ$^{2-5}$liæ̃$^{31-53}$ 鼻梁凹陷。

【囚毛】 ziɯ$^{31-13}$mɔ$^{31-53}$ “头发”的戏称。

【卷螺发】 ɟyø$^{31-22}$ lu$^{31-22}$ ɸæʔ$^{4-2}$ 天生的卷发。

【梳拨头】 sɿ$^{44-33}$ɓəʔ$^{4-5}$dɯ$^{31-53}$ 亦称“水拨头”。刘海。因垂在额前的刘海常梳常拨,故名。

【蒸笼头】 tsəŋ$^{53-35}$loŋ$^{31-55}$dɯ$^{31-31}$ 本指蒸食物用的竹制笼屉。借喻头脸出汗特多的人。

【秀顶】 siɯ$^{31-53}$ ɗiŋ$^{44-31}$ 秃发,秃顶。

【太阳眼】 tʰɑ$^{35-55}$ɦiæ̃$^{31-33}$ŋɛ$^{22-31}$ 太阳穴。

【长力块】 tsæ̃$^{44-35}$liʌʔ$^{2-3}$kʰue$^{35-31}$ 亦称“长粒块”。青春痘。

【猪狗臭】 tsɿ$^{53-35}$kɯ$^{44-55}$tsʰɯ$^{35-31}$ 狐臭。

【发寒热】 ɸæʔ$^{4-3}$ɦø$^{31-55}$ȵiɪʔ$^{2-31}$ 发烧。

【柱头肉】 zy$^{13-22}$dɯ$^{31-55}$ȵioʔ$^{2-31}$ 疣子。

【热疖头】 ȵiɪʔ$^{2-2}$tsiɪʔ$^{4-5}$dɯ$^{31-53}$ 疖子。

【流火(胀)】 liɯ$^{31-13}$ ɸu$^{44-53}$ /liɯ$^{31-13}$ ɸu$^{44-55}$ tsæ̃$^{35-33}$ 下肢丹毒。

【臖阳核】 çiŋ$^{35-55}$ ɦiæ̃$^{31-33}$ βəʔ$^{2-31}$ 肿大的淋巴结。臖,松江话音“兴”;核,松江话音“活”。

【栗蒲头】 liɪʔ$^{2-2}$ bu$^{31-55}$ dɯ$^{31-53}$ 亦称“毛栗子”“栗爆”“栗暴”。用手指关节敲人头部暴起的如栗子般大小的疙瘩。“蒲”是“栗爆、栗暴”之“爆、暴”的音变。

【小肠气】 siɔ$^{44-35}$zæ̃$^{31-33}$cʰi$^{35-31}$ 疝气。

【出痧子】 tsʰəʔ$^{4-3}$so$^{53-55}$tsɿ$^{44-53}$ 患麻疹。

【膯食】 ɗəŋ$^{35-35}$ zʌʔ$^{2-31}$ 消化不良。

【惹积】 zɑ$^{13-24}$ ciɪʔ$^{4-31}$ 痢疾。

【肚皮惹】 du$^{22-24}$ bi$^{31-33}$ zɑ$^{13-31}$ 腹泻。

【滑肠】 βæʔ$^{2-2}$zæ̃$^{31-53}$ 腹泻。

【盲肠炎】 mɒ̃$^{31-13}$zæ̃$^{31-55}$ɦi$^{31-31}$ 阑尾炎。

【瘪腡痧】 ɓiɪʔ$^{4-3}$lu$^{31-55}$so$^{53-53}$ 旧称霍乱。

【绞肠痧】 kɔ$^{44-33}$zæ̃$^{31-55}$so$^{53-31}$ 旧称急性胃肠炎。也有指“霍乱”的。

【白癜风】 baʔ$^{2-2}$ ɗi$^{53-55}$ ɸoŋ$^{53-53}$ 皮肤白斑病。

【呛】 tsʰiæ̃^{35} 咳嗽。

【鸽嘴】 kəʔ$^{4-4}$ tsɿ$^{44-44}$ 口吃。

【刁嘴】 ɗiɔ$^{53-35}$ tsɿ$^{44-53}$ 语言不清。

【摆架子面孔】 ɓɑ$^{31-13}$ kɑ$^{53-31}$ tsɿ$^{44-53}$ mi$^{13-55}$ kʰoŋ$^{44-31}$ 看上去脸色红润，气色颇佳，其实身板并不硬朗。

【隔夜面孔】 kɑʔ$^{4-3}$ ɦiɑ$^{13-55}$ mi$^{13-55}$ kʰoŋ$^{44-31}$ 形容没睡醒的样子。或指醒来后未曾洗脸。

【敨】 tʰɯ^{44} 气喘。

【大敨气】 du$^{13-22}$ tʰɯ$^{44-22}$ cʰi$^{35-22}$ 大口喘气。

【麦西】 mɑʔ$^{2-2}$ si$^{53-53}$ 两字合音为“眯”，近视眼。

【偷针眼】 tʰɯ$^{53-35}$tsəŋ$^{53-55}$ŋɛ$^{22-31}$ 亦称“偷针”“偷籽眼”“偷眵眼”。即眼科常见病睑腺炎、麦粒肿。旧时中医称“覗疹”。

【耳避】 ɲi$^{22-22}$ bi$^{13-35}$ 重听，听觉失灵的婉转说法。

【作鸽多】 tsɔʔ$^{4-4}$ kəʔ$^{4-4}$ ɗu$^{53-53}$ 打嗝。鸽多，即“嗝顿儿”。

【疺】 ɸɛ$^{13-35}$ 胃内不适。

【牵筋】 cʰi$^{53-35}$ciŋ$^{53-53}$ 抽筋。

【触筋】 tsʰoʔ$^{4-4}$ciŋ$^{53-53}$ 腿脚部抽搐或手指不能自由屈伸。手指触筋戏称“吃萝卜干”。

【牙痈胀】 ŋɑ$^{31-13}$ioŋ$^{53-55}$tsæ̃$^{35-31}$ 牙周炎。

【耳聆子胀】 ɲi$^{22-22}$liŋ$^{31-55}$tsɿ$^{44-33}$tsæ̃$^{35-31}$ 中耳炎。

【眼眵】 ŋɛ$^{22-22}$tsɿ$^{35-35}$ 亦称“眼污”。眼屎。

【耳末】 ɲi$^{22-24}$məʔ$^{2-31}$ 亦称“耳毛”。耳垢。

【乳蛾】 zy$^{22-24}$ŋu$^{31-31}$ 扁桃体发炎。

【嘴丫疮】 tsʰæʔ$^{4-3}$ o$^{53-55}$ tsʰɒ̃$^{53-53}$ “口角炎”的旧称。

【脚丫且】 ciɑʔ$^{4-3}$ o$^{53-55}$ tsʰi$^{53-53}$ 俗称“香港脚”。脚癣。

【戳枨】 tsʰoʔ$^{4-4}$ tsæ̃$^{35-35}$ 皮肤上刺进细小的竹或木刺。“枨”亦作“[illegible]”。

【怪且】 kuɑ$^{53-35}$ tsʰi$^{44-53}$ 痒。

【疰车(船)】 tsy$^{35-53}$ tsʰo$^{53-31}$ /tsy$^{35-53}$ ze$^{31-31}$ 晕车(船)。

【发嗄】 ɸæʔ$^{4-4}$ dɒʔ$^{2-4}$ 发疯。

【花痴】 ho$^{53-35}$tsʰɿ$^{53-53}$ 指想异性而精神失常的病；也指患这种病的人。

【死血】 si$^{44-35}$çyœʔ$^{4-31}$ 冻疮。

【熿脓】 kuəŋ$^{44-35}$ noŋ$^{31-31}$ 亦称“贡脓”。皮肤上的包块、疖子鼓起生脓。

【湿瘟】 sɑʔ$^{4-4}$ uəŋ$^{53-53}$ 伤寒。

【岳子】 ŋɒʔ$^{2-4}$ tsɿ$^{44-44}$ 疟疾。

【蛇搿】 zo$^{31-22}$gəʔ$^{2-2}$ 亦称“蛇斑疮”“蛇盘疮”。带状疱疹。中医称“缠腰龙”。

【聋甏】 loŋ$^{31-24}$ bæ̃$^{13-31}$ 聋子。

【雀子斑】 tsiɑʔ$^{4-3}$tsɿ$^{44-55}$ɓɛ$^{53-53}$ 亦称“脚子斑”“脚痣斑”。雀斑。

【打咽恶】 ɗæ̃$^{44-33}$ i$^{53-55}$ ɔʔ$^{4-31}$ 恶心。

【结丐】 ciɪʔ$^{4-4}$ ke$^{35-35}$ 结痂。

【羊牵疯】 ɦiæ̃$^{31-13}$ cʰi$^{53-55}$ ɸoŋ$^{53-31}$ 癫痫。

【放鼻红】 ɸɒ̃$^{35-33}$bəʔ$^{2-5}$ɦoŋ$^{31-53}$ 流鼻血。

【肉百脚】 ɲioʔ$^{2-2}$ɓɑʔ$^{4-2}$ciɑʔ$^{4-2}$ 伤口愈合后留下的条形刀疤疙瘩。

【杨梅疮】 ɦiæ̃$^{31-13}$me$^{31-55}$tsʰɒ̃$^{53-31}$ 梅毒。

【鳗鲡头胀】 me$^{31-13}$li$^{31-55}$dɯ$^{31-33}$tsæ̃$^{35-31}$ 亦称“鳗鲡瘟”。腮腺炎。

【偷粪老鼠】 tʰɯ$^{53-55}$ɸəŋ$^{35-33}$lɔ$^{22-33}$sɿ$^{44-31}$ 痔漏的俗称。

【一个头字】 iɪʔ$^{4-3}$ kɯ$^{35-55}$ dɯ$^{31-55}$ zɿ$^{13-31}$ 癌的避讳语。

【滋水】 tsɿ$^{44-35}$sɿ$^{44-53}$ 创口发炎时分泌的液体。

【落肉】 lɒʔ$^{2-2}$ ɲioʔ$^{2-2}$ 亦称“落瘦”。身体消瘦；体重减轻。

【落形】 lɒʔ$^{2-2}$ ɦiŋ$^{31-53}$ 严重消瘦变形。

【污涊】 u$^{53-55}$ ɲiŋ$^{13-31}$ 亦称“污垽”“垽垽”。皮肤上的污垢。垽，松江话音“忍”。

【练馋】 li$^{13-22}$zɛ$^{31-22}$ 婴幼儿的唾液不断在口角吐出又吸进。

【金银痱子】 ciŋ$^{53-35}$ ɲiŋ$^{31-53}$ be$^{13-22}$ tsɿ$^{44-22}$ 鸡皮疙瘩的俗称。受冷或刺激后，皮肤上的毛孔收缩，形似鸡的皮肤。痱子：形容细小的疙瘩。松江话音“倍子”。

【黄老老】 βɒ̃$^{31-24}$lɔ$^{22-33}$lɔ$^{22-31}$ 亦称“盘龙糕”。大粪的戏称。

【做毛病】 tsu$^{35-55}$mɔ$^{31-33}$biŋ$^{13-31}$ 伤病后落下后遗症。

【眼睛红盼盼】 ŋɛ$^{22-24}$tsiŋ$^{53-31}$ɦoŋ$^{31-24}$pʰɛ$^{35-33}$ pʰɛ$^{35-31}$ 眼睛红红的。

【滑胎】 βæʔ$^{2-2}$tʰe$^{53-53}$ 习惯性流产。

【三角身坯】 sɛ$^{53-35}$kɒʔ$^{4-5}$səŋ$^{53-55}$pʰe$^{53-31}$ 呈倒三角形的体形。

【虹】 ɦoŋ^{13} （伤口）溃烂。《尔雅》:“虹，溃也。”

【头眩】 dɯ$^{31-13}$ɦø$^{31-53}$ 头晕。

饮 食

【吃局】 cʰiʌʔ$^{4-4}$ɟioʔ$^{2-4}$ 亦称“吃头”。泛指食物。

【饭局】 βɛ$^{13-24}$ɟioʔ$^{2-ʔ31}$ 宴请。

农家酒水

【酒水】 tsiɯ$^{44-35}$sɿ$^{44-31}$ 筵席。

【菜饭】 tsʰe$^{35-44}$βɛ$^{13-44}$ 亦称“咸酸饭”。用大米、油盐、青菜煮成的饭。或用咸肉、胡萝卜、豆瓣或青豆煮成的饭。用此类食材煮成的粥则叫“菜粥”或“咸酸粥”。

菜饭

【年物头】 ɲi$^{31-22}$βəʔ$^{2-5}$dɯ$^{31-31}$ 春节前准备的家常菜肴，待客时谦称“年物头”，谐“泥佛头”（泥人）。

【饭米糁】 βɛ$^{13-22}$mi$^{22-55}$sø$^{53-53}$ 饭粒。

【饭糍】 βɛ$^{13-22}$ zɿ$^{13-35}$ 锅巴。

【烊粉粥】 ɦiæ̃$^{31-24}$ɸəŋ$^{44-44}$tsoʔ$^{4-ʔ31}$ 粳米磨成粉后熬成的粥。

【冻水】 ɗoŋ$^{35-53}$sɿ$^{44-31}$ 成冻汤汁。

【汽水】 cʰi$^{35-53}$sɿ$^{44-31}$ ①饮料。②水蒸气。

【塌饼】 tʰæʔ$^{4-4}$ɓiŋ$^{44-44}$ 扁圆形糯米饼。多为油煎。塌饼与“太平”方言谐音，寓意“太太平平”。又，松江话有祝颂语“塌滑”，义谓“顺遂，平安”。松江俗谓吃了又塌又滑的塌饼后会平平安安。

【青绿圆团】 tsʰiŋ$^{53-55}$ loʔ$^{2-3}$ ɦø$^{31-13}$ dø$^{31-53}$ 以青绿草汁和入糯米粉制成的团子，一般以豆沙为馅，蒸熟后食用。是松江驰名的糕点。

青绿圆团

【摊粉头】 tʰɛ$^{53-55}$ɸəŋ$^{44-33}$dɯ$^{31-31}$ 以米粉和水（加糖或盐）摊煎成薄块，是简易的家常点心。“粉头”原指米粉经筛后留下的较粗的粒屑。

【软糕】 ɲyø$^{22-24}$kɔ$^{53-31}$ 亦称“软香糕”。粳米粉制成的糕点，以叶榭产者最为有名。

叶榭软糕

【炒米花】 tsʰɔ$^{44-33}$mi$^{22-55}$ho$^{53-31}$ 亦称“爆谷”“爆米花”。古代江南一带农村的岁时民俗。《汉语大词典》“爆谷”条曰:“吴俗于正月元日炒爆糯米,以卜一岁之休咎,花多者吉。”古代“炒米花”是把糯谷或糯米放入热锅中翻炒使之膨胀爆裂而成为米花。今用爆米机加工,则称之为“爆炒米花”。

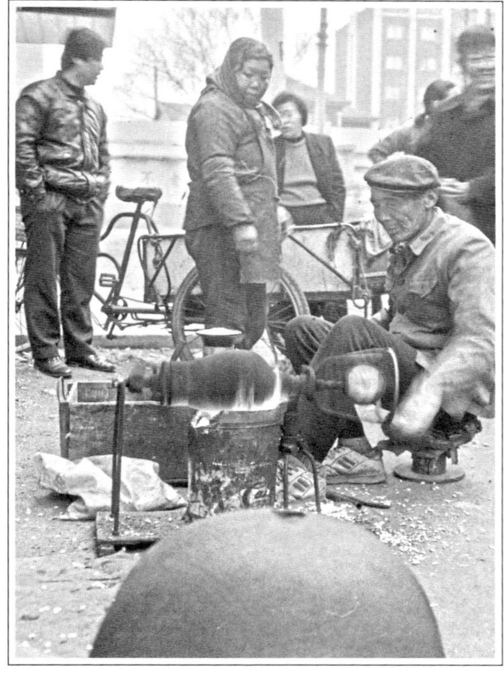

爆米花

【链条果】 li$^{13-22}$diɔ$^{31-22}$ku$^{44-22}$ 亦称“麻花”“脆麻花”。一种油炸面制点心。因形如链条,故名。

【蒲鞋豆】 bu$^{31-13}$ɦɑ$^{31-55}$dɯ$^{13-31}$ 干蚕豆煮熟后加冷水,使表面起皱并收缩,形似蒲鞋,故名。又因水煮质韧,也称“水韧豆”。煮时加入五香等作料,就叫“五香豆”。

【硬寒豆】 ŋæ̃$^{13-22}$ɦø$^{31-22}$dɯ$^{13-22}$ 干蚕豆炒熟,质地坚硬如石的那种炒豆。

【炝毛豆】 tsʰiæ̃$^{53-35}$ mɔ$^{31-24}$ dɯ$^{13-31}$ 青毛豆两端剪角,加水和盐煮熟,是夏日家常菜之一。

【毛豆荚】 mɔ$^{31-22}$dɯ$^{13-22}$ciɪʔ$^{4-2}$ 即“炝毛豆”。松江话“荚”的读音,一谐“吉”,寓意吉祥如意。二谐“搛”,饭桌上,只要碗里盘里总有菜可“搛”,日子似乎就算不上太苦。三谐“积”,省吃俭用,积攒起几个钱,以后能过上好日子。

【炙豆】 tsʌʔ$^{4-4}$dɯ$^{13-35}$ 亦称“熏青豆”。青毛豆去壳,加盐煮熟,再在炉灶上炙干,保持青翠的颜色,味鲜美。

【盐津毛豆】 ɦi$^{31-13}$ tsiŋ$^{53-53}$ mɔ$^{31-24}$ dɯ$^{13-31}$ 新鲜毛豆加盐煮熟,反复拌炒至干透,为松江传统家常菜。

【回芽豆】 βe$^{31-13}$ ŋɑ$^{31-55}$ dɯ$^{13-31}$ 亦称“发芽豆”。即发了芽的干蚕豆,加盐煮熟后可下饭也可佐酒,戏称“独脚蟹”。

【赚头】 zɛ$^{22-24}$dɯ$^{31-31}$ 亦称“口条”“门腔”,即猪舌头。“舌”与“蚀”同音,为避晦气、图吉利而改称“赚”。

【捏落苏】 niæʔ$^{2-2}$ lɒʔ$^{2-5}$ su$^{53-53}$ 腌茄子。

【拗料】 ɔ$^{35-53}$ liɔ$^{13-31}$ 调味品。

【烹头酒】 pʰæ̃$^{53-35}$dɯ$^{31-55}$tsiɯ$^{44-31}$ 料酒。

【着腻】 tsɑʔ$^{4-4}$ ɲi$^{13-35}$ 勾芡。

【秃】 tʰoʔ^{4} 煮沸。

【云耳】 ɦioŋ$^{31-13}$ ɲi$^{22-53}$ 木耳。《湖北通志》:“木耳以郧属产者最为著名,世谓郧耳。”初时一般人不识“郧”字,遂将“郧耳”写成“云耳”,沿习至今。耳,松江话音“尼”。

【附头】 βu$^{13-22}$ dɯ$^{31-22}$ 两种以上的菜合在一起烧,作配搭的菜称作“附头”。

【包铺盖】 ɓɔ$^{53-35}$ pʰu$^{53-55}$ ke$^{35-31}$ 亦称“铺盖”“卷铺盖”。百叶包。

【面尖头】 mi$^{13-22}$tsi$^{53-22}$dɯ$^{31-22}$ 汤面上的菜肴。

【膀䑑】 lɔ$^{31-22}$pʰɒʔ$^{4-2}$ 没有一星半点瘦肉的肥肉。

【槽头肉】 zɔ$^{31-22}$dɯ$^{31-22}$ɲioʔ$^{2-2}$ 亦称“颈项肉”“项圈肉”“项头肉”。猪颈项部位的肉。猪吃食时,颈项下部常靠近食槽,故名。

【鲜鲜肉】 si$^{53-55}$ si$^{53-33}$ ɲioʔ$^{2-31}$ 鲜肉。

【腌笃鲜】 i$^{53-35}$ tʰoʔ$^{4-5}$ si$^{53-31}$ 咸肉和鲜肉另加春笋等时令蔬菜或百叶结等放在一起煮成的菜肴。

【活杀菜】 βəʔ$^{2-2}$ sæʔ$^{4-2}$ tsʰe$^{35-22}$ 自家菜地上现割的蔬菜,清洗后马上入锅做成的菜。

【滚鸡蛋】 kuəŋ$^{44-35}$ci$^{53-33}$dɛ$^{13-31}$ 亦称“水铺蛋”。打入沸水里煮的鸡蛋。

【水豆腐】 sɿ$^{44-33}$dɯ$^{13-55}$βu$^{13-31}$ 俗称“豆腐

花"。即豆腐脑。

【跑马蛋】 bɔ$^{31-13}$mo$^{22-55}$dɛ$^{13-31}$ 在油锅中快炒即成的炒蛋。

【肉惹屁】 ȵioʔ$^{2-2}$ zɑ$^{22-22}$ pʰi$^{35-22}$ 形容菜肴中肉的分量太少。

【孵退蛋】 bu$^{13-24}$ tʰe$^{35-33}$ dɛ$^{13-31}$ 俗称"孵鸡蛋""孵胎蛋""喜蛋"。未能孵化成雏的僵蛋。

【脂油筋】 tsɿ$^{53-35}$ ɦiɯ$^{31-55}$ ciŋ$^{53-31}$ 油渣。

【齆臭】 oŋ$^{35-44}$tsʰɯ$^{35-44}$ 蔬菜、食物等腐败变质后所发出的臭味。

【谷宿气】 koʔ$^{4-4}$ soʔ$^{4-4}$ cʰi$^{35-44}$ 食物放久，逐渐变质发出的陈旧腐朽的气味。

【酸胖气】 sø$^{53-55}$ pʰɒ̃$^{35-33}$ cʰi$^{35-31}$ 食物开始变质时散发的酸臭味、人出汗后不洗澡发出的异味等。胖，松江话音"胖"。

【霉黰气】 me$^{31-13}$ tsəŋ$^{53-55}$ cʰi$^{35-31}$ 食物发霉，长出黑点白毛后发出的异味。黰，音"真"；衣物或粮食发霉所生的黑点。

【耗劳气】 hɔ$^{35-55}$ lɔ$^{31-33}$ cʰi$^{35-31}$ 油脂之类的食物经久变质后发出的难闻的味道。

【硬八样】 ŋæ̃$^{13-24}$ ɓæʔ$^{4-3}$ iæ̃$^{35-31}$ 旧时乡间宴请常用的八样大菜。通常有红烧肉、扣肉、猪蹄、咸菜猪肠、油豆腐嵌肉、百叶包肉、红烧鱼、白菜炒肉丝、炒青菜等，多用白菜肚肺粉丝汤。

【牵豆腐】 cʰi$^{53-55}$dɯ$^{13-33}$βu$^{13-31}$ 吃瓜子不吐壳，乱嚼一通。

【摆桌头】 ɓɑ$^{44-33}$tsɒʔ$^{4-5}$dɯ$^{31-53}$ 摆宴席。

【烹头酒】 pʰæ̃$^{53-35}$dɯ$^{31-55}$tsiɯ$^{44-31}$ 料酒。

【烹浆饭糍】 pʰæ̃$^{53-55}$tsiæ̃$^{35-33}$βɛ$^{13-33}$zɿ$^{13-31}$ 一种特制的脆而薄的锅巴。

【三角粽】 sɛ$^{53-55}$kɒʔ$^{4-3}$tsoŋ$^{35-31}$ 包成三角形的粽子，旧时大多无馅儿，通常蘸糖吃。

【三日头排场】 sɛ$^{53-53}$ ȵiɪʔ$^{2-31}$ dɯ$^{31-}$ bɑ$^{31-13}$ zæ̃$^{31-53}$ 旧时乡间宴请一般在家中操办，婚宴通常前后三天，故有此俗称。

【面疙多】 mi$^{13-22}$kəʔ$^{4-5}$ɗu$^{53-53}$ 即"面疙瘩"。北方话常说"面疙瘩儿""疙瘩儿""疙瘩儿汤"等。松江话无儿化，"瘩儿"音变为"多"，"面疙瘩儿"遂说成"面疙多"。

【头窠蛋】 dɯ$^{31-13}$kʰu$^{53-55}$dɛ$^{13-31}$ 鸡鸭等家禽第一次连续下的蛋，俗以为很补身子。

【开洋荤】 kʰe^{53}ɦiæ̃$^{31-13}$ɸəŋ$^{53-53}$ ① 旧指吃西菜。② 见世面，开眼界。首次经历某种事或享受某种东西。

【饧糖】 ziŋ$^{31-13}$ dɒ̃$^{31-53}$ 俗称"净糖"。饴糖，麦芽糖。

称谓、亲属

【自族】 zɿ$^{13-22}$ zoʔ$^{2-5}$ 本家，同一祖先的家庭。

【至亲】 tsɿ$^{35-53}$ tsʰiŋ$^{53-31}$ 有血缘关系的亲戚。

【大大】 dɑ$^{13-22}$ dɑ$^{13-35}$ 亦称"阿大"。祖父。

【奶奶】 nɑ$^{44-44}$ nɑ$^{44-44}$ 亦称"阿奶"。祖母。

【太太】 tʰɑ$^{35-55}$tʰɑ$^{35-31}$ 曾祖父、曾祖母。

【孙伲】 səŋ$^{53-35}$ȵi$^{31-53}$ 曾孙。

【太连太】 tʰɑ$^{35-55}$li$^{31-33}$tʰɑ$^{35-31}$ 高祖父、高祖母。

【外公大大】 ŋɑ$^{13-22}$koŋ$^{53-22}$dɑ$^{13-22}$dɑ$^{13-22}$ 简称"外公"。外祖父。面称常与称祖父同。

【外婆奶奶】 ŋɑ$^{13-22}$bu$^{31-22}$nɑ$^{44-22}$nɑ$^{44-22}$ 亦称"外婆阿奶"，简称"外婆"。面称常与称祖母同。

【阿爸】 ɑʔ$^{4-4}$ ɓɑ$^{53-53}$ 亦称"阿爹""爹爹"。父亲。

【阿妈】 ɑʔ$^{4-4}$mɑ$^{53-53}$ 亦称"姆妈""妈妈"。母亲，"妈"声调为阴平调。

【老爸】 lɔ$^{22-24}$ ɓɑ$^{53-31}$ 今多为年轻人对父亲的称谓。

【老妈】 lɔ$^{22-24}$ mɑ$^{53-31}$ 今多为年轻人对母亲的称谓。

【爷娘】 ɦiɑ$^{31-13}$ ȵiæ̃$^{31-31}$ 亦称"爷天娘"，双亲俗称。

【先出世】 si$^{53-55}$tsʰəʔ$^{4-3}$sɿ$^{35-31}$ 戏称父亲。

【城隍老】 zəŋ$^{31-13}$βɒ̃$^{31-55}$lɔ$^{22-31}$ 隐"爷"字，戏称父亲。

【骊山老】 li$^{31-13}$ sɛ$^{53-55}$ lɔ$^{22-31}$ 隐"母"字，戏称母亲。

【伯伯】 ɓɑʔ$^{4-4}$ɓɑʔ$^{4-4}$ 亦称"老伯伯"。伯父。

【姆妈】 m̩$^{53-35}$mɑ$^{53-53}$ 伯母，伯父之妻。"妈"声调为阳上调。

【爷叔】 ɦiɑ$^{31-22}$soʔ$^{4-2}$ 亦称"阿叔"。叔父。

【婶妈】 səŋ$^{44-35}$mɑ$^{53-31}$ 叔母。

【妖妖】 du$^{13-22}$du$^{13-22}$ 姑妈。清俞樾《茶香室丛钞》："妖……俗呼姊，亦或以呼父之姊妹。"

【舅舅】 ɟiɯ$^{22-24}$ ɟiɯ$^{22-31}$ 亦称"娘舅"。舅父。

【舅妈】 ɟiɯ$^{22-24}$mɑ$^{53-31}$ 舅母。

【嬷嬷】 mo$^{44-44}$mo$^{44-44}$ 亦称“阿嬷”。姑母，父之姐。

【孃孃】 ȵiæ̃$^{44-44}$ȵiæ̃$^{44-44}$ 亦称“阿孃”。姑母，父之妹。

【副夫】 ɸu$^{53-53}$ ɸu$^{53-31}$ 亦称“夫夫”。姑父。

【嫂嫂】 sɔ$^{44-35}$sɔ$^{44-31}$ 亦称“阿嫂”。兄之妻。

【弟媳妇】 di$^{22-22}$ siŋ$^{53-55}$ βu$^{13-31}$ 弟之妻。

【阿姨】 æʔ$^{4-4}$ ɦi$^{31-53}$ 妻之妹，即小姨子。

【伯姆道里】 ɓæʔ$^{4-3}$ ɦm̩$^{22-55}$ dɔ$^{31-55}$ li$^{22-31}$ 妯娌之间。

【大妈】 du$^{13-22}$ mɑ$^{53-22}$ 夫之嫂（他称），妯娌中辈分高的一方。

【阿侄】 æʔ$^{4-4}$ zəʔ$^{2-4}$ 侄儿（女），兄或弟之子女，本人是男性，称本人为“伯伯”或“爷叔”。

【内侄】 ne$^{13-24}$zəʔ$^{2-31}$ 兄或弟之子女，本人是女性，称本人为“阿孃（姑母）”。

【晚爷】 mɛ$^{22-24}$ɦiɑ$^{31-31}$ 继父。晚，松江话音“慢”。

【晚娘】 mɛ$^{22-24}$ȵiæ̃$^{31-31}$ 继母。晚，松江话音“慢”。

【吾子】 ɦŋ̍$^{31-24}$ tsɿ$^{44-31}$ 亦称“伲子”。儿子。

【囡婼】 nø$^{13-31}$ ɦŋ̍$^{31-24}$ 亦称“囡”。女儿。

【惹人】 zɑ$^{22-24}$ ȵiŋ$^{31-31}$ 亦称“惹人阿爸”。岳父，面称与称父同。“惹”为“丈”的音变。

【惹姆】 zɑ$^{22-24}$ ɦm̩$^{22-31}$ 亦称“惹姆娘”。岳母，面称与称母同。“惹”为“丈”的音变。

【公阿爹】 koŋ$^{53-35}$æʔ$^{4-5}$ɗiɑ$^{53-31}$ 亦称“阿爹”或“阿爸”。公公，夫之父。

【婆阿妈】 bu$^{31-13}$ɑʔ$^{4-5}$mɑ$^{53-31}$ 也称“姆妈”“阿妈”或“婆太太”。婆婆，夫之母。

【新妇】 siŋ$^{53-55}$βu$^{13-31}$ 媳妇。

【大佬】 du$^{13-22}$ lɔ$^{22-22}$ 亦称“阿哥”。哥哥。

【阿姐】 æʔ$^{4-4}$ tsi$^{44-44}$ 姐姐。

【姊妹】 tsɿ$^{44-44}$me$^{13-44}$ 妹妹。

【舅佬】 ɟiɯ$^{22-24}$lɔ$^{22-31}$ 亦称“阿舅”。妻兄、妻弟。

【外甥】 ŋɑ$^{13-22}$sæ̃$^{53-22}$ 姐妹的子女。

【花烛夫妻】 ho$^{53-35}$tsoʔ$^{4-5}$ɸu$^{53-33}$tsʰi$^{53-31}$ 正式结婚的原配夫妻。

【男人】 ne$^{31-13}$ȵiŋ$^{31-53}$ 亦称“男呃”“老公”。丈夫。

【女人】 ȵy$^{22-24}$ȵiŋ$^{31-31}$ 亦称“女呃”“老婆”“屋里厢”“娘子”。妻子。

【大姨】 du$^{13-22}$ ɦi$^{31-22}$ 姨母，母之姐。

【阿姨】 æʔ$^{4-4}$ ɦi$^{31-53}$ 亦称“娘姨”。姨母，母之妹。

【姨夫】 ɦi$^{31-13}$ɸu$^{53-53}$ 姨父，母之姐妹的丈夫。

【独养吾子】 doʔ$^{2-2}$ ɦiæ̃$^{22-55}$ ɦŋ̍$^{31-55}$ tsɿ$^{44-31}$ 独生子。

【独养囡】 doʔ$^{2-2}$ ɦiæ̃$^{22-22}$ nø$^{13-22}$ 独生女。

【大细】 du$^{13-22}$ si$^{35-35}$ 子孙后代。

【家婆囡大细】 kɑ$^{53-55}$bu$^{31-33}$nø$^{13-33}$du$^{13-33}$si$^{35-31}$ 妻子儿女的合称。

【入舍女婿】 ȵiɪʔ$^{2-2}$ so$^{35-55}$ ȵi$^{22-33}$ si$^{35-31}$ 亦称“逆舍女婿”。赘婿。

【新官人】 siŋ$^{53-35}$kue$^{53-55}$ȵiŋ$^{31-31}$ 亦称“新相公”。新郎。

【新娘子】 siŋ$^{53-35}$ȵiæ̃$^{31-55}$tsɿ$^{44-31}$ 新娘。

【毛脚女婿】 mɔ$^{31-22}$ciɑʔ$^{4-2}$ȵi$^{22-22}$si$^{35-22}$ 未婚女婿。旧时普遍早婚。松江农村男孩一般十七八岁就已订婚。十几岁的毛头男孩，脚上胎毛未尽，已成了人家女婿，故称“毛脚女婿”。其次，旧时江南农村，老农长年赤足下田，大多“股无胈，胫不生毛”。而年轻的准女婿则通常是尚未过多下田，腿脚毫毛未损。再有，准女婿初上岳家时，因为环境陌生，心里紧张，一举一动难免显得毛手毛脚，比不得老女婿的“老脚”“熟脚”。

【当家人】 ɗɒ̃$^{53-35}$kɑ$^{53-55}$ȵiŋ$^{31-31}$ 户主。

【吾奴】 ɦŋ̍$^{22-22}$ nu$^{13-35}$ 我。

【直奴】 zʌʔ$^{2-2}$ nu$^{13-35}$ 亦称“侬”。你。

【伊】 ɦi^{31} 亦称“直伊”“自其”。他。

【吾那】 ɦŋ̍$^{22-22}$ nɑ$^{31-5}$ 我们。

【直那】 zʌʔ$^{2-2}$ nɑ$^{31-53}$ 亦称“直拉”。你们。

【伊拉】 ɦi$^{31-13}$ lɑ$^{31-53}$ 亦称“自其拉”。他们。

【老娘家】 lɔ$^{22-22}$ ȵiæ̃$^{31-55}$ kɑ$^{53-31}$ 即“老人家”。对老人的尊称。

【老太婆】 lɔ$^{22-22}$tʰɑ$^{35-55}$bu$^{31-31}$ 对老年妇女的贬称。

【亲眷】 tsʰiŋ$^{53-55}$cyø$^{35-31}$ 亲戚。

【寄爹】 ci$^{35-53}$ɗiɑ$^{53-31}$ 即寄父、干爹，过房爷。

【寄妈】 ci$^{35-53}$mɑ$^{53-31}$ 即寄母、干妈，过房娘。

【过房吾子】 ku$^{35-53}$ βɒ̃$^{31-31}$ ɦŋ̍$^{31-24}$ tsɿ$^{44-31}$ 寄子，即干儿子。

【养媳妇】 ɦiæ̃$^{22-22}$ siŋ$^{53-55}$ βu$^{13-31}$ 旧称“童养媳”。

【落脚仔】 lɒʔ$^{2-2}$ ciɑʔ$^{4-5}$ tsɿ$^{53-53}$ 最后生下来的孩子。

【落脚囡】 lɒʔ$^{2-2}$ ciɑʔ$^{4-2}$ nø$^{13-22}$ 最后生下来的女孩子。

【拖油瓶】 tʰu$^{53-35}$ ɦiɯ$^{31-55}$ biŋ$^{31-31}$ 指妇女改嫁时带去的前夫子女(含轻侮意)。旧时男子娶寡妇为妻,一旦寡妇拖带来的子女有什么三长两短,往往会引起前夫亲属的责难。后夫为避免这类纠葛,往往在娶亲文契上写明“拖带有病子女若干随来夫家”,即使小孩很健康也要这样写,日后若有意外灾祸可解脱责任。久而久之,此举遂成通例。凡娶拖儿带女的寡妇时,必注明“拖带有病……”,因“有病”与“油瓶”在松江话及吴方言里谐音,于是“拖有病”便讹成“拖油瓶”。

性格、行为

【咻】 çiɯ^{53} ① 办事拖拉。② 理睬。③ 诱使某人说出实话。

【艮】 gəŋ^{44} 脾气倔。

【愢】 ziɯ^{2} 凶狠。

【怮】 ϕæ̃^{53} 蛮横,不守规矩。

【刁】 ɗiɔ^{53} ① 小孩对双亲的亲热劲。② 苛求(指饮食)。③ 狡猾的性格。

【横】 βæ̃^{35} 举止粗野。

【横对】 uæ̃$^{53-35}$ɗe$^{44-31}$ 蛮不讲理;无理地坚持自己不正确的意见。

【板】 ɓɛ^{44} 表情严肃。

【极】 ɟiʌʔ^{2} 既急又怕。

【惵】 βu^{13} 护短,包庇孩子的缺点、错误。惵,松江话音“护”。

【心境】 siŋ$^{53-55}$ ciŋ$^{35-31}$ 指情绪。

【念头】 ȵiɛ$^{13-55}$ dɯ$^{31-31}$ 指想法。

【光火】 kuæ̃$^{53-35}$ ϕu$^{44-53}$ 生气。

【叹兴】 tʰɛ$^{35-44}$çiŋ$^{35-44}$ 灰心丧气。

【写意】 siɑ$^{44-44}$i$^{35-44}$ 舒适;轻松;大方;(使人)称心。

【气数】 cʰi$^{35-44}$su$^{35-44}$ 失望后的感叹。

【怄惆】 ɯ$^{53-35}$ tsɯ$^{53-53}$ 烦恼;不舒畅。

【懊憦】 ɔ$^{35-44}$ lɔ$^{13-44}$ 后悔。

【现世】 ɦi$^{13-22}$sɿ$^{35-35}$ 羞愧,难为情。

【馋痨】 zɛ$^{31-13}$lɔ$^{31-53}$ ① 贪嘴。② 贪婪、觊觎。

【眼傲】 ŋɛ$^{22-22}$ŋɔ$^{13-35}$ 羡慕。

【黑眼】 hʌʔ$^{4-3}$ ŋɛ$^{22-55}$ 亦称“眼睛红”。看到别人有名有利或有好的东西时常常羡慕而忌妒。

【坍台】 tʰɛ$^{53-35}$de$^{31-53}$ 丢脸。

【惹厌】 zɑ$^{22-22}$i$^{35-35}$ 讨厌。

【腻心】 ȵi$^{31-13}$siŋ$^{53-53}$ 令人作呕。

【嫌兹】 i$^{53-35}$tsɿ$^{53-53}$ 厌恶、不满意。

【乐惠】 lɒʔ$^{2-2}$ βi$^{13-35}$ 亦称“乐胃”“小乐惠”。舒服。源于书场用语“小落回”。一幕戏演完叫“落幕”;一回书说完叫“落回”。“落回”分大小:曲终人散称“大落回”;中场休息则称作“小落回”。一到“小落回”,商贩们便来书场里兜售各类消闲小吃。时间久了,“小落回”便成了人们略略享受、舒适惬意的代名词;并演绎成“乐胃”或“小乐惠”。

【罅斋】 çiɑ$^{53-35}$tsɑ$^{53-53}$ 能干。

【诉帐】 su$^{35-44}$ tsæ̃$^{35-44}$ 亦称“诉仗”。伺候。

【茄门】 gɑ$^{31-13}$ məŋ$^{31-55}$ 没有兴趣、不讨人喜欢。

【气昏】 cʰi$^{35-53}$ ϕəŋ$^{53-31}$ 气不过。

【促掐】 tsʰoʔ$^{4-4}$kʰæʔ$^{4-4}$ 刁尖、奸诈。

【靠数】 kʰɔ$^{35-44}$su$^{35-44}$ 认为。不能用于否定句。

【靠佬】 kɔ$^{35-44}$ lɔ$^{13-44}$ 料想。

【肉麻】 ȵioʔ$^{2-2}$mo$^{31-53}$ ① 指心理活动,心疼、舍不得。如:掰件衣裳买来只着过二三趟,就要当垃圾掼脱,想想蛮~。② 指言行举止,语言或举动庸俗卑下,谄媚做作,令人不舒服。例:阿木一看见领导就低头哈腰,嘴巴像搨是蜜糖,做派实在忒~。

【衰瘏】 sɑ$^{53-35}$ du$^{31-53}$ 亦称“衰惰”。疲乏;劳累。

【受记】 zɯ$^{22-22}$ci$^{35-35}$ 怀恨在心。

【受枉】 zɯ$^{22-24}$ uɒ̃$^{44-31}$ 亦称“受黄”。上当;受骗。

【吃酸】 cʰiʌʔ$^{4-4}$sø$^{53-53}$ 比喻感到为难或讨厌;棘手。

【发极】 ϕæʔ$^{4-4}$ɟiʌʔ$^{2-4}$ 着急;发急。

【胡吆】 βu$^{31-13}$ ɦiɔ$^{31-53}$ 大声喧哗。

【馋尖】 zɛ$^{31-13}$tsi$^{53-53}$ 唠唠叨叨。多话的老妇贬称“~老太婆”。

【赖歪】 lɑ$^{31-13}$ ɸɑ$^{53-53}$ 以出格言行惹事，粗野。顽劣少年称"～小囡"。

【臭韧】 tsʰɯ$^{35-44}$ɲiŋ$^{13-44}$ （性格等）不爽快；不干脆。

【埋卡】 mɑ$^{53-35}$ kʰɑ$^{53-53}$ 磨磨蹭蹭。

【卖甥】 ɦmɑ$^{22-24}$ ɟiɑ$^{53-31}$ 逞强。

【触毒】 tsʰoʔ$^{4-4}$ doʔ$^{2-4}$ 愤恨。多指遇到诬陷或利益受到伤害时的心情。

【上覆】 zɒ̃$^{13-24}$ɸoʔ$^{4-31}$ 吃亏或蒙冤后向上级或长辈申诉，以图澄清自白或报复对方。

【夹习】 kæʔ$^{4-4}$ziɪʔ$^{2-4}$ 教训（鄙称）。

【走局】 tsɯ$^{44-35}$ɟioʔ$^{2-31}$ 离开，出走。

【混俏】 βəŋ$^{22-22}$ tsʰiɔ$^{35-35}$ 调谑、戏弄。

【滑脚】 βæʔ$^{2-2}$ciɑʔ$^{4-2}$ 溜走。

【毛乱快】 mɔ$^{31-24}$lø$^{13-33}$kʰuɑ$^{35-31}$ 做事毛毛糙糙，只求速度，不顾质量。

【毛胆大】 mɔ$^{31-13}$ ɗɛ$^{44-55}$ du$^{13-31}$ 做没有把握的事情。

【和通泰】 βu$^{31-13}$tʰoŋ$^{53-55}$tʰɑ$^{35-31}$ 对人对事没有一定原则，善于适应各种不同环境。

【伤神思】 sɒ̃$^{53-35}$ zəŋ$^{31-55}$ sɿ$^{53-31}$ 伤脑筋。

【杭勿落】 ɦɒ̃$^{31-22}$ uəʔ$^{2-2}$ lɒʔ$^{2-2}$ 吃不消。杭：支撑；忍受。

【夹水揿】 kæʔ$^{4-4}$ sɿ$^{44-44}$ cʰiŋ$^{35-44}$ 落井下石，捉弄受难的人。

【吃夹当】 cʰiʌʔ$^{4-3}$kæʔ$^{4-5}$ɗɒ̃$^{53-53}$ 两头受气。

【戳壁脚】 tsʰoʔ$^{4-4}$ɓiʌʔ$^{4-4}$ciɑʔ$^{4-4}$ 暗中使坏；中伤他人。

【咬喉管】 ŋɔ$^{22-22}$ɦɯ$^{31-55}$kue$^{44-31}$ 亦称"咬管""咬卵"。恼怒。

【学馋理】 ɦɔʔ$^{2-2}$ ze$^{31-55}$ li$^{22-53}$ 学舌。

【呵趣趣】 ho$^{53-35}$ cʰy$^{53-33}$ cʰy$^{53-33}$ 抓对方胳肢窝，使其发痒发笑。

【挑绷绷】 tʰ iɔ$^{44-33}$ ɓæ̃$^{53-53}$ ɓæ̃$^{53-53}$ 儿童游戏。用一个细绳圈，环绕于双手，撑开在空中，另一人用双手去套，双方来回翻弄，可以变出许多花样。

【孵小狗】 bu$^{13-22}$ siɔ$^{44-33}$kɯ$^{22-31}$ 儿童游戏。一人向另一组人索取小狗，边玩边唱，一问一答。

【趒龙灯】 diɔ$^{53-22}$ loŋ$^{31-13}$ɗəŋ$^{53-35}$ 亦称"调龙灯"。即舞龙灯。

【趒狮子】 diɔ$^{53-22}$ sɿ$^{53-35}$ tsɿ$^{44-53}$ 亦称"调狮子"。即舞狮子。

【就介罢】 ziɯ$^{13-22}$ kɑ$^{35-55}$ bɑ$^{22-31}$ 随他去。

【苦恼子】 kʰu$^{44-33}$nɔ$^{22-55}$tsɿ$^{44-31}$ 可怜相。

【轧闹猛】 gæʔ$^{2-2}$nɔ$^{13-55}$mæ̃$^{22-31}$ 凑热闹。

【戳轮胎】 tsʰoʔ$^{4-3}$ ləŋ$^{31-55}$ tʰe$^{53-53}$ 本指一些不良修车铺人员故意在地上抛撒碎玻璃、铁钉等戳破过路车辆轮胎，再以修车名义赚取费用。比喻故意使坏，存心捣乱。

【别苗头】 biɪʔ$^{2-}$ miɔ$^{31-55}$ dɯ$^{31-53}$ 竞争，比高低。

【掂斤两】 ɗi^{44}ciŋ$^{53-35}$liæ̃$^{22-31}$ ①用手估量物体轻重。②估量某个人的才能（多指试探性的）。如：考伊搿两个问题是勒拉掂伊斤两。

【呒价事】 m̩$^{53-55}$ kɑ$^{35-33}$ zɿ$^{13-31}$ 没有这么回事，没关系。

【触霉头】 tsʰoʔ$^{4-4}$me$^{31-55}$dɯ$^{31-53}$ ①遇到不愉快的事情；倒霉。②说一些话或做出一些行动使人感到不愉快、不吉利。

【拎勿清】 liŋ$^{53-55}$uəʔ$^{4-5}$ tsʰiŋ$^{53-53}$ 不明白；糊涂。

【看冷清】 kʰø$^{35-44}$læ̃$^{22-44}$tsʰiŋ$^{53-53}$ 袖手旁观。

【搂家开】 lɯ$^{22-44}$ kɑ$^{53-31}$ kʰe$^{44-31}$ 挑拨离间。

【倒胃口】 ɗɔ$^{44-33}$βe$^{13-55}$kʰɯ$^{44-31}$ ①因腻味或吃多了不想吃。②反感。

【佯兮兮】 ɦiæ̃$^{31-55}$ çi$^{35-31}$ çi$^{35-31}$ 有些装假；不够稳重诚实。

【咄脱一瘏】 ɗɔʔ^{4} tʰəʔ^{4} iɪʔ$^{4-4}$ ɸəʔ$^{4-4}$ 打瞌睡，小睡。

【板扎】 ɓɛ$^{44-35}$tsæʔ$^{4-31}$ 做事一丝不苟，也指行为方正。

【图死】 du$^{31-13}$si$^{44-53}$ 做事马虎、敷衍。

【巴结】 ɓo$^{53-53}$ciɪʔ$^{4-31}$ ①工作勤恳。②趋炎附势；讨好奉承。

【敨乱】 tʰɯ$^{44-44}$ lø$^{13-44}$ 亦称"敨乱欣烘"。粗心浮气。

【离皮】 li$^{31-13}$bi$^{31-53}$ 油嘴滑舌。

【得头】 ɗʌʔ$^{4-4}$dɯ$^{31-53}$ 亦称"答头"。点头。

【霎眼】 sæʔ$^{4-4}$ ŋɛ$^{22-44}$ 眨眼。

【讨俏】 tʰɔ$^{44-44}$tsʰiɔ$^{35-44}$ 令人喜欢。

【滑蜕】 ɦuæʔ$^{4-31}$ tʰø$^{13-44}$ 很滑地蜕落下来。形容处事圆滑，不易被人抓住把柄。

【滑溜】 ɦuæʔ$^{4-31}$ liɯ$^{31-55}$ 轻脱；灵巧。

【勾勒】 kɯ$^{53-53}$lʌʔ$^{2-31}$ 做事细致周到。

【切尺】 tsʰiɪʔ$^{4-4}$tsʰɑʔ$^{4-4}$ 即"嘁嚓"。拟声词"嘁嘁嚓嚓""嘁哩嚓啦"的简缩式。如刀工熟练的厨师切菜、优秀的曲艺演员打竹板时发出的利索而节奏分明的声音。形容办事果断,麻利。

【扒前荒】 bo$^{31-13}$ zi$^{31-55}$ ɸɒ̃$^{53-31}$ 原指在灾荒前先贮存较为充足的生活用品,引申为提前做好准备工作。

【拆棚脚】 tsʰɑʔ$^{4-3}$bæ̃$^{31-55}$ciɑʔ$^{4-31}$ 拆台。

【伸后脚】 səŋ$^{53-55}$ ɦɯ$^{22-33}$ ciɑʔ$^{4-ʔ31}$ 为防后患所作的准备。

【两勿依】 liæ̃$^{22-22}$ uəʔ$^{4-5}$ i$^{53-53}$ 买卖双方各让一些价,以促成交易。

【出客】 tsʰəʔ$^{4-4}$kʰɑʔ$^{4-4}$ ①阔绰。②漂亮。

【热络】 ɲiɪʔ$^{2-2}$ lɒʔ$^{2-2}$ 热情;要好;亲热。

【相赢】 siæ̃$^{53-35}$ɦiŋ$^{31-53}$ 占便宜。

【冒吼】 mɔ$^{13-22}$ hɯ$^{35-35}$ 冒认;冒领;侵占。

【古董】 ku$^{44-55}$ ɗoŋ$^{44-31}$ 亦称"骨董"。①古代留传下来的器物,可供了解古代文化的参考。如:～商店。②比喻过时的东西或顽固守旧的人。如:搿两个老～,勿喜欢轧时髦。③指工于心计的人;也指心术多、内藏险恶或行动乖觉的人。如:伊是个怵～,大家当心点。

【话把戏】 ɦo$^{13-22}$ ɓo$^{44-22}$ çi$^{35-22}$ 不体面的可以让人谈论取笑的事。

【勿识头】 uəʔ$^{4-4}$ sʌʔ$^{4-4}$ dɯ$^{31-44}$ 亦称"勿色骰""勿穗头"。晦气,倒霉。

【偷勃仔】 tʰɯ$^{53-55}$ bəʔ$^{2-3}$ tsɿ$^{44-31}$ 亦称"偷盘仔"。偷偷地。

【弄将就】 noŋ$^{53-55}$ ciæ̃$^{53-35}$ ziɯ$^{44-53}$ 亦称"弄过去"。苟且应付。

【牵白相】 cʰi$^{53-55}$ bəʔ$^{2-3}$ siæ̃$^{35-31}$ 开玩笑。

【扯野心】 tsʰɑ$^{44-33}$ɦiɑ$^{22-55}$siŋ$^{53-31}$ 亦称"差野心"。思想开小差,不专心。

【勿入调】 uəʔ$^{4-4}$zəʔ$^{2-4}$diɔ$^{13-44}$ 亦称"勿入勿调"。不正派;不规矩;调皮捣蛋。

【嚼白蛆】 ziɑʔ$^{2-2}$bɑʔ$^{2-2}$tsʰi$^{53-22}$ 亦称"讲白滩""嘎讪胡"。闲聊。

【呒清头】 m̩$^{53-35}$tsʰiŋ$^{53-55}$dɯ$^{31-31}$ 亦称"呒亲头"。①糊涂;头脑不清楚。②言行越轨,不正经。

【勃转来】 bəʔ$^{2-2}$ tse$^{44-55}$ lɛ$^{31-31}$ 转过头或身体。

【小儿科】 siɔ$^{44-33}$ɦəl$^{31-55}$kʰu$^{53-31}$ ①比喻无足轻重的技艺工作。②嘲人小器、吝啬,办事斤斤计较。

【活着着】 βəʔ$^{2-2}$zɑʔ$^{2-2}$zɑʔ$^{2-2}$ ①形容生动形象的样子。②热情亲切,谈笑风生。

【约摸着】 iɑʔ$^{4-4}$mɒʔ$^{2-4}$zɑʔ$^{2-4}$ 亦称"大约摸"。大概。

【做手脚】 tsu$^{35-44}$sɯ$^{44-44}$ciɑʔ$^{4-53}$ 玩弄花招,做小动作。

【喇叭腔】 lɑ$^{13-22}$ ɓɑ$^{53-22}$ cʰiæ̃$^{53-22}$ 做人不稳重,做事离谱。

【磨酒盅】 mo$^{53-55}$ tsiɯ$^{44-35}$ tsoŋ$^{44-31}$ 亦称"殁盅"。多指老人喝慢酒以消磨时间。

【磨饭碗】 mo$^{53-55}$ βɛ$^{53-22}$ ue$^{31-24}$ 吃饭慢,多指小孩。

【跑饭碗】 bɔ$^{31-24}$βɛ$^{53-22}$ue$^{31-24}$ 指小孩不肯吃饭,四处乱跑,家长端着饭碗跟在后面喂饭。

【解厌气】 kɑ$^{44-35}$ i$^{35-33}$ cʰi$^{35-31}$ 解闷儿,排除烦闷。

【偷私乖】 tʰɯ$^{53-55}$sɿ$^{53-33}$kuɑ$^{53-31}$ 亦称"偷势乖"。偷懒,弄虚作假。

【卖膏药】 mɑ$^{13-22}$kɔ$^{53-22}$ɦiɑʔ$^{2-2}$ 原指出售专治跌打损伤的膏药,借喻为空洞说教,强调时说"卖狗皮膏药"。

【作方走】 tsɒʔ$^{4-3}$ ɸɒ̃$^{53-55}$ tsɯ$^{44-53}$ 走大路,不抄近路。比喻办事循规蹈矩,不走捷径。

【呒数目】 m̩$^{53-55}$ su$^{35-33}$ mɒʔ$^{2-ʔ31}$ 不知道。

【抬轿子】 de$^{31-24}$ ɟiɔ$^{13-33}$tsɿ$^{44-31}$ ①比喻替人捧场。②游戏、赌博或经营活动中,一方暗中串通配合,让另一方吃亏。

【捉耳朵】 tsɒʔ$^{4-4}$ ɲi$^{31-33}$ ɗu$^{4-4}$ 旧时理发师为人掏耳朵,以除去耳垢。

【垫刀头】 di$^{13-22}$ ɗɔ$^{53-22}$ dɯ$^{31-22}$ 比喻代人受过。

【黄牛肩胛】 βɒ̃$^{31-13}$ɲiɯ$^{31-55}$ci$^{53-33}$kɑ$^{35-31}$ 比喻不负责任。

【脑子刮坼】 nɔ$^{13-44}$ tsɿ$^{44-31}$kuɑʔ$^{4-4}$ tsʰɑʔ$^{4-4}$ 头脑灵活,办事点子多、办法多。刮坼:即空隙、裂缝,松江话亦称"豁豁"。松江话"豁"与"办法、法子"的"法"谐音,有"豁"即有"办法",豁豁多即法法多、办法多。

【眼睛地牌式】 ŋɛ$^{22-24}$ tsiŋ$^{53-31}$ di$^{13-22}$ bɑ$^{31-22}$ sʌʔ$^{4-2}$ 形容发呆、束手无策的样子。地牌:牌九中的一张牌,两点,状如两只眼睛。

【蹙肫老孵鸡】 tsʰoʔ^{4} ɗəŋ$^{35-35}$ lɔ$^{22-22}$ bu$^{13-55}$ ci$^{53-31}$ 形容萎靡不振的形态。吃饱的鸡昂首挺胸,十分精神;未吃饱或患病的鸡则腹部凹瘪,脑袋耷拉,无精打采。蹙:皱;收缩。肫:禽类的胃(亦作“膯”)。《松江方言志》记：鸡的嗉囊(胃)称“趸腷”。趸：即肫、“膯”。

【跑得来一卷】 bɔ$^{31-13}$ɗʌʔ$^{4-5}$lɛ$^{31-31}$iɪʔ$^{4-4}$cyø$^{44-44}$ 形容人闻风而动，迅速离开，犹如一阵风卷过一样，一下子跑得无影无踪。

【武腔】 βu$^{22-24}$cʰiæ̃$^{53-31}$ 原指戏曲中武生的扮相和唱腔。喻指言行粗鲁，不够文气。

【种气】 tsoŋ$^{44-44}$cʰi$^{35-44}$ 亦称“种性”。指家族遗传。例：伊拉屋里爷娘侪是大块头，种气大，兄弟姐妹个个是大模子。

【独幅心思】 doʔ$^{2-2}$ɸoʔ$^{4-2}$siŋ$^{53-35}$sɿ$^{53-53}$ 形容性情固执，自以为是。做事只考虑自己，不顾别人。

【温暾水】 uəŋ$^{53-35}$tʰəŋ$^{53-55}$sɿ$^{44-31}$ 亦称“温吞水”。① 不冷不热的水，即温水。② 指性子慢或说话做事不泼辣、不爽快的人。

【蜡夹夹】 læʔ$^{2-2}$kæʔ$^{4-2}$kæʔ$^{4-2}$ 亦称“蜡兮兮”“蜡烛兮兮”。形容不识相，不知好歹。

【装戆】 tsɒ̃^{53}gɒ̃^{22} 装傻。

【装湖羊】 tsɒ̃^{53}βu$^{31-13}$ɦiæ̃$^{31-53}$ 亦称“装死湖羊”“装佯”。意为遇事装糊涂，假装不懂。

【撸顺毛】 lu^{53}zəŋ$^{13-22}$mɔ$^{31-22}$ 亦称“捋顺毛”。顺着对方的脾气说好话。

【瞎乱撞】 hæʔ$^{4-4}$lø$^{13-44}$zɒ̃$^{13-44}$ 亦称“瞎撞”“瞎来来”。盲目行动；胡来。

【讲张】 kɒ̃$^{44-35}$tsæ̃$^{53-31}$ 亦称“讲章”。谈论；聊天。相传元末时，朱元璋率军击败苏松地区农民起义军张士诚部。明初朝廷对苏松两地实施繁赋重税，苏松百姓自然十分怀念张士诚。平时聚在一起闲聊，总会讲起张士诚。“讲张”遂成了闲谈和聊天的代名词。

【头大】 dɯ$^{31-24}$du$^{13-31}$ 头疼；伤脑筋；感到为难。

人品、职业

【六桥】 loʔ$^{2-2}$ɟiɔ$^{31-53}$ 亦称“落桥”“怺六桥”。源于《珍珠塔》中强盗人物“邱六桥”，常用来称奸刁刻薄的人。

【小小囡】 siɔ$^{44-33}$ siɔ$^{44-55}$ nø$^{22-31}$ 亦称“小花姑”。婴儿。

【小巴戏】 siɔ$^{44-33}$ ɓa$^{44-55}$ çi$^{35-31}$ 儿童。

【潮头囡】 zɔ$^{31-22}$ dɯ$^{31-22}$ nø$^{22-22}$ 少年。

【官官】 kue$^{53-35}$kue$^{53-53}$ 旧时称小男孩。

【阿弟官】 æʔ$^{4-3}$di$^{22-55}$kue$^{53-53}$ 旧时对小孩的爱称。

【后生家】 ɦɯ$^{22-22}$ sæ̃$^{53-55}$ kɑ$^{53-31}$ 青年男子。

【老相公】 lɔ$^{22-22}$siæ̃$^{35-55}$koŋ$^{53-31}$ 旧时对老翁的尊称。

【二婚头】 ɲi$^{13-22}$ɸəŋ$^{53-22}$dɯ$^{31-22}$ 旧时对再婚妇女的鄙称。

【独头人】 doʔ$^{2-2}$dɯ$^{31-55}$ɲiŋ$^{31-31}$ 独身者。

【大肚皮娘子】 du$^{13-22}$ du$^{22-22}$ bi$^{31-22}$ ɲiæ̃$^{31-33}$ tsɿ$^{44-31}$ 孕妇。

【十五娘】 so$^{53-35}$ ɦŋ̍$^{22-55}$ ɲiæ̃$^{31-31}$ 亦称“舍姆娘”。产妇。旧时，十五日大约为产妇坐月子的时间。松江方言“十五”与“舍姆”谐音，故称。

【汉郎头】 hø$^{35-55}$lɒ̃$^{31-33}$dɯ$^{31-31}$ 旧时称姘夫。

【反太岁】 ɸɛ$^{44-35}$tʰɑ$^{35-33}$sø$^{35-31}$ 斥专爱与长辈唱反调的孩子。

【小乖人】 siɔ$^{44-33}$kuɑ$^{53-55}$ɲiŋ$^{31-31}$ 会处世、不得罪人的人。

【半爿头人】 ɓe$^{35-55}$ bɛ$^{31-33}$ dɯ$^{31-33}$ ɲiŋ$^{31-31}$ 死了配偶的人(不论男女)。

【望门寡】 mɒ̃$^{13-22}$məŋ$^{13-22}$kuɑ$^{31-33}$ 旧称未婚夫亡故的女子。

【小奘蟹】 siɔ$^{44-33}$ tsɒ̃$^{35-55}$ hɑ$^{44-31}$ 原指小而肥壮的螃蟹。引申为殷实家庭或有经济实力的小企业。

【插兄】 tsʰæʔ$^{4-4}$çioŋ$^{53-53}$ 对插队落户男性知识青年的戏称。

【插妹】 tsʰæʔ$^{4-4}$ me$^{35-35}$ 对插队落户女性知识青年的戏称。

【败家精】 bɑ$^{13-22}$kɑ$^{53-22}$tsiŋ$^{53-22}$ 旧称挥霍家产的人。

【白地虫】 bɑʔ$^{2-2}$di$^{13-55}$zoŋ$^{31-53}$ 喻浪荡子弟，把家产挥霍干净，剩下一片白地。

【赖学精】 lɑ$^{13-22}$ ɦɔʔ$^{2-5}$ tsiŋ$^{53-53}$ 嘲经常逃学的孩子。

【拆水精】 tsʰɑʔ$^{4-3}$ sɿ$^{44-55}$ tsiŋ$^{53-53}$ 嘲经常尿床的孩子。

【快嘴巴】 kʰuɑ$^{35-44}$ tsɿ$^{44-44}$ ɓo$^{53-53}$ 嘲经常搬嘴弄舌的人。

【白脚爪】 bɑʔ$^{2-2}$ciɑʔ$^{4-2}$tsɔ$^{44-22}$ 旧时农民对城里人的鄙称。

【大江鸡】 dɑ$^{13-22}$ kɒ̃$^{53-22}$ ci$^{53-22}$ 松江地区合

资企业大江公司繁育饲养的肉鸡。喻指娇生惯养、体质娇弱的孩子,意同“温室里的花朵”。

【淘伴】 dɔ$^{31-24}$ be$^{13-31}$ 同伴。

【搭子】 ɗæʔ$^{4-4}$tsɿ$^{44-44}$ 伙伴、牌友及舞伴等。

【同居住】 doŋ$^{31-13}$cy$^{53-33}$zy$^{13-31}$ 旧时共住一所大宅院中的房客间的互称。

【大街娘舅】 du$^{13-22}$kɑ$^{53-22}$ɲiæ̃$^{31-22}$ɟiɯ$^{22-22}$ 亦称“众家娘舅”。街道里弄之间热心公益的男子。

【呱炭】 kuɑʔ$^{4-4}$ tʰɛ$^{35-35}$ 对喜欢大声讲话人的鄙称。

【冲头】 tsʰoŋ$^{53-35}$ dɯ$^{31-53}$ 亦称“‘侬’头”。因不了解情况而被人煽动、上当受骗的人。

【半吊子】 ɓe$^{35-33}$ɗiɔ$^{35-55}$tsɿ$^{44-31}$ ① 不内行、不老成的人。② 喜欢搬弄是非的人。③ 旧指骑墙派,忽东忽西无主见。

【百有份】 ɓɑʔ$^{4-4}$ɦiɯ$^{22-44}$βəŋ$^{13-44}$ (件件事)都要插足。

【野和尚】 ɦiɑ$^{22-24}$ βu$^{31-33}$ zɒ̃$^{13-31}$ 泛称游僧、顽皮光头男孩。

【好户头】 hɔ$^{44-33}$βu$^{22-55}$dɯ$^{31-31}$ 亦称“好牀头”“好和头”。① 脾气随和、待人厚道或斗争性不强的人。② 指各方面条件优越的人或人家。

【轻骨头】 cʰiŋ$^{53-35}$kuəʔ$^{4-5}$dɯ$^{31-31}$ 举止轻浮、喜欢卖弄风情的人。

【假老卵】 kɑ$^{44-33}$lɔ$^{22-55}$lø$^{22-31}$ 指冒充内行、不懂装懂、爱摆谱的人。

【滑卵子】 ɦuæʔ$^{4-31}$ lø$^{22-31}$ tsɿ$^{44-31}$ 处世圆滑,遇事总是推卸责任的人。

【蒋妈妈】 tsiæ̃$^{44-33}$ mɑ$^{53-55}$ mɑ$^{53-31}$ 爱挑剔、极难伺候的人。

【老油条】 lɔ$^{22-22}$ɦiɯ$^{31-55}$diɔ$^{31-31}$ 原指炸得过火的油条,现日常用语中多指油滑、世故、做事马虎的人。

【老鼠形】 lɔ$^{22-24}$ sɿ$^{44-33}$ ɦiŋ$^{31-31}$ 举止不大方、鬼鬼祟祟的人。

【老枪】 lɔ$^{22-24}$ tsʰiæ̃$^{53-31}$ ① 旧指鸦片烟鬼。② 称有严重烟瘾的人。③ 指肺部有病,经常咳嗽的人。

【百搭】 ɓɑʔ$^{4-4}$dæʔ$^{4-4}$ 善于交际的人。

【定头货】 diŋ$^{13-22}$dɯ$^{31-22}$ɸu$^{35-22}$ 指不易对付的人。

【松戳头】 soŋ$^{53-31}$tsʰoʔ$^{4-4}$dɯ$^{31-22}$ 旧时嘲松江人只重表面文章,不讲究实际内容的恶习。与此类似的还有“苏空头”“杭铁头”等说法。

【耿骨头】 kæ̃$^{44-33}$kuəʔ$^{4-5}$ dɯ$^{31-53}$ 脾气倔强、不听话的人。

【硬头颈】 ŋæ̃$^{13-22}$ dɯ$^{31-22}$ ciŋ$^{44-22}$ 性格耿直的人。

【脚色】 ciɑʔ$^{4-4}$ sʌʔ$^{4-4}$ ① 善于为人处世、精明能干者。② 同“角色”。演戏时所扮演的剧中人。

【客边人】 kʰɑʔ$^{4-4}$ɓi$^{53-55}$ɲiŋ$^{31-53}$ 指外地人。

【大块头】 du$^{13-22}$ kʰue$^{35-55}$ dɯ$^{31-31}$ 胖子的俗称。

【做坯】 tsu$^{35-53}$ pʰe$^{53-31}$ 指缺少文化和技能,从事体力劳动又忙于做家务的人,含贬义。自称则通常用于抱怨或解嘲。

【笨坯】 bəŋ$^{13-22}$ pʰe$^{53-22}$ 斥人愚蠢。

【吃坯】 cʰiʌʔ$^{4-4}$ pʰe$^{53-53}$ 只会吃不干活的人。

【贱坯】 zi$^{13-22}$ pʰe$^{53-22}$ 斥人下贱。

【下作坯】 ɦo$^{22-22}$ tsɒʔ$^{4-5}$ pʰe$^{53-31}$ 斥人下流无耻。

【花嘴巴】 ho$^{53-55}$ tsɿ$^{44-35}$ ɓo$^{53-31}$ 对甜言蜜语的人的贬称。

【钻尖客】 tsø$^{53-31}$ ci$^{55-53}$kʰɑʔ$^{4-4}$ 无孔不入地谋求个人利益的人。

【戆大】 gɒ̃$^{22-22}$ du$^{13-35}$ 傻瓜。

【塌皮】 tʰæʔ$^{4-4}$bi$^{31-53}$ 无赖。

【三只手】 sɛ$^{53-55}$tsɑʔ$^{4-3}$sɯ$^{44-31}$ 扒手。即小偷。

【告化子】 kɔ$^{35-33}$hɔ$^{35-55}$tsɿ$^{44-31}$ 亦称“告花子”“叫化子”“教化子”。乞丐。

【拆白党】 tsʰɑʔ$^{4-4}$ bɑʔ$^{2-4}$ ɗɒ̃$^{44-44}$ 对诈骗团伙的鄙称。

【搂火棒】 lɯ$^{31-55}$ ɸu$^{35-22}$bɒ̃$^{31-33}$ 拨火棍。挑动灶膛柴禾使之发火的木棒。比喻挑拨是非者。

【长年】 zæ̃$^{31-13}$ɲi$^{31-53}$ 旧时指农村长工。

【缝穷婆】 βoŋ$^{33-31}$ ɟioŋ$^{33-31}$ bu$^{31-31}$ 旧时指为他人拆洗缝补衣物的妇女。

【师姑】 sɿ$^{53-35}$ku$^{53-53}$ 尼姑的旧称。

【吹打】 tsʰɿ$^{53-35}$ ɗæ̃$^{44-53}$ 民间吹鼓手的旧称。

【社婆】 zo$^{22-24}$bu$^{31-31}$ 亦称“稳婆”。旧式接生、助产婆。

【郎中】 lɒ̃$^{31-13}$tsoŋ$^{53-53}$ 中医医生的旧称。

【过路郎中】 ku$^{35-33}$ lu$^{13-55}$ lɒ̃$^{31-33}$tsoŋ$^{53-31}$ 流医。

【白花郎中】 bɑʔ$^{2-2}$ho$^{53-55}$lɒ̃$^{31-33}$tsoŋ$^{53-31}$ 庸医。

【说嘴郎中】 sœʔ$^{4-3}$ tsɿ$^{44-55}$ lɒ̃$^{31-55}$ tsoŋ$^{53-31}$ 嘲

夸夸其谈的医生或喜欢说大话的人。

【测字先生】 tsʰɑʔ$^{4-3}$ zɿ$^{13-55}$ si$^{53-33}$ sæ̃$^{53-31}$ 分拆字的笔画偏旁以论祸福凶吉的迷信职业者。

【网船娘子】 mɒ̃$^{22-22}$ze$^{31-55}$ɲiæ̃$^{31-33}$tsɿ$^{44-31}$ 生活在小船(网船)上以捕鱼为业的妇女。

【倒贴户头】 ɗɔ$^{44-35}$ tʰiɪʔ$^{4-ʔ31}$ βu$^{22-24}$ dɯ$^{31-31}$ 把钱贴补给自己所爱男子的女人。

【家庭妇男】 ciɑ$^{53-35}$ diŋ$^{31-53}$ βu$^{13-22}$ ne$^{31-22}$ 包办家务的男人；事业无成的男人。

【呒图保正】 m̩$^{53-35}$du$^{31-55}$ɓɔ$^{44-33}$tsəŋ$^{35-31}$ 无辖区的地保。比喻爱管闲事的人。图：即“里”，旧时地方区划名。保正：旧指地保一类的基层役吏。

【柴草人】 zɑ$^{31-24}$ tsʰɔ$^{44-33}$ ɲiŋ$^{31-31}$ 本指田里吓唬麻雀的稻草人，比喻无用之人。

【木排船】 mɔʔ$^{2-2}$ bɑ$^{31-55}$ze$^{31-53}$ 比喻行动迟缓的人。

【吵客】 tsʰɔ$^{44-35}$kʰɑʔ$^{4-31}$ 爱吵闹的人。

【夜神仙】 ɦiɑ$^{13-}$ zəŋ$^{31-13}$ si$^{53-55}$ 晚上精神特别好、不想早睡觉的人。

【小三子】 siɔ$^{44-33}$ sɛ$^{53-55}$ tsɿ$^{44-31}$ 打杂的人。泛指地位低、不受重视的人。

【大好佬】 du$^{13-22}$ hɔ$^{44-55}$ lɔ$^{22-53}$ 大人物。

【亮眼瞎子】 liæ̃$^{13-22}$ŋɛ$^{22-55}$hæʔ$^{4-4}$ tsɿ$^{44-44}$ 文盲。

【小八辣子】 siɔ$^{44-44}$ ɓæʔ$^{4-4}$ læʔ$^{2-4}$ tsɿ$^{44-44}$ 嘲没有地位的人。

【浪荡棺材】 lɒ̃$^{13-22}$ dɒ̃$^{13-55}$ kue$^{53-55}$ ze$^{31-31}$ 讽不务正业的人。

【牵拳猢狲】 cʰi$^{53-35}$ ɟyø$^{31-53}$ βəʔ$^{2-2}$ səŋ$^{53-53}$ 比喻手脚动个不停的人。

【白骨精】 bɑʔ$^{2-2}$ kuəʔ$^{4-5}$ tsiŋ$^{53-53}$ ① 瘦得过分的女人。②“白领、骨干、精英”的合称。

【马大嫂】 mɑ$^{22-22}$ dɑ$^{13-55}$ sɔ$^{53-31}$ “买汏烧”的谐音。泛指做家务的人。

【糨糊桶】 tsiæ̃$^{35-55}$ βu$^{31-33}$ doŋ$^{22-31}$ 指处事圆滑的人，也指惯于稀里糊涂混日子的人。

【洞里老虎】 doŋ$^{13-22}$ li$^{22-22}$ lɔ$^{22-22}$ ɸu$^{44-55}$ 比喻只会在家里发威、出外无用的人。

【洞里赤练蛇】 doŋ$^{13-22}$ li$^{22-22}$ tsʰɑʔ$^{4-3}$ li$^{13-55}$ zo$^{31-31}$ 比喻不出头露面而心计毒辣的人。

【开心果】 kʰe$^{53-35}$ siŋ$^{53-55}$ ku$^{44-31}$ 使人开心的人。

【老法师】 lɔ$^{22-22}$ ɸæʔ$^{4-5}$ sɿ$^{53-53}$ 老资格的名家；在某一方面富有经验的长者。

【老娘舅】 lɔ$^{22-22}$ ɲiæ̃$^{31-55}$ ɟiɯ$^{22-31}$ 调解人；爱管闲事的人。

【黑猫】 hʌʔ$^{4-4}$ mɔ$^{31-53}$ 指门卫、保安人员。源自动画片《黑猫警长》，含诙谐味。

【雌屁股雄头】 tsʰɿ$^{44-31}$ pʰi$^{35-55}$ku$^{44-31}$ ɦioŋ$^{53-33}$ dɯ$^{31-31}$ 假小子。性格或形象像男性一样的女孩子。雌屁股：比喻雌性的身躯；雄头：比喻雄性的形象。

【嚎鬼】 çyœʔ$^{4-4}$cy$^{44-44}$ 指在有势力人物面前吓得不敢抗争的人。

【出窠兄弟】 tsʰəʔ$^{4-3}$kʰu$^{53-55}$çioŋ$^{53-55}$di$^{22-31}$ 亦称“赤卵弟兄”。从小一起长大，彼此感情深厚如兄弟的朋友。

【烂屁股】 lɛ$^{13-22}$pʰi$^{35-55}$ku$^{44-31}$ 形容坐下来闲扯不愿离去的人。

【赖极皮】 lɑ$^{13-22}$ɟiʌʔ$^{2-5}$bi$^{31-53}$ ① 耍无赖。② 有耍无赖行为的人。

【网船阿姊】 mɒ̃$^{31-22}$ ze$^{31-55}$ æʔ$^{4-3}$ tsi$^{44-31}$ 对渔船上妇女的通称。

【吃客】 cʰiʌʔ$^{4-4}$ kʰɑʔ$^{4-4}$ ① 饭店、酒家里的客人。例：今朝店里吃客蛮多，生意还可以。② 对饮食很挑剔的人。例：老王是老吃客，菜烧得是勿是正宗，伊一吃就晓得。

【麻麻胡】 mɑʔ$^{2-2}$mɑʔ$^{2-5}$βu$^{31-53}$ 亦称“麻胡”“陌陌胡”。指拐卖小孩的坏人或陌生人。松江旧俗，家长管教儿童时，常爱说“麻麻胡来哉！”一听此话，小儿哭闹调皮者会霎时安分下来。“麻胡”者，也指“麻秋”。唐张鷟《朝野佥载》：“后赵石勒将麻秋者，太原胡人也，植性虓险鸩毒。有儿啼，母辄恐之‘麻胡来’，啼声绝。至今以为故事。”

【老蟹】 lɔ$^{22-24}$hɑ$^{44-31}$ ① 骂年老而狡猾的妇女。② 指工于心计、难以对付的老年人。

【老门槛】 lɔ$^{22-22}$məŋ$^{31-55}$kʰɛ$^{44-31}$ ① 对某种事情或工作富有经验的人；老手。② 在行；内行。

【老芥菜】 lɔ$^{22-24}$kɑ$^{35-33}$tsʰe$^{35-31}$ ① 自傲而瞧不起别人的人。② 言谈举止老辣的孩子。

【老蔬菜】 lɔ$^{22-24}$su$^{53-33}$tsʰe$^{35-31}$ 骂老年人的话。

交　际

【钳】 ɟi^{31} 亦称“钳轧”。不服别人的好，和别人过不去，找别人岔子。

【叫应】 ciɔ$^{35-44}$iŋ$^{35-44}$ 招呼；理睬。

【叫开】 ciɔ$^{35-53}$ kʰe$^{53-31}$ 亦称“讲开”。双方通过中间人调解，解除矛盾纠纷，恢复正常关系。

【衰瘏直奴】 sɑ$^{53-35}$ du$^{31-53}$ zʌʔ$^{2-2}$ nu$^{13-35}$ 让你受累了；劳驾你了。

【搅吵直奴】 kɔ$^{44-35}$ tsʰɔ$^{44-31}$ zʌʔ$^{2-2}$ nu$^{13-35}$ 打搅你了。

【烦劳直奴】 βɛ$^{31-13}$ lɔ$^{31-53}$ zʌʔ$^{2-2}$ nu$^{13-35}$ 有烦你了。

【讨烦杂】 tʰɔ$^{44-33}$βɛ$^{31-55}$zəʔ$^{2-31}$ 麻烦他人时表示歉意的说法。

【费直奴神思】 ɸi^{35} zʌʔ$^{2-2}$ nu$^{13-35}$ zəŋ$^{31-33}$ sɿ$^{53-31}$ 花费你的精力。

【意勿过】 i$^{35-44}$ uəʔ$^{4-4}$ ku$^{35-44}$ 亦称“过意勿去”。感谢用语。因对方为自己花钱、出力或花费时间、精力而感到不好意思。

【话出点来】 ɦo^{13} tsʰəʔ^{4} ɗi^{44} lɛ^{31} 施惠于人，受惠者无需找那么多的理由、说那么多的话来道谢。即“你不必太客气”。

【话去看光景】 ɦo$^{13-22}$cʰi$^{35-35}$kʰø$^{35-55}$kuɒ̃$^{53-33}$ ciŋ$^{44-31}$ 亦称“话去看讲究”。讲话漫无边际。

【帮帮忙】 ɓɒ̃$^{53-35}$ ɓɒ̃$^{53-55}$ mɒ̃$^{31-31}$ ①帮一下忙；多关照。②反话，表示不同意或叫人别添乱，别帮倒忙。

【有腔调】 ɦiɯ$^{22-22}$ cʰiæ̃$^{53-55}$ diɔ$^{13-31}$ ①指人言行时髦、自然大方、个性鲜明，有内涵，有气质。②指事情办得像模像样，十分出彩。

【谢谢一家门】 ziɑ$^{13-22}$ziɑ$^{13-35}$iɪʔ$^{4-3}$kɑ$^{53-55}$məŋ$^{31-53}$ ①事情被对方办糟时的埋怨话。②对别人表示讨厌或回绝时的嗔语。

【像真呖一样】 ziæ̃$^{22-33}$ tsəŋ$^{53-55}$ ɦɯ^{13} iɪʔ$^{4-3}$ iæ̃$^{35-31}$ ①太认真了。②假正经。

【勿碍】 uəʔ$^{4-4}$ŋe$^{13-35}$ 没关系。

【勿搭界】 uəʔ$^{4-4}$ ɗæʔ$^{4-4}$ kɑ$^{35-44}$ 与己或某事无关系。如：侬老婆搭侬吵相骂，又勿是我挑听，搿桩事体跟我浑身勿搭界。

【一句闲话】 iɪʔ$^{4-4}$ cy$^{35-35}$ ɦɛ$^{31-44}$ ɦo$^{13-31}$ 表示承诺之辞。意谓“行，没二话”。

【罪过】 ze$^{22-22}$ku$^{35-35}$ ①亦称“罪过八拉”。可怜、可惜。②对别人的好意表示感谢，强调式为“罪过罪过”。③请求别人做事。

【有淘】 ɦiɯ$^{22-24}$ dɔ$^{31-31}$ 有伴。

【搭淘】 ɗæʔ$^{4-4}$ dɔ$^{31-53}$ 结交朋友。要好。

【轧淘】 gæʔ$^{2-2}$ dɔ$^{31-53}$ 交朋友。

【佮帮】 kəʔ$^{4-4}$ɓɒ̃$^{53-53}$ 联手；合伙。

【佮淘】 kəʔ$^{4-4}$ dɔ$^{31-53}$ 邀集伙伴。

【有数】 ɦiɯ$^{22-22}$su$^{35-35}$ ①心中清楚，暗中已通。②够交情。③完全了解，有把握。

【要好】 iɔ$^{35-53}$hɔ$^{44-31}$ ①感情融洽，亲近。②要求上进。

【送人情】 soŋ$^{35-55}$ ɲiŋ$^{31-33}$ ziŋ$^{31-31}$ 亦称“出人情”。送礼。

【烧香】 sɔ$^{53-35}$çiæ̃$^{53-53}$ 原指在神佛前焚香祭祀，引申为送礼行贿。

【凿大腿】 zɒʔ$^{2-2}$du$^{13-55}$tʰe$^{44-31}$ 行贿。

【塞嘴丫】 sʌʔ$^{4-3}$ tsɿ$^{44-55}$ o$^{53-53}$ 行贿以塞住他人的嘴。

【软口汤】 ɲyø$^{22-22}$ kʰɯ$^{44-55}$ tʰɒ̃$^{53-31}$ 原指为有所求而请人喝的酒，引申为：①说情或求事时的一套婉转言词。②贿赂。

【小意思】 siɔ$^{44-33}$ i$^{35-55}$ sɿ$^{53-31}$ ①谦词。表示心意的薄礼。②没什么关系，无关紧要。

【见面钿】 ci$^{35-33}$mi$^{13-55}$di$^{31-31}$ 初次见面时长辈给晚辈的钱。

【做客人】 tsu$^{35-33}$kʰɑʔ$^{4-5}$ɲiŋ$^{31-53}$ 做客。

【要好看】 iɔ$^{35-55}$hɔ$^{44-33}$kʰø$^{35-31}$ 存心看别人出洋相。

【弄送】 loŋ$^{13-22}$ soŋ$^{35-35}$ 捉弄，戏弄，算计。

【搭腔】 ɗæʔ$^{4-4}$cʰiæ̃$^{53-53}$ 交谈。

【讨口气】 tʰɔ$^{44-35}$ kʰɯ$^{44-33}$ cʰi$^{35-31}$ 探口风。

【争嘴】 tsæ̃$^{53-35}$ tsɿ$^{44-53}$ 争辩，争论。

【还嘴】 βɛ$^{31-13}$tsɿ$^{44-53}$ 顶嘴。

【还嘴还舌】 βɛ$^{31-13}$ tsɿ$^{44-53}$ βɛ$^{31-22}$ zəʔ$^{2-2}$ 因不同意而反驳顶嘴。多用于子女对父母。

【会说会话】 βe$^{13-24}$ sœʔ$^{4-?31}$ βe$^{13-22}$ ɦo$^{13-35}$ 能说会道，巧舌如簧。常含贬义。

【打过门】 ɗæ̃$^{44-33}$ku$^{35-55}$məŋ$^{31-31}$ 指转移话题，巧为掩饰，蒙混过关。过门：戏曲唱段前后由乐器单独演奏的一段曲子，具有承前启后的作用。引申为话题的转换。

【勃勿转】 bəʔ$^{4-4}$ uəʔ$^{4-4}$ tse$^{13-33}$ ①空间太小，转不过身。②比喻脑子转不过弯来。

【上腔】 zɒ̃$^{22-24}$cʰiæ̃$^{53-31}$ 寻衅。

【上场昏】 zɒ̃$^{22-22}$zæ̃$^{31-55}$ɸəŋ$^{53-31}$　临场紧张。

【看三色】 kʰø$^{35-31}$ sɛ$^{53-55}$səʔ$^{2-ʔ53}$　亦称“看山色”“看山水”。察言观色，看形势。三色，指天色、颜色和面色，即从天、物、人诸方面表现出来的外界情势。民间传说：一落魄书生尝去贩盐。进货不看盐之成色，进的劣质盐卖不出去；过关不看官吏脸色，不懂得打点，结果私盐被官府没收；出门不看天色，没作防雨准备，弄得满车盐全泡了汤。书生悲怆自嘲：读书勿成功，贩盐勿转运，勿会看三色，到头一场空！

【做闹】 tsu$^{35-44}$nɔ$^{13-44}$　吵架。

【寻吼世】 ziŋ$^{31-24}$ hɯ$^{35-33}$ sɿ$^{35-31}$　寻衅闹事。

【搭讪头】 ɗæʔ$^{4-3}$sɛ$^{53-55}$dɯ$^{31-53}$　寻衅，口角。

【夹嘴舌】 kæʔ$^{4-3}$ tsɿ$^{44-55}$ zəʔ$^{2-ʔ53}$　相骂，口角。

【翻毛腔】 ɸɛ$^{53-44}$ mɔ$^{31-22}$ cʰiæ̃$^{53-44}$　突然改变说话的语气和态度，闹翻、翻脸。

【好白话】 hɔ$^{44-35}$bɑʔ$^{2-3}$ɦo$^{13-31}$　好说话；很容易采纳接受他人意见或建议。

【怕现世】 pʰo$^{35-35}$ɦi$^{13-33}$sɿ$^{35-31}$　害臊，怕难为情。

【花功】 ho$^{53-35}$ koŋ$^{53-53}$　甜言蜜语取悦人的本领。

【路角】 lu$^{13-24}$kɒʔ$^{4-31}$　门路，旁门左道。

【上路】 zɒ̃$^{22-22}$ lu$^{13-35}$　做事通情达理，够朋友，讲义气。

【呒没戏唱】 m̩$^{53-55}$ məʔ$^{2-3}$ çi^{35} tsʰɒ̃^{35}　办不成事，无计可施。

【现开销】 ɦi$^{13-22}$ kʰe$^{53-22}$ siɔ$^{53-22}$　① 当面把话说明白。② 当场将事情了断。③ 当场发难或反击。

【唱口声】 tsʰɒ̃$^{35-44}$kʰɯ$^{44-44}$səŋ$^{53-53}$　在人前扬言；放空气，造舆论。

【扯皮宽】 tsʰɑ$^{44-33}$bi$^{31-55}$kue$^{53-31}$　说些打趣的话逗乐。皮宽：即“皮科儿”，开玩笑的话。

【说戏话】 sœʔ$^{4-4}$ çi$^{35-44}$ ɦo$^{13-44}$　亦称“说死话”。说俏皮话，取笑逗乐。

【三钝乱】 sɛ$^{53-55}$ dəŋ$^{13-33}$ lø$^{22-31}$　用嘲讽、挖苦的话语接连顶撞对方。钝乱：亦称“钝”。讥讽；嘲笑；挖苦。

【弯声】 uɛ$^{53-35}$səŋ$^{53-53}$　反驳或顶嘴。

【回头】 βi$^{31-13}$dɯ$^{31-53}$　① 告诉，报告，招呼。② 答复，给人回音。③ 回绝。④ 解雇。

【打朋】 ɗæ̃$^{44-35}$ bæ̃$^{31-31}$　开玩笑。

【叉木管】 tsʰo$^{53-55}$mɒʔ$^{2-3}$kue$^{44-31}$　互相斗嘴，喋喋不休。

【招勿是】 tsɔ$^{53-55}$ uəʔ$^{4-3}$ zɿ$^{22-31}$　认错，赔不是。

【揹肚肠】 zɯ$^{31-13}$ du$^{22-55}$ zæ̃$^{31-31}$　把往事从头说起。

【扳龊丝】 ɓɛ$^{53-35}$tsʰiɑʔ$^{4-5}$sɿ$^{53-31}$　在别人的言行中找岔子。

【枵底牌】 çiɔ$^{53-55}$ ɗi$^{44-33}$ bɑ$^{31-31}$　揭露别人的隐私，主要指生活作风或历史问题。

【讲经头】 kɒ̃$^{44-33}$ ciŋ$^{53-55}$ dɯ$^{31-31}$　亦称“讲斤头”。指谈条件。

【开条斧】 kʰe$^{53-35}$ diɔ$^{31-55}$ ɸu$^{44-31}$　向对方提出要求或条件，多指财物方面。

【勿出趟】 uəʔ$^{4-4}$tsʰəʔ$^{4-4}$tʰɒ̃$^{35-44}$　不善于应付世面。

【勿落路】 uəʔ$^{4-4}$lɒʔ$^{2-4}$lu$^{13-44}$　说话、做事不合情理。

【应酬戏】 iŋ$^{35-55}$ zɯ$^{31-33}$ çi$^{35-31}$　敷衍、应付的行为。

【冲得出】 tsʰoŋ$^{53-55}$ɗʌʔ$^{4-3}$tsʰəʔ$^{4-31}$　能在公众场合跟人交谈。

【话得来】 ɦo$^{13-22}$ ɗʌʔ$^{4-5}$ lɛ$^{31-53}$　谈得拢，融洽往来。

【兜得转】 ɗɯ$^{53-55}$ ɗʌʔ$^{4-3}$ tse$^{35-31}$　各方面都可以拉上关系，吃得开，有办法。

【谈锋】 dɛ$^{31-13}$ ɸoŋ$^{53-53}$　言辞的劲道。

【路道】 lu$^{13-22}$dɔ$^{13-35}$　门路，人际关系。

【㑳铲】 tsʰɒʔ$^{4-4}$ tsʰɛ$^{44-44}$　辱骂。

【㑳喧】 tsʰɒʔ$^{4-4}$hø$^{53-53}$　数落。

【布跳板】 ɓu$^{35-33}$tʰiɔ$^{35-55}$ɓɛ$^{44-31}$　给人台阶下。

【白话黏稠稠】 bɑʔ$^{2-3}$ ɦo$^{13-31}$ ɲi^{53-} zɯ$^{31-22}$ zɯ$^{31-22}$　关系热络，交谈甚欢。

【做好人】 tsu$^{35-44}$ hɔ$^{44-44}$ ɲiŋ$^{31-53}$　无原则地迁就别人。

【做凶人】 tsu$^{35-55}$ çioŋ$^{53-33}$ ɲiŋ$^{31-31}$　为维护公道而得罪人。

【做揩台布】 tsu^{35} kʰɑ$^{53-35}$ de$^{31-55}$ ɓu$^{35-31}$　处理一些不愉快的事或委曲求全调和各方关系。

【装榫头】 tsɒ̃$^{53-55}$səŋ$^{44-33}$dɯ$^{31-31}$　设圈套，栽赃陷害人。

【勿卖账】 uəʔ$^{4-4}$ mɑ$^{13-44}$ tsæ̃$^{35-44}$　不顺从，不

愿甘拜下风。

【随得些】 zø$^{31-22}$ɗʌʔ$^{4-2}$ çiɪʔ$^{4-2}$ 随他去。

【摆花板】 ɓɑ$^{44-33}$ho$^{53-55}$ɓɛ$^{44-31}$ 亦称“摆花瓣”。指为人处世不务实，耍滑头。花板：旧时镂空或雕刻花纹图案的家具门板、栏杆等。

【摆噱头】 ɓɑ$^{44-33}$çyœʔ$^{4-5}$dɯ$^{31-53}$ ① 说出引人发笑的话或引人发笑的动作。如：相声演员最会摆噱头。② 耍花招。如：做生意勿好摆噱头。

【敲定】 kʰɔ$^{53-55}$diŋ$^{13-31}$ 说定；说妥；定下来。

【敲瓦爿】 kʰɔ^{53} ŋo$^{22-24}$bɛ$^{31-31}$ 几个人所花之钱大家平摊，各出一份。即“AA制”。瓦爿即瓦片，生性松脆，稍经敲打就会一分为几。

【开大兴】 kʰe$^{53-55}$dɑ$^{13-33}$çiŋ$^{35-31}$ 说大话许诺别人而不兑现。

【劈硬柴】 pʰiʌʔ$^{4-3}$ ŋæ̃$^{13-55}$ zɑ$^{31-31}$ 亦称“劈柴爿”。平摊活动费用，多指聚餐，今称“AA制”。

动 作

【吃】 cʰiʌʔ^{5} ① 把食物放到嘴里经过咀嚼咽下去。如：～饭。② 喝。如：～茶。～酒。③ 吸；抽。如：～香烟。④ 在某一出售食物的地方进食。如：～食堂。⑤ 依靠某种事物来生活。如：～老本。靠山～山，靠水～水。⑥ 吸收(液体)。如：道林纸勿～墨。⑦ 消灭(多用于军事、棋戏)。如：～脱敌人一个团。拿车～伊炮。⑧ 承受；禁受。如：～得消。⑨ 受；挨。如：～亏。～生活。～批评。⑩ 耗费。如：～力。～劲。～辰光。⑪ 侵占；吞没。如：黑～黑。⑫ 欺侮(多用重叠式)。如：～～伊。～～老实人。⑬ 听从；接受；喜爱。如：勿～搿一套。～伊卖相。⑭ 伸进；插入。如：螺丝～进去交关深。⑮ 医治。如：搿只药～胃炎蛮灵。⑯ 尝。如：～着糖头。⑰ 符合某项标准。如：今年年终奖，伊～着第一档。⑱ 购(进)。如：盯牢庄家炒股票，今朝～进一万股科技股。

【弄】 ① [loŋ]，也念[noŋ]。泛义动词。有搞、干、做、办、耍、摆弄、玩弄、设法取得、勉强应付等意思。如：小～～。～几只大闸蟹来吃吃。～两个小青乍来帮忙。伊～着一套纪念币。搿桩事体～过去么算哉！② [loŋ] 名词。弄堂(多用于巷名)。如：黑鱼～；莫家～。

【抿】 miŋ^{44} 老人无齿，用牙龈咀嚼。

【餕】 ge^{13} 吃得过多过饱而打嗝。

【齖】 ŋɑ^{31} 啃。

【掼】 kuæ̃^{53} ① 拼命进食，多含贬义。如：一饿一～，瘦剩两根肋棚。② 狠狠地打。如：～脱仔一顿。③ 突出，暴起。如：额角头浪～起一个乌青块。蛇皮袋～出～进。④ 数额较大的经营交易或赌博行为。如：～着一票，言收益颇丰；～脱一票，即损失惨重。⑤ 强烈撞击。如：车子拿路边人家墙壁～出一个洞。

【踛】 loʔ^{2} 起来，起床。

【踛起踛坐】 loʔ$^{2-2}$ cʰi$^{44-22}$ loʔ$^{2-2}$ zu$^{22-22}$ 忽站忽坐。

【戤】 ge^{13} 倚靠。

【供】 cioŋ^{35} 斥小孩使端坐。

【摟】 bu^{31} 抚摩。

【扚】 ɗiʌ^{5} 用拇指与食指把别物的尖端掐一下或把皮肤提起。

【揵】 ɟi^{31} 抬或举。

【捭】 ɓi^{53} 拉；拽。

【掮】 ɟi^{31} 肩扛。

【操】 çiɔ^{53} 亦称“枵”。翻过；揭开，操底牌。

【挄】 kuɒ̃^{35} ① 抚摸：～小囡头；② 黑暗中用手摸索：暗头里～勿着；③ 侍弄：～蔬菜地。

【搿】 gʌʔ$^{2-2}$ 用臂夹住。

【捉】 tsɒʔ$^{4-3}$ ① 拾，捉狗污，拾粪。② 同“斫”。捉稻，割稻。③ 扒，捉耳朵。④ 抓，捉坏人。

【鼠】 guɛ^{13} 胳膊弯起来挂住东西；把东西挂在肩头、脖颈或竹竿、绳子、栏杆上。松江话音“掼”。

【嗒】 ɗæʔ$^{4-4}$ 亦称“搭”。用手取食菜肴。

【湏】 mi^{53} 亦称“咪”。小口啜饮。

【呷】 ① hæʔ$^{4-4}$小口地喝；吸饮。如：呷茶；呷酒。② gɑ^{31}拟声词。形容鸭叫声。如：鸭子呷呷叫。③ ciɑʔ^{5}拟声词“呷哺呷哺”。形容进食时大口咀嚼发出的声音。如：伊～吃得来真开心。

【敨】 tʰɯ^{44} ① 把包卷着的东西如衣服、被单、包裹等打开或展平。② 抖搂尘土等。③ 放松裤腰带等缚紧了的东西。④ 喘气。

【吭】 hɒ̃^{53} ① 形容急于满足欲望或追求利益，多含贬义。② 呼吸急促。气喘。

【抻】 tsʰiŋ^{44} 抖动衣服、被单等物以除尘。

【厾】 dɒʔ^{4} 投掷,丢弃。

【揠】 o^{53} 硬把东西塞给或售给他人。

【拓】 tʰæʔ^{4} ① 涂抹,擦。② 漫不经心地写或画。拓,松江话音“塔”。

【㓟】 pʰi^{53} 亦称“刜”。用刀平切薄片。

【揞】 ɦæ̃^{53} 搀扶,提携。

【抚】 ɔ^{35} ① 灌,抚药。② 把要磨碎的东西(如米)注入磨眼,抚磨。

【啯嘴】 kɒʔ$^{4-4}$tsɿ$^{44-44}$ 漱口。

【捩】 liɪʔ^{2} ① 绞;拧。② 折。

【撮】 tsʰəʔ^{4} 用手指取物。

【掔】 tʰɒ̃^{53} 用手或物抵挡、保护。如:~风牌。

【曳手】 iɑʔ^{4} sɯ$^{44-31}$ 亦称“约手”。招手。曳:摇曳。

【拕】 tʰɑ^{53} 垂下。“拖”的音变。

【缆】 lɛ^{13} 系住。

【摆】 pɑ^{44} ① 放;放置。如:汤里稍微摆眼盐。② 詈词。吃。如:~头皮、~绝食、~拆煞。

【解】 kɑ^{44} 松开绳结或纽扣。

【逋】 bu^{13} 亦称“孵”。蹲下。

【弯】 uɛ^{53} ① 使弯曲。② 折断。③ 中途顺便去某处转一下,多指时间不长。

【覅㔷勓】 væʔ^{2}lɔ^{13}zɔ^{13} 倒垃圾。

【摡】 kɛ^{35} 擦拭。摡屁股,摡臀。

【斩】 tsɛ^{53} 剁,切。引申为不法商家诈骗顾客钱财的行为。

【湔】 ci^{53} 用水洗衣物的局部。

【箺】 tsɔʔ^{4} 用手将散乱的东西上下反复顿动使整齐。如:筷~~齐;拿簿子~~齐;牙齿~~齐,下巴托托牢。

【落手】 lɒʔ$^{2-2}$sɯ$^{44-22}$ 下手,动手。

【打顿】 dæ̃$^{44-44}$dəŋ$^{35-44}$ 停步,停留。

【掼倒】 guɛ$^{13-22}$dɔ$^{44-22}$ ① 摔倒;病倒;破产。② 受不了。

【戥】 dəŋ^{44} 用手托着东西上下晃动来估量轻重。如:~~看,搿只西瓜几斤? 侬哪能勿~~自家分量。

【钻水野猫】 tsø$^{53-55}$ sɿ$^{44-33}$ ɦiɑ$^{22-33}$ mɔ$^{31-31}$ 潜游。

【拷】 kʰɔ^{35} ① 买;打(用于液体的物品)。如:~酱油。② 用工具舀水往上边或外边泼。如:~浜斗。

【眼】 lɒ̃^{13} 晾;晒。如:~衣裳。

【趤】 dɒ̃^{13} 游荡。如:~马路。

【熜】 kuəŋ^{44} ① 焖(在锅里)。如:饭~~爽。② 疮疖等正在发炎化脓。如:背疽正拉~脓。

【潡】 kɔʔ^{4} ① 液体在容器中因受震荡而溢出。如:牛奶~出来。② 晃动容器中的水来洗涤容器。如:杯子~~清爽。

【揩】 he^{53} 用匙勺从器皿中舀汤舀物;用网兜一类的工具捞取东西。

【挺】 tʰiŋ^{35} 留;剩。

程度、范围、语气

【蛮】 mɛ^{53} 相当于普通话的“很”。如:~好、~称心。

【邪】 ziɑ^{31} 亦称“邪气”“斜气”。相当于普通话的“非常”。如:好来~;嫩来~。

【绝】 ziɪʔ^{2} 相当于普通话的“非常”。如:~薄、~细。

【横】 βæ̃^{31} 相当于普通话的“十分”。如:~开心;~小气。

【恶】 ɔʔ^{4} 相当于普通话的“十分”。如:~赞;吃相~难看。

【穷】 ɟioŋ^{31} 表示程度很高,相当于“狠狠地;拼命地”一类意思。如:~吃;~哭。

【透】 tʰɯ^{35} 放在形容词或表达心理活动的动词之后,表示程度深,相当于“极”“得很”。如:好~好~;怨~怨~。

【越加】 ɦyœʔ$^{2-2}$ kɑ$^{53-53}$ 更加。

【侪】 zɛ^{31} 相当于普通话的“全”“都”。读音同松江话“才”。如:~好;~有用。

【拢总】 loŋ$^{22-24}$ tsoŋ$^{44-31}$ 亦称“一共拢总”。意为“总共”。如:~三个人;~十万块。

【一塌括子】 iɪʔ$^{4-3}$ tʰæʔ$^{4-5}$ kæʔ$^{4-5}$ tsɿ$^{44-31}$ 通通;全部;总共。如:~园拉袋袋里;~用脱十度电。

【咟】 ɦɯ^{13} 相当于普通话“的”。① 用在定语后面,表领属关系。如:吾奴~车子。② 用在陈述句的末尾,表示肯定的语气。如:搿桩事体吾奴晓得～。

【来】 lε^{31} 相当于普通话"得"。用在动词或形容词后面,连接表示结果或程度的补语。如:生活做～蛮好。

【脱】 tʰəʔ^{4} 相当于普通话"掉""了"。用在某些动词之后,表示动作结果。如:忘记～一桩事体。

【是】 zɿ^{22} ① 相当于普通话"了""过了"。如:吃是饭再走。② 相当于普通话"着"。如:对牢～伊骂。

【哉】 tsε^{35} 相当于普通话"了"。表陈述语气。如:现在日脚比过去好得多～。

【哇】 βɑ^{31} 亦作"哦"。相当于普通话"吗"。表疑问语气。如:黄包车要～?

【哩】 li^{13} ① 加强指明某种事实,如:出太阳～;闯穷祸～。② 表祈使语气,如:走哩,再勿走来勿及～!

【呐】 næ̃^{13} 相当于普通话"呢"。表疑问语气。如:人～?(人在哪儿呢?)

【⿰口孟】 mæ̃^{13} 相当于普通话的"没有"。表疑问语气。如:水开拉～?(水开了没有?)("⿰口孟"当是"吗"的音变)。

其　他

【白相】 bəʔ^{11} çiæ̃^{23} 亦称"孛相""薄相"。① 游玩;玩要。如:～城隍庙。② 玩弄。如:侬是勒拉～人家感情。③ 捉弄人。如:伊专门～我,寻我开心。④ 不务正业。如:伊是～人,生活勿做,日日搓麻将。⑤ 研习;玩味。如:伊～古代陶瓷,出版过几本专著。

【落头】 lɒʔ$^{2-2}$dɯ$^{31-53}$ 乘加工或采购的机会侵吞的部分财物。

【落场】 lɒʔ$^{2-5}$ zæ̃$^{31-31}$ ① 名词。下场;结局。② 动词。收场;下台阶。

【落耳】 lɒʔ$^{2-2}$ ɲi$^{22-22}$ 入耳,中听。

【落当】 lɒʔ$^{2-2}$ɗɒ̃$^{53-53}$ 机会。

【落色】 lɒʔ$^{2-2}$ sʌʔ$^{4-2}$ 褪色。

【落局】 lɒʔ$^{2-2}$ɟioʔ$^{2-2}$ 定局,了结。

【落寣】 lɒʔ$^{2-2}$ɸəʔ$^{4-2}$ 入睡,熟睡。

【落底】 lɒʔ$^{2-2}$ ɗi$^{44-22}$ 底下,最下边,最后。

【落班】 lɒʔ$^{2-2}$ ɓε$^{53-53}$ 下班。

【落眼】 lɒʔ$^{2-2}$ŋε$^{22-22}$ 携带财物被小偷看上。

【渍荡】 ciɪʔ^{55} dɒ̃^{13} 亦称"迹荡""迹浞""渍渍"等。指衣物上留有污迹的地方。渍:沾积在衣物上面难以除去的油泥等,如油渍、茶渍、墨水渍。音同"迹"。荡:"地方"两字的合音。

【记认】 ci$^{35-44}$ɲiŋ$^{13-44}$ 标记。

【世面】 sɿ$^{35-44}$mi$^{13-44}$ 阅历。

【腔拍】 cʰiæ̃$^{53-53}$ pʰɑʔ$^{4-ʔ31}$ 作风。

【声气】 sæ̃$^{53-55}$ cʰi$^{35-31}$ 说话时的声音、语气。

【卖相】 mɑ$^{13-22}$ siæ̃$^{35-35}$ 仪表、形象。

【记性】 ci$^{35-33}$ siŋ$^{35-31}$ 记忆力。

【因头】 iŋ$^{53-35}$ dɯ$^{31-53}$ ① 缘由。如:搿桩事体有～。② 暗示。如:闲话里拨点～我,叫我当心点。③ 借口。如:寻个～借铜钿。

【直介】 zʌʔ$^{2-2}$ kɑ$^{35-35}$ 这么,这样。

【威介】 ue$^{53-55}$ kɑ$^{35-31}$ 那么,那样。

【牌头】 bɑ$^{31-13}$dɯ$^{31-53}$ 靠山。

【齐头】 zi$^{31-13}$ dɯ$^{31-53}$ 整数。

【几化】 ci$^{44-44}$ hɔ$^{35-44}$ 多少。

【牵匀】 cʰi$^{53-35}$ɦyœ̃$^{31-53}$ 均匀。

【单清】 ɗε$^{53-35}$tsʰiŋ$^{53-53}$ 仅仅。

【独怕】 doʔ$^{2-2}$pʰo$^{35-35}$ 只怕。

【上住】 zɒ̃$^{22-22}$zy$^{13-35}$ 到顶。

【闹猛】 nɔ$^{13-22}$mæ̃$^{22-22}$ 热闹。

【滑漓】 βæʔ$^{2-4}$ li$^{53-53}$ 路滑难行。

【豪悛】 ɦɔ^{13}sɔ^{34} 亦称"豪燥"。赶快;快点儿。多用于催促。

【趣】 cʰy^{35} 漂亮,美丽。

【怕】 pʰo^{35} 丑,难看。

【奘】 tsɒ̃^{35} ① 肥沃。② 胖。

【徛】 ɟiɑ^{31} ① 能干;有本领。② 健康。

【登样】 ɗəŋ$^{53-55}$iæ̃$^{35-31}$ 漂亮;像样。

【暂歇】 zε$^{13-24}$ çiɪʔ$^{4-ʔ31}$ 随它去。

【蹩脚】 biɪʔ$^{2-2}$ciɑʔ$^{4-2}$ 很差。

【吃香】 cʰiʌʔ^{5} çiæ̃^{44} 吃得开,受重视,到处受人欢迎。《宋朝事实类苑》记载,北宋中期后,宫廷编制庞大,冗员激增。当时,每年都有数百名冗官在负责官员升迁和调遣的三班院等待分配。每到乾元节,他们便"醵钱饭僧",集资来给和尚布施饭食和进香,共同为皇帝祝寿。所凑之钱称为"香钱"。三班院常利用职权将余款私分,时人戏称"三班吃香"。后"吃香"常用来形容有些职业令人羡慕或某些商品受人欢迎。如：过去种田人被人看勿起，现在种田人来得～。

【搭浆】 ɗæʔ$^{4-4}$tsiæ̃$^{53-53}$ 马虎。

【塌滑】 tʰæʔ$^{4-4}$ βæʔ$^{2-4}$ 祝颂语。平安，顺遂。

【索介】 sɒʔ$^{4-4}$ kɑ$^{35-35}$ 干脆。

【结棍】 ciɪʔ$^{4-4}$kuəŋ$^{44-44}$ 厉害；结实。

【烦杂】 βɛ$^{31-22}$zəʔ$^{2-2}$ 麻烦。

【光生】 kuɒ̃$^{53-35}$ sæ̃$^{53-53}$ 光洁。

【粒屑】 liɪʔ$^{2-2}$ siɪʔ$^{4-2}$ 细碎的颗粒。

【触祭】 tsʰɒʔ$^{4-3}$ ci$^{4-4}$ 亦称“肏祭”。意谓“吃（含贬义）”。本作“餟祭”，即以酒食祭祖。祭祀前供品万不能动更不能吃，否则就是心不诚。若随意触摸甚至偷吃则必遭诟骂。

【勿作兴】 uəʔ$^{4-3}$ tsɒʔ$^{4-5}$ çiŋ$^{53-53}$ 不应该。多用于责备违犯道德规范的行为。

【捧大卵】 pʰoŋ$^{44-22}$du$^{13-55}$lø$^{22-31}$ 亦称“捧大卵脬”。阿谀权贵。

【做人家】 tsu$^{35-55}$ɲiŋ$^{31-33}$kɑ$^{53-31}$ 节省，节约。

【斩一刀】 tsɛ$^{53-35}$ iɪʔ$^{4-5}$ ɗɔ$^{53-31}$ 亦称“斩一记”。受骗上当，被人白白地赚去了一笔钱财。

【斩冲头】 tsɛ$^{53-35}$ tsʰoŋ$^{53-55}$ dɯ$^{31-53}$ 亦称“斩‘侬’头”。忽悠、欺骗不明情况且容易上当的人，使之蒙受损失。

【收篷】 sɯ$^{53-35}$ boŋ$^{31-53}$ 亦称“落篷”。下帆，比喻结束、收场。

【落瘾】 lɒʔ$^{2-2}$ɲi$^{22-22}$ 成了嗜好。

【污素】 u$^{35-44}$ su$^{35-44}$ 龌龊。

【浪搭】 lɒ̃$^{13-24}$ɗæʔ$^{4-ʔ31}$ 耽搁。

【搭煞】 ɗæʔ$^{4-4}$sæʔ$^{4-4}$ 拖累。

【上紧】 zɒ̃^{33} ciŋ^{34} 抓紧；拿出干劲。如：做生活～点，争取提前完成任务。

【白花】 bɑʔ$^{2-2}$ ho$^{53-53}$ 发霉。

【走油】 tsɯ$^{44-35}$ɦiɯ$^{31-31}$ ① 把肉投入油锅中煤，让它失去部分脂肪。② 肉类或含油食品久置而冒油变味。③ 比喻遇到棘手的事。

【开软档】 kʰe$^{53-55}$ ɲyø$^{22-33}$ ɗɒ̃$^{53-31}$ ① 服软，示弱。② 饶了某人，放条出路。

【上档子】 zɒ̃$^{22-22}$ ɗɒ̃$^{35-55}$ tsɿ$^{44-31}$ 品质品位较高，有资格进入高一级的档次。

【作孽】 tsɔʔ$^{4-4}$ɲiɪʔ$^{2-4}$ 可怜，可惜。

【迭诚】 diɪʔ$^{2-2}$zəŋ$^{31-53}$ 特地，专诚。

【挺括】 tʰiŋ$^{44-35}$kuæʔ$^{4-31}$ 喻衣着笔挺，质量优良。

【拆板】 tsʰɑʔ$^{4-4}$ ɓɛ$^{44-44}$ 器物损坏。

【拍满】 pʰɑʔ$^{4-4}$me$^{22-44}$ 装满。

【够事】 kɯ$^{35-44}$zɿ$^{13-44}$ 足够。

【大畅】 dɑ$^{31-24}$ tsʰæ̃$^{35-31}$ 足够。

【末脚】 məʔ$^{2-2}$ ciɑʔ$^{4-2}$ 最后。

【力作】 liɪʔ$^{2-2}$ tsɒʔ$^{4-2}$ 体力。

【蓬尘】 boŋ$^{22-24}$ zəŋ$^{31-31}$ 亦称“埄尘”。灰尘。

【推扳】 tʰe$^{53-35}$ɓɛ$^{53-53}$ ① 差；坏。如：质量～。② 相差。如：～三岁。③ 让；将就。如：价钿勿肯～。

【煞死】 sæʔ$^{4-4}$ çi$^{35-31}$ 拼命地。

【睏去】 kʰun^{33} tsʰi^{34} 入睡；入眠。

【睏话】 kʰun^{33} ɦo^{21} 亦称“梦话”。① 睡梦中说的话。② 比喻不切实际、不能实现的话。

【一枪头】 iɪʔ$^{4-3}$ tsʰiæ̃$^{53-55}$ dɯ$^{31-53}$ 原指桌球选手用击球棒一口气将小球干净利落地全部击落袋中。常比喻事情一次性或一下子就成功。

【一个子】 iɪʔ$^{4-3}$kɯ$^{35-55}$tsɿ$^{44-31}$ 亦称“一干子”。独自一人。

【两家头】 liæ̃$^{22-22}$ kɑ$^{53-55}$ dɯ$^{31-31}$ 两人。

【门面戏】 məŋ$^{31-24}$ mi$^{13-33}$ çi$^{35-31}$ 做给别人看的表面文章。

【后梢翘】 ɦɯ$^{22-24}$ sɔ$^{53-33}$ cʰiɔ$^{35-31}$ 形势后来居上，也指妻子当家作主。

【触心经】 tsʰoʔ$^{4-3}$ siŋ$^{53-55}$ ciŋ$^{53-53}$ 亦称“触心筋”。触动某种思想情绪，多指不愉快的。

【脱手镖】 tʰəʔ$^{4-3}$ sɯ$^{44-55}$ ɓiɔ$^{53-53}$ 比喻物品被人借走不还。

【交交关】 ciɔ$^{53-35}$ ciɔ$^{53-55}$ kuɛ$^{53-31}$ 很多。

【一眼眼】 iɪʔ$^{4-3}$ŋɛ$^{22-55}$ŋɛ$^{22-53}$ 很少。

【寻铜钿】 ziŋ$^{31-13}$doŋ$^{31-55}$di$^{31-31}$ 亦称“寻钞票”。挣钱；谋生。

【挑脚担】 tʰiɔ$^{53-35}$ ciɑʔ$^{4-5}$ ɗɛ$^{53-31}$ 指做小生意。脚担：担子。

【大少爷】 du$^{13-22}$ sɔ$^{35-55}$ ɦiɑ$^{31-31}$ 喻人阔气。

【嚼舌头】 ziɑʔ$^{2-2}$ zəʔ$^{2-5}$ dɯ$^{31-53}$ 指搬弄是非。

【嗲勿煞】 ɗiɑ$^{44-33}$ uəʔ$^{4-5}$ sæʔ$^{4-ʔ31}$ 对自我感觉良好者的嘲讽。

【呒一实】 m̩$^{53-55}$iɪʔ$^{4-3}$zəʔ$^{2-31}$ 东西分量轻，体积小。

【呒介事】 m̩$^{53-55}$kɑ$^{35-33}$zɿ$^{13-31}$ ① 没有那回

事。② 没关系。

【呒介堂】 m̩$^{53-55}$kɑ$^{35-33}$dɒ̃$^{31-31}$ 略微。

【呒手揿】 m̩$^{53-35}$ sɯ$^{44-55}$ cʰiŋ$^{35-31}$ 事情办糟了,无法收拾。

【呒道理】 m̩$^{53-55}$ dɔ$^{13-33}$ li$^{22-31}$ ① 没有道理。② 不在乎。

【做啥咾】 tsu$^{35-35}$ sɑ$^{35-33}$ lɔ$^{13-31}$ 为什么。

【扣扣叫】 kʰɯ$^{35-44}$kʰɯ$^{35-44}$ciɔ$^{35-53}$ 正好,差不多。

【假佯头】 kɑ$^{35-33}$ iɑʔ^{5} dɯ$^{31-53}$ 亦称"假约头""假野头"。假装;假意。

【石伯伯】 zɑʔ^{11} ɓɑʔ$^{4-4}$ɓɑʔ$^{4-4}$ 原指松江府城隍庙中的一尊石头老人像,俗称"石伯伯"。传说石伯伯显灵,妇人抚摸其腹宜生男孩;有病痛者,就去按摩石伯伯的同一个地方,便可止疾。后常用以比喻坚硬的东西。

【脚步钿】 ciɑʔ$^{4-3}$ bu$^{13-55}$ di$^{31-31}$ 亦称"脚钿"。即脚钱。旧指付给搬运东西的人的工钱。

【进门法】 tsiŋ$^{35-55}$məŋ$^{31-33}$ɸæʔ$^{4-31}$ 走亲访友携带礼物。

【啊呀货】 ɑʔ$^{4-3}$ɦiɑ$^{31-55}$ɸu$^{35-31}$ 劣质货。

【退缩走】 tʰe$^{35-33}$sɒʔ$^{4-5}$tsɯ$^{44-31}$ 倒着走。

【像不同】 ziæ̃$^{22-}$ ɓəʔ$^{4-4}$ doŋ$^{31-53}$ 亦称"详不同"。差不多。

【勿势直】 uəʔ$^{4-3}$ sɿ$^{35-55}$ zʌʔ$^{2-ʔ53}$ 不心甘情愿。

【捉个空】 tsɒʔ$^{4-3}$ kɯ$^{35-55}$ kʰoŋ$^{53-31}$ 抽空;找机会。

【捉龙头】 tsɒʔ$^{4-3}$loŋ$^{31-55}$dɯ$^{31-53}$ ① 儿童游戏,即"老鹰捉小鸡"。② 比喻东找西找也找不到。

【捉白虱】 tsɒʔ$^{4-4}$ bɑʔ$^{2-4}$ səʔ$^{4-2}$ 抓虱子,比喻做极为细致麻烦的事情。

【捉煞做】 tsɒʔ$^{4-4}$ sæ$^{35-44}$ tsu$^{35-44}$ 执意不肯变通。

【捉扳头】 tsɒʔ$^{4-4}$ɓɛ$^{53-35}$dɯ$^{31-53}$ 寻衅,找岔子。

【捉冷铳】 tsɒʔ$^{4-4}$ læ̃$^{22-44}$ tsʰoŋ$^{35-44}$ 乘人不备。

【硬收疤】 ŋæ̃$^{13-22}$ sɯ$^{53-22}$ ɓo$^{53-22}$ 亦称"硬收场""硬结束"。事情尚未收官时,采取果断措施提前收尾。收疤:创伤愈合。

【翘辫子】 cʰiɔ$^{35-44}$bi$^{22-44}$tsɿ$^{44-53}$ 喻人死亡。

【杀家将】 sæʔ$^{4-3}$ kɑ$^{53-55}$ tsiæ̃$^{35-31}$ 戏称自己一家人玩牌或赌博。

【杀千刀】 sæʔ$^{4-3}$ tsʰi$^{53-55}$ ɗɔ$^{53-53}$ 亦称"戳千刀"。犹千刀万剐,恨之入骨。詈词。

【拦差头】 læʔ$^{2-2}$ tsʰɑ$^{53-55}$ dɯ$^{31-53}$ 扬招出租车。

【做头发】 tsu$^{35-55}$ dɯ$^{31-33}$ ɸæʔ$^{4-ʔ31}$ 美发。

做头发

【做面孔】 tsu$^{35-33}$ mi$^{13-55}$ kʰoŋ$^{44-31}$ 美容。

【捉小猪猡】 tsɒʔ^{4} siɔ$^{44-33}$ tsɿ$^{53-55}$ lu$^{31-31}$ 原指采购苗猪,现多比喻有偿家教。

【吃夹塌饼】 cʰiʌʔ^{4}kæʔ$^{4-4}$tʰæʔ$^{4-4}$ɓiŋ$^{44-44}$ 比喻中间人受双方埋怨。

【勿得勿然】 uəʔ$^{4-4}$ ɗʌʔ$^{4-4}$ uəʔ$^{4-4}$ ze$^{31-53}$ 只得这样,不得不如此。

【捣糨糊】 dɔ$^{31-24}$ tsiæ̃$^{35-33}$ βu$^{31-31}$ 糊弄、推诿、不认真、不负责、敷衍应付、有意搅局、得过且过、投机取巧、打擦边球、钻空子、和稀泥或宽容随意、调和矛盾等行为。

【谢牙齿】 ziɑ$^{13-22}$ŋɑ$^{31-22}$tsʰɿ$^{44-22}$ 本季节最后一次吃某种菜蔬果品。旧时作物都随时节自然生长,过了节气,要待来年才能应时上市。

【揌胡椒粉】 siæ̃^{44} βu$^{31-13}$ tsiɔ$^{53-55}$ ɸəŋ$^{44-31}$ 比喻每人平均分给一丁点儿。揌:撒,松江话音"想"。

【砌墙头】 tsʰi$^{35-55}$ziæ̃$^{31-33}$dɯ$^{31-31}$ 亦称"筑方城""筑长城"。即搓麻将。

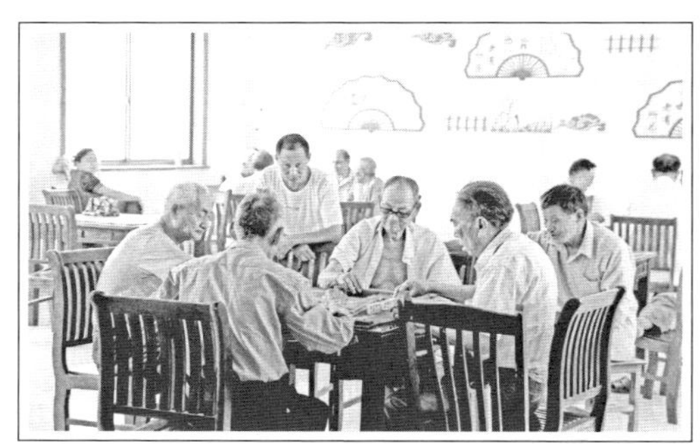

砌墙头

【罡头开花】 kɒ̃$^{35-53}$ dɯ$^{31-31}$ kʰe$^{53-35}$ ho$^{53-53}$ 简称“罡开”，亦称“杠开”。麻将术语。一人得到四张相同的牌即可“罡”，到牌阵的末尾抓补牌，得到的牌正好能和，称“罡头开花”。常比喻意外的大幸运。

【吃药】 cʰiʌʔ$^{4-4}$ ɦiɑʔ$^{2-4}$ ① 服药。② 上当。

【吃错药】 cʰiʌʔ$^{4-3}$ tsʰo$^{53-55}$ ɦiɑʔ$^{2-?31}$ 嘲讽某人言谈举止糊涂、失常。

【收骨头】 sɯ$^{53-}$ kuəʔ$^{4-5}$ dɯ$^{31-31}$ 加强对下属或学生的管束，使之工作、学习守规矩。

【吃搁头】 cʰiʌʔ$^{4-3}$ kɒʔ$^{4-5}$ dɯ$^{31-53}$ 亦称“吃轧头”。受挫；受指责。

【软硬劲】 ɲyø$^{22-24}$ ŋæ̃$^{13-33}$ ciŋ$^{35-31}$ 干活做事该用蛮力时用蛮力，该用巧劲时用巧劲。或柔中带刚，刚中带柔。

【肚肠痒】 du$^{22-22}$ zæ̃$^{31-55}$ ɦiæ̃$^{22-31}$ 亦称“肚肠根痒”。看人说话做事太慢太差，看不惯，欲言又止。

【肚肠翻身】 du$^{22-24}$ zæ̃$^{31-31}$ ɸɛ$^{53-35}$ səŋ$^{53-53}$ 亦称“肚肠根翻身”。比喻因大笑、呕吐、腹泻等引起的剧烈腹疼。

【吼势】 hɯ$^{53-35}$ sɿ$^{53-53}$ ① 烦闷，不舒适。② 事端。如：寻～。

【孵太阳】 bu$^{13-22}$ tʰɑ$^{35-55}$ ɦiæ̃$^{31-31}$ 亦称“孵日旺”。晒太阳。

孵太阳

【粗大略】 tsʰu$^{53-55}$ dɑ$^{13-33}$ liɑʔ$^{2-?31}$ 粗略；大略。

【粗光趟】 tsʰu$^{53-35}$ kuɒ̃$^{53-55}$ tʰɒ̃$^{35-31}$ 形容人的手艺、工作或外表一般化，还过得去。

【祸殃根】 βu$^{22-22}$ iæ̃$^{53-55}$ kəŋ$^{53-31}$ 祸根。

【随常】 zø$^{31-13}$ zæ̃$^{31-53}$ 平常；普通。

【随手转】 zø$^{31-13}$sɯ$^{44-55}$tse$^{44-31}$ 顺便随带着做。

【散收收】 sɛ$^{44-33}$ sɯ$^{53-55}$ sɯ$^{53-31}$ 形容松松散散，未经整理收拾。

【摆周年】 ɓɑ$^{44-33}$tsɯ$^{53-55}$ɲi$^{31-31}$ 为亲人(主要为父母)过世周年日举行的祭祀活动。周年是众多祭日里最重要的祭祀活动，祭桌上摆放的供品丰盛，形式隆重。

【抱腰】 bɔ$^{22-24}$iɔ$^{53-31}$ 亦称“撑腰”。比喻有力的支持。

【统扯】 tʰoŋ$^{44-35}$tsʰɑ$^{44-31}$ 一个总数按平均数计算。

【种草】 tsoŋ$^{44-35}$tsʰɔ$^{44-31}$ 品种；生物传代繁殖的物质。

【凿着发】 zɒʔ$^{2-2}$zɑʔ$^{2-2}$ɸæʔ$^{4-2}$ 碰巧。事先没准备，碰巧把事做成。

【硬档】 ŋæ̃$^{13-22}$dɒ̃$^{35-35}$ 过得硬的等级或类别。

【软档】 ɲyø$^{22-22}$dɒ̃$^{35-35}$ 身体上软的部位，胸、腹等。又比喻差的等级类别或把柄。

【煞根】 sæʔ$^{4-4}$kəŋ$^{53-53}$ 痛快；过瘾；尽兴。

【敲手心】 kʰɔ$^{53-55}$sɯ$^{44-33}$siŋ$^{53-31}$ 旧时教师用戒尺打学生手心，作为惩罚的一种手段。

【敲屁股】 kʰɔ$^{53-55}$pʰi$^{35-33}$ku$^{44-31}$ 打屁股。小孩犯有过失，以敲屁股表示惩罚。

【敲背】 kʰɔ$^{53-55}$ɓe$^{35-31}$ 捶背。

【敲开木鱼】 kʰɔ^{53} kʰe^{53} mɔʔ$^{2-2}$ ɦy$^{31-53}$ 木鱼最显著处是一张弥勒佛似的大嘴。形容笑得合不拢嘴。

【杀博】 sæʔ$^{4-4}$ɓoʔ$^{4-4}$ 亦称“煞博”。厉害。

【中中叫】 tsoŋ$^{53-35}$tsoŋ$^{53-55}$ciɔ$^{35-31}$ 处在中间、中游。

【厥倒】 cyœʔ$^{4-4}$dɔ$^{44-44}$ 亦称“昏倒”“昏过去”。形容效果惊人，使人达到昏倒的程度。

【勿要紧】 uəʔ$^{4-3}$iɔ$^{35-55}$ciŋ$^{44-31}$ 亦称“覅紧”。不要紧；没关系。

【勿生心】 uəʔ$^{4-3}$ sæ̃$^{53-55}$ siŋ$^{53-53}$ 不留神，没有注意或重视，不存心。

【屏功】 ɓiŋ$^{35-53}$koŋ$^{53-31}$ 亦称“鉼功”“迸功”。忍耐力；持久力。

【牵头皮】 cʰi$^{53-35}$ dɯ$^{31-55}$ bi$^{31-31}$ 头皮：既可指“头顶及其周围的皮肤”，也可指“头皮表面脱落下来的碎屑”即头皮屑(《汉语大词典》)。所以，“～”的效果，一方面是止了痒，另一方面便是“牵”出了不少脏兮兮的头皮屑。头皮屑的特点，一是龌龊，人见人厌；二是紧附在易于藏污纳垢的头发根部，不“牵”不大会出来。故“牵头皮”一词便由此衍化出两种意义：① 不体面的；丢人。如：～事体下趟少做做。② 指责；数落；揭老底。例如：搿桩事体经常拨同行朋友～。

【“啊呀”来勿及】 ɑʔ$^{4-3}$ ɦiɑ$^{31-53}$ lɛ$^{31-22}$ uəʔ$^{4-2}$ ɟiʌʔ$^{2-2}$ 悔之莫及。“啊呀”：懊悔之言。如：白相游戏机，功课侪忘记，明朝醒来再想起，～。

【掮木梢】 ɟi$^{31-13}$ mɔʔ$^{2-5}$ sɔ$^{53-31}$ 长木头大多两端有粗细。粗的一头重，细的一头轻。两人掮一根长木行走时，细的一头常让给体力弱小者，似为照顾。行走时，按规矩掮粗头者居前，掮细头即“～”者居后。居前者可以快步如飞，“～”者则踉踉跄跄勉强跟上；转弯或跨越沟坎时前面的人可以或左或右进退自如，“～”者则难辨方向，唯他人是命。对于缺乏经验的人而言，“～”看似得到照顾，轻松省力，其实十分被动，吃力而不被叫好。常比喻受人哄骗，做吃力不讨好的事。如：伊拨人家三噱两噱，就会得做～咟事体。噱：怂恿。

【出生活】 tsʰəʔ$^{4-3}$sæ̃$^{53-55}$βəʔ$^{2-ʔ31}$ 工作效率高。

【吃生活】 cʰiʌʔ$^{4-3}$ sæ̃$^{53-55}$βəʔ$^{2-ʔ31}$ ① 挨批，挨揍。如：勿识相当心～。① 费时、难干的活。如：今朝搿眼事体侪蛮～咟，看上去夜里要加加班。

俗成语

【一门心思】 iɪʔ$^{4-3}$məŋ$^{31-55}$siŋ$^{53-55}$sɿ$^{53-31}$ 一心一意；专心。

【一式一样】 iɪʔ$^{4-4}$ sʌʔ$^{4-4}$ iɪʔ$^{4-4}$ iæ̃$^{35-44}$ 样式完全相同。

【一刮两响】 iɪʔ$^{4-4}$ kuɑʔ$^{4-4}$ liæ̃$^{22-44}$ çiæ̃$^{44-44}$ 双响爆竹点燃之后，两声巨响，干脆响亮。刮：爆裂；裂开。形容言谈或办事干脆利落。

【一和细丝】 iɪʔ$^{4-3}$βu$^{31-55}$si$^{35-33}$sɿ$^{53-31}$ 形容米粉或其他溶液十分纯净。

【一垘无分】 iɪʔ$^{4-4}$ bæʔ$^{2-4}$ βu$^{31-44}$ ɸəŋ$^{44-44}$ 形容东西呈整块状，浑然一体，分不出条理和层次。

【一流如斯】 iɪʔ$^{4-3}$ liɯ$^{31-55}$ zy$^{31-55}$ sɿ$^{53-31}$ 朗读、背诵非常流畅。

【一搭一档】 iɪʔ$^{4-4}$ɗæʔ$^{4-4}$iɪʔ$^{4-4}$ɗɒ̃$^{35-44}$ 互相配合，互相呼应。多含贬义。

【一铺天坍】 iɪʔ$^{4-3}$ pʰu$^{53-55}$ tʰi$^{53-55}$ tʰɛ$^{53-31}$ 东西乱放，混乱不堪。

【七勿搭八】 cʰiIʔ$^{4-4}$ uəʔ$^{4-4}$ ɗæʔ$^{4-4}$ ɓæʔ$^{4-4}$ 亦称“瞎七搭八”。两者不相关涉。

【七乔八裂】 cʰiIʔ$^{4-4}$ ɟiɔ$^{31-53}$ ɓæʔ$^{4-4}$ liɪʔ$^{2-4}$ 不平整，也指意见不统一；形容人惹是非，难相处。

【七歪八戾】 cʰiIʔ$^{4-3}$ ɸɑ$^{53-55}$ ɓæʔ$^{4-3}$ liɪʔ$^{2-31}$ 不整齐，不端正。

【七荤八素】 cʰiIʔ$^{4-4}$ɸəŋ$^{53-53}$ɓæʔ$^{4-4}$su$^{35-35}$ 晕头转向；乱糟糟，糟到不可收拾。

【七搭八搭】 cʰiIʔ$^{4-4}$ɗæʔ$^{4-4}$ɓæʔ$^{4-4}$ɗæʔ$^{4-4}$ 随便跟人拉扯；胡言乱语，前言不搭后语。

【七嘴八搭】 cʰiIʔ$^{4-4}$ ʦɿ$^{53-53}$ ɓæʔ$^{4-4}$ ɗæʔ$^{4-4}$ 亦称“七支八搭”。胡言乱语。

【人命三司】 ɲiŋ$^{31-22}$miŋ$^{31-22}$ sɛ$^{53-55}$ sɿ$^{44-35}$ 比喻遇到非常棘手而麻烦的事。唐以御史大夫、中书、门下为三司，主理刑狱。明初“三司会审”制度由三法司共同处理重大案件。如：充分依靠群众，～啱事体侪能解决。

【人面熟事】 ɲiŋ$^{31-24}$ mi$^{13-33}$ zoʔ$^{2-3}$ zɿ$^{13-31}$ 有些熟识。

【三对六面】 sɛ$^{53-55}$ ɗe$^{35-33}$ loʔ$^{2-3}$ mi$^{13-31}$ 当事人当面对质、理论。

【三病六痛】 sɛ$^{53-55}$biŋ$^{13-33}$loʔ$^{2-3}$tʰoŋ$^{35-31}$ 亦称“生病落痛”。指患大小疾病。

【千年隔宿】 cʰi$^{53-55}$ɲi$^{31-33}$kɑʔ$^{4-3}$soʔ$^{4-31}$ 形容事物陈旧。

【千宗难般】 cʰi$^{53-35}$ ʦoŋ$^{53-55}$ nɛ$^{31-55}$ ɓɛ$^{53-31}$ 难得一见，偶尔出现。

【大头天话】 du$^{13-22}$ dɯ$^{31-22}$ tʰi$^{53-22}$ ɦo$^{13-22}$ 荒诞、没有根据的话；也指虚夸的话。

【大呒落角】 du$^{13-22}$m̩$^{53-55}$lɒʔ$^{2-3}$kɔʔ$^{4-31}$ 大而无当。也指不敏感、不灵敏。

【大嘴板气】 du$^{13-22}$ ʦɿ$^{53-22}$ ɓɛ$^{44-22}$ cʰi$^{35-22}$ 亦称“笃嘴板气”“笃嘴廿三”。乱说话；说话不合逻辑。“大嘴”“笃嘴”谐音。

【大推大扳】 du$^{13-22}$ tʰe$^{53-22}$ du$^{13-22}$ ɓɛ$^{53-22}$ 形容相差很大。

【小尐伶伶】 siɔ$^{44-33}$ ciɪʔ$^{53-55}$ liŋ$^{31-55}$ liŋ$^{31-31}$ 亦称“小鲫零零”。小巧玲珑，多用以形容人。

【山青水绿】 sɛ$^{53-35}$ cʰiŋ$^{53-53}$ sɿ$^{44-35}$ loʔ$^{2-31}$ 喻穿着入时。

【幺二角落】 iɔ$^{53-55}$ɲi$^{13-33}$ kɔʔ$^{4-3}$ lɒʔ$^{2-231}$ 偏僻之处。

【无野清头】 ɦu$^{53-55}$ ɦiɑ$^{31-53}$ cʰiŋ$^{53-53}$ dɯ$^{31-22}$

①无边无际。②多得不计其数。

【乌三乌四】 u$^{53-35}$sɛ$^{53-55}$u$^{53-33}$sɿ$^{35-31}$ 混乱不清。也指男女关系暧昧。

【乌舌乱话】 u$^{53-55}$ zəʔ$^{2-3}$ lø$^{13-33}$ ɦo$^{13-31}$ 亦称“乌唇乱话”。胡说八道。

【乌油滴水】 u$^{53-55}$ɦiɯ$^{31-33}$ɗiʌʔ$^{4-3}$sɿ$^{44-31}$ 形容黑而光亮柔滑。

【乌理蛮理】 u$^{53-55}$ li$^{22-33}$ mɛ$^{53-33}$ li$^{22-31}$ 蛮不讲理，纠缠不清。

【书句连篇】 sy$^{53-55}$cy$^{35-33}$li$^{31-33}$pʰi$^{53-31}$ 嘲讲话时喜欢引用文言词句者。

【五挺四直】 ɦŋ̍$^{22-24}$tʰiŋ$^{44-31}$sɿ$^{35-35}$zʌʔ$^{2-31}$ 身体僵直，无法弯腰。

【五虚六肿】 ɦŋ̍$^{22-22}$ he$^{53-55}$ loʔ$^{2-33}$ tsoŋ$^{44-31}$ 形容过于肥胖或浮肿；也形容穿着过多的衣服显得臃肿。“虚”，松江话音“嗨”。

【五横六竖】 u$^{53-35}$βæ̃$^{31-55}$loʔ$^{2-3}$zy$^{22-31}$ 同“横七竖八”。东西摆放杂乱无章。

【气吭八吭】 cʰi$^{35-53}$hɒ̃$^{53-31}$ɓæʔ$^{4-4}$ hɒ̃$^{53-31}$ 亦称“七吭八吭”。形容气喘吁吁的样子。吭：大口呼吸。

【勿二勿三】 uəʔ$^{4-4}$ɲi$^{13-35}$uəʔ$^{4-4}$sɛ$^{53-53}$ 亦称“勿三勿四”。言语或行为流里流气；不正派。

【勿入流品】 uəʔ$^{4-3}$zəʔ$^{2-5}$liɯ$^{31-55}$pʰiŋ$^{44-31}$ 不正派，有些流气。

【勿话虚头】 uəʔ$^{4-3}$ ɦo$^{13-35}$ çy$^{53-55}$ dɯ$^{31-53}$ 实话实说。

【勿做智着】 uəʔ$^{4-3}$tsu$^{35-55}$tsɿ$^{53-33}$zɑʔ$^{2-31}$ 出乎意料，始料不及。

【勿着勿落】 uəʔ$^{4-4}$zɑʔ$^{2-4}$uəʔ$^{4-4}$lɒʔ$^{2-4}$ ①形容言行不合适，没有分寸。②事情尚未完全办妥。

【勿尴勿尬】 uəʔ$^{4-3}$kɛ$^{53-55}$uəʔ$^{4-3}$kɑ$^{35-31}$ 不上不下。

【少有出见】 sɔ$^{44-35}$ ɦiɯ$^{22-33}$ tsʰəʔ$^{4-33}$ ci$^{35-31}$ 亦称“少寻出见”。难得碰到，极为少见，多用于贬义。

【日长世久】 ɲiɪʔ$^{2-2}$ zæ̃$^{31-55}$ sɿ$^{35-55}$ ciɯ$^{44-31}$ 长时期。

【日长夜大】 ɲiɪʔ$^{2-2}$tsæ̃$^{44-55}$ɦiɑ$^{13-33}$du$^{13-31}$ 形容生长速度快，多指小孩。

【日晒夜露】 ɲiɪʔ$^{2-2}$ so$^{35-22}$ ɦiɑ$^{35-22}$ lu$^{13-22}$ 东西没有遮盖地放在露天地里，白天太阳晒，晚上露水浸。指东西长时间受到自然侵蚀。

【日常三司】 ɲiɪʔ$^{2-2}$ zæ̃$^{31-55}$ sɛ$^{53-55}$ sɿ$^{53-31}$ 比喻每天经常少不了的事。“三司”原指三顿饭。

【日常日逐】 ɲiɪʔ$^{2-2}$zæ̃$^{31-55}$ɲiɪʔ$^{2-3}$zoʔ$^{2-ʔ31}$ 天天。

【木知木觉】 mɒʔ$^{2-2}$ tsɿ$^{53-55}$ mɒʔ$^{2-5}$ kɒʔ$^{4-ʔ31}$ 亦称“木头木脑”。形容感觉迟钝，呆头呆脑。

【毛惹污胀】 mɔ$^{31-13}$ zɑ$^{22-55}$ u$^{53-55}$ tsæ̃$^{35-31}$ 恼羞成怒。

【毛替他拖】 mɔ$^{31-22}$ tʰi$^{35-22}$ tʰɑ$^{35-22}$ tʰu$^{53-22}$ 亦称“毛替他通”。不光洁，粗糙。

【气吭不吼】 cʰi$^{35-53}$ hɒ̃$^{53-31}$ ɓəʔ$^{2-2}$ hɯ$^{53-53}$ 气急败坏的样子。

【火星迸崩】 ɸu$^{44-33}$ siŋ$^{53-55}$ ɓiŋ$^{35-33}$ ɓæ̃$^{53-31}$ 怒火上升。

【见多分少】 ci$^{35-55}$ ɗu$^{53-33}$ ɸəŋ$^{31-33}$ sɔ$^{44-31}$ 看起来很多，分成几份就显得少了。

【见眼生情】 ci$^{35-53}$ŋɛ$^{22-31}$sæ̃$^{53-35}$ziŋ$^{31-53}$ 随机应变，灵活应付。

【正行正经】 tsəŋ$^{35-55}$ ɦæ̃$^{31-33}$ tsəŋ$^{35-33}$ ciŋ$^{53-31}$ 正儿八经。正经的；严肃而认真的。

【出转勃转】 tsʰəʔ$^{4-3}$ tse$^{35-55}$ bəʔ$^{2-5}$ tse$^{44-31}$ 频繁地出现。

【出粗赖带】 tsʰəʔ$^{4-3}$tsʰu$^{53-55}$lɑ$^{13-33}$ɗɑ$^{35-31}$ 言语中常带脏话、粗话。

【半路出家】 ɓe$^{35-33}$lu$^{35-55}$ tsʰəʔ$^{4-3}$kɑ$^{35-31}$ 喻未经正规培训而自学成才者。

【厉声叹气】 li$^{13-22}$ sæ̃$^{53-22}$ tʰɛʔ$^{4-2}$ cʰi$^{35-22}$ 长吁短叹。

【白夹蜡塌】 bɑʔ$^{2-2}$ kæʔ$^{4-2}$ læʔ$^{2-2}$ tʰæʔ$^{4-2}$ 苍白，没有血色。

【石柏铁硬】 zɑʔ$^{2-2}$ɓɑʔ$^{4-2}$tʰiɪʔ$^{4-2}$ŋæ̃$^{13-22}$ 亦称“石柏挺硬”“石骨铁硬”。形容非常硬，或十分坚强。

【仰角千秋】 ŋɑ$^{22-13}$ kɒʔ$^{4-5}$ cʰi$^{53-55}$ cʰiɯ$^{53-31}$ 仰卧，面朝天空。

【关门落闩】 kuɛ$^{53-35}$ məŋ$^{31-55}$ lɒʔ$^{2-5}$ sɑʔ$^{53-31}$ 拒之门外，喻事无商量余地。

【冰生激骨】 ɓiŋ$^{53-55}$ sæ̃$^{53-33}$ ciʌʔ$^{4-3}$ kuəʔ$^{4-ʔ31}$ 冰冷彻骨。

【冰胶雪冻】 ɓiŋ$^{53-35}$kɔ$^{53-53}$siɪʔ$^{4-4}$ɗoŋ$^{35-35}$ 严寒天气。

【地陌生疏】 di$^{13-22}$mɑʔ$^{2-5}$sæ̃$^{53-33}$su$^{53-31}$ 形容对当地情况不熟悉。

【夹头夹脑】 kæʔ$^{4-3}$ dɯ$^{31-55}$ kæʔ$^{4-5}$ nɔ$^{22-31}$ 劈头盖脸。

【夹夹绕绕】 kæʔ$^{4-4}$kæʔ$^{4-44}$ɲiɔ$^{22-44}$ɲiɔ$^{22-44}$ ①形容缠绕不清；②形容男女之间关系暧昧。

【扣分扣数】 kʰɯ$^{35-55}$ ɸəŋ$^{31-33}$ kʰɯ$^{35-33}$ su$^{35-31}$ 时间、钱款、材料等刚刚正好，一点没有多余。

【当当其然】 ɗɒ̃$^{53-35}$ ɗɒ̃$^{53-55}$ ɟi$^{31-33}$ ze$^{31-31}$ 果然，不出所料。

【当着勿着】 ɗɒ̃$^{53-53}$zɑʔ$^{2-31}$uəʔ$^{4-4}$zɑʔ$^{2-4}$ 该做的不做，不该做的反而去做。

【杂合乱拌】 zəʔ$^{2-2}$ kəʔ$^{4-2}$ lø$^{13-22}$ be$^{22-22}$ 形容办事没有头绪，说话缺乏条理，乱七八糟，杂乱无章。合：配制；营造。松江话音“格”。

【杂格咙咚】 zəʔ$^{2-2}$ kəʔ$^{4-2}$ loŋ$^{31-22}$ ɗoŋ$^{53-22}$ 形容非常混杂；各种各样的。

【死样怪气】 si$^{44-33}$iæ̃$^{35-55}$kuɑ$^{35-33}$cʰi$^{35-31}$ 形容有气无力、不死不活的样子。

【死蟹一只】 si$^{44-35}$hɑ$^{44-31}$iɪʔ$^{4-4}$tsɑʔ$^{4-4}$ 原指死了的蟹。比喻事情陷于僵局，已无法挽回，不可逆转。

【汗毛凛凛】 ɦø$^{13-22}$mɔ$^{31-22}$liŋ$^{31-22}$liŋ$^{31-22}$ 毛骨悚然。

【汗蒲罗珠】 ɦø$^{13-22}$ bu$^{31-22}$ lu$^{31-22}$ tsy$^{53-22}$ 亦称“汗蒲罗渧”。汗水像蒲罗珠一样流下来。

【污之廿三】 u$^{53-35}$ tsɿ$^{53-55}$ ɲiɛ$^{13-33}$ sɛ$^{53-31}$ 糟蹋物品。

【乌弄作噱】 u$^{53-55}$ noŋ$^{31-33}$ tsɒʔ$^{4-3}$ çyœʔ$^{4-ʔ31}$ 亦称“污弄作孽”。指把很好的原料胡搞一通，使成废物。意谓暴殄天物。

【灰尘拔埲】 ɸe$^{53-55}$ zəŋ$^{31-33}$ bɑʔ$^{2-3}$ boŋ$^{22-31}$ 到处沾满尘土。

【百滋百烫】 ɓɑʔ$^{4-4}$tsɿ$^{53-53}$ɓɑʔ$^{4-4}$tʰɒ̃$^{35-35}$ 也说“热滋热烫”。形容温度高，多指食物。

【百病消烊】 ɓɑʔ$^{4-4}$ biŋ$^{13-33}$ siɔ$^{53-55}$ ɦiæ̃$^{35-55}$ 百病消失。烊：融化、消融。多为祈福用语。

【老三老四】 lɔ$^{22-22}$sɛ$^{53-55}$lɔ$^{22-33}$sɿ$^{35-31}$ 说话好为人师或说话不虚心。

【老鸟蜕毛】 lɔ$^{22-24}$ɗiɔ$^{44-31}$tʰø$^{35-53}$mɔ$^{31-31}$ 喻有经验的人的偶尔失误。

【老吃老做】 lɔ$^{22-24}$ cʰiʌʔ$^{4-3}$ lɔ$^{22-33}$ tsu$^{35-31}$ ①一贯这么做。含贬义。②经验老到，有把握。

【老里八早】 lɔ$^{22-22}$ li$^{22-55}$ ɓæʔ$^{4-3}$ tsɔ$^{44-31}$ 很久以前。

【老狙失劈】 lɔ$^{22-24}$ cy$^{44-31}$ səʔ$^{4-4}$ pʰiʌʔ$^{4-4}$ 亦称“老鬼失撇”。指精明能干的人偶然上当受骗；或指某人在其熟悉、熟练的领域里意外失手。狙：猴子。

【老筋巴渣】 lɔ$^{22-22}$ ciŋ$^{53-55}$ ɓo$^{53-55}$ tso$^{53-31}$ ①食物坚韧难啃。②指人的长相偏老且瘦。

【有种出种】 ɦiɯ$^{22-22}$ tsoŋ$^{44-55}$ tsʰəʔ$^{4-5}$ tsoŋ$^{44-31}$ 子女的性格酷肖父母。

【自拖罢休】 zɿ$^{13-22}$ tʰu$^{53-22}$ bɑ$^{22-22}$ çiɯ$^{53-22}$ 无人理睬，只好自己收场。

【自说自话】 zɿ$^{13-22}$sʌʔ$^{4-5}$zɿ$^{13-33}$ɦo$^{13-31}$ ①不征求别人意见，自作主张。②自言自语。

【血淋带渧】 çyœʔ$^{4-3}$ liŋ$^{31-55}$ ɗɑ$^{35-33}$ ɗi$^{35-31}$ 形容鲜血直流。

【行情行市】 ɦɒ̃$^{31-13}$ziŋ$^{31-55}$ɦɒ̃$^{31-33}$zɿ$^{22-31}$ 亦称“黄尽黄是”。形容多。行，松江话读若“杭”。

【讲经讲忏】 kɒ̃$^{44-22}$ ciŋ$^{53-55}$ kɒ̃$^{44-33}$ tsʰɛ$^{44-31}$ 谈判条件。

【吭汤吭水】 hɒ̃$^{53-31}$ tʰ ɒ̃$^{53-31}$ hɒ̃$^{53-31}$ sɿ$^{44-35}$ 亦称“吭三吭四”。狼吞虎咽的样子。形容急于满足欲望或追求利益，常略带贬义。

【何苦之得】 βu$^{31-13}$kʰu$^{44-55}$tsɿ$^{53-33}$ɗʌʔ$^{4-31}$ 何苦来。

【作天作地】 tsɒʔ$^{4-3}$ tʰi$^{53-55}$ tsɒʔ$^{4-3}$ di$^{13-31}$ 形容故意闹别扭，大要无赖。

【作丝作缕】 tsɒʔ$^{4-3}$sɿ$^{53-55}$tsɒʔ$^{4-3}$li$^{22-31}$ 办事很有条理，能按部就班。

【作死作活】 tsɒʔ$^{4-3}$ si$^{44-55}$ tsɒʔ$^{4-5}$ βəʔ$^{2-ʔ31}$ 大闹特闹；寻死觅活。

【冷清廓气】 læ̃$^{22-22}$tsʰiŋ$^{53-55}$kʰuɒʔ$^{4-3}$cʰi$^{35-31}$ 冷冷清清，十分寂寞。

【冷猛生头】 læ̃$^{22-22}$ mæ̃$^{22-55}$ sæ̃$^{53-55}$ dɯ$^{31-31}$ 亦称“勒陌生头”。突然，出乎意外。

【呈堂勿出】 zəŋ$^{31-22}$dɒ̃$^{31-22}$uəʔ$^{4-2}$tsʰəʔ$^{4-2}$ 所作所为或言词无法公之于众。

【呒心意思】 m̩$^{53-55}$siŋ$^{53-33}$i$^{35-33}$sɿ$^{53-31}$ 情绪不宁，精神涣散。

【呒因白头】 m̩$^{53-35}$iŋ$^{53-55}$bɑʔ$^{2-3}$dɯ$^{31-31}$ 无缘无故。

【坏路世界】 βɑ$^{13-22}$lu$^{13-55}$sɿ$^{35-33}$kɑ$^{35-31}$ 专做坏事。

【闷酥烂酱】 məŋ$^{53-35}$ su$^{53-55}$ lɛ$^{13-33}$ tsiæ̃$^{35-31}$ 形容食物煮熟煮透后十分酥烂。

【寿头寿脑】 zɯ$^{22-22}$ dɯ$^{31-55}$ zɯ$^{22-33}$ nɔ$^{22-31}$ 呆头呆脑；傻里傻气。

【寿头板气】 zɯ$^{22-22}$ dɯ$^{31-55}$ ɓɛ$^{44-33}$ cʰi$^{35-31}$ 不识好歹。

【屁尿⿰孛少⿰曹少】 pʰi$^{35-53}$ sɿ$^{53-31}$ lɔ$^{31-13}$ zɔ$^{31-53}$ 比喻空无一物。加强语气时说"屁尿⿰孛少⿰曹少经"。

【形容勿出】 ɦiŋ$^{31-22}$ɦioŋ$^{31-22}$uəʔ$^{4-2}$tsʰəʔ$^{4-2}$ 大惊小怪，小题大做。

【投五投六】 dɯ$^{31-24}$ ɦŋ̍$^{22-33}$ dɯ$^{31-33}$ loʔ$^{2-ʔ31}$ 做事莽撞、冒失的样子。

【极出乌拉】 ɟiʌʔ$^{2-2}$ tsʰəʔ$^{4-5}$ u$^{53-55}$ lɑ$^{53-31}$ 不沉着、发急的样子。

【极形极状】 ɟiʌʔ$^{2-2}$ɦiŋ$^{31-55}$ɟiʌʔ$^{2-3}$zɒ̃$^{13-31}$ 形容慌张、急迫的样子。

【没头没脑】 məʔ$^{2-2}$ dɯ$^{31-55}$ məʔ$^{2-3}$ nɔ$^{22-31}$ 不顾一切；不问是非情由。

【花头花脑】 ho$^{53-35}$ dɯ$^{31-55}$ ho$^{53-55}$ nɔ$^{22-31}$ 形容想出各种花招诱惑人。

【花里不剌】 ho$^{53-55}$ li$^{22-33}$ ɓəʔ$^{4-3}$ lɑʔ$^{2-31}$ 亦称"花里卜绿""花里花绿"。花花绿绿，色彩斑驳；眼花缭乱。

【连二夹三】 li$^{31-24}$ɲi$^{13-31}$kæʔ$^{4-4}$sɛ$^{53-53}$ 接二连三。

【刮拉松脆】 kuɑʔ$^{4-4}$ lɑʔ$^{2-4}$ soŋ$^{53-55}$ tsʰø$^{35-31}$ ①声音清脆。②说话等干脆，不拖泥带水。③食物松而脆。

【怕缩丝丝】 pʰo$^{35-33}$ sɒʔ$^{4-5}$ sɿ$^{53-55}$ sɿ$^{53-53}$ 畏缩不前。

【拆双破对】 tsʰɑʔ$^{4-3}$ sɒ̃$^{53-55}$ pʰu$^{35-55}$ ɗe$^{35-31}$ 成对的东西损坏其中之一。

【拖脚没手】 tʰu$^{53-53}$ciɑʔ$^{4-31}$məʔ$^{2-2}$sɯ$^{44-22}$ 衣服太长、太大，不称身。

【昏头六冲】 ɸəŋ$^{53-35}$ dɯ$^{31-55}$ loʔ$^{2-3}$ tsʰoŋ$^{35-31}$ 亦称"昏头七冲"。神魂颠倒，神志不清。

【昏头搭脑】 ɸəŋ$^{53-35}$ dɯ$^{31-55}$ ɗæʔ$^{4-3}$ nɔ$^{22-31}$ 形容糊里糊涂、颠三倒四的样子。

【枉为人世】 uɒ̃$^{44-35}$ βe$^{13-33}$ ɲiŋ$^{31-33}$ sɿ$^{35-31}$ 斥做事不合道德规范者。

【油腻光气】 ɦiɯ$^{31-13}$ ɲi$^{31-55}$ kuɒ̃$^{53-55}$ cʰi$^{35-31}$ 亦称"油腻光状"。沾满油污。

【沿胡搭且】 ɦi$^{31-13}$ βu$^{31-55}$ ɗæʔ$^{4-33}$ tsʰi$^{44-31}$ 思想不专注，作风拖泥带水。

【狗皮倒灶】 kɯ$^{44-35}$ bi$^{31-33}$ ɗɔ$^{44-33}$ tsɔ$^{35-31}$ 小气、吝啬。

【画描勿出】 ɦo$^{13-22}$miɔ$^{31-22}$uəʔ$^{4-2}$tsʰəʔ$^{4-2}$ 难以用语言表达。

【的角四方】 ɗɪɪʔ$^{4-3}$ kɒʔ$^{4-5}$ sɿ$^{35-55}$ ɸɒ̃$^{53-31}$ 形容方方正正。

【知心着意】 tsɿ$^{53-35}$ siŋ$^{53-55}$ zɑʔ$^{4-5}$ i$^{35-31}$ 彼此了解，情投意合，腹心相照。

【细磨细相】 si$^{35-55}$mo$^{31-33}$si$^{35-33}$siæ̃$^{35-31}$ 耐心细致地从事某一项工作。

【话骂不肖】 ɦo$^{13-24}$ mo$^{13-33}$ ɓəʔ$^{4-3}$ siɔ$^{35-31}$ 嘲丢人现眼的表现。

【轭头上颈】 æʔ$^{4-3}$ dɯ$^{31-55}$ zɒ̃$^{22-33}$ ciŋ$^{35-31}$ 轭头架上牛脖颈。借指生活由散漫转入正规，受到约束；也比喻工作或学习被严加管束。轭：松江话音"压"。

【面红膛采】 mi$^{13-22}$ɦoŋ$^{31-22}$dɒ̃$^{31-22}$tsʰe$^{44-22}$ 面色红润，很有精神的样子。

【挺胸凸肚】 tʰiŋ$^{44-33}$ çioŋ$^{53-55}$ dəʔ$^{2-3}$ du$^{22-31}$ 挺着胸脯和肚子，形容人肥胖或神气十足。

【厚脂纳答】 ɦɯ$^{22-22}$ tsɿ$^{53-55}$ nəʔ$^{2-3}$ ɗəʔ$^{4-31}$ 亦称"厚嘴呐得""厚皮呐得"。对方表示厌恶时，仍去亲昵并接近。

【哀求苦恼】 e$^{53-35}$ ɟiɯ$^{31-55}$ kʰu$^{44-33}$ nɔ$^{22-31}$ 形容求人十分苦恼的样子；苦苦哀求。

【带水带浆】 ɗɑ$^{35-55}$ sɿ$^{44-33}$ ɗɑ$^{35-33}$ tsiæ̃$^{35-31}$ ①蔬菜什物等沾水。②言语中带刺。

【恨勿则得】 ɦŋ̍$^{13-22}$uəʔ$^{4-2}$tsʌʔ$^{4-2}$ɗʌʔ$^{4-2}$ 恨不能。

【恨毛涌起】 ɦŋ̍$^{22-22}$ mɔ$^{31-55}$ ioŋ$^{44-33}$ cʰi$^{44-31}$ 被激起愤恨情绪，怒发冲冠貌。

【恨牙毒齿】 ɦəŋ$^{13-22}$ŋɑ$^{31-22}$doʔ$^{2-2}$tsʰɿ$^{44-22}$ 说话咬牙切齿，仇恨深切。

【挖蛆挖骨】 uæʔ$^{4-3}$ tsʰi$^{53-55}$ uæʔ$^{4-33}$ kuəʔ$^{4-ʔ31}$ 亦称"挖扦挖括"。喻想方设法，以求成功。多含贬义。

【歪里直角】 ɸɑ$^{53-55}$li$^{35-33}$zʌʔ$^{2-3}$kɒʔ$^{4-ʔ31}$ 亦称"歪咧直角"。歪斜不整齐。

【活脱活像】 βəʔ$^{2-2}$tʰəʔ$^{4-2}$βəʔ$^{2-2}$ziæ̃$^{35-22}$ 一模一样；非常像。

【济手济脚】 tsi$^{35-44}$sɯ$^{44-44}$tsi$^{35-55}$ciɑʔ$^{4-ʔ53}$ 形容

动作不利索。

【牵丝攀藤】 cʰi$^{53-35}$sɿ$^{53-55}$pʰɛ$^{53-55}$dəŋ$^{31-31}$ 亦称“牵丝爬凳”“牵丝扳凳”。比喻不干脆，纠缠不清。

【牵筋动骨】 cʰi$^{53-55}$ciŋ$^{53-33}$doŋ$^{22-33}$kuəʔ$^{4-ʔ31}$ 活动一下筋骨。

【牵脚吊物】 cʰi$^{53-55}$ciaʔ$^{4-3}$ɗiɔ$^{35-33}$βəʔ$^{2-ʔ31}$ 不成样子，难看之极。

【前脚后跟】 zi$^{31-13}$ciaʔ$^{4-5}$ɦɯ$^{31-55}$kəŋ$^{53-31}$ 谓一前一后时间接近。

【神志糊之】 zəŋ$^{31-24}$tsɿ$^{35-33}$βu$^{31-33}$tsɿ$^{53-31}$ 糊里糊涂。

【神思勿收】 zəŋ$^{31-13}$sɿ$^{53-55}$uəʔ$^{2-5}$sɯ$^{53-31}$ 原指精神不集中，引申为闯下了祸或干了不道德的事。

【绝人道司】 ziɪʔ$^{2-2}$ɲiŋ$^{31-55}$dɔ$^{31-55}$sɿ$^{53-31}$ 斥不合常情、违反道德规范的行为。

【胡吆天尊】 βu$^{31-13}$iɔ$^{53-55}$tʰi$^{53-33}$tsəŋ$^{53-31}$ 许多人在一处喧哗吵闹。

【胡吆痴子】 βu$^{31-13}$iɔ$^{53-55}$tsʰɿ$^{53-33}$tsɿ$^{44-31}$ 喧闹得像发了疯似的。

【胡涂里贡】 βu$^{31-13}$du$^{31-55}$li$^{22-55}$koŋ$^{35-31}$ 亦称“胡涂秃贡”。被雨水淋得浑身湿透。

【轻皮薄发】 cʰiŋ$^{53-55}$bi$^{31-33}$bɒʔ$^{2-3}$ɸæʔ$^{4-ʔ31}$ 原指头痛脑热等小病，借喻浮泛的批评或轻微的责备。

【借势因头】 tsia$^{35-44}$sɿ$^{35-44}$iŋ$^{53-35}$dɯ$^{31-53}$ 寻找借口。

【冤枉鬼叫】 ø$^{53-35}$uɒ̃$^{44-55}$cy$^{44-55}$ciɔ$^{35-31}$ 受委屈发牢骚。

【恶形恶状】 ɒʔ$^{4-3}$ɦiŋ$^{31-55}$ɒʔ$^{4-3}$zɒ̃$^{13-31}$ ①形容行为乖戾，不顾体面，不近人情。②形容装束奇特，含厌恶意。③形容味道奇臭。

【恶积勃里】 ɒʔ$^{4-4}$tsiʌʔ$^{4-4}$bəʔ$^{2-4}$li$^{22-44}$ 形容恶人的做派。故意刁难，千方百计捉弄他人。

【皱皮皱囊】 tsɯ$^{35-55}$bi$^{31-33}$tsɯ$^{35-33}$nɒ̃$^{31-31}$ 形容物品质地松弛，不挺括，皱巴巴，尤指衣裤。

【拳弯里曲】 ɟø$^{31-22}$uɛ$^{53-22}$li$^{22-22}$cʰioʔ$^{4-2}$ 指事情发展经过与细节的曲折、复杂。

【挨一从头】 a$^{53-35}$iɪʔ$^{4-5}$zoŋ$^{31-33}$dɯ$^{31-31}$ 从第一个开始，按次序进行。

【捏罔秋秋】 ɲiæʔ$^{2-2}$ mɒ̃$^{31-55}$ tsʰiɯ$^{53-55}$ tsʰiɯ$^{53-31}$ 斥人胡言乱语。

【根牢果实】 kəŋ$^{53-55}$lɔ$^{31-33}$ku$^{44-33}$zəʔ$^{2-ʔ31}$ 指人秉性忠厚、为人诚实、办事认真。

【浮脱离嬉】 βɯ$^{31-22}$tʰəʔ$^{4-2}$li$^{31-22}$çi$^{35-22}$ 举止轻浮，不踏实。

【烟出埲生】 i$^{53-35}$tsʰəʔ$^{4-5}$boŋ$^{22-33}$sæ̃$^{53-31}$ 尘封已久，一副颓败景象。

【绢光削滑】 cyø$^{35-55}$ kuɒ̃$^{53-33}$ siaʔ$^{4-3}$ βæʔ$^{2-ʔ31}$ 亦称“涓光滴滑”“精光滴滑”。光洁度很高。

【舀出嬱进】 ɦiɔ$^{13-24}$tsʰəʔ$^{4-ʔ31}$væʔ$^{2-2}$ tsiŋ$^{35-35}$ 舀出来嬱进去，嬱进去又舀出来。比喻无谓的反复。

【贼头狗脑】 zʌʔ$^{2-2}$dɯ$^{31-55}$kɯ$^{44-55}$nɔ$^{22-31}$ 形容行为鬼鬼祟祟，不规矩。

【起头发脑】 cʰi$^{44-35}$dɯ$^{31-31}$ɸæʔ$^{4-4}$nɔ$^{22-44}$ 发起做某事，含贬义。

【起早搭夜】 cʰi$^{44-35}$tsɔ$^{44-33}$ɗæʔ$^{4-3}$ ia$^{35-31}$ 起早摸黑。

【酒水糊涂】 tsiɯ$^{44-33}$sɿ$^{44-55}$βu$^{31-55}$du$^{31-31}$ 形容喝醉后迷迷糊糊的状态。

【家翻宅乱】 tsia$^{53-35}$ɸɛ$^{53-55}$zaʔ$^{2-5}$lø$^{13-31}$ 家里乱作一团。

【推车撞壁】 tʰe$^{53-35}$tsʰo$^{53-53}$zɒ̃$^{13-24}$ɓiɪʔ$^{4-31}$ 自己去碰壁。

【推来掬去】 tʰe^{53}lɛ^{31}ɲiɔʔ^{3} cʰi^{35} 推来推去。

【假痴假呆】 ka$^{44-33}$tsʰɿ$^{53-55}$ka$^{44-55}$ŋɛ$^{31-31}$ 故意装傻。

【做亲作事】 tsu$^{35-55}$tsʰiŋ$^{53-33}$tsɔʔ$^{4-3}$zɿ$^{13-31}$ 办理嫁娶大事。

【做痴不癫】 tsu$^{35-55}$tsʰɿ$^{53-33}$ ɓəʔ$^{4-3}$ ɗi$^{53-31}$ 装疯卖傻。

【兜路搭嘴】 ɗɯ$^{53-35}$lu$^{31-55}$ɗæʔ$^{4-5}$tsɿ$^{44-31}$ 形容一路上兜兜转转，喜欢有事没事到处找人搭话、闲聊。

【勒煞吊死】 lʌʔ$^{2-2}$ sæʔ$^{4-2}$ɗiɔ$^{35-22}$si$^{44-22}$ 吝啬；小气且呆板。

【弹眼落睛】 dɛ$^{31-24}$ŋɛ$^{22-33}$lɔʔ$^{2-3}$tsiŋ$^{53-31}$ 瞪大眼睛。形容事物好得叫人惊奇。

【悬脚洒洒】 ɦø$^{31-22}$ciaʔ$^{4-2}$sa$^{44-22}$sa$^{44-22}$ 做事不实或有意疏远。

【掂斤簸两】 ɗi$^{53-35}$ciŋ$^{53-55}$ɓu$^{44-55}$liæ̃$^{22-31}$ 估量。通常用于测试某人的学识水平或体力、技能。

【掇臀捧屁】 ɗœʔ$^{4-4}$dəŋ$^{31-53}$hoŋ$^{44-44}$pʰi$^{35-44}$ 形容某些人巴结、谄媚的丑态。捧，松江话音“哄”。

【揵脚划髈】 ɟi$^{31-22}$ciɑʔ$^{4-2}$ɦo$^{31-22}$pʰɒ̃$^{44-22}$ 举止不稳重，也比喻书法歪斜。

【清汤光水】 tsʰiŋ$^{53-35}$tʰɒ̃$^{53-55}$kuɒ̃$^{53-55}$sɿ$^{44-31}$ 亦称“清水光汤”。形容粥稀或菜汤油水少。

【眼疲瞌晥】 ŋɛ$^{22-22}$bi$^{31-55}$kʰəʔ$^{4-5}$tsʰoŋ$^{53-31}$ 睡眼惺忪，昏昏欲睡。

【粗声赖气】 tsʰu$^{53-35}$sæ̃$^{53-55}$lɑ$^{31-55}$cʰi$^{35-31}$ 语调粗鲁生硬。

【粗货赖肤】 tsʰu$^{53-55}$ɸu$^{35-33}$lɑ$^{13-33}$ɸu$^{53-31}$ 粗糙，不光滑。

【脱头落襻】 tʰœʔ$^{4-3}$dɯ$^{31-55}$lɒʔ$^{2-3}$pʰɛ$^{35-3}$ 亦称“脱头落鋬”。比喻办事不认真，粗枝大叶。

【脱底棺材】 tʰœʔ$^{4-3}$ɗi$^{44-55}$kue$^{53-55}$ze$^{31-31}$ 泛指没有计划、不计后果之人。尤指过日子不节约、入不敷出的人或工作极不负责的人。

【脱脱空空】 tʰəʔ$^{4-3}$tʰəʔ$^{4-5}$kʰoŋ$^{53-55}$kʰoŋ$^{53-31}$ 形容没有根据。

【船梢上前】 ze$^{31-13}$sɔ$^{53-55}$zɒ̃$^{31-55}$zi$^{31-31}$ 指家庭大事由妻子作主。

【萎毛搭煞】 ue$^{53-55}$ mɔ$^{31-33}$ ɗæʔ$^{4-3}$ sæʔ$^{4-ʔ31}$ 亦称“蔫毛搭煞”。无精打采，萎靡不振。

【野头野脑】 ɦiɑ$^{22-22}$dɯ$^{31-55}$ɦiɑ$^{22-33}$nɔ$^{22-31}$ 形容粗野、不受拘束。

【野野豁豁】 ɦiɑ$^{22-22}$ɦiɑ$^{22-55}$ɸæʔ$^{4-3}$ɸæʔ$^{4-31}$ 形容说话做事不着边际；过分。

【随湾到湾】 zø$^{31-13}$uɛ$^{53-55}$ɗɔ$^{35-55}$uɛ$^{53-31}$ 形容处事随和，不固执。

【嵌进嵌出】 kʰɛ$^{35-44}$tsiŋ$^{35-44}$kʰɛ$^{35-55}$tsʰəʔ$^{4-ʔ53}$ 差不离。

【惹虎招羊】 zɑ$^{22-22}$ɸu$^{44-55}$tsɔ$^{53-55}$ɦiæ̃$^{31-31}$ 招惹人家，无事生非。

【插上插下】 tsʰæʔ$^{4-3}$zɒ̃$^{13-55}$tsʰæʔ$^{4-5}$ɦɔ$^{22-31}$ 相差不大。

【敨乱欣烘】 tʰɯ$^{44-33}$ lø$^{13-55}$ çiŋ$^{53-55}$hoŋ$^{53-31}$ 冒失的性格和行为。

【替换落班】 tʰi$^{35-33}$ βe$^{13-55}$ lɒʔ$^{2-5}$ɓɛ$^{53-31}$ 亦称“更替落班”，轮换。

【琳琅带皱】 liŋ$^{31-13}$lɒ̃$^{31-55}$ɗɑ$^{35-55}$tsɯ$^{35-31}$ 形容不整齐的成串的东西。

【硬来条弹】 ŋæ̃$^{13-22}$lɛ$^{31-22}$diɔ$^{31-22}$dɛ$^{31-22}$ 指有底气，非常强硬、自信。通常指态度。

【落门落槛】 lɒʔ$^{2-2}$məŋ$^{31-55}$lɒʔ$^{2-5}$kʰɛ$^{44-53}$ 指说话、办事内行，有分寸。

【跌散铺盖】 ɗɪʔ$^{4-3}$sɛ$^{44-55}$pʰu$^{53-55}$ ke$^{35-31}$ 背包散了。引申为事情搞砸了，难以收拾。也指衣服穿得不整齐。

【馋尖百糟】 zɛ$^{31-13}$tsi$^{53-55}$ɓɑʔ$^{4-3}$tsɔ$^{53-31}$ 话多而噜苏。

【黑勃溜秋】 hʌʔ$^{4-3}$bəʔ$^{2-5}$liɯ$^{35-55}$tsʰiɯ$^{53-31}$ 形容颜色较黑，不美。指人的面相，也指物件。

【像心像意】 ziæ̃$^{22-22}$siŋ$^{53-55}$ziæ̃$^{22-33}$i$^{35-31}$ 称心如意。

【髝苏带苏】 li$^{53-35}$su$^{53-55}$ɗɑ$^{35-55}$su$^{53-31}$ 边缘毛糙不齐。通常指编织物，也指人容貌、服饰不整洁。

【想出挖出】 siæ̃$^{44-33}$tsʰəʔ$^{4-5}$uæʔ$^{4-3}$tsʰəʔ$^{4-31}$ 别出心裁，异想天开。

【腾脚破脚】 dəŋ$^{31-22}$ciɑʔ$^{4-2}$bu$^{35-35}$ciɑʔ$^{4-31}$ 形容走路不能控制脚步，有踏空、跌倒危险的样子。

【漓趾滑澾】 li^{31} tsɿ $^{44-33}$ βæʔ^{2} tʰæ$^{ʔ4-ʔ31}$ 路滑难行。

【痴天不剌】 tsʰɿ$^{53-55}$tʰi$^{53-33}$ɓəʔ$^{4-3}$læʔ$^{2-ʔ31}$ 疯疯癫癫的样子。

【痴形怪状】 tsʰɿ$^{53-35}$çiŋ$^{31-55}$kuɑ$^{35-55}$zɒ̃$^{31-31}$ 痴呆、疯癫的样子。

【矮和扎壮】 ɑ$^{44-35}$βu$^{31-33}$tsæʔ$^{4-3}$tsɒ̃$^{35-31}$ 个子不高，但很结实。

【粳且骨痒】 kæ̃$^{53-35}$tsʰi$^{53-55}$kuəʔ$^{4-5}$ɦiæ̃$^{22-31}$ 调皮捣蛋，不顺从。

【滗汤滗水】 kɔʔ^{5}tʰɒ̃^{53} kɔʔ^{5}sɿ^{44} 汤汁太满，不免溢出。

【锦上其时】 ciŋ$^{44-33}$zɒ̃$^{13-55}$ɟi$^{31-55}$zɿ$^{31-31}$ 特别珍惜和重视的态度。

【煞死煞活】 sæʔ$^{4-3}$si$^{44-55}$sæʔ$^{4-5}$βəʔ$^{2-31}$ 拼命；千方百计。如：伊～想当歌星。

【敲钉转脚】 kʰɔ$^{53-55}$ɗiŋ$^{53-33}$tse$^{44-33}$ciɑʔ$^{4-ʔ31}$ 形容办事妥帖，牢靠，实在。

【碧绿生青】 ɓiɪʔ$^{4-4}$loʔ$^{2-4}$sæ̃$^{53-35}$tsʰiŋ$^{53-53}$ 亦称“生青碧绿”。形容非常绿。

【精干雪燥】 tsiŋ$^{53-35}$kø$^{53-53}$siɪʔ$^{4-4}$sɔ$^{35-35}$ 极其干燥。

【辣手辣脚】 læʔ$^{2-2}$sɯ$^{44-55}$læʔ$^{2-5}$ciɑʔ$^{4-ʔ31}$ 形容待人处事手段毒辣厉害。

【墨赤大暗】 mʌʔ$^{2-2}$tsʰʌʔ$^{4-2}$du$^{31-22}$e$^{35-22}$ 黑暗至极，伸手不见五指。

【嬉牙板齿】 ɕi$^{53-35}$ŋɑ$^{31-55}$ɓɛ$^{44-33}$ʦʰʅ$^{44-31}$ 嬉皮笑脸,表示迎合奉承。

【横七竖八】 βæ̃$^{31-22}$ʦʰiɪʔ$^{4-2}$zy$^{33-22}$ɓæʔ$^{4-2}$ 东西摆放杂乱无章。

【瞎三话四】 hæʔ$^{4-3}$ sɛ$^{53-55}$ɦo$^{13-55}$sɿ$^{35-31}$ 胡说八道。

【踢脚绊手】 tʰiʌʔ$^{4-4}$ciɑʔ$^{4-4}$ɓɛ$^{35-44}$sɯ$^{44-44}$ 形容障碍多,妨碍他人行走。

【嘴五舌六】 ʦɿ$^{44-55}$ɦŋ̍$^{22-33}$zəʔ$^{2-3}$loʔ$^{2-31}$ ① 口角纠纷。② 多嘴多舌。③ 众说纷纭。

【嘴花野迷】 ʦɿ$^{44-33}$ho$^{53-55}$ɦiɑ$^{22-55}$mi$^{31-31}$ 花言巧语。

【犟头倔脑 】 ɟiæ̃$^{22-22}$dɯ$^{31-55}$ɟyœʔ$^{2-3}$nɔ$^{22-31}$ 亦称“犟头犟脑”。固执,不服从劝导。

【醒灵爽瘖】 siŋ$^{44-33}$liŋ$^{31-55}$sɒ̃$^{44-55}$ɸəʔ$^{4-ʔ31}$ 十分清醒,神完气足。

【霜烊路烂】 sɒ̃$^{53-35}$ɦiæ̃$^{31-55}$lu$^{13-55}$lɛ$^{13-31}$ 冰霜融化后的道路泥泞。

【戳死板凳】 ʦʰoʔ$^{4-4}$si$^{44-44}$ɓɛ$^{44-44}$ɗəŋ$^{35-44}$ 固执死板,不肯变通。

【精灵古怪】 ʦiŋ$^{53-35}$liŋ$^{31-55}$ku$^{44-55}$kuɑ$^{35-31}$ 形容心机工巧,与众不同。

【茅舍草路】 mɔ$^{31-24}$se$^{35-33}$ʦʰɔ$^{44-33}$lu$^{31-31}$ 形容荒凉偏僻,人烟稀少。

【精干绝尽】 ʦiŋ$^{53-35}$kø$^{53-55}$ziɪʔ$^{2-5}$ziŋ$^{22-31}$ 全完了,什么都没有了。

【宿里宿夹】 soʔ$^{4-3}$li$^{22-55}$soʔ$^{4-3}$kæʔ$^{4-31}$ 形容事物不新鲜,已过时。尤指食物。

【随多若少】 zø$^{31-13}$ɗu$^{53-55}$zɑʔ$^{2-5}$sɔ$^{44-31}$ 不拘多少。

【钻筋透骨】 ʦø$^{53-55}$ciŋ$^{53-33}$ tʰɯ$^{35-33}$kuəʔ$^{4-ʔ31}$ 刺骨。

【噱头噱脑】 ɕyœʔ$^{4-3}$dɯ$^{31-55}$ɕyœʔ$^{4-5}$nɔ$^{22-31}$ ① 引人发笑的话和举动; ② 花招; ③ 滑稽。

【口轻落落】 kʰɯ$^{44-33}$cʰiŋ$^{53-55}$lɒʔ$^{2-5}$lɒʔ$^{2-ʔ31}$ 亦称“口轻荡荡”。说话轻飘飘,不当一回事。

【出手出脚】 ʦʰəʔ$^{4-3}$sɯ$^{44-55}$ʦʰəʔ$^{4-5}$ciɑʔ$^{4-ʔ53}$ 放得开手脚,做事干净利落。

【肚肠勿落】 du$^{22-22}$zæ̃$^{31-55}$uəʔ$^{4-5}$lɒʔ$^{2-ʔ31}$ 比喻放心不下。

【疑心疑惑】 ɲi$^{31-22}$siŋ$^{53-22}$ɲi$^{31-22}$ɦoʔ$^{2-2}$ 不能确定是否真实,疑惑不决。

【虎头虎踵】 ɸu$^{44-33}$ dɯ$^{31-55}$ ɸu$^{44-33}$ ʦʰoŋ$^{35-31}$ 形容做事冒失、莽撞。

【呒赖势作】 m̩$^{53-55}$ lɑ$^{13-33}$sɿ$^{35-33}$ʦɒʔ$^{4-ʔ31}$ 形容耍无赖。

【轧淘轧堆】 gæʔ$^{2-2}$dɔ$^{31-55}$gæʔ$^{2-5}$ɗe$^{53-53}$ 拉帮结派,一般指小青年结交一些不太正派的朋友。含贬义。

【跔头缩颈】 gɯ$^{31-22}$dɯ$^{31-22}$sɒʔ$^{4-2}$ciŋ$^{44-2}$ 亦称“佝头缩颈”“蜷头缩颈”。缩着脑袋,形容人怕冷。也形容人无精打采,萎靡不振。

【呒着呒落】 m̩$^{53-55}$zɑʔ$^{2-3}$m̩$^{53-33}$lɒʔ$^{2-ʔ31}$ 没着落。喻百无聊赖样。

【睏痴懵懂】 kʰuəŋ$^{44-55}$ʦʰʅ$^{53-33}$moŋ$^{22-33}$ɗoŋ$^{44-31}$ 亦称“困痴梦懂”。睡眼惺忪。

【来煞勿及】 lɛ$^{31-22}$sæʔ$^{4-2}$uəʔ$^{4-2}$ɟiʌʔ$^{2-2}$ 形容迫不及待。

【密周棚周】 miɪʔ$^{2-2}$ʦɯ$^{53-55}$mæ̃$^{31-55}$ʦɯ$^{53-53}$ 密密匝匝。

【浓油赤酱】 ɲioŋ$^{31-22}$ ɦiɯ$^{31-22}$ ʦʰɑʔ$^{4-2}$ ʦiæ̃$^{35-22}$ 上海本帮菜烹调特点。指菜肴色重味浓。

【勿寸勿光】 uəʔ$^{4-4}$ ʦʰəŋ$^{35-35}$ uəʔ$^{4-4}$ kuɒ̃$^{53-53}$ 价格不高不低。

【自情自愿】 zɿ$^{13-22}$ ziŋ$^{31-22}$zɿ$^{13-22}$ɲyø$^{13-22}$ 亦称“自觉自愿”。自己愿意。

【自称自好】 zɿ$^{13-22}$ʦʰəŋ$^{53-22}$zɿ$^{13-22}$hɔ$^{44-22}$ 自我吹嘘。

【蔫头搭脑】 i$^{53-35}$dɯ$^{31-55}$ɗæʔ$^{4-5}$nɔ$^{22-31}$ 耷拉着脑袋,无精打采的样子。

【头端面正】 dɯ$^{31-13}$ɗø$^{53-55}$mi$^{13-55}$ʦəŋ$^{35-31}$ 形容容貌端正。

谚语

时政类

【一方曲蟮吃一方泥】 iɪʔ$^{4-4}$ɸɒ̃$^{53-53}$cʰioʔ$^{4-4}$ze$^{22-44}$cʰiʌʔ^{4}iɪʔ$^{4-4}$ɸɒ̃$^{53-53}$ɲi^{31}　意同“一方水土养一方人”。① 水土不同，人们的生活习惯也不相同。② 一处地方的自然资源养活那个地方的人。③ 当地的事，只有当地人解决。如：～。我几十年生活拉松江，再叫我到外地去，恐怕一下子适应勿了。曲蟮：蚯蚓。

【一年做到头，单剩两个空拳头】 iɪʔ$^{4-4}$ɲi$^{31-53}$tsu$^{35-33}$ɗɔ$^{35-55}$dɯ$^{31-31}$，ɗɛ^{53}zəŋ^{31}liæ̃$^{22-22}$kɯ$^{35-35}$kʰoŋ$^{53-35}$ɟø$^{31-55}$dɯ$^{31-31}$　亦称“年初一做到年夜头，做来做去两个空拳头”。指旧时穷人劳动辛苦，生活贫困。松江民歌《头字歌》：“年初一做到年夜头，做来做去两个空拳头；天好一百个日头，落雨一百只钵头；帐子碰着鼻头，豆腐干被头，盖了上头，旡没下头；糠菜红花头，筷戳盐钵头。”

【一朝动迁富三代】 iɪʔ$^{4-4}$tsɔ$^{53-53}$doŋ$^{22-24}$tsʰi$^{53-31}$ɸu^{35}sɛ^{53}de^{31}　当代谚语。指市民住房用地被征用，动迁所得补偿金不菲，可让一家三代人过上好日子。如：搿次动迁，政府补偿我伲一家哌钞票，两代三代也吃勿完。真哌是“～”。

【人穷屋低，讲出话来勿值钿】 ɲiŋ$^{31-13}$ɟioŋ$^{31-53}$oʔ$^{4-4}$ɗi$^{53-53}$，kɒ̃$^{44-35}$tsʰəʔ$^{4-ʔ31}$ɦo^{13}lɛ^{31}uəʔ$^{2-2}$zʌʔ$^{2-5}$di$^{31-53}$　犹言“人微言轻”。勿值钿：不值钱。如：“勿要相信老古话‘～’。现在是新社会，人人侪有讲话哌权利。假使侬讲得对，提出哌建议好，政府也会采纳格。”

【三日勿吃青，眼前冒金星】 sɛ$^{53-53}$ɲiɪʔ$^{2-ʔ31}$uəʔ$^{2-2}$cʰiʌʔ$^{4-5}$cʰiŋ$^{53-53}$，ŋɛ$^{22-24}$zi$^{31-31}$mɔ$^{31-13}$ciŋ$^{53-55}$siŋ$^{53-31}$　三天没吃到青菜，眼前会直冒金星。谓菜肴应注意荤素合理搭配，尤应多吃富含叶绿素的蔬菜。如：今朝一定要多烧几样绿叶蔬菜，～哉。

【三亭不及一泾】 sɛ$^{53-35}$diŋ$^{31-53}$ɓəʔ$^{4-4}$ɟiɪʔ$^{2-4}$iɪʔ$^{4-4}$ciŋ$^{53-53}$　三亭：亭林、安亭、望亭。一泾：泗泾。明清时，泗泾已是松江府大镇之一，比亭林、安亭、望亭诸镇还要繁荣。《松江老地名与地方历史文化》：“明清之际的泗泾镇已排入松江府大镇之列。民谣夸耀说：‘～’，就是说当时的泗泾，比附近的亭林、安亭、望亭繁荣热闹。”

【上半日到大学城领毕业证，下半日到松江新城办房产证】 zɒ̃$^{13-22}$ ɓe$^{35-55}$ ɲiɪʔ$^{2-ʔ53}$ɗɔ^{35}dɑ$^{31-33}$ɦɔʔ$^{2-5}$zəŋ$^{31-53}$liŋ^{33}ɓiɪʔ$^{4-4}$ɲiɪʔ$^{2-4}$tsəŋ$^{35-44}$，ɦɔ$^{22-22}$ ɓe$^{35-55}$ɲiɪʔ$^{2-ʔ31}$ɗɔ^{35}soŋ$^{53-35}$kɒ̃$^{53-55}$siŋ$^{53-55}$zəŋ$^{31-31}$bɛ^{13}βɒ̃$^{31-13}$tsʰɛ$^{44-55}$tsəŋ$^{35-31}$　当代谚语。指高校学生毕业后落户松江新城，置业、就业、创业的迫切心情。松江是科创和经济发达地区，吸引高校毕业生和科技人才来此发展。如：～。搿几年，大学生、研究生选择松江落户创业已经成为一种风气。

【上头清煞煞，下头捞勿着】 zɒ̃$^{13-22}$dɯ$^{31-22}$tsʰiŋ$^{53-55}$sæʔ$^{4-3}$sæʔ$^{4-ʔ31}$，ɦɔ$^{22-24}$dɯ$^{31-31}$lɔ$^{53-55}$uəʔ$^{2-3}$zɑʔ$^{2-ʔ31}$　当权者清正为官，清廉自守，下属便捞不到一星半点油水。如：～。领导干部只有以身作则，干净做事，才能为属下做出榜样，带出一股“清煞煞”哌好作风、一支“清煞煞”哌好队伍。上头：上级领导；清煞煞：清正清廉。下头：下级，下属；捞勿着：捞不到油水，无法用不正当手段获取钱财。

【下田看见星，收工看见星，做到日中头惺惺】 ɦɔ$^{22-24}$di$^{31-31}$kʰø$^{35-53}$ci$^{35-31}$siŋ^{53}，sɯ$^{53-35}$koŋ$^{53-53}$kʰø$^{35-53}$ci$^{35-31}$siŋ^{53}，tsu$^{35-44}$ɗɔ$^{35-44}$ɲiɪʔ$^{2-2}$tsoŋ$^{53-53}$dɯ$^{31-13}$siŋ$^{53-55}$siŋ$^{53-31}$ 谓旧时农民起早摸黑下田干活的辛苦。如：～。老底子农忙呃辰光，一日做到夜，夜里也呒没好好交睏个觉。头惺惺：也作“头星星”，头发晕。

【乡下狮子乡下趒】 çiæ̃$^{53-35}$ɦɔ$^{22-53}$sɿ$^{53-35}$tsɿ$^{44-53}$çiæ̃$^{53-35}$ɦɔ$^{22-53}$diɔ^{35} 亦称“乡下狮子乡下跳”“乡下丝竹乡下调”。比喻乡镇的礼俗只在乡镇里行得通；也比喻人要在适合自己的环境中生活。如：伲老头老太唱呃沪剧跳呃舞，水平勿高，不过，～，小区里欢喜呃人也勿少。

【千穿万穿，马屁勿穿】 cʰi$^{53-35}$tsʰe$^{53-55}$uɛ$^{13-55}$tsʰe$^{53-31}$，mo$^{22-22}$pʰi$^{35-35}$uəʔ$^{2-2}$tsʰe$^{53-53}$ 亦称“千错万错，马屁勿错”。许多人喜欢别人奉承自己，对拍马屁的言行常放松警惕。如：俗话说：“～。”有呃老板就是喜欢吃马屁，结果上当受骗，到最后倾家荡产。

【公事公办，老爷烧饭】 koŋ^{53}zɿ^{31}koŋ^{53}bɛ^{13}，lɔ$^{22-24}$ɦiɑ$^{31-31}$sɔ$^{53-35}$βɛ$^{13-53}$ 当官的秉公办事，就不会有人请客送礼，老爷也只好自己做饭吃了。如：～。干部一身正气，为老百姓办事一定公正公平。

【勿伤黄狼便伤鸡】 uəʔ$^{2-2}$sɒ̃$^{53-53}$βɒ̃$^{31-13}$lɒ̃$^{31-53}$bi^{31}sɒ̃$^{53-35}$ci$^{53-53}$ 不伤害黄鼠狼便会伤害鸡。比喻顾此便失彼，双方不能两全。如：伊拉两家公司为是争夺市场，侪拼命打压对方，到最后，～，总有一家要破产。

【勿怕凶，只怕穷】 uəʔ$^{2-2}$pʰo$^{35-35}$çioŋ^{53}，tsəʔ$^{4-4}$pʰo$^{35-35}$ɟioŋ^{31} 指不怕欠债人不讲理，就怕他穷得一无所有，债主也就毫无办法。如：～。伊穷光蛋一个，袋袋里摸勿出一分洋钿，侬敲煞伊也呒没用，讨勿回格笔欠债。

【无松不成报】 βu$^{31-13}$soŋ$^{53-53}$ ɓəʔ$^{4-3}$zəŋ$^{31-55}$ɓɔ$^{35-31}$ 清末民初，松江人在上海报业颇有影响，史量才为《申报》总经理，又是《时事新报》《新闻报》大股东，是当时中国最大的报业资本家。陈景韩、张蕴和先后担任《申报》主笔，两人均以“时评”知名，称为“松江两支笔”。松江人在上海报业锐意创新，才能毕露，一时流行“～”之说。（何惠明、欧粤《明清松江府》）

【日高三丈呒早饭，日落三丈呒夜饭】 ɲiɪʔ$^{2-2}$kɔ$^{53-55}$sɛ$^{53-55}$zæ̃$^{22-31}$m̩$^{53-55}$tsɔ$^{44-33}$βɛ$^{31-31}$，ɲiɪʔ$^{2-2}$lɔʔ$^{2-2}$sɛ$^{53-22}$zæ̃$^{22-22}$m̩$^{53-55}$iɑ$^{35-33}$βɛ$^{31-31}$ 旧时穷人缺衣少食的写照。如：旧社会碰着荒年，穷人家呒没饭粮，常桩是～。

【牛吃稻柴鸭吃谷，各人自有各人福】 ɲiɯ^{31}cʰiʌʔ^{4}do$^{22-24}$zɑ$^{31-31}$æʔ^{4}cʰiʌʔ^{4}koʔ^{4}，kɔʔ$^{4-4}$ɲiŋ$^{31-53}$zɿ$^{31-13}$ɦiɯ$^{22-53}$kɔʔ$^{4-4}$ɲiŋ$^{31-53}$ɸoʔ^{4} 亦称“牛吃稻柴鸭吃谷，烂泥菩萨住瓦屋”。指各人自有各人的福分。如：～。伊运道好，伊吃谷；我运道勿好，我只好吃稻柴。

【瓦屋翘宕宕，肚里饿彭彭；草屋绳来辔，倒有陈米饭】 ŋo$^{22-24}$oʔ$^{4-ʔ31}$ cʰiɔ$^{35-55}$dɒ̃$^{31-33}$dɒ̃$^{31-31}$，du$^{22-24}$li$^{22-31}$ŋu$^{31-13}$bæ̃$^{31-55}$bæ̃$^{31-31}$；tsʰɔ$^{44-35}$oʔ$^{4-ʔ31}$zəŋ$^{31-13}$lɛ$^{31-55}$pʰe$^{35-31}$，ɗɔ$^{44-35}$ɦiɯ$^{22-31}$zəŋ$^{31-13}$mi$^{22-55}$βɛ$^{13-31}$ 瓦屋有瓦脊，两端翘起，住在瓦屋里的人（地主）没有东西吃，才觉得饿彭彭。茅屋的屋面用草绳来扎牢，住在茅屋里的人（农民）粮食富足，去年的米还没有吃完。《玄空经》第二回：“俗语话头，～。”辔：读若“盼”，本作“襻”。

【出门一里，勿如屋里】 tsʰəʔ$^{4-4}$məŋ$^{31-53}$iɪʔ$^{4-4}$li$^{22-44}$，uəʔ$^{2-2}$zy$^{31-53}$oʔ$^{4-4}$li$^{22-44}$ 亦称“出外一里，不如屋里”。指出门在外，即使很近，总不如在家里方便自在。如：老古话讲：“～。”出门在外，比勿得勒拉屋里，样样侪要照顾好自家。

【出头椽子先烂】 tsʰəʔ$^{4-3}$dɯ$^{31-55}$ze$^{31-55}$tsɿ$^{44-31}$si$^{53-55}$lɛ$^{13-31}$ 出头的椽子因风化日晒等会先腐烂。比喻冒尖或带头的人，容易最先遭到不幸。如：有呃干部害怕～，格咾做事体终归缩手缩脚。

【头顶米，脚踏米，自家肚里吃勿着米】 dɯ$^{31-24}$ɗiŋ$^{44-33}$mi$^{22-31}$，ciɑʔ$^{4-4}$dæʔ$^{2-4}$mi$^{22-44}$，zɿ$^{13-22}$kɑ$^{53-22}$du$^{22-24}$li$^{22-31}$cʰiʌʔ$^{4-4}$uəʔ$^{2-4}$zɑʔ$^{2-4}$mi^{22} 亦称“头顶米，脚踏米，家里没有夜饭米”。旧社会财主家里白米堆满了屋，而种田的农民家里却无米为炊。民歌《过冬穿条破单裤》：“头顶米，脚踏米，家里没有夜饭米。背进纱，背出纱，过冬穿条破单裤。”

【打蛇不死必有祸】 ɗæ̃$^{44-35}$zo$^{31-31}$ɓəʔ$^{4-4}$si$^{44-44}$ɓiɪʔ$^{4-4}$ɦiɯ$^{22-44}$βu^{13} 亦称“打蛇勿死终有害”。比喻除害不成定有祸害。方开甲《大革命期间公审土豪陈金聚》：“区党部就征求群众意见，众口一词的讲，～，放不得。”（载《松江文史》创刊号）

【打蛇打在七寸里】 ɗæ̃$^{44-35}$zo$^{31-31}$ɗæ̃$^{44-44}$ze$^{13-44}$

tsʰiɪʔ$^{4-4}$tsʰəŋ$^{35-44}$li$^{22-44}$ 亦称"见蛇要打打七寸""打蛇打七寸，挖树先挖根"。离蛇头七寸的地方是蛇的要害之处，打中了那里，蛇就会死去。比喻制敌要攻其要害，或办事要抓住关键。《玄空经》第三回："我眼是勺钩手是秤，～，说多少便多少到手。"

【正月半夜敲锣鼓，勿晓得倷爷苦勿过】 tsəŋ$^{35-35}$ɦyœʔ$^{2-3}$ɓe$^{35-33}$ ɦiɑ$^{13-31}$kʰɔ$^{53-35}$lu$^{31-55}$ku$^{44-31}$，uəʔ$^{2-2}$ɕiɔ$^{44-55}$ɗʌʔ$^{4-53}$nɑ^{2}ɦiɑ^{31}kʰu$^{44-35}$uəʔ$^{2-3}$ku$^{35-31}$ 旧时元宵夜有钱人搭台唱戏，穷人家里却揭不开锅，故而愤恨咒骂。如：～。倷开心来，老酒溯溯戏听听，老子夜饭也勿曾着港拉哉！倷爷：你老子。苦勿过：太苦了。着港：得到，到手。

【有铜钿人吃一夜，呒铜钿人冻一夜】 ɦiɯ$^{22-22}$doŋ$^{31-55}$di$^{31-55}$ɲiŋ$^{31-31}$cʰiʌʔ$^{4-4}$iɪʔ$^{4-4}$iɑ$^{35-44}$，m̩$^{53-35}$doŋ$^{31-55}$di$^{31-55}$ɲiŋ$^{31-31}$ɗoŋ$^{35-35}$iɪʔ$^{4-3}$iɑ$^{35-31}$ 亦称"过得好冬至夜，过勿好冻一夜"。旧时冬至祭祖，富人贡品甚多，祭祖后合家吃冬至夜饭，饮冬分酒，菜肴丰盛。穷人常常是挨饿受冻。如：冬至夜闹热是蛮闹热，不过，～，穷人呒铜钿，冬至夜难熬。

【买不尽松江布，收不尽魏塘纱】 mɑ$^{22-22}$ɓəʔ$^{4-5}$ziŋ$^{22-31}$soŋ$^{53-35}$kɒ̃$^{53-55}$ɓu$^{35-31}$，sɯ$^{53-55}$ɓəʔ$^{4-3}$ziŋ$^{22-31}$βe$^{13-22}$dɒ̃$^{3-22}$so$^{53-22}$ 谚出明代。元代松江已成为全国棉纺织业中心。至明中后期，受松江棉纺织业影响，邻近的江浙地区如嘉善魏塘的棉布业因无力与松江竞争，而改以植棉和纺纱为主，以供应松江府的棉纺织业。明万历《嘉善县志》："至于棉纺，穷民无本，不能成布，日卖纱数两以给食，故谚云：'～'。"

【在家千日好，出门步步难】 ze$^{13-22}$kɑ$^{53-22}$tsʰi$^{53-55}$ɲiɪʔ$^{2-3}$hɔ$^{44-31}$，tsʰəʔ$^{4-4}$məŋ$^{31-53}$bu$^{31-13}$bu$^{31-55}$nɛ$^{31-31}$ 亦称"在家千日好，出外一朝难"。指出门在外不比在家，会时时遇到困难。如：～。今朝侬搭朋友到外地去办事体，出门咁辰光衣裳多带几件，钞票多园几钿。

【年头做到年尾巴，香烛锡箔侪要赊】 ɲi$^{31-13}$dɯ$^{31-53}$tsu$^{35-44}$ɗɔ$^{35-44}$ɲi$^{31-13}$mi$^{31-55}$ɓo$^{53-31}$，ɕiæ̃$^{53-53}$tsoʔ$^{4-31}$siʌʔ$^{4-4}$ bɔʔ$^{2-4}$zɛ$^{31-13}$iɔ$^{53-55}$so$^{53-31}$ 辛辛苦苦干了一年，到年底仍两手空空，连岁末祭祖的香烛、锡箔钱都要赊欠。形容旧时穷人深受剥削，生活艰难。如：～。旧社会穷人是苦啊！过年哉，袋袋里摸勿出一只铜板！

【年关年关，有年有关；财主过年，穷人过关】 ɲi$^{31-13}$kuɛ$^{53-53}$ɲi$^{31-13}$kuɛ$^{53-53}$，ɦiɯ$^{22-24}$ɲi$^{31-31}$ɦiɯ$^{22-24}$kuɛ$^{53-31}$；ze$^{31-13}$tsy$^{44-53}$ku$^{35-53}$ɲi$^{31-31}$，ɟioŋ$^{31-13}$ɲiŋ$^{31-53}$ku$^{35-53}$kuɛ$^{53-31}$ 旧时过年更彰显贫富分化悬殊。如：年关年关，有年有关。财主有铜钿，过年开心；穷人呒铜钿，到仔年底还要躲债，过年就像过关。

【有权有势送上门，勿三勿四开后门，小老百姓骂山门】 ɦiɯ$^{22-24}$ɟø$^{31-31}$ɦiɯ$^{22-22}$sɿ$^{35-35}$soŋ$^{35-33}$zɒ̃$^{13-55}$məŋ$^{31-31}$，uəʔ$^{2-2}$sɛ$^{53-55}$uəʔ$^{2-55}$sɿ$^{35-31}$kʰe$^{53-35}$ɦɯ$^{31-55}$məŋ$^{31-31}$，siɔ$^{44-35}$lɔ$^{22-33}$ɓɑʔ$^{4-3}$siŋ$^{35-31}$mo$^{31-13}$sɛ$^{53-55}$məŋ$^{31-31}$ 当代谚语。对有权有势的人送钱送物予以巴结讨好，品行不端者则通过诸多不正当的手段牟取利益，老百姓则忿忿不平地公开谩骂。指对社会上不正之风的批评。如：有权有势送上门，勿三勿四开后门。搿种不正之风勿杀，就勿要怪小老百姓骂山门了。勿三勿四：言行不正派。开后门：比喻通过不正当的途径，打通关节，以达到某种目的。骂山门：骂街；当众谩骂。

【杀人勿怕血腥臭】 sæʔ$^{4-4}$ɲiŋ$^{31-53}$uəʔ$^{4-4}$pʰo$^{35-35}$ɕyœʔ$^{4-4}$siŋ$^{44-44}$tsʰɯ$^{35-44}$ 亦称"杀人勿怕血腥气"。形容人嗜杀成性，凶狠残忍。《玄空经》第七回："（脱皮少爷）那里禁得起这一班拳头大、臂膊粗、～的男子汉大丈夫，这样凶天凶地打一顿，真是打得死去还魂。"

【米市渡口米堆山，穷人只有破衣衫】 mi$^{22-24}$zɿ$^{22-31}$du$^{13-22}$kʰɯ$^{44-22}$mi$^{22-22}$ɗe$^{53-55}$sɛ$^{53-31}$，ɟioŋ$^{31-13}$ɲiŋ$^{31-53}$tsəʔ$^{4-4}$ɦiɯ$^{22-44}$pʰu$^{35-55}$i$^{53-33}$sɛ$^{53-31}$ 形容旧社会即便是丰收年成，穷人也没有好收入，依旧是破衣破衫。如：～。辛辛苦苦种出来咁粮食侪拨地主拿仔去哉。米市渡：黄浦江松江段重要渡口。古时松江府漕粮运京，在此集中整理过筛，船只载米过江，故称"米市渡"。

【冷拉风里，穷拉债里】 ləŋ^{22}lɑ^{2}ɸoŋ^{53}li^{22}，ɟioŋ^{31}lɑ^{2} tsɑ^{35}li^{22} 亦称"人穷穷在债里，天冷冷在风里"。冷是因为风大；穷是因为欠债多。如：～。每月发工资，每月还欠债，还日日拨债主盯牢仔讨债，搿种日脚哪能过得下去！

【坐是放债，跪是讨债】 zu$^{22-24}$zɿ$^{13-22}$ɸɒ̃$^{35-44}$tsɑ$^{35-44}$，ɟy$^{22-24}$zɿ$^{13-22}$tʰɔ$^{44-44}$tsɑ$^{35-44}$ 亦称"站着放

债，跪着讨债""放债容易讨债难"。借钱给人时很自得，索债时常会因种种原因即便向欠债人跪下也要不回钱。如：俗话说，"～"。确实，面对信用缺失哃债务人，债权人要债哃难度越来越大。跪：松江话读如"巨"。

【穷人只有望反来】 ɟioŋ$^{31-13}$ɲiŋ$^{31-53}$tsəʔ$^{4-4}$ɦiɯ$^{22-44}$mɒ̃^{13}ɸɛ^{44}lɛ^{31}　受压迫受剥削的贫苦农民的出路，只有造反。旧时农民觉悟不高，只盼望造反的到来，自己不起来造地主的反。《玄空经》第二回："那乡下人走出门口，骂道：'眼睛大小，只望自好。～。'"

【穷人要活路，跟仔淞沪支队闹大户】 ɟioŋ$^{31-13}$ɲiŋ$^{31-53}$iɔ^{35}βəʔ$^{2-2}$lu$^{13-35}$，kəŋ^{53}tsɿ^{44} soŋ$^{53-35}$βu$^{22-53}$tsɿ$^{53-55}$de$^{13-31}$nɔ$^{13-22}$dɑ$^{13-55}$βu$^{22-31}$　现代谚语。穷人要活命，只有跟着共产党和共产党领导的人民军队闹革命。《中国民间文学集成上海卷・松江县谚语分卷》："穷人要活路，跟仔淞沪支队闹大户（分地主财产）"。淞沪支队：中国共产党领导的新四军淞沪支队。

【花花轿子人抬人，铜钿银子人骗人】 ho$^{53-35}$ho$^{53-55}$ɟiɔ$^{13-55}$tsɿ$^{44-31}$ɲiŋ$^{31-13}$de$^{31-55}$ɲiŋ$^{31-31}$，doŋ$^{31-13}$di$^{31-55}$ɲiŋ$^{31-55}$tsɿ$^{44-31}$ɲiŋ$^{31-24}$pʰi$^{35-33}$ɲiŋ$^{31-31}$　旧谓人要靠别人帮助、抬举、扶持；而经济上的往来则常常是尔虞我诈，充满了欺骗。如：常言道～。想勿到亲兄弟一道做生意，自家人也会骗自家人。

【苏松熟，天下足】 su$^{53-55}$soŋ$^{53-33}$zoʔ$^{2-ʔ31}$，tʰi$^{53-55}$ɕiɑ$^{31-33}$tsoʔ$^{4-ʔ31}$　苏州、松江收成好，则天下老百姓不愁吃穿。形容苏松一带非常富足。明丘濬《大学衍义补》卷二四："韩愈谓赋出天下，而江南居十九。以今观之，浙东南又居江南十九；而苏、松、常、嘉、湖五郡又居两浙十九也……谚有之曰：'～。'"

【远来和尚好看经】 ɦø$^{22-24}$lɛ$^{31-33}$βu$^{31-33}$zɒ̃$^{13-31}$hɔ$^{44-33}$kʰø$^{35-55}$ciŋ$^{53-31}$　亦称"远来和尚好念经"。远处来的和尚比本地的和尚好像更会念经。比喻外来的人更容易受人信任和尊敬。如：讲末讲"近寺人家勿重僧，～"，其实，本地也有好和尚，本地也有优秀人才哃。

【鸡叫做到鬼叫，肚皮还是勿饱】 ci$^{53-55}$ciɔ$^{35-31}$tsu$^{35-44}$ɗɔ$^{35-44}$cy$^{44-44}$ciɔ$^{35-44}$，du$^{22-24}$bi$^{31-31}$ɛ$^{53-35}$zɿ$^{22-53}$uəʔ$^{2-2}$ɓɔ$^{44-22}$　从早做到晚，穷人还是吃不饱。如：旧社会里，农民到地主屋里做长工，每日～。

【松江知府明日来】 soŋ$^{53-35}$kɒ̃$^{53-55}$tsɿ$^{53-55}$ɸu$^{44-31}$miŋ$^{31-22}$zəʔ$^{2-2}$lɛ^{31}　明初松江民俗多讼，人们常为小纠纷对簿公堂。宣德间，赵豫任松江知府。每逢讼者至，他总是劝说："各位先消消气，明日再来。"于是人们便送赵知府绰号曰"明日来"，还到处传言"松江知府明日来"以嘲笑他。但赵知府冷处理的结果是"讼者逾宿，忿渐平，或被劝阻，多止不讼"。此谚最初宣泄的是嘲讽和不满，后来却寄寓了百姓的敬佩和期盼。《软侬吴语松江好》："'～'，这句话最初是村野坊间的俚谚，后来却成了富含哲理的名言。"

【松江盾牌兵，打不过塘湾耥耙兵】 soŋ$^{53-35}$kɒ̃$^{53-53}$dəŋ$^{31-13}$bɑ$^{31-55}$ɓiŋ$^{53-31}$，ɗæ$^{44-35}$ɓəʔ$^{4-3}$ku$^{35-31}$dɒ̃$^{31-13}$uɛ$^{53-53}$tʰɒ̃$^{35-55}$bo$^{31-33}$ɓiŋ$^{53-31}$　清咸丰二年（1852年）五月，青浦塘湾周立春、周秀英父女领导农民举行抗粮斗争。松江府发兵前往镇压。农民军以铁锴、锄头、耥耙等农具为武器抵抗，其间上海小刀会亦派人到塘湾相助，农民军多次重创前往进剿的清军，民间遂有"～"的谚语。盾牌：古代用来防护身体、遮挡刀箭的武器。耥耙：一种在稻田行间推拉，松土除草的农具，上面有长柄，底下有许多短铁钉。

【松江棺材好脈头】 soŋ$^{53-35}$kɒ̃$^{53-55}$kue$^{53-55}$ze$^{31-31}$hɔ^{44} βu$^{31-33}$ dɯ^{31}　旧时松江所制棺材以脈头（棺材前面的一端）精美闻名，故有此说。脈头：谐"和头"，松江话指脾气。该俚谚称松江人好脾气，老实厚道。如：人家讲～，侬迪只棺材和头真是好来勿得了！旧时松江男性彼此熟悉者常用"棺材"呼之，如：侬这只"棺材"昨日死到啥地方去了，害得吾伲打牌三缺一。又"小棺材"，指男小孩。

【法律是杆秤，一斤是一斤】 ɸæʔ$^{4-4}$liɪʔ$^{2-4}$zɿ$^{22-24}$kø$^{44-33}$tsʰəŋ$^{35-31}$，iɪʔ$^{4-4}$ciŋ$^{53-53}$zɿ$^{22-22}$iɪʔ$^{4-5}$ciŋ$^{53-53}$　当代谚语。谓法律的公平公正。如：～。相信法律，勿会错哃。

【若要发，牙齿头上刮】 zɑʔ$^{2-2}$iɔ$^{35-35}$ɸæʔ^{4}，ŋɑ$^{31-13}$tsʰɿ$^{44-53}$dɯ$^{31-24}$zɒ̃$^{13-33}$kuæʔ$^{4-ʔ31}$　形容节衣缩食积聚财富。如：～。张老板掰眼积蓄，侪是牙齿缝里省出来哃！

【若要发，众人头上刮】 zɑʔ$^{2-2}$iɔ$^{35-35}$ɸæʔ^{4}，tsoŋ$^{35-53}$ɲiŋ$^{31-31}$dɯ$^{31-24}$zɒ̃$^{13-33}$kuæʔ$^{4-ʔ31}$　亦称"若要发，穷

人头上刮”。为富不仁者搜刮众人而敛财。如:～。辩几个黑心奸商,就是靠歪门邪道刮老百姓钞票,发不义之财。

【金窠银窠,勿如自家屋里狗窠】 ciŋ$^{53-35}$kʰu$^{53-53}$ȵiŋ$^{31-13}$kʰu$^{53-53}$,uəʔ$^{2-2}$zy$^{31-53}$zɿ$^{31-13}$kɑ$^{53-53}$oʔ$^{4-4}$li$^{22-44}$kɯ$^{44-35}$kʰu$^{53-31}$ 亦称“金窝银窝,不如自家穷窝”。谓再富有的地方也不如自己的寒舍好。如:～。侬要出国侬去,我坚决勿去!窠:窝。

【前门讨债后门倩】 zi$^{31-13}$məŋ$^{31-53}$tʰɔ$^{44-44}$ʦɑ$^{35-44}$ɦɯ$^{31-13}$məŋ$^{31-53}$be^{31} 旧时债主上门讨债,穷人只能暂且到后门躲藏。泛指债户临时躲避债主。沪西南郊田歌《半月歌》:十一月半,～。十二月半,拔落镬子尽侬看。倩:亦作“盘”,躲藏,躲避。镬子:铁锅。

【看戏要看梅兰芳,种田要学陈永康】 kʰø$^{35-53}$ɕi$^{35-31}$iɔ$^{35-44}$kø$^{35-44}$me$^{31-13}$lɛ$^{31-55}$ɸɒ̃$^{53-31}$,ʦoŋ$^{44-35}$di$^{31-31}$iɔ^{35}ɦɔʔ^{2}zəŋ$^{31-24}$ioŋ$^{44-33}$kʰɒ̃$^{53-31}$ 当代谚语。看戏要看名角,种田也要向能手看齐。陈永康,松江人,人称“种田状元”,农民水稻专家,全国劳模。松江区“四史”学习教育微党课有《～》。亦称“织布要学黄道婆,种田要学陈永康”。黄道婆,元代松江地区杰出的纺织技术革新家。

【种田铜钿万万年,生意铜钿六十年,衙门铜钿一料烟】 ʦoŋ$^{44-35}$di$^{31-31}$doŋ$^{31-13}$di$^{31-53}$uɛ$^{13-22}$uɛ$^{13-55}$ȵi$^{31-31}$,sæ̃$^{53-55}$i$^{35-31}$doŋ$^{31-13}$di$^{31-53}$loʔ$^{2-2}$səʔ$^{4-5}$ȵi$^{31-53}$,ŋɑ$^{13-22}$məŋ$^{31-22}$doŋ$^{31-13}$di$^{31-53}$iɪʔ$^{4-3}$liɔ$^{31-55}$i$^{53-53}$ 亦称“衙门钿,一蓬烟;生意钿,三十年;种田钿,万万年。”“种田人格铜钿万万年;生意人格铜钿六十年;牌九浪格铜钿捏一歇”。做买卖挣的钱,可以享用一生(六十年:泛指一生);在衙门当差赚的钱,常常随手花去,像抽一袋烟一样很快就完;种田挣下的钱,用也用不完。指靠勤劳得来的钱才是正路,能够用得长久。《玄空经》第五回:“说句正经话,吃衙门饭总勿是长久之计。俗话说:～!”

【虾有虾路,蟹有蟹路。黄鳝呒路,钻条泥路】 hø$^{44-33}$ɦiɯ$^{22-55}$hø$^{44-55}$lu$^{31-31}$,hɑ$^{44-33}$ɦiɯ$^{22-55}$hɑ$^{44-55}$lu$^{31-31}$,βɒ̃$^{31-24}$ze$^{22-33}$m̩$^{53-33}$lu$^{31-31}$,ʦø$^{53-35}$diɔ$^{31-53}$ȵi$^{13-22}$lu$^{31-22}$ 亦称“虾有虾路,蟹有蟹路。泥鳅黄鳝,各走一路”。各人有各人的门路。如:～。张先生进货有专门哳渠道,格咾价钿比人家便宜。

【鬼相打难为生病人】 cy$^{44-33}$siæ̃$^{53-55}$ɗæ̃$^{44-31}$nɛ$^{31-13}$ βe$^{31-53}$ sæ̃$^{53-55}$biŋ$^{13-33}$ȵiŋ$^{31-31}$ 迷信认为人生病是因为鬼附身,身上附的鬼越多,病也越多越重。比喻因双方或多方矛盾激烈,不相干的人也无端牵连进去,受到祸害。如:园垄沟捉鳅,结果晒煞勿少小虾,真是～,蛮罪过哳。

【圆砣砣勿如熟面孔】 ɦø$^{31-13}$du$^{31-55}$du$^{31-31}$uəʔ$^{2-2}$zy$^{31-53}$zoʔ$^{2-2}$mi$^{31-55}$kʰoŋ$^{44-53}$ 亦称“公章不如熟面孔”。当代谚语。托熟人找关系比盖了公章照规章办事方便。讽刺办事有法不依、有章不循、人情大于王法的现象。如:～。辩种现象打乱了正常哳工作秩序,削弱了规章制度哳作用。圆砣砣:公章;熟面孔:熟人。

【捏着骱,勿用刀】 ȵiæʔ$^{2-2}$zɑʔ$^{2-2}$gɑ^{13},uəʔ$^{2-2}$ɦioŋ$^{31-53}$ɗɔ^{53} 亦称“捉着骱,勿用刀”“捏牢骱,勿用刀”。抓到关键之处,事情便迎刃而解。如:～。证据摊出来,辩桩事体勿怕伊勿承认。骱:骨节间衔接处。

【啥人人后呒人讲,啥人人前勿讲人】 sɑ$^{35-53}$ȵiŋ$^{31-31}$ȵiŋ$^{31-13}$ɦɯ$^{31-53}$m̩$^{53-35}$ȵiŋ$^{31-55}$kɒ̃$^{44-31}$,sɑ$^{35-53}$ȵiŋ$^{31-31}$ȵiŋ$^{31-13}$zi$^{31-53}$uəʔ$^{2-2}$kɒ̃$^{44-55}$ȵiŋ$^{31-53}$ 亦称“谁人背后无人说,哪个人前不说人”。指被人议论、议论别人都是在生活中经常可以碰上的。如:～。只要自家坐得正立得稳,就勿怕别人背后议论。

【救是田鸡饿煞蛇】 ciɯ^{35}zɿ^{22}di$^{31-13}$ci$^{53-53}$ŋu$^{13-24}$sæʔ$^{4-}$ʔ^{31}zo^{31} 田鸡:青蛙。蛇以青蛙为食,救了青蛙蛇就会饿死。比喻顾了一头,丢了一头;也比喻兴一利必有一弊。如:～,帮是东家就要得罪西家。不过,按照法律,也必须辩能做。救是:救了。

【脚板朝前生,铜钿银子人人想】 ciɑʔ$^{4-4}$ɓɛ$^{44-44}$zɔ$^{31-13}$zi$^{31-53}$sæ̃^{53},doŋ$^{31-13}$di$^{31-55}$ȵiŋ$^{31-55}$ʦɿ$^{44-31}$ȵiŋ$^{31-13}$ȵiŋ$^{31-55}$siæ̃ $^{44-31}$ 亦称“脚板朝天生,钞票人人想”。谓钱财人人都想要。如:～。不过,单单想是想勿到哳,要靠做,靠劳动,靠勤劳致富。

【萝卜土豆勿当菜,一定要有绿叶菜】 lɔ$^{31-22}$ɓoʔ$^{4-2}$tʰu$^{44-35}$dɯ$^{31-31}$uəʔ$^{2-2}$ɗɒ̃$^{53-55}$ʦʰe$^{35-31}$,iɪʔ$^{4-3}$diŋ$^{31-55}$iɔ$^{35-55}$ɦiɯ$^{22-31}$loʔ$^{2-2}$ɦiɪʔ$^{2-2}$ʦʰe$^{35-22}$ 萝卜土豆算不了什么,绿叶菜才是不可或缺的。谓松江人对绿叶菜情有独钟。如:～。现在勿比过去,老百姓吃小菜相当注意健康,饭桌浪板要有一两只绿叶蔬菜。

【跑断脚块子，讲干馋唾水】 bɔ$^{31-24}$ɗø$^{35-31}$ciɑʔ$^{4-3}$kʰue$^{35-55}$tsɿ$^{44-31}$，kɔ̃$^{44-35}$kø$^{53-31}$zɛ$^{31-24}$tʰu$^{35-33}$sɿ$^{44-31}$ 跑断脚踝，说得唇干口燥。形容管理人员做好宣传解释以及联系落实工作的辛苦和勤奋。如：搿次动迁，工作人员深入动迁户家中，～。由于宣传到位，动迁户利益保障到位，动迁工作一帆风顺。脚块子：脚踝子；馋唾水：口水。

【满城都是火，官府四散躲。城里无一人，红军府上坐】 me$^{22-24}$zəŋ$^{31-31}$ɗu$^{53-35}$zɿ$^{22-53}$ɸu^{44}，kue$^{53-35}$ɸu$^{44-53}$sɿ$^{35-53}$sɛ$^{44-31}$ɗu^{44}。zəŋ$^{31-13}$li$^{22-53}$βu^{31}iɪʔ$^{4-4}$ɲiŋ$^{31-53}$，ɦoŋ$^{31-13}$cyn$^{53-53}$ɸu$^{44-44}$zɔ̃$^{13-44}$zu^{22} 松江谣谚。见于陶宗仪《南村辍耕录》卷九。元末，张士诚部攻打松江，松江府为官吏发放识别标记，白布上画火焰圆圈，中间有"府"字，被嘲为"满城是火"。红军：张士诚部官兵头匝红巾，故名。

【镇长买田造屋，保长吃鱼吃肉；甲长投五投六，户长抱头痛哭】 tsəŋ$^{35-53}$tsæ̃$^{44-31}$mɑ$^{22-22}$di$^{31-55}$zɔ$^{22-55}$oʔ$^{4-4}$，ɓɔ$^{44-35}$tsæ̃$^{44-31}$cʰiʌʔ$^{4-4}$ɦŋ̍$^{31-55}$cʰiʌʔ$^{4-5}$ɲioʔ$^{2-ʔ31}$，ciæʔ$^{4-4}$tsæ̃$^{44-44}$dɯ$^{31-24}$ɦŋ̍$^{22-33}$dɯ$^{31-33}$loʔ$^{2-ʔ31}$，βu$^{22-24}$tsæ̃$^{44-31}$bɔ$^{22-22}$dɯ$^{31-55}$tʰoŋ$^{35-55}$kʰoʔ$^{4-ʔ31}$ 揭露旧社会乡镇官吏的贪腐。如：解放前，～。老百姓对搿帮贪官污吏是看拉眼里，恨拉心里。

事理类

【搪得住千人手，搪勿住百人口】 tʰɒ̃$^{53-35}$ɗʌʔ$^{4-5}$zy$^{31-31}$tsʰi$^{53-35}$ɲiŋ$^{31-55}$sɯ$^{44-31}$，tʰɒ̃$^{53-35}$uəʔ$^{2-5}$zy$^{31-31}$ɓɑʔ$^{4-3}$ɲiŋ$^{31-55}$kʰɯ$^{44-53}$ 亦称"挡得住千人手，挡勿住百人口"。谓再大的本事也挡不住舆论的评说。如：～。搿种伤风败俗晅事体，老早传开去啦哉！搪：用手推止；抵挡。

【《百家姓》勿曾开簿面】 ɓɑʔ$^{4-3}$kɑ$^{53-55}$siŋ$^{35-31}$uəʔ$^{2-2}$zəŋ$^{31-53}$kʰe$^{53-55}$bu$^{22-33}$mi$^{31-31}$ 亦称"《金刚经》勿曾开簿面"。比喻事情还未开始。如：搿桩事体～，工程正式开工估计要明年。《百家姓》：旧时流行的蒙学课本，把姓氏编成四字句，便于儿童识字。开簿面：旧时在捐款簿上首先写上姓名和款项。

【一人一工，十人一哄】 iɪʔ$^{4-4}$ɲiŋ$^{31-53}$iɪʔ$^{4-4}$koŋ$^{53-53}$，zəʔ$^{2-2}$ɲiŋ$^{31-53}$iɪʔ$^{4-4}$hoŋ$^{53-53}$ 一件事情一个人单枪匹马做要一天；很多人一起做，一会儿就完成了。比喻人多力量大。如：～。搿桩生活一家头做到半夜也做勿好，大家一道帮忙，半个钟头就完成了！

【一人传虚，百人传实】 iɪʔ$^{4-4}$ɲiŋ$^{31-53}$ze$^{31-13}$çy$^{53-53}$，ɓɑʔ$^{4-4}$ɲiŋ$^{35-31}$ze$^{31-22}$zəʔ$^{2-2}$ 亦称"一人传虚，万人传实"。个别人的传言人们未必相信；众人异口同辞，人们便会信以为真。如：～。有些虚假信息，传来传去，误导了勿少人。所以我伲大家侪要做到勿信谣，勿传谣。

【一人说话全有理，两人说话见高低】 iɪʔ$^{4-4}$ɲiŋ$^{31-53}$sœʔ$^{4-4}$ɦo$^{13-35}$zi$^{31-24}$ɦiɯ$^{22-33}$li$^{22-31}$，liæ̃$^{22-24}$ɲiŋ$^{31-31}$sœʔ$^{4-4}$ɦo$^{13-35}$ci$^{35-55}$kɔ$^{53-33}$ɗi$^{53-31}$ 一个人说话，怎么说似乎都是有道理的；两个人在一起说话，就能分辨出谁说得更有道理，自然就见高低了。比喻没有对比就分辨不出对错，显不出高下。如：～。搿桩事体，大家听一听，议一议，啥人讲得对，我伲就采纳啥人晅建议。

【一个半斤，一个八两】 iɪʔ$^{4-4}$kɯ$^{35-35}$ɓe$^{35-53}$ciŋ$^{53-31}$，iɪʔ$^{4-4}$kɯ$^{35-35}$ɓæʔ$^{4-4}$liæ̃$^{22-44}$ 亦称"半斤对八两"。旧制一斤为十六两，半斤是八两。比喻彼此一样，不差上下。如：倷两家头～，读书侪勿肯用功。

【一个扮红面孔，一个扮白面孔】 iɪʔ$^{4-4}$kɯ$^{35-35}$ɓɛ^{35}ɦoŋ$^{31-13}$mi$^{31-55}$kʰoŋ$^{44-31}$，iɪʔ$^{4-4}$kɯ$^{35-35}$ɓɛ^{35}bɑʔ$^{2-2}$mi$^{31-55}$kʰoŋ$^{44-53}$ 在中国戏剧中通常是忠臣红脸，奸臣白脸。后引申为处事方法和手段，两人分别充当友善、强硬角色，以更有效解决矛盾或问题。如：在家庭教育中，～，的确有一定作用，不过前提是必须把握好尺度。

【一个和尚挑水吃，两个和尚扛水吃，三个和尚水也呒没吃】 iɪʔ$^{4-4}$kɯ$^{35-35}$βu$^{31-24}$zɒ̃$^{13-31}$tʰiɔ$^{53-55}$sɿ$^{44-33}$cʰiʌʔ$^{4-ʔ31}$，liæ̃$^{22-22}$kɯ$^{35-35}$βu$^{31-24}$zɒ̃$^{13-31}$kɒ̃$^{53-55}$sɿ$^{44-33}$cʰiʌʔ$^{4-ʔ31}$，sɛ^{53}kɯ^{35}βu$^{31-24}$zɒ̃$^{13-31}$sɿ^{44}ɦɑ^{22}m̩$^{53-55}$məʔ$^{2-3}$cʰiʌʔ$^{4-ʔ31}$ 比喻人虽少但责任明确，事情易办成；人多了，责任不明，事情反而办不成。如：单位小，人员要精干，每个人工作侪要独挡一面，省得～。

【一个栗子顶一个壳】 iɪʔ$^{4-4}$kɯ$^{35-35}$liɪʔ$^{2-2}$tsɿ$^{44-22}$ɗiŋ^{44}iɪʔ$^{4-4}$kɯ$^{35-35}$kʰɔʔ^{4} 亦称"有个栗子顶个壳""一只螺蛳顶一只壳""一个萝卜一个潭"。比喻一个人担负一定责任或充当一个角色；各人有各人的职守，无力兼顾他人。如：～。我车间里一个人也抽勿出来，呒没办法支援兄弟部门。

【一个新妇十个婆】 iɪʔ$^{4-4}$kɯ$^{35-35}$siŋ$^{53-35}$βu$^{31-53}$

zəʔ$^{2-2}$kɯ$^{35-35}$bu^{31} 比喻管事的人太多，被管者不知所从。如：队长告诉我伲工程质量合格，现在经理叫我伲返工。～，嚡里个婆婆说了算？新妇：媳妇。十：约数，形容多。

【一马桶粪，半马桶屁】 iɪʔ$^{4-3}$mo$^{22-55}$doŋ$^{22-53}$ ɸəŋ^{35}，ɓe$^{35-33}$mo$^{22-55}$doŋ$^{22-31}$pʰi^{35} 比喻事物水分太多，缺乏实质性的内容，含贬义。如：搿位老兄喜欢说空话，吹牛皮，讲出来哜闲话常桩是"～"。

【一百只甏好盖，一百只嘴难封】 iɪʔ$^{4-4}$ɓɑʔ$^{4-4}$ tsɑʔ$^{4-4}$bæ̃^{31}hɔ$^{44-44}$ke$^{35-44}$，iɪʔ$^{4-4}$ɓɑʔ$^{4-4}$tsɑʔ$^{4-4}$tsɿ^{44}nɛ$^{31-13}$ ɸoŋ$^{53-53}$ 形容大众的舆论是无法封堵的。如：～。张经理贪污哜事体，终归有人会举报哜。

【一条毛毛虫，会拿树蛀空】 iɪʔ^{4}diɔ^{31}mɔ^{31} mɔ^{31}zoŋ^{31}，βe$^{13-22}$nɛ$^{53-22}$zy^{13}tsy$^{35-53}$kʰoŋ$^{53-31}$ 犹言"千里之堤毁于蚁穴"。比喻小事不慎，可以酿成大祸。如，老领导经常叮嘱青年干部："～。所以，反腐倡廉一定要年年讲，月月讲，日日讲。"

【一步错，步步错】 iɪʔ$^{4-3}$bu$^{31-55}$tsʰo$^{53-53}$，bu$^{31-13}$ bu$^{31-55}$tsʰo$^{53-31}$ 亦称"一步走错，步步走错""一步失脚百步错"。比喻关键之处错了，往后就不可挽回，一直错下去。如：人生道路千万勿好走错一步！～。到末脚后悔也来勿及！

【一针勿裑，十针难补】 iɪʔ$^{4-4}$tsəŋ$^{53-53}$uəʔ$^{2-2}$ ɗiɔ$^{44-44}$，zəʔ$^{2-2}$tsəŋ$^{53-53}$nɛ$^{31-13}$ɓu$^{44-53}$ 衣服上一个小口子，若不及时缝上，以后口子变大，就可能难以缝好了。犹言"小洞不补，大洞吃苦"。如：小毛小病也勿能大意。～，等到毛病严重再去看医生就来勿及了。裑：松江话音"凋"，缝合。

【一事无成，先掸檐尘】 iɪʔ$^{4-3}$zɿ$^{31-55}$βu$^{31-55}$ zəŋ$^{31-53}$，si$^{53-55}$ɗø$^{44-33}$ɦi$^{31-33}$zəŋ$^{31-31}$ 谓大事不会做，不成功，那就一步一个脚印，从最基本的小事做起。如：～。做事体要踏踏实实，先做小事体，再做大事体。掸檐尘，即搞清洁工作，把屋内的灰尘去掉。

【一庙一个神，一家一个主】 iɪʔ$^{4-4}$miɔ$^{31-53}$iɪʔ$^{4-4}$ kɯ$^{35-35}$zəŋ^{31}，iɪʔ$^{4-4}$kɑ$^{53-53}$iɪʔ$^{4-4}$kɯ$^{35-35}$tsy^{44} 喻家庭、部门都得有个做主的。如：～。今朝，我伲一致推选团支书小李担任"学雷锋突击队"总队长。

【一拍一胳缝】 iɪʔ$^{4-4}$pʰɑʔ$^{4-4}$iɪʔ$^{4-4}$miŋ$^{22-44}$βoŋ$^{13-44}$ 一拍即合，严丝合缝。如：证人、证言、证据、监控录像，再加上DNA数据分析，～，犯罪嫌疑人就是伊！胳缝：物体相接处无缝隙。

【一洗帚打杀十八只蜣螂】 iɪʔ$^{4-3}$si$^{44-55}$tsɯ$^{44-53}$ ɗæ̃$^{44-35}$ sæʔ$^{4-?31}$zəʔ$^{2-2}$ɓæʔ$^{4-2}$tsɑʔ$^{4-2}$cʰiæ̃$^{53-35}$lõ$^{31-53}$ 一下子就把一大堆蟑螂全打死了。比喻涉及全体的批评或指责。《玄空经》第四回："脱皮少爷虽然自信～，有些蛮力。可是儿女情长，英雄气短，恐怕自搬砖头自压脚，事体无收场，只好答应。"洗帚：刷锅的用具。蜣螂：蟑螂。

【一铁镕坌出污来】 iɪʔ$^{4-4}$tʰiɪʔ$^{4-4}$ ɗæʔ$^{4-4}$ bəŋ$^{22-24}$ tsʰəʔ$^{4-?31}$u^{35}lɛ^{31} 形容人极为蠢笨。如：迪个人笨是笨得来要死，真是～。坌：翻土，刨；与"笨"谐音。污：大便。

【一铁镕坌脱脚板头】 iɪʔ$^{4-4}$tʰiɪʔ$^{4-4}$ ɗæʔ$^{4-4}$ bəŋ$^{22-24}$tʰəʔ$^{4-?31}$ciɑʔ$^{4-3}$ɓɛ$^{44-55}$dɯ$^{31-53}$ "一铁镕"比喻用了很大的劲，结果反而伤了自己的脚板，自受其害。形容人笨头笨脑。如：人家笨最多是一铁镕坌出污来，伊搿个笨是～，还要结棍。

【一番生活两番做】 iɪʔ$^{4-4}$ɸɛ$^{53-53}$sæ̃$^{53-53}$βəʔ$^{2-?31}$ liæ̃$^{22-24}$ɸɛ$^{53-33}$tsu$^{35-31}$ 亦称"一番手脚两番做"。本来可以一次做完的事，却要分两次去做。批评不会安排工作的人，多做无效劳动。《玄空经》第六回："我可以做个空头呈子，送到县里，叫四眼狗解上去，省得～，不致将来再发生事体。"生活：指某一项工作。手脚：举止动作。

【一豁通，百豁通】 iɪʔ$^{4-4}$ɸæʔ$^{4-4}$tʰoŋ^{53}，ɓɑʔ$^{4-4}$ ɸæʔ$^{4-4}$tʰoŋ^{53} 亦称"一法通，百法通""一窍通，百窍通"。指精通某一方面，便会精通相关的其他方面。如：何教授是物理学专家。俗话讲："～"。搭电工相关哜学问伊也精通。格咾到农村来，农用电机有啥毛病，伊侪会修理。

【一蟹不如一蟹】 iɪʔ$^{4-4}$hɑ$^{44-44}$ɓəʔ$^{4-4}$zy$^{31-53}$iɪʔ$^{4-4}$ hɑ$^{44-44}$ 抓到的螃蟹一个比一个小。比喻一个不如一个。《玄空经》第八回："那天直脚野人又来，凑巧大头鬼不在家里，出气姑娘正三心两意，意马心猿，心中恐怕跟人跟得勿得法，～……"

【人人叫好，石头变宝】 ɲiŋ$^{31-13}$ɲiŋ$^{31-53}$ciɔ$^{35-53}$ hɔ$^{44-31}$，zɑʔ$^{2-2}$dɯ$^{31-53}$ɓi^{35}ɓɔ^{44} 凡人总有缺点，不可能人人叫好。如：人嘛，总归有人讲好有人讲怢。若要～。

【人人是先生，人人是学生】 ɲiŋ$^{31-13}$ɲiŋ$^{31-53}$ zɿ^{22}si$^{53-35}$sæ̃$^{53-53}$，ɲiŋ$^{31-13}$ɲiŋ$^{31-53}$zɿ^{22}ɦɔʔ$^{2-2}$sæ̃$^{53-53}$ 每个人都有长处，可以为师；每个人都有不足，应虚心学习，甘当小学生。如：做人勿能自卑，人

人是先生；做人勿能自大，人人是学生。

【人人要面，树树要皮】 ɲiŋ$^{31-13}$ɲiŋ$^{31-53}$iɔ$^{35-44}$mi$^{13-44}$, zy$^{13-22}$zy$^{13-35}$iɔ$^{35-53}$bi$^{31-31}$ 亦称"人要面，树要皮""人人有面，树树有皮"。如：～。小朋友也要面子，也勿好伤害伊哖自尊心。

【人小只要乖，刀小只要快】 ɲiŋ^{31}siɔ^{44}tsəʔ$^{4-4}$iɔ$^{35-35}$kuɑ^{53}, ɗɔ^{53}siɔ^{44}tsəʔ$^{4-4}$iɔ$^{35-35}$kʰuɑ^{35} 人不可能十全十美，但聪明乖巧是最主要的优点。如：～。篮球队里，个子小、反应灵敏哖队员勿要太多噢！

【人正勿怕影子歪】 ɲiŋ^{31}tsəŋ^{35}uəʔ$^{2-2}$pʰo$^{35-35}$iŋ$^{44-35}$tsɿ$^{44-31}$ɸɑ^{53} 亦称"身正勿怕影子歪"。指心地光明，作风正派，就不怕流言蜚语。如：～，我做事体正大光明，勿怕人家勒拉背后讲三讲四。

【人多遮眼暗】 ɲiŋ^{31}ɗu^{53}tso$^{53-35}$ŋɛ$^{22-55}$e$^{35-31}$ 亦称"人多遮眼黑，龙多不治水""人多遮黑眼，兵多吃闲饭"。人多了，反而彼此推诿，干活马虎了事。如：搿桩生活只要两三个人就可以了，～，派勿上大用场。

【人淘罅拉里轧勿进】 ɲiŋ$^{31-13}$dɔ$^{31-55}$hɑ$^{35-55}$lɑ$^{53-31}$li^{22}gæʔ$^{2-2}$uəʔ$^{2-2}$tsiŋ$^{35-22}$ ① 人太多，场面热闹，难以插足。如：彩车开过哖辰光，马路两边立满是人，真是～。② 自惭形秽，不愿跻身于众人之中。如：我是犯过错误哖人，现在是～啦哉。人淘：人群；罅拉：缝、空隙。

【人⿱男力运不⿱男力，一生一世白罅抓】 ɲiŋ^{31}ɟiɑ^{31}ɦyn^{31} ɓəʔ$^{4-4}$ɟiɑ$^{31-53}$, iɪʔ$^{4-3}$sæ̃$^{53-55}$iɪʔ$^{4-5}$sɿ$^{35-31}$bɑʔ$^{2-2}$çiɑ$^{53-55}$tsɑ$^{53-53}$ 亦称"人强运不强，一世白罅斋"。意谓枉自聪明能干，怎奈时运不济。即机遇的作用超过一个人的才干。⿱男力：强健有力；罅抓：聪明能干。如：老周绝对是个聪明人，只不过命运勿好，～，聪明才智呒没发挥出来。

【人算勿如天算】 ɲiŋ$^{31-24}$sø$^{35-31}$uəʔ$^{4-4}$ zy$^{31-53}$tʰi$^{53-55}$sø$^{35-31}$ 亦称"人算不如天算巧""人虽有千算，天只有一算。天若容人算，世上无穷汉""人有千算，天⿱只要一算"。旧指人的算计、谋略再好，也无法胜过天意。如：～。有辰光碰到自然灾害，侬原来哖计划可能全部泡汤。"⿱只要"，"只要"的合音字。

【八十岁婆婆囡出身】 ɓæʔ$^{4-4}$ səʔ$^{4-4}$ sø$^{35-44}$ bu$^{31-22}$ bu$^{31-22}$ nø^{22} tsʰəʔ$^{4-5}$ səŋ$^{53-53}$ 如今八十高龄的老婆婆，当年也是女儿出身。比喻许多事情都应经过长期的磨练，才能取得一定的成就。如：～，王师傅出色哖竹编手艺，也是几十年工夫练出来哖。

【十二月廿八，呒得办法】 zəʔ$^{2-2}$ɲi$^{13-55}$ɦyœʔ$^{2-ʔ31}$ɲiɛ$^{13-24}$ɓæʔ$^{4-ʔ31}$, m̩$^{53-53}$ɗʌʔ$^{4-ʔ31}$bɛ$^{13-24}$ɸæʔ$^{4-ʔ31}$ 农历十二月廿八接近过年，没有办法再挣钱了。比喻事已到最后期限，无法补救。如：新职工录用通知侪已经寄出去哉，侬现在想起来报名，～啦！

【十鹿九回头】 zəʔ$^{2-2}$loʔ$^{2-2}$ciɯ$^{44-22}$βe$^{31-55}$dɯ$^{31-31}$ 松江文物，石碑上刻着十只鹿，大部分鹿的头都向后，原画寓"回禄"之意，用于禳解火灾。俚谚表意为：① 指那些事前不作仔细思想、临事却三悔四改，总不能将事做周全的人。清嘉庆《松江府志》："松人以作事不全者，谓'～'。"② 反反复复。《玄空经》第四回："张家长，李家短，五花八门，～，一连讲了四日，馔唾拌干，还讲勿完。"③ 比喻松江人怕出远门，舍不得离开家乡。如：～。当年到外地去哖松江人，差勿多侪想回来。

【三七廿八，各人算法】 sɛ$^{53-53}$tsʰiɪʔ$^{4-ʔ31}$ɲiɛ$^{13-24}$ɓæʔ$^{4-ʔ31}$, kɔʔ$^{4-4}$ɲiŋ$^{31-53}$sø$^{35-35}$ɸæʔ$^{4-ʔ31}$ 尽管算法不一，但各人均有自己的考虑。如：～。伊搿种想法也是有道理哖。

【三十年风水轮流转】 sɛ$^{53-35}$səʔ$^{4-5}$ɲi$^{31-31}$ɸoŋ$^{53-35}$sɿ$^{44-53}$ləŋ$^{31-13}$liɯ$^{31-55}$tse$^{44-31}$ 亦称"六十年风水轮流转"。旧谓风水不会永久不变，每隔三十年左右会轮换一次。如：老张祖宗三代侪勿曾读过书，不过，～，今年伊拉孙子竟然成了当地哖高考状元，考取是名牌大学。风水：指住宅基地或坟地周围的风向水流等形势，迷信认为能招致住者或葬者一家的祸福。

【三十年河东，三十年河西】 sɛ$^{53-35}$səʔ$^{4-5}$ɲi$^{31-31}$βu$^{31-13}$ɗoŋ$^{53-53}$, sɛ$^{53-35}$səʔ$^{4-5}$ɲi$^{31-31}$βu$^{31-13}$si$^{53-53}$ 原指风水或在河的东边，或又在河的西边。旧谓世事盛衰会发生轮转变化。如：～。改革开放前，乡下人侪想朝城里跑；改革开放后，城里人侪想朝乡下跑。乡下空气好，住房宽敞，蔬菜新鲜，现代化新农村哖发展空间比城市大得多。

【三斤嫩姜勿如一斤老姜】 sɛ$^{53-35}$ciŋ$^{53-53}$nəŋ$^{13-22}$ciæ̃$^{53-22}$uəʔ$^{2-2}$zy$^{31-53}$iɪʔ$^{4-4}$ciŋ$^{53-53}$lɔ$^{22-24}$ciæ̃$^{53-31}$ 犹言"姜是老的辣""老姜辣味重"。比喻老年人阅

历多，经验丰富，办事老练，能较好地解决问题。如：～。倷几个小青年，资格还嫩啦哩，要好好交向老师傅学习学习！

【三日勿念口生，三年勿做手生】 sɛ$^{53-53}$ɲiɪʔ$^{2-ʔ31}$uəʔ$^{2-2}$ɲiɛ$^{13-35}$kʰɯ^{44}sæ̃^{53}，sɛ$^{53-35}$ɲi$^{31-53}$uəʔ$^{2-2}$ʦu$^{35-35}$sɯ^{44}sæ̃^{53} 三天不练习念读，嘴就笨了；三年不干手艺活，手就笨了。形容学习或工作一旦中断，本来熟悉的内容、精湛的技艺也会变得生疏起来。意同“曲不离口，拳不离手”。如：～。住是一个月医院，出来打篮球，投篮也投勿准哉！

【三只田鸡只只捉篚里】 sɛ$^{53-53}$ʦɑʔ$^{4-ʔ31}$di$^{31-13}$ci$^{53-53}$ʦɑʔ$^{4-4}$ʦɑʔ$^{4-4}$ʦɔʔ$^{4-4}$loʔ$^{2-4}$li$^{22-44}$ 比喻所有利益尽收囊中。篚：篓。如：陆老板本事大，年底结账，所有门店家家盈利，～。

【三百六十行，行行吃饭着衣裳】 sɛ$^{53-53}$ɓɑʔ$^{4-ʔ31}$loʔ$^{2-2}$səʔ$^{4-5}$ɦɒ̃$^{31-53}$，ɦɒ̃$^{31-13}$ɦɒ̃$^{31-53}$cʰiʌʔ$^{4-4}$βɛ$^{31-53}$ʦɑʔ$^{4-3}$i$^{53-55}$zɒ̃$^{31-53}$ 指不论干哪行，都能解决生活问题。如：～。只要手里生活做得好，总归赚得着钞票。

【三百六十行，种田头一行】 sɛ$^{53-53}$ɓɑʔ$^{4-ʔ31}$loʔ$^{2-2}$səʔ$^{4-5}$ɦɒ̃$^{31-53}$，ʦoŋ$^{44-35}$di$^{31-31}$dɯ$^{31-13}$iɪʔ$^{4-5}$ɦɒ̃$^{31-31}$ 民以食为天，种田种粮是头等大事。如：～。勿种田，呒没饭来吃，样样事体侪做勿成功。

【三缸清水六缸浑】 sɛ$^{53-35}$kɒ̃$^{53-53}$ʦʰiŋ$^{53-35}$sɿ$^{44-53}$loʔ$^{2-2}$kɒ̃$^{53-53}$βəŋ^{31} 亦称“七缸清水六缸浑”。形容事态越闹越大，越搞越糟。如：事体本来并勿复杂，后来拨伊一搞，～，变得越来越难处理哉。

【三家头偷只牛，勿如一家头剥只狗】 sɛ$^{53-35}$kɑ$^{53-55}$dɯ$^{31-31}$tʰɯ^{53}ʦɑʔ^{4}ɲiɯ^{31}，uəʔ$^{2-2}$zy$^{31-53}$iɪʔ$^{4-3}$kɑ$^{53-55}$dɯ$^{31-53}$ɓoʔ^{4}ʦɑʔ^{4}kɯ^{44} 比喻虽然人多力量大，收获也多，但常因分配不均而产生矛盾，故不如单干爽快，没有烦恼。如：做生意，合资勿如独资。～。独资爽气。剥：宰杀剥皮。

【三钿勿当两钿】 sɛ$^{53-35}$di$^{31-53}$uəʔ$^{2-2}$ɗɒ̃$^{53-53}$liæ̃$^{22-24}$di$^{31-31}$ 以低于成本的价格抛售货物。如：搿爿店老板勿想再开下去哉，格咾所有商品～，全部削价处理。

【三钿糖勿值】 sɛ$^{53-35}$di$^{31-55}$dɒ̃$^{31-31}$uəʔ$^{2-2}$zʌʔ$^{2-2}$ 亦称“三个铜钿糖勿值”。比喻某物价值极为低微，近乎一文不值。常在带有蔑视倾向和不满情绪时说出。如：搿种人，办公室里一包纸巾也要揩油，真是～！

【上山斫柴，蹚河脱鞋】 zɒ̃$^{13-22}$sɛ$^{53-22}$ʦɔʔ$^{4-4}$zɑ$^{31-53}$，bɛ$^{53-22}$βu^{31}tʰəʔ$^{4-4}$ɦɑ$^{31-53}$ 比喻做事要灵活，要视具体情况办。如：～。哪能事体哪能做，勿好死脑筋。蹚河：涉水过河。

【上山容易下山难】 zɒ̃$^{13-22}$sɛ$^{53-22}$ɦioŋ$^{31-13}$ɦi$^{31-53}$ɦɔ$^{22-24}$sɛ$^{53-31}$nɛ^{31} 亦称“上场容易下场难”“进场容易收场难”。上山虽费力但不容易发生危险，下山虽省力却容易失足。比喻着手干事容易，收场却难。如：搿种事体～，侬千万勿要接手。

【上梁勿正下梁歪】 zɒ̃$^{13-22}$liæ̃$^{31-22}$uəʔ$^{2-2}$ʦəŋ$^{35-35}$ɦɔ$^{22-24}$liæ̃$^{31-31}$ɸɑ^{53} 比喻上边的人行为不正，下边人自然也会跟着学坏。如：～。所以，勒拉各个方面，家长侪要搭子女做好榜样。

【千日天好勿见，一日落雨就厌】 cʰi$^{53-53}$ɲiɪʔ$^{2-ʔ31}$tʰi$^{53-35}$hɔ$^{44-53}$uəʔ$^{2-2}$ci$^{35-35}$，iɪʔ$^{4-4}$ɲiɪʔ$^{2-4}$lɒʔ$^{2-2}$ɦy$^{22-22}$ziɯ^{31}i^{35} 本意是天天晴朗感觉不到好，一日下雨就觉厌烦。引申为经常待你好觉得无所谓，一日疏忽待你差就记在心里。如：有种人，侬一直待伊好，伊勿当回事；侬稍微怠慢伊一眼，伊就勿适意。搿就叫“～”。

【千日做贼一日败】 cʰi$^{53-53}$ɲiɪʔ$^{2-ʔ31}$ʦu^{35}zʌʔ^{2}iɪʔ$^{4-4}$ɲiɪʔ$^{2-4}$bɑ^{13} 干坏事总有败露的一天。如：搿只老狐狸认为一桩桩坏事侪做得天衣无缝，想勿到～，搿趟终于拨公安民警捉出来哉。

【千朝怪，勿如一朝怪】 cʰi$^{53-35}$ʦɔ$^{53-55}$kuɑ$^{35-31}$，uəʔ$^{4-4}$zy$^{31-53}$iɪʔ$^{4-3}$ʦɔ$^{53-55}$kuɑ$^{35-31}$ 对于犯错误者当日或拖了一段时间再去批评，犯错者也许都会怪罪你。但从批评的效果来看，与其延后批评，不如及时批评。谓对于错误行为一定要及时批评，否则危害会更大。如：～。对犯错误咗员工，早批评，早教育，才能早挽救。员工懂得搿个道理，勿但勿会怪侬，反而会感谢侬。怪：怪罪，抱怨。

【叉袋口扎得牢，众人口扎勿牢】 ʦʰo$^{53-55}$de$^{13-33}$kʰɯ$^{44-31}$ʦæʔ$^{4-3}$ɗʌʔ$^{4-5}$lɔ$^{31-53}$，ʦoŋ$^{35-55}$ɲiŋ$^{31-33}$kʰɯ$^{44-31}$ʦæʔ$^{4-3}$uəʔ$^{2-5}$lɔ$^{31-53}$ 意谓“人口难封”。《玄空经》第二回：“恐怕～，若使笑柄传开去，一人传十，十人传百，闹得街谈巷议，满城风雨，倒亦勿有趣。”

【大家容易大家难】 dɑ$^{13-22}$kɑ$^{53-22}$ɦioŋ$^{31-24}$ɦi$^{13-31}$dɑ$^{13-22}$kɑ$^{53-22}$nɛ^{31} 要容易大家容易；要难大家难。谓统一规则，对参与者一视同仁。如：进考

场咟辰光，老师再次叮嘱同学："勿要紧张，考生考咟是同一张卷子，～。"

【大镬戽到小镬】du$^{13-24}$ɦɒʔ$^{2-}$ʔ^{31}kɒ$^{35-44}$ɗɔ$^{35-44}$siɔ$^{44-35}$ɦɒʔ$^{2-}$ʔ^{31}　比喻财物虽已转手，但还在自家人手中。如：老爸银行卡浪咟存款转到老妈卡浪，～，呒啥关系咟。戽：灌水。

【小洞勿补，大洞吃苦】siɔ$^{44-44}$doŋ$^{13-44}$uəʔ$^{2-2}$ɓu$^{44-22}$，du$^{13-22}$doŋ$^{13-35}$cʰiʌʔ$^{4-4}$kʰu$^{44-44}$　防微杜渐的通俗说法。如：小毛小病一发现就要改正，勿然咟话，～。

【小铜钿勿去，大铜钿勿来】siɔ$^{44-13}$doŋ$^{31-55}$di$^{31-31}$uəʔ$^{2-2}$cʰi$^{35-35}$，du$^{13-22}$doŋ$^{31-22}$di$^{31-22}$uəʔ$^{2-2}$lɛ$^{31-53}$　亦称"小钱不去，大钱不来"。指不付出小的代价，就不能得大利。如：～。做生意么，总要下点本钿咟。

【山勿在高低，要看景致；人勿在大小，要看本事】sɛ^{53}uəʔ$^{2-2}$ze$^{13-35}$kɔ$^{53-35}$ɗi$^{53-53}$，iɔ^{35}kʰø^{35}ciŋ$^{44-44}$tsɿ$^{35-44}$，ɲiŋ^{31}uəʔ$^{2-2}$ze$^{13-35}$du$^{13-22}$siɔ$^{44-22}$，iɔ^{35}kø^{35}ɓəŋ$^{44-35}$zɿ$^{31-31}$　指判断一个人是否能干，不能单纯根据年纪大小而要看他的本领；就像评判一座山是否有名，不能单纯根据山峰高低而要看它的景致一样。如：～。搿个年轻人虽然年纪勿大，但是做生活勤快，办事体会得动脑筋。格咾大家侪选举伊担任生产队队长。

【工夫卖铜钿】koŋ$^{53-35}$ɸu$^{53-53}$ma^{13}doŋ$^{31-13}$di$^{31-53}$　亦称"功夫卖铜钿"。有些活计需要花费较多时间，其价值就体现在工夫上。喻时间、劳力就是金钱。如：勿少工艺品，原材料呒啥几钿，就是做工精巧，格咾价钿勿便宜。手艺人讲，是～。

【干手捏湿面粉】kø$^{53-35}$sɯ$^{44-53}$ɲiæʔ^{2}sɑʔ$^{4-3}$mi$^{31-55}$ɸəŋ$^{44-53}$　亦称"干手捏湿脂膏""湿手捏干面粉"。比喻事情沾手后弄得很尴尬，丢不下撇不掉。如：早晓得～，倒勿如当初勿去接搿只工程。

【今朝勿晓得明朝】ciŋ$^{53-35}$tsɔ$^{53-53}$uəʔ$^{2-2}$çiɔ$^{44-55}$ɗʌʔ$^{4-}$ʔ^{53}məŋ$^{31-13}$tsɔ$^{53-53}$　指未来的事不能预料。如：老人岁数大哉，毛病也多，～。我伲作为子女，应该多关心关心老人。

【从小差一岁，到老勿同年】zoŋ$^{31-13}$siɔ$^{44-53}$tsʰo$^{53-55}$iɪʔ$^{4-3}$sø$^{35-31}$，ɗɔ$^{35-53}$lɔ$^{22-31}$uəʔ$^{2-2}$doŋ$^{31-55}$ɲi$^{31-53}$　比喻有些一开始就存在的差距永远也无法改变。如：～。岁数是摆煞咟，伊永远比勿过侬；不过，比能力，伊比侬强勿是一眼眼了！

【公要馄饨婆要面】koŋ$^{53-55}$iɔ$^{35-31}$βəŋ$^{31-13}$dəŋ$^{31-53}$bu$^{31-24}$iɔ$^{35-31}$mi^{13}　不同的人有不同的需要，难为了做媳妇的。所谓"众口难调"。如：一家三代人，～，要照顾得面面俱到，人人欢喜，实在勿容易。

【勿见棺材勿哭爷】uəʔ$^{4-4}$ci$^{35-35}$kue$^{53-35}$ze$^{31-53}$uəʔ$^{4-4}$kʰoʔ$^{4-4}$ɦia^{31}　亦称"勿见棺材勿落泪"。比喻不到穷途末路不死心后悔或低头认输。《玄空经》第四回："'我晓得你～！'就喊声打。"

【勿出血勿罢休】uəʔ$^{2-2}$tsʰəʔ$^{4-2}$çyœʔ$^{4-2}$uəʔ$^{2-2}$ba$^{22-55}$çiɯ$^{53-53}$　蛮干到底，拼个鱼死网破。血，也指金钱，不拿出钱来不了结。《玄空经》第四回："今夜有了三百两银子，便放他过门；否则，总要～！"

【勿识人头吃苦头】uəʔ$^{2-2}$sʌʔ$^{4-2}$ɲiŋ$^{31-13}$dɯ$^{31-53}$cʰiʌʔ$^{4-3}$kʰu$^{44-55}$dɯ$^{31-53}$　不识透人的本质会吃亏。如：李老板过去用错人，结果公司财产败光。格咾伊常桩讲：～。

【勿实心勿成事，勿虚心勿知事】uəʔ$^{2-2}$zəʔ$^{2-5}$siŋ$^{53-53}$uəʔ$^{2-2}$zəŋ$^{31-55}$zɿ$^{31-53}$，uəʔ$^{2-2}$çy$^{53-55}$siŋ$^{53-53}$uəʔ$^{2-2}$tsɿ$^{53-55}$zɿ$^{31-53}$　不实心实意办不成事，不虚心求学不可能懂事。如：～。格咾只有实心实意才能办得成事体；只有虚心学习才能懂事体懂道理。

【勿怕勿识货，只怕货比货】uəʔ$^{2-2}$pʰo$^{35-35}$uəʔ$^{2-2}$sʌʔ$^{4-2}$ɸu$^{35-22}$，tsəʔ$^{4-4}$pʰo$^{35-35}$ɸu$^{35-55}$ɓi$^{44-33}$ɸu$^{35-31}$　比喻经过比较，才能显出好坏优劣。如：～。搿两件玉器摆拉一道，一看就晓得，啲里一件是上等货。

【勿怕官，只怕管】uəʔ$^{2-2}$pʰo$^{35-35}$kue^{53}，tsəʔ$^{4-4}$pʰo$^{35-35}$kue^{44}　大官不可怕，怕的是顶头上司来管。如：～。顶头上司管头管脚最头痛。

【勿怕路滑，独怕眼瞎】uəʔ$^{2-2}$pʰo$^{35-35}$lu^{31}βæʔ^{2}，doʔ$^{2-2}$pʰo$^{35-35}$ŋɛ^{22}hæʔ^{4}　比喻只有识人识心，看清事物本质，才能防患未然。如：～。人勿识怢好，侬哪能好搭伊拉一道做生意？

【勿要气，只要记】uəʔ$^{2-2}$iɔ$^{35-35}$cʰi^{35}，tsəʔ$^{4-4}$iɔ$^{35-35}$ci^{35}　指遇事不要只是生气，关键要长记性。如：反华势力对中国搞封锁，对搿种事体，我伲～，要自力更生，科技强国，冲破伊拉咟封锁！

【勿懂装懂，永世饭桶】uəʔ$^{2-2}$ɗoŋ$^{44-55}$tsɒ̃$^{53-55}$ɗoŋ$^{44-53}$，ioŋ$^{44-33}$sɿ$^{35-55}$βɛ$^{31-55}$doŋ$^{22-31}$　不懂装懂者，

不会学习,始终是无用之人。如:阿根搿个人,样样事体侪是勿懂装懂,格咾永世是只饭桶。

【天勿怕,地勿怕,独怕胡咙头筑坝】 tʰi$^{53-55}$ uəʔ$^{2-3}$pʰo$^{35-31}$, di$^{31-22}$uəʔ$^{2-2}$pʰo$^{35-22}$, doʔ$^{2-2}$pʰo$^{35-35}$ βu$^{31-13}$loŋ$^{31-55}$dɯ$^{31-31}$ʦoʔ^{4}ɓo^{35} 胡咙:喉咙。喉咙头筑坝,即喉咙头堵住。喉咙堵塞便不能呼吸,人就要死亡。比喻办任何事情,关键的环节或部位不能出差错。如:~。搿场冠军争夺赛,就怕我伲队主力队员临场伤病复发。

【天呒箬帽大,皇帝自家做】 tʰi$^{53-53}$m̩$^{53-33}$ ȵiɑʔ$^{2-2}$mɔ$^{13-35}$du^{13}, βɒ̃$^{31-24}$ɗi$^{35-31}$zɿ$^{31-13}$kɑ$^{53-53}$ʦu^{35} 亦称"青天箬帽大,皇帝自己做"。比喻在很小的一片区域内可以尽情享受无拘无束、自由自在的生活。如:假期里,老婆带是伲子去旅游。我一家头留守屋里,真是~,勿要太自由噢!

【天落馒头狗造化】 tʰi^{53}lɒʔ^{2} me$^{31-13}$dɯ$^{31-53}$ kɯ^{44}zɔ$^{53-55}$ho$^{35-31}$ 天上掉下馒头,那是狗的造化。讥讽人得到意外的收获或享受。如:~。搿趟伊运道好,买彩票中是十万块大奖。

【廿年媳妇廿年婆,再过廿年做太婆】 ȵiɛ$^{13-22}$ ȵi$^{31-22}$siŋ$^{53-31}$βu$^{31-53}$ȵiɛ$^{13-22}$ȵi$^{31-22}$bu^{31}, ʦe^{35}ku^{35}ȵiɛ$^{13-22}$ ȵi$^{31-22}$ʦu^{35}tʰɑ$^{35-53}$bu$^{31-31}$ 比喻长期受人管教,历尽辛苦后,终于改变了地位,可以支使他人。如:~。廿几年来,老陈从办事员做到局长。不过,伊从来勿摆"婆婆"架子,而是搭年轻人同甘共苦,当一名老班长。

【开水勿响,响水勿开】 kʰe$^{53-35}$sɿ$^{44-53}$uəʔ$^{2-2}$ çiæ̃$^{44-22}$, çiæ̃$^{44-35}$sɿ$^{44-31}$uəʔ$^{2-2}$kʰe$^{53-53}$ 比喻有本事的人不吭声,没本事的人叫得响。如:~。喜欢哇啦哇啦叫㖃人,其实肚皮里勿见得有真本事。

【开水里揩面难下手】 kʰe$^{53-55}$sɿ$^{44-33}$li$^{22-31}$kʰɑ$^{53-35}$ mi$^{31-53}$nɛ$^{31-24}$çiɑ$^{13-33}$sɯ$^{44-31}$ 开水里洗脸,水烫得伸不下手。比喻事情难办。如:搿桩老大难㖃事体,几任领导侪认为是~,想勿到新来㖃书记一记头解决了。

【开得饭店勿怕大肚皮】 kʰe^{53}ɗʌʔ^{4}βɛ$^{31-24}$ɗi$^{35-31}$ uəʔ$^{2-2}$pʰo$^{35-35}$du$^{13-22}$du$^{22-55}$bi$^{31-53}$ 比喻承担任务时早有迎接困难的思想准备。如:~。思想准备充分点,方式方法灵活点,困难总归能够克服㖃。

【日长事多,夜长梦多】 ȵiɪʔ$^{2-2}$zæ̃$^{31-53}$zɿ^{31}ɗu^{53}, iɑ$^{35-53}$zæ̃$^{31-31}$mɒ̃^{13}ɗu^{53} 比喻时间拖长,事情容易发生不利的变化。如:搿桩事体尽快处理脱。~。辰光拖来长是要有麻烦㖃。

【木瓜脑子风车心,粉皮耳朵听别人】 mɔʔ$^{2-2}$ ko$^{53-55}$nɔ$^{22-55}$ʦɿ$^{44-31}$ɸoŋ$^{53-35}$ʦʰo$^{53-55}$siŋ$^{53-31}$, ɸəŋ$^{44-33}$ bi$^{31-55}$ȵi$^{22-55}$ɗu$^{44-31}$tʰiŋ$^{53-35}$biɪʔ$^{2-5}$ȵiŋ$^{31-31}$ 批评有些人遇到事情不会用脑子想,不善于静下心来思考,且耳朵软,喜欢听别人的。如:我伲做任何事体,侪要学会独立思考,要有主见,勿能~。木瓜脑子:脑子不会动。风车心:心里老像有风车在转动,比喻静不下心来。粉皮耳朵:耳朵软。

【庙里敲钟声在外】 miɔ^{13}li^{22}kʰɔ^{53}ʦoŋ^{53}səŋ^{53} ze^{13}ŋɑ^{13} 亦称"钟在寺院音在外""钟在寺里,声在外边"。比喻事情既已发生,就必然传扬开去。如:~。新产品研发成功,公司内部表彰大会一开,同行企业马上就侪晓得哉。

【毛毛雨打湿衣裳,杯杯酒吃败家当】 mɔ$^{31-13}$ mɔ$^{31-55}$ɦy$^{22-31}$ɗæ̃$^{44-35}$ sɑʔ^{31}i$^{53-35}$zɒ̃$^{31-53}$, ɓe$^{53-35}$ɓe$^{53-55}$ ciɯ$^{44-31}$cʰiʌʔ$^{4-4}$bɑ$^{13-35}$kɑ$^{53-35}$ɗɒ̃$^{53-53}$ 比喻小的浪费或小的错误,累积起来就会造成大的危害。如:~。陈老板几百万家当,就是因为吃喝嫖赌,结果败得来精光。

【水牛污垩田勿奘,女人闲话勿当】 sɿ$^{44-33}$ ȵiɯ$^{31-55}$u$^{53-31}$kɔ$^{35-53}$di$^{31-31}$uəʔ$^{2-2}$ʦɒ̃$^{35-35}$, ȵy$^{22-24}$ȵiŋ$^{31-31}$ ɦɛ$^{31-24}$ɦo$^{13-31}$uəʔ$^{2-2}$ɗɒ̃$^{53-53}$ 旧时男尊女卑,妇女没有地位,说话不算数。如:~。老底子女人讲㖃闲话勿算数㖃。污:粪便;垩田:施肥于田;奘:肥;勿当:不当话。

【火心要空,人心要公】 ɸu$^{44-35}$siŋ$^{53-31}$iɔ^{35}kʰoŋ^{53}, ȵiŋ$^{31-13}$siŋ$^{53-53}$iɔ^{35}koŋ^{53} 亦称"火要空心,人要忠心"。火心空,燃烧猛;人心公,办事公道。如:~。老百姓就是喜欢办事公道㖃干部。

【牙筷头上扳雀丝】 ŋɑ$^{31-13}$kʰuɛ$^{44-53}$dɯ$^{31-24}$ zɒ̃$^{13-31}$ɓɛ^{53}cʰiɑʔ$^{4-4}$sɿ$^{53-53}$ 亦称"象牙筷上扳散丝"。形容故意挑剌。《玄空经》第六回:"小毛贼合了几个开头人,要同我上班,~。"牙筷:象牙筷。雀:本字作"散"。雀丝:细小的纤状物。

【认理勿认人,讲理勿帮亲】 ȵiŋ$^{31-13}$li$^{22-53}$ uəʔ$^{2-2}$ȵiŋ$^{31-55}$ȵiŋ$^{31-53}$, kɒ̃$^{44-35}$li$^{22-31}$uəʔ$^{2-2}$ɓɒ̃$^{53-55}$cʰiŋ$^{53-53}$ 意谓依法依理办事,不徇私情。如:过去办事常桩是人情大于王法,现在是法制社会,办事体是~。

【长线放远鹞】 zæ̃$^{31-24}$si$^{35-31}$ɸɒ̃^{35}ɦø$^{22-22}$ɦiɔ$^{13-35}$ 用长线把纸鹞放得远。比喻从长远着想。如:

搿只案子，专案组是～，秘密监控贩毒团伙整整一年，总算拿上家下家一网打尽。鹞：纸鹞，风筝。

【长堤要防老鼠洞，大树要防钻心虫】 zæ̃$^{31-13}$di$^{31-53}$iɔ^{35}bɒ̃^{31}lɔ$^{22-24}$sɿ$^{44-33}$doŋ$^{13-31}$，du$^{13-22}$zy$^{13-35}$iɔ^{35}bɒ̃^{31}tsø$^{53-35}$siŋ$^{53-55}$zoŋ$^{31-31}$ 一个小小的老鼠洞会使长堤溃决，一条小小的钻心虫会令大树蛀穿。比喻小事不慎，可以酿成大祸。如：勿要认为大错误勿犯，小错误勿碍。要晓得：～。小错误也会闯大穷祸哌。

【长痛勿如短痛】 zæ̃$^{31-24}$tʰoŋ$^{35-31}$uəʔ$^{2-2}$zy$^{31-53}$ɗø$^{44-44}$tʰoŋ$^{35-44}$ 与其长期受痛苦，不如一时忍受剧痛医治，以求彻底解决。如：既然长期感情勿和，格末～，早点分手算哉。

【东壁敲，西壁动】 ɗoŋ$^{53-53}$ɓiɪʔ$^{4-ʔ31}$kʰɔ^{53}，si$^{53-53}$ɓiɪʔ$^{4-ʔ31}$doŋ^{22} 亦称“敲东壁，动西壁”。对一方有所动作，惊动了相关的另一方。意同“打了骡子马受惊”。如：对犯罪团伙哌调查要勿露声色，勿然，～，就难以做到一网打尽。

【冬瓜缠脱茄亩里】 ɗoŋ$^{53-35}$ko$^{53-53}$ze$^{31-22}$tʰəʔ$^{4-2}$gɑ$^{31-24}$m̩$^{22-33}$li$^{22-31}$ 亦称“冬瓜缠拉茄门里”。这件事扯到那件事上面去，完全搞错了；也指纠缠不清。《玄空经》第五回：“呒因呒头，素不相识的小毛贼，～，向我看相。”

【只有千日做贼，呒没千日防贼】 tsəʔ$^{4-4}$ɦiɯ$^{22-44}$tsʰi$^{53-55}$ɲiɪʔ$^{2-ʔ31}$tsu$^{35-35}$zʌʔ$^{2-ʔ31}$，m̩^{13}məʔ$^{2-2}$tsʰi$^{53-55}$ɲiɪʔ$^{2-ʔ31}$bɒ̃$^{31-22}$zʌʔ$^{2-2}$ 指做贼的成年累月在偷盗，防贼的总免不了有疏忽的时候。常用来作为失窃、失盗的借口。如：～。天长日久，总有拨贼骨头得手哌辰光。

【只有软柴捆硬柴，呒没硬柴捆软柴】 tsəʔ$^{4-4}$ɦiɯ$^{22-44}$ɲø$^{22-24}$zɑ$^{31-31}$kʰuəŋ^{44}ŋæ̃$^{13-22}$zɑ$^{31-22}$，m̩$^{53-55}$məʔ$^{2-31}$ŋæ̃$^{13-22}$zɑ$^{31-22}$kʰuəŋ^{44}ɲø$^{22-24}$zɑ$^{31-31}$ 比喻柔能克刚。如：俗话讲，～。做思想工作要和风细雨，勿好硬上。

【叫化子也肉麻一条命】 kɔ$^{35-33}$ho$^{35-55}$tsɿ$^{44-31}$ɦɑ^{22}ɲioʔ$^{2-2}$mo$^{31-53}$iɪʔ$^{4-4}$diɔ$^{31-53}$miŋ^{13} 叫化子都贪恋生命，何况有家有业之人。旧时乞求活命或劝人不可轻生的话。意同“蝼蚁尚且贪生，为人何不惜命”。如：～。侬现在日脚蛮好过，千万勿要想勿开，走极端。肉麻：舍不得。

【叫化子睏在麦田沟里，想皇帝伯伯囡】 kɔ$^{35-33}$ho$^{35-55}$tsɿ$^{44-31}$kʰuəŋ^{35}ze^{13}mɑʔ$^{2-2}$di$^{31-55}$kɯ$^{53-53}$li^{22}，siæ̃^{44}βɒ̃$^{31-24}$ɗi$^{35-33}$ɓɑʔ$^{4-3}$ɓɑʔ$^{4-ʔ31}$nø^{22} 叫化子睡在麦田沟里，心里想着皇帝的女儿。犹言“癞蛤蟆想吃天鹅肉”，纯属痴心妄想。《玄空经》第二回：“眼前进行方法毫无，真像～，四金刚腾云，远空八只脚，所以请你大木瓜想想法子。”皇帝伯伯囡，即公主。

【四两拨千斤】 sɿ$^{35-53}$liæ̃$^{22-31}$ɓəʔ^{4}tsʰi$^{53-35}$ciŋ$^{53-53}$ 亦称“四两搏千斤”“四两能拨千斤重”。指使用巧劲，轻物也可以拨动重物。比喻制胜在于把握要领，不在于数多量大。如：武术比赛中，我伲常桩看到小个子轻松出招，～，用巧劲打败大块头对手。

【圣人也有三分错】 səŋ$^{35-53}$ɲiŋ$^{31-31}$ɦɑ$^{22-24}$ɦiɯ$^{22-31}$sɛ$^{53-35}$ɸəŋ$^{53-55}$tsʰo$^{53-31}$ 谓人人都会有错误；也指对人要宽容。如：～，人人侪会犯错误。只要勿是犯法，只要知错必改，一眼小错误也是可以原谅哌。

【头勿拉颈浪，脚勿拉髈浪】 dɯ^{31}uəʔ$^{2-2}$lɑ^{13}ciŋ^{44}lɒ̃^{31}，ciɑʔ^{4}uəʔ$^{2-2}$lɑ^{13}pʰɒ̃^{44}lɒ̃^{31} 头不长在颈上，脚不长在腿上。头脚都离开了原来的部位，比喻说话办事脱离根基，不在理上。如：伊搿种闲话，～，根本呒没人相信。

【旧哌勿去，新哌勿来】 ɟiɯ$^{31-24}$ɦɯ$^{13-31}$uəʔ^{2}cʰi^{35}，siŋ$^{53-55}$ɦɯ$^{13-31}$uəʔ^{2}lɛ^{31} 劝人丢去旧物，喻只有破旧才能立新。亦是东西丢失、损坏时的安慰话。如：～。搿点旧物事丢丢脱算哉！

【未学爬，先学走】 mi^{13}ɦɔʔ^{2}bo^{31}，si^{53}ɦɔʔ^{2}tsɯ^{44} 比喻不循序渐进。如：学生活要一步一步来，～，生活肯定学勿好。

【未惹污，先呼狗】 mi^{13}zɑ$^{22-22}$u$^{35-35}$，si^{53}ɸu$^{53-35}$kɯ$^{44-53}$ 未解下大便，先招呼狗过来吃屎。讽刺事情尚未开头，先已吹得天花乱坠的那种炒作行为。如：事体勿曾做，勿好宣传得惊天动地。～，要拨人家笑话哌。惹污：排大便。

【白虱大肚皮，蛮争自有理】 bɑʔ$^{2-2}$səʔ$^{4-2}$du$^{13-22}$du$^{22-55}$bi$^{31-53}$，mɛ$^{31-13}$tsæ̃$^{53-53}$zɿ$^{31-24}$ɦiɯ$^{22-33}$li$^{22-31}$ 讽刺强词夺理的争辩者。前半句为起兴，也有讽喻之意。如：伊搿个人，～。自认为蛮有道理，其实一眼道理也呒没。

【石狮子蛮出屁来】 zɑʔ$^{2-2}$sɿ$^{53-55}$tsɿ$^{44-53}$mɛ^{31}tsʰəʔ^{4}pʰi^{35}lɛ^{31} 顽皮到极点，把石狮子玩活，能放屁了。

《玄空经》第一回:“小毛贼……贼皮贼骨,从小就会蛮,常常把～。”亦比喻做费力而无效的事情。如:～哜事体,白费神思,做也覅去做。蛮,松江话“玩”的白读。

【轧谷要轧出米来,讲话要讲出理来】 gæʔ$^{2-2}$koʔ$^{4-2}$iɔ^{35}gæʔ$^{2-2}$ʦʰəʔ$^{4-2}$mi^{22}lɛ^{31}, kɒ̃$^{44-44}$ɦo$^{13-44}$iɔ^{35}kɒ̃$^{44-35}$ʦʰəʔ$^{4-3}$ li^{22}lɛ^{31} 谓说话应以理服人。如:～。侬讲得出道理,我伲就服帖侬。

【吃一转亏,学一转乖】 cʰiʌʔ^{4}iɪʔ$^{4-4}$ʦe$^{44-44}$cʰy^{53}, ɦɔʔ^{2}iɪʔ$^{4-4}$ʦe$^{44-44}$kuɑ^{53} 亦称“吃一回亏,学一回乖”。如:搿趟呒没经验,受骗上当。不过,～。下趟就再也勿上骗子当哉。转:回。学乖:指吸取教训。

【吃饭吃米,讲话讲理】 cʰiʌʔ$^{4-4}$βɛ$^{31-53}$cʰiʌʔ^{4}mi^{22}, kɒ̃$^{44-44}$ɦo$^{13-44}$kɒ̃^{44}li^{22} 亦称“吃的是米,讲的是理”,“吃的是盐和米,讲的是情和理”。谓人活在世,就要讲理。如:～。只要讲得有道理,公司领导一定会采纳。

【吃是对门谢隔壁】 cʰiʌʔ^{4}zɿ^{22}ɗe$^{35-53}$ məŋ$^{31-31}$ziɑ^{13}kæʔ$^{4-4}$ɓ iɪʔ$^{4-4}$ 亦称“吃诸对门谢隔壁”。吃了门对过人家的,却去回谢隔壁邻居。比喻做事荒谬悖理。《玄空经》第七回:“鬼捏婆婆一面走出门,一面说:‘你勿要～!’”

【吃素碰着月大】 cʰiʌʔ$^{4-4}$su$^{35-35}$bæ̃$^{13-24}$zɑʔ$^{2-31}$ɲyœʔ$^{2-2}$du$^{13-35}$ 亦称“吃素逢月大”。大月要多吃一天素。比喻事情不凑巧或倒霉,原来已够苛刻自己,偏又增加难度,难免不高兴。《玄空经》第五回:“岂知乎吃素逢月大,呒因呒头,素不相识的小毛贼,冬瓜缠脱茄亩里,向我看相。”

【吃啥饭,当啥心,敲啥木鱼念啥经】 cʰiʌʔ^{4}sɑ^{35}βɛ^{31}, ɗɒ̃^{53} sɑ^{35}siŋ^{53}, kʰɔ^{53}sɑ^{35}mɔʔ$^{2-2}$ɦy$^{31-53}$ɲiɛ^{13}sɑ^{35}ciŋ^{53} 指干什么行当,就会为这个行当经心效劳。如:～。公司发我工资,发我奖金,我当然要为公司做事体,为公司讲闲话。

【吃得麦粞饭游西湖】 cʰiʌʔ^{4}ɗʌʔ^{4}mɑʔ$^{2-2}$si$^{53-55}$βɛ$^{31-53}$ɦiɯ$^{31-13}$si$^{53-55}$βu$^{31-31}$ 吃的是麦面小米,游的是西湖风景。比喻穷得快活。如:～。伲一帮穷朋友常桩勒拉此地拉拉胡琴,唱唱戏,也蛮开心哜。粞:碎米。

【各人头浪一爿天】 kɔʔ$^{4-4}$ɲiŋ$^{31-53}$dɯ$^{31-13}$lɒ̃$^{31-53}$iɪʔ$^{4-3}$bɛ$^{31-55}$tʰi$^{53-53}$ 每个人都有自己做事的空间,都可按自己的想法成事。如:依当国企老总,我当个体老板。～,大家侪做得蛮好。

【合只牛要瘦,合只船要漏】 kəʔ^{4}ʦɑʔ^{4}ɲiɯ^{31}iɔ^{35}sɯ^{35}, kəʔ^{4}ʦɑʔ^{4}ze^{31}iɔ^{35}lɯ^{13} 亦称“合船漏,合牛瘦,合把铁锴勿生锈”。合用的牛容易瘦,合用的船容易漏。比喻对共有的东西只使用,不爱护。如:～。合用哜物事大家勿爱惜,格咾坏起来快。

【回汤豆腐干】 βe$^{31-13}$tʰɒ̃$^{53-53}$dɯ$^{31-13}$βu$^{31-55}$kø$^{53-31}$ 煮熟后到需吃时回汤再煮的豆腐干。比喻重回原处或重干某一业务的人,多含贬义。如:人家是好马勿吃回头草;我是～,仍旧回来吃老本行!

【多个菩萨多炷香】 ɗu^{53}kɯ$^{35-33}$bu$^{31-22}$sæʔ$^{4-2}$ɗu^{53}cy^{44}çiæ̃^{53} 比喻多一个管事的人多一份麻烦。如:公司部门太多,管哜人也太多。～,太多反而添麻烦。还是精兵简政好!

【夹忙头里髈牵筋】 kæʔ^{4}mɒ̃^{31}dɯ^{31}li^{22}pʰɒ̃^{44}cʰi^{53}ciŋ^{53} 亦作“轧忙头里髈起筋”。比喻忙中添乱,更让人手足无措。《玄空经》第四回:“正说着时,出气姑娘～,搬出点心来,大鱼大肉,七碗八钵头,黄尽黄是。”牵筋:腿部突发痉挛。

【好记性勿如烂笔头】 hɔ$^{44-35}$ci$^{35-22}$siŋ$^{35-31}$uəʔ$^{4-4}$zy$^{31-53}$lɛ$^{13-22}$ɓiɪʔ$^{4-5}$dɯ$^{31-53}$ 指好的记忆力,时间一久,也会遗忘或失误,不如用笔记下的可靠。如:～。作社会调查,看到哜,听到哜,侪要用笔记下来,今后有可能会派用场。

【好肉上做疮】 hɔ$^{44-35}$ɲioʔ$^{2-3}$zɒ̃$^{13-31}$ʦu$^{35-53}$ʦʰɒ̃$^{53-31}$ 比喻自找苦吃,自寻烦恼。意同“好肉剜疮”。《玄空经》第六回:“我是好人好架子,好肉上勿做疮,要防伊暗算。”

【好雨落拉荒田里】 hɔ$^{44-35}$ɦy$^{22-31}$lɔʔ$^{2-2}$ lɑ^{13}ɸɒ̃$^{53-35}$di$^{31-55}$li$^{22-31}$ 比喻好的事物处在不理想的环境中,或做好事而无功效,白费力。如:～。搿种好事做拉白做。

【尖刀头上抢肉吃】 ci$^{53-55}$ɗɔ$^{53-33}$dɯ$^{31-33}$zɒ̃$^{13-31}$cʰiæ̃$^{44-33}$ɲioʔ$^{2-5}$cʰiʌʔ$^{4-31}$ 比喻敢冒生命危险去夺取财物。《玄空经》第四回:“你勿要～,乌龟撞在石头上,硬碰硬的。”

【曲蟮唱山歌】 cʰioʔ$^{4-4}$ze$^{22-44}$ʦʰɒ̃^{35}sɛ$^{53-35}$ku$^{53-53}$ 比喻声音十分微弱。《玄空经》第一回:“坐在台上,口中喃喃有词,好像～。”曲蟮:“蚯蚓”的俗称。

【有米勿怕晏饭】 ɦiɯ$^{22-24}$mi$^{22-31}$uəʔ$^{2-2}$pʰo$^{35-35}$

ε$^{35-44}$βε$^{13-44}$ 比喻基本条件具备，不愁事情难办。如：新妇进门我就放心了，～，抱孙子总归勿担心哉！晏：晚。

【有理呒理，出拉众人嘴里】 ɦiɯ$^{22-22}$li$^{22-55}$ m̩$^{53-55}$li$^{22-31}$，tsʰəʔ$^{4-4}$lɑ^{13}tsoŋ$^{35-53}$ɲiŋ$^{31-31}$tsɿ$^{44-35}$li$^{22-31}$ 有无道理，自有众人评说。如：～。搿桩事体做得对勿对，侬讲是勿算，大家讲是才算数。

【有理说实话，呒理讲蛮话】 ɦiɯ$^{22-24}$li$^{22-31}$ sœʔ^{4}zəʔ$^{2-2}$ɦo$^{13-35}$，m̩$^{53-35}$li$^{22-53}$kɒ̃^{44}mε$^{31-24}$ɦo$^{13-31}$ 理直气壮者实话实说，不讲道理者说话则粗暴野蛮。如：～。大家一听就晓得，勿是实事求是、说话粗野咂人肯定呒没道理。

【杀猪猡死是勿吃带毛猪】 sæʔ$^{4-3}$tsɿ$^{53-55}$lu$^{31-53}$ si^{44}zɿ^{22}uəʔ$^{2-2}$cʰiʌʔ$^{4-2}$ɗɑ$^{35-55}$mɔ$^{31-33}$tsɿ$^{53-31}$ 专门人才也不能自视过高。意同"死了张屠夫，不吃混毛猪"。杀猪猡：屠夫。死是：死了。如：～。伊勿出场，搿桩事体我伲照样能处理好。

【杀猪猡容易理肠难】 sæʔ$^{4-3}$tsɿ$^{53-55}$lu$^{31-53}$ɦioŋ$^{31-24}$ ɦi$^{13-31}$li^{22}zæ̃^{31}nε^{31} 比喻处理一切扫尾工作并不是一件易事。如：～，留下来咂事体一个礼拜也处理勿好。

【死人臭，臭三里；活人臭，臭千里】 si$^{44-35}$ ɲiŋ$^{31-31}$tsʰɯ^{35}，tsʰɯ^{35}sε$^{53-35}$li$^{22-53}$；βəʔ$^{2-2}$ɲiŋ$^{31-53}$tsʰɯ^{35}，tsʰɯ^{35}cʰi$^{53-35}$li$^{22-53}$ 死人尸体腐烂，只臭三里；活人的名声败坏，臭名会远传千里以外。劝人自尊自爱。如：～。搿几个人，过去勒拉本地是名气蛮响，风光一时。现在做是坏事，江南到江北，大家侪晓得伊拉咂臭名声。

【氽脱木排撩支橹】 tʰəŋ$^{44-35}$tʰəʔ$^{4-ʔ31}$mɔʔ$^{2-2}$ bɑ$^{31-53}$liɔ^{31}tsɿ^{53}lu^{22} 失去的太多，收回的却极少。比喻得不偿失。如：～。搿趟投资失败，成本收回一眼眼，损失太大哉！木排：木筏。

【污坑里淘勿出金子】 u$^{35-55}$kʰæ̃$^{53-33}$li$^{22-31}$dɔ$^{31-22}$ uəʔ$^{2-5}$tsʰəʔ$^{4-ʔ31}$ciŋ$^{53-35}$tsɿ$^{44-53}$ 粪缸里不可能寻得金子。比喻枉费力气。《玄空经》第七回："自家又是一铟如命，想～来。"污坑：粪缸。淘：寻觅。

【汤里来水里去】 tʰɒ̃^{53}li^{22}lε^{31}sɿ^{44}li^{22}cʰi^{35} 指银钱随手来随手去，留不住。如李宝嘉《文明小史》："王明耀却是最工心计，什么钱都会弄，然而却是～，白忙了半世，一些不能积蓄。"

【百步呒轻担】 ɓɑʔ$^{4-4}$bu$^{13-35}$m̩$^{53-35}$cʰiŋ$^{53-55}$ɗε$^{35-31}$ 亦称"远路呒轻担"。路程一远，即使担子轻也会感到越来越重。如：覅看搿眼物事呒啥分量，俗话讲"～"，背拉身上走介许多路，蛮吃力咂。

【百脚吃油火虫】 ɓɑʔ$^{4-4}$ciɑʔ$^{4-4}$cʰiʌʔ^{4}ɦiɯ$^{31-24}$ ɸu$^{44-33}$zoŋ$^{31-31}$ 比喻人心中明白。如：搿桩事体，我是～，心里透亮。百脚：蜈蚣。油火虫：萤火虫。

【竹管里攮鳅】 tsoʔ$^{4-3}$kue$^{44-55}$li$^{22-53}$zæ̃^{31}tsʰiɯ^{53} 比喻毫不费力地一触就出来。《玄空经》第八回："现在与出气姑娘～，合作一家，真好像捉着黄宝宝。"攮：推出，触动。一说，形容屋子小住的人多。

【米要腊打，囡要自养】 mi^{22}iɔ^{35}læʔ^{2}ɗæ̃^{44}，nø^{22} iɔ^{35}zɿ^{13}ɦiæ̃^{22} 谓亲生骨肉最疼最亲。如：～。小囡总归是自家养咂好。米要腊打：腊月里碾的米质量最好，不怕虫蛀，经得起保存。

【羊肉贴勿到猪身浪】 ɦiæ̃$^{31-22}$ɲioʔ$^{2-2}$tʰiɪʔ$^{4-4}$ uəʔ$^{2-4}$ɗɔ$^{35-44}$tsɿ$^{53-35}$səŋ$^{53-55}$lɒ̃$^{31-31}$ 比喻没有血缘关系的双方，再怎么亲近，也无法做到亲密无间。如：媳妇勿是自家亲身养，再哪能好，～，呒没囡咾伲子贴心贴肚肠。

【老牛肉有嚼头，老人话有听头】 lɔ$^{22-22}$ɲiɯ$^{31-55}$ ɲioʔ$^{2-ʔ31}$ɦiɯ$^{22-22}$ziɑʔ$^{2-5}$dɯ$^{31-53}$，lɔ$^{22-24}$ɲiŋ$^{31-33}$ɦo$^{13-31}$ ɦiɯ$^{22-22}$tʰiŋ$^{53-55}$dɯ$^{31-31}$ 老牛肉经得起嚼，老人经验丰富，说的话有道理有价值，值得听。如：～。碰到重要事体，多听听老人意见有好处。有听头：值得听。

【老孵鸡勿孵掔折脚】 lɔ$^{22-22}$bu$^{35-55}$ci$^{53-31}$uəʔ$^{2-2}$ bu$^{35-35}$ɔ$^{53-55}$tsəʔ$^{4-3}$ciɑʔ$^{4-ʔ31}$ 老母鸡不孵蛋就打折它的脚。比喻违反自然规律的做法是行不通的。"掔"亦作"敲"。如：搿个小囡各方面条件侪勿适合跳芭蕾舞，家长逼牢伊去跳。～，搿能做肯定勿会成功咂。

【老蟛蜞打洞，小蟛蜞受用】 lɔ$^{22-22}$bæ̃$^{31-55}$ɟi$^{31-31}$ ɗæ̃$^{44-35}$doŋ$^{31-31}$，siɔ$^{44-33}$bæ̃$^{31-55}$ɟi$^{31-31}$zɯ$^{22-22}$ɦioŋ$^{13-35}$ 比喻小辈享用长辈经营所得。犹言"前人种树，后人乘凉"。如：张先生夫妻两家头打拼几十年，几千万积蓄全部拨拉子女。真是"～"。

【肉酥拉汁里】 ɲioʔ^{2}su^{53} lɑ^{13}tsəʔ$^{4-4}$li$^{22-44}$ 原指肉煮酥后，肉汁浓了，肉味到了汤里并未走失。比喻某些事表面上看似乎有些损失，但实际上整体利益并无亏蚀。如：现金账看起来减少点，但是投资账增加勿少。～，总体呒没亏损。

【自屋里做大】 zɿ$^{13-22}$oʔ$^{4-5}$li$^{22-31}$tsu^{35}du^{13} 指有种人在外头上不了场面，只在家里逞威风。如：伊勒拉外头呒没人看得起，只好～，屋里摆摆架子。

【自病自得知】 zɿ$^{13-22}$biŋ$^{13-35}$zɿ$^{13-22}$ɗʌʔ$^{4-5}$tsɿ$^{53-53}$ 亦称"自有病自得知"或"自家有病自家知"。自己最清楚自己的病情和痛苦。比喻自己有什么问题自己心里明白。如：～。吾奴搿只毛病主要是管勿住嘴巴，吃出来咟。

【自做郎中药勿灵】 zɿ$^{13-22}$tsu$^{35-55}$lɔ̃$^{31-55}$tsoŋ$^{53-31}$ɦiɑʔ$^{2-2}$uəʔ$^{4-5}$liŋ$^{31-53}$ 医生有病仍须求别的医生诊治。如：～，医生有毛病，自家也勿一定用得准药。

【自搬砖头自压脚】 zɿ^{13}ɓe^{53}tse$^{53-35}$dɯ$^{31-53}$zɿ^{13}æʔ^{4}ciɑʔ^{4} 亦称"自搬礶砖自搭脚"。搬起砖头砸自己的脚，喻自作自受。《广韵》："搭，手把著也。"《玄空经》第四回："儿女情长，英雄气短，恐怕～，事体无收场，只好答应。"

【自撑篙自摇船】 zɿ^{13}tsʰæ̃$^{53-35}$kɔ$^{53-53}$zɿ^{31}ɦiɔ$^{31-13}$ze$^{31-53}$ 不要别人帮助，不受别人节制，一切都由自己安排掌握。如：朱老伯种是勿少蔬菜，自产自销。～，日脚过得斜气适意。

【西天出日头】 si$^{53-35}$tʰi$^{53-53}$tsʰəʔ$^{4-3}$ɲiɪʔ$^{2-5}$dɯ$^{31-53}$ 太阳从西边出来。比喻从来没有的事。《玄空经》第四回："当明朝，～，大头鬼跑近来寻脱皮少爷。"

【西洋镜勿好拆穿】 si$^{53-35}$ɦiæ̃$^{31-55}$ciŋ$^{35-31}$uəʔ$^{2-2}$hɔ$^{44-22}$tsʰɑʔ$^{4-4}$tsʰe$^{53-53}$ 比喻事情不便明言。如：搿种事体大家心里有数就可以哉，～。

【阴沟里翻船】 iŋ$^{53-35}$kɯ$^{53-55}$li$^{22-31}$ɸɛ$^{53-35}$ze$^{31-53}$ 亦称"阴沟里翻大船"。比喻在不经意的人或事上栽了大跟头。如：伊做事体向来稳笃笃，想勿到搿趟一勿小心，～，拨人家骗脱是一笔钞票。

【阵头大，雨点小】 zəŋ$^{13-22}$dɯ$^{31-22}$du^{13}，ɦy$^{22-24}$ɗi$^{44-31}$siɔ^{44} 犹言"雷声大，雨点小"。如：宣传工作搭实际措施要协调，勿能讲归讲，做归做；更勿能～。阵头：阵头雨，雷阵雨。

【阵头雨好过，麻花雨难熬】 zəŋ$^{31-13}$dɯ$^{31-55}$ɦy$^{22-31}$hɔ$^{44-44}$ku$^{35-44}$，mo$^{13-22}$ho$^{53-22}$ɦy$^{22-22}$nɛ$^{31-13}$ŋɔ$^{31-53}$ 比喻一下子的迅猛打击可以承受，但长期的折磨虽然着力不大却使人受不了。如：有啥事体一记头解决脱，清清爽爽。侬搿能三勿罢四勿休，日日来缠，真叫做"～"，啥人吃得消呀！

【伸头一刀，缩头也是一刀】 səŋ$^{53-35}$dɯ$^{31-53}$iɪʔ$^{4-4}$ɗɔ$^{53-53}$，sɒʔ$^{4-4}$dɯ$^{31-53}$ɦɑ$^{22-24}$zɿ$^{22-31}$iɪʔ$^{4-4}$ɗɔ$^{53-53}$ 比喻反正都是一样的结果。如：～。格末呒啥怕啦哉，拼到底算数。

【佘山绕绕薛山高】 zo$^{31-13}$sɛ$^{53-53}$ɲiɔ$^{22-24}$ɲiɔ$^{22-31}$siɪʔ$^{4-4}$sɛ$^{53-53}$kɔ^{53} "佘山绕绕"谓松江佘山峰回路转，景多且美，游人不嫌其"绕"；"薛山高"则谓与佘山相邻的薛山突兀高峻获人赞美。比喻事物各有特色，各有所长。如：～。乡镇企业发展就是要扬长避短，各家坚守特色。

【冷镬子里爆出个热栗子】 læ̃$^{22-22}$ɦɒʔ$^{2-5}$tsɿ$^{44-31}$li^{22}ɓɔ$^{35-35}$tsʰəʔ$^{4-3}$kɯ$^{35-31}$ɲiɪʔ$^{2-2}$liɪʔ$^{2-2}$tsɿ$^{44-22}$ 谓出乎意料。如：世界冠军拨无名小卒打败，真是～。

【卵子捏拉别人手里】 lø$^{22-24}$tsɿ$^{44-31}$ɲiæʔ^{2}lɑ^{2}bəʔ$^{2-2}$ɲiŋ$^{31-53}$sɯ$^{44-35}$li$^{22-31}$ 比喻最重要的东西掌握在别人手里。如：伊是～，只好听别人摆布。捏：紧握，抓住。卵子：命根子。

【听过勿如见过，见过勿如做过】 tʰiŋ$^{53-55}$ku$^{35-31}$uəʔ$^{2-2}$zy$^{31-53}$ci$^{35-44}$ku$^{35-44}$，ci$^{35-44}$ku$^{35-44}$uəʔ$^{2-2}$zy$^{31-53}$tsu$^{35-44}$ku$^{35-44}$ 意类"眼过千遍，勿如手过一遍"。强调"亲见、亲为"的重要性。如：～。随便啥事体，亲眼看见，亲手做过，心里才能踏实。

【听是郎中饿煞，听是太保吓煞】 tʰiŋ^{53}zɿ^{22}lɔ̃$^{31-13}$tsoŋ$^{53-53}$ŋu$^{13-24}$sæʔ$^{4-31}$，tʰiŋ^{53}zɿ^{22}tʰɑ$^{35-53}$ɓɔ$^{44-31}$hɑʔ$^{4-4}$sæʔ$^{4-4}$ 亦称"听是郎中饿煞，听是太保吓煞，听仔佛法苦煞，听仔官话打煞"。谓办事应有主见，不能完全听别人的。《玄空经》第一回："病人说：'～。今朝一定要吃！'"郎中：医生。旧时中医常嘱咐病人忌口。太保：巫师。常以鬼魂附体吓唬人。佛法：佛教的教义。信佛便要苦心修行。官话：官府的命令。若有违抗便遭责罚。

【呒牛狗使田】 m̩$^{53-35}$ɲiɯ$^{31-55}$ kɯ^{44} sɿ^{44} di$^{31-31}$ 没有牛，只好用狗来犁田或耙田。比喻没有合适的，只好用差一些的来充数。使田：用牛犁田或耙田。如：当家人出去打工，屋里事体侪是留守少年撑门面，真是～，呒没办法。

【呒针勿引线】 m̩$^{53-35}$tsəŋ$^{53-53}$uəʔ$^{2-2}$iŋ$^{44-44}$si$^{35-44}$ 没有针就不能穿线。比喻没有一定条件，事情就办不成。如：～。要办厂，各项条件侪要具备，各项措施侪要落实。

【呒洞里缠出蟹来】 m̩^{53}doŋ^{31}li^{22}ze$^{31-22}$tsʰəʔ$^{4-22}$

hɑ^{44}lɛ^{31}　亦称“呒洞里摸出蟹来”。在空无一物的洞里摸出蟹来。形容无中生有，凭空捏造。如：伊搿个人是～，呒没事体也要缠出事体出来，缠得人头痛。

【呒钿造只普照寺】　m̩^{53}di^{31}zɔ$^{22-24}$ʦɑʔ$^{4-31}$pʰu$^{44-35}$ʦɔ$^{35-22}$zɿ$^{13-31}$　喻众志成城。普照寺，松江名刹。如：老底子伲松江呒钿也能造只普照寺，现在市民觉悟高，条件好，各种爱心捐款加起来，几只普照寺也造得起来！

【坐得正来立得稳，哪怕和尚尼姑合板凳】　zu$^{22-24}$ɗʌʔ$^{4-3}$ʦəŋ$^{35-31}$lɛ^{31}liɪʔ$^{2-2}$ɗʌʔ$^{4-2}$uəŋ$^{44-22}$，nɑ$^{13-22}$pʰo$^{35-35}$βu$^{31-24}$zɒ̃$^{13-31}$ɲi$^{31-13}$ku$^{53-53}$kəʔ$^{4-4}$ɓɛ$^{44-44}$ɗəŋ$^{35-44}$　亦称“行得正，立得正，哪怕和尚尼姑合板凳”。比喻品行端正，就不怕别人说三道四。如：只要伲～，怕啥人家风言风语瞎谈论。

【忘记大，自吃苦】　mɒ̃$^{13-22}$ci$^{35-35}$du^{13}，zɿ$^{13-24}$cʰiʌʔ$^{4-ʔ31}$kʰu^{44}　健忘的人常常会因好忘事而吃足苦头。忘记大：健忘。如：～。今朝到银行去领钞票，结果身份证忘记脱拿，害得我白跑一趟。

【纸花虽好怕雨浇，尼龙虽牢怕火烧】　ʦɿ$^{44-35}$ho$^{53-31}$sø^{53}hɔ^{44}pʰo^{35}ɦy^{22}ciɔ^{53}，ɲi$^{31-13}$loŋ$^{31-53}$sø^{53}lɔ^{31}pʰo^{35}ɸu^{44}sɔ^{53}　比喻各种事物有长处也有短处。如：～。世界浪十全十美哴物事呒没哴。

【纸里包火总要穿】　ʦɿ$^{44-35}$li$^{22-31}$ɓɔ^{53}ɸu^{44}ʦoŋ$^{44-33}$iɔ$^{35-55}$ʦʰe$^{53-31}$　犹言“纸包不住火”。比喻事实真相隐瞒不住，终有一天要暴露出来。如：搿桩事体哪能瞒得住？～。用勿着半日天，保证大家侪晓得。

【苍蝇度在净糖上】　ʦʰɒ̃$^{53-35}$iŋ$^{53-53}$du^{13}ze^{13}ziŋ$^{13-22}$dɒ̃$^{31-22}$zɒ̃$^{13-22}$　比喻难以摆脱。《玄空经》第二回：“不过你也须想到后来日子，否则～，要脱身来难脱身！”度：歇；栖息（用于禽、虫等），也作“躲”。净糖：饧糖。

【身怕勿动，脑怕勿用】　səŋ^{53}pʰo^{35}uəʔ$^{2-2}$doŋ$^{22-22}$，nɔ^{22}pʰo^{35}uəʔ$^{2-2}$ɦioŋ$^{13-35}$　身体经常活动才健康，脑子经常使用才灵活。如：～。动脑又动手，活到九十九。搿道理大家侪懂。

【鸡蛋里向寻骨头】　ci$^{53-35}$dɛ$^{31-53}$li^{22}siæ̃^{53}ziŋ^{31}kuəʔ$^{4-4}$dɯ$^{31-53}$　亦称“豆腐里寻骨头”。形容千方百计找岔子。也形容检查得十分严格、仔细。如：伊搿趟来是～，存心来扳错头。

【卖杨梅蚀仔本，看见谷树结子心酸】　mɑ^{13}ɦiæ̃$^{31-13}$me$^{31-55}$ zʌʔ$^{2-2}$zɿ$^{44-55}$ɓəŋ$^{44-53}$，kʰø$^{35-44}$ ci$^{35-44}$koʔ$^{4-4}$zy$^{13-35}$ciɪʔ$^{4-4}$ʦɿ$^{44-44}$ siŋ$^{53-35}$sø$^{53-53}$　亦称“卖杨梅蚀仔本，看见谷树卵子要伤心”。卖杨梅的人卖杨梅亏本，看见谷树所结之子颇似杨梅，不免伤心。比喻触景伤情。谷树卵子：谷树所结之子。如：～。祥林嫂看见别人家小囡，就要想起小辰光死脱哴伲子阿毛，就要落眼泪。谷树：亦名楮树，结实红似杨梅。

【卖相蛮好，全棵老调】　mɑ$^{13-22}$siæ̃$^{53-22}$mɛ$^{53-35}$hɔ$^{44-53}$，zi$^{31-13}$kʰu$^{53-53}$lɔ$^{22-22}$diɔ$^{13-35}$　形容某人外表看上去光鲜靓丽，很吸引人，其实并非如此，并无特别之处。犹言“绣花枕头一包草”。如：赵小姐搿个人是～，要文凭呒没文凭，要水平呒没水平，格咾到现在还寻勿着工作。

【学堂旁边秀才多，赌场旁边了堂多】　ɦɔʔ$^{2-2}$dɒ̃$^{31-53}$bɒ̃$^{31-13}$ɓi$^{53-53}$siɯ$^{35-53}$ze$^{31-31}$ɗu^{53}，ɗu$^{44-35}$zæ̃$^{31-31}$bɒ̃$^{31-13}$ɓi$^{53-53}$liɔ$^{13-22}$dɒ̃$^{31-22}$ɗu^{53}　指环境对人成长具有重大影响。了堂：浪荡子，亦作“潦荡”；引申为对工作不负责任，花钱大手大脚或败坏事业的人。如：现在市民买房子，侪喜欢买学区房，一方面是为是子女读书方便，另一方面是因为学校周边环境相对比较好。老古话讲“～”嘛！

【拆穿西洋镜】　ʦʰɑʔ$^{4-4}$ʦʰe$^{53-53}$si$^{53-35}$ɦiæ̃$^{31-55}$ciŋ$^{35-31}$　亦称“拆穿西洋景”。西洋镜：民间文娱活动的一种装置，若干幅画片左右或上下推动，周而复始，观众从透镜中看放大的画面。画片多是西洋画，故名。比喻故弄玄虚借以骗人的事物或手法被揭穿。如：侬越是瞒咾囥，我越是要～！

【斧头吃凿子，凿子吃榫头】　ɸu$^{44-35}$dɯ$^{31-31}$cʰiʌʔ^{4}zɒʔ$^{2-2}$ʦɿ$^{44-22}$，zɒʔ$^{2-2}$ʦɿ$^{44-22}$cʰiʌʔ^{4}səŋ$^{44-35}$dɯ$^{31-31}$　亦称“斧头吃凿头，凿头吃木头”。一层吃住一层。形容一级管一级；也形容逐级欺压。如：有些外资单位等级制度相当严，～，一级管一级，勿服从勿来三。

【斩草勿除根，逢春必爆青】　ʦɛ$^{53-35}$ʦʰɔ$^{44-53}$uəʔ$^{2-2}$zy$^{31-55}$kəŋ$^{53-53}$，βoŋ$^{31-13}$ʦʰəŋ$^{53-53}$ɓiɪʔ^{4}ɓɔ^{35}ʦʰiŋ^{53}　斩草不除根必留下后患。爆青：爆芽。如：对黑社会性质哴犯罪团伙，一定要连根铲除。为啥？～。

【狐狸显尾巴】　βu$^{31-13}$li$^{31-53}$çi$^{44-44}$ɲi$^{22-44}$ɓo$^{53-53}$传说狐狸能变人形，但却变不掉尾巴。比喻坏人

总要显露本来面目。如：搿个"老好人"其实是个逃犯，搿趟～哉。

【若要黑心人，吃素道里寻】 zɑʔ^{2}iɔ^{35}hʌʔ$^{4-3}$siŋ$^{53-55}$ɲiŋ$^{31-53}$，cʰiʌʔ$^{4-4}$su$^{35-35}$dɔ^{13}li^{22}ziŋ^{31} 亦称"若问黑心人，吃素道中寻""若要欺心人，吃素队里寻"。指标榜吃素念佛的人，常常做昧心黑心的事。如：～。老底子像花和尚、野和尚搿种人，讲么讲吃素，其实黑心黑肚肠，交关勿是好人。

【前勿算，后要乱】 zi^{31}uəʔ$^{2-2}$sø$^{35-35}$，ɦɯ^{13}iɔ^{35}lø^{13} 事前不周密考虑，以后的工作就会乱套。如：做事体之前要有预案。～。事前考虑勿周到，以后工作就会手忙脚乱。

【前头人跌煞，后头人扎滑】 zi$^{31-13}$dɯ$^{31-55}$ɲiŋ$^{31-31}$ɗiɪʔ$^{4-4}$sæʔ$^{4-4}$，ɦɯ$^{13-22}$dɯ$^{31-22}$ɲiŋ$^{31-22}$tsæʔ$^{4-4}$βæʔ$^{2-4}$ 前面的人跌倒了，后面的人就会小心，踩稳脚步。比喻前人作事有失，后人应引以为戒。古谚有"前人蹶，后人戒"。扎滑：走得稳。如：～。有是前头人呃经验教训，后头人做事体就勿大会犯错误哉。

【屋里勿烧火，屋外勿冒烟】 oʔ$^{4-4}$li$^{22-44}$uəʔ^{2}sɔ^{53}ɸu^{44}，oʔ$^{4-4}$ŋɑ$^{31-53}$uəʔ$^{2-2}$mɔ$^{13-55}$i$^{53-31}$ 事出必有因。分析问题应透过现象看本质。如：现在，外面侪勒拉议论公司财务主管挪用公款呃事体。纪委领导认为，～。搿桩事体应该好好交查一查。

【染坊里勿出白布】 ɲi$^{22-22}$ɸɒ̃$^{53-55}$li$^{22-31}$uəʔ$^{4-4}$tsʰəʔ$^{4-4}$bɑʔ$^{2-2}$ɓu$^{35-35}$ 亦称"染坊里勿出白布，阴沟里勿流清水""浑泥浆汏勿出白萝卜，臭手捏勿出香糕来"。指不良环境对人具有消极影响。如：～。像隔壁阿三头，一日到夜孵拉麻将馆里，侬讲，搿种小青年，哪能会得有出息？

【洋伞破骨子好】 ɦiæ̃$^{31-24}$sɛ$^{35-31}$pʰu^{35}kuəʔ$^{4-4}$tsɿ$^{44-44}$hɔ^{44} 比喻家业虽已破落，但还是有身份；衣衫虽褴褛，但还是有人格。如：侬勿要看搿对老夫妻，身浪老棉袄，脚浪老棉鞋。伊拉是～，老底子侪勒拉上海外滩大银行里做过事体呃！

【浑泥浆水汏出白萝卜】 βəŋ$^{31-13}$ɲi$^{31-55}$tsiæ̃$^{53-55}$sɿ$^{44-31}$dɑ^{13}tsʰəʔ^{4}bɑʔ$^{2-2}$lɔ$^{13-55}$ɓoʔ$^{4-ʔ53}$ 比喻即使外界环境、外部条件不好，只要自己肯努力，照样能成就一番事业。如：小军搿个小囡，爷娘侪吸毒，屋里经济条件也差。不过小军争气，读书用功，今年考进是名牌高中。搿真叫是"～"。

【烂鸡污兴个头】 lɛ$^{13-22}$ci$^{53-22}$u$^{53-22}$çiŋ$^{53-55}$kɯ$^{35-33}$dɯ$^{31-31}$ 比喻一上来办事轰轰烈烈，成绩十分亮眼，但后来就稀松平常，甚至一塌糊涂，未能善始善终。如：阿三头做事体趟趟搿能，～，到末脚一败涂地。

【烂泥壁脚扶勿起】 lɛ$^{13-22}$ɲi$^{31-22}$ɓiɪʔ$^{4-4}$ciɑʔ$^{4-4}$βu$^{31-22}$uəʔ$^{2-2}$cʰi$^{44-22}$ 比喻没出息、没才干的人，别人扶助他也不顶事。烂泥壁脚：泥糊的墙壁。如：搿种～呃人，再帮也呒没用场。

【眉毛上火着】 mi$^{31-13}$mɔ$^{31-53}$zɒ̃^{13}ɸu^{44}zɑʔ^{2} 犹言"火烧眉毛""燃眉之急"。比喻非常紧迫的情况。火着：火烧起来。《玄空经》第八回："当断勿断，反受其乱，～，就在眼前！"

【看人挑担勿吃力，自上肩胛嘴要歪】 kʰø$^{35-53}$ɲiŋ$^{31-31}$tʰiɔ$^{53-55}$dɛ$^{35-31}$uəʔ^{2}cʰiʌʔ$^{4-4}$liɪʔ$^{2-4}$，zɿ^{13}zɒ̃^{13}ci$^{53-53}$kɑ^{53}tsɿ^{44}iɔ^{35}ɸɑ^{53} 比喻看别人做事总觉得容易而自己做起来却感到难。如：～。侬看护士搭病人打针好像蛮轻松，侬试试看，恐怕一个钟头打下来就要喊"吃勿消"！

【种秧勿会看上埭】 tsoŋ^{44}iæ̃^{53}uəʔ$^{2-2}$βe$^{13-35}$kʰø^{35}zɒ̃^{13}dɑ^{13} 亦称"种秧看上埭，做人学好样"。比喻做人做事要有榜样，像插秧那样，跟着前面的人干。如："～。多看几遍，多练几遍，搿门技术就学会哉。""种秧看上埭，做人学好样。小青年走上社会一定要学好样，做正派人。"

【要好上代好，要饱隔夜饱】 iɔ^{35}hɔ^{44}zɒ̃$^{13-22}$de$^{13-35}$hɔ^{44}，iɔ^{35}ɓɔ^{44}kɑʔ$^{4-4}$iɑ$^{35-35}$ɓɔ^{44} 上代富裕对下代有利，就如隔夜吃得饱与今日肚饱有一定关系。如：～。上代多创造点财富，为下代打好扎实基础，代代接力，实现小康就勿难。

【说嘴郎中呒好药】 sœʔ$^{4-3}$tsɿ$^{44-55}$lɒ̃$^{31-55}$tsoŋ$^{53-31}$m̩$^{53-55}$hɔ$^{44-22}$ɦiɑʔ$^{2-31}$ 夸夸其谈的人大多没有真本领，不能办实事。《玄空经》第七回："他勿是金口玉言，～，只会三句江湖诀！"

【逃走鳗鲡臂膊粗】 dɔ$^{31-13}$tsɯ$^{44-53}$me$^{31-13}$li$^{31-53}$ɓi$^{35-35}$ɓɒʔ$^{4-31}$tsʰu^{53} 凡是已经到手而又失掉的东西，总觉得它是挺大挺好的，因而感到非常惋惜。如：小张落脱呃兑奖券，价值只有20元。不过，～，小张想起来总觉着心痛。

【钟勿敲勿响，人勿教勿会】 tsoŋ^{53}uəʔ$^{2-2}$kʰɔ$^{53-53}$uəʔ$^{2-2}$çiæ̃$^{44-22}$，ɲiŋ^{31}uəʔ$^{2-2}$kɔ$^{35-35}$uəʔ$^{2-2}$ue$^{35-35}$ 不跟随老师学习，不接受训练，就不会学到知识、掌握技能，就像钟不敲打就不会发出洪亮的钟声一

样。如:～。侬看,上海沪剧界介许多优秀咂小字辈,啥里个勿是老师认认真真教会咂?

【捏别人卵子勿痛】 ɲiæʔ^{2}bəʔ$^{2-2}$ɲiŋ$^{31-53}$lø$^{22-24}$ʦɿ$^{44-31}$uəʔ$^{2-2}$tʰoŋ$^{35-35}$ 比喻损害别人的利益不觉得痛心。卵子:命根子。肉麻:心痛;舍不得。如:借别人物事用勿还,用坏脱勿肉麻,格就叫～。

【柴堆里囥勿住火,筛子里盛勿住水】 zɑ$^{31-13}$ɗe$^{53-55}$li$^{22-31}$kʰɒ̃$^{35-33}$uəʔ$^{2-5}$zy$^{31-53}$ɸu^{44}, sɿ$^{53-35}$ʦɿ$^{44-53}$li^{22}zəŋ$^{31-13}$uəʔ$^{2-5}$zy$^{31-31}$sɿ^{44} 比喻事实真相隐瞒不住,终有一天要暴露出来。意同"纸包不住火""纸里包不住火,雪里埋不住人"。囥:藏。穿绷:被揭露;揭穿。如:～。我看,搿桩事体总有一日要穿绷。

【栲栳大蜡烛,照勿得前后亮】 kʰəʔ$^{4-4}$lɔ$^{22-44}$du$^{13-22}$læʔ$^{2-5}$ʦoʔ$^{4-}$ʔ^{31}, ʦɔ$^{35-33}$uəʔ$^{2-5}$ɗʌʔ$^{4-}$ʔ^{31}zi$^{31-13}$ɦɯ$^{31-53}$liæ̃^{13} 亦称"缸粗大蜡烛,照不清前后"。哪怕蜡烛像栲栳一样粗大,点亮后也不可能把前前后后都照得通亮。比喻能力再强的人,也不可能解决所有问题。如:～。侬搿眼三脚猫本事,能派几化用场?栲栳:用柳条编成的状如笆斗的容器。

【烧脚赶出和尚】 sɔ$^{53-53}$ciɑʔ$^{4-31}$kø$^{44-35}$ʦʰəʔ$^{4-31}$βu$^{31-24}$zɒ̃$^{13-31}$ 亦称"烧香赶出和尚""香火赶出和尚"。意谓鸠占鹊巢,反客为主。喻指主事者被手下人排挤出去。烧脚:旧指寺中侍候和尚的人,即庙祝。如:有咂公司制度勿严,管理混乱,结果～,董事长稀里糊涂拨手下底人罢免。

【热心人招揽是非多】 ɲiɪʔ$^{2-2}$siŋ$^{53-55}$ɲiŋ$^{31-53}$ʦɔ$^{53-55}$lɛ$^{13-31}$zɿ$^{22-24}$ɸi$^{53-31}$ɗu^{53} 指热心替别人办事的人,往往会招来各种非议。如:老古话讲"～",格咾有辰光太热心也勿好。

【盐钵头里出蛆】 ɦi$^{31-13}$ɓəʔ$^{4-5}$dɯ$^{31-31}$li^{22}ʦʰəʔ$^{4-4}$ʦʰi$^{53-53}$ 喻事情不可能发生。如:～?侬搿种闲话骗啥人?

【真人勿露相,露相勿真人】 ʦəŋ$^{53-35}$ɲiŋ$^{31-53}$uəʔ$^{2-2}$lu$^{31-55}$siæ̃$^{53-53}$, lu$^{31-13}$siæ̃$^{53-53}$uəʔ$^{2-2}$ʦəŋ$^{53-55}$ɲiŋ$^{31-53}$ 真人:道教称"成仙"或"修行得道"的人,后指有本领的人。旧谓修行得道的人不轻易暴露真相。后指有真实本领的人,不显耀自己的才能。如:～。伲单位新来咂青年人,平常勿大露面,露面勿大开口。侬晓得伊是啥来头?伊是博士后学历,国际上拿过大奖咂!

【破窑里出好碗】 pʰu$^{35-53}$ɦiɔ$^{31-31}$li^{22}ʦʰəʔ^{4}hɔ$^{44-4}$ue$^{44-44}$ 破败的土窑里烧制出了质量上好的瓷碗。犹言"老鸦窠里出凤凰"。比喻在条件极差的环境中出了优秀人才。如:～。想勿到伲世世代代种田人家,也出个高考状元。

【蚊子遭扇打,只为嘴伤人】 məŋ$^{31-13}$ʦɿ$^{44-53}$ʦɔ^{53}se^{35}ɗæ̃^{44}, ʦəʔ$^{4-4}$βe$^{13-35}$ʦɿ^{44}sɒ̃^{53}ɲiŋ^{31} 比喻招来祸患是因为出口伤人。如:～。吴阿姨喜欢背后讲人家坏话,招是勿少冤家。结果前几日拨人家敲巴掌,牙齿也敲脱几只。

【起个头,发个脑】 cʰi$^{44-24}$kɯ$^{35-33}$dɯ$^{31-31}$, ɸæʔ$^{4-3}$kɯ$^{35-55}$nɔ$^{22-31}$ 亦称"起头发脑"。多指发起或带头做坏事,出坏点子。《玄空经》第六回:"况且地方上平常所有歹事,都是小毛贼～。"

【救人救只落水狗,反转头来咬一口】 ciɯ^{35}ɲiŋ^{31}ciɯ^{35}ʦɑʔ^{4}lɒʔ$^{2-2}$sɿ$^{44-22}$kɯ$^{44-22}$, ɸɛ$^{44-33}$ʦe$^{44-55}$dɯ$^{31-31}$lɛ^{31}ŋɔ$^{22-22}$iɪʔ$^{4-5}$kʰɯ$^{44-31}$ 比喻恩将仇报。如:我么好心,落难辰光救是伊。想勿到～。现在伊拿我当仇人,处处搭我作对。

【猫笑瞎眼睛】 mɔ^{31}siɔ$^{35-35}$hæʔ$^{4-\text{ʔ}31}$ŋɛ$^{22-24}$ʦiŋ$^{53-31}$ 泛指不可能的事居然办成了,但还是令人难以置信。如:搿届锦标赛,上届冠军队初赛0比5就出局,真是～。

【眼过千遍,勿如手过一遍】 ŋɛ^{22}ku^{35}ʦʰi$^{53-55}$ɓi$^{35-31}$, uəʔ$^{2-2}$zy$^{31-53}$sɯ^{44}ku^{35}iɪʔ$^{4-4}$ɓi$^{35-35}$ 谓看的次数再多也不如亲手做一遍。如:～。动手得来咂经验最宝贵。

【眼睛一霎,老婆鸡变鸭】 ŋɛ$^{22-24}$ʦiŋ$^{53-31}$iɪʔ$^{4-4}$sæʔ$^{4-4}$, lɔ$^{22-22}$bu$^{31-55}$ci$^{53-31}$ɓi^{35}æʔ^{4} 亦称"眼睛一霎,雄鸭变雌鸭"。比喻在很短的时间内,情况就变了。变化之速,失人预料。如:～。刚刚决定搿趟一日游到苏州,一歇歇又改到嘉兴去哉。一霎:一眨眼。老婆鸡:老母鸡。

【船到桥头自会直】 ze^{31}ɗɔ^{35}ɟiɔ$^{31-13}$dɯ$^{31-53}$zɿ^{13}ue^{35}zʌʔ^{2} 亦称"船到桥洞自会直""船到桥门自会直"。船到了桥边自然会放直船身过去。比喻凡事到了一定场合,自会顺应形势,得到通过。如:搿桩事体用勿着担心。～,到辰光自然有办法解决咂。

【麻鸟虽小,五脏俱全】 mo$^{31-13}$ɗiɔ$^{44-53}$sø^{53}siɔ^{44}, ɦŋ$^{22-22}$zɒ̃$^{13-35}$ɟy^{13}zi^{31} 比喻事物虽小,其中各个部分却都完备。《玄空经》第四回:"～。开门

七件事，也勿好开销。”

【麻花雨落沉田】 mo$^{31-13}$ho$^{53-55}$ɦy$^{22-31}$lɒʔ$^{2-2}$zəŋ$^{31-55}$di$^{31-53}$ ①犹言“水滴石穿”。比喻只要有恒心，不懈努力，事情一定能成功。如：“～。只要年年种树，年年护林，荒山也能变青山。”②长期细微的腐蚀也能使人堕落。如：“开始咺辰光伊小贪贪，啥人想到，～，到后来胆子越来越大，变成了贪污犯！”麻花雨：蒙蒙细雨；落沉田：下的雨水能让田地沉陷。

【黄来一道姑】 βɒ̃^{13}lɛ^{31}iɪʔ^{4}dɔ$^{13-22}$ku$^{53-22}$ 虚妄。黄：同“亡”“妄”。也说“黄来饭瓜花”，饭瓜即南瓜，开黄花，故有此说。《玄空经》第一回：“牵线木人的一套闲野文，什么在娘肚皮里指腹为婚等等，都是全脱空，～。”

【割开洞肛撒方污】 kʌʔ$^{4-4}$kʰe$^{53-53}$doŋ$^{31-13}$koŋ$^{53-53}$tsʰɑʔ$^{4-3}$ɸɒ̃$^{53-55}$u$^{35-31}$ 犹言“削足适履”。比喻不知变通而办坏了事。洞肛：肛门，也作“臀宫”。撒方污：排出呈方形的大便。《玄空经》第五回：“我相信～，今朝一塌刮之向老爷话干净。不过飞来横祸，要请大老爷斫草除根，重办小毛贼。”

【痧药瓶里捉藏】 so$^{53-35}$ɦiɑʔ$^{2-5}$biŋ$^{31-22}$li$^{22-31}$tsɒʔ$^{4-4}$zɒ̃$^{13-35}$ 形容所得极其微小。痧药瓶：旧时盛痧药的小瓶。捉藏：掘得窖藏的财物。《玄空经》第一回：“～，斜斜气气的发了一票横财。”

【硬树自有硬虫钻】 ŋæ̃$^{13-22}$zy$^{13-35}$zɿ^{13}ɦiɯ^{22}ŋæ̃$^{13-22}$zoŋ$^{31-22}$tsø^{53} 比喻任何事物都有其弱点；也比喻专找硬骨头啃。如：“～。嫌疑人装硬汉，结果公安人员捉牢伊软档，一趟趟攻心，嫌疑人心理彻底崩溃。”“～。进入新时代，我伲中国一批有雄心壮志咺科学家，钻硬树，啃硬骨头，突破西方技术封锁，取得交关优秀成果。”

【蛛蛛网丝扳倒石牌楼】 tsy$^{53-35}$tsy$^{53-55}$mɒ̃$^{22-55}$sɿ$^{53-31}$ɓɛ$^{53-35}$ɗɔ$^{44-53}$zɑʔ$^{2-2}$bɑ$^{31-55}$lɯ$^{31-53}$ 比喻势力弱小者可以打败强大的对手。蛛蛛：蜘蛛。如：小选手力气虽然小，不过会得用巧劲，结果～，拿大块头选手打翻在地。

【裤子总归从下头着起】 kʰu$^{35-53}$tsɿ$^{44-31}$tsoŋ$^{44-35}$kue$^{53-31}$zoŋ^{31}ɦo$^{22-24}$dɯ$^{31-31}$tsɑʔ^{4}cʰi^{44} 比喻上级部门了解的情况均来自基层。如：～，格咾群众工作一定要做好，群众关系一定要搞好。

【隔年黄历翻勿得】 kɑʔ$^{4-4}$ȵi$^{31-53}$βɒ̃$^{31-22}$liɪʔ$^{2-2}$ɸɛ$^{53-55}$uəʔ$^{2-3}$ɗʌʔ$^{4-?31}$ 亦称“去年的皇历翻不得”。比喻过时的东西不再有效用。黄历：历书，也叫“皇历”。如：形势年年勒拉变，国家政策也年年勒拉调整。～啦哉！

【隔灶头饭来得香】 kɑʔ$^{4-3}$tsɔ$^{35-55}$dɯ$^{31-31}$βɛ^{13}lɛ^{31}ɗʌʔ^{4}çiæ̃^{53} 原指邻居家烧的饭菜总比自家的好吃，引申为别人的东西比自己的好。比众：更加，格外。《玄空经》第一回：“酒毕，吃饭。脱皮少爷说：‘隔灶头饭比众来得香。”

【雄蟹舍勿得鳌，雌蟹舍勿得团】 ɦioŋ$^{31-13}$hɑ$^{44-53}$so$^{35-33}$uəʔ$^{2-5}$ɗʌʔ$^{4-}$ʔ^{31}gɔ^{31}，tsʰɿ$^{53-35}$hɑ$^{44-53}$so$^{35-33}$uəʔ$^{2-5}$ɗʌʔ$^{4-}$ʔ^{31}ɗe^{53} 不论公蟹母蟹都有受人珍重的东西，比喻生活中常常遇到两难选择。团：团脐，也叫“圆脐”。雌蟹之“团”，松江话音若“堆”。如：～。搿两样物事我侪喜欢，一个也舍勿得丢脱。

【粳米勿着糯米着】 kæ̃$^{53-35}$mi$^{22-53}$uəʔ$^{2-2}$zɑʔ$^{2-2}$nu$^{13-22}$mi$^{22-22}$zɑʔ^{2} 亦称“粳里勿着糯里着”。两者中总有一项能有收获或成功。意同成语“失之东隅，收之桑榆”。如：炒股票，我是新股也买，老股也买，～，尽量争取收益好一眼，亏本少一眼。

【算来碌团团，单剩个井栏圈】 sø^{35}lɛ^{31}loʔ^{2}dø$^{31-55}$dø$^{31-53}$，ɗɛ^{53}zəŋ^{13}kɯ$^{35-33}$tsiŋ$^{44-33}$lɛ$^{31-55}$cʰø$^{53-31}$ 亦称“算来碌团团，剩个冬瓜圈”。指谋算百密一疏或情况发生变化，致使计划彻底泡汤。常用以嘲讽精明过头的人。碌团团：忙碌的样子。如：千算万算，勿看形势，等于白算。有些人，关起门来打小算盘。结果～。

【算得就，缺着一只衣裳袖】 sø^{35}ɗʌʔ^{4}ziɯ^{13}，cʰyœʔ^{4}zɑʔ^{2}iɪʔ$^{4-4}$tsɑʔ$^{4-4}$i$^{53-35}$zɒ̃$^{31-55}$ziɯ$^{13-31}$ 本指裁缝下料时以为安排妥帖，不料一时疏忽，裁剪时缺少了一只衣袖。比喻考虑谋划几乎十分周详了，但难免会有失误之处。就：完美；周密。如：搿只方案考虑过四五遍，啥人晓得“～”，有个地方还是遗漏了。

【瞎猫拖着死老鼠】 hæʔ$^{4-4}$mɔ$^{31-53}$tʰɑ^{53}zɑʔ^{2}si$^{44-33}$lɔ$^{22-55}$sɿ$^{44-31}$ 比喻侥幸得到意外收获或成功。如：伊搿趟是～，瞎买八买咺垃圾股连续涨停，赚着勿少钞票。

【瞎猫难捉死老鼠】 hæʔ$^{4-4}$mɔ$^{31-53}$nɛ^{31}tsɒʔ^{4}si$^{44-33}$lɔ$^{22-55}$sɿ$^{44-31}$ 比喻缺乏最基本的条件，难以获得成功。如：瞎猫拖着死老鼠，搿是个别现象；～，

缾才是根本道理。

【鞋子勿着落个样】 ɦɑ$^{31-13}$ʦɿ$^{44-53}$uəʔ$^{4-4}$ʦɑʔ$^{4-4}$lɒʔ$^{2-2}$kɯ$^{35-35}$iæ̃^{35} 鞋子没穿上却落了个样。喻事情还未做却给人落下话柄。如：既然侬勿诚心，就勿要搭领导去提。勿然，～，拨人家议论。

【鞋子勿着落啥样】 ɦɑ$^{31-13}$ʦɿ$^{44-53}$uəʔ$^{4-4}$ʦɑʔ$^{4-4}$lɒʔ$^{2-2}$sɑ$^{35-35}$iæ̃^{35} 既然不想穿鞋子，那落什么样呢？比喻没这个想法就别沾手，以免给人落下话柄。如：缾趟发放困难补助，规定可以自家申请。不过我勿想。～，侬讲对勿对？

【鞋有样，袜有样，先要生来脚有样】 ɦɑ^{31}ɦiɯ$^{22-22}$iæ̃$^{35-35}$, mæʔ^{2}ɦiɯ$^{22-22}$iæ̃$^{35-35}$, si^{53}iɔ^{35}sæ̃^{53}lɛ^{31}ciɑʔ^{4}ɦiɯ$^{22-22}$iæ̃$^{35-35}$ 要鞋有样子，袜有样子，关键在于脚先要有样子。比喻要求人家做到的，自己首先要树立或提供样板。如：～。作为公司领导，随便做啥事体，我总归以身作则，处处做好榜样。

【鹞子经勿起风吹，泥佛挡勿住雨淋】 ɦiɔ$^{31-13}$ʦɿ$^{44-53}$ciŋ$^{53-55}$uəʔ$^{2-3}$cʰi$^{44-31}$ɸoŋ^{53}ʦʰɿ^{53}, ɲi$^{31-22}$βəʔ$^{2-2}$ɗɒ̃$^{44-33}$uəʔ$^{2-5}$zy$^{31-53}$ɦy^{22}liŋ^{31} 比喻表面好看实质软弱空虚，经受不住困难和考验。如：～。有种物事看上去卖相蛮好，实骨子一眼碰勿起，勿好派用场。

【橹把虽大随人转，秤砣虽小压千斤】 lu$^{22-24}$ɓo$^{44-31}$sø^{53}du^{13}zø^{31}ɲiŋ^{31}ʦe^{44}, ʦʰəŋ$^{35-53}$du$^{31-31}$sø^{53}siɔ^{44}æʔ$^{4-3}$ʦʰi$^{53-55}$ciŋ$^{53-53}$ 橹虽大，但要跟随人来转动；秤砣虽小，但能压千斤。比喻"大"未必能自我作主，有时"小"的作用反而很大。橹把：摇船的橹。如：～。像缾支篮球队，队员个个长一码大一码，队长偏偏是小个子。不过队长小么小，技术全面，组织能力强，压得牢阵脚，格咾大家侪服帖。

【甏口封得住，众口封勿住】 bæ̃$^{31-13}$kʰɯ$^{44-53}$ɸoŋ^{53}ɗʌʔ^{4}zy^{31}, ʦoŋ$^{35-53}$kʰɯ$^{44-31}$ɸoŋ^{53}uəʔ^{2}zy^{31} 意同"坛口好封，人嘴难捂"。指难以阻止群众的舆论。如：缾桩事体，倷自家人侪瞒牢是勿讲，其实，外头人侪勒拉议论。～哂呀！

【乱嚼香瓜子】 lø$^{13-24}$ziɑʔ$^{2-}$ʔ^{31}çiæ̃$^{53-35}$ko$^{53-55}$ʦɿ$^{44-31}$ 炒熟的瓜子放进口里乱嚼一通。比喻：① 胡乱咀嚼。如：蟹要慢慢叫吃，勿好～，糟蹋脱好物事。② 乱说，瞎说，意为乱嚼舌头。如：小道消息勿好当真，更加勿好～，到处传播。

【捉鸡屙动土】 ʦɔʔ$^{4-3}$ci$^{53-55}$u$^{35-31}$doŋ^{22}tʰu^{44} 连捡鸡粪这样无足轻重的小事也会触犯人。动则遭咎，遇到不顺心事情之后的自嘲。如：今朝运道能介怵，碰碰吃批评，真是～。碰碰：动不动。动土：触犯人。

【瞎缠三官经】 hæʔ$^{4-4}$ ze$^{22-44}$ sɛ$^{53-35}$ kue$^{53-55}$ ciŋ$^{53-31}$ 做事说话胡闹瞎搞，不靠谱。如：缾桩事体侬一眼也勿懂，就勿要瞎讲八讲，～。"三官经"，为道教《原始天真说三官宝号经》的简称。俗谚来源：① 旧时念经者大多不懂经文，念经时难免闹出许多瞎念瞎缠的笑话。松江百姓遂讽喻为"～"。② 有些佛教信徒在家虔诚念佛，也会误将《三官经》当作佛经来念，遭人取笑。

修养类

【"一"字勿识识"扁担"，"二"字勿识识双筷】 iɪʔ$^{4-4}$zɿ$^{13-35}$uəʔ$^{4-4}$sʌʔ$^{4-4}$sʌʔ$^{4-4}$ɓi$^{44-44}$ɗɛ$^{35-44}$, ɲi^{13}zɿ^{13}uəʔ$^{4-4}$sʌʔ$^{4-4}$sʌʔ$^{4-4}$sɒ̃$^{53-53}$ kʰuɛ$^{44-31}$ 不认识"一"字，识其为"扁担"；不认识"二"字，识其为"一双筷"。此为"目不识丁"的戏谑语。如：勠看伊～，搓麻将，赌铜钿，门槛精来勿得了。

【一人勿说两面话，人前勿讨两面光】 iɪʔ$^{4-4}$ɲiŋ$^{31-53}$uəʔ$^{2-2}$sœʔ$^{4-2}$liæ̃$^{22-24}$mi$^{13-33}$ɦo$^{13-31}$, ɲiŋ$^{31-13}$zi$^{31-53}$uəʔ$^{2-2}$tʰɔ$^{44-22}$liæ̃$^{22-22}$mi$^{13-55}$kuɒ̃$^{53-31}$ 谓说话做事应实事求是，不应两面讨好，不讲原则。如：做人要光明正大，～。

【一人修路，万人安步】 iɪʔ$^{4-4}$ɲiŋ$^{31-53}$siɯ^{53}lu^{13}, βɛ$^{13-22}$ɲiŋ$^{31-22}$ø^{53}bu^{13} 一个人付出的劳动，能使更多的人获得好处。如：小区里大家学雷锋，"～"哂好事越来越多。

【一人做事一人当】 iɪʔ$^{4-4}$ɲiŋ$^{31-53}$ʦu^{35}zɿ^{13}iɪʔ$^{4-4}$ɲiŋ$^{31-53}$ɗɒ̃^{53} 亦称"一人做事一人当，哪有嫂嫂替姑娘"。一个人做的事情自己负责，不诿过于人。如：～。大家尽管放心，缾桩事体由我一家头承担责任。

【一丈水退脱八尺】 iɪʔ$^{4-44}$zæ̃$^{22-44}$sɿ^{44}tʰe$^{35-35}$tʰəʔ$^{4-ʔ31}$ɓæʔ$^{4-4}$ʦʰɑʔ$^{4-4}$ 喻丧失信心、心灰意冷。如：小张本来劲头十足，风言风语一来，～，打退堂鼓哉。

【一个巴掌拍勿响，一粒黄豆磨勿成浆】 iɪʔ$^{4-4}$kɯ$^{35-35}$ɓo$^{53-35}$ʦɒ̃$^{44-53}$pʰɑʔ$^{4-4}$uəʔ$^{2-4}$çiæ̃$^{44-44}$, iɪʔ$^{4-4}$liʌʔ$^{2-4}$

βõ$^{31-24}$dɯ$^{13-31}$mo$^{53-35}$uəʔ$^{2-5}$zəŋ$^{31-31}$tsiæ̃^{53} 亦称“一个巴掌拍勿响，一块砖头难砌墙”。比喻：① 一个人吵不成架，单方面的问题引不起矛盾或纠纷。如：～。倷两家头侪喜欢找对方缺点，格咾碰碰就要吵相骂。② 指一个人办不成大事。如：～。侬一家头单枪匹马要办成搿桩事体，想也勿要想！

【一个师傅教出来】 iɪʔ$^{4-4}$kɯ$^{35-35}$sɿ$^{53-55}$ɸu$^{35-31}$kɔ$^{35-33}$tsʰəʔ$^{4-5}$lɛ$^{31-53}$ 形容一伙人的行为习惯极为相似。多含贬义。如：搿几个小青年一样呃，看见长辈勿打招呼，勿曾开饭先嗒小菜，粗说粗话勿难为情，真是～呃！

【一个泥水匠，十七八个爷诉帐】 iɪʔ$^{4-4}$kɯ$^{35-35}$ɲi$^{31-13}$sɿ$^{44-55}$ziæ̃$^{13-31}$，zəʔ$^{2-2}$tsʰiɪʔ$^{4-4}$ɓæʔ$^{4-4}$kɯ$^{35-31}$ɦiɑ^{31}su^{35}tsæ̃^{35} 一个有技术的泥水匠，常常有徒弟或打下手者等好几个人伺候。谓徒弟对师傅的尊重；但有时亦指人们对某些过于挑剔或有特殊要求的人，因难以服侍而表现出来的不满情绪。泥水匠：泥瓦匠，泛指各行各业有技术的工匠师傅。诉帐：服侍。如：～。师傅本事越大，身边头诉帐呃人就越多。

【一心勿能两用】 iɪʔ$^{4-4}$siŋ$^{53-53}$uəʔ$^{2-2}$nəŋ$^{31-53}$liæ̃$^{22-22}$ɦioŋ$^{13-35}$ 即“心无二用”。如：读书是读书，白相是白相，～。一心两用，随便啥事体侪做勿好。

【一心挂两头】 iɪʔ$^{4-4}$siŋ$^{53-53}$ko^{35}liæ̃$^{22-24}$dɯ$^{31-31}$ 心思同时用在两件事上。如：单位领导关心，帮伊拿后顾之忧解决脱，省得伊～。

【一日学习一日功，一日勿学十日空】 iɪʔ$^{4-4}$ɲiɪʔ$^{2-4}$ɦɔʔ$^{2-2}$ziɪʔ$^{2-2}$iɪʔ$^{4-4}$ɲiɪʔ$^{2-4}$koŋ^{53}，iɪʔ$^{4-4}$ɲiɪʔ$^{2-4}$uəʔ^{2}ɦɔʔ^{2}zəʔ$^{2-2}$ɲiɪʔ$^{2-2}$kʰoŋ^{53} 指学习不但要刻苦，更贵在坚持。如：～。搿句老古话，是老师呃口头禅，也是学生呃座右铭。

【一句闲话讲来人笑，一句闲话讲来人跳】 iɪʔ$^{4-4}$cy$^{35-35}$ɦɛ$^{31-24}$ ɦo$^{13-31}$kõ$^{44-44}$lɛ$^{31-31}$ɲiŋ^{31}siɔ^{35}，iɪʔ$^{4-4}$cy$^{35-35}$ɦɛ$^{31-24}$ ɦo$^{13-31}$kõ$^{44-44}$lɛ$^{31-31}$ɲiŋ^{31}tʰiɔ^{35} 一句话能让人听了舒服，也能让人听了生气。指说话应注意方式方法，讲究交际艺术。如：讲闲话勿好太随便。有辰光，～。

【一只耳朵进，一只耳朵出】 iɪʔ$^{4-4}$tsɑʔ$^{4-4}$ɲi$^{22-55}$ɗu$^{44-31}$tsiŋ^{35}，iɪʔ$^{4-4}$tsɑʔ$^{4-4}$ɲi$^{22-55}$ɗu$^{44-31}$tsʰəʔ^{4} 指听话漫不经心，听过就忘。如：作为职工代表，群众呃意见搭建议，侬勿能～，一定要带到职代会浪去。

【一只袜统管】 iɪʔ$^{4-4}$tsɑʔ$^{4-4}$mæʔ$^{2-4}$tʰoŋ$^{44-44}$kue$^{44-44}$ 亦称“一只袜”。形容一路货。如：搿几个反对中国呃国家，有呃扮红面孔，有呃扮白面孔，其实是～里呃货色。

【一只碗弗响，两只碗叮打】 iɪʔ$^{4-4}$tsɑʔ$^{4-4}$ue$^{44-44}$ɸəʔ$^{4-4}$çiæ̃$^{44-44}$，liæ̃$^{22-24}$tsɑʔ$^{4-?31}$ue^{44}ɗiŋ$^{53-35}$ɗæ̃$^{44-53}$ 亦称“一只碗勿响，两只碗叮当”。一只碗自己发不出响声，两只碗相互碰撞才有响声。比喻一个人吵不起架来，两个人都不让步才会争吵。《玄空经》第八回：“大头鬼听了，真是～，横字打头，三角着眼，碰着台子，叽哩咕噜道：‘少见多怪！就算我弗好，圣人亦有三分差处，并且娘子有铀里床富！’”

【一只鼻头管出气】 iɪʔ$^{4-4}$tsɑʔ$^{4-4}$bəʔ$^{2-2}$dɯ$^{31-55}$kue$^{44-53}$tsʰəʔ$^{4-4}$cʰi$^{35-35}$ 同一个鼻孔出气。讥讽两人或数人臭味相投，言行完全一样。如：倷几家头～，讲队长坏话，当我勿晓得！

【一对烂落苏】 iɪʔ$^{4-4}$ɗe$^{35-35}$lɛ$^{13-22}$lɒʔ$^{2-5}$su$^{53-53}$ 比喻一对品行不端、无人理睬且臭味相投的人。烂落苏：烂茄子，比喻无能、好吃懒做的人。如：伊拉两家头只晓得吃，生活勿肯做，是伲村里出名呃～。

【一本三正经】 iɪʔ$^{4-4}$ɓəŋ$^{44-44}$sɛ$^{53-55}$tsəŋ$^{35-33}$ciŋ$^{53-31}$ 一本正经，很规矩，很庄重。如：伊随便做啥事体侪～呃。

【一动勿如一静】 iɪʔ$^{4-44}$doŋ$^{22-44}$uəʔ$^{2-2}$zy$^{31-53}$iɪʔ$^{4-4}$ziŋ$^{22-44}$ 亦称“百动勿如一静”。原指活动不如静止，后也指多一事不如少一事。主张临事不动。如：～，看看事态呃发展再讲。

【一两黄金四两福，得着勿要笑，得勿着勿要哭】 iɪʔ$^{4-4}$liæ̃$^{22-44}$βõ$^{31-13}$ciŋ$^{53-53}$sɿ$^{35-53}$liæ̃$^{22-31}$ɸoʔ^{4}，ɗʌʔ$^{4-4}$zɑʔ$^{2-4}$uəʔ$^{2-2}$iɔ$^{35-35}$siɔ^{35}，ɗʌʔ$^{4-4}$uəʔ$^{2-4}$zɑʔ$^{2-4}$uəʔ$^{2-2}$iɔ$^{35-35}$kʰoʔ^{4} 亦称“一两金子四两福”。旧谓得一两黄金，要有四两福分；福分太浅者，不能享受。常指应以正确的态度对待财富和人生。如：～。人呃命运，一半靠福气，一半靠自身。有福气当然好，呒没福气也勿要懊恼，靠自家做也能够享福。

【一吹一唱，一搭一档】 iɪʔ$^{4-4}$tsʰɿ$^{53-53}$iɪʔ$^{4-4}$tsʰõ$^{35-35}$，iɪʔ$^{4-4}$ɗæʔ$^{4-4}$iɪʔ$^{4-4}$ɗõ$^{53-53}$ 两个人互相支持，互相配合。《玄空经》第七回：“一天，三前六后来了

九个放印子钿的来坐讨债。先是讽言冷语，～。"

【一声进，一声出】 iɪʔ$^{4-4}$sæ̃$^{53-53}$tsiŋ^{35}，iɪʔ$^{4-4}$sæ̃$^{53-53}$tsʰəʔ^{4} 说话颠三倒四，缺乏逻辑性。如：伊讲闲话～，勿好当真啢。

【一把岁数活拉狗身浪】 iɪʔ$^{4-4}$ɓo$^{44-44}$sø$^{35-53}$su$^{44-31}$βəʔ$^{2-2}$lɑʔ$^{2-2}$kɯ$^{44-44}$səŋ$^{53-53}$lɒ̃$^{31-31}$ 詈语。骂人白活了那么大年纪。如：七八十岁啢人，还勒拉寻花问柳，～哉！

【一针是一针，一线是一线】 iɪʔ$^{4-4}$tsəŋ$^{53-53}$zɿ^{22}iɪʔ$^{4-4}$tsəŋ$^{53-53}$，iɪʔ$^{4-4}$si$^{35-35}$zɿ^{22}iɪʔ$^{4-4}$si$^{35-35}$ 亦称"一笔是一笔，一画是一画"。比喻做事不马虎。如：老校长做事体～，从来勿马虎。

【一刻等勿得两时辰】 iɪʔ$^{4-4}$kʰʌʔ$^{4-4}$ɗəŋ$^{44-33}$uəʔ$^{2-5}$ɗʌʔ$^{4-ʔ31}$liæ̃$^{22-22}$zɿ$^{31-55}$zəŋ$^{31-31}$ 一刻钟好像有两个时辰（四小时）那么长。犹言迫不及待。《玄空经》第二回："脱皮少爷自从看见了那天仙女，并勿曾晓得他是出气姑娘，真所谓情人眼里出西施，～，日里夜里，七颠八倒，起起经经，一门心思转念头。"

【一根肚肠通到底】 iɪʔ$^{4-4}$kəŋ$^{53-53}$du$^{22-24}$zæ̃$^{31-31}$tʰoŋ$^{53-55}$ɗɔ$^{35-33}$ɗi$^{44-31}$ 比喻人性格爽直，做事、说话不留余地。如：倷姆妈是爽气人，讲闲话做事体，侪是～，勿会瞒瞒园园啢！

【一朝被蛇咬，三年怕井绳】 iɪʔ$^{4-4}$tsɔ$^{53-53}$bi^{22}zo^{31}ŋɔ^{22}，sɛ$^{53-35}$ɲi$^{31-53}$pʰo^{35}tsiŋ$^{44-35}$zəŋ$^{31-31}$ 亦称"一朝被蛇咬，三年怕草索"。一朝被蛇咬过，好多年看到形状像蛇的井绳仍觉得害怕。比喻一次遭受挫折，就变得胆小，遇到类似情况便会害怕。如：～。伊小辰光拨狗咬过，格咾勒拉小区里看见宠物狗，也吓得来勿得了。

【七十二变，本性难变】 tsʰiɪʔ$^{4-3}$zəʔ$^{2-5}$ɲi$^{31-53}$ɓi$^{35-35}$，ɓəŋ$^{44-44}$siŋ$^{35-44}$nɛ^{31}ɓi^{35} 再怎么变化，人的本性是难以改变的。如：人家犯仔错误侪能够改正，伊是～，改来改去改勿好。

【九腔十八调】 ciɯ$^{44-35}$cʰiæ̃$^{53-31}$zəʔ$^{2-2}$ɓæʔ$^{4-2}$diɔ$^{13-22}$ ① 南腔北调；什么腔调都有。如：搿个人～，样样做得出来。② 不成为腔调。如：伊是～，呒没一种腔调像样。

【人心比人心】 ɲiŋ$^{31-13}$siŋ$^{53-53}$ɓi^{44}ɲiŋ$^{31-13}$siŋ$^{53-53}$ 亦称"人心换人心""人心换人心，八两换半斤"。指人能将心比心，以自己的诚意换得别人的信任。如：～。侬真心待伊，伊也会真心待侬。

【人心侪是肉做啢】 ɲiŋ$^{31-13}$siŋ$^{53-53}$zɛ$^{31-13}$zɿ$^{22-53}$ɲioʔ$^{2-2}$tsu$^{35-22}$ɦɯ$^{13-22}$ 指人的心肠都是软的，都有感情。如：～。看沪剧《星星之火》，看到小珍子拨日本老板活活打死，交关观众侪落下了眼泪。

【人心隔肚皮】 ɲiŋ$^{31-13}$siŋ$^{53-53}$kɑʔ^{4}du$^{22-24}$bi$^{31-31}$ 亦称"人心隔肚皮，仙人猜不着""虎心隔毛翼，人心隔肚皮"。指人心相隔，别人的心思难以猜测。如：～，旁人哪能猜得透！

【人比人，气煞人】 ɲiŋ^{31}ɓi^{44}ɲiŋ^{31}，cʰi$^{35-35}$sæʔ$^{4-ʔ31}$ɲiŋ^{31} 亦称"人比人，活勿成"。人和人相比，境遇差的就会气得活不下去。指人与人之间往往相差很大，不能相互攀比。如：有啢人一年到头吃鱼吃肉，有啢人一年到头咸菜萝卜。真是～。

【人争一口气，佛争一炷香】 ɲiŋ^{31}tsæ̃^{53}iɪʔ$^{4-4}$kʰɯ$^{44-44}$cʰi$^{35-44}$，βəʔ^{2}tsæ̃^{53}iɪʔ$^{4-3}$tsy$^{44-55}$çiæ̃$^{53-53}$ 亦称"人争一口气，佛争一炉香""人争一口气，佛争一股香"。指人人都要争口气，就像佛争享一炷香一样。如：～。今朝我来参加比赛，就是要为我伲街道争一口气，增一分光！

【人面前人话，鬼面前鬼话】 ɲiŋ$^{31-24}$mi$^{13-33}$zi$^{31-31}$ɲiŋ$^{31-24}$ɦo$^{13-31}$，cy$^{44-33}$mi$^{13-55}$zi$^{31-31}$cy$^{44-44}$ɦo$^{13-44}$ 亦称"人门前人话，鬼门前鬼话"。指要两面派手法。如：伊搿个人，常桩～。格咾伊啢闲话听勿得啢。

【人搀勿走，鬼搀是就走】 ɲiŋ^{31}tsʰɛ^{53}uəʔ$^{2-2}$tsɯ$^{44-22}$，cy^{44}tsʰɛ^{53}zɿ^{22}ziɯ$^{13-22}$tsɯ$^{44-22}$ 人去搀不愿走，鬼一搀就走了。形容某些人偏信坏话，不走正道。如：搿个小青年，～。爷娘好说好话已经听勿进去哉！

【人短三尺，勿好攀主客】 ɲiŋ^{31}ɗø^{44}sɛ$^{53-53}$tsʰɑʔ$^{4-ʔ31}$，uəʔ$^{2-2}$hɔ$^{44-22}$pʰɛ^{53}tsy$^{44-35}$kʰɑʔ$^{4-ʔ31}$ 意同"自惭形秽"。攀：攀谈；结交。主客：主顾；顾客。如：～。像我搿种低人三分啢人，哪能有资格搭倷轧朋友。

【八十岁学吹打，九十岁出场】 ɓæʔ$^{4-4}$səʔ$^{4-4}$sø$^{35-44}$ɦɔʔ$^{2-2}$tsʰɿ$^{53-55}$ɗæ̃$^{44-53}$，ciɯ$^{44-35}$səʔ$^{4-3}$sø$^{35-31}$tsʰəʔ$^{4-4}$zæ̃$^{31-53}$ 比喻上了年纪再去学某种技艺，为时已晚。吹打：吹鼓手，旧式婚丧礼仪中吹奏乐器的人。出场：学成登场。如：～。精神可嘉，就是岁数太大哉。

【刀切豆腐两面光】 ɗɔ^{53}tsʰiɪʔ^{4}dɯ$^{13-22}$βu$^{31-22}$liæ̃$^{22-33}$mi$^{13-55}$kuɒ̃$^{53-31}$ 亦称"快刀切豆腐两面光"。

比喻两面讨好。《玄空经》第四回："那精工朋友常常做些快刀切豆腐两面光的事情。"

【十人看见九摇头，阎罗王看见舑舌头】 zəʔ$^{2-2}$ ɲiŋ$^{31-53}$kʰø$^{35-44}$ ci$^{35-44}$ciɯ^{44}ɦiɔ$^{31-13}$dɯ$^{31-53}$, ɲi$^{31-13}$lu$^{31-55}$ βɒ̃$^{31-31}$kʰø$^{35-44}$ ci$^{35-44}$tʰɑ^{53}zəʔ$^{2-2}$dɯ$^{31-53}$ 亦称"人惹厌鬼摇头"。比喻不受欢迎的人物。舑舌头：吐舌头。如：像搿种只吃勿做、手脚勿清爽呃朋友，～。

【又做师娘又做鬼】 ɦi^{13}tsu^{35}sɿ$^{53-35}$ɲiæ̃$^{31-53}$ɦi^{13} tsu^{35}cy^{44} 讽刺一会儿充好人，一会儿扮坏人的两面派角色。师娘：巫婆。如：伊～，骗是勿少人，赚是勿少黑心铜钿。

【三六九，先到手】 sɛ$^{53-55}$loʔ$^{2-3}$ciɯ$^{44-31}$, si$^{53-55}$ ɗɔ$^{35-33}$sɯ$^{44-31}$ 亦称"三六九，现到手"。无论在什么情况下，都要立即把眼前的东西抓住，以免节外生枝。如：～。随便啥事体，总归是物事先到手再说。

【三六九，捞现钞】 sɛ$^{53-55}$loʔ$^{2-3}$ciɯ$^{44-31}$, lɔ$^{53-55}$ ɦi$^{13-33}$tsʰɔ$^{44-31}$ 只顾眼前利益，不管长远或不顾大局的行为。如：～，现钞到手最实惠，以后呃事体以后再讲。

【三勿罢四勿休】 sɛ^{53}uəʔ$^{2-2}$bɑ$^{13-35}$sɿ^{35}uəʔ$^{2-2}$ çiɯ$^{53-53}$ 亦称"三日勿罢，四日勿休"。指没完没了。如：伊吵起来是～，啥人也吃勿消。

【三日勿开口，神仙难下手】 sɛ$^{53-53}$ɲiɪʔ$^{2-ʔ31}$ uəʔ$^{2-2}$kʰe$^{53-55}$kʰɯ$^{44-53}$, zəŋ$^{31-13}$si$^{53-53}$nɛ^{31}çiɑ$^{35-53}$sɯ$^{44-31}$ 保持缄默者，人莫测其深浅，谁也无法对其下手。如：搿种人脾气怪来西，勿跟侬搭腔，～，侬哪能做伊思想工作？

【三句勿离本行】 sɛ$^{53-55}$cy$^{35-31}$uəʔ$^{2-2}$li$^{31-53}$ɓəŋ$^{44-35}$ ɦɒ̃$^{31-31}$ 指人们言谈话语的内容总离不开自身所从事的行业。如：张师傅一开口，～，就要讲烹调。

【三百日浪荡，六十日赶忙】 sɛ$^{53-55}$ɓɑʔ$^{4-3}$ ɲiɪʔ$^{2-ʔ31}$lɒ̃$^{13-22}$dɒ̃$^{13-35}$, loʔ$^{2-2}$səʔ$^{4-2}$ɲiɪʔ$^{2-2}$kø$^{44-35}$mɒ̃$^{31-31}$ 比喻因贪玩荒废了大好时光，以致学习或做事常常是急于应付。如：～。侬搿个小囡，一个暑假侪勒拉白相。到现在新学年开学哉，才想着做暑假作业，哪能还做得好？

【三考里出身】 sɛ$^{53-35}$kʰɔ$^{44-55}$li$^{22-31}$tsʰəʔ$^{4-4}$səŋ$^{53-53}$ 通过正规的学习途径培养的人才，基本功扎实。三考：指科举时代的秀才、举人、进士，三级考试。如：伊是～，搿种生活难勿倒伊。

【三拳头敲勿出一个闷屁来】 sɛ$^{53-35}$ɟø$^{31-55}$ dɯ$^{31-31}$kʰɔ$^{53-55}$uəʔ$^{2-3}$tsʰəʔ$^{4-ʔ31}$iɪʔ$^{4-4}$kɯ$^{35-35}$məŋ$^{53-55}$pʰi$^{35-31}$lɛ$^{31-31}$ 亦称"一铁锴坌勿出个闷屁"。形容人性格内向，不喜欢多说话；或讥讽人怯懦无能，怕事。如：侬勿要去问伊。伊搿个人，～。

【上半夜忧人富，下半夜怕自穷】 zɒ̃$^{13-24}$ɓe$^{35-33}$ ɦiɑ$^{13-31}$iɯ$^{53-53}$ɲiŋ$^{31-31}$ɸu$^{35-35}$, ɦo$^{22-24}$ ɓe$^{35-33}$ ɦiɑ$^{13-31}$pʰo$^{35-35}$zɿ$^{13-13}$ɟioŋ$^{31-31}$ 为患得患失者写照。如：搿种人，～，呒没毛病也要生出毛病来呃。

【上树勿要上到梢，一跌下来吃勿消】 zɒ̃$^{13-22}$ zy$^{13-35}$uəʔ$^{2-2}$iɔ$^{35-35}$zɒ̃$^{13-22}$ɗɔ$^{35-55}$sɔ$^{53-31}$, iɪʔ$^{4-3}$ɗiɪʔ$^{4-5}$ ɦo$^{22-55}$lɛ$^{31-53}$cʰiʌʔ$^{4-3}$uəʔ$^{2-5}$siɔ$^{53-53}$ 比喻热衷功名的人权势愈大，地位愈高，遇到挫折时会失败得更惨。如：～。靠拍马屁上去呃人，跌下来之后呒没人会去睬伊。

【千拣万拣，拣着个盲子瞎眼】 tsʰi$^{53-35}$kɛ$^{44-53}$ mɛ$^{13-22}$kɛ$^{44-22}$, kɛ$^{44-35}$zɑʔ$^{2-3}$kɯ$^{35-31}$mæ̃$^{31-13}$tsɿ$^{44-53}$ hæʔ$^{4-4}$ŋɛ$^{22-44}$ 亦称"千拣万拣，拣着个麻子瞎眼"。挑拣过多，反倒挑了个坏的。对选择过分挑剔者的讽刺。如：啥人想到，～。王小姐选中呃"白马王子"，竟然是个家暴男！

【千算万算，像只剚锥】 tsʰi$^{53-55}$sø$^{35-31}$mɛ$^{13-22}$ sø$^{35-35}$, ziæ̃$^{22-24}$tsɑʔ$^{4-ʔ31}$tsɿ$^{53-35}$tsø$^{53-53}$ 形容人太会算计。剚锥：锥子。剚，松江话音同"资"。如：秦老板考虑问题是角角落落侪算到，真是～。

【大佛得得拜，小佛踢一脚】 dɑ$^{13-24}$βəʔ$^{2-ʔ31}$ɗʌʔ$^{4-4}$ɗʌʔ$^{4-4}$ɓɑ$^{35-44}$, siɔ$^{44-35}$βəʔ$^{2-ʔ31}$tʰiɪʔ$^{4-4}$iɪʔ$^{4-4}$ ciɑʔ$^{4-4}$ 形容势利小人趋炎附势、欺贫重富的行径。《玄空经》第三回："那堂里有个～的酒肉和尚，生得焦头烂额，凹面峭鼻，人才短小，矮子肚里疙瘩多，法名'白送'。"

【大吵三六九，小吵日日有】 dɑ$^{13-22}$tsʰɔ$^{44-22}$ sɛ$^{53-55}$loʔ$^{2-3}$ciɯ$^{44-31}$, siɔ$^{44-35}$tsʰɔ$^{44-31}$ɲiɪʔ$^{2-2}$ɲiɪʔ$^{2-2}$ ɦiɯ$^{22-22}$ 形容吵架频繁。如：搿对小夫妻，～。结果一年勿到就离婚哉。

【大块头呒清头】 du$^{13-22}$kʰue$^{35-55}$dɯ$^{31-31}$m̩$^{53-35}$ cʰiŋ$^{53-55}$dɯ$^{31-31}$ 亦作"大是块头，呒是清头"。虽然个子又高又大，但其行为却不守规矩，不被人认可。喻虚有其表。如：搿种人～，做事体勿用脑子，勿好派伊用场。

【小心勿托胆】 siɔ$^{44-35}$siŋ$^{53-31}$uəʔ$^{2-2}$tʰɒʔ$^{4-2}$ɗɛ$^{44-22}$ 亦称"小人勿托胆"。托了别人做事又觉得放心

不下。托胆：大胆；大意。如：既然～，格末就勿要托别人，侬自家去做。

【小庙里供勿得大和尚】 siɔ$^{44-35}$miɔ$^{31-31}$li$^{22-22}$koŋ$^{35-33}$uəʔ$^{2-5}$ɗʌʔ$^{4-ʔ31}$du$^{13-22}$βu$^{31-22}$zɔ̃$^{13-22}$　意同"浅池养不了大鱼"。比喻小地方留不住大人物，或比喻唯恐委屈了对方，多为客气话。如：前几年招了几个博士，结果～，呒没几化辰光，搿些博士侪跳槽走脱哉。

【小河容勿得大船】 siɔ$^{44-35}$βu$^{31-31}$ɦioŋ$^{31-22}$uəʔ$^{2-2}$ɗʌʔ$^{4-2}$du$^{13-22}$ze$^{31-22}$　比喻限于财力、物力、人力，难以接受容纳较高层次规格的人或物。常为自谦之词。如：～。我一家小公司，哪能聘用得起侬搿能哌海归博士？

【小狗斩脱尾巴】 siɔ$^{44-35}$kɯ$^{44-31}$tsɛ$^{53-53}$tʰəʔ$^{4-ʔ31}$mi$^{31-13}$ɓo$^{53-53}$　亦称"小狗轧脱尾巴"。比喻烦躁，坐立不安。如：录取通知勿曾收到，乃末伊像～，坐也勿好，立也勿好。

【小狗落污坑】 siɔ$^{44-35}$kɯ$^{44-31}$lɒʔ^{2}u$^{35-53}$kʰæ̃$^{53-31}$　亦称"小狗落拉污坑棚，单差呒没肚皮奋"。戏言正中下怀、高兴。多指小孩面对大堆美味食品而言，如：巧克力、薯片、话梅，摆是一台子，几个小朋友像～，侪开心得勿得了。污坑：粪缸。单差呒没肚皮奋：就差没有肚子来装满。

【干埋怨，直叹气】 kø$^{53-35}$mɑ$^{31-55}$ø$^{35-31}$，zʌʔ$^{2-2}$tʰɛ$^{35-44}$cʰi$^{35-44}$　不断地发泄不满情绪。如：～有啥用？扭转亏损局面只有靠改革，靠创新。

【门门勿落空】 məŋ$^{31-13}$məŋ$^{31-53}$uəʔ$^{2-2}$lɒʔ$^{2-5}$kʰoŋ$^{53-53}$　事事都有份；处处占便宜。如：只要有好处哌事体，伊是～。

【门槛精到九十六】 məŋ$^{31-13}$kʰɛ$^{44-53}$tsiŋ^{53}ɗɔ^{35}ciɯ$^{44-33}$zəʔ$^{2-5}$loʔ$^{2-ʔ31}$　形容精明至极。如：伊大字勿识几个，不过，搓麻将赌铜钿，伊是～。

【马马虎虎，香烟屁股】 mɑ$^{44-33}$mɑ$^{44-55}$ɸu$^{44-55}$ɸu$^{44-31}$，çiæ̃$^{53-35}$i$^{53-55}$pʰi$^{35-55}$ku$^{44-31}$　比喻对待细小事情不必太认真。如：～。小事一桩，眼开眼闭算哉。

【马乓子看得出雌雄】 mo$^{22-22}$pʰæ̃$^{53-55}$tsɿ$^{44-31}$kʰø$^{35-33}$ɗʌʔ$^{4-5}$tsʰəʔ$^{4-ʔ31}$tsʰɿ$^{53-35}$ɦioŋ$^{31-53}$　亦称"马乓子飞过看得出雌雄"。形容极端精明。《玄空经》第六回："伯伯是～的人。勿瞒伯伯说，近来无风起三尺浪，勿摇船，亦在晃。"马乓子：很小的飞蠓。

【马夹呒没罩袖，说话呒没浇头】 mo$^{22-22}$kæʔ$^{4-2}$m̩$^{53-53}$məʔ$^{2-31}$tsɔ$^{35-44}$ziɯ$^{13-44}$，sœʔ$^{4-4}$ɦo$^{13-35}$m̩$^{53-53}$məʔ$^{2-31}$ciɔ$^{53-35}$dɯ$^{31-53}$　亦称"马夹呒没罩袖，说话呒没饶头"。说话做事应实事求是，不能随意发挥，添油加醋。浇头：盖在面条或米饭上的菜肴。饶头：多给的少量东西。如：～。我讲闲话一是一，二是二，从来呒没虚头。虚头：夸张而不切实际的话。

【马屁拍足，苦头吃足】 mo$^{22-22}$pʰi$^{35-35}$pʰɑʔ$^{4-4}$tsoʔ$^{4-4}$，kʰu$^{44-35}$dɯ$^{31-31}$cʰiʌʔ$^{4-4}$tsoʔ$^{4-4}$　① 拍马屁须花钱，故马屁拍得越多，花钱之苦也越多。② 马屁多为不实之词，爱听马屁者往往最终为马屁所害，吃足苦头。如：～。喜欢拍马屁哌人最终是害是别人，也害是自家。

【马屁拍拉马脚浪】 mo$^{22-22}$pʰi$^{35-35}$pʰɑʔ$^{4-4}$lɑ$^{2-4}$mo$^{22-24}$ciɑʔ$^{4-ʔ31}$lɔ̃^{31}　没找准对方的性格特点，乱拍马屁。比喻讨好不成，反遭没趣。如：新来哌书记书法勿来三。蒋秘书要让书记为新开张企业题词，结果是～，让新书记十分尴尬。

【马身浪跌一跤，牛身浪来翻梢】 mo^{22}səŋ$^{53-35}$lɔ̃$^{31-53}$ɗɪʔ$^{4-3}$iɪʔ$^{4-5}$kɔ$^{53-53}$，ɲiɯ^{31}səŋ$^{53-35}$lɔ̃$^{31-53}$lɛ^{31}ɸɛ$^{53-35}$sɔ$^{53-53}$　马背上摔下来，却迁怒于牛，要在牛身上翻本，或对牛予以报复。比喻迁怒于他人。如：～。搿种人，素质差，呒修养，大家看见伊少睬睬。翻梢：旧时指赌博时赢回已经输掉的钱；也指报复。

【马嘉鱼嘴硬骨头酥】 mo$^{22-22}$kɑ$^{53-55}$ɦŋ̍$^{31-31}$tsɿ$^{44-44}$ŋæ̃$^{13-44}$kuəʔ$^{4-4}$dɯ$^{31-53}$su^{53}　犹外强中干。《玄空经》第四回："你蛋壳在头顶上，勿要～。我乌龟小，壳里老，勿好惹的！"马嘉鱼：即马交鱼。

【天一脚，地一脚】 tʰi^{53}iɪʔ$^{4-4}$ciɑʔ$^{4-4}$，di^{31}iɪʔ$^{4-4}$ciɑʔ$^{4-4}$　形容脚步踉跄。《玄空经》第八回："一同出了后门，～，逃向海阔天空四面八方去了。"常用来揶揄或批评某些人说话做事前不搭后，不着边际。如：伊讲闲话常桩～。

【天好只顾酒肉饭，落雨呒没钉鞋伞】 tʰi$^{53-35}$hɔ$^{44-53}$tsəʔ$^{4-4}$ku$^{35-35}$tsiɯ$^{44-22}$ɲioʔ$^{2-2}$βɛ$^{13-22}$，lɒʔ$^{2-2}$ɦy$^{22-22}$m̩$^{53-53}$məʔ$^{2-31}$ɗiŋ$^{53-35}$ɦɑ$^{31-53}$sɛ^{35}　比喻只顾眼前，不考虑以后可能遇到的困难。如：有哌人，～。后头日脚哪能过，伊拉从来勿考虑哌。钉鞋：雨鞋。

【天呒一直雨，人呒一世穷】 tʰi^{53}m̩^{53}iɪʔ$^{4-4}$zʌʔ$^{2-4}$ɦy$^{22-44}$，ɲiŋ^{31}m̩^{53}iɪʔ$^{4-3}$sɿ$^{35-55}$ɟioŋ$^{31-31}$　人生一世，不

会一世穷苦，就像天不会一直下雨一样。如：～。只要勤谨，只要把家，好日脚总归会有㖃。

【五筋狠六筋】 ɦŋ̍$^{22-24}$ciŋ$^{53-31}$həŋ^{44}loʔ$^{2-2}$ciŋ$^{53-53}$ 亦称“五劲吼六劲”。形容着力使劲的样子，也形容厉害、凶猛。如：为是爷娘掰眼遗产，兄弟姐妹吵得来～。

【勿动天君勿光火】 uəʔ$^{2-2}$doŋ$^{22-22}$tʰi$^{53-35}$cyn$^{53-53}$uəʔ$^{2-2}$kuɒ̃$^{53-55}$ɸu$^{44-31}$ 亦称“勿动天君”。不生气，不动怒。勿动天君：谓心情安定自若，“天君”指“心”。勿光火：不生气。《玄空经》第六回：“幸亏我稍微懂些养生术，勿动天君，所以吃饭也吃得落，撒污也撒得出，勿曾跌杀冲杀。”

【勿吃鱼，嘴勿腥；勿做贼，心勿惊】 uəʔ$^{2-2}$cʰiʌʔ$^{4-5}$ɦŋ̍$^{31-53}$，tsɿ$^{44-33}$uəʔ$^{2-5}$siŋ$^{44-53}$；uəʔ$^{2-2}$tsu$^{35-55}$zʌʔ$^{2-ʔ53}$，siŋ$^{53-35}$uəʔ$^{2-5}$ciŋ$^{53-31}$ 比喻不做损人利己或违法乱纪的事，就心里踏实，遇事镇定自若，不会担惊受怕。如：～。事事守法㖃人，心理必定健康。

【勿怕人勿敬，就怕己勿正】 uəʔ$^{2-2}$pʰo$^{35-35}$ɲiŋ$^{31-22}$uəʔ$^{2-2}$ciŋ$^{35-22}$，ziɯ$^{13-22}$pʰo$^{35-35}$ci$^{44-35}$uəʔ$^{2-3}$tsəŋ$^{35-31}$ 为人正直才能赢得人们尊敬。如：～。侬做人一本正经，人家自会得尊敬侬。

【勿怕百战失利，独怕灰心丧气】 uəʔ$^{2-2}$pʰo$^{35-35}$ɓɑʔ$^{4-4}$tse$^{35-35}$səʔ$^{4-4}$li$^{13-35}$，doʔ$^{2-2}$pʰo$^{35-35}$ɸi$^{53-35}$siŋ$^{53-53}$sɒ̃$^{35-44}$cʰi$^{35-44}$ 不怕失败，就怕不振作。如：～。失败勿要紧，振作精神再来，总有一日要打败伊！

【勿怕别人看勿起，就怕自家呒志气】 uəʔ$^{2-2}$pʰo$^{35-35}$bəʔ^{2}ɲiŋ^{31}kʰø^{35}uəʔ^{2}cʰi^{44}，ziɯ$^{13-22}$pʰo$^{35-35}$zɿ$^{31-13}$kɑ$^{53-53}$m̩$^{53-55}$tsɿ$^{35-33}$cʰi$^{35-31}$ 志高致远，自强自立，才能受到别人的尊重。如：～。呒没志气呒没作为㖃人，啥人会得尊重侬？

【勿怕穷咾苦，就怕嫖咾赌】 uəʔ$^{2-2}$pʰo$^{35-35}$ɟioŋ^{31}lɔ^{13}kʰu^{44}，ziɯ$^{13-22}$pʰo$^{35-35}$biɔ^{31}lɔ^{13}ɗu^{44} 贫困有望改变现状，嫖赌则通常会毁掉家产。如：～。年轻人要记牢，嫖咾赌千万千万勿能碰！

【勿怕学勿会，就怕勿肯钻】 uəʔ$^{2-2}$pʰo$^{35-35}$ɦɔʔ$^{2-2}$uəʔ$^{2-2}$ue$^{35-22}$，ziɯ$^{13-22}$pʰo$^{35-35}$uəʔ$^{2-2}$kʰəŋ$^{44-55}$tsø$^{53-53}$ 指只要用心钻研，什么都能学会。如：～。肯钻，就一定学得会，还能钻出名堂来。

【勿怕学勿成，就怕心勿诚】 uəʔ$^{2-2}$pʰo$^{35-35}$ɦɔʔ$^{2-2}$uəʔ$^{2-5}$zəŋ$^{31-53}$，ziɯ$^{13-22}$pʰo$^{35-35}$siŋ$^{53-35}$uəʔ$^{2-5}$zəŋ$^{31-31}$ 只要真心求学，就一定会有所成就。如：～。只要诚心诚意学，就一定会学到真本事。

【勿怕笨，只怕混】 uəʔ$^{2-2}$pʰo$^{35-35}$bəŋ^{13}，tsəʔ$^{4-4}$pʰo$^{35-35}$βəŋ^{22} 不怕人不聪明，就怕天天混日子不动脑筋。常用于劝人上进。如：～。侬混一张文凭有啥用？呒没真本事，仍旧寻勿着好单位㖃！

【勿要一网扳足】 uəʔ$^{2-2}$iɔ$^{35-53}$iɪʔ$^{4-4}$mɒ̃$^{22-44}$ɓɛ$^{53-53}$tsoʔ$^{4-ʔ31}$ 比喻说话做事不能只顾眼前利益，不能只图一时之快，凡事都要留有回旋余地。扳：把置于江河中的渔网拉起。如：讲闲话也好，做事体也好，侪～，否则勿好收场。

【勿做中人勿做保，一生一世勿烦恼】 uəʔ$^{2-2}$tsu$^{35-35}$tsoŋ$^{53-35}$ɲiŋ$^{31-53}$uəʔ$^{2-2}$tsu$^{35-35}$ɓɔ$^{44-44}$，iɪʔ$^{4-3}$sæ̃$^{53-55}$iɪʔ$^{4-5}$sɿ$^{35-31}$uəʔ$^{2-2}$βɛ$^{31-55}$nɔ$^{31-53}$ 中人、保人要对订约双方负责，一方爽约，就要受到连累而烦恼，因此，以不做为好。中人：为双方介绍买卖、调解纠纷等并做见证的人。保：指保人，即保证人。如：～。掰种人么活来写意哉！

【勿碰鼻头勿转弯】 uəʔ$^{2-2}$bæ̃$^{13-35}$bəʔ$^{2-2}$dɯ$^{31-53}$uəʔ$^{2-2}$tse$^{44-55}$uɛ$^{53-53}$ 嘲讽固执己见，不知随机应变。只有碰了钉子才知道改变（办法、方向）。《玄空经》第七回：“那班讨债鬼一面说道：‘勿打勿成相识，胡桃里肉勿敲勿出。你总是～！’”

【勿管三七廿一】 uəʔ$^{2-2}$kue$^{44-22}$sɛ$^{53-53}$tsʰiɪʔ$^{4-ʔ31}$ɲiɛ$^{13-24}$iɪʔ$^{4-ʔ31}$ 不顾一切；不管是非情由；不管怎样，无论如何。如：连牢三日加班，倦得勿得了。今朝下是班，～，先寻个地方去睏觉。

【引狗勿得上面】 ɦiŋ$^{22-24}$kɯ$^{44-31}$uəʔ$^{4-4}$ɗʌʔ$^{4-4}$zɒ̃$^{22-22}$mi$^{13-35}$ 原意是爱护宠物要有一定分寸，宠爱过分会受其害。常用以讽刺那些受不起表扬的人。如：～。对掰种人勿好多表扬，稍微表扬几句，伊就要翘尾巴。

【引线呒没两头快】 iŋ$^{44-44}$si$^{35-44}$m̩$^{53-53}$məʔ$^{2-31}$liæ̃$^{22-24}$dɯ$^{31-31}$kʰuɑ^{35} 批评精明过头的人。引线：缝衣针。如：～。又要马儿好又要马儿勿吃草，掰种事体哪能办得到！

【引线削根两头尖】 iŋ$^{44-44}$si$^{35-44}$siɑʔ^{4}kəŋ^{53}liæ̃$^{22-22}$dɯ$^{31-55}$tsi$^{53-31}$ 形容为人做事极为精明。如：胖嫂嫂是个～㖃人，做事体从来勿会吃亏。

【引线戳仔喔唷哇，铁锴垡仔也倒罢】 iŋ$^{44-44}$si$^{35-44}$tsʰoʔzɿ^{22}oʔ^{4}ioʔ^{4}uɑ^{53}，tʰiɪʔ$^{4-4}$ɗæʔ$^{4-4}$bəŋ^{13}zɿ^{22}ɦɑ^{22}ɗɔ^{44}bɑ^{13} 受到小的挫折或伤害时大惊小怪，受到大的挫折或伤害时反倒表现出无所谓的态

度。喔唷哇：大声喊痛的声音。也倒罢：也就算了。如：老婶妈自留地浪拨人家扚脱几根葱么，伊海骂是半日；昨日拨人家偷坌脱仔百把斤山芋么，伊倒也勿响啥。真叫是“～”。扚脱：摘掉。海骂：大骂；无所顾忌地骂。

【心里怄惆，圈子兜兜】 siŋ^{53}li^{22}ɯ$^{53-35}$ tsɯ$^{53-53}$ cʰø$^{53-35}$tsɿ$^{44-53}$dɯ^{53}dɯ^{53} 心里烦闷时，去外面兜兜圈子散散心，可消除烦闷，心平气和地去办事。怄惆：烦恼。如：～。勿要一日到夜闷坐拉屋里，出去走走，散散心！

【心定自然凉】 siŋ^{53}diŋ^{31}zɿ$^{13-22}$ze$^{31-22}$liæ̃^{31} 亦称“心静自然凉”。心绪安定，不烦躁，即使是大热天也不会感到太热。如：多孵空调也呒啥好。～，心里定定交，覅烦躁，自然会觉着凉快哠。

【无啥好鲜戏】 m̩$^{53-35}$sɑ$^{35-53}$hɔ$^{44-35}$si$^{53-33}$çi$^{35-31}$ 没什么好事情（批评行为失检）。好鲜戏：好事情。《玄空经》第三回：“两家头就有些讲究，～。”

【日里勿欠馄饨钿，半夜敲更心勿惊】 ɲiɪʔ^{2}li^{22}uəʔ^{2}cʰi$^{35-33}$βəŋ$^{31-13}$dəŋ$^{31-55}$di$^{31-31}$，ɓe$^{35-44}$iɑ$^{35-44}$kʰɔ$^{53-35}$kæ̃$^{53-53}$siŋ^{53}uəʔ$^{2-2}$ciŋ$^{53-53}$ 亦称“日里勿做亏心事，半夜敲门心勿惊”。白天没欠下馄饨担主人的钱，半夜时听见敲更声也不会害怕。喻指平时没有做过违背良心的事情，心里踏实，遇事镇定自若，处之泰然，即使夜深人静有人敲门也不会担惊受怕。如：～。我清清白白做人，啥侪用勿着怕。

【日里走拉路当中，夜里睏拉床当中】 ɲiɪʔ$^{2-2}$li$^{22-22}$tsɯ$^{44-35}$lɑ$^{2-4}$lu$^{13-22}$dɒ̃$^{53-22}$tsoŋ$^{53-22}$，iɑ$^{35-53}$li$^{22-31}$kʰuəŋ$^{35-35}$lɑ$^{2-4}$zɒ̃$^{31-13}$dɒ̃$^{53-55}$tsoŋ$^{53-31}$ 谓为人正直，心中始终坦然踏实。如：～。搿种干部作风正派，群众称心，屋里厢人放心。

【日图三顿，夜图一宿】 ɲiɪʔ^{2}du^{31}sɛ$^{53-55}$dəŋ$^{35-31}$，iɑ^{35}du^{31}iɪʔ$^{4-4}$ɸəʔ$^{4-4}$ 亦称“日求三餐，夜求一宿”。追求无烦无恼、省心省事者的人生观。图：谋求；追求。三顿：三餐。宿：也作“睏”。如：七老八十哠人哉，只要大毛病勿生，～。别样啥侪勿想。

【火猛焦饭多，粗心差错多】 ɸu^{44}mæ̃^{44}tsiɔ$^{53-35}$βɛ$^{31-53}$dɯ^{53}，tsʰu$^{53-35}$siŋ$^{53-53}$tsʰɑ$^{53-35}$tsʰo$^{53-53}$dɯ^{53} 凡事均须细心，否则容易出错。如：～。侬看，介些多差错，侪是侬粗心造成哠。

【牙齿搭舌头也要打相打】 ŋɑ$^{31-13}$tsʰɿ$^{44-53}$dæʔ^{4}zəʔ$^{2-2}$dɯ$^{31-53}$ɦɑ$^{22-24}$iɔ$^{35-31}$dæ̃$^{44-33}$siæ̃$^{53-55}$dæ̃$^{44-31}$ 比喻最要好的人在一起也会有冲突。如：亲兄弟闹矛盾上法院勿稀奇哠，～啦。打相打：打架。

【牙齿箪箪齐】 ŋɑ$^{31-13}$tsʰɿ$^{44-53}$tsɒʔ$^{4-3}$tsɒʔ$^{4-5}$zi$^{31-31}$ 亦称“牙齿筑筑齐”“牙齿捉捉齐”。比喻说话要慎重、负责。箪：用手把散乱的东西上下反复顿动使整齐。如：侬讲闲话～，勿然当心吃生活！

【瓦爿也有翻身日】 ŋo$^{22-24}$bɛ$^{31-31}$ɦɑ$^{22-24}$ɦiɯ$^{22-31}$ɸɛ$^{53-55}$səŋ$^{53-33}$ɲiɪʔ$^{2-231}$ 亦称“青草里碌砖也有翻身日”“河底碌砖也有翻身日”。屋上的瓦片还有翻过身来的日子。比喻否极泰来，境遇总会好转。也比喻不懈努力，总有成功之日。碌砖：砖头。如：～。老早哠打工妹，现在已经是千万富翁啦哉。

【认着胡子就是爷】 ɲiŋ$^{13-24}$zɑʔ$^{2-31}$βu$^{31-13}$tsɿ$^{44-53}$ziɯ$^{13-22}$zɿ$^{22-22}$ɦiɑ^{31} 见到长胡子的就以为是爹。比喻太粗心，不加细辨，认甲作乙。如：校服型号看看清爽，勿要～，拿别人哠校服着回去哉！爷：父亲。

【长人做短人】 zæ̃$^{31-13}$ɲiŋ$^{31-53}$tsu^{35}dø$^{44-35}$ɲiŋ$^{31-31}$ 地位高的人为了息事宁人，暂时委曲求全，屈从地位低的人。如：交关事体侪是爷娘讲得对，就是小辈勿肯听。呒办法，只好～，让小辈做主。

【风来风好，雨来雨好】 ɸoŋ^{53}lɛ^{31}ɸoŋ^{53}hɔ^{44}，ɦy^{22}lɛ^{31}ɦy^{22}hɔ^{44} 亦称“东风来东风好，西风来西风好”。比喻没有主见，没有立场，经常两面倒。如：做人要有原则性，勿能～。

【只错时辰，勿错日脚】 tsəʔ$^{4-4}$tsʰo$^{53-53}$zɿ$^{31-13}$zəŋ$^{31-53}$，uəʔ$^{2-2}$tsʰo$^{53-53}$ɲiɪʔ$^{2-2}$ciɑʔ$^{4-2}$ 强调讲信用，遵守约期不误。如：李师傅家庭困难，常桩问人家借钞票。不过，伊借钞票，总归是按时归还，～。

【处处标榜自家功，结果会闹一场空】 tsʰy$^{35-53}$tsʰy$^{35-31}$ɓiɔ$^{53-35}$ɓɒ̃$^{44-53}$zɿ$^{13-22}$kɑ$^{53-22}$koŋ^{53}，ciɪʔ$^{4-4}$ku$^{44-44}$ue^{35}nɔ^{13}iɪʔ$^{4-4}$zæ̃$^{31-53}$kʰoŋ^{53} 一味自吹自擂，结果适得其反，什么也没捞到。如：～。到处吹，到处摆自家功劳，一眼也呒没用，只有拨人家当笑话。

【外行看热闹，内行看门道】 ŋɑ$^{13-22}$ɦɒ̃$^{31-22}$kʰø^{35}ɲiɪʔ$^{2-2}$nɔ$^{13-35}$，ne$^{13-22}$ɦɒ̃$^{31-22}$kʰø^{35}məŋ$^{31-24}$dɔ$^{13-31}$ 外行只看外表热闹，不甚了了；内行则善于详察内情。如：～。一般观众看比赛主要看进是几只球；教练看比赛主要看球是哪能进哠。

【头皮牵来角落落】 dɯ$^{31-13}$bi$^{31-53}$cʰi^{53}lɛ^{31}kɒʔ$^{4-4}$lɒʔ$^{2-4}$lɒʔ$^{2-4}$ 牵头皮：意为丢脸，出丑。角落落：也作“骨碌碌”，即“骨碌碌转”，把头皮绕着抓了个遍，意为把脸丢尽了。《玄空经》第六回：“现在你做事勿但是坍台，实在是引人好笑，～！”

【头颈绝细，只想触祭】 dɯ$^{31-13}$ciŋ$^{44-53}$ziɪʔ^{2}si^{35}，tsəʔ$^{4-4}$siæ̃$^{44-44}$tsʰoʔ$^{4-4}$tsi$^{35-35}$ 骂人嘴馋。触祭：吃。如：搿种人，生活勿肯做，～。

【宁吃四两，勿吃半斤】 ɲiŋ^{13}cʰiʌʔ^{4}sɿ$^{35-53}$liæ̃$^{22-31}$，uəʔ^{2}cʰiʌʔ^{4}ɓe$^{35-53}$ciŋ$^{53-31}$ 比喻做事应适当留有余地。如：介重呃物事，一记头搬伤筋动骨；还是拆拆散，分几趟搬。“～”，伤是身体勿合算。

【宁作箍桶匠，勿做拆桶人】 ɲiŋ^{13}tsɒʔ^{4}ku$^{53-35}$doŋ$^{22-55}$ziæ̃$^{13-31}$，uəʔ^{2}tsu^{35}tsʰɑʔ$^{4-3}$doŋ$^{22-55}$ɲiŋ$^{31-31}$ 意为调解矛盾时求和不求散。如：小区里有几对小夫妻闹离婚，经过李主任调解，侪重归于好。李主任讲：“我是～。”

【宁走百步远，勿走一步险】 ɲiŋ^{13}tsɯ^{44}ɓɑʔ$^{4-4}$bu$^{13-35}$ɦø^{22}，uəʔ^{2}tsɯ^{44}iɪʔ$^{4-4}$bu$^{13-35}$çi^{44} 宁可绕道走远路，也不为了能少走点路而冒险。如：～。违反交通规则乱穿马路呃事体千万做勿得！

【犯病呃食勿吃，犯法呃事勿做】 βɛ$^{22-24}$biŋ$^{13-33}$ɦɯ$^{13-31}$zʌʔ^{2}uəʔ$^{2-2}$cʰiʌʔ$^{4-2}$，βɛ$^{22-24}$ɸæʔ$^{4-3}$ɦɯ$^{13-31}$zɿ^{31}uəʔ$^{2-2}$tsu$^{35-35}$ 为人处世须遵纪守法。如：～。子女出门在外，记牢搿两句闲话，爷娘就放心。

【瓜呒滚圆，人呒十全】 ko^{53}m̩^{53}kuəŋ$^{44-35}$ɦø$^{31-31}$，ɲiŋ$^{31-31}$m̩^{53}zəʔ$^{2-2}$zi$^{31-53}$ 犹言“金无足赤，人无完人”。如：～。人嘛，总归有眼缺点呃。

【甘蔗老头甜】 ke$^{53-35}$tso$^{53-53}$lɔ$^{22-24}$dɯ$^{31-31}$di^{31} “老头”指甘蔗近根处，甘蔗越近根越甜。比喻境况越来越好；亦比喻年高者或资格老者经验丰富。如：作为退休老人，我伲亲眼目睹改革开放以来老百姓日脚越来越好过，真正体会到～呃滋味。

【甘蔗老来甜，辣椒老来红】 ke$^{53-35}$tso$^{53-53}$lɔ^{22}lɛ^{31}di^{31}，læʔ$^{2-2}$tsiɔ$^{53-53}$lɔ^{22}lɛ^{31}ɦoŋ^{31} 亦称“甘蔗越老越甜，生姜越老越辣”。比喻人的阅历越多，经验越丰富，处事忒老练。如：～。各行各业呃老同志，经验足，办法多。有辰光，解决难题就靠搿些老法师。

【生出来呃志气，教出来呃蠢气】 sæ̃$^{53-35}$tsʰəʔ$^{4-5}$lɛ$^{31-31}$ɦɯ$^{13-31}$tsɿ$^{35-53}$cʰi$^{35-31}$，kɔ$^{35-33}$tsʰəʔ$^{4-5}$lɛ$^{31-53}$ɦɯ$^{13-31}$tsʰəŋ$^{44-44}$cʰi$^{35-44}$ 光靠父母、师长教诲督促，自身不主动进取是靠不住的，只有靠自己努力争取才能健康成长，才会有出息。生出来呃：即自身主动养成的。志气：即理智、明理、志向、气概等。教出来呃：即督促之下被动接受的。蠢气：指不长记性，难以养成，不一定教得会，做得好。如：～。搿个小囡根本勿想读书，爷娘骂也勿听，老师劝也勿听，一眼呒没办法。

【生来胎，呒更改】 sæ̃^{53}lɛ^{31}tʰe^{53}，m̩^{53}kəŋ$^{53-35}$ke$^{44-53}$ 亦称“娘生胎，呒更改”。比喻与生俱来的本性几乎是无法改变的。在做错事情受到批评、理屈词穷时亦有原谅自己的意思。如：～。我搿种怵脾气看来是改勿脱呃哉。

【生拉性，钉拉秤】 sæ̃$^{53-53}$lɑ$^{2-4}$siŋ^{35}，ɗiŋ$^{35-35}$lɑ$^{2-4}$tsʰəŋ^{35} 亦称“生煞呃性，钉煞呃秤”。意同“生来胎，呒更改”。旧谓人的性格与生俱来，与秤杆上钉死的秤星一样，不可更改。如：～。搿种怪脾气，侬叫伊哪能改？

【生就九升八合命，满是一斗就生病】 sæ̃^{53}ziɯ^{13}ciɯ$^{44-35}$səŋ$^{53-31}$ɓæʔ$^{4-4}$kəʔ$^{4-4}$miŋ$^{13-44}$，me$^{22-24}$zɿ$^{22-31}$iɪʔ$^{4-4}$ɗɯ$^{44-44}$ziɯ^{13}sæ̃$^{53-55}$biŋ$^{13-31}$ 亦作“七合升箩八合命，满只升箩就生病”。升、合皆为容量单位。十合一升，十升一斗。意谓你是九升八合命的话，若装满一斗就会生病。古人以为人的禄命是命中注定的，超越了命中注定的福分，就会遭灾逢难。如：～。我是命中注定勿会发大财呃。

【白脚花狸猫，吃是朝外跑】 bɑʔ$^{2-2}$ciɑʔ$^{4-2}$ho$^{53-35}$li$^{31-55}$mɔ$^{31-31}$，cʰiʌʔ$^{4-4}$zɿ$^{22-44}$zɔ$^{31-24}$ŋɑ$^{13-33}$bɔ$^{31-31}$ 比喻坐不住、喜欢往外乱跑的人；也比喻无能耐的人。如：～。侬看搿个小囡，饭碗一丢就想着到外头去白相。

【让人三分勿吃亏】 ɲiæ̃$^{31-13}$ɲiŋ$^{31-53}$sɛ$^{53-35}$ɸəŋ$^{53-53}$uəʔ$^{2-2}$cʰiʌʔ$^{4-5}$kʰue$^{53-53}$ 谦让人家是不会吃亏的。如：做人，勿要样样事体争个英雄好汉，～，要懂得谦让。

【买块豆腐来撞杀】 mɑ^{22}kʰue^{35}dɯ$^{13-22}$βu$^{31-22}$lɛ^{31}zɒ̃$^{13-24}$sæʔ$^{4-ʔ31}$ 亦称“买块老豆腐撞煞”“买根线粉吊煞”“买三钿老斫糖搓根砻糠绳来吊杀”。嘲讽人无能耐、无用。《玄空经》第七回：“（出气姑娘）寻死作活，几次三番，要买三钿老斫糖搓根砻糠绳来吊杀，～。”

【会者勿难，难者勿会】 ue$^{35-53}$tse$^{44-31}$uəʔ$^{2-2}$

nɛ$^{31-53}$, nɛ$^{31-13}$tse$^{44-53}$uəʔ$^{2-2}$ue$^{35-35}$　会做的人不感到难；感到难的人是由于不会做。如：～。搿桩生活，老法师出手，五分钟搞定。

【会捉老鼠猫勿叫】 ue$^{35-35}$tsɒʔ$^{4-31}$lɔ$^{22-24}$sɿ$^{44-31}$mɔ$^{31-22}$uəʔ$^{4-2}$ciɔ$^{35-22}$　有能耐的人不大叫大嚷，便把事情都办成了。《玄空经》第八回："～。真是仙人也猜勿着，已经同出气姑娘约好了日脚逃走。"

【会做新妇两面瞒】 ue^{35}tsu^{35}siŋ$^{53-35}$βu$^{31-53}$liæ̃$^{22-22}$mi$^{13-35}$me^{31}　聪明乖巧的媳妇会瞒公婆和瞒丈夫，做得两面讨好。如：～，有些小事体就呒没必要多讲，免得造成矛盾。

【吃亏人长流水，相赢人烂死尸】 cʰiʌʔ$^{4-3}$kʰue$^{53-55}$ɲiŋ$^{31-53}$zæ̃$^{31-13}$liɯ$^{31-55}$sɿ$^{44-31}$, siæ̃$^{53-35}$ɦiŋ$^{31-55}$ɲiŋ$^{31-31}$lɛ$^{13-22}$si$^{44-55}$sɿ$^{53-53}$　肯吃亏的人量大福大命也大，老是想着占便宜的人未必如此。烂死尸：詈词，咒人寿短。如：让伊相赢末哩。～。专门想搨便宜咟人勿会有啥好结果咟。长流水：比喻经常的、不断的、耐久的事物。

【吃是砒霜药老虎】 cʰiʌʔ$^{4-4}$zɿ$^{22-44}$pʰi$^{53-35}$sɒ̃$^{53-53}$ɦiɑʔ$^{2-2}$lɔ$^{22-22}$ɸu$^{44-22}$　宁可吃下砒霜也要毒死老虎。比喻为了办成某件事情，不惜作出最大的牺牲。如：今朝我是～，勿拿搿个腐败分子告倒绝勿罢休！

【吃是碗里，望是镬里】 cʰiʌʔ$^{4-4}$zɿ$^{22-44}$ue$^{44-35}$li$^{22-31}$, mɒ̃$^{13-22}$zɿ$^{22-22}$ɦɒʔ$^{2-2}$li$^{22-22}$　比喻贪心不足。如：每月万把块工资还勿满足，～，还要贪污公款，结果吃官司，身败名裂。

【吃虾等勿得红】 cʰiʌʔ$^{4-4}$hø$^{44-44}$ɗəŋ$^{44-22}$uəʔ$^{2-2}$ɗʌʔ$^{4-2}$ɦoŋ^{31}　虾入锅烹调，须臾变红，旋即可上桌。未等红即食，谓迫不及待。如：伊是出名咟急性子，样样事体侪急吼吼，～。

【吃萝卜干饭】 cʰiʌʔ^{4}lɔ$^{31-13}$boʔ$^{2-5}$kø$^{53-22}$βɛ$^{13-31}$　旧时指做学徒，比喻从最初的做起，下苦功夫学本领。如：伊是～出身，做生活板扎。

【吃馒头勿记，吃拳头就记】 cʰiʌʔ^{4}me$^{31-13}$dɯ$^{31-53}$uəʔ$^{2-2}$ci$^{35-35}$, cʰiʌʔ^{4}ɟø$^{31-13}$dɯ$^{31-53}$ziɯ^{13}ci^{35}　形容有些人记仇不记恩。如：～。搿种人是小人，勿好拿伊当朋友。

【在家火烛要小心，出门讲话要谨慎】 ze$^{13-22}$ciɑ$^{53-22}$ɸu$^{44-35}$tsoʔ$^{4-ʔ31}$iɔ^{35}siɔ$^{44-35}$siŋ$^{53-31}$, tsʰəʔ$^{4-4}$məŋ$^{31-53}$kɒ̃$^{44-44}$ɦo$^{13-44}$iɔ^{35}ciŋ$^{44-35}$zəŋ$^{31-31}$　指在外说话要十分慎重。如：～。侬出门在外，一定要多用耳朵少用嘴，千万勿要随便乱讲。

【多吃呒滋味，多话勿值钿】 ɗu^{53}cʰiʌʔ^{4}m̩^{53}tsɿ$^{53-35}$mi$^{31-53}$, ɗu^{53}ɦo^{13}uəʔ$^{2-2}$zʌʔ$^{2-5}$di$^{31-53}$　指说话不要过多重复，否则会产生相反结果。如：～。闲话一多，人家勿要听。

【多吃饭，少开口】 ɗu^{53}cʰiʌʔ$^{4-4}$βɛ$^{13-35}$, sɔ^{44}kʰe$^{53-35}$kʰɯ$^{44-53}$　少管闲事，明哲保身。如：此地咟情况相当复杂，侬还是～，做好自家咟事体。

【多管闲事多吃屁】 ɗɑ^{53}kue^{44}ɦɛ$^{31-24}$zɿ$^{13-31}$ɗu^{53}cʰiʌʔ$^{4-4}$pʰi$^{35-35}$　亦称"多管闲事多拆屁"。嘲讽多管闲事。如：搿种事体用勿着侬来管，真是～！

【多嘴惹人嫌】 ɗu$^{53-35}$tsɿ$^{44-53}$zɑ^{22}ɲiŋ$^{31-53}$i^{53}　亦称"多嘴讨人嫌"。随便多说的人使人讨厌。如：长辈面前勿好多嘴多舌，～咟。

【好人勿生肚脐眼】 hɔ$^{44-35}$ɲiŋ$^{31-53}$uəʔ$^{2-2}$sæ̃$^{53-53}$du$^{22-22}$zi$^{31-55}$ŋɛ$^{22-31}$　戏言世上无好人。如：～。侬肚脐眼生啦哇？

【好刀勿厄，好人勿瞎】 hɔ$^{44-35}$ɗɔ$^{53-31}$uəʔ$^{2-2}$ŋʌʔ$^{2-2}$, hɔ$^{44-35}$ɲiŋ$^{31-53}$uəʔ$^{2-2}$hæʔ$^{4-2}$　旧时对盲人的歧视和嘲讽。厄：即"齾"，器物缺损。《玄空经》第八回："～，看你老太婆有眼无珠，眼也瞎了，用勿着你多管！"

【好汉吃拳勿喊痛】 hɔ$^{44-35}$hø$^{35-31}$cʰiʌʔ$^{4-4}$ɟø$^{31-53}$uəʔ$^{2-2}$hɛ$^{35-35}$tʰoŋ^{35}　本指硬汉被打伤不喊疼痛，泛指做事吃了亏不反悔，不抱怨。如：～。搿桩事体我自家会收场，用勿着倷操心。

【好合勿如好散】 hɔ$^{44-35}$ɦəʔ$^{2-ʔ31}$uəʔ$^{2-2}$zy$^{31-53}$hɔ$^{44-35}$sɛ$^{44-31}$　好聚会不如好离散。指分手散伙时和和气气最难得。如：伊拉两家头去年结婚，今年离婚。离婚咟辰光双方仍旧客客气气，一派～咟气氛。

【年三十罚咒，年初一照旧】 ɲi$^{31-22}$sɛ$^{53-22}$səʔ$^{4-2}$βæʔ$^{2-2}$tsɯ$^{35-35}$, ɲi$^{31-22}$tsʰu$^{53-22}$iɪʔ$^{4-2}$tsɔ$^{35-44}$ɟiɯ$^{13-44}$　嘲意志不坚者，只隔一夜就故态复萌了。如：伊搿个人讲闲话从来勿算数，～。老毛病始终改勿脱。

【托大人，做大事】 tʰɒʔ^{4}du$^{13-22}$ɲiŋ$^{31-22}$, tsu^{35}du$^{13-22}$zɿ$^{13-22}$　托别人办事理当放心托胆。此俗谚兼有奉承对方的意味。《玄空经》第六回："那末，～，一切都靠精工伯伯了！"

【有吃勿吃猪头三】 ɦiɯ$^{22-22}$cʰiʌʔ$^{4-2}$uəʔ$^{2-2}$cʰiʌʔ$^{4-2}$tsɿ$^{53-35}$dɯ$^{31-55}$sɛ$^{53-31}$　在有吃的时候不吃是

傻瓜，揶揄有利可获而不取。如：临走时，阿毛送我伲每人一箱苹果，伊硬劲勿肯收，真是～。猪头三："猪头三牲"歇后"牲"字。牲：谐"生"，本指初到上海的人。现用作骂人，称不明事理或不识好歹的人。

【有事有神，呒事呒神】 ɦiɯ$^{22-22}$zɿ$^{13-35}$ɦiɯ$^{22-24}$zəŋ$^{31-31}$，m̩$^{53-35}$zɿ$^{13-53}$m̩$^{53-35}$zəŋ$^{31-53}$ 用得到你时，把你当作神来膜拜；不需要你时，再也不记得你了。现多作"有事有人，呒事呒人"。讽刺只想利用别人。如：何先生搿个人是～。呒没事体，一年到头想勿着侬；今朝想着侬么，一定是有事体求侬哉。

【有是千钿想万钿，做是皇帝想成仙】 ɦiɯ$^{22-22}$zɿ$^{22-22}$tsʰi$^{53-55}$di$^{31-31}$siæ̃$^{44-44}$uɛ$^{13-22}$di$^{31-22}$，tsu$^{35-35}$zɿ$^{22-22}$βɒ̃$^{31-13}$ɗi$^{35-53}$siæ̃$^{44-44}$zəŋ$^{31-13}$si$^{53-53}$ 比喻永不满足，贪得无厌。如：人勿好贪心勿足，勿好～。

【有嘴讲别人，呒嘴讲自身】 ɦiɯ^{22}tsɿ^{44}kɒ̃^{44}bəʔ$^{2-2}$ɲiŋ$^{31-53}$，m̩^{53}tsɿ^{44}kɒ̃^{44}zɿ$^{13-22}$səŋ$^{53-22}$ 亦称"有嘴说别人，无嘴说自己"。指光会指责别人，不会指责自己。如：搿种人～。我看伊勿会有啥大长进。

【杀人勿怪怪磨刀】 sæʔ$^{4-4}$ɲiŋ$^{31-53}$uəʔ$^{4-4}$kuɑ$^{35-35}$kuɑ^{35}mo$^{31-13}$ɗɔ$^{53-53}$ 喻迁怒于他人，没有找到肇事的根源。如：打侬㖃人勿怪，倒去怪劝相打㖃人，侬搿是～，勿对㖃。劝相打㖃人：劝架者。

【死要面子活受累】 si$^{44-35}$iɔ$^{35-31}$mi$^{13-22}$tsɿ$^{44-22}$βəʔ$^{2-2}$zɯ$^{22-55}$le$^{13-31}$ 亦称"死要面子活受罪"。为了面子，不自量力地追求排场而受累，自讨苦吃。《玄空经》第七回："出气姑娘道：'～，我的铜钿也用光了。'"

【江南望江北好，到是江北叫苦恼】 kɒ̃$^{53-35}$ne$^{31-53}$mɒ̃^{13}kɒ̃$^{53-53}$ɓoʔ$^{4-ʔ31}$hɔ^{44}，ɗɔ^{35}zɿ^{22}kɒ̃$^{53-53}$ɓoʔ$^{4-ʔ31}$ciɔ^{35}kʰu$^{44-33}$ nɔ$^{22-31}$ 比喻见异思迁，结果挪了地方、换了环境后发现还是原来的地方好。《玄空经》第八回："自从跟了脱皮少爷，我自家以为一跤跌在青云里，成双到老，富贵到头，吃着勠忧，一生享福！……一哭老～。"一哭老：不料。

【污拆勿出怪臀宫】 u^{35}tsʰɑʔ$^{4-4}$uəʔ$^{2-4}$tsʰəʔ$^{4-4}$kuɑ^{35}dəŋ$^{31-13}$koŋ$^{53-53}$ 《沪谚》作"撤屎勿出怨臀宫"。解不下大便却抱怨肛门。比喻迁怒于他人。臀宫：肛门。如：事体做勿好掼手机，老古话讲起来叫"～"，搿种人修养性勿好。

【百响千尊万圣人】 ɓɑʔ$^{4-4}$çiæ̃$^{44-44}$tsʰi$^{53-35}$tsəŋ$^{53-53}$uɛ^{13}səŋ$^{35-53}$ɲiŋ$^{31-31}$ 名气很大，受人尊敬的大人物。《玄空经》第八回："从前你老相公本是～。"

【自污觉勿着臭】 zɿ^{13}u^{35}kɒʔ$^{4-4}$uəʔ$^{2-4}$zɑʔ$^{2-4}$tsʰɯ^{35} 亦称"自污勿臭"。自己身上沾着大便却不觉得臭。比喻自身的缺点错误，往往自己看不到，感觉不到。污：大便。如：伊搿个人毛病一身，还～，自我感觉好得勿得了。

【自家笨，拿别人恨】 zɿ$^{13-22}$kɑ$^{53-22}$bəŋ^{13}，no^{53}bəʔ$^{2-2}$ɲiŋ$^{31-53}$ɦŋ̍^{13} 自己蠢笨，不会学，也学不会，却常常怨怼别人。比喻迁怒于他人。如：搿种生活一学就会。侬自家笨，还要拿别人恨，搿算啥名堂？

【行得春风有夏雨】 ɦæ̃^{31}ɗʌʔ^{4}tsʰəŋ$^{53-35}$ɸoŋ$^{53-53}$ɦiɯ^{22}ɦo$^{13-22}$ɦy$^{22-22}$ 原指刮过了春风就会降夏雨。常比喻人情有来有往，有所施而望有所报答。如：从前老队长好事做是勿少。俗话讲～，现在老队长年老多病，关心伊㖃人也特别多。

【卵子升在天门里】 lø$^{22-24}$tsɿ$^{44-31}$səŋ$^{53-55}$ze$^{13-31}$tʰi$^{53-35}$məŋ$^{31-55}$li$^{22-31}$ 亦称"卵子上楼"。形容极度受惊的神态。卵子：睾丸。天门：囟门，脑门。《玄空经》第四回："脱皮少爷一见，被头里绕小脚，缠弗清爽，也吓得～，闭眼打瞅，滚起就走，赤手空拳，单无地洞来钻。"

【卵子呒没个数】 lø$^{22-24}$tsɿ$^{44-31}$m̩$^{53-53}$məʔ$^{2-31}$kɯ$^{35-33}$su^{44} 喻指脱离实际、好高骛远、自吹自擂、头脑不清、做事粗糙的人。如：伊吹起牛三来，～，啥人会得相信。

【听人风，屁股打来虚虚肿】 tʰiŋ^{53}ɲiŋ^{31}ɸoŋ^{53}，pʰi$^{35-53}$ku$^{44-31}$ɗæ̃$^{44-44}$lɛ$^{31-31}$he$^{53-35}$he$^{53-55}$tsoŋ$^{44-31}$ 盲目听从别人的话，照别人的话去做，结果老是做错，挨批评，甚至受处分。听人风：听人言。虚虚肿：虚肿，浮肿。虚：松江话音"嗨"。如：～。听别人闲话做错事体吃批评，搿种苦头伊勿晓得吃过几化哉。

【吹牛屄勿打草稿】 tsʰɿ$^{53-35}$ɲiɯ$^{31-55}$ɓi$^{53-31}$uəʔ$^{2-2}$ɗæ̃$^{44-22}$tsʰɔ$^{44-35}$kɔ$^{44-31}$ 胡吹，吹到哪里是哪里。如：伊是吹牛三大王，～。

【呆促促，坐东南角】 ŋɛ^{31}tsʰoʔ^{4}tsʰoʔ^{4}，zu^{22}ɗoŋ$^{53-55}$ne$^{31-33}$kɔ$^{ʔ4-ʔ31}$ 嘲讽人不懂规矩，处事糊涂。松江风俗，设酒宴待客时，东南方向的酒桌及席位通常安排重要宾客。一般宾客不谙此规矩者,见东南角的酒桌席位有空便贸然坐下,则被劝阻,有的则被嘲讽。呆促促:迟钝,傻乎乎。如:~。东南角咟台子好瞎坐咟啊?

【坍仔和尚坍仔庙】 tʰɛ$^{53-53}$zɿ$^{22-22}$βu$^{31-24}$zɒ̃$^{13-31}$tʰɛ$^{53-53}$zɿ$^{22-22}$miɔ^{13} 和尚做了丢脸的事,会影响庙里的声誉。比喻一个人丢脸,会连累家庭、集体、他人。如:伊么吃官司去哉,乃么~,爷娘面子侪坍光。

【坍台坍到脚后跟】 tʰɛ$^{53-35}$de$^{31-53}$tʰɛ$^{53-35}$ɗɔ^{35}ciɑʔ$^{4-3}$ɦɯ$^{13-55}$kəŋ$^{53-31}$ 形容丢尽脸面。不但坍了面子,坍了里子,还从头上一直坍到脚跟,即从里到外,从前到后,从上到下都坍尽了。如:搿桩丑事一曝光,乃么伊是~哉。

【坐有坐相,立有立相】 zu$^{22-22}$ɦiɯ$^{22-22}$zu$^{22-24}$siæ̃$^{53-31}$, liɪʔ$^{2-2}$ɦiɯ$^{22-22}$liɪʔ$^{2-2}$siæ̃$^{53-53}$ ① 告诫人坐立都要有样子。② 坐立姿势都很像样。如:招聘面试,侬要~,拨人家留下好印象。

【稀奇勿煞,烂泥菩萨,一脚踢煞】 çi$^{53-55}$ɟi$^{31-22}$uəʔ$^{2-3}$sæʔ$^{2-2}$, lɛ$^{13-22}$ni$^{31-22}$bu$^{31-22}$sæʔ$^{4-2}$, iɪʔ$^{4-4}$ciɑʔ$^{4-4}$tʰiɪʔ$^{4-4}$sæʔ$^{4-4}$ 对某人自恃有稀罕之物而炫耀时的揶揄。多为儿童所用。稀奇勿煞:自认为据有稀罕的东西或在某方面比别人强而感到极为得意。如:侬搿双皮鞋有啥好啦? ~!

【快马蹩折脚】 kʰuɑ$^{35-53}$mo$^{22-31}$biɪʔ$^{2-2}$zəʔ$^{2-2}$ciɑʔ^{4} 亦称"快马跑断脚"。贪快容易出事故,反而不快;欲速则不达。《玄空经》第二回:"你勿要性急火急,虎头蛇尾,~。"

【杨树勿坏碰着天】 ɦiæ̃$^{31-24}$zy$^{13-31}$uəʔ$^{2-2}$βɑ$^{13-35}$bæ̃$^{13-22}$zɑʔ$^{2-5}$tʰi$^{53-53}$ 亦称"杨树勿蛀撑着天"。比喻本领再大也有个限度,更何况自身还可能受到不可避免的各种条件的限制,以及种种挫折和伤害。如:~。人活拉世界浪,勿可能一生一世勿生病,也勿可能一生一世一帆风顺。

【杨树爆眼,越睏越懒】 ɦiæ̃$^{31-24}$zy$^{13-31}$ɓo$^{35-53}$ŋɛ$^{22-31}$, ɦyɪʔ$^{2-2}$kʰuŋ$^{35-35}$ɦyɪʔ$^{2-2}$lɛ$^{22-22}$ 春天是杨树发芽的季节,人最容易犯困,特别想睡觉,而且越睡越懒。爆眼:即萌芽。睏:睡。如:春三月里,~。吃是中饭真想睏一觉。

【求人勿如求自家】 ɟiɯ^{31}ȵiŋ^{31}uəʔ$^{2-2}$zy$^{31-53}$ɟiɯ^{31}zɿ$^{13-22}$kɑ$^{53-22}$ 意同"自力更生"。求别人帮忙还不如靠自己努力。如:我伲屋里要翻造房子,不要总想向亲眷朋友借钞票,~。大家省吃俭用几年,房子总归造得起。

【求来咟雨勿大】 ɟiɯ$^{31-13}$lɛ$^{31-33}$ɦɯ$^{13-31}$ɦy^{22}uəʔ$^{2-2}$du$^{13-35}$ 亦称"求来咟雨落勿大"。比喻寻求别人得来的帮助终究有限。如:靠人家一眼两眼相帮勿是办法,~。归根结底还是要靠自家。

【秀才勿怕衣衫破,只怕肚里呒没货】 siɯ$^{35-53}$ze$^{31-31}$uəʔ$^{2-2}$pʰo$^{35-35}$i$^{53-35}$sɛ$^{53-53}$pʰu^{35}, ʦəʔ$^{4-4}$pʰo$^{35-35}$du$^{22-24}$li$^{22-31}$m̩$^{53-53}$məʔ$^{2-31}$ɸu^{35} 人的价值不在于衣着漂亮,而在于真才实学。如:~。只要侬有真本事,穿着朴素呒没关系,大家照样尊敬侬。

【良心不横,肚皮勿奟】 liæ̃$^{31-13}$siŋ$^{53-53}$ɓəʔ$^{4-4}$βæ̃$^{31-53}$, du$^{22-24}$bi$^{31-31}$uəʔ^{2}kuæ̃^{53} 意为只有昧了良心,才能撑饱肚皮。奟:填满。《玄空经》第二回:"~,倘使到时摸勿出钱来,关云长卖豆腐,人硬货不硬。"

【花好稻好,全棵老调】 ho$^{53-35}$hɔ$^{44-53}$dɔ$^{22-24}$hɔ$^{44-31}$, zi$^{31-13}$kʰu$^{53-53}$lɔ$^{22-22}$diɔ$^{13-35}$ 把棉花、水稻的长势说得极好,事实上这些作物要么还是老样子,要么整棵已经凋敝不堪了。比喻光爱吹牛,讲漂亮话,什么都好,其实所讲的内容要么是老生常谈,要么其实际情况十分糟糕。全棵:整个棵株,比喻全部情况。老调:老调头,老样子。如:传销员讲咟闲话,~,大家勿要相信。

【识得破,忍勿过】 sʌʔ$^{4-4}$ɗʌʔ$^{4-4}$pʰu$^{35-44}$, ȵiŋ$^{22-24}$uəʔ$^{2-3}$ku$^{35-31}$ 理智和情感发生矛盾,明知这事对自己没有什么好处(看破了),可是仍旧忍不住要去进行。《玄空经》第二回:"勿晓得老婆鸡生疮,有勿有毛里病。不过,我也~。"

【身浪有污狗要跟】 səŋ$^{53-35}$lɒ̃$^{31-53}$ɦiɯ^{22}u^{35}kɯ^{44}iɔ^{35}kəŋ^{53} 亦称"身上有屎狗跟踪"。比喻自身有弱点,就会招引坏人来纠缠。如:~。侬好吃懒做么,勿三勿四咟人自会来寻侬搭朋友。

【连步三叮嘱】 li$^{31-24}$bu$^{13-31}$sɛ$^{53-55}$ɗiŋ$^{53-22}$ʦoʔ$^{4-31}$ 临迈步出门还要再三嘱咐。比喻对出门人的郑重叮咛。如:阿荣参军去咟辰光,爷娘~:到是部队里,一定要好好交锻炼!

【连其上轿穿耳朵】 li$^{31-13}$ɟi$^{31-53}$zɒ̃$^{13-22}$ɟiɔ$^{13-35}$ʦʰe$^{53-55}$ȵi$^{22-33}$ɗu$^{44-31}$ 犹"临阵磨枪""急来抱佛脚"。旧时女孩很小就在耳朵上打孔,为长大后戴耳环作准备,决无临到出嫁才想起在她耳上穿孔的。连其:临到。上轿:指上花轿。如:有准备总比呒准备好。~,搿种事体总归做勿好咟。

【阿二磕头，阿二烧香】 æʔ$^{4-4}$ȵi$^{13-35}$kʰəʔ$^{4-4}$dɯ$^{31-53}$，æʔ$^{4-4}$ȵi$^{13-35}$sɔ$^{53-35}$ɕiæ̃$^{53-53}$ 谓对于那些无甚危害性的闹剧，当事人自会收场，旁人无需予以过多关注。如：～哌事体，倷勿要去关心，随便伊去。

【阿胡乱冒充金刚钻】 æʔ$^{4-3}$βu$^{31-55}$lø$^{13-31}$mɔ$^{13-22}$tsʰoŋ$^{53-22}$ciŋ$^{53-35}$kɔ̃$^{53-55}$tsø$^{35-31}$ 很差劲的人，偏偏要逞能。阿胡乱：对不明事理者的鄙称。如：伊～，勒拉旁边指手画脚，其实本事一眼也呒没。

【麦管当令箭】 mɑʔ$^{2-2}$kue$^{44-22}$ɗɔ̃^{53}liŋ$^{13-22}$ci$^{35-22}$ 亦称“麦柴管当令箭”。把微不足道的事当作十分重要的事，或把上级一句无足轻重的话当令旨来执行。意同“鸡毛当令箭”。如：～，掰种人，群众是信勿过哌。

【乖人勿吃眼前亏】 kuɑ$^{53-35}$ȵiŋ$^{31-53}$uəʔ$^{4-4}$cʰiʌʔ$^{4-4}$ŋɛ$^{22-22}$zi$^{31-55}$cʰy$^{53-31}$ 亦称“明人不吃眼前亏”“好汉不吃眼前亏”。聪明人善看风使舵，随机应变，避开暂时的不利势头，以免吃亏受辱。如：对方四五个人，我一家头，哪能拼得过？～。算了，寻个机会溜出去，快点去报警。

【乖面孔，呆肚肠】 kuɑ^{53}mi$^{13-22}$kʰoŋ$^{44-22}$，ŋɛ^{31}du$^{22-24}$zæ̃$^{31-31}$ 亦称“乖面孔，笨肚肠”“聪明面孔笨肚肠”。指面貌清秀、资质愚鲁的人。《玄空经》第一回：“有个～，油腔滑调，之乎者也，自命为文人雅士的脱皮少爷，走进门来。”

【事体想来勿到家，吃亏拉自家】 zɿ$^{13-22}$tʰi$^{44-22}$siæ̃^{44}lɛ^{31}uəʔ$^{2-2}$ɗɔ$^{35-55}$kɑ$^{53-31}$，cʰiʌʔ$^{4-4}$kʰue$^{53-53}$lɑ$^{2-4}$zɿ$^{13-22}$kɑ$^{53-22}$ 事情考虑不周到，自己吃亏。拉：勒拉；在。如：重要哌工作，方案一定要精心设计。～。

【佮是家，做啥乖】 kəʔ$^{4-3}$zɿ$^{22-55}$kɑ$^{53-53}$，tsu$^{35-33}$sɑ$^{35-55}$kuɑ$^{53-31}$ 犹言“合船漏，合马瘦”。比喻对共有的东西只使用，不爱护。佮：合。做啥乖：何必精打细算。如：～。大家哌物事，用坏就用坏哉，用勿着肉麻。肉麻：心疼。

【和气勿蚀本，硬气勿赚钿】 βu$^{31-24}$cʰi$^{35-31}$uəʔ$^{2-2}$zəʔ$^{2-2}$ɓəŋ$^{44-22}$，ŋæ̃$^{13-22}$cʰi$^{35-35}$uəʔ$^{2-2}$zɛ$^{22-55}$di$^{31-53}$ 做买卖时待人和气无害处，过于硬气则赚不了钱。如：钱老板开店几十年，和气生财，年年赚铜钿。伊做生意哌秘诀是“～”。

【学好要三年，学怀覅三日】 ɦɔʔ$^{2-2}$hɔ$^{44-22}$iɔ^{35}sɛ$^{53-35}$ȵi$^{31-53}$，ɦɔʔ$^{2-2}$cʰiɯ$^{53-53}$ciɔ$^{35-31}$sɛ$^{53-53}$ȵiɪʔ$^{2-31}$ 谓学坏容易学好难。怀：坏；不好。覅：只要。如：～。倷看，强强掰个小青年，轧是坏道之后，今朝学吃香烟，明朝学吃老酒，后日学赌铜钿，完全学坏啦哉！

【拼死吃河豚，要命掘芦根】 pʰiŋ$^{53-35}$si$^{44-53}$cʰiʌʔ$^{4-3}$βu$^{31-55}$dəŋ$^{31-53}$，iɔ$^{35-44}$miŋ$^{13-44}$ɟyœʔ$^{2-2}$lu$^{31-55}$kəŋ$^{53-53}$ 反映人们不同的生活态度。河豚的血、卵等有剧毒，食之致命；芦根性寒，可作药材。如：～。有哌人，天勿怕地勿怕，随便做啥侪勿怕冒风险；有哌人，要命得勿得了，稍微有眼伤风感冒就要买药来吃。

【拨是三分颜色，就要开大染坊】 ɓəʔ$^{4-4}$zɿ$^{22-44}$sɛ$^{53-35}$ɸəŋ$^{53-53}$ŋɛ$^{31-22}$sʌʔ$^{4-2}$，ziɯ$^{13-22}$iɔ$^{35-35}$kʰe^{53}du$^{13-22}$ȵi$^{22-55}$ɸɔ̃$^{53-53}$ 讽刺自不量力、得寸进尺或稍获表扬就得意忘形的人。拨：给。三分：虚指，表示少许。颜色：指脸色，也指染料。给三分脸色：谓得到别人一点好的态度；给少许染料就开起染坊：谓得意忘形。如：老板表扬是伊几句，伊就得意忘形。～，尾巴翘到天浪去哉！

【泥坺头也能绊倒人】 ȵi$^{31-13}$bæʔ$^{2-5}$dɯ$^{31-31}$ɦɑ$^{22-24}$nəŋ$^{31-31}$ɓɛ$^{35-53}$ɗɔ$^{44-31}$ȵiŋ^{31} 一个小土块也可以把人绊倒。比喻稍不留神就会有所失误。谓为人处世应事事谨慎。泥坺头：土块。如：师傅常桩提醒我，当是干部，要勤政廉政，思想上勿好放松警惕，要当心，～。

【狗眼乌珠看人低】 kɯ$^{44-22}$ŋɛ$^{22-55}$u$^{53-22}$cy$^{53-31}$kʰø$^{35-55}$ȵiŋ$^{31-22}$ɗi$^{53-31}$ 亦称“狗眼看人低”“狗眼乌珠看穷人”。斥人势利眼。如：老底子上海滩宾馆饭店～，衣裳着来推板点，伊拉是勿会拨侬进去哌。

【若要嘴巴讲得响，先要自家做得像】 zɑʔ$^{2-2}$iɔ$^{35-35}$tsɿ$^{44-35}$ɓo$^{53-31}$kɔ̃$^{44-33}$ɗʌʔ$^{4-5}$ɕiæ̃$^{44-31}$，si$^{53-55}$iɔ$^{35-31}$zɿ$^{13-22}$kɑ$^{53-22}$tsu$^{35-35}$ɗʌʔ$^{4-3}$ziæ̃$^{13-31}$ 自己以身作则，讲话才能有说服力、号召力。嘴巴讲得响：说话有底气；自家做得像：率先垂范，做出榜样。如：～。老百姓评价干部，首先要看伊做得像勿像，能勿能为老百姓服务好。

【话是一声，溅是一坑】 ɦo^{13}zɿ^{22}iɪʔ$^{4-4}$sæ̃$^{53-53}$，zɛ^{35}zɿ^{22}iɪʔ$^{4-4}$kʰæ̃$^{53-53}$ 批评责备的话仅说了一句，可对方不仅不接受，反而说了一大堆粗话脏话予以反击。溅：溅起；坑：粪坑。如：掰个人，我话是一声，结果溅是一坑，反倒受是伊交交关关难听哌闲话。

【话骂不肖】 ɦo^{13}mo^{31}ɓəʔ$^{4-4}$siɔ$^{35-35}$ 亦称"话骂必肖"。行为猥琐，不大方。《玄空经》第三回："那小毛贼本来～，嘴里捞出糖来，腰里摸出刀来。"

【话得好听，见得平常】 ɦo^{13}ɗʌʔ^{4}hɔ$^{44-35}$tʰiŋ$^{53-31}$，ci^{35}ɗʌʔ^{4}biŋ$^{31-13}$zæ̃$^{31-53}$ 嘲讽言过其实。《玄空经》第八回："～，原来他是一个空心大老倌。"

【急火烧出夹生饭】 ciɪʔ$^{4-4}$ɸu$^{44-44}$sɔ^{53}tsʰəʔ^{4}kæʔ$^{4-3}$sæ̃$^{53-55}$βɛ$^{31-53}$ 比喻着急、匆忙中容易出错。如：随便做啥事体，侪勿好急于求成。～，比勿烧还勿好。

【拜菩萨勿嫌憎蒲团破】 ɓɑ^{35}bu$^{31-33}$sæʔ$^{4-ʔ31}$uəʔ^{2}i$^{53-35}$tsəŋ$^{53-53}$bu^{31}tʰø$^{31-13}$pʰu$^{35-53}$ 喻诚心做事不计较条件好坏或小的得失。嫌憎：嫌弃厌恶。蒲团：用香蒲草、麦秸等编成的圆形垫子。如：业余大学条件差一眼。不过，～。只要认真学习，同学们照样能够成才。

【树大生桠枝，人大生志气】 zy^{13}du^{13}sæ̃^{53}o$^{53-35}$tsɿ$^{53-53}$，ɲiŋ^{31}du^{13}sæ̃^{53}tsɿ$^{35-44}$cʰi$^{35-44}$ 树长大生出桠枝，人长大生出志气。常用于勉励年轻人长大后树雄心立壮志。如：阿囡侬现在长大哉，老古话说得好，～，要多学点本事，以后才好去做大事体。

【树直用场多，人直朋友多】 zy^{13}zʌʔ^{2}ɦioŋ$^{13-22}$zæ̃$^{31-22}$ɗu^{53}，ɲiŋ^{31}zʌʔ^{2}bæ̃$^{31-13}$ɦiɯ$^{22-53}$ɗu^{53} 树长得直，用处就多；人正直，拥有的朋友就多。如：～。倷看周总理，人几化正直，伊勒拉全世界到处侪有朋友。

【树要靠人修，人要靠自修】 zy^{13}iɔ^{35}kʰɔ^{35}ɲiŋ^{31}siɯ^{53}，ɲiŋ^{31}iɔ^{35}kʰɔ^{35}zɿ$^{13-22}$siɯ$^{53-22}$ 树木成材要靠人整修，人成才要靠自己学习锻炼。强调自我修养学习的重要性。如：～。勿会得自修，进步勿会快。

【烂木头，硬节子，懒惰女人厉只嘴】 lɛ$^{13-22}$mɒʔ$^{2-5}$dɯ$^{31-53}$，ŋæ̃$^{13-22}$tsiɪʔ$^{4-5}$tsɿ$^{44-31}$，lɛ$^{22-22}$du$^{13-55}$ɲy$^{22-55}$ɲiŋ$^{31-31}$li^{13}tsɑʔ^{4}tsɿ^{44} 木头整段烂了，但上面的节疤仍然很硬；有的女人懒惰，但嘴厉害。节子：木材上的节疤；厉：凶；厉害。如：～。搿个女人嘴巴凶来西，其实懒得勿得了。

【笃姗姗，勿烦难】 ɗɒʔ$^{4-3}$sɛ$^{53-55}$sɛ$^{53-53}$，uəʔ$^{2-2}$βɛ$^{31-55}$nɛ$^{31-53}$ 形容做事胸有成竹，不慌乱。笃姗姗：笃定，不慌不忙。勿烦难：并不显得麻烦艰难。如：老法师做事体就是搿能，～，勿慌勿乱，做出来侪是好生活。

【胆大过得扬子江，胆小原拉老地方】 ɗɛ^{44}du^{13}ku$^{35-35}$ɗʌʔ$^{4-}$ʔ^{31}ɦiæ̃$^{31-24}$tsɿ$^{44-33}$kɒ̃$^{53-31}$，ɗɛ^{44}siɔ^{44}ɲø$^{31-22}$lɑ$^{2-2}$lɔ$^{22-22}$di$^{13-55}$ɸɒ̃$^{53-31}$ 喻胆大的人敢想敢闯，勇于突破；胆小的人畏首畏尾，原地踏步。扬子江：长江；原拉：仍旧在。"老地方"也说"老户堂"。如：对创业哈人来讲，～。我伲村里哈阿毛搭阿土根就是两个最好哈例子。

【蚂蚁爬树勿怕高，有心学习勿怕老】 mo$^{22-22}$ɲi$^{22-22}$bo$^{31-24}$zy$^{13-31}$uəʔ$^{2-2}$pʰo$^{35-35}$kɔ^{53}，ɦiɯ$^{22-24}$siŋ$^{53-31}$ɦɔʔ$^{2-2}$ziɪʔ$^{2-2}$uəʔ$^{2-2}$pʰo$^{35-35}$lɔ^{22} 只要有决心，老有所学永远有机会。如：～。搿方面，我伲要向革命老前辈徐特立同志学习，活到老，学到老。

【要相赢，倒蚀本】 iɔ^{35}siæ̃$^{53-35}$ɦiŋ$^{31-55}$，ɗɔ$^{44-33}$zʌʔ$^{2-4}$ɓəŋ$^{44-31}$ 盘算着占人家便宜，结果反倒亏了本。如：～。搿趟伊便宜一眼也搨勿着，倒蚀脱仔交关老本。

【面皮一老，肚皮一饱】 mi$^{13-22}$bi$^{31-22}$iɪʔ$^{4-4}$lɔ$^{22-44}$，du$^{22-24}$bi$^{31-31}$iɪʔ$^{4-4}$ɓɔ$^{44-44}$ 只要有的吃，不怕羞。如：～。肚皮饿哈辰光，只要有的吃，管啥面子勿面子，吃饱是再讲。

【骨头呒没三两重】 kuəʔ$^{4-4}$dɯ$^{31-53}$m̩$^{53-53}$məʔ$^{2-31}$sɛ$^{53-35}$liæ̃$^{22-53}$zoŋ^{13} 亦称"轻骨头"。指作风轻佻。如：讲是几句好闲话，伊就～哉。

【派头一落，回去吃粥】 pʰɑ^{33} dɯ$^{31-53}$ iɪʔ$^{4-4}$ lɒʔ^{4}，ɦue$^{22-13}$ cʰi$^{35-44}$ cʰiʌʔ$^{4-3}$ tsoʔ^{21} 亦称"外头派头一落，回去吃碗薄粥"。嘲讽有些人在外装作很有气派，在家生活却很清苦失意。派头一落：比喻很气派的样子。如：勿要看伊出来一身西装，搿种人是～，屋里呒没一样像样哈电器家生，自家连工作也呒没。

【借伞勿用谢，撑开吹一夜】 tsiɑ$^{35-44}$sɛ$^{35-44}$uəʔ$^{2-2}$ɦioŋ$^{13-35}$ziɑ^{13}，tsʰæ̃$^{53-35}$kʰe$^{53-53}$tsʰɿ^{53}iɪʔ$^{4-4}$iɑ$^{35-35}$ 亦称"借伞勿用谢，只要晾过夜"。伞主人对借伞人说的客气话。如："～。"听到搿句闲话，借伞哈朋友蛮感动，回去之后，第一桩事体就是拿搿把伞撑开晾干。

【徒弟教徒弟，越教越离奇】 du$^{31-13}$di$^{22-53}$kɔ^{35}du$^{31-13}$di$^{22-53}$，ɦyœʔ^{2}kɔ^{35}ɦyœʔ^{2}li$^{31-13}$ɟi$^{31-53}$ 指自己没学好就急于去教别人，很容易教得走样。离奇：离谱。如：自己勿曾出师，就要去教别人，结果～。

【捉鸡勿着，落脱一把粞】 tsɔʔ$^{4-4}$ci$^{53-53}$uəʔ$^{2-2}$

zɑʔ$^{2-2}$, lɒʔ$^{2-2}$tʰəʔ$^{4-2}$iɪʔ$^{4-3}$ɓo$^{44-55}$si$^{53-53}$ 亦称“偷鸡勿着蚀把米”“偷鸡勿着蚀把粞”。比喻本想得利占便宜，结果反倒吃了亏。粞：碎米。《玄空经》第八回：“现在～。自作自受，想想一场无出典，懊悔当初弗听娘话，现在人财两失，一败涂地，有啥交代。”

【捉鱼勿着掰茭白】 tsɒʔ$^{4-4}$ɦŋ̍$^{31-53}$uəʔ$^{2-2}$zɑʔ$^{2-2}$ɓɛ$^{53-55}$kɔ$^{53-33}$bɑʔ$^{2-231}$ 亦称“捉鱼勿着弯茭白”。没抓到鱼，遂顺手把河边的茭白掰了几支带回家。比喻：① 顺手牵羊。如：～。侬掰野茭白勿要紧，掰人家种哂茭白就勿道德哉。② 主要工作无收获，找点外快弥补。

【捉着黄宝宝】 tsɒʔ$^{4-4}$zɑʔ$^{2-4}$βɒ̃$^{31-24}$ɓɔ$^{44-33}$ɓɔ$^{44-31}$ 形容高兴之极，就好像拾着了金娃娃。《玄空经》第八回：“真好像～，新箍马桶三日香。”

【盐船浪吃得咸，到豆腐店里拔拔淡】 ɦi$^{31-13}$ze$^{31-55}$lɒ̃$^{31-31}$cʰiʌʔ$^{4-4}$ɗʌʔ$^{4-4}$ɦɛ^{31}, ɗɔ^{35}dɯ$^{31-13}$βu$^{31-55}$ɗi$^{35-31}$li^{22}bæʔ$^{2-2}$bæʔ$^{2-2}$dɛ$^{22-22}$ 在盐船上吃得太咸，转而到豆腐店里把咸味儿去除。比喻受了委屈迁怒于他人。拔拔淡：消除些咸味，使味道变淡。如：啥人欺侮侬，侬就寻啥人讲道理。勿可以～，寻别人出气。

【秤星量轻重，闲话量人品】 tsʰəŋ$^{35-53}$siŋ$^{53-31}$liæ̃^{31}ciŋ$^{53-55}$zoŋ$^{13-31}$, ɦɛ$^{31-24}$ɦo$^{13-31}$liæ̃^{31}ɲiŋ$^{31-13}$pʰiŋ$^{44-53}$ 看秤杆上的秤星能知道物品的轻重，听人说话的态度和内容能掂量出人的素质。如：～。倷看搿位女同志，穿着倒也一般，不过听伊闲话，相当文明，人品一定勿错。

【积善呒人见，心诚有天知】 tsiʌʔ$^{4-4}$ze$^{22-44}$m̩$^{53-35}$ɲiŋ$^{31-53}$ci^{35}, siŋ^{53}zəŋ^{31}ɦiɯ$^{22-22}$tʰi$^{53-55}$tsɿ$^{53-31}$ 做好事未必有人看见，但行善者的一片诚心上天却是知道的。勉励人乐善好施，修养德行。如：～。做好事别人看见勿看见呒啥关系，只要老天爷晓得就可以哉。

【笑要笑拉后头，想要想拉前头】 siɔ^{35}iɔ^{35}siɔ^{35}lɑ$^{2-4}$ɦɯ$^{13-22}$dɯ$^{31-22}$, siæ̃^{44}iɔ^{35}siæ̃^{44}lɑ$^{2-4}$zi$^{31-13}$dɯ$^{31-53}$ 谓做事要完美收官，事前必要周密谋划。如：做任何事体，～。搿种当家人，做事体稳当，大家侪信任。

【做大不尊，做小像活狲】 tsu^{35}du^{13}ɓəʔ$^{4-4}$tsəŋ$^{53-53}$, tsu^{35}siɔ^{44}ziæ̃^{13}βəʔ$^{2-2}$səŋ$^{53-53}$ 指长辈为老不尊，小辈就没规没矩，如猴子一般。犹“上梁不正下梁歪”。《玄空经》第三回：“话说～。那小毛贼本来话骂不肖，嘴里捞出糖来，腰里摸出刀来。”

【做事体要顺人心，讲闲话要凭良心】 tsu$^{35-33}$zɿ$^{13-55}$tʰi$^{44-31}$iɔ^{35}zəŋ^{13}ɲiŋ$^{31-13}$siŋ$^{53-53}$, kɒ̃$^{44-35}$ɦɛ$^{31-33}$ɦo$^{13-31}$iɔ^{35}biŋ$^{31-13}$liæ̃$^{31-55}$siŋ$^{53-31}$ 做人行事应正直，具有良好的道德情操。如：～。干部做到搿两条，群众肯定拥护。

【做贼偷葱起】 tsu$^{35-35}$zʌʔ$^{2-231}$tʰɯ^{53}tsʰoŋ^{53}cʰi^{44} 亦称“做贼偷葱起，贪污揩油起”“小时偷油，大是偷牛”“小辰光偷针，大起来偷金”“小时勿防，大是跳墙”。葱是价值甚微之物，揩油不过是占点小便宜，指小时候小偷小摸，长大就会违法乱纪。谓修身养性，要防微杜渐。如：～。小辰光小偷小摸哂坏习惯勿纠正，长大之后肯定勿会走正路。

【捧了卵子过石桥】 ɸoŋ^{44}lə^{22}lø$^{22-24}$tsɿ$^{44-31}$ku^{35}zɑʔ$^{2-2}$ɟiɔ$^{31-53}$ 讽刺过分把细与谨慎。旧时穿长衫的人上桥时撩起长衫的衣角，就像捧着卵子（睾丸）似的，故有此说。《玄空经》第六回：“你现在尽可胆大放心，勿要～，我可以包你勿要紧，一切天大事体，有我担当！”

【眼是勺钩手是秤】 ŋɛ^{22}zɿ^{22}tsɒʔ$^{2-2}$kɯ$^{53-53}$sɯ^{44}zɿ^{22}tsʰəŋ^{35} 比喻眼光像钩子那么犀利，看得准，用手掂重量像秤一样准确。《玄空经》第三回：“我～，打蛇打在七寸里，说多少便多少到手。”

【眼睛里落勿得一眼䓅䴺】 ŋɛ$^{22-22}$tsiŋ$^{53-55}$li$^{22-31}$lɔʔ$^{2-2}$uəʔ$^{2-2}$ɗʌʔ$^{4-2}$iɪʔ$^{4-4}$ŋɛ$^{22-44}$lɔ$^{31-33}$zɔ$^{31-31}$ 亦称“眼睛里落勿得一眼粒屑”。眼里容不得丁点异物，比喻：① 容不得半点不规矩、不正当的事情。䓅䴺：垃圾。粒屑：细小的颗粒。例：小区里的刘大妈～，老张垃圾分类没做好，拨伊批评得服服帖帖。② 看到一丁点东西也会产生觊觎之心。如：搿个贪嘴姑娘，～，看见有啥吃头就想拿来吃。吃头：可以吃的东西。

【船勿会摇怪河浜浅】 ze^{31}uəʔ$^{2-2}$ue$^{35-35}$ɦiɔ$^{31-24}$kuɑ$^{35-31}$βu$^{31-13}$ɓæ̃$^{53-53}$tsʰi^{44} 不会摇船，以致船只搁浅，却埋怨河水太浅。迁怒之言。如：自家本事学勿会，～。还要怪三怪四怪别人。

【船靠岸，勿要乱】 ze^{31}kʰɔ$^{35-44}$ŋø$^{13-44}$, uəʔ$^{2-2}$iɔ$^{35-35}$lø$^{13-35}$ 船只靠岸时，不要忙乱，以免发生落水事故，借指紧要关头要守秩序，不慌忙。如：～。

大家上岸晒辰光，一个一个跟牢走，勿要争先恐后。

【铜钿眼里扦滚顿】 doŋ$^{31-13}$di$^{31-55}$ŋɛ$^{22-55}$li$^{22-31}$tsʰi$^{53-35}$kuəŋ$^{44-55}$ɗəŋ$^{35-31}$ 亦称“铜钿眼里迁跟斗”“铜钿眼里穿跟垛”“铜钱眼内穿斤斗”。旧时使用的制钱中间有个小方孔，称为“钱眼”。讽刺贪财的人专在钱上打主意。《玄空经》第六回：“三只手又惊又喜，他本来是～，一见了屁股沟里有笑形眼。”

【铜钿银子关心血】 doŋ$^{31-13}$di$^{31-55}$ɲiŋ$^{31-55}$tsɿ$^{44-31}$kuɛ$^{53-55}$siŋ$^{53-33}$çyœʔ$^{4-ʔ31}$ 亦称“铜钿银子关心境”。指金钱关乎人的心血，关乎人的心情。人们对此分外重视。《玄空经》第八回：“他生就是小鸡肚肠，又是～，哪里容得落，见了面好像眼睛里一只钉，常常借囡骂媳妇。”

【阎罗王也怕拼命鬼】 ɲi$^{31-13}$lu$^{31-55}$βɒ̃$^{31-31}$ɦɑ^{22}pʰo^{35}pʰiŋ$^{53-55}$miŋ$^{13-33}$cy$^{44-31}$ 比喻再强再恶的人，也害怕跟他拼命的人。指人有了拼命精神，就能战胜一切困难。如：搿种坏人，只有搭伊拼命上。～，侬搭伊拼命，伊也吓晒。

【黑痴痴，勿得知】 hʌʔ$^{4-3}$tsʰɿ$^{53-55}$tsʰɿ$^{53-53}$，uəʔ$^{2-2}$ɗʌʔ$^{4-5}$tsɿ$^{53-53}$ 麻木无知。如：～。自己生啥病也勿晓得，毛病轻咾重也勿晓得。黑痴痴：麻木。

【就有就有，初一话到廿九】 ziɯ$^{13-22}$ɦiɯ$^{22-22}$ziɯ$^{13-22}$ɦiɯ$^{22-22}$，tsʰu$^{53-53}$iɪʔ$^{4-ʔ31}$ɦo$^{13-22}$ɗɔ$^{35-22}$ɲiɛ$^{13-22}$ciɯ$^{44-22}$ 承诺说有，但从初一说到廿九，仍迟迟未见兑现。比喻应承之事拖延之长。如：搿笔债务，陈老板答应马上就还清。结果是：～，拖到现在仍旧呒没动静。

【惹厌当知己】 zɑ$^{22-22}$i$^{35-35}$ɗɒ̃$^{35-22}$tsɿ$^{53-55}$ci$^{44-31}$ 讽刺不知趣、不识相、不懂事理的人。别人明明讨厌你，你却把他当作知己看待。《玄空经》第八回：“皮厚三尺三，～，天天来打滚在一起。”

【朝里呒人莫做官，灶间呒人覅去串】 zɔ$^{31-13}$li$^{22-53}$m̩$^{53-35}$ɲiŋ$^{31-53}$mɒʔ^{2}tsu^{35}kue^{53}，tsɔ$^{35-53}$kɛ$^{53-31}$m̩$^{53-35}$ɲiŋ$^{31-53}$uiɔ^{35}cʰi^{35}tsʰe^{35} 厨房不宜闲人走动，尤其是无人之际进入，人们容易怀疑其动机。灶间：厨房。如：～。到人家屋里去，客厅里坐坐蛮好；灶披间呒没人晒辰光就勿能够随便进去。

【棋高一着，拍手拍脚】 ɟi$^{31-22}$kɔ$^{53-22}$iɪʔ$^{4-2}$tsɑʔ$^{4-2}$，pʰɑʔ$^{4-4}$sɯ$^{44-44}$pʰɑʔ$^{4-4}$ciɑʔ$^{4-4}$ 同棋艺比自己高的人对弈，失算输棋之后拍手拍脚，懊恼不已。亦称“棋高一着，缚手缚脚”，谓与高手对弈，感觉手脚受束缚。比喻在比自己高明的人面前处处不自在。如：小陈搭高手着棋，常桩勒拉最后关头输拨对方，懊恼得勿得了。真是“～”。

【棕绳勿怕水，怕水勿棕绳】 tsoŋ$^{53-35}$zəŋ$^{31-53}$uəʔ$^{2-2}$pʰo$^{35-35}$sɿ^{44}，pʰo^{35}sɿ^{44}uəʔ$^{2-2}$tsoŋ$^{53-55}$zəŋ$^{31-53}$ 棕绳耐潮湿，不怕水。松江话“棕绳”与“忠臣”同音，且白读的“水”又与文读的“死”谐音，故此谚寓意双关，另一义为颂扬忠臣。《软侬吴语松江好》：“～……即‘忠臣勿怕死，怕死勿忠臣’。”

【睏犟是头颈怨枕头】 kʰuəŋ^{35}ɟiæ̃^{22}zɿ^{22}dɯ$^{31-13}$ciŋ$^{44-53}$ø^{35}tsəŋ$^{35-53}$dɯ$^{31-31}$ 睡觉时因使用枕头的姿势不合适，以致脖子疼痛，转动不便，因而埋怨枕头。比喻自己出了错却迁怒他人。睏犟是头颈：即落枕。如：事体是侬自家做错晒，现在～，搿种闲话讲出来也要拨人家笑话。

【遇事慢开口，烦恼侪因强出头】 ɲy^{13}zɿ^{31}mɛ^{13}kʰe$^{53-35}$kʰɯ$^{44-53}$，βɛ$^{31-24}$nɔ$^{13-31}$zɛ^{31}iŋ^{53}ɟiæ̃$^{31-13}$tsʰəʔ$^{4-5}$dɯ$^{31-31}$ 亦称“是非只为多开口，烦恼皆因强出头”。惹是生非，只因爱说闲话；烦恼缠身，都是由于硬要出头露面。指为人处世，要谨言慎行。慢开口：不要急于说三道四。强出头：逞强，带头。如：侬要记牢～。侬样样事体轧拉前头，喊拉前头，惹出是非来要有麻烦晒！

【馋唾水落地收勿起】 zɛ$^{31-24}$tʰu$^{35-33}$sɿ$^{44-31}$lɒʔ$^{2-2}$di$^{13-35}$sɯ$^{53-55}$uəʔ$^{2-3}$cʰi$^{44-31}$ 意同“说出去的话，泼出去的水”。谓说话应谨慎。馋唾水：口水。如：重要场合讲闲话一定要小心谨慎，～，一个字也推板勿起。

【摆渡摆到江边，送佛送到西天】 ɓɑ$^{44-35}$du$^{31-31}$ɓɑ$^{44-44}$ɗɔ$^{35-44}$kɒ̃$^{53-35}$ɓi$^{53-53}$，soŋ$^{35-35}$βəʔ$^{2-ʔ31}$soŋ$^{35-44}$ɗɔ$^{35-44}$si$^{53-35}$tʰi$^{53-53}$ 比喻做善事要做到底。如：～。搿桩好事，侬索性就做到底哉！

【摇头甩尾巴】 ɦiɔ$^{31-13}$dɯ$^{31-53}$ɸæʔ$^{4-3}$mi$^{13-55}$ɓo$^{53-31}$ 亦称“摇头发尾巴”。摇头摆尾。形容驯服或得意的样子。《玄空经》第七回：“(大头鬼)吃得上撑喉咙，下撑洞肛，腰大十围，然后～，走了出来。”

【新箍马桶三日香】 siŋ^{53}ku^{53}mo$^{22-22}$doŋ$^{22-22}$sɛ$^{53-53}$ɲiɪʔ$^{2-ʔ31}$çiæ̃^{53} 亦称“新箍马桶三日香，过仔三日臭朋朋”“新箍马桶三日香，第四日就臭朋朋”“新排坑缸三日香，过仔三日臭朋朋”。比喻对新来的人或刚刚着手做的事，开头几天很亲热或感到有兴趣，但不持久。臭朋朋：形容臭气难闻。如：伊搿个人做事体从来就是“～”，呒没长性，格咾随便啥事体也做勿成功。

【满口饭好吃，满口话勿讲】 me$^{22-24}$kʰɯ$^{44-31}$βɛ^{13}hɔ$^{44-35}$cʰiʌʔ$^{4-ʔ31}$，me$^{22-24}$kʰɯ$^{44-31}$ɦo^{13}uəʔ$^{2-2}$kɒ̃$^{44-22}$ 亦称“宁吃过头饭，勿讲过头话”“过头饭好吃，过头话勿讲”。指说话要有分寸。如：～。讲闲话一定要留有余地。

【矮子肚里疙瘩多】 ɑ$^{44-35}$tsɿ$^{44-31}$du$^{22-24}$li$^{22-31}$kəʔ$^{4-3}$ɗæʔ$^{4-5}$ɗu$^{53-53}$ 嘲讽个子矮小而工于心计的人。《玄空经》第三回：“酒肉和尚……人才短小，～。”

【蓝布鞋子脱后跟，勿看前后话别人】 lɛ$^{31-24}$ɓu$^{35-31}$ɦɑ$^{31-13}$tsɿ$^{44-53}$tʰəʔ^{4}ɦɯ$^{13-22}$kəŋ$^{53-22}$，uəʔ$^{2-2}$kʰø$^{35-35}$zi$^{31-24}$ɦɯ$^{13-31}$ɦo^{13}bəʔ$^{2-2}$ɲiŋ$^{31-53}$ 看不到自己的短处，却专门挑剔别人。如：～。阿根自家毛病一身，还好意思议论别人？

【酱油虫咬是拿鳅来掼】 tsiæ̃$^{35-55}$ɦiɯ$^{31-33}$zoŋ$^{31-31}$ŋɔ^{22}zɿ^{22}no^{53}tsʰiɯ^{53}lɛ^{31}guɛ^{13} 被酱油虫叮蜇后迁怒于泥鳅，抓泥鳅来摔。比喻迁怒于他人。酱油虫：沪郊农村水田里常见的一种叮蜇人的虫子。如：单位里拨领导批评，伊勿敢响。下班回来么～，骂老婆咾打小囡。民间传说，从前有个亡国的国王和一个巫师逃到松江，看到农民带到田边的饭篮，就天天过来偷吃。农民及时防范，国王和巫师偷不到饭，恼羞成怒，把饭篮里零星的饭粒全撒进了水田，发下毒咒让饭粒变成酱油虫，去叮咬农民。农民们从没见过酱油虫，如今被叮蜇，以为是泥鳅在咬人，就抓起泥鳅来狠摔，于是便有了谚语“～”。

【鼻涕笑鼻涕，自家滗滗渧】 bəʔ$^{2-2}$tʰi$^{35-35}$siɔ^{35}bəʔ$^{2-2}$tʰi$^{35-35}$，zɿ$^{13-22}$kɑ$^{53-22}$ɗəʔ$^{4-4}$ɗəʔ$^{4-4}$ɗi$^{35-44}$ 只会嘲讽别人的缺点，对自己的不足之处却视而不见。滗滗渧：液体成滴地不断掉下。如：伊有啥资格笑话别人，伊也是垃圾瘪三一个。真是～。

【嘴唇两爿皮，翻来翻去侪是伊】 tsɿ$^{44-35}$zəŋ$^{31-53}$liæ̃$^{22-22}$bɛ$^{31-55}$bi$^{31-31}$，ɸɛ$^{53-35}$lɛ$^{31-55}$ɸɛ$^{53-55}$cʰi$^{35-31}$zɛ$^{31-24}$zɿ$^{22-33}$i$^{53-31}$ 亦称“一张嘴巴两层皮，翻来翻去侪是理”“一张嘴巴两层皮，话好话怵侪是伊”。某些人一会儿这样说，一会儿那样说，不管怎么说，似乎他全有道理。如：～。搿种人讲咭闲话，哪能好相信？

【嘴硬骨头酥】 tsɿ$^{44-44}$ŋæ̃$^{13-44}$kuəʔ$^{4-3}$dɯ$^{31-55}$su$^{53-53}$ 形容色厉内荏，嘴硬心虚。如：搿个人～，呒没啥用场咭。

【犟到底，苦到死】 ɟiæ̃^{22}ɗɔ^{35}ɗi^{44}，kʰu^{44}ɗɔ^{35}si^{44} 脾气过于倔强会吃亏。如：长辈总归是长辈，认个错算哉。～，犯勿着咭。

【篷勿能扯足】 boŋ^{31}uəʔ$^{2-2}$nəŋ$^{31-53}$tsʰɑ^{44}tsoʔ^{4} 亦称“顺风篷勿能扯足”。篷扯得太足，船只转弯时容易翻船。警示人们为人处世应留有一定余地。如：讲闲话，做事体，～，要留一眼余地。

【赢是哈哈笑，输是双脚跳】 ɦiŋ^{31}zɿ^{22}hɑ$^{53-35}$hɑ$^{53-53}$siɔ^{35}，sy^{53}zɿ^{22}sɒ̃$^{53-53}$ciɑʔ$^{4-ʔ31}$tʰiɔ^{35} 赢了高兴得哈哈笑，输了心疼得双脚跳。指某些人在顺利或得势时忘乎所以，在逆境或失利时垂头丧气的神态与心情。如：～，麻将馆里搿种人多的是。

【赢着勿稀奇，输脱睏勿起】 ɦiŋ$^{31-22}$zɑʔ$^{2-2}$uəʔ$^{2-2}$çi$^{53-55}$ɟi$^{31-53}$，sy$^{53-53}$tʰəʔ$^{4-ʔ31}$kʰuəŋ$^{35-33}$uəʔ$^{2-5}$cʰi$^{44-31}$ 获得了利益、荣誉等认为理所当然，反之则坐立不安，觉也睡不着。如：～。赌博搿桩事体，伤精神咾伤身体，实在上勿得。上勿得：不能干。

【鳑鲏鱼留三分肚肠】 bɒ̃^{53}bi^{31}ɦŋ̍^{31}liɯ^{31}sɛ$^{53-35}$ɸəŋ$^{53-53}$du$^{22-24}$zæ̃$^{31-31}$ ① 凡事应留有一定的余地。② 不要把自己的隐私讲给别人听。“逢人只说三分话，未可全抛一片心”，增强自我保护意识。如：朋友再好，有些闲话也勿好侪讲拨伊听，鳑鲏鱼也要留三分肚肠咭！

【魂勿拉身浪】 uəŋ$^{53-22}$ uəʔ$^{2-5}$ lɑ^{2} səŋ$^{53-53}$ lɒ̃$^{44-22}$ 亦称“魂勿拉身浪，脚勿拉髈浪”。形容心不在焉、魂不附体的样子。如：伊一日到夜～，一桩事体也做勿成功。

社交类

【一人拔树勿动，万人扛得天动】 iɪʔ$^{4-4}$ɲiŋ$^{31-53}$bæʔ$^{2-2}$zy$^{13-35}$uəʔ$^{2-2}$doŋ$^{22-22}$，βɛ$^{13-22}$ɲiŋ$^{31-22}$kɒ̃^{53}ɗʌʔ^{4}tʰi^{53}doŋ^{22} 意谓人多力量大。如：～。农田水利基本建设就是要集中优势兵力打歼灭战。

【一人挑土一眼眼，众人挑土堆成山】 iɪʔ$^{4-4}$ɲiŋ$^{31-53}$tʰiɔ^{53}tʰu^{44}iɪʔ$^{4-3}$ŋɛ$^{22-55}$ŋɛ$^{22-53}$，tsoŋ$^{35-53}$ɲiŋ$^{31-31}$tʰiɔ^{53}tʰu^{44}ɗe$^{53-35}$zəŋ$^{31-53}$sɛ^{53} 指人多好办事。如：～。

半个月来，全区市民献爱心，救灾捐款已经几百万元了。

【一个枪篱三个桩，一个好汉三个帮】 iɪʔ$^{4-4}$kɯ$^{35-35}$tsʰiæ̃$^{53-35}$li$^{31-53}$sɛ$^{53-35}$kɯ$^{35-53}$tsɒ̃^{53}，iɪʔ$^{4-4}$kɯ$^{35-35}$hɔ$^{44-44}$hø$^{35-44}$sɛ$^{53-35}$kɯ$^{35-53}$ɓɒ̃^{53}　指再有本事的人，也离不开别人的帮助。枪篱：篱笆，也说“枪篱笆”。如：～。只要大家心齐，天塌下来也勿怕。

【一个冤家勿算少，一百个朋友勿算多】 iɪʔ$^{4-4}$kɯ$^{35-35}$ø$^{53-35}$kɑ$^{53-53}$uəʔ$^{2-2}$sø$^{35-35}$sɔ^{44}，iɪʔ$^{4-4}$ɓɑʔ$^{4-4}$kɯ$^{35-44}$bæ̃$^{31-13}$ɦiɯ$^{22-53}$uəʔ$^{2-2}$sø$^{35-35}$ɗu^{53}　亦称“一百个朋友嫌憎少，一个冤家嫌憎多”。意为少结冤家多交朋友。如：常言道，～。为是一眼小事体结冤家犯勿着哌！

【一日上松江，三日讲勿光】 iɪʔ^{4}ɲiɪʔ^{2}zɒ̃^{13}soŋ$^{53-35}$kɒ̃$^{53-53}$，sɛ$^{53-53}$ɲiɪʔ$^{2-ʔ31}$kɒ̃$^{44-33}$uəʔ$^{2-5}$kuɒ̃$^{53-53}$　旧时交通不便，农民难得上松江城逛。有人偶尔进一次城，回来后觉得了不起，松江短，松江长，松江哪能好白相，说个没完没了，令人生厌。讽刺那些见识短浅，很少见世面，喜欢在别人面前吹嘘炫耀者。如：～。搿种事体大家侪晓得，啥人要听。或言“一日上上海，三日讲勿完”，意同。

【一报还一报】 iɪʔ$^{4-4}$ɓɔ$^{35-35}$βɛ^{31}iɪʔ$^{4-4}$ɓɔ$^{35-35}$　旧谓做了什么事就会有什么样的报应。如：讲起来也叫～。前几年兄弟有难伊非但勿肯帮，背后还要戳壁脚；今年伊有难处，兄弟也勿肯出手相帮。戳壁脚：暗中使坏。

【一挡两头平】 iɪʔ$^{4-4}$ɗɒ̃$^{44-44}$liæ̃$^{22-22}$dɯ$^{31-55}$biŋ$^{31-31}$　公平交易，斤两一点不多，一点不少。挡：挡秤，掌秤。引申为不偏袒任何一方。如：工会主席讲原则，处理事体终归是～，格咾职工侪信任伊。

【一面头官司】 iɪʔ$^{4-3}$mi$^{13-55}$dɯ$^{31-31}$kue$^{53-35}$sɿ$^{53-53}$　指评判办事不公正，偏袒一方。如：领导处理问题勿能打～。

【一家有事百家帮】 iɪʔ$^{4-4}$kɑ$^{53-53}$ɦiɯ^{22}zɿ^{13}ɓɑʔ$^{4-4}$kɑ$^{53-53}$ɓɒ̃^{53}　犹言“一人有难，众人相助”。如：～。今朝我有事大家来帮我，明朝人家有事我搭大家一道去帮人家。

【一拳来，一脚去】 iɪʔ$^{4-4}$ɟyø$^{31-53}$lɛ^{31}，iɪʔ$^{4-4}$ciɑʔ$^{4-4}$cʰi^{35}　① 互不相让，彼此还以颜色。如：伊拉两家头勿要好，常桩是～，昨日阿大骂阿二山门，今朝阿二搭阿大相打。② 亦称“圆团来，塌饼去”。谓礼尚往来，双方所送钱物数量、价值大致差不多。欧粤《松江风俗志》：“送礼‘～’，来往金额大体相当。”

【一瓤橘子望丈母】 iɪʔ$^{4-4}$nɒ̃$^{31-53}$cyœʔ$^{4-4}$tsɿ$^{44-44}$mɒ̃$^{13-22}$zɑ$^{22-55}$m̩$^{22-53}$　比喻礼物微薄，聊表心意。如：～，礼虽少，心意到。

【七人八主张】 tsʰiɪʔ$^{4-4}$ɲiŋ$^{31-53}$ɓæʔ$^{4-3}$tsy$^{44-55}$tsæ̃$^{53-53}$　亦称“三人六主张”。谓议论纷纷，意见难以统一。如：搿桩事体～，一时头意见统一勿起来。

【七手八只脚】 tsʰiɪʔ$^{4-4}$sɯ$^{44-44}$ɓæʔ$^{4-4}$tsɑʔ$^{4-4}$ciɑʔ$^{4-4}$　人多手杂，乱成一团。《玄空经》第四回：“一般虾兵蟹将，先把脱皮少爷的一根猪尾巴拖住，～，摩拳擦掌，狠巴巴齐想动手。”

【七支八搭，蒲鞋着袜】 tsʰiɪʔ$^{4-3}$tsɿ$^{53-55}$ɓæʔ$^{4-5}$ɗæʔ$^{4-ʔ31}$，bu$^{31-22}$ɦɑ$^{31-22}$tsɑʔ$^{4-4}$mæʔ$^{2-4}$　着蒲鞋者通常不穿袜。若蒲鞋配袜，则被视为瞎搭瞎弄。蒲鞋：用蒲草、稻草等编的鞋子，质地粗糙。七支八搭：瞎搭，瞎搞。如：勿会弄就勿要弄。～。瞎弄只会拿事体弄坏。

【七国里贩马，八国里贩牛】 tsʰiɪʔ$^{4-4}$koʔ$^{4-4}$li$^{22-44}$ɸɛ^{35}mo^{22}，ɓæʔ$^{4-4}$koʔ$^{4-4}$li$^{22-44}$ɸɛ^{35}ɲiɯ^{31}　比喻交游广阔，久经世面。《玄空经》第六回：“他要打听底细，寻出一个～的阿木林，充做探子……”

【七搭八搭，锄头铁鎝】 tsʰiɪʔ$^{4-4}$ɗæʔ$^{4-4}$ɓæʔ$^{4-4}$ɗæʔ$^{4-4}$，zɿ$^{31-13}$dɯ$^{31-53}$tʰiɪʔ$^{4-4}$ɗæʔ$^{4-4}$　锄头铁鎝是农村家家户户必备的农具，干农活几乎都用得到。比喻有的人善于交际，或是多面手，能在多种工作环境中派上用场。如：～。伊搿个人会得搭，格咾朋友多，路道也粗。

【七缠八桠杈】 tsʰiɪʔ$^{4-4}$ze$^{31-53}$ɓæʔ$^{4-4}$o$^{53-35}$tsʰo$^{53-53}$　① 纠缠不清。如：拨伊～，缠脱半日把天。② 经过许多曲折。《玄空经》第七回：“～，去寻着一个暴学三年、天下去得的走方郎中。”

【二一添作五】 ɦəl^{13}iɪʔ^{4}tʰi$^{53-53}$tsɒʔ$^{4-ʔ31}$ɦŋ̍^{22}　本为珠算口诀，引申为二人平分，各得一半。如：搿只工程两家公司各投资一半，根据合同，利润分配～。

【二舅妈，顺口舑】 ɲi$^{13-22}$ɟiɯ$^{22-55}$mɑ$^{53-53}$，zəŋ$^{13-22}$kʰɯ$^{44-22}$tʰɑ^{53}　顺着别人的话随口应和。《广韵》：舑，吐舌也。舑：松江话音“他”。如：开会辰光老李从来勿发表个人意见。总归是“～”，人家讲啥伊也讲啥。

【人生路勿熟，随处叫爷叔】 ɲiŋ^{31}sæ̃^{53}lu^{13}uəʔ$^{2-2}$zoʔ$^{2-2}$, zø$^{31-24}$tsʰy$^{35-31}$ciɔ^{35}ɦiɑ$^{31-22}$soʔ$^{4-2}$ 出门远行，不怕人生地不熟，只要客气地叫人家叔叔，求教于人，就能克服困难。说明嘴巴勤快、有礼貌的重要。如：～。侬有礼貌，尊重人家，人家总归愿意帮侬忙哂。

【人家求我三春雨，我求人家六月霜】 ɲiŋ$^{31-13}$kɑ$^{53-53}$ɟiɯ^{31}ɦŋ̍^{22}sɛ$^{53-35}$tsʰəŋ$^{53-55}$ɦy$^{22-31}$, ɦŋ̍^{22}ɟiɯ^{31}ɲiŋ$^{31-13}$kɑ$^{53-53}$loʔ$^{2-2}$ɦyœʔ$^{2-5}$sɒ̃$^{53-53}$ 亦称“别人求我三春雨，我去求人六月霜”。别人有求于我时，像春天得到雨水一样，容易受到布施；我去求别人时，却像六月天下了霜，受到冷遇。指人求己易而我求人难。如：～。所以说，勿是万勿得已，尽量勿要轻易央求人家。

【人情大如债，衣裳脱去卖】 ɲiŋ$^{31-13}$ziŋ$^{31-53}$du^{13}zy^{31}tsɑ^{35}, i$^{53-35}$zɒ̃$^{31-53}$tʰəʔ$^{4-4}$cʰi$^{35-35}$mɑ^{13} 指送人情比还欠债还要紧，即使脱下衣服卖钱也在所不惜。也谓送礼开支不堪负担。人情：指礼节应酬的礼品、礼金。如：～。一年里厢日常开销吃勿穷，用勿穷，人情应酬倒要拿人家弄穷。

【人情薄薄行，亲眷不冷场】 ɲiŋ$^{31-13}$ziŋ$^{31-53}$bɒʔ$^{2-2}$bɒʔ$^{2-5}$ɦæ̃$^{31-53}$, tsʰiŋ$^{53-55}$cyø$^{35-31}$ɓəʔ$^{4-3}$ləŋ$^{22-55}$zæ̃$^{31-53}$ 亲友往来，送礼不在乎多少，主要是保持亲密关系。欧粤《松江风俗志》：“20世纪60年代前，亲友彼此之间送礼的金额不多，俗称‘～’。”行：松江话读如“行李”之“行”。往来。

【三人六样话】 sɛ$^{53-35}$ɲiŋ$^{31-53}$loʔ$^{2-2}$iæ̃$^{35-35}$ɦo^{13} 说法各异，多而乱。如：事体起因～，到底嚡里种讲法是正确哂？

【三只湖羊六淘跑】 sɛ$^{53-53}$tsɑʔ$^{4-?31}$βu$^{31-13}$ɦiæ̃$^{31-53}$loʔ$^{2-2}$dɔ$^{31-53}$bɔ^{31} 形容一干成员各怀心思、各作打算，甚至彻底散伙、各奔东西。如：伊拉搿家人家，～，做事体从来心勿齐。

【三年勿上门，当亲也勿亲】 sɛ$^{53-35}$ɲi$^{31-53}$uəʔ$^{2-2}$zɒ̃$^{13-55}$məŋ$^{31-31}$, cɒ̃^{53}tsʰiŋ^{53}ɦɑ^{22}uəʔ$^{2-2}$tsʰiŋ$^{53-53}$ 亲戚应经常走动；长期不来往，亲戚感情也保持不下去了。如：～。娘舅家交关辰光勿去哉，再勿去，搿门亲眷要断脱哉。

【上门生意好做】 zɒ̃$^{13-22}$məŋ$^{31-22}$sæ̃$^{53-55}$i$^{35-31}$hɔ^{44}tsu^{35} 比喻对方主动找上门来的事情容易办成。如：～。勿费心思，稳赚钞票。

【上庙勿见土地】 zɒ̃$^{13-22}$miɔ$^{13-35}$uəʔ$^{2-2}$ci$^{35-35}$tʰu$^{44-44}$di$^{13-44}$ 上土地庙祭祀没见到土地爷。比喻到亲友家拜访，一个人也没看到。如：乘是两个钟头汽车去望娘舅。想勿到～，娘舅屋里一个人也勿看见。

【千凶万凶，勿理最凶】 tsʰi$^{53-35}$çioŋ$^{53-53}$βɛ$^{13-22}$çioŋ$^{53-22}$, uəʔ$^{2-2}$li$^{22-22}$tsø$^{53-35}$çioŋ$^{53-53}$ 对付逞凶的人，不予理睬是成功的办法。如：～。对搿种强凶霸道哂人，索性勿要去理睬伊。

【千年难得虎瞌眈】 tsʰi$^{53-35}$ɲi$^{31-53}$nɛ$^{31-22}$ɗʌʔ$^{4-2}$ɸu^{44}kʰəʔ$^{4-4}$tsʰoŋ$^{35-35}$ 形容机会千载难逢。如：我认为，股市搿波行情是～，格咾拿全部资金扑进去，满仓操作。

【千朵桃花一树生，千人同船一条命】 tsʰi$^{53-35}$ɗoʔ$^{44-53}$dɔ$^{31-13}$ho$^{53-53}$iɪʔ$^{4-3}$zy$^{13-55}$sæ̃$^{53-31}$, tsʰi$^{53-35}$ɲiŋ$^{31-53}$doŋ$^{31-13}$ze$^{31-53}$iɪʔ$^{4-3}$diɔ$^{31-55}$miŋ$^{13-53}$ 有着骨肉情谊或共同利益者应同舟共济。如：～。几十年来，我伲兄弟姐妹相互照顾，因此各家日脚过得侪蛮好。

【小囡相打，大人出场】 siɔ$^{44-35}$nø$^{22-31}$siæ̃$^{53-35}$ɗæ̃$^{44-53}$, du$^{13-22}$ɲiŋ$^{31-22}$tsʰəʔ$^{4-4}$zæ̃$^{31-53}$ ① 小孩吵架，家长理应出来相劝。② 小孩吵架，家长出来帮着吵架。如：～。家长出来劝开就可以了，千万勿要相帮吵咾相帮打。

【飞来燕子独脚伙，本地麻鸟帮手多】 ɸi^{53}lɛ^{31}i$^{35-53}$tsɿ$^{44-31}$doʔ$^{2-2}$ciɑʔ$^{4-2}$ɸu$^{44-22}$, ɓəŋ$^{44-44}$di$^{13-44}$mo$^{31-13}$ɗiɔ$^{44-53}$ɓɒ̃$^{53-35}$sɯ$^{44-53}$ɗu^{53} 外来户孤独无援，本地人人多势众。麻鸟：麻雀；鸟：松江话白读音如“吊”。如：～。交关外地人刚刚落户松江哂辰光，侪是单枪匹马，呒没一个帮手。十几年下来，伊拉有是交关好朋友。

【乌龟小，壳里老】 u$^{53-35}$cy$^{53-53}$siɔ^{44}, kʰɒʔ$^{4-4}$li$^{22-44}$lɔ^{22} 乌龟寿命极长，外形虽小，但常已存活多年。比喻有些人看似其貌不扬，但资格却很老。《玄空经》第四回：“我～，勿好惹的！”

【六十六，阎罗王请吃肉】 loʔ$^{2-2}$zəʔ$^{2-2}$loʔ$^{2-2}$, ɲi$^{31-13}$lu$^{31-55}$βɒ̃$^{31-31}$tsʰiŋ^{44}cʰiʌʔ$^{4-4}$ɲioʔ$^{2-4}$ 旧谓六十六岁是生死关口。如：现在松江人哂平均寿命已经超过80岁，“～”搿句闲话过时啦哉。

【六十勿借债，七十勿过夜】 loʔ$^{2-2}$səʔ$^{4-2}$uəʔ$^{2-2}$tsiɑ$^{35-55}$tsɑ$^{35-31}$, tsʰiɪʔ$^{4-4}$səʔ$^{4-4}$uəʔ$^{2-2}$ku$^{35-22}$ɦiɑ$^{13-22}$ 旧时到了六十岁，老人基本已失去了劳动能力。此时向人借债，能否归还是一个未知数，若有什么意外，债务留给后人会增添许多麻烦。七十岁古稀老人,适应能力变差,要是外出走亲访友就不要过夜了,在陌生的地方过夜有诸多不便,若是出了什么事情,对于自己及别人都是一种负担。如:尊老敬老是我伲嗰责任。不过,老古话讲:"～。"老人借债、过夜嗰事体,我伲还是要慎重。

【六月债,还得快】 loʔ$^{2-2}$ɦyœʔ$^{2-2}$ʦɑ^{35}, βɛ^{31}ɗʌʔ^{4}kuɑ^{35} 六月过后就是秋收,借了债很快就能归还。比喻报应来得很快。如:刚刚伊还勒拉讥笑别人,现在拨别人讥笑。真是～!

【勿出砻糠勿出米】 uəʔ$^{4-4}$ʦʰəʔ$^{4-4}$loŋ$^{31-13}$kʰɒ̃$^{53-53}$uəʔ$^{4-4}$ʦʰəʔ$^{4-4}$mi^{22} 亦称"勿出麸皮勿出面"。比喻不肯表态。如:搿桩事体我搭伊商量过几趟,伊是～,随便哪能勿肯表态。

【勿来勿去真亲眷,来来去去两蚀本】 uəʔ$^{4-4}$ lɛ$^{31-53}$ uəʔ$^{4-4}$ cʰi$^{35-35}$ ʦəŋ$^{53-35}$ ʦʰiŋ$^{53-55}$ cyø$^{35-31}$, lɛ$^{31-13}$lɛ$^{31-55}$cʰi$^{35-55}$cʰi$^{35-31}$liæ̃$^{22-22}$zʌʔ$^{2-5}$ɓəŋ$^{44-31}$ 亦称"勿来勿去真亲眷,来来去去两家穷"。谓亲友间礼尚往来过多,双方受累。如:～。真亲眷只要心里常桩想着,用勿着今朝直奴来,明朝吾奴去。

【勿来勿去路勿通,来来去去两面穷】 uəʔ$^{2-2}$lɛ$^{31-55}$uəʔ$^{2-5}$cʰi$^{35-31}$lu^{13}uəʔ$^{2-2}$tʰoŋ$^{53-53}$, lɛ$^{31-13}$lɛ$^{31-55}$cʰi$^{35-55}$cʰi$^{35-31}$liæ̃$^{22-22}$mi$^{13-35}$ɟioŋ^{31} 亲戚之间往来要把握好尺度,不来往,关系疏远;过多的来往则双方均要花费太多的钱物。如:～。亲戚之间要来往嗰,不过,来往太多嘛费神思咾费铜钿,也呒啥必要。

【勿识相要吃辣货酱】 uəʔ$^{4-4}$sʌʔ$^{4-4}$siæ̃$^{35-44}$iɔ^{53}cʰiʌʔ^{4}læʔ$^{2-2}$ɸu$^{35-22}$ʦiæ̃$^{35-22}$ 对方如果不识好歹,就要给他颜色看。如:识相点,事体全部讲清爽。～嗰。

【勿到黄河心勿死】 uəʔ^{2}ɗɔ^{35}βɒ̃$^{31-13}$βu$^{31-53}$siŋ^{53}uəʔ$^{2-2}$si$^{44-22}$ 亦称"勿见黄河心勿死"。比喻不到走投无路之时不死心,也比喻不达目的决不罢休。黄河:一说"乃横祸之误"。如:伊是～,直到家破人亡才晓得毒品害煞人。

【少吃咸鱼少口干】 sɔ$^{44-35}$cʰiʌʔ$^{4-ʔ31}$ɦɛ$^{31-13}$ɦŋ̍$^{31-53}$sɔ^{44}kʰɯ^{44}kø^{53} 比喻少管事、少操劳就能免去许多麻烦。如:～。闲事少管呒没烦恼,心境好是毛病也少。

【日来勤谨夜来忙】 ɲiɪʔ^{2}lɛ^{34}ɟiŋ$^{31-13}$ciŋ$^{44-53}$iɑ$^{35-53}$lɛ$^{31-31}$mɒ̃^{31} 亦称"早来勤谨夜来忙,热昼心里闲浪荡""鬼火道士夜来忙"。早来勤谨夜来忙:早晚两头都在忙碌,一般人这个时段并不忙于工作。热昼心里闲浪荡:指白天在闲荡。形容原本应该在白天忙完的事非得挨到晚上熬夜做。比喻办事无计划、没打算;或指假装认真。如:伊是日里厢两场麻将,到夜里手忙脚乱做家务,～,也呒没人同情伊。

【牙齿印子毒嗰】 ŋɑ$^{31-22}$ʦʰʅ$^{44-22}$iŋ$^{35-53}$ʦʅ$^{44-31}$doʔ$^{2-2}$ɦɯ$^{13-35}$ 谓众口咒骂的话,久后必成现实。如:大家侪咒伊生恶病,结果真生是肝癌。看来牙齿印子真毒嗰!

【认得皂隶打重竹爿】 ɲiŋ$^{13-24}$ɗʌʔ$^{4-ʔ31}$zɔ$^{13-22}$di$^{13-35}$ɗæ̃^{44}zoŋ^{31}ʦoʔ$^{4-4}$bɛ$^{31-53}$ 指望熟人能帮忙,岂知适得其反。皂隶:旧时衙门里的差役。打竹爿:打板子。如:熟人勿见得一定肯帮忙,有辰光～,屁股打来更加重。

【长嗰韭菜短嗰面】 zæ̃$^{31-24}$ɦɯ$^{13-31}$ciɯ$^{44-44}$ʦʰe$^{35-44}$ɗø$^{44-44}$ɦɯ$^{13-44}$mi^{13} 做菜时韭菜须切短,下面时面条总是细长。长韭菜短面条,谓不该长的长了,不该短的短了,比喻做事不对头,完全不符合要求。如:伊做出来嗰生活,～,呒没一样符合要求。

【东头勿着西头着】 ɗoŋ$^{53-35}$ dɯ$^{31-53}$ uəʔ$^{4-4}$ zɑʔ$^{2-4}$ si$^{53-35}$ dɯ$^{31-53}$ zɑʔ^{2} 两边总有一头不脱空。如:投资方向多一眼,～,稍微有眼收益就可以了。

【东家长,西家短】 ɗoŋ$^{53-35}$kɑ$^{53-53}$zæ̃^{31}, si$^{53-35}$kɑ$^{53-53}$ɗø^{44} 闲扯街坊邻里的传闻。如:闲下来呒没事体,伊拉就～,讲各种各样闲野闻。闲野闻:小道消息。

【东海洋里起蓬尘】 ɗoŋ$^{53-55}$he$^{44-33}$ɦiæ̃$^{31-33}$li$^{22-31}$cʰi^{44}boŋ$^{31-13}$zəŋ$^{31-53}$ 比喻无中生有。海洋中是不可能产生灰尘的。蓬尘:灰尘。如:讲闲话嘛总归要有眼根据。像搿种～嗰事体,啥人会相信?

【东搭黄浦西搭海】 ɗoŋ$^{53-53}$ ɗæʔ$^{4-31}$ βɒ̃$^{31-13}$pʰu$^{44-53}$ si$^{53-53}$ ɗæʔ$^{4-31}$ he^{44} 批评说话东拉西扯没有条理,不着边际。黄浦,即黄浦江。如:好哉!勿要～,一直扯开去哉!接下来开会,大家商量正经事体。

【东戳一枪,西戳一枪】 ɗoŋ^{53}ʦʰoʔ^{4}iɪʔ$^{4-4}$ʦʰiæ̃$^{53-53}$, si^{53}ʦʰoʔ^{4}iɪʔ$^{4-4}$ʦʰiæ̃$^{53-53}$ 比喻言语行为漫无目的,无明确主题或目标。犹言"东一榔头,西一棒子"。如:发言要围绕中心,勿要～。

【出门看天色，进门看脸色，炒菜看火色，讲话看眼色】 tsʰəʔ$^{4-4}$məŋ$^{31-53}$kʰø^{35}tʰi$^{53-53}$sʌʔ$^{4-ʔ31}$，tsiŋ$^{35-53}$məŋ$^{31-31}$kʰø^{35}li$^{22-24}$sʌʔ$^{4-ʔ31}$，tsʰɔ$^{44-44}$tsʰe$^{35-44}$kʰø^{35}ɸu$^{44-35}$sʌʔ$^{4-ʔ31}$，kɒ̃$^{44-44}$ɦo$^{13-44}$kʰø^{35}ŋɛ$^{22-24}$sʌʔ$^{4-ʔ31}$ 指做事应审时度势。如：像徐先生搿种人，～，绝对是一个做事体拎得清咶人。

【出门做客，财勿好露白】 tsʰəʔ$^{4-4}$məŋ$^{31-53}$tsu$^{35-35}$kʰɑʔ$^{4-ʔ31}$，ze^{31}uəʔ$^{2-2}$hɔ$^{44-22}$lu$^{13-24}$bɑʔ$^{2-ʔ31}$ 谓出门在外，自己所带钱财不要轻易让人看见，以防不测。露：暴露。白：银子，泛指钱财。如：～。出门做生意，身浪钞票要园园好，勿要拨陌生人看见。

【出是油火钿，坐拉暗头里】 tsʰəʔ^{4}zɿ^{22}ɦiɯ$^{31-24}$ɸu$^{44-33}$di$^{31-31}$，zu$^{22-24}$lɑ$^{2-4}$e$^{35-55}$dɯ$^{31-33}$li$^{22-31}$ 比喻出力出资，却得不到应有的享受或报酬。油火钿：灯油钱。暗头里：黑暗之处。如：搿趟上当哉！～。资金投进去，回报一眼也呒没！

【出娘胞胎头一趟】 tsʰəʔ$^{4-3}$ɲiæ̃$^{31-55}$ɓɔ$^{53-55}$tʰe$^{53-31}$dɯ$^{31-22}$iɪʔ$^{4-2}$tʰɒ̃$^{35-22}$ 有生以来第一次。如：搿趟出门乘飞机，我是～。

【包做媒人包养囡】 ɓɔ$^{53-55}$ tsu$^{35-31}$ me$^{31-13}$ ɲiŋ$^{31-53}$ ɓɔ$^{54-55}$ ɦiæ̃$^{22-33}$ nø$^{22-31}$ 亦称"包长底子包养囡"。做成了媒人，还要保证新婚夫妇生小孩。① 比喻媒人水平出众。② 比喻生活中没有什么事情都能包揽下来的。长底子：长家产。如：～，样样事体侪要包，啥里个媒人包得下来？

【半段头西施】 ɓe$^{35-33}$dø$^{13-55}$dɯ$^{31-31}$si$^{53-35}$sɿ$^{53-53}$ 亦称"半橛头西施"。指面孔好看、身材不美的女子。《玄空经》第一回："后来竟毛头姑娘十八变，出落得长腰细颈，细皮白肉，脚小伶仃，如花似玉，又是一副瓜子脸，竟然是～。"

【只认铜钿勿认人】 tsəʔ$^{4-4}$ɲiŋ$^{13-35}$doŋ$^{31-13}$di$^{31-53}$uəʔ$^{2-2}$ɲiŋ$^{13-35}$ɲiŋ^{31} 指为人势利，只知金钱，不讲人情。如：伊钞票看得太重，～，亲眷朋友借钞票伊从来勿肯。

【只听楼梯响，勿见娘娘面】 tsəʔ$^{4-4}$tʰiŋ$^{53-53}$lɯ$^{31-13}$tʰi$^{53-53}$çiæ̃^{44}，uəʔ$^{2-2}$ci$^{35-35}$ɲiæ̃$^{31-13}$ɲiæ̃$^{31-53}$mi^{13} 亦称"只听楼梯响，不见人下来"。比喻只说要干，不见实际行动。如：做事体就要雷厉风行，说干就干。勿好空喊口号，～。

【只重衣衫勿重人】 tsəʔ$^{4-4}$ zoŋ$^{22-44}$ i$^{53-35}$ sɛ$^{53-53}$ uəʔ$^{4-4}$ zoŋ$^{22-44}$ ɲiŋ^{31} 亦称"只敬衣衫勿敬人""只认衣衫勿认人，嫡亲娘舅陌路人"。只看重穿的衣着而不看重人品。指人情势利。如：老底子上流社会是～，衣裳着来勿光鲜是轧勿进咶。

【只想吃喜酒，勿想送人情】 tsəʔ$^{4-4}$siæ̃$^{44-44}$cʰiʌʔ$^{4-4}$çi$^{44-44}$tsiɯ$^{44-44}$，uəʔ$^{2-2}$siæ̃$^{44-22}$soŋ$^{35-55}$ɲiŋ$^{31-33}$ziŋ$^{31-31}$ 讽刺只想沾光获利而不愿掏钱的人。如：～。搿种人实在勿要面孔！

【叫人不蚀本，舌头滚一滚】 ciɔ^{35}ɲiŋ^{31}ɓəʔ$^{4-4}$zʌʔ$^{2-4}$ɓəŋ$^{44-44}$，zəʔ$^{2-2}$dɯ$^{31-53}$kuəŋ$^{44-44}$iɪʔ$^{4-4}$kuəŋ$^{44-44}$ 亦称"叫人不蚀本，不过舌头打个滚"。指尊敬地称呼别人一声，原是轻而易举的事，这么做不会吃亏，因为取得对方的好感，自然会得到好的回报。《玄空经》第六回："(脱皮少爷)晓得～，叫声'精工伯伯'，随手塞过一个封筒来。"

【叫化子换错棒，胡吆胡吆】 kɔ^{35}hɔ$^{35-55}$tsɿ$^{44-31}$βe$^{13-22}$tsʰo$^{53-22}$bɒ̃$^{22-22}$，βu$^{31-13}$ɦiɔ$^{31-55}$βu$^{31-55}$ɦiɔ$^{31-31}$ 几个叫化子换错了要饭的竹竿，引起争吵。形容人声嘈杂。如：楼下几个人又是争又是吵，像～！《玄空经》第八回作"叫化子换错棒，荷摇荷摇"。

【叫化子熬勿得讨饭】 kɔ^{35}hɔ$^{35-55}$tsɿ$^{44-31}$ŋɔ$^{31-22}$uəʔ$^{2-2}$ɗʌʔ$^{4-2}$tʰɔ$^{44-44}$βɛ$^{13-44}$ 叫化子与讨饭为同一行当。比喻同类的人互相倾轧，钩心斗角。熬勿得：不能容忍；妒忌。如：伊拉两家头是明里斗，暗里斗，～，矛盾深来勿得了。

【头一个炮仗就勿响】 dɯ$^{31-22}$ iɪʔ$^{4-2}$ kɯ$^{35-22}$ pʰɔ$^{35-44}$ zæ̃$^{13-44}$ ziɯ$^{13-22}$ uəʔ$^{4-5}$ çiæ̃$^{44-31}$ 工作一开头就遭到失败；办第一件事情就出现差错。如：承包七八只工程，第一只就失败，～，弄得经理烦透。

【头割下来当夜壶】 dɯ^{31} kəʔ$^{4-3}$ ɦiɑ$^{13-55}$ lɛ$^{31-31}$ ɗɒ̃$^{35-33}$ iɑ$^{35-55}$ βu$^{31-31}$ 形容和某人交情极好，即使把自己的头割下来给他当溺器也情愿。如：伊拉两家头要好到哪能程度？一个是宁可自家饿煞也要让兄弟吃饱；一个是情愿拿头割下来拨兄弟当夜壶。

【未话先笑，勿是好兆】 mi^{13}ɦo^{13}si$^{53-55}$siɔ$^{35-31}$，uəʔ$^{2-2}$zɿ$^{22-22}$hɔ$^{44-44}$zɔ$^{13-44}$ 有些人未开口说话先满脸堆笑，这往往不是好兆头。如：～。搿种人上来搭讪，侬要警惕。

【用得着当午，用勿着当六】 ɦioŋ$^{13-22}$ɗʌʔ$^{4-5}$zɑʔ$^{2-ʔ31}$ɗɒ̃$^{53-35}$ɦŋ̍$^{22-53}$，ɦioŋ$^{13-22}$uəʔ$^{2-5}$zɑʔ$^{2-ʔ31}$ɗɒ̃$^{53-53}$

lɔʔ$^{2-ʔ31}$ 需要时很重视，不需要时便抛在一边，不理不睬。当午：端午节。"午""五"同音，以此联想到"六"。当六：端午后一日，即五月初六，平平常常的日子，没戏唱了。如：我伲搿班人，勒拉伊眼里根本勿当回事，～。

【白狗赶啥羊淘】 bɑʔ$^{2-2}$kɯ$^{44-22}$kø^{44}sɑ^{35}ɦiæ̃$^{31-13}$dɔ$^{31-53}$ 讽刺冒充阔人（有钱人、有地位的人）的行为。也为自惭形秽者的知趣之言。赶：挤进去。淘：群。《玄空经》第七回："一天，三前六后来了九个放印子钿的来坐讨债。先是讽言冷语，一吹一唱，一搭一挡。一个说：'～！'"

【白鸭勿好当鹅，阿嫂勿好当婆】 bɑʔ$^{2-2}$æʔ$^{4-2}$uəʔ$^{2-2}$hɔ$^{44-22}$ɗɒ̃^{35}ŋu^{31}，æʔ$^{4-4}$sɔ$^{44-44}$uəʔ$^{2-2}$hɔ$^{44-22}$ɗɒ̃^{35}bu^{31} 谓凡事都得论资排辈。如：～。今朝是长辈商量事体，轮勿到侬小字辈出场。

【节头骨上勿生腡】 tsiɪʔ$^{4-3}$dɯ$^{31-55}$kuəʔ$^{4-ʔ31}$zɒ̃^{13}uəʔ$^{2-2}$sæ̃$^{53-53}$lu^{31} 亦称"指头骨上不生锣"。詈语。手指上不长圆形的腡纹，如同脚趾一般。节头骨：手指。《玄空经》第三回："黑眼乌珠看见白花花银子，就眼花耳热，两手抖率率接了过来；不道～，落在地上。"

【讨牙污臭】 tʰɔ^{44}ŋɑ$^{31-13}$u$^{53-53}$tsʰɯ^{35} 被人说难听的话。谓自讨没趣。牙污：牙垢。如：侬现在去问伊搿种问题，拨伊训脱两句，勿是～哇？

【讨好勿叫好】 tʰɔ$^{44-35}$hɔ$^{44-31}$uəʔ$^{2-2}$ciɔ$^{35-55}$hɔ$^{44-31}$ 亦称"讨好勿见好"。去巴结对方，反而引起对方不满。如：侬去拍马屁，人家勿领情。搿种～咂事体，下趟少做做。

【讨猪骨头齖】 tʰɔ^{44} tsɿ$^{53-35}$ kuəʔ$^{4-5}$ dɯ$^{31-31}$ ŋɑ^{31} 自找麻烦。齖：啃。如：搿种生活介难做，人家侪勿愿意接，侬去接下来，勿是～哇？

【轧杀当中人】 gæʔ$^{2-2}$sæʔ$^{4-2}$ɗɒ̃$^{53-35}$tsoŋ$^{53-55}$ɲiŋ$^{31-31}$ 亦称"⿰身朋杀当中人"。指中间人居间调停，遭两方面的责怪。轧：挤。当中人：同"中人"。⿰身朋：同"轧"。《玄空经》第一回："倘使承你不弃，做做～，成全好事，弄假成真，使我勿当面错过，一生一世也不忘记你的大恩了！"

【龙多旱，人多乱】 loŋ^{31}ɗu^{53}ɦø^{22}，ɲiŋ^{31}ɗu^{53}lø^{13} 龙多不下雨；人多则做事互相推诿，没有功效。如：项目筹备阶段，人勿要多，要精干。～。人多是反而做勿好事体。

【先小人，后君子】 si^{53}siɔ$^{44-35}$ɲiŋ$^{31-53}$，ɦɯ^{13}cyn$^{53-35}$tsɿ$^{44-53}$ 指先像小人那样斤斤计较，然后再像君子那样宽容大度地办事。多指交易或协商前先言明价格或条件。如：～。我伲先讲好价钿，再谈具体操作，好勿好？

【先进庙门一日大】 si^{53}tsiŋ^{35}miɔ$^{13-22}$məŋ$^{31-22}$iɪʔ$^{4-4}$ɲiɪʔ$^{2-4}$du^{13} 亦称"先进寺门一日大""先进寺门是我大"。指出家作僧尼，先进庙门的比后来的地位高。比喻做事论资排辈。如：伊比我早一年进单位。呒办法，～，伊总归是我师兄。

【关门是两家，拆墙是一家】 kuɛ$^{53-35}$məŋ$^{31-53}$zɿ^{22}liæ̃$^{22-24}$kɑ$^{53-31}$，tsʰɑʔ$^{4-4}$ziæ̃$^{31-53}$zɿ^{22}iɪʔ$^{4-4}$kɑ$^{53-53}$ 比喻邻里关系十分融洽。如：伊拉～，两家人家要好得勿得了。

【吃人一口，报人一斗】 cʰiʌʔ^{4}ɲiŋ^{31}iɪʔ$^{4-4}$kʰɯ$^{44-44}$，ɓɔ^{35}ɲiŋ^{31}iɪʔ$^{4-4}$ɗɯ$^{44-44}$ 在困难的时候即使受人一点小小的恩惠，以后也应加倍报答。意同"滴水之恩，当涌泉相报"。如：～。当年我当知青咂辰光，大妈常桩照顾我，现在大妈老了，我应该好好报答伊。

【吃么天兵天将，做么道士行香】 cʰiʌʔ^{4}məʔ^{22}tʰi$^{53-35}$ɓiŋ$^{53-55}$tʰi$^{53-55}$tsiæ̃$^{35-31}$，tsu^{35}məʔ^{22}dɔ$^{22-24}$zɿ$^{22-31}$ɦæ̃$^{31-13}$çiæ̃$^{53-53}$ 吃喝的时候胃口极好，到干活时却不肯出力。道士行香：轻手轻脚、小心谨慎的样子。如：搿几个小青年，～，实在对勿起东家。

【吃自家头星星，吃别人家甜津津】 cʰiʌʔ^{4}zɿ$^{13-22}$kɑ$^{53-22}$dɯ$^{31-13}$siŋ$^{53-55}$siŋ$^{53-31}$，cʰiʌʔ^{4}bəʔ$^{2-2}$ɲiŋ$^{31-55}$kɑ$^{53-53}$di$^{31-13}$tsiŋ$^{53-55}$tsiŋ$^{53-31}$ 亦称"吃别人吃出汗来，吃自家忍出汗来"。嘲讽爱吃白食的人。头星星：脑袋发晕，不舒服。《玄空经》第七回："大头鬼向来～，吃得上撑喉咙，下撑洞肛，腰大十围，然后摇头发尾巴，走了出来。"

【同死合棺材】 doŋ$^{31-13}$si$^{44-53}$kəʔ$^{4-3}$kue$^{53-55}$ze$^{31-53}$ 比喻不管怎样，死活都要粘在一起，绝不分开。如：侬同出同进，～，我勿反对。不过有一条，侬随便做啥事体，一定要守法。

【好人怵脾气】 hɔ$^{44-35}$ɲiŋ$^{31-31}$cʰiɯ$^{53-35}$bi$^{31-55}$cʰi$^{35-31}$ 指好人坏脾气。如：老实人难得发脾气，不过发起脾气来要比别人结棍得多。格咾叫"～"。

【好马勿要骑，好人勿要欺】 hɔ$^{44-35}$mo$^{22-31}$uəʔ$^{2-2}$iɔ$^{53-53}$ɟi^{31}，hɔ$^{44-35}$ɲiŋ$^{31-31}$uəʔ$^{2-2}$iɔ$^{53-53}$cʰi^{53} 谓不能欺负好人和老实人。如：～。侬欺负好人算勿

得啥英雄好汉，只能说明侬搿帮人素质差，呒没道德！

【好马拨人骑，好人有人欺】 hɔ$^{44-35}$mo$^{22-31}$ɓəʔ^{4} ɲiŋ^{31}ɟi^{31}，hɔ$^{44-35}$ɲiŋ$^{31-31}$ɦiɯ$^{2-2}$ɲiŋ^{31}cʰi^{53} 指老实人容易被人欺侮。如：～。格咾做人勿好太老实。

【好曲子勿唱三遍】 hɔ$^{44-33}$cʰioʔ$^{4-5}$ʦɿ$^{44-31}$uəʔ^{2} ʦʰɒ̃^{35}sɛ$^{53-55}$ɓi$^{35-31}$ 亦称“好曲子唱三遍也要口臭”。比喻再有内容的话，重复多了，也会使听者厌烦。如：～。搿只故事，下趟再搭侬讲！

【好事做是九十九，一桩勿好就讲怺】 hɔ$^{44-44}$ zɿ$^{13-44}$ʦu^{35}zɿ^{22}ciɯ$^{44-33}$zəʔ$^{2-5}$ciɯ$^{44-31}$，iɪʔ$^{4-4}$ʦɒ̃$^{53-53}$ uəʔ$^{2-2}$hɔ$^{44-22}$ziɯ^{13}kɒ̃^{44}cʰiɯ^{53} 尽管好事做了很多，但倘若有一桩没做好，人们就会批评甚至说不好的话。谓人们对坏事的敏感以及求全责备的心态。如：～。不过，群众咟评价最公正，讲侬怺咟毕竟是少数，侬做咟好事，大家心里侪有数。

【寻枕头睏】 ziŋ^{31}ʦəŋ$^{35-53}$dɯ$^{31-31}$kʰuŋ^{35} 找枕头睡觉。比喻找对象寻衅滋事。如：伊一肚皮火呒处发，正勒拉～。大家当心点，勿要惹毛伊。

【当面银子对面钿】 ɗɒ̃$^{53-55}$mi$^{13-31}$ɲiŋ$^{31-13}$ʦɿ$^{44-53}$ ɗe$^{35-44}$mi$^{13-44}$di^{31} 钱款应当面点清。如：收侬一百块，找侬三十块。～，找头拿好。

【托人托是皇伯伯】 tʰɔʔ$^{4-4}$ ɲiŋ$^{31-53}$ tʰɔʔ$^{4-4}$ zɿ$^{13-53}$ βɒ̃$^{31-22}$ ɓɑʔ$^{4-2}$ ɓɑʔ$^{4-2}$ 指求助却委托了不负责任的人。如：托老李带个口信拨我老公，想勿到～，老李拿搿桩事体忘来精光。

【托牢是下巴再讲】 tʰɔʔ$^{4-4}$lɔ$^{31-53}$zɿ^{44}ɦɔ$^{22-24}$ bo$^{53-31}$ʦe^{35}kɒ̃^{44} 告诫人不要信口开河，乱说一气。如：搿桩事体关系到人家隐私，侬要～。

【有一句话一句】 ɦiɯ^{22}iɪʔ$^{4-4}$cy$^{35-35}$ɦo^{13}iɪʔ$^{4-4}$ cy$^{35-35}$ 亦称“有一句讲一句”。指说话真实可靠，没有虚假成分。如：调查组问咟事体，我是～，一眼呒没虚假。

【有饭大家吃】 ɦiɯ$^{22-22}$ βɛ$^{13-35}$ dɑ$^{13-22}$ kɑ$^{53-22}$ cʰiʌʔ$^{4-2}$ 得到好处，大家享受。如：搿只工程我承包下来之后，大家一道来帮忙，～，多少赚眼钞票。

【有鱼呒鱼拉三网】 ɦiɯ$^{22-24}$ɦŋ̍$^{31-31}$m̩$^{53-35}$ɦŋ̍$^{31-31}$ lɑ^{53}sɛ^{53}mɒ̃^{22} 比喻不管事情有没有把握、结果，都照样去做。如：现代社会做事体侪强调效益。～，搿种观念搭做法太落后了！

【有鬼咟地方勿蹚河】 ɦiɯ$^{22-24}$cy$^{44-33}$ɦɯ$^{13-31}$ di$^{13-22}$ɸɒ̃$^{53-22}$uəʔ$^{2-2}$bɛ$^{31-55}$βu$^{31-31}$ 有问题有矛盾的地方不沾手不涉足。蹚：步行涉水，松江话音同“柴爿”的“爿”。如：～。搿种地方，工资再高我也坚决勿去。

【有借有还，再借勿难】 ɦiɯ$^{22-22}$ciɑ$^{35-55}$ɦiɯ$^{22-55}$ βɛ$^{31-31}$，ʦe$^{35-44}$ciɑ$^{35-44}$uəʔ$^{2-2}$nɛ$^{31-53}$ 亦称“好借好还，再借勿难”。指向人借用或借债守信用及时归还，以后再借就容易了。如：借物事要守信用，讲啥辰光还就啥辰光还。～。侬勿守信用，下趟人家就勿愿意借拨侬哉。

【污搞百叶结】 u^{53}gɔ^{44}ɓɑʔ$^{4-4}$ɦiɪʔ$^{2-4}$ciɪʔ$^{4-4}$ 纠缠。如：伊顶喜欢搞，常桩到此地来～。

【红须绿眼睛】 ɦoŋ$^{31-13}$sy$^{53-53}$loʔ$^{2-2}$ŋɛ$^{22-55}$ciŋ$^{53-53}$ 原指戏曲舞台上强盗（山大王）一类人物的形象。常借以形容凶神恶煞的面貌。《玄空经》第一回：“脱皮少爷见了，就～，一面道：‘何必太费！’一面就吃杀勿留种，三只指头骨撮个田螺。”

【老大多来打翻船】 lɔ$^{22-22}$du$^{13-35}$ɗu^{53}lɛ^{31}ɗæ̃$^{44-35}$ ɸɛ$^{53-31}$ze^{31} 比喻出主意的人多了，大家莫衷一是，反而误事。老大：船老大。如：事体哪能操作，现在有多种方案。不过主意太多也勿好，～。院办最终决定采用第一号方案。

【老实勿客气】 lɔ$^{22-24}$zəʔ$^{2-31}$uəʔ^{2}kʰɑʔ$^{4-2}$cʰi$^{35-22}$ ① 不谦让。② 不卖账。如：既然侬侪放弃，格么我就～，全部拿转去哉。

【老鬼勿脱手，脱手勿老鬼】 lɔ$^{22-24}$cy$^{44-31}$uəʔ$^{2-2}$ tʰəʔ$^{4-2}$sɯ$^{44-22}$，tʰəʔ$^{4-2}$sɯ$^{44-22}$uəʔ$^{2-2}$lɔ$^{22-22}$cy$^{44-22}$ 精明的人到手之物不轻易被别人拿去。如：搿块和田玉我哪能会让拨人家啊，～哉！

【肉麻当有趣】 ɲioʔ$^{2-2}$ mo$^{31-53}$ ɗɒ̃^{35} ɦiɯ$^{22-22}$ cʰy$^{35-35}$ 本来是使人讨厌的事儿反而洋洋自得，觉得挺有趣。形容人做作，自作多情。如：人家勒拉挖苦伊，伊还沾沾自喜，～。真是好笑煞哉！

【自话自有理】 zɿ$^{13-22}$ɦo$^{13-35}$zɿ^{13}ɦiɯ$^{22-22}$li$^{22-22}$ 尽管自己说的未必完全正确，甚至经不起推敲，但仍以种种理由极力坚持。如：大家侪指出伊搿种讲法勿对，伊仍旧硬撑，～。

【自话自相信】 zɿ$^{13-22}$ɦo$^{13-35}$zɿ^{13}siæ̃$^{53-55}$siŋ$^{35-31}$ 只相信自己的说法，别人的意见听不进去。如：伊讲哪能就是哪能，～，别人闲话一句也听勿进去。

【自家吃填坑，别人吃馔香】 zɿ^{13}kɑ^{53}cʰiʌʔ$^{4-2}$ di$^{31-13}$kʰæ̃$^{53-53}$，bəʔ$^{2-2}$ɲiŋ$^{31-53}$cʰiʌʔ^{4}zɛ$^{22-24}$çiæ̃$^{53-31}$ 自

己吃不过是填饱肚子；请别人吃，吃得津津有味，更能发挥作用。反映松江人好客。《玄空经》第一回：“抓在篮里就是菜。勿是我客气，俗语攀谈，～。”

【舌头勿满四两重，讲出闲话压死人】 zəʔ$^{2-2}$dɯ$^{31-53}$uəʔ$^{2-2}$me$^{22-22}$sɿ^{35}liæ̃^{22}zoŋ^{22}，kɒ̃$^{44-35}$ʦʰəʔ$^{4-ʔ31}$ɦɛ$^{31-24}$ɦo$^{13-31}$æʔ$^{4-4}$sæʔ$^{44-4}$ȵiŋ$^{31-53}$ 亦称“屋坍压勿死人，舌头压得死人”“舌头底下压死人”。指言语伤人。如：～。像当年电影明星阮玲玉就是拨流言蜚语害煞哌。

【舌头是扁哌，说话是圆哌】 zəʔ$^{2-2}$dɯ$^{31-53}$zɿ^{22}ɓi$^{44-44}$ɦɯ$^{13-44}$，sœʔ$^{4-4}$ɦo$^{13-35}$zɿ^{22}ɦø$^{31-24}$ɦɯ$^{13-31}$ 指话可以说得圆满，就看会不会说。如：～。会讲哌人，讲出来哌闲话，人家听拉就适意。

【舌头嚼脱半爿】 zəʔ$^{2-2}$dɯ$^{31-53}$ziɑʔ$^{2-2}$tʰəʔ$^{4-2}$ɓe$^{35-53}$bɛ$^{31-31}$ 犹言“舌头根子都嚼烂了”。形容好说歹说，劝说的话说了一大堆。意同“嘴巴浪讲出老茧”。如：劝是半日天，～，伊仍旧勿听。

【两头勿着港】 liæ̃$^{22-24}$dɯ$^{31-31}$uəʔ$^{2-2}$zɑʔ$^{2-2}$kɒ̃$^{44-22}$ 两边都得不到预料可得的好处。如：炒股票亏本，做生意赚勿着钞票，现在是～。

【冷水要人挑，热水要人烧】 læ̃$^{22-22}$sɿ$^{44-55}$iɔ^{53}ȵiŋ^{31}tʰiɔ^{53}，ȵiɪʔ$^{2-2}$sɿ$^{44-22}$iɔ^{53}ȵiŋ^{31}sɔ^{53} 比喻不论什么事情都得有人去做。如：～。单位里介多事体，大家侪要主动分担。

【冷粥冷饭好吃，冷言冷语难挡】 læ̃$^{22-24}$ʦoʔ$^{4-ʔ31}$læ̃$^{22-22}$βɛ$^{13-35}$hɔ$^{44-35}$cʰiʌʔ$^{4-31}$，læ̃$^{22-24}$ɦi$^{31-31}$læ̃$^{22-22}$ȵy$^{13-35}$nɛ^{31}ɗɒ̃^{44} 宁可身处贫寒，也不愿受人冷嘲热讽。如：～。搿种风言风语，随便啥人侪受勿了！

【别人吃粽子直奴舔箬】 bəʔ$^{2-2}$ȵiŋ$^{31-53}$cʰiʌʔ^{4}ʦoŋ$^{35-53}$ʦɿ$^{44-31}$zʌʔ$^{2-2}$nu$^{31-53}$tʰi$^{44-44}$ȵiɑʔ$^{2-4}$ 人家把粽子吃完了，你却只能舔被人丢弃的包粽子的箬叶。比喻受欺侮，受到不公平的待遇。直奴：你。箬：箬叶，常用来包粽子。如：～。跟搿种黑心人合伙做生意呒没意思。

【吹火抢铜钿】 ʦʰɿ$^{53-35}$ ɸu$^{44-53}$ ʦʰiæ̃$^{44-33}$ doŋ$^{31-55}$di$^{31-31}$ 吹灭灯火，趁暗抢钱。比喻用不正当手段取人钱财。吹火：吹灭灯火。如：伊搿个人专门做～哌事体，大家当心点。

【尿出狗，家家有】 sɿ$^{53-53}$ʦʰəʔ$^{4-ʔ31}$kɯ^{44}，kɑ$^{53-35}$kɑ$^{53-53}$ɦiɯ^{22} 尿出狗：比喻年长后忘却父母养育之恩的人。如：～。老底子小囡养来多，总有个把子女大是良心怺，忘记脱爷娘哌养育之恩。

【投得来像阿奶】 dɯ$^{31-13}$ɗʌʔ$^{4-5}$lɛ$^{31-31}$ziæ̃^{13}æʔ$^{4-4}$nɑ$^{22-44}$ 形容忙碌得不可开交。旧时家庭主妇既要忙里又要忙外，十分辛苦；到做了奶奶，则要为两代人服务，家务事更为忙碌。投：到处奔忙。阿奶：奶奶。如：今朝好几家兄弟单位要来参观取经，格咾我伲公司领导侪勒拉忙接待工作，个个～。

【来来去去，大伤元气】 lɛ$^{31-13}$lɛ$^{31-55}$cʰi$^{35-55}$cʰi$^{35-31}$，du$^{13-22}$sɒ̃$^{53-22}$ȵyø$^{31-24}$cʰi$^{35-31}$ 来来往往的应酬多了以后，必大大受累。如：～。亲眷朋友走动太忙，伤精神，伤身体，也伤钞票。

【极绷游佘山】 ɟiʌʔ$^{2-2}$ɓæ̃$^{53-53}$ɦiɯ^{31}zo$^{31-13}$sɛ$^{53-53}$ 经不住亲朋好友的盛情邀约，抹不开面子，只好硬硬头皮上松江名胜佘山游玩。比喻勉强支撑，勉为其难。如：大家侪吃白酒，我也只好～，吃一眼白酒。

【穷和尚碰着极门徒】 ɟioŋ$^{31-13}$ βu$^{31-55}$ zɒ̃$^{13-31}$ bæ̃$^{13-24}$ zɑʔ$^{2-31}$ ɟiʌʔ$^{2-2}$ məŋ$^{31-55}$ du$^{31-53}$ 本指和尚穷了，去向施主要钱，不料施主也穷了，无力相助。比喻向别人借钱，那人手头也很紧，拿不出钱。门徒：松江地方寺庙的世属施主。极：穷尽。如：侬勒拉投资，我也勒拉投资。～，我实在呒没多余资金借拨侬。

【穷贪富勿要】 ɟioŋ^{31} tʰe^{53} ɸu$^{35-35}$ uəʔ$^{4-3}$ iɔ$^{35-31}$ 亦称“穷推富勿要”。没钱人想要要不到，有钱人则看不上而不要，即没有人家愿意接受。《玄空经》第一回：“只因人家推板，鬼捏婆婆又贪吃懒做，因此～。”

【肚皮里做蛔虫】 du$^{22-22}$ bi$^{31-55}$ li$^{22-31}$ʦu^{35}βi$^{31-13}$zoŋ$^{31-53}$ 比喻善于猜度或迎合别人心思。《玄空经》第八回：“可怜大头鬼勿曾在出气姑娘～，那得晓得其中奥妙！”

【走路唱山歌】 ʦɯ$^{44-44}$ lu$^{13-44}$ ʦʰɒ̃$^{35-55}$ sɛ$^{53-33}$ku$^{53-31}$ 漫不经心地随口跟人搭话。如：伊搿种闲话是走路唱山歌，勿好当真。

【钉头碰着铁头】 ɗiŋ$^{53-35}$dɯ$^{31-53}$bæ̃$^{13-24}$zɑʔ$^{2-ʔ31}$tʰiɪʔ$^{4-4}$dɯ$^{31-53}$ 比喻两个厉害家伙碰在一起，各不相让。《玄空经》第五回：“小毛贼朝外拖，大头鬼朝里涨，～，大家有些气力，一时难见高低。”

【闲人只讲得闲话】 ɦɛ$^{31-13}$ ȵiŋ$^{31-53}$ ʦəʔ$^{4-4}$

kɒ̃$^{44-44}$ ɗʌʔ$^{4-4}$ ɦɛ$^{31-24}$ ɦo$^{13-31}$ 亦称“闲人闲话”。非当事人说的不能算数。闲人的话不能当作“正经”。如：～。事体到底哪能，伊拉屋里厢人最清爽。

【闲话勿出头，话到天尽头】 ɦɛ$^{31-24}$ɦo$^{13-31}$uəʔ$^{2-2}$tsʰəʔ$^{4-5}$dɯ$^{31-53}$，ɦo^{13}ɗɔ^{35}tʰi$^{53-55}$ziŋ$^{22-33}$dɯ$^{31-31}$ 只要不指名道姓，由你说短道长。如：～。我只要勿指名道姓，人家就勿好寻我吼世。寻吼世：寻衅。

【闲话勿好当真，听话只听三分】 ɦɛ$^{31-24}$ɦo$^{13-31}$uəʔ$^{2-2}$hɔ$^{44-22}$ɗɒ̃$^{53-35}$tsəŋ$^{53-53}$，tʰiŋ^{53}ɦo^{13}tsəʔ$^{4-4}$tʰiŋ$^{53-53}$sɛ$^{53-35}$ɸəŋ$^{53-53}$ 身旁的闲言碎语不能当真，只能听信三分。如：～。别人讲咭闲话只能参考，勿好侪相信。

【闲话多，饭泡粥】 ɦɛ$^{31-24}$ɦo$^{13-31}$ɗu^{53}，βɛ^{13}pʰɔ^{35}tsoʔ^{4} 形容废话多。如：伊辩个人就是辩能，～，一只嘴巴一日讲到夜。

【闲话里夹骨头】 ɦɛ$^{31-24}$ ɦo$^{13-33}$ li$^{22-31}$ kæʔ^{4} kuəʔ$^{4-4}$ dɯ$^{31-53}$ 话中带有讥讽或抨击的意味。如：伊～，我听得出。

【鸡搭百脚，冤家结煞】 ci^{53}ɗæʔ^{4}ɓɑʔ$^{4-4}$ciɑʔ$^{4-4}$，ø$^{53-35}$kɑ$^{53-53}$ciɪʔ$^{4-4}$sæʔ$^{4-4}$ 相传鸡与蜈蚣相克，是一对冤家，故有此说。百脚：蜈蚣。如：伊拉两家头是～，矛盾深来勿得了。

【到啥山，斫啥柴】 ɗɔ^{35}sɑ^{35}sɛ^{53}，tsɒʔ^{4}sɑ^{35}zɑ^{31} 比喻处理问题要根据时间、地点、条件等不同情况，采取不同对策。如：做事体要随机应变，～，多做几手准备。

【卖西瓜要看皮色】 mɑ^{13}si$^{53-35}$ko$^{53-53}$iɔ^{53}kʰø^{35}bi$^{31-22}$sʌʔ$^{4-2}$ 卖瓜者进货时善于观察瓜皮花纹挑选西瓜。比喻处世应善于察言观色，见机行事。如：～，做事体要轧苗头。

【房子一埭头，亲眷一代头】 βɒ̃$^{31-13}$tsɿ$^{44-53}$iɪʔ$^{4-3}$dɑ$^{13-55}$dɯ$^{31-31}$，tsʰiŋ$^{53-55}$cyø$^{35-31}$iɪʔ$^{4-3}$de$^{13-55}$dɯ$^{31-31}$ 传统文化观念淡薄者，下一代亲眷就不再来往了。如：～。爷娘过世之后，下一代亲眷基本上就勿来往哉。

【拎错秤纽看错秤】 liŋ$^{53-35}$tsʰo$^{53-53}$tsʰəŋ$^{35-53}$ɲiɯ$^{22-31}$kʰø$^{35-55}$tsʰo$^{53-33}$tsʰəŋ$^{35-31}$ 亦称“拎错秤纽绳”。比喻没有弄清对方的情况，摸准对方的心思。如：伊根本呒没吃准领导意图，结果～，马屁拍到是马脚浪。

【招空心冤家】 tsɔ^{53}kʰoŋ$^{53-35}$siŋ$^{53-55}$ø$^{53-55}$kɑ$^{53-31}$ 平白无故地结成冤仇。招冤家：结冤仇。空心：平白无故。《玄空经》第四回：“小毛贼饶了罢！铜钿要几化就几化，不过大家勿要～！”

【拣佛烧香】 kɛ^{44}βəʔ^{2}sɔ$^{53-35}$çiæ̃$^{53-53}$ 亦称“拣佛烧好香”。比喻选择对自己有用的人加以讨好。如：伊喜欢拉关系，拍马屁，～。辩方面伊动足勿少脑筋，也用脱勿少铜钿。

【河底摸得着，人心摸勿着】 βu$^{31-13}$ɗi$^{44-53}$mɔʔ$^{2-2}$ɗʌʔ$^{4-2}$zɑʔ$^{2-2}$，ɲiŋ$^{31-13}$siŋ$^{53-53}$mɔʔ$^{2-2}$uəʔ$^{2-2}$zɑʔ$^{2-2}$ 指人心难测。如：～。伊心里到底勒拉想点啥？侬根本勿晓得。

【直奴客气，吾奴福气】 zʌʔ$^{2-2}$nu$^{31-53}$kʰɑʔ$^{4-4}$cʰi$^{35-35}$，ɦŋ̍$^{44-35}$nu$^{31-31}$ɸoʔ$^{4-4}$cʰi$^{35-35}$ 你谦让，我正好接受。客气当福气，把别人的谦让理所当然地接受。如：～。辩点物事，吾奴就统统拿回去哉！

【话啦看，勿啦算】 ɦo$^{13-24}$lɑ$^{2-3}$kʰø$^{35-31}$，uəʔ$^{2-2}$lɑ$^{2-2}$sø$^{35-22}$ 自己说过的话，对于别人的承诺，并不记在心上，即说话不算数，犹有口无心。《玄空经》第七回：“讨债鬼上门来，总是推三阻四，有口无心，～。”

【青菜薄粥，只求热络】 tsʰiŋ$^{53-55}$tsʰe$^{35-31}$bɒʔ$^{2-2}$tsoʔ$^{4-2}$，tsəʔ^{4}ɟiɯ^{31}ɲiɪʔ$^{2-2}$lɒʔ$^{2-2}$ 亲友之间来往，只求保持亲热的关系，并不在乎大吃大喝。如：～。自家人吃个便饭，闹热点，大鱼大肉就勿上哉。

【亲兄弟，明算账】 tsʰiŋ$^{53-35}$çioŋ$^{53-55}$di$^{22-31}$，miŋ$^{31-13}$sø$^{35-55}$tsæ̃$^{35-31}$ 即使是亲兄弟，在金钱往来上也要把账算在明处。如：～。辩笔生意咭收支账目，大家一道看一看。赚咭钞票，两家头平分。

【亲眷好，吃一饱；邻舍好，无价宝】 tsʰiŋ$^{53-55}$cyø$^{35-31}$hɔ^{44}，cʰiʌʔ$^{4-4}$iɪʔ$^{4-4}$ɓɔ$^{44-44}$；liŋ$^{31-24}$so$^{35-31}$hɔ^{44}，βu$^{31-24}$kɑ$^{35-33}$ɓɔ$^{44-31}$ 亦称“金乡邻，银亲眷”。指邻居比亲戚更可贵。如：～。有啥事体，邻舍侪来帮忙，真比亲眷还要亲。

【南京到北京，叔叔伯伯叫个勿停】 ne$^{31-13}$ciŋ$^{53-53}$ɗɔ^{35}ɓoʔ$^{4-4}$ciŋ$^{53-53}$，soʔ$^{4-4}$soʔ$^{4-4}$ɓɑʔ$^{4-4}$ɓɑʔ$^{4-4}$ciɔ$^{35-44}$kɯ$^{35-44}$uəʔ$^{2-2}$diŋ$^{31-53}$ 指在人生地不熟的地方，要找到目的地，必须勤于问路。如：辩趟出国留学，一路浪问路，～。总算顺利到达目的地。

【咬耳朵白话】 ŋɔ$^{22-22}$ ɲi$^{22-55}$ ɗu$^{44-31}$ bɑʔ$^{2-2}$ ɦo$^{13-35}$ 耳语，说悄悄话。《玄空经》第二回：“大头鬼听了，晓得总有些劲头，肚肠角落里摸出一条计策，就～。”

【挂心挂肚肠】 ko^{35}siŋ^{53}ko$^{35-33}$du$^{22-55}$zæ̃$^{31-31}$ 亦称“牵心挂肚肠”。牵肠挂肚，放心不下。《玄空经》第七回：“省得分开在两边，大家～。”

【搲勿着，搭勿够】 o$^{53-55}$uəʔ$^{2-3}$zɑʔ$^{2-ʔ31}$，ɗæʔ$^{4-4}$uəʔ$^{2-4}$kɯ$^{35-44}$ 比喻距离较远，无法办到。搲：接触。如：伊勒拉外地出车祸，亲眷朋友～。幸亏有当地民警相帮，及时送医，身体总算呒啥大碍。

【是说壮，发了胖】 zɿ$^{22-22}$sœʔ$^{4-2}$ʦɒ̃^{35}，ɸæʔ$^{4-4}$liɔ$^{22-44}$pʰɒ̃^{35} 亦称“话得壮越是胖”。说他胖，好像他真的就胖起来了。谓传闻越来越夸大。《玄空经》第八回：“～，话得好听，见得平常，原来他是一个空心大老倌。”

【说勿出个交关对】 sœʔ$^{4-4}$uəʔ$^{2-4}$ʦʰəʔ$^{4-4}$kɯ^{35} ciɔ$^{53-35}$kuɛ$^{53-53}$ɗe^{35} 认为非常正确。《玄空经》第八回：“大头鬼听了，～。”

【贴心贴肚肠】 tʰiɪʔ^{4}siŋ^{53}tʰiɪʔ$^{4-3}$du$^{22-55}$zæ̃$^{31-53}$ 形容处处体贴入微。如：我病假三个月，睏拉屋里，侪是姆妈～照顾我。

【贴杀勿富，带累自穷】 tʰiɪʔ$^{4-4}$sæʔ$^{4-4}$uəʔ$^{2-2}$ ɸu$^{35-35}$，ɗɑ$^{35-44}$le$^{13-44}$zɿ^{13}ɟioŋ^{31} 接受补贴的人得钱再多也富不起来，反而拖累了救助者。《玄空经》第三回：“那鬼捏婆婆除出倒贴那贼秃外，倒做人家起来，吃得咸酸耐得淡，苦吃苦熬，只进勿出，所以虽贴杀勿富，却也不曾带累自穷。”

【面东人看面西人】 mi$^{13-22}$ ɗoŋ$^{53-22}$ ɲiŋ$^{31-22}$ kʰø^{35} mi$^{13-22}$ si$^{53-22}$ ɲiŋ$^{31-22}$ 对面相看，都不发言。形容一种尴尬场面。如：夫妻两家头闹矛盾，大家勿开口，～，屋里向常桩冷冷清清。

【韭菜面孔，一碰就熟】 ciɯ$^{44-44}$ʦʰe$^{35-44}$mi$^{13-22}$ kʰoŋ$^{44-22}$，iɪʔ$^{4-4}$bæ̃$^{13-35}$ziɯ$^{13-24}$zoʔ$^{2-ʔ31}$ 亦称“韭菜面孔，一拌就熟”。韭菜稍微拌炒几下就熟了。形容善于交际的人，原本彼此陌生，一见面，交谈几句就像老朋友一样。《玄空经》第二回：“出气姑娘本来是～。”

【骨头糯糯熟】 kuəʔ$^{4-4}$dɯ$^{31-53}$nu$^{13-22}$nu$^{13-55}$zoʔ$^{2-ʔ31}$ 亦称“骨头捼捼熟”。作好挨打的准备。恫吓语，多为威吓小孩。捼：捏、抚摩。《玄空经》第四回：“倘使勿放出，请你～，老实不客气。要晓得老子的拳头勿认得人！”

【借图骂媳妇】 ʦiɑ^{35}nø^{13}mo^{13}siŋ$^{53-33}$βu$^{13-31}$ 指桑骂槐。《玄空经》第八回：“他生就是小鸡肚肠，又是铜钿银子关心血，哪里容得落，见了面好像眼睛里一只钉，常常～。”

【圆团多，汤水黏】 ɦø$^{31-13}$dø$^{31-53}$ɗu^{53}，tʰɒ̃$^{53-35}$ sɿ$^{44-53}$ɲiŋ^{31} 汤团多了，锅里煮汤团的水也粘稠。形容人多力量大，资金多，本钱雄厚，收获的成果也多。黏：粘。如：～。公司资金雄厚生意好，职工分红也就更加多。

【拿别人头来碾酱】 no^{53}bəʔ$^{2-2}$ɲiŋ$^{31-55}$dɯ$^{31-31}$ lɛ^{31}ɲi$^{44-44}$ʦiæ̃$^{35-44}$ 拿别人的脑袋碾肉酱。比喻为了自身利益，不惜牺牲别人的一切。如：伊专门损人利己，～，做缺德呴事体。

【挨门进，自掇凳】 ɑ$^{53-35}$məŋ$^{31-53}$ʦiŋ^{35}，zɿ^{13} ɗœʔ$^{4-4}$ɗəŋ$^{35-35}$ 亦称“搲上门，自掇凳”。嘲讽喜欢串门，不邀自至的人。《玄空经》第六回：“鬼捏婆婆生就尖屁股，～，掇了一只冷板凳，歪了屁股就坐。”

【捉牢和尚骂贼秃】 ʦɒʔ$^{4-4}$lɔ$^{31-53}$βu$^{31-24}$zɒ̃$^{13-31}$ mo^{13}zʌʔ$^{2-2}$tʰoʔ$^{4-2}$ 喻指桑骂槐。如：伊是～，表面浪讲几个小青年勿好，骨子里是勒拉发泄对车间主任呴勿满。

【捕快贼出身】 bu$^{13-22}$ kʰuɑ$^{35-35}$ zʌʔ$^{2-2}$ ʦʰəʔ$^{4-5}$ səŋ$^{53-53}$ 旧时衙门中专职抓盗贼的差役（捕快），熟悉盗贼的底细，或者与他们有一定联系，甚至曾经干过那类勾当。《玄空经》第五回：“～，行行出状元。”

【臭豆腐装样】 ʦʰɯ$^{35-35}$dɯ$^{13-33}$βu$^{13-31}$ʦɒ̃$^{53-55}$ iæ̃$^{35-31}$ 臭豆腐是廉价食品，不能作酒席主菜。比喻滥竽充数，姑且装装样子。《玄空经》第一回：“虽然也是～，只因人家推板，鬼捏婆婆又贪吃懒做，因此穷贪富勿要。”

【贼难言，污难吃】 zʌʔ^{2}nɛ$^{31-13}$ɦi$^{31-53}$，u^{35}nɛ$^{31-22}$ cʰiʌʔ$^{4-2}$ 亦称“贼难冤，屎难吃。”诬人行窃，逼人亲口承认自己是贼，这对于蒙冤者来说实在难以办到，就像难以被逼把污（屎）吃下去一样。《玄空经》第五回：“牛精不打自招道：‘～。我除揩油之外，忙里偷暇，不过勿是掘壁洞小毛贼，因为做起贼来，一犬吠影，百犬吠声，也是难当。’”

【假客气碰着真老实】 kɑ$^{44-35}$kʰɑʔ$^{4-3}$cʰi$^{35-31}$ bæ̃$^{13-24}$zɑʔ$^{2-ʔ31}$ʦəŋ$^{53-55}$lɔ$^{22-33}$zəʔ$^{2-ʔ31}$ 甲方假意客气，

实指望乙方婉谢，没想到乙方老实不客气，从甲方处获得了好处。隐喻事与愿违。如：搿枚古币古董商已经交到我手里了。我假装客气，问表弟想勿想拿下来，结果～，表弟一记头抢下来搭古董商成交。我是懊悔也来勿及。

【做一样生活换一样骨头】 tsu^{35}iɪʔ$^{4-4}$iæ̃$^{35-35}$ sæ̃$^{53-53}$βəʔɦue^{13}iɪʔ$^{4-4}$iæ̃$^{35-35}$kuəʔ$^{4-4}$dɯ$^{31-53}$ 亦称“换一样生活换一副骨头”。换一个工种，刚开始感到浑身酸痛，过一个阶段才能适应。生活：工种。如：～。种田人，田里样样生活侪做过，样样骨头侪换过。

【得着风，就扯篷】 ɗʌʔ$^{4-4}$zɑʔ$^{2-4}$ɸoŋ^{53}，ziɯ^{13} tsʰɑ$^{44-35}$ boŋ$^{31-31}$ 比喻略得些风声或稍知些内情，就到处传扬或卖力地干起来。篷：船帆。《玄空经》第六回：“阿木林～，捏着鸡毛当令箭，一口气跑去。”

【眼大勿关风】 ŋɛ$^{22-22}$du$^{13-35}$uəʔ$^{2-2}$kuɛ$^{53-53}$ɸoŋ^{53} 就在眼皮底下，竟然没有看见。嘲讽视而不见的人。《玄空经》第八回：“大头鬼就回来，～，寻寻出气姑娘，影子亦无。”

【眼勿见为净】 ŋɛ$^{22-24}$uəʔ$^{2-3}$ci$^{35-31}$βe^{31}ziŋ^{13} ①眼睛没看见，不干净的也可以当作干净。②比喻不合自己心意的人或事不在眼前，便没有烦恼。如：两家头蹲拉屋里常桩闹矛盾。搿两天伊到海南岛旅游，～，我一家头倒觉着清静勿少。

【眼仙人发定】 ŋɛ$^{22-22}$ si$^{53-55}$ ɲiŋ$^{31-31}$ ɸæʔ$^{4-4}$ diŋ$^{13-35}$ 形容瞠目结舌的样子。眼仙人：瞳仁、眼珠。如：证人走出来，证据摊出来。搿辰光，嫌疑人～，舌头也发大哉。

【眼里勿见大】 ŋɛ^{22}li^{22}uəʔ$^{2-3}$ci$^{35-31}$du^{13} 没有见过大世面。《玄空经》第三回：“牵线木人～，黑眼乌珠看见白花花银子，就眼花耳热。”

【眼眼调碰着眼眼调】 ŋɛ$^{22-24}$ ŋɛ$^{22-33}$ diɔ$^{13-31}$ bæ̃$^{13-24}$ zɑʔ$^{2-31}$ ŋɛ$^{22-24}$ ŋɛ$^{22-33}$ diɔ$^{13-31}$ 恰巧；刚巧。多指不如意的事。如：～。拍婚纱照搿天，我面孔浪正好长出一粒小痘痘。

【眼睛生在额角头上】 ŋɛ$^{22-24}$ciŋ$^{53-31}$sæ̃$^{53-55}$ ze$^{13-31}$ŋʌʔ$^{2-2}$kɔʔ$^{4-5}$dɯ$^{31-53}$zɒ̃$^{13-31}$ 眼睛长到头顶上，比喻目中无人，非常傲慢。《玄空经》第五回：“你一向～，勿认得我。”

【睁开眼睛跑河里】 tsæ̃$^{53-35}$kʰe$^{53-53}$ŋɛ$^{22-24}$ciŋ$^{53-31}$ bɔ^{31}βu$^{31-13}$li$^{22-53}$ 亦称“睁开眼睛吃老鼠药”。眼睁睁地往死路上走，比喻明知是蠢事，却也去干了。《玄空经》第二回：“你勿要～，也勿要叫化子吃死蟹，只只好。”

【聋甏，缠来有样】 loŋ$^{31-24}$bæ̃$^{13-31}$，ze^{31}lɛ^{31} ɦiɯ$^{22-22}$iæ̃$^{35-35}$ 耳背的人听不清外界的语言，会把发音相似的话语搅和混淆在一起，仅凭自己的模糊印象胡乱传话，将此事缠成彼事，这话传成那话，还像真的一样。聋甏：聋子，听力障碍者。有样：有模有样。如：～。聋甏传过来哴闲话，勿好随便相信。

【脚板对脚板，一筷对一筷】 ciɑʔ$^{4-4}$ ɓɛ$^{13-2}$ ɗe$^{13-2}$ ciɑʔ$^{4-4}$ ɓɛ$^{13-2}$，iɪʔ$^{4-4}$kʰuɛ$^{3-3}$ɗe^{35}iɪʔ$^{4-4}$kʰuɛ$^{3-3}$ 形容知己对酌，十分惬意。如：伊拉两家头一人一瓶老酒，～，写意得勿得了。

【蛋壳在头顶上】 dɛ$^{13-24}$kʰɔʔ$^{4-ʔ31}$ze^{13}dɯ$^{31-13}$ ɗiŋ$^{44-55}$zɒ̃$^{13-31}$ 詈语。斥人年幼无知如刚孵出的小鸡。《玄空经》第四回：“你～，勿要马嘉鱼嘴硬骨头酥。我乌龟小，壳里老，勿好惹的！”

【野鸡躲个头】 ɦiɑ$^{22-24}$ ci$^{53-31}$ ɗu$^{44-44}$ kɯ$^{35-44}$ dɯ^{31} 亦称“野鸡钻没头”。野鸡有只藏头不藏身的习性。比喻姑且躲避一下，以求幸免。《玄空经》第七回：“脱皮少爷正像～，已打得……寸步难移。”

【骑牛碰着亲家公】 ɟi^{31}ɲiɯ^{31}bæ̃$^{13-24}$zɑʔ$^{2-ʔ31}$ tsʰiŋ$^{53-35}$kɑ$^{53-55}$koŋ$^{53-31}$ 亦称“骑牛偏偏碰到亲家”。骑牛总不如骑马体面。比喻光彩体面的事没人知道，扫兴难堪的事偏让人碰上。如：勒拉星级宾馆吃西餐呒没人看见，今朝早饭吃冷馒头倒拨侬碰着。真是～哉！

【割猫耳朵拌猫饭】 kʌʔ^{4}mɔ$^{31-24}$ɲi$^{22-33}$ɗu$^{44-31}$ be^{22}mɔ$^{31-24}$βɛ$^{13-31}$ 比喻拿他的钱，办他的事。如：侬是拿伊铜钿办伊哴事体。～，一切由伊付账，用勿着侬摸钞票。

【强盗碰着贼爷爷】 ɟiæ̃$^{31-24}$ dɔ$^{13-31}$ bæ̃$^{13-24}$ zɑʔ$^{2-31}$ zʌʔ$^{2-2}$ ɦiɑ$^{31-55}$ ɦiɑ$^{31-53}$ 强盗明抢，小偷暗取，明抢难斗暗取。比喻黑吃黑或强中自有强中手。《玄空经》第八回：“我骗得来的女人，现在又给他拐去。……真是～！”

【揩台子要揩四角，扫地皮要扫壁角】 kʰɑ$^{53-35}$ de$^{31-55}$tsɿ$^{44-31}$iɔ^{53}kʰɑ^{53}sɿ$^{35-35}$kɔʔ$^{4-31}$，sɔ$^{44-33}$di$^{13-55}$bi$^{31-31}$ iɔ^{53}sɔ^{44}ɓiɪʔ$^{4-4}$kɔʔ$^{4-4}$ 谓做事情要认真，要到位。如：～。做家政服务哴一定要记牢，工作处处要

到位。

【揿头割耳朵】 cʰiŋ^{35}dɯ^{31}kʌʔ$^{4-3}$ɲi$^{22-55}$ɗu$^{44-53}$ 硬逼别人干事。揿：按。如：搿桩事体我勿情愿做，伊是～，硬劲要我做。硬劲：一定。

【睏扁了头戴西瓜子壳】 kʰuəŋ$^{35-44}$ɓi$^{44-44}$liɔ$^{22-53}$dɯ^{31}ɗɑ^{35}si$^{53-55}$ko$^{53-33}$tsɿ$^{44-33}$kʰɔʔ$^{4-ʔ31}$ 詈语。骂人睡得久了，头昏脑胀，神志不清，胡思乱想。谓痴心妄想到了极点。《玄空经》第三回："脱皮少爷～，不道藕船碰着幺菱船，奇不奇，巧不巧，竟然事体成功。"

【脾气怪勿好搭】 bi^{31}cʰi^{35}kuɑ^{35}/uəʔ^{2}hɔ^{35}ɗæʔ^{4} 脾气很怪，因而不易相处。《玄空经》第一回："不多几时，烂老头子病从口入，生了一场财主病，豆腐里寻出骨头来，～。"

【蛤多相打满头泥】 kəʔ$^{4-4}$ ɗu$^{53-53}$ siæ̃$^{53-35}$ ɗæ̃$^{44-53}$ me$^{22-22}$ dɯ$^{31-55}$ ɲi$^{31-31}$ 形容孩子顽皮，常常弄脏头面鞋帽。蛤多：泽蛙。《玄空经》第四回："照照镜子，～，额角上已撞出一个乌青块来了。"

【催工勿催饭，拆污勿好喊】 tsʰø^{53} koŋ^{53} uəʔ$^{4-4}$ tsʰø$^{53-53}$ βɛ^{13}，tsʰɑʔ$^{4-4}$u$^{35-35}$uəʔ$^{2-2}$hɔ$^{44-22}$hɛ$^{35-22}$ 亦称"催工勿催饭，拆尿拆污勿好喊"。吃饭不宜催，大小便也一样。如：～。上班辰光员工上几趟厕所，领班勿应该多计较。

【摇一橹看一橹】 ɦiɔ^{31}iɪʔ$^{4-4}$lu$^{22-44}$kʰø^{35}iɪʔ$^{4-4}$lu$^{22-44}$ 比喻做事不能鲁莽，要观察情况稳步前进；也比喻对别人的事采取观望态度。意同"走一步看一步"。如：公司改制，交关事体关系到员工切身利益，因此我伲要～，各项工作步子尽量走得稳一眼。

【赖债勿如赖人情】 lɑ$^{13-22}$ tsɑ$^{35-35}$ uəʔ$^{4-4}$ zy$^{31-53}$ lɑ$^{13-22}$ ɲiŋ$^{31-22}$ ziŋ$^{31-22}$ 赖债务还不如赖了送人情礼。欠债必须还，而礼可以不送，人家也不会讨。如：～。搿趟朋友哌伲子结婚办喜酒，我就勿去哉。

【锣鼓家生，越敲越响】 lu$^{31-13}$ku$^{44-53}$kɑ$^{53-35}$sæ̃$^{53-53}$，ɦyœʔ$^{2-2}$kʰɔ$^{53-53}$ɦyœʔ$^{2-2}$çiæ̃$^{44-22}$ 比喻爱滋事、易动怒的人聚在一起争吵不休，矛盾越来越大，事态越演越烈。如：人家吵相骂，倷勒拉旁边勿好瞎起哄，火上浇油。否则，～，事体更加勿好收场。

【孵生勿如孵熟】 bu^{13} sæ̃^{53} uəʔ$^{4-4}$ zy$^{31-53}$ bu^{13} zoʔ^{2} 对原居住地或原工作单位留恋的心态。在一个地方待久了，毕竟熟人多，容易适应，何必迁居或跳槽。孵：松江话音"步"。如：新区环境好是好，不过，我勒拉此地蹲是几十年哉，～，我是勿想搬到新区住新房子去哉。

【瘌痢乖做乖，搭麻子拎草鞋】 læʔ$^{2-2}$li$^{13-35}$kuɑ$^{53-55}$tsu$^{35-33}$kuɑ$^{53-31}$，ɗæʔ^{4}mo$^{31-13}$tsɿ$^{44-53}$liŋ^{53}tsʰɔ$^{44-35}$ɦɑ$^{31-31}$ 你精明，他比你更精明。如：我伲公司里殷先生算得精明哉，不过～，搿趟伊上当受骗，拨人家骗脱是交关钞票。

【横堵里𨅬出一个程咬金】 βæ̃$^{31-24}$ɗu$^{44-33}$li$^{22-31}$zæʔ$^{2-2}$tsʰəʔ$^{4-4}$iɪʔ$^{4-4}$kɯ$^{35-35}$zəŋ$^{31-24}$ɦiɔ$^{22-33}$ciŋ$^{53-31}$ 比喻事情突然有变，出现了一个意想不到的人物。横堵里：斜刺里，或作"半路里""半腰里"。程咬金：唐初大将。旧时戏曲小说中性格憨直莽撞的武将。𨅬：松江话音"闸"。《玄空经》第四回："有一夜工夫，脱皮少爷同出气姑娘刚刚睏好，忽听得房门一响，～来。"

【篙子一戳，上下三桌】 kɔ$^{53-35}$tsɿ$^{44-53}$iɪʔ$^{4-4}$tsʰoʔ$^{4-4}$，zɒ̃$^{13-22}$ɦo$^{22-22}$sɛ$^{53-53}$tsɒʔ$^{4-ʔ31}$ 旧时办婚丧喜庆的酒宴，通常至少得三桌。篙子：筷子。上下：上上下下、各种辈分的亲友。《玄空经》第三回："虽说女儿勿断娘家路，不过教女婿暂时勿必上门来，因为～。"

【糖块勿记，栗蒲头就记】 dɒ̃$^{31-24}$kʰue$^{35-31}$uəʔ$^{2-2}$ci$^{35-35}$，liɪʔ$^{2-2}$bu$^{31-55}$dɯ$^{31-53}$ziɯ^{13}ci^{35} 喻记仇不记恩。栗蒲头：亦称"栗子块"，头部被食指和中指弯曲起来敲击而隆起的疙瘩。如：搿种人，～。过去拨伊哌好处伊统统忘记，今朝批评是伊几句，伊就拿侬恨拉心里。

【藕船碰着幺菱船】 ŋɯ$^{22-24}$ze$^{31-31}$bæ̃$^{13-24}$zɑʔ$^{2-ʔ31}$iɔ$^{53-35}$liŋ$^{31-55}$ze$^{31-31}$ 实在太偶然，太凑巧了。松江话里，"藕船"与"偶然"谐音。幺菱，也作"腰菱"，两角弯弯的菱角。藕与菱都是水生植物。《玄空经》第六回："不道～，奇不奇，巧不巧，竟然事体成功。"

生活类

【一个爷娘九重人】 iɪʔ$^{4-4}$kɯ$^{35-35}$ɦiɑ$^{31-13}$ɲiæ̃$^{31-53}$ciɯ$^{44-33}$zoŋ$^{31-55}$ɲiŋ$^{31-31}$ 亦称"一个爷娘九重天"。即便同一父母所生，兄弟姐妹的性格差异也极大。如：村里一对双胞胎，阿大脾气暴躁，动勿动骂人打人；阿二性格文绉绉，搭大家佮合得来。真是～！

【一个娘胎里出来】 iɪʔ$^{4-4}$kɯ$^{35-35}$ɲiæ̃$^{31-13}$tʰe$^{53-53}$li$^{22-31}$tsʰəʔ$^{4-4}$lɛ$^{31-53}$ 亦称“一个衣包里爬出来”。指同胞兄弟姐妹。如：我伲两家头是亲兄弟，～呃。不过，我只面孔像爷，伊只面孔像娘。

【一个脱子脱出来呃】 iɪʔ$^{4-3}$kɯ$^{35-55}$tʰəʔ$^{4-3}$tsɿ$^{44-31}$tʰəʔ$^{4-3}$tsʰəʔ$^{4-5}$lɛ$^{31-53}$ɦɯ^{13} 形容两人模样极像。意同“一个模子铸的”。脱子：模子、模型。脱：复制。如：搿对双胞胎弟兄，面孔一似一脱式，像～。

【一个铜板捏到手心里出汗】 iɪʔ$^{4-4}$kɯ$^{35-35}$doŋ$^{31-13}$ɓɛ$^{44-53}$ɲiæʔ^{2}ɗɔ^{35}sɯ$^{44-33}$siŋ$^{53-55}$li$^{22-31}$tsʰəʔ$^{4-4}$ɦø$^{13-35}$ 形容把钱看得很重。如：～，搿种情况，在弱势群体是司空见惯呃，也是情有可原呃。

【一分价钿一分货色】 iɪʔ$^{4-4}$ɸəŋ$^{53-53}$kɑ$^{35-55}$di$^{31-31}$iɪʔ$^{4-4}$ɸəŋ$^{53-53}$ɸu$^{35-35}$ sʌʔ$^{4-31}$ 亦称“一分行情一分货”。什么价钱就是什么等级的货色。如：～。正宗阳澄湖大闸蟹，价钿就是降勿下来。

【一分凿子一分眼，推板勿得一眼眼】 iɪʔ$^{4-4}$ɸəŋ$^{53-53}$zɒʔ$^{2-2}$tsɿ$^{44-22}$iɪʔ$^{4-3}$ɸəŋ$^{53-55}$ŋɛ$^{22-53}$，tʰe$^{53-35}$ɓɛ$^{44-53}$uəʔ$^{2-2}$ɗʌʔ$^{4-2}$iɪʔ$^{4-3}$ŋɛ$^{22-55}$ŋɛ$^{22-53}$ 生活中有些精细活儿，如制作高档木器时用凿子挖掘榫眼等，木匠都十分小心，生怕发生一丁点的差错。形容技术要求比较高的工作，施工容不得丝毫马虎。如：～。高科技时代，小到做芯片，大到造飞船，所有生活一分一厘也推板勿起！

【一勿过二，二勿过三】 iɪʔ$^{4-4}$uəʔ$^{2-44}$ku$^{35-44}$ɲi$^{13-44}$，ɲi$^{13-22}$uəʔ$^{2-5}$ku$^{35-55}$sɛ$^{53-53}$ 指类似的事往往连续出现几次。如：搿几个大妈喜欢贪小便宜，格咾受骗上当呃事体～，拨骗子骗是好几转哉。

【一日勿早，两日勿晚】 iɪʔ$^{4-4}$ɲiɪʔ$^{2-4}$uəʔ$^{2-2}$tsɔ$^{44-22}$，liæ̃$^{22-24}$ɲiɪʔ$^{2-?31}$uəʔ$^{2-2}$uɛ$^{44-22}$ 亦称“一日勿作两日”，意即事情不着急，随便什么时候去办都可以。如：～。搿桩事体用勿着板要今朝去做。

【一日省一两，一年拿斗量】 iɪʔ$^{4-4}$ɲiɪʔ$^{2-4}$sæ̃^{44}iɪʔ$^{4-4}$liæ̃$^{22-44}$，iɪʔ$^{4-4}$ɲi$^{31-53}$no^{53}ɗɯ^{44}liæ̃^{31} 意同“聚沙成塔”。如：～。勤俭节约要养成好习惯，就应该从身边小事做起。

【一代鲜鲜一代蔫】 iɪʔ$^{4-4}$de$^{13-35}$si$^{53-35}$si$^{53-53}$iɪʔ$^{4-4}$de$^{13-35}$i^{53} 旧时称父子两代人不会同样兴旺发达，盛衰交替是自然规律。如：老古话讲：～。想当年朱老板造房子开公司，几化风光。现在伲子接班，勿会得经营，公司已经破产啦哉。

【一包尿，一包污】 iɪʔ$^{4-4}$ɓɔ$^{53-53}$sɿ^{53}，iɪʔ$^{4-4}$ɓɔ$^{53-53}$u^{35} 亦称“一把尿一把屎”“一抛尿一抛屎”。给婴孩换尿片，反映抚育孩子的辛苦。尿：小便，松江话读如“施”。污：大便。《玄空经》第一回：“有个面孔雪雪白、滴溜圆的最小毛头姑娘，风吹肉痛，拍拍背，勿生痞，拍拍胸，勿伤风，～，摇颠摆倒养大起来。”

【一只手来，一只手去】 iɪʔ$^{4-4}$tsɑʔ$^{4-4}$sɯ$^{44-44}$lɛ^{31}，iɪʔ$^{4-4}$tsɑʔ$^{4-4}$sɯ$^{44-44}$cʰi^{35} 亦称“东手来，西手去”。收入与支出大致相当，手头存不住钱。如：今朝收红包明朝送礼，～，钞票根本存勿起来。

【一身做勿得两事】 iɪʔ$^{4-4}$səŋ$^{53-53}$tsu$^{35-33}$uəʔ$^{2-5}$ɗʌʔ$^{4-?31}$liæ̃$^{22-22}$zɿ$^{13-35}$ 亦称“一只鼓勿能敲两家戏”。比喻一个人无法同时做两件事。如：我现在勒拉幼儿园开家长会，～，屋里向客人侬就先招待起来。

【一事长，二事短】 iɪʔ$^{4-4}$zɿ$^{13-35}$zæ̃^{31}，ɲi$^{13-22}$zɿ$^{13-35}$ɗø^{44} 详尽地介绍事情发生发展的经过。如：警察到达现场后，目击者～，拿事故发生呃经过告诉了警察。

【一夜勿睏，十夜勿醒】 iɪʔ$^{4-4}$ɦiɑ$^{13-35}$uəʔ$^{2-2}$kʰuəŋ$^{35-35}$，zəʔ$^{2-2}$ɦiɑ$^{13-35}$uəʔ$^{2-2}$siŋ$^{44-22}$ 一个晚上没睡，连着几天会感到困倦。如：～。熬通宵加班得勿偿失。

【一夜夫妻百夜恩】 iɪʔ$^{4-4}$ɦiɑ$^{13-35}$ɸu$^{53-35}$tsʰi$^{53-53}$ɓɑʔ$^{4-4}$ɦiɑ$^{13-35}$əŋ^{53} 亦称“一夜夫妻百夜恩，百夜夫妻海能深”。谓一旦结为夫妻，就有经久不衰的深厚恩情。如：现在有些小青年结婚、离婚相当随便，根本勿懂啥叫“～”。

【一家勿晓得一家】 iɪʔ$^{4-4}$kɑ$^{53-53}$uəʔ$^{2-2}$çiɔ$^{44-55}$ɗʌʔ$^{4-?53}$iɪʔ$^{4-4}$kɑ$^{53-53}$ 亦称“一家勿晓得一家事”。指各家或各人有各自的难处，别人不了解。如：～。伲子大学毕业哉，要买房子，买车子，钞票啥里来？

【一根引线呒没三分重，廿四根肋膨骨根根动】 iɪʔ$^{4-4}$kəŋ$^{53-53}$iŋ$^{44-44}$si$^{35-44}$m̩$^{53-53}$məʔ$^{2-?31}$sɛ$^{53-35}$ɸəŋ$^{53-53}$zoŋ^{22}，ɲiɛ$^{13-22}$sɿ$^{35-55}$kəŋ$^{53-31}$ləʔ$^{2-2}$bæ̃$^{31-55}$kuəʔ$^{4-?31}$kəŋ$^{53-35}$kəŋ$^{53-53}$doŋ^{22} 亦称“一把黄秧四两重，廿四根肋膨骨根根动”。说明不论干什么活，都是要牵动全身花力气，哪怕是用极轻的缝

衣针缝衣，也会牵动全身的筋骨。如：～。随便啥生活，勿用心思，勿花力气，侪做勿好呃。

【一钿勿落虚空事】 iɪʔ$^{4-4}$di$^{31-53}$uəʔ$^{2-2}$lɒʔ$^{2-2}$çy$^{53-33}$kʰoŋ$^{53-55}$zɿ$^{13-31}$ 亦称“一钿勿落虚空地”。每个钱都有它的作用，不会白白花掉。如：许老板用钞票精打细算，～，一分洋钿就派一分洋钿呃用场。

【一钿逼死英雄汉】 iɪʔ$^{4-4}$di$^{31-53}$ɓiʌʔ$^{4-4}$si$^{44-44}$iŋ$^{53-35}$ɦioŋ$^{31-55}$hø$^{35-31}$ 亦称“一钱难倒英雄汉”“一文钱难倒英雄汉”。需用钱时，哪怕缺少一文钱，即使英雄好汉也感到为难。谓金钱很重要，没钱办不成事。如：出门在外，身浪总要园一眼钞票以备急用。紧要关头摸勿出钞票，会～呃。

【一顿吃伤，十顿吃汤】 iɪʔ$^{4-4}$ɗəŋ$^{35-35}$cʰiʌʔ$^{4-4}$sɒ̃$^{53-53}$，zəʔ$^{2-2}$ɗəŋ$^{35-35}$cʰiʌʔ$^{4-4}$tʰɒ̃$^{53-53}$ 指因一次暴饮暴食，肠胃受损，以后很长一段时间不得不喝菜汤，甚至用药来调理。比喻做什么事情都要有个度，超过了这个度，好事就变成坏事了。汤：菜汤，也指汤药。如：吃喜酒么，七分饱就可以了。～。吃得太饱要伤肠胃呃！

【一饿一奣，单剩两根肋膨】 iɪʔ$^{4-4}$ŋu^{13}iɪʔ$^{4-4}$kuæ̃$^{53-53}$，ɗɛ$^{53-55}$zəŋ$^{13-31}$liæ̃$^{22-24}$kəŋ$^{53-31}$ləʔ$^{2-2}$bæ̃$^{31-53}$ 亦称“一饿一奣，刚剩两根肋膨”。戒暴饮暴食，强调饮食要有节制。奣：詈语，指拼命进食，松江话读音如普通话“惯”。肋膨：肋骨。《玄空经》第四回：“出气姑娘看他吃得肚皮像十月满朝，笑道：‘～！’”

【一跤跌在青云里】 iɪʔ$^{4-4}$ kɔ$^{53-53}$ ɗiɪʔ$^{4-4}$ ze$^{13-35}$ tsʰiŋ$^{53-35}$ ɦioŋ$^{31-55}$ li$^{22-31}$ 比喻交了好运。《玄空经》第八回：“自从跟了脱皮少爷，我自家以为～，成双到老，富贵到头，吃着勦忧，一生享福！”

【一嚏想，两嚏骂，三嚏说好话】 iɪʔ$^{4-4}$tʰi$^{35-35}$siæ̃^{44}，liæ̃$^{22-22}$tʰi$^{35-35}$mo^{13}，sɛ$^{53-55}$tʰi$^{35-31}$sœʔ$^{4-4}$hɔ$^{44-44}$ɦo$^{13-44}$ 民间信仰，打一个嚏意味着“有人想我”，打两个嚏意味着“有人骂我”，连打三个嚏则意味着“有人说我好话”。如：～。格咾打嚏要连牢打三个，讨个好口彩。

【一镬脱一镬】 iɪʔ$^{4-4}$ ɦɒʔ$^{2-4}$ tʰəʔ$^{4-4}$ iɪʔ$^{4-4}$ ɦɒʔ$^{2-4}$ 一锅煮毕，接煮另一锅。比喻一事做毕，又接做另一事。如：过年呃辰光，炭糕，渫笋干，烧鸡烧鸭烧肉，～，忙得来勿得了。

【七转弯八弄堂】 tsʰiɪʔ$^{4-3}$tse$^{44-55}$uɛ$^{53-53}$ɓæʔ$^{4-3}$loŋ$^{53-55}$dɒ̃$^{31-53}$ 犹言“转弯抹角”。如：伊屋里勒拉老城区。搿地方有交关老房子，～，蛮难寻呃。

【七碗八钵头】 tsʰiɪʔ$^{4-4}$ ue$^{44-44}$ ɓæʔ$^{4-3}$ ɓəʔ$^{4-5}$ dɯ$^{31-53}$ 形容菜肴品种多。《玄空经》第四回：“搬出点心来，大鱼大肉，～，黄尽黄是。”

【人头顶浪爬得起】 ɲiŋ$^{31-13}$dɯ$^{31-55}$ɗiŋ$^{44-55}$lɒ̃$^{13-31}$bo$^{31-22}$ɗʌʔ$^{4-2}$cʰi$^{44-22}$ 小孩被娇宠惯了，为所欲为。如：小囡宠惯是，弄到～，一个人也管勿住，搿就麻烦了。

【人老衣衫破，图图日脚过】 ɲiŋ^{31}lɔ^{22}i$^{53-35}$sɛ$^{53-55}$pʰu$^{35-31}$，du$^{31-13}$du$^{31-53}$ɲiɪʔ$^{2-2}$ciɑʔ$^{4-2}$ku$^{35-22}$ 人老了，衣衫破旧点没什么关系，过一天算一天了。图：得过且过。如：～。活到八九十岁，只要勿生毛病，别样啥侪勿想啦哉。

【人咎，买个夜壶漏】 ɲiŋ^{31} ɟiɯ^{13}，mɑ$^{22-24}$ kɯ$^{35-31}$ ɦiɑ$^{35-53}$ βu$^{31-31}$ lɯ^{13} 人背运的时候，买个夜壶也是漏的。咎：运气坏，倒霉时的怨怼语。如：～。运气勿好呃辰光，做事体样样勿顺。

【人怕露筋，船怕露钉】 ɲiŋ^{31}pʰo^{35}lu$^{13-22}$ciŋ$^{53-22}$，ze^{31}pʰo^{35}lu$^{13-22}$ɗiŋ$^{53-22}$ 船露钉，说明船破旧了；人露筋，说明是瘦了或病了，所以就怕。如：侬最近看上去瘦脱交关。俗话讲：“～。”侬最好到医院去检查检查。

【儿子勿养爷，孙子齖大大】 ɦŋ̍$^{31-13}$tsɿ$^{44-53}$uəʔ$^{2-2}$ɦiæ̃$^{22-22}$ɦiɑ^{31}，səŋ$^{53-35}$tsɿ$^{44-53}$ŋɑ^{31}dɑ$^{13-22}$dɑ$^{13-35}$ 子女不赡养父母，孙辈还要依赖祖父母生活。齖：啃。大大：祖父、外祖父。如：朱师傅儿子勿肯寻工作，孙子还勒拉上小学，一家三口侪靠朱师傅呃养老金过日脚。～。搿能啃老，朱师傅儿子哪能还有面孔？

【儿子多来勿养爷，媳妇多来着蒲鞋】 ɦŋ̍$^{31-13}$tsɿ$^{44-53}$ɗu$^{53-35}$lɛ$^{31-53}$uəʔ$^{2-2}$ɦiæ̃$^{22-22}$ɦiɑ^{31}，siŋ$^{53-33}$βu$^{13-31}$ɗu$^{53-35}$lɛ$^{31-53}$tsɑʔ^{4}bu$^{31-13}$ɦɑ$^{31-53}$ 老年人子女虽多，却常常得不到应有的照顾。如：～。老阿奶虽然有五个子女，不过子女勿是常桩来，格咾老阿奶得勿到啥好照顾。

【儿子做官归，勿如丈夫讨饭归】 ɦŋ̍$^{31-13}$tsɿ$^{44-53}$tsu$^{35-53}$kue$^{53-31}$cy^{53}，uəʔ$^{2-2}$zy$^{31-53}$zæ̃$^{22-24}$ɸu$^{53-31}$tʰɔ$^{44-44}$βɛ$^{13-44}$cy^{53} 夫妻情总比母子情来得深。儿子发迹，未必会给母亲带来好处。如：～。老夫老妻几十年，老公下班回来，哪怕咸菜饭，吃起来总归觉得香。

【入赘女婿不是人，倒插杨柳不生根】 ȵiɪʔ$^{2-2}$so$^{35-55}$ȵi$^{22-33}$si$^{35-31}$ɓəʔ$^{4-4}$zɿ$^{22-44}$ȵiŋ^{31}，ɗɔ$^{44-33}$tsʰæʔ$^{4-5}$ɦiæ̃$^{31-55}$liɯ$^{22-31}$ɓəʔ$^{4-3}$sæ̃$^{53-55}$kəŋ$^{53-53}$ 传统招婿婚，倒插门女婿常受歧视，没有地位。欧粤《松江风俗志》：～。要望丈人丈姆招横事，领了家婆就动身。

【十七八，杨树连根拔；廿二三，扳倒小昆山】 zəʔ$^{2-2}$tsʰiɪʔ$^{4-2}$ɓæʔ$^{4-2}$，ɦiæ̃$^{31-13}$zy$^{13-53}$li$^{31-22}$kəŋ$^{53-22}$bæʔ$^{2-2}$；ȵiɛ$^{13-22}$ȵi$^{13-55}$sɛ$^{53-31}$，ɓɛ$^{53-35}$ɗɔ$^{44-53}$siɔ$^{44-33}$kʰuəŋ$^{53-55}$sɛ$^{53-31}$ 指二十岁左右的男青年正值青春年华，身强力壮，劲儿特别大。小昆山：松江九峰之一。如：～。搿帮小青年侪勒拉靠廿岁，个个身强力壮。伊拉参加拔河比赛，趟趟侪拿冠军。

【十八岁姑娘一朵花，三十岁姑娘豆腐渣】 zəʔ$^{2-2}$ɓæʔ$^{4-2}$sø$^{35-22}$ku$^{53-35}$ȵiæ̃$^{31-53}$iɪʔ$^{4-4}$ɗo$^{44-44}$ho^{53}，sɛ$^{53-55}$səʔ$^{4-3}$sø$^{35-31}$ku$^{53-35}$ȵiæ̃$^{31-53}$dɯ$^{13-22}$βu$^{13-55}$tso$^{53-31}$ 旧指十七八岁的姑娘容貌姣好，过了三十岁成老姑娘了，人家就瞧不上了。如：～。格咾老法里姑娘家寻婆家侪拉十七八岁。

【十三岁做娘，天下通行；十三岁做爷，嘴也笑歪】 zəʔ$^{2-2}$sɛ$^{53-55}$sø$^{35-31}$tsu^{35}ȵiæ̃^{31}，tʰi$^{13-55}$ɦiɑ$^{13-31}$tʰoŋ$^{53-35}$ɦæ̃$^{31-53}$；zəʔ$^{2-2}$sɛ$^{53-55}$sø$^{35-31}$tsu^{35}ɦiɑ^{31}，tsɿ^{44}ɦɑ^{22}siɔ$^{35-53}$ɸɑ$^{53-31}$ 旧时早婚，有女孩子十三岁婚嫁生子的现象；男孩子十三岁尚未进入青春期，此时娶妻生子，会被当作笑话。如：～。老法里早婚勿稀奇，不过男小囡十三岁做爷倒从来呒没听见过。

【十个人十样性】 zəʔ$^{2-2}$kɯ$^{35-35}$ȵiŋ^{31}zəʔ$^{2-2}$iæ̃$^{35-35}$siŋ^{35} 犹言“百人百性”。指人们的性格各不相同。如：～。单位里发慰问品要人人称心，哪能可能。

【十六两成斤，十六岁成人】 zəʔ^{2}loʔ^{2}liæ̃^{22}zəŋ^{31}ciŋ^{53}，zəʔ^{2}loʔ^{2}sø^{35}zəŋ^{31}/ȵiŋ^{31} 旧制十六两为一斤；旧俗十六岁即为成人。如：～。想当年，我十六岁就参加生产队劳动，拿全劳力工分了。

【十只节头骨只只痛】 zəʔ$^{2-2}$ tsɑʔ$^{4-2}$ tsiɪʔ$^{4-3}$dɯ$^{31-55}$ kuəʔ$^{4-31}$tsɑʔ$^{4-4}$tsɑʔ$^{4-4}$tʰoŋ^{35} 比喻每个子女都是自己亲生，任何一个受苦或受欺辱都使自己心痛。节头骨：手指。如：三个小囡侪是我养咭，随便啥里个有个三病六痛，我夜里侪睏勿好，～咭呀！

【十房媳妇十样讨，十个囡婿十样嫁】 zəʔ$^{2-2}$βɔ̃$^{31-53}$siŋ$^{53-33}$βu$^{13-31}$zəʔ$^{2-2}$iæ̃$^{35-35}$tʰɔ^{44}，zəʔ$^{2-2}$kɯ$^{35-35}$nø$^{13-24}$ɦŋ̍$^{31-31}$zəʔ$^{2-2}$iæ̃$^{35-35}$kɑ^{35} 比喻根据不同情况采取不同的做法。如：～。形势勒拉变，格咾同样一桩事体，旧年是旧年做法，今年是今年做法。

【丈母娘待女婿，铜勺铲刀像做戏】 zæ̃$^{22-22}$m̩$^{22-55}$ȵiæ̃$^{31-31}$de^{13}ȵi$^{22-22}$si$^{35-35}$，doŋ$^{31-22}$zɒʔ$^{2-2}$tsʰɛ$^{44-35}$ɗɔ$^{53-31}$ziæ̃^{13}tsu$^{35-44}$çi$^{35-44}$ 亦称“丈母娘待女婿，揩灶布像扯旗”。形容岳母积极张罗烹制菜肴，款待女婿。如：～。今朝女婿上门来，丈母娘勒拉灶头浪忙是半日哉。

【丈母娘看女婿，越看越欢喜】 zæ̃$^{22-22}$m̩$^{22-55}$ȵiæ̃$^{31-31}$kʰø^{35}ȵi$^{22-22}$si$^{35-35}$，ɦyœʔ^{2}kʰø^{35}ɦyœʔ^{2}ɸe$^{53-35}$çi$^{44-53}$ 亦称“丈母娘看女婿，越看越有趣”。谓岳母疼爱女婿的愉快心情。如：～。新女婿人品好，丈母娘当然欢喜啰。

【丈母娘看见女婿来，呒没烧出有咭来】 zæ̃$^{22-22}$m̩$^{22-55}$ȵiæ̃$^{31-31}$kʰø$^{35-53}$ci$^{35-31}$ȵi$^{22-22}$si$^{35-35}$lɛ^{31}，m̩$^{53-53}$məʔ$^{2-?31}$so^{53}tsʰəʔ^{4}ɦiɯ$^{22-24}$ɦɯ$^{13-31}$lɛ^{31} 形容岳母尽力安排饭菜，唯恐亏待了女婿。呒没烧出有咭来：尽管家中一时没备下充足的食材，也要千方百计烹制出像样的菜肴来。如：～。倷看，一台子小菜，只只新鲜，只只浓油赤酱。

【三十根头发廿九根披，丈夫作宠呒人欺】 sɛ^{53}səʔ^{4}kəŋ^{53}dɯ$^{31-22}$ɸæʔ$^{4-2}$ȵiɛ$^{13-22}$ciɯ$^{44-55}$kəŋ$^{53-53}$pʰi^{53}，zæ̃$^{22-24}$ɸu$^{53-31}$tsɒʔ$^{4-4}$tsʰoŋ$^{44-44}$m̩$^{53-35}$ȵiŋ$^{31-53}$cʰi^{53} 只要丈夫宠爱，蓬头散发的丑妇也没人敢欺负。谓夫妻恩爱的重要。如：～。大嫂放心，大哥对侬搿能恩爱，此地勿会有人敢欺负侬。

【三个女人一爿茶馆】 sɛ$^{53-55}$kɯ$^{35-31}$ȵy$^{22-24}$ȵiŋ$^{31-31}$，iɪʔ$^{4-4}$bɛ$^{31-53}$zo$^{31-24}$kue$^{35-31}$ 亦称“三个女人一台戏”。形容妇女们凑在一起闲聊，话题广泛，气氛热闹，宛如喧闹的茶馆。《玄空经》第八回：“见了面好像眼睛里一只钉，常常借囡骂媳妇。叫化子换错棒，荷摇荷摇，～！”

【三个阿婆，抵一面镗锣】 sɛ$^{53-55}$kɯ$^{35-31}$æʔ$^{4-4}$bu$^{31-53}$，ɗi^{44}iɪʔ^{4}mi^{13}tʰæ̃^{31}lu^{31} 老年妇女话多，几个阿婆聚在一起，你一句我一句，很是热闹，好像在敲锣。如：老年活动室里，一帮阿婆勒拉一道嘎讪胡，～。热闹得勿得了。

【三千铜钿家当，两千八百着拉身浪】 sɛ$^{53-35}$tsʰi$^{53-53}$doŋ^{31}di^{31}kɑ^{53}ɗɒ̃^{35}，liæ̃$^{22-24}$tsʰi$^{53-31}$ɓæʔ$^{4-4}$ɓɑʔ$^{4-4}$

ʦɑʔ$^{4-4}$lɑ$^{2-4}$səŋ$^{53-55}$lɔ̃$^{13-31}$ 家里总共只有三千家产，但有两千八百穿在身上给大家看，讽刺爱把所有家当拿出来炫耀的人。如：～。搿眼家当还好意思掼浪头，真是太勿晓得天高地厚哉！

【三寸舌害是六尺身】 sɛ$^{53-55}$ʦʰəŋ$^{35-31}$zəʔ^{2}ɦe^{13}zʅ^{22}loʔ$^{2-2}$ʦʰɑʔ$^{4-2}$səŋ^{53} ① 贪吃生病。如：日日吃圆台面吃出一身毛病，真是～！② 多言招祸。如：传播谣言拨公安部门处理，～。教训太深刻了！

【三寸喉咙一好过】 sɛ$^{53-55}$ʦʰəŋ$^{35-31}$ɦɯ$^{31-13}$loŋ$^{31-53}$iɪʔ^{4}hɔ^{44}ku^{35} 亦称"三寸喉咙一咽就空"。讽刺贪图吃喝的人。如：～。钞票侪用来吃老酒，房子哪能买得起来？

【三分本事，七分家生】 sɛ$^{53-35}$ɸəŋ$^{53-53}$ɓəŋ$^{44-44}$zʅ$^{13-44}$，ʦʰiɪʔ$^{4-4}$ɸəŋ$^{53-53}$kɑ$^{53-35}$sæ̃$^{53-53}$ 指技术固然重要，但工具设备亦极为重要。家生：工具。如：～。家生勿好哂闲话，本事再大，做出来生活质量也要打折扣。

【三日两脱工】 sɛ$^{53-53}$ɲiɪʔ$^{2-ʔ31}$liæ̃$^{22-2}$tʰəʔ$^{4-5}$koŋ$^{53-53}$ 犹言"三天打鱼两天晒网"。如：伊上班是～。格咾试用勿满一个月，老板就拿伊除名哉。

【三日呒老小，太公太婆都要吵】 sɛ$^{53-53}$ɲiɪʔ$^{2-ʔ31}$m̩$^{53-55}$lɔ$^{22-33}$siɔ$^{44-31}$，tʰɑ$^{35-53}$koŋ$^{53-31}$tʰɑ$^{35-53}$bu$^{31-31}$ɗu$^{53-35}$iɔ$^{53-53}$ʦʰɔ^{44} 新婚前三天，男女老少都可来吵新房。《永丰街道志》：夫妇在洞房吃合卺酒，俗称"暖堂夜饭"。酒后，吵新房开始，有"～"之俗，称"吵发"。

【三代勿出舅家门】 sɛ$^{53-55}$ de$^{13-31}$ uəʔ$^{4-4}$ ʦʰəʔ$^{4-4}$ ɟiɯ$^{22-22}$ kɑ$^{53-55}$ məŋ$^{31-31}$ 亦称"外甥勿出舅家门"。旧时认为：子女都在一定程度上接受母亲上辈的遗传基因，所以一家三代之中，总有几个性格与舅家的人相似的。《玄空经》第一回："真是～，有种出种，吃家饭像家人，贼皮贼骨，从小就会蛮，常常把石狮子蛮出屁来。"

【三岁打娘娘会笑，廿岁打娘娘上吊】 sɛ$^{53-55}$sø$^{35-31}$ɗæ̃^{44}ɲiæ̃$^{31-13}$ɲiæ̃$^{31-53}$ue^{35}siɔ^{35}，ɲiɛ$^{13-22}$sø$^{35-35}$ɗæ̃^{44}ɲiæ̃$^{31-13}$ɲiæ̃$^{31-53}$zɔ̃$^{13-22}$ɗiɔ$^{35-35}$ 稚儿的嬉闹带给母亲的是欢笑，逆子的打骂带给母亲的是不孝。斥责成年后子女虐待父母的忤逆行为。如：～。子女大是以后倘使虐待爷娘，爷娘勿要上吊，要依靠法律为自家维权。

【三岁看八岁，八岁定终身】 sɛ$^{53-55}$sø$^{35-31}$kʰø^{35}ɓæʔ$^{4-4}$sø$^{35-35}$，ɓæʔ$^{4-4}$sø$^{35-35}$diŋ^{13}ʦoŋ$^{53-35}$səŋ$^{53-53}$ 亦称"三岁看老"。根据人幼年的气度、言行可以推测他将来的性格或成就。如：～。格咾小囡从小就要教育，一眼也勿好放松。

【三年勿吃烟，买只牛来牵】 sɛ$^{53-35}$ɲi$^{31-53}$uəʔ$^{2-2}$cʰiʌʔ$^{4-5}$i$^{53-53}$，mɑ$^{22-24}$ʦɑʔ$^{4-ʔ31}$ɲiɯ^{31}lɛ^{31}cʰi^{53} 亦称"一日节约一根线，一年能把牛来牵"。意为积少可以成多，勤俭可以致富。如：～。搿能日积月累，积起来哂钞票就可以办一桩大事体。

【三年烂饭造幢楼，三年薄粥牵只牛】 sɛ$^{53-35}$ɲi$^{31-53}$lɛ$^{13-22}$βɛ$^{13-22}$zɔ^{22}zɔ̃^{13}lɯ^{31}，sɛ$^{53-35}$ɲi$^{31-53}$bɒʔ$^{2-2}$ʦoʔ$^{4-2}$cʰi^{53}ʦɑʔ^{4}ɲiɯ^{31} 勤俭节约，聚沙成塔，积到一定时期，定能做成一件大事。如：～。搿几年日脚过来紧一眼，积下来钞票就可以到市区买一套两手房哉。

【上气勿接下气，当中横里断气】 zɔ̃$^{13-22}$ cʰi$^{35-35}$ uəʔ$^{4-4}$ ʦiɪʔ$^{4-4}$ ɦɔ$^{22-22}$ cʰi$^{35-35}$，ɗɔ̃$^{53-35}$ʦoŋ$^{53-55}$βæ̃$^{31-31}$li^{22}dø$^{22-22}$cʰi$^{35-35}$ 对气喘吁吁者的戏谑。如：搿天正好停电，电梯勿开。我从底楼跑到八楼，上气勿接下气，险些乎当中横里断气。

【上场搬下场，蚀脱三日饭粮】 zɔ̃$^{13-22}$zæ̃$^{31-22}$ɓe^{53}ɦɔ$^{22-24}$zæ̃$^{31-31}$，zʌʔ$^{2-2}$tʰəʔ$^{4-2}$sɛ$^{53-53}$ɲiɪʔ$^{2-ʔ31}$βɛ$^{13-22}$liæ̃$^{31-22}$ 搬家总不免有些损失。如：～。新房子老房子一样蹲，搬来搬去用脱点铜钿。

【上撑喉咙，下撑洞肛】 zɔ̃^{13}ʦʰæ̃^{53}ɦɯ$^{31-13}$loŋ$^{31-53}$，ɦɔ^{22}ʦʰæ̃^{53}dəŋ$^{31-13}$koŋ$^{53-53}$ 形容吃得十分饱胀，再也吃不下去了。洞肛：肛门，亦称"臀宫"。《玄空经》第七回："（大头鬼）吃得～，腰大十围，然后摇头发尾巴，走了出来。"

【乡下人穷来铁铬撑，街浪人穷来一沰酱】 çiæ̃$^{53-55}$ɦɔ$^{13-33}$ɲiŋ$^{31-31}$ɟioŋ$^{31-13}$lɛ$^{31-53}$tʰiɪʔ$^{4-4}$ɗæʔ$^{4-4}$ʦʰæ̃^{53}，kɑ$^{53-55}$lɔ̃$^{13-33}$ɲiŋ$^{31-31}$ɟioŋ$^{31-13}$lɛ$^{31-53}$iɪʔ$^{4-4}$ɗɔʔ$^{4-4}$ʦiæ̃$^{35-44}$ 指农民再穷总有办法糊口；城里人穷到极点就难以维持生计。一沰酱：乱糟糟，混乱不清。如：倷勿要眼红街浪人。～。街浪人穷起来吃勿出用勿出，比乡下人勿如。

【乡下大阿哥，青草摡屁股】 çiæ̃$^{53-35}$ɦɔ$^{22-53}$du$^{13-22}$æʔ$^{4-5}$ku$^{53-53}$，ʦʰiŋ$^{53-35}$ʦʰɔ$^{44-53}$kɛ^{35}pʰi$^{35-53}$ku$^{44-31}$ 谓旧时农村如厕环境及卫生习惯差。摡：擦，揩。如：～。侬拆污实在急么就到草窠里去，扯一把青草摡摡屁股。草窠：草丛。

【乡下小夫妻，一步勿脱离】 çiæ̃$^{53-35}$ɦɔ$^{22-53}$siɔ$^{44-33}$ɸu$^{53-55}$ʦʰi$^{53-31}$，iɪʔ$^{4-4}$bu$^{13-35}$uəʔ$^{2-2}$tʰəʔ$^{4-5}$li$^{31-53}$

亦称“乡里夫妻，步步相随”。① 谓乡间夫妻情不可分。如：人家小夫妻，吵相骂也有，离婚也有。伊拉两家头喏，～，感情深得勿得了。② 指旧时农村妇女到城里见到大场面不知所措，步步紧跟丈夫，不敢乱走。

【乡下姑娘想学上海样，学死学煞学勿像，刚刚学来七分像，上海又在换花样】 çiæ̃$^{53-35}$ɦɔ$^{22-53}$ku$^{53-35}$ɲiæ̃$^{31-53}$siæ̃^{44}ɦɔʔ^{2}zɒ̃$^{13-22}$he$^{44-22}$iæ̃^{35}，ɦɔʔ$^{2-2}$si$^{44-22}$ɦɔʔ$^{2-2}$sæʔ$^{4-2}$ɦɔʔ$^{2-2}$uəʔ$^{2-2}$ziæ̃$^{13-22}$，kɒ̃$^{53-35}$kɒ̃$^{53-53}$ɦɔʔ^{2}lɛ^{31}tsʰiɪʔ$^{4-4}$ɸəŋ$^{53-53}$ziæ̃^{13}，zɒ̃$^{13-22}$he$^{44-22}$ɦiɯ^{13}ze^{13}βe^{13}ho$^{53-55}$iæ̃$^{35-53}$ 形容乡村姑娘“赶时髦”。欧粤《松江风俗志》：“1949年后，服饰渐趋一致，不再有职业或地位区别，但城镇与农村，松江与上海市区在时装流行方面稍稍迟了一拍。有谚：‘～’。”

【千年勿断娘家路】 tsʰi$^{53-35}$ ɲi$^{31-53}$ uəʔ$^{4-4}$ dø$^{22-44}$ ɲiæ̃$^{31-13}$ kɑ$^{53-55}$ lu$^{13-31}$ 时间再长，也不能割断女子与娘家的亲缘关系。如：～。掰趟回国，我打算到娘家屋里跑一转，几家老亲眷侪要拜访拜访。

【千层单，勿及破絮爿】 tsʰi$^{53-35}$zəŋ$^{31-53}$ɗɛ^{53}，uəʔ$^{2-2}$ɟiɪʔ$^{2-2}$pʰu$^{35-33}$si$^{35-55}$bɛ$^{31-31}$ 穿很多单衣，比不上一件破棉袄，说明棉絮的御寒力强。如：～。寒场里出去做生活，破棉袄穿拉身浪到底暖热得多。

【千钿容易一钿难】 tsʰi$^{53-35}$di$^{31-53}$ɦioŋ$^{31-24}$i$^{35-31}$iɪʔ$^{4-4}$di$^{31-53}$nɛ^{31} 大量钱财虚抛容易，但有时因缺一个钱而办不成事。如：～。用钞票咟辰光要想着呒钞票咟难，有辰光缺一块洋钿事体就办勿成。

【千做勿如一算】 tsʰi^{53}tsu^{35}uəʔ$^{2-2}$zy$^{31-53}$iɪʔ$^{4-4}$sø$^{35-35}$ 未经谋划干得再多效果也未见好，而精心盘算后再干则收效更佳。如：～。勿曾计划好就去办事体，往往会费辰光，费人工，费钞票。

【千鎼抓万鎼抓，踏板浪有勿得三双小囡鞋】 tsʰi^{53}çiɑ$^{53-35}$tsɑ$^{53-53}$βɛ^{13}çiɑ$^{53-35}$tsɑ$^{53-53}$，dæʔ$^{2-2}$ɓɛ$^{44-55}$lɒ̃$^{13-53}$ɦiɯ$^{22-22}$uəʔ$^{2-5}$ɗʌʔ$^{4-?31}$sɛ$^{53-35}$sɒ̃$^{53-53}$siɔ$^{44-33}$nø$^{22-55}$ɦɑ$^{31-31}$ 再怎么聪明能干，家里孩子一多，总会力不从心，照应不过来。指要注意节育。鎼抓：聪明能干。踏板：床前踏脚用的木板，睡觉时搁鞋。有勿得：不能有。如：～。小囡养来一多，人再鎼抓也做勿好事体。

【大好八成账】 du^{13}hɔ^{44}ɓæʔ$^{4-4}$zəŋ$^{31-53}$tsæ̃^{35} 再好也不过八成光景（往年比较）。《玄空经》第四回：“今年年势，看去又～了！”

【大算不算算小算】 du$^{13-22}$sø$^{35-35}$ɓəʔ$^{4-4}$sø$^{35-35}$sø^{35}siɔ$^{44-44}$sø$^{35-44}$ 亦称“大勿算，小碌乱”。大的方面不精打细算，小的方面却斤斤计较。如：丢脱西瓜捡芝麻，～，掰种人，勿好叫伊管财务。

【大懒差小懒】 du$^{13-22}$lɛ$^{22-22}$tsʰɑ^{53}siɔ$^{44-35}$lɛ$^{22-31}$ 大懒人支使小懒人去做事。指大家都不愿意干事。如：叫伊拉几家头做事体，结果～，小懒差门槛，一个也勿肯去。

【女大三，屋角坍】 ɲy^{22}du^{13}sɛ^{53}，oʔ$^{4-4}$kɔʔ$^{4-4}$tʰɛ^{53} 旧时迷信说法，谓妻子年龄比丈夫大三岁，夫家屋角坍塌无财运。如：～。讨娘子女方大三岁勿吉利，男方将来肯定勿发财。

【小人勿赅财】 siɔ$^{44-35}$ɲiŋ$^{31-31}$uəʔ^{2}ke^{53}ze^{31} 有些人像小孩子，有了点零花钱就会马上花掉一样。稍有钱财，就要乱花用去。赅：握有，拥有。如：阿海掰个人，～，手里有是钞票就要瞎用，用光算数。

【小囡嘴里出真言】 siɔ$^{44-35}$nø$^{22-31}$tsɿ$^{44-35}$li$^{22-31}$tsʰəʔ^{4}tsəŋ$^{53-35}$ɦi$^{31-53}$ 指小孩童心，诚一无伪。如：～。掰两个小朋友讲咟情况应该是真实咟，值得重视。

【小狗打嚏，明朝天好】 siɔ^{44}kɯ^{44}ɗæ̃^{44}tʰi^{35}，məŋ$^{31-13}$tsɔ$^{53-53}$tʰi^{53}hɔ^{44} 亦称“小狗打嚏，明朝旺日头”“小狗打嚏，三日旺日头”。乡俗，人见小孩打嚏，常作此谑言。小狗：对小孩的戏称。如：～。明朝勿会落雨咟！

【小账勿可细算】 siɔ$^{44-44}$tsæ̃$^{35-44}$uəʔ$^{2-2}$kʰɔ$^{44-22}$si^{35}sø^{35} 亦称“小账勿可长算”。再小的支出或收入都经不住细算，时间长了，它全是一笔不小的财富。此为对于不注意经常性小笔支出的人的规劝语。小账：数额较小的收支。勿可：经不住。如：～。倘使真细细叫算一算，侬一年里买香烟咟钞票要交关啦。

【小贼出外快】 siɔ$^{44-35}$zʌʔ$^{2-?31}$tsʰəʔ$^{4-4}$ŋɑ$^{13-35}$kʰuɑ^{35} 指乘机获取意外的好处。如：工作人员一个疏忽，拨伊～，冒领脱一份礼品。

【小猫三只四只】 siɔ$^{44-35}$mɔ$^{31-31}$sɛ$^{53-53}$tsɑʔ$^{4-?31}$sɿ$^{35-35}$tsɑʔ$^{4-?31}$ 形容人数少。如：对方是精兵强将，我伲是～，哪能拼得过人家？

【干脚老鼠湿脚猫】 kø^{53}ciɑʔ^{4}lɔ$^{22-24}$sɿ$^{44-31}$sɑʔ$^{4-4}$ciɑʔ$^{4-4}$mɔ^{31} 干脚老鼠不会偷吃，湿脚猫不会抓老鼠，意指没有本事。如：伊是～，书喥头一个，一样也勿会做。书喥头：书呆子。

【门前出起青草墩，嫡亲娘舅当外人】 məŋ$^{31-13}$zi$^{31-53}$tsʰəʔ$^{4-4}$cʰi$^{44-44}$tsʰiŋ$^{53-55}$tsʰɔ$^{44-33}$ɗəŋ$^{53-31}$，ɗiɪʔ$^{4-4}$tsʰiŋ$^{53-53}$ɲiæ̃$^{31-13}$ɟiɯ$^{22-53}$ɗɒ̃^{53}ŋɑ$^{13-22}$ɲiŋ$^{31-22}$ 门前出起青草墩，谓这户人家落寞、穷困和衰败。嫡亲娘舅当外人，俗谓娘亲舅大，连最亲近的人，也会把自己当外人，可见亲情多么疏远。谓由于家庭的衰败，亲戚关系已变得十分陌生。如：～。可见得人勿好穷。人一穷，连亲眷也看勿起侬。

【不信调浆，但看桐油抹家生】 ɓəʔ$^{4-4}$siŋ$^{35-35}$diɔ$^{31-13}$tsiæ̃$^{53-53}$，dɛ^{22}kʰø^{35}doŋ$^{31-13}$ɦiɯ$^{31-53}$məʔ$^{2-2}$kɑ$^{53-55}$sæ̃$^{53-53}$ 若不相信调养进补，那就只要看人们常用桐油来涂抹家具。桐油涂抹家具是对家具的保养，以此比喻进补对人体的需要。调浆：调理，调养。如：～。冬令进补，可以吃点人参，喝点虎骨酒。

【乌龟交鼋运】 u$^{53-35}$cy$^{53-53}$kɔ^{53} ɲyø$^{31-24}$ɦioŋ$^{13-31}$ 亦称“小乌龟交鼋运”。喻人意外获得好运。如：前两名运动员到达终点辰光撞车，结果第三名～，拿了金牌。

【五分洋钿买只蟹，吃来肚皮惹】 ɦŋ̍$^{22-22}$ɸəŋ$^{53-55}$ɦiæ̃$^{31-55}$di$^{31-31}$mɑ$^{22-24}$tsɑʔ$^{4-ʔ31}$hɑ^{44}，cʰiʌʔ$^{4-4}$lɛ$^{31-53}$du$^{22-22}$bi$^{31-55}$zɑ$^{22-31}$ 谓便宜没好货。肚皮惹：腹泻。如：～。质量太差咃物事，今后坚决勿要去买。

【六只眼睛做亲】 loʔ$^{2-2}$tsɑʔ$^{4-2}$ŋɛ$^{22-24}$tsiŋ$^{53-31}$tsu^{35}tsʰiŋ^{53} 即奉子成婚，指未婚怀孕或生子而不得不婚。婚礼上新婚夫妇带上孩子共有三人，故曰“六只眼睛”。如：搿对小夫妻有勿少苦衷，格咾只好～。不过亲朋好友侪比较理解。

【勿打勿骂勿成人】 uəʔ$^{2-2}$ɗæ̃$^{44-22}$uəʔ$^{2-2}$mo$^{13-35}$uəʔ$^{2-2}$zəŋ$^{31-55}$ɲiŋ$^{31-31}$ 旧时教育理念，谓孩子的成长需要打骂，需要严格的管教。如：小囡勿好，该打要打，该骂要骂，～。

【勿怕勿长，只怕勿养】 uəʔ$^{2-4}$pʰo$^{35-35}$uəʔ$^{2-2}$tsæ̃$^{44-22}$，tsəʔ$^{4-4}$pʰo$^{35-35}$uəʔ$^{2-4}$ɦiæ̃$^{22-44}$ 指只担心生不下孩子，不愁孩子长不大。如：～。小夫妻勿肯养，侬呒没办法。小囡养下来，大起来快来西咃。

【勿怕待遇低，就怕一脚去；勿怕赚来少，就怕走来早】 uəʔ$^{2-4}$pʰo$^{35-35}$de$^{13-22}$ɲy$^{13-35}$ɗi^{53}，ziɯ$^{13-22}$pʰo$^{35-35}$iɪʔ$^{4-4}$ciɑʔ$^{4-4}$cʰi^{35}；uəʔ$^{2-4}$pʰo$^{35-35}$zɛ^{22}lɛ^{31}sɔ^{44}，ziɯ$^{13-22}$pʰo$^{35-35}$tsɯ^{44}lɛ^{31}tsɔ^{44} 谓健康长寿比待遇更重要。一脚去：去世。走：去世。如：～。想开点，人活拉就好，人一死啥侪呒没哉。

【勿贪便宜勿上当】 uəʔ$^{2-2}$tʰe$^{53-53}$bi$^{31-13}$ɲi$^{31-53}$uəʔ$^{2-2}$zɒ̃$^{13-55}$ɗɒ̃$^{35-31}$ 上当受骗的原因多为贪便宜。如：～，袋袋里钞票就勿会拨骗子骗脱。

【勿是猴相，肉麻油酱】 uəʔ$^{2-2}$zɿ$^{22-22}$ɦɯ$^{31-13}$siæ̃$^{53-53}$，ɲioʔ$^{2-2}$mo$^{31-53}$ɦiɯ$^{31-24}$tsiæ̃$^{35-31}$ 用餐光盘者的自嘲；也为普通人家节约过日子的朴素生活观。猴：贪吃；猴相：馋相。肉麻：心疼；舍不得。如：～。搿眼剩菜，我就吃光算哉。

【天上呒没半爿星，地上呒没称心人】 tʰi$^{53-55}$zɒ̃$^{13-31}$m̩$^{53-53}$məʔ$^{2-31}$ɓe$^{35-53}$bɛ$^{31-31}$siŋ^{53}，di$^{13-22}$zɒ̃$^{13-35}$m̩$^{53-53}$məʔ$^{2-31}$tsʰəŋ$^{35-55}$siŋ$^{53-33}$ɲiŋ$^{31-31}$ 形容人生或家庭总不会十全十美。如：王老板现在身价上亿，还是市里咃政协委员，不过囡婿女婿勿要好，要离婚，真是～。

【天浪老鹰大，地浪娘舅大】 tʰi$^{53-55}$lɒ̃$^{13-31}$lɔ$^{22-24}$iŋ$^{53-31}$du^{13}，di$^{13-22}$lɒ̃$^{13-35}$ɲiæ̃$^{31-13}$ɟiɯ$^{22-53}$du^{13} 谓长辈中，除父母外，娘舅的地位最高，说话最管用。如：～。娘舅讲咃闲话，我外甥句句听。

【天燥有雨，人膘有祸】 tʰi^{53}sɔ^{35}ɦiɯ$^{22-22}$ɦy$^{22-22}$，ɲiŋ^{31}ɓiɔ^{53}ɦiɯ$^{22-22}$βu$^{13-35}$ 天过分干燥就会有雨，人过分肥胖就会生祸。如：～。侬搿一身膘勿是好物事，一定要减脱点。

【夫妻日日吵，日脚过勿好】 ɸu$^{53-35}$tsʰi$^{53-53}$ɲiɪʔ$^{2-2}$ɲiɪʔ$^{2-2}$tsʰɔ$^{44-22}$，ɲiɪʔ$^{2-2}$ciɑʔ$^{4-2}$ku$^{35-33}$uəʔ$^{2-5}$hɔ$^{44-31}$ 亦称“夫妻日日吵，早眼分手好”。谓夫妻天天吵架，这样的日子没法过。如：～，还勿如早眼分手爽气。

【少吃多滋味，多吃坏肚皮】 sɔ$^{44-35}$cʰiʌʔ$^{4-ʔ31}$ɗu^{53}tsɿ$^{53-55}$mi$^{13-31}$，ɗu$^{53-53}$cʰiʌʔ$^{4-ʔ31}$βɑ^{13}du$^{22-24}$bi$^{31-31}$ 指美味食物，少吃一些感到有滋味，吃多了会坏肠胃。如：～。大鱼大肉还是少吃点好。

【少年夫妻老来伴】 sɔ$^{44-35}$ɲi$^{31-31}$ɸu$^{53-35}$tsʰi$^{53-31}$lɔ^{22}lɛ^{31}be^{13} 亦称“少年夫妻老来伴，一日勿见问三遍”。指夫妻到老年后彼此不能分离。如：～。搿对老夫妻两家头侪是百岁老寿星，相伴几十年，福气好得海威！

【少时勿勤俭，老来睏街沿】 sɔ^{44}zɿ^{31}uəʔ$^{2-2}$

ɟiŋ$^{31-55}$ɟi$^{13-31}$, lɔ^{22}lɛ^{31}kʰuəŋ^{35}kɑ$^{53-35}$ɦi$^{31-53}$　年轻时不勤劳节俭，到老时一无所有。劝告年轻人要勤俭节约。睏街沿：睡街边。如：钞票勿好滥用。～。年轻辰光勿懂得节约，老是要吃苦咟。

【尺里紧勿算紧，寸里紧才算紧】 tsʰɑʔ$^{4-4}$li$^{22-44}$ciŋ^{44}uəʔ$^{2-2}$sø$^{35-35}$ciŋ^{44}, tsʰəŋ$^{35-53}$li$^{22-31}$ciŋ^{44}ze$^{31-24}$sø$^{35-31}$ciŋ^{44}　亦称'要紧寸里紧，勿能尺里紧"。指处事要落实于细微处。如：～。开支勿管大小，一分洋钿也勿能乱用。

【开门见竹，号啕大哭】 kʰe$^{53-35}$məŋ$^{31-53}$ci^{35}tsoʔ^{4}, ɦɔ$^{31-13}$dɔ$^{31-53}$dɑ^{13}kʰoʔ^{4}　松江话“竹”“粥”同音。“开门见竹”谐“开门见粥”，“见粥”不见饭为贫苦之兆，故宅前忌栽。《永丰街道志·陋俗恶习》：“忌宅前种竹，有‘～’之说。”

【手心手背侪是肉】 sɯ$^{44-35}$siŋ$^{53-31}$sɯ$^{44-44}$ɓe$^{35-44}$zɛ$^{31-24}$zɿ$^{22-31}$ɲioʔ^{2}　亦称“手心是肉，手背也是肉”。比喻彼此都是亲骨肉，自应一样看待或相互体贴。如：伲子搭囡，～，我侪宝贝咟。囡：女儿。宝贝：喜爱。

【手里无钿活死人】 sɯ$^{44-35}$li$^{22-31}$βu$^{31-13}$di$^{31-53}$βəʔ$^{2-2}$si$^{44-55}$ɲiŋ$^{31-53}$　指手里没有钱难办任何事情。活死人：没出息的人；无能的人。《松江方言志》：“俗谚：‘～。’”

【日日睏，眼皮肿；日日坐，腰背痛；日日立，腿脚重；日日动，筋骨松】 ɲiɪʔ$^{2-2}$ɲiɪʔ$^{2-2}$kʰuəŋ^{35}, ŋɛ$^{22-24}$bi$^{31-31}$tsoŋ^{44}; ɲiɪʔ$^{2-2}$ɲiɪʔ$^{2-2}$zu^{22}, iɔ$^{53-55}$ɓe$^{35-31}$tʰoŋ^{35}; ɲiɪʔ$^{2-2}$ɲiɪʔ$^{2-2}$liɪʔ^{2}, tʰe$^{44-35}$ciɑʔ$^{4-}$ʔ^{31}zoŋ^{22}; ɲiɪʔ$^{2-2}$ɲiɪʔ$^{2-2}$doŋ^{22}, ciŋ$^{53-53}$kuəʔ$^{4-}$ʔ^{31}soŋ^{53}　谓每天适当活动锻炼有益身心健康。如：～。工作再忙，事体再多，总要抽辰光活动活动。

【木匠屋里三脚凳，泥水匠人住草棚】 mɔʔ$^{2-2}$ziæ̃$^{13-55}$oʔ$^{4-4}$li$^{22-44}$sɛ$^{53-55}$ciɑʔ$^{4-3}$ɗəŋ$^{35-31}$, ɲi$^{31-35}$sɿ$^{44-33}$ziæ̃$^{13-33}$ɲiŋ$^{31-31}$zy^{13}tsʰɔ$^{44-35}$bæ̃$^{31-31}$　亦称“木匠屋里脱凳脚，裁缝屋里脱钮襻”。木匠家中凳脚脱落，泥水匠住不上砖瓦房。谓各种工匠忙于生计，却常常无暇顾及自家的生活。如：～。老底子匠人，自家屋里家生咾啥侪搭浆来西。家生咾啥：家具之类。搭浆：马虎。

【木樨花勿是牛料】 mɒʔ$^{2-2}$si$^{53-55}$ho$^{53-53}$uəʔ$^{2-2}$zɿ$^{22-22}$ɲiɯ$^{31-24}$liɔ$^{13-31}$　精致的食品不适合充饥，粗人不宜吃细点。劳动人民自谦之辞。木樨花：桂花。如：～，牛奶面包勿是我伲穷人吃咟。

【毛头姑娘十八变】 mɔ$^{31-13}$dɯ$^{31-55}$ku$^{53-33}$ɲiæ̃$^{31-31}$zəʔ$^{2-2}$ɓæʔ$^{4-2}$ɓi^{35}　亦称“毛头姑娘十八变，连其（临到）上轿变三变”。女孩成长过程中面貌在不断变化。《玄空经》第一回：“后来竟～，出落得长腰细颈，细皮白肉，脚小伶仃，如花似玉，又是一副瓜子脸，竟然是半段头西施。”

【牙齿豁棤里嵌勿进】 ŋɑ$^{31-22}$ tsʰɿ$^{44-22}$ ɸæʔ$^{4-2}$ læʔ$^{2-2}$ li$^{22-22}$ kʰɛ$^{35-35}$ uəʔ$^{4-3}$ tsiŋ$^{35-31}$　嫌吃的东西太少，连牙缝都填不满。豁棤：细缝。如：一客生煎哪能吃得饱？我～。

【长衫勿着着短衫】 zæ̃$^{31-13}$ sɛ$^{53-53}$ uəʔ$^{4-4}$ tsɑʔ$^{4-4}$ tsɑʔ$^{4-3}$ ɗø$^{44-55}$ sɛ$^{53-53}$　指有钱有身份的人已到了落魄潦倒的地步。如：徐老板破产之后，～，到外地打工去哉。

【长病呒孝子】 zæ̃$^{31-24}$ biŋ$^{13-31}$ m̩$^{53-55}$ çiɔ$^{35-33}$ tsɿ$^{44-31}$　老人长期患病时，难有子女长时期在身边尽孝服侍。如：讲末讲～，不过我伲小区有个大嫂，照顾风瘫婆婆三十年，是我伲区里有名咟尊老敬老好媳妇。

【出门要带三九衣】 tsʰəʔ$^{4-4}$məŋ$^{31-53}$iɔ^{53}ɗɑ^{35}sɛ$^{53-55}$ciɯ$^{44-33}$i$^{53-31}$　出门在外，要作好多种准备，以应付各种可能发生的情况。如：天要冷哉。～，搿趟出差勠忘记带件皮夹克。

【半夜睏拉姐身边，半夜睏拉债身边】 ɓe$^{35-44}$ɦiɑ$^{13-44}$kʰuəŋ$^{35-35}$lɑ$^{2-2}$tsiɑ^{44}səŋ$^{53-35}$ɓi$^{53-53}$, ɓe$^{35-44}$ɦiɑ$^{13-44}$kʰuəŋ$^{35-35}$lɑ$^{2-2}$tsɑ^{35}səŋ$^{53-35}$ɓi$^{53-53}$　旧时言举债娶妻之苦。如：老法里穷人呒铜钿，要借是债咾讨娘子。真所谓～。

【只有忙年长，呒没忙爷娘】 tsəʔ$^{4-4}$ɦiɯ$^{22-44}$iɪʔ$^{4-4}$ɲi^{31}tsæ̃^{44}, m̩$^{53-53}$məʔ$^{2-31}$iɪʔ$^{4-4}$ɦiɑ^{31}ɲiæ̃^{31}　人们往往多顾念、惦记自己的子女，而忽略照顾父母。《玉篇》：“忙，心动也。”引申为挂念。年长：子女。如：老古话讲得勿错：“～”。现在咟小青年成是家，心里只有自家咟小囡，一眼想勿着爷娘。

【只有懒人呒懒田】 tsəʔ$^{4-4}$ɦiɯ$^{22-44}$lɛ$^{22-24}$ɲiŋ$^{31-31}$m̩^{53}lɛ$^{22-24}$di$^{31-31}$　谓贫瘠的田地，只要辛勤耕耘，也会丰收。如：～。依看，阿三承包的那块低产田，三年下来，已经变成高产稳产田了。

【只养人咾勿养心】 tsəʔ$^{4-4}$ɦiæ̃$^{22-44}$ɲiŋ^{31}lɔ^{13}uəʔ$^{2-2}$ɦiæ̃$^{22-22}$siŋ^{53}　亦称“养子孙，只养身来勿养心”。哀叹养育了子孙，子孙的心思不遂长辈意。如：子女大哉，想法搭我伲爷娘常庄勿一样，真是～。

【只情愿养个拆墙拆壁，勿情愿养个戳墙戳壁】 tsəʔ$^{4-3}$ziŋ$^{31-55}$ɲyø$^{13-53}$ɦiæ̃$^{22-22}$kɯ$^{35-35}$tsʰɑʔ$^{4-3}$ziæ̃$^{31-55}$tsʰɑʔ$^{4-5}$ɓiəʔ$^{4-}$ʔ^{31}，uəʔ$^{2-2}$ziŋ$^{31-55}$ɲyø$^{13-53}$ɦiæ̃$^{22-22}$kɯ$^{35-35}$ge$^{13-22}$ziæ̃$^{31-22}$ge$^{13-22}$ɓiəʔ$^{4-2}$ 为人父母者，都希望自己的宝宝聪明伶俐，活泼可爱，哪怕是淘气得过了头；谁都不愿意自家的孩子呆头木脑，反应迟钝。拆墙拆壁（更夸张的说法为“拆天拆地”）：形容活泼好动的孩子常常会怀着极大的好奇心，做出一些不可理喻的甚至带有破坏性的事情。戳墙戳壁：形容有的孩子常身子靠着墙，不爱活动，不够活跃。如：勿管男小囡还是女小囡，～。

【头发白松松，勿做勿成功】 dɯ$^{31-22}$ɸæʔ$^{4-2}$bɑʔ$^{2-2}$soŋ$^{53-55}$soŋ$^{53-53}$，uəʔ$^{2-2}$tsu$^{35-35}$uəʔ$^{2-2}$zəŋ$^{31-55}$koŋ$^{53-53}$ 指从前农村老人，其子女无力赡养，仍须参加劳动。如：老底子农村老人吭没养老金，～，六七十岁还要寻工分养活自家。寻工分：挣工分。

【头发团行功】 dɯ$^{31-13}$ɸæʔ$^{4-5}$dø$^{31-31}$ɦæ̃$^{31-13}$koŋ$^{53-53}$ 旧指人死后梳理头发，辫子往上梳起（乡间常用以骂人）。行功：运力发功。行：松江话读音同“桁条”之“桁”。松江民歌《刘二姐》：“啼啼哭哭半年久，～命归阴。”

【头肿脚肿，棺材里一统】 dɯ$^{31-13}$tsoŋ$^{44-53}$ciɑʔ$^{4-4}$tsoŋ$^{44-44}$，kue$^{53-35}$ze$^{31-55}$li$^{22-31}$iɪʔ$^{4-4}$tʰoŋ$^{44-44}$ 头和脚都浮肿的病人，生命十分危险，家属要赶紧准备后事。统：把东西往里装。《玄空经》第七回：“走方郎中放身边就走，一面低声说：‘～！’”

【头朝风，暖烘烘；脚朝风，请郎中】 dɯ^{31}zɔ^{31}ɸoŋ^{53}，nø$^{22-22}$hoŋ$^{53-55}$hoŋ$^{53-31}$；ciɑʔ^{4}zɔ^{31}ɸoŋ^{53}，tsʰiŋ$^{44-33}$lɒ̃$^{31-55}$tsoŋ$^{53-31}$ 睡觉时不宜脚对风口，脚受寒，易生病；头朝风口，则无此弊。如：睏觉也要讲究科学。～。睏觉辰光脚是勿好对准风口唔。

【白吃白奘，咸吃黄胖】 bɑʔ$^{2-2}$ cʰiʌʔ$^{4-2}$ bɑʔ$^{2-2}$tsɒ̃$^{35-35}$，ɦɛ$^{31-22}$cʰiʌʔ$^{4-2}$βɒ̃$^{31-24}$pʰɒ̃$^{35-31}$ 告诫人们吃菜应清淡，不要太咸。太咸对健康不利。黄胖：即黄胖病。如：烧小菜一定要清淡，～。太咸容易吃出毛病来。

【白露身勿露】 bɑʔ$^{2-2}$lu$^{13-35}$səŋ^{53}uəʔ$^{2-2}$lu$^{13-35}$ 亦称“白露身勿露，赤膊当猪猡”“白露身勿露，寒露脚勿露”。交了白露节气后，天气渐冷，赤身露体易着凉，不要再光膀子了。如：～。交是白露，出门也好，蹲拉屋里也好，侪勿好赤膊啦哉。

【讨是晚娘连爷晚】 tʰɔ$^{44-35}$zɿ$^{22-31}$mɛ$^{22-24}$ɲiæ̃$^{31-31}$li^{31}ɦiɑ^{31}mɛ^{22} 旧时后母（父）对前妻（夫）的子女多有虐待者，续娶后的父亲常常偏向新妇，好像也变成了后父一般。晚：松江话音“慢”。如：～。鲁师傅重组家庭之后，对自家亲生伲子三日两横头打咾骂。

【吃一夜勿如睏一夜】 cʰiʌʔ^{4}iɪʔ$^{4-4}$ɦiɑ$^{13-35}$uəʔ$^{2-2}$zy$^{31-53}$kʰuəŋ^{35}iɪʔ$^{4-4}$ɦiɑ$^{13-35}$ 赴一夜筵席，比不上睡一夜觉。形容睡眠十分重要。如：～。吃一夜只会吃出毛病，睏一夜么养身体咾长精神。

【吃勿穷，着勿穷，算计勿通一世穷】 cʰiʌʔ$^{4-3}$uəʔ$^{2-5}$ɟioŋ$^{31-53}$，tsɑʔ$^{4-3}$uəʔ$^{2-5}$ɟioŋ$^{31-53}$，sø$^{35-44}$ci$^{35-44}$uəʔ$^{2-2}$tʰoŋ$^{53-53}$iɪʔ$^{4-4}$sɿ$^{35-35}$ɟioŋ^{31} 吃和穿毕竟有限，不会导致贫穷；但打算不好，考虑不周，就会导致穷困潦倒。强调“打算”的重要性。如：～。算算用用，小日脚过起来蛮适意。

【吃奶像三分】 cʰiʌʔ$^{4-4}$nɑ$^{22-44}$ziæ̃^{13}sɛ$^{53-35}$ɸəŋ$^{53-53}$ 婴孩吃谁的奶，面貌就多少像此人。如：～。阿根勿但面孔像奶妈，连得走路讲闲话也像奶妈。

【吃光用光，身体健康】 cʰiʌʔ$^{4-4}$kuɒ̃$^{53-53}$ɦioŋ$^{13-22}$kuɒ̃$^{53-22}$，səŋ$^{53-35}$tʰi$^{44-53}$ɟi$^{13-22}$kʰɒ̃$^{53-22}$ 不积蓄钱物，只管眼前吃用。如：～。搿句闲话老人讲讲么还有点道理；倷小青年讲么就勿对头哉。

【吃杀勿留种】 cʰiʌʔ$^{4-4}$sæʔ$^{4-4}$uəʔ$^{2-2}$liɯ$^{31-53}$tsoŋ^{44} 吃得精光，一丁点儿都不留下。杀，亦作“煞”。《玄空经》第一回：“脱皮少爷见了，就红须绿眼睛，一面道：‘何必太费！’一面就～，三只指头骨撮个田螺。”

【吃杀馒头勿当饭】 cʰiʌʔ$^{4-4}$ sæʔ$^{4-4}$ me$^{31-13}$dɯ$^{31-53}$ uəʔ$^{4-4}$ dɒ̃$^{53-53}$ βɛ^{13} 松江人习惯吃大米，面食只做调剂，不能代替主食。比喻某物虽多却替代不了另一物。如：介许多补品有啥用？～。病人现在最需要唔是特效药！

【吃来吃去鱼肉好，走来走去爷娘亲】 cʰiʌʔ$^{4-3}$lɛ$^{31-55}$cʰiʌʔ$^{4-5}$cʰi$^{35-31}$ɦŋ̍$^{31-22}$ɲioʔ$^{2-2}$hɔ^{44}，tsɯ$^{44-35}$lɛ$^{31-33}$tsɯ$^{44-33}$cʰi$^{35-31}$ɦiɑ$^{31-13}$ɲiæ̃$^{31-53}$tsʰiŋ^{53} 指走遍天下没有人比父母更疼爱自己。如：～。格咾我三日两头要去望望爷娘。

【吃来吃去咸菜饭，着来着去蓝布衫】 cʰiʌʔ$^{4-3}$lɛ$^{31-55}$cʰiʌʔ$^{4-5}$cʰi$^{35-31}$ɦɛ$^{31-24}$tsʰe$^{35-33}$βɛ$^{13-31}$，tsɑʔ$^{4-3}$lɛ$^{31-55}$

tsɑʔ$^{4-5}$cʰi$^{35-31}$lɛ$^{31-24}$ɓu$^{35-33}$sɛ$^{53-31}$ 亦称"吃来吃去臭乳腐，着来着去老粗布"。旧时人们粗茶淡饭、衣着款式色彩单调的写照。如：老底子老百姓是～，现在老百姓有条件讲究吃讲究着哉。

【吃饭扎布头】 cʰiʌʔ$^{4-4}$βɛ$^{13-35}$tsæʔ$^{4-4}$ɓu$^{35-53}$dɯ$^{31-31}$ 只管吃饭，其他事一概不用关心。扎布头，即扎孝巾。丧家办丧事，亲友戴黑纱、扎孝巾前来吊唁，除了在丧席上吃饭，基本无事可干。如：老亲眷办丧事，我伲插勿上手，～，只不过是到到场，表表心意。

【吃饭饭榔头，做事嫩场头】 cʰiʌʔ$^{4-4}$βɛ$^{13-35}$βɛ$^{13-22}$lɒ̃$^{31-22}$dɯ$^{31-22}$, tsu$^{35-44}$zɿ$^{13-44}$nəŋ$^{13-22}$zæ̃$^{31-22}$dɯ$^{31-22}$ 亦称"吃饭饭榔头，做生活嫩骨头"。指只会吃饭不会干活的人。饭榔头：指食量特别大的年轻人；嫩场头：办事没有经验。嫩骨头：指劳动力差。《玄空经》第一回："牵线木人说：'饭碗碗好吃，事件件难做。我吃饭也是饭榔头，做事是嫩场头。'"

【吃饱差勿动，坐是打瞌睆】 cʰiʌʔ$^{4-4}$ɓɔ$^{44-44}$tsʰɑ$^{53-55}$uəʔ$^{2-3}$doŋ$^{22-31}$, zu$^{22-24}$zɿ$^{22-31}$ɗæ̃$^{44-35}$kʰəʔ$^{4-3}$tsʰoŋ$^{35-31}$ 讽刺只吃饭不干活、不听使唤的人。差勿动：支使不了。如：老板有个外甥，天天来上班，月月拿工资，就是～，呒没人敢管伊。

【吃点着点，棺材睏来薄点】 cʰiʌʔ$^{4-4}$ɗi$^{44-44}$tsɑʔ$^{4-4}$ɗi$^{44-44}$, kue$^{53-35}$ze$^{31-53}$kʰuŋ^{35}lɛ^{31}bɔʔ$^{2-2}$ɗi$^{44-22}$ 活着的时候，该吃就吃，该穿就穿，死了就无所谓了。表达一种看破红尘、消极且略带颓废的生活态度。如：～。活拉辰光开心点，钞票么用光算数。

【吃家饭像家人】 cʰiʌʔ^{4}kɑ^{53}βɛ^{13}ziæ̃^{13}kɑ^{53}ɲiŋ^{31} 吃谁家的饭像谁家的人。《玄空经》第一回："真是三代不出舅家门，有种出种，～。"

【吃得过，臭乳腐；着得过，老粗布；睏得过，稻柴铺】 cʰiʌʔ$^{4-4}$ɗʌʔ$^{4-4}$ku$^{35-44}$, tsʰɯ$^{35-33}$zy$^{22-55}$βu$^{13-31}$; tsɑʔ$^{4-4}$ɗʌʔ$^{4-4}$ku$^{33-44}$, lɔ$^{22-24}$tsʰu$^{53-33}$ɓu$^{35-31}$; kʰuŋ$^{35-35}$ɗʌʔ$^{4-3}$ku$^{35-31}$, dɔ$^{22-24}$zɑ$^{31-33}$pʰu$^{35-31}$ 谓过惯了艰苦朴素的生活。如：～。搿种生活，三年自然灾害哌辰光，大多数人侪经历过。

【吃得咸酸耐得淡】 cʰiʌʔ$^{4-4}$ɗʌʔ$^{4-4}$ɦɛ$^{31-13}$sø$^{53-53}$ne$^{13-22}$ɗʌʔ$^{4-5}$dɛ$^{22-31}$ 比喻既能享受，也能吃苦。咸酸：有咸有酸，有滋有味；淡：粗茶淡饭。薛理勇《菜饭叫做咸酸饭》："'～'是松江谚语，这个跟'上得厅堂，下得厨房'意思差不多，就是既能享受，也能吃苦。"也比喻生活节俭，饮食方面比较随意。

【吃得窝酥，来得肯大】 cʰiʌʔ$^{4-4}$ɗʌʔ$^{4-4}$u$^{35-44}$su$^{53-44}$, lɛ$^{31-22}$ɗʌʔ$^{4-2}$kʰəŋ$^{44-44}$du$^{13-44}$ 意同北方话"不干不净，吃了没病"。窝酥：龌龊、不整洁；来得：特别。肯：能够、容易。大：长大。如：～。搿两个小囡，吃来龌龊，着来龌龊，大倒蛮肯大。

【吃得邋遢，做得菩萨】 cʰiʌʔ$^{4-4}$ɗʌʔ$^{4-4}$læʔ$^{2-2}$tʰæʔ$^{4-2}$, tsu$^{35-35}$ɗʌʔ$^{4-4}$bu$^{31-22}$sæʔ$^{4-2}$ 亦称"吃来邋遢，做个菩萨"。反映旧时不讲卫生的落后意识。《玄空经》第七回："一看菜里有个死苍蝇，他也不管三七廿一，闭了眼睛，搭来就吃。嘴里说：'瞎子唱大面，眼勿见为净；～。'"

【吃煞新女婿，饿杀总账头里老姑夫】 cʰiʌʔ$^{4-4}$sæʔ$^{4-4}$siŋ$^{53-35}$ɲi$^{22-55}$si$^{35-31}$, ŋu$^{13-24}$sæʔ$^{4-31}$tsoŋ$^{44-33}$tsæ̃$^{35-55}$dɯ$^{31-55}$li$^{22-31}$lɔ$^{22-22}$ku$^{53-55}$ɸu$^{53-31}$ 新女婿上门，许多至亲都要宴请，而上一代的女婿（老姑夫）早已被人忽略。比喻喜新厌旧。《玄空经》第三回："篙子一戳，上下三桌，等隙～，倒亦弗对。"

【吃粮勿管事】 cʰiʌʔ$^{4-4}$ liæ̃$^{31-53}$ uəʔ$^{4-4}$ kue$^{44-44}$ zɿ^{13} 旧时一旦从军入伍便不再负担一切徭役杂差。后引申为只吃饭不做事。吃粮：旧时指从军入伍。如：坐吃拿工资，～，单位里搿种人少一个好一个。

【后生苦，勿算苦；老来苦，呒修补】 ɦɯ$^{13-22}$sæ̃$^{53-22}$kʰu^{44}, uəʔ$^{2-2}$sø$^{35-35}$kʰu^{44}; lɔ^{22}lɛ^{31}kʰu^{44}, m̩$^{53-35}$siɯ$^{53-55}$ɓu$^{44-31}$ 亦称"后生苦，勿算苦；老来苦，真正苦"。年轻人吃点苦算不了什么。最凄惨的是老了生活艰难，无人照顾。此谚也有勉励年轻人要吃苦耐劳，以免晚年凄苦之意。如：～。小青年吃搿眼苦勿好算啥苦，到老是呒人照顾，格么真叫苦哉。

【好汉只怕病来磨】 hɔ^{44}hø^{35}tsəʔ^{44}pʰo^{35}biŋ^{53}lɛ^{31}mo^{53} 人只怕疾病折磨。如：～。毛病一直看勿好，再结棍哌身体也吃勿消。

【好死勿如恶活】 hɔ$^{44-35}$ si$^{44-31}$ uəʔ$^{4-4}$ zy$^{31-53}$ ɔʔ$^{4-4}$ βəʔ$^{2-4}$ 痛快的死不如忍受屈辱折磨而活着。指活着再难受，也比死去好。如：勿要想勿开，～，活拉世界浪到底好。

【好男勿吃分家饭，好女勿着嫁时衣】 hɔ$^{44-35}$ne$^{31-31}$uəʔ$^{2-2}$cʰiʌʔ$^{4-2}$ɸəŋ$^{53-55}$kɑ$^{53-33}$βɛ$^{13-31}$, hɔ$^{44-35}$

ɲy$^{22-31}$uəʔ$^{2-2}$ʦɑʔ$^{4-2}$kɑ$^{35-55}$zɿ$^{31-33}$i$^{53-11}$ 教导小辈不依靠婚嫁时父母所赠财产过活，为人处世要有志气，要自力更生。如：～。靠爷娘咍财产做勿出大事体，靠自家创业赚钞票么才算得上有志气。

【有一顿呒一顿】 ɦiɯ$^{22-24}$iɪʔ$^{4-3}$ɗəŋ$^{35-31}$m̩$^{53-55}$iɪʔ$^{4-3}$ɗəŋ$^{35-31}$ 形容生计艰难，吃了上一顿，下一顿没有着落。如：旧社会里，～咍人家多来西。

【有子勿怕穷】 ɦiɯ$^{22-24}$ʦɿ$^{44-31}$uəʔ$^{2-2}$pʰo$^{35-35}$ɟioŋ^{31} 有子，即有儿子，男子是家的顶梁柱。即使现在贫穷，只要家有儿子，将来就有致富的可能。而女儿通常都要出嫁，没有指望的可能。如：～。一代接一代，总有翻身咍日脚。

【有命上梁山，呒命落太湖】 ɦiɯ$^{22-22}$miŋ$^{13-35}$zɒ̃^{13}liæ̃$^{31-13}$sɛ$^{53-53}$，m̩$^{53-35}$miŋ$^{13-53}$lɒʔ^{2}tʰɑ$^{35-53}$βu$^{31-31}$ 形容冒险行事，孤注一掷。如：所有资金全部买䑄只股票。～。博一记哉！

【有铟呒子一世空】 ɦiɯ$^{22-22}$di$^{31-55}$m̩$^{53-35}$ʦɿ$^{44-53}$iɪʔ$^{4-3}$sɿ$^{35-55}$kʰoŋ$^{53-31}$ 旧时思想观念，认为有了钱财没有儿子，香火无人继承，这一辈子就算白忙了。如：～。伲子呒没一个，赅介许多家产有啥用？

【有铟难买老来少】 ɦiɯ$^{22-22}$di$^{31-55}$nɛ$^{31-13}$mɑ$^{22-53}$lɔ$^{22-24}$lɛ$^{31-31}$sɔ^{35} 有钱难买年老时的青春。如：～。我现在一把岁数，勿好搭倷小青年一道白相哉。

【有铟做铟着，呒铟做命着】 ɦiɯ$^{22-22}$di$^{31-55}$ʦu^{35}di$^{31-22}$zɑʔ$^{2-2}$，m̩$^{53-35}$di$^{31-53}$ʦu^{35}miŋ$^{13-24}$zɑʔ$^{2-?31}$ 有钱人生了病马上去医院治疗，没钱的只能挨着，听天由命。旧时处世观念，所谓不作非分之想，也有其积极的一面。如：～。几十万医疗费我摸勿出，毛病看得好看勿好，听天由命末哉！

【有情千里来相会，呒情哪怕门对门】 ɦiɯ$^{22-24}$ziŋ$^{31-31}$ʦʰi$^{53-35}$li$^{22-53}$lɛ^{31}siæ̃$^{53-55}$ue$^{35-31}$，m̩$^{53-35}$ziŋ$^{31-53}$nɑ$^{13-22}$pʰo$^{35-22}$məŋ^{31}ɗe^{35}məŋ^{31} 亦称“有缘千里来相会，无缘对面勿相逢”。有情有缘虽隔千里也能喜结连理；无情无缘即使门对门也不会走到一起。指人能否遇合，靠的是有没有感情和缘分。如：～。伊拉两家头从小是隔壁邻居，就是呒没缘分，配勿成夫妻。

【有福勿会享，呒福等天亮】 ɦiɯ$^{22-24}$ɸoʔ$^{4-?31}$uəʔ$^{2-2}$ue$^{35-35}$siæ̃^{44}，m̩$^{53-53}$ɸoʔ$^{4-?31}$ɗəŋ$^{44-35}$tʰi$^{53-33}$liæ̃$^{13-31}$ 嘲笑人不会享现成的福。如：～。有介许多钞票，勿会吃勿会白相，犯得着哇？

【爷有娘有，勿如自有】 ɦiɑ$^{31-13}$ɦiɯ$^{22-53}$ɲiæ̃$^{31-13}$ɦiɯ$^{22-53}$，uəʔ$^{2-2}$zy$^{31-53}$zɿ$^{13-22}$ɦiɯ$^{22-22}$ 父母的钱财总不是自己的，不如自己拥有。如：～。自家赚咍钞票，讲出来光荣，用起来自由。

【百毒，水里一秃】 ɓɑʔ^{4}doʔ^{2}，sɿ^{44}li^{22}iɪʔ$^{4-4}$tʰoʔ$^{4-4}$ 亦称“毒做毒，一百秃”。俗谓有毒的东西，只要放入水中煮沸，便可消毒。秃：煮沸。松江方言词。如：～。随便啥物事，摆到水里秃秃透，侪可以杀毒。

【老鼠勿留隔宿食】 lɔ$^{22-24}$ sɿ$^{44-31}$ uəʔ$^{4-4}$ liɯ$^{31-53}$ kɑʔ$^{4-4}$ soʔ$^{4-4}$ zʌʔ$^{2-4}$ 亦称“叫化子勿留隔宿食”。嘲讽那些有食物就吃完，有钱就花掉，不知积蓄的人。隔宿食：隔夜的食物。《玄空经》第三回：“不过你也知道他～，穷得棺材里伸出手来，死要铜钿。”

【老鼠放猫债】 lɔ$^{22-24}$ sɿ$^{44-31}$ ɸɒ̃^{35} mɔ$^{31-24}$ ʦɑ$^{35-31}$ 比喻无法收回的欠款。《玄空经》第七回：“一天，三前六后来了九个放印子铟的来坐讨债。先是讽言冷语，一吹一唱，一搭一挡。一个说：‘真是～！’”

【老鼠跳进白米囤】 lɔ$^{22-24}$sɿ$^{44-31}$tʰiɔ$^{35-44}$ʦiŋ$^{35-44}$bɑʔ$^{2-2}$mi$^{22-22}$dəŋ$^{22-22}$ 亦称“老鼠跌进白米囤”。意谓不愁吃，尽情享受。如：嫁拨䑄家千万富翁做新妇，真是～，一世享福哉。

【自有自便当】 zɿ$^{13-22}$ɦiɯ$^{22-22}$zɿ$^{13-22}$bi$^{31-22}$ɗɒ̃$^{35-22}$ 亦称“自有自便”。东西要自己有才方便，借他人的终归不方便。如：家常用品么～，问别人借勿方便，也勿好意思。

【自肚皮里自得知】 zɿ$^{13-22}$ du$^{22-55}$ bi$^{31-55}$ li$^{22-31}$ zɿ$^{13-22}$ɗʌʔ$^{4-5}$ʦɿ$^{53-53}$ 自己的心事闷在肚里只有自己知道。《玄空经》第二回：“看他神气勿对，就问有无心事，勿要～，我要打碎沙锅问到底。”

【自肚皮里转气】 zɿ$^{13-22}$ du$^{22-55}$ bi$^{31-55}$ li$^{22-31}$ ʦe$^{44-44}$ cʰi$^{35-44}$ 说话声音太轻，只在自己肚皮里转口气，别人听不见。引申为自己心里在打主意。如：队里咍事体大家讨论得蛮热烈，伊勿管，伊只管～，打自家咍算盘。

【舌头舔勿着鼻头】 zəʔ$^{2-2}$ dɯ$^{31-53}$ tʰi$^{44-35}$ uəʔ$^{4-3}$ zɑʔ$^{2-31}$ bəʔ$^{2-2}$ dɯ$^{31-53}$ 舌头再长，也没办法舔到鼻子。指事物尚差一截或完成有难度，多指经济困窘状态。如：一个月咍工资，伊半

个多月就用光。格咾一到月底，伊就～，到处借钞票。

【两只肩架扛个头】 liã$^{22-22}$tsɑʔ$^{4-2}$ci$^{53-55}$kɑ$^{35-31}$kõ$^{53-55}$kɯ$^{35-33}$dɯ$^{31-31}$ 两个肩膀架住个头。形容人瘦弱的样子；也形容人一无所有。肩架：当作"肩胛"。《玄空经》第七回："一个说：'～，亦算个人！"

【两手一摊，一眼勿拿】 liã$^{22-24}$sɯ$^{44-31}$iɪʔ$^{4-4}$tʰɛ$^{53-53}$，iɪʔ$^{4-4}$ŋɛ$^{22-44}$uəʔ$^{2-2}$nɛ$^{53-53}$ 人一死，什么都无法带走。如：人生在世，能享受就享受，～，格咾活啦辰光想穿点。

【两只肩胛扛只嘴】 liã$^{22-22}$tsɑʔ$^{4-2}$ci$^{53-53}$kɑ$^{35-31}$kõ$^{53-55}$tsɑʔ$^{4-3}$tsɿ$^{44-31}$ 形容一无所有。如：伊是～，屋里啥侪呒没，格咾直到现在仍旧光棍一个。

【冷来靠被絮，老来靠大细】 læ̃^{22}lɛ^{31}kʰɔ^{35}bi$^{22-44}$si$^{35-44}$，lɔ^{22}lɛ^{31}kʰɔ^{35}du$^{13-22}$si$^{35-35}$ 天冷了，要被絮取暖；人老了，要儿女照顾。大细：子女。如：～。岁数大是总归要靠子女照顾。

【含拉嘴里怕烊，吐出来怕冷，咽落去怕鲠】 ɦe$^{31-22}$lɑ$^{2-2}$tsɿ$^{44-35}$li$^{22-31}$pʰo^{35}ɦiã^{31}，tʰu$^{44-33}$tsʰəʔ$^{4-5}$lɛ$^{31-31}$pʰo^{35}ləŋ^{22}，i$^{35-35}$lɒʔ$^{2-3}$cʰi$^{35-31}$pʰo^{35}kæ̃^{44} 比喻对小孩的百般宠爱。如：王小姐是中年得子，格咾～，对伲子宝贝得勿得了。

【吾子像娘，金子打墙；囡婿像爷，银子摊街】 ɦŋ̍$^{22-24}$tsɿ$^{44-31}$ziæ̃^{13}ɲiæ̃^{31}，ciŋ$^{53-35}$tsɿ$^{44-53}$ɗæ̃^{44}ziæ̃^{31}；nø$^{22-22}$ɦŋ̍$^{22-22}$ziæ̃^{13}ɦiɑ^{31}，ɲiŋ$^{31-13}$tsɿ$^{44-53}$tʰɛ^{53}kɑ^{53} 儿子有男子汉的气质，又有母亲一样的好品德，女儿有姑娘家的细心温柔，又有父亲一样的好性情，这样的家庭一定会富裕幸福。打墙：砌墙。摊街：摊满街头。如：～。张先生一对子女，吾子像娘，囡婿像爷，格咾老夫妻两家头福气好来勿得了！

【忤逆勿天打，一代还一代】 ɦŋ̍$^{13-24}$ɲiʌʔ$^{2-ʔ31}$uəʔ$^{2-2}$tʰi$^{53-55}$ɗæ̃$^{44-31}$，iɪʔ$^{4-4}$de$^{13-35}$βɛ^{31}iɪʔ$^{4-4}$de$^{13-35}$ 亦称"忤逆勿灭，打一代还一代"。旧谓忤逆行为是不会灭绝的。你这一代虐待父母，下代就虐待你。忤逆：不孝顺(父母)。天打：雷击。如：～。阿根年纪辰光虐待爷娘，现在岁数大哉，伲子虐待伊哉。

【怀里小囡日日喜，床浪老人日日厌】 βɛ$^{31-13}$li$^{22-53}$siɔ$^{44-35}$nø$^{22-31}$ɲiɪʔ$^{2-2}$ɲiɪʔ$^{2-2}$çi$^{44-22}$，zɔ̃$^{31-24}$lɔ̃$^{13-31}$lɔ$^{22-24}$ɲiŋ$^{31-31}$ɲiɪʔ$^{2-2}$ɲiɪʔ$^{2-2}$i$^{35-22}$ 看见怀里的孩子天天长大，年轻父母十分欢喜，而照顾卧病在床的老人，有些子女便日久生厌。如：人家是～。张先生勿一样，伊是小囡蛮欢喜，老人勿惹厌，对生病老人照顾得相当好。

【男做女工，饿杀祖宗】 ne^{31}tsu^{35}ɲy^{22}koŋ^{53}，ŋu$^{13-24}$sæʔ$^{4-ʔ31}$tsu$^{44-35}$tsoŋ$^{53-31}$ 亦称"男做女工，越做越穷"。男主人干女红补贴家用，家境困顿。无暇祭祀祖先，祖宗自然挨饿。《玄空经》第一回："烂老头子原是烂好人，不得已只好自家烧饭倒马桶，用勿起做生活，真是～。"

【沉也好氽也好】 zəŋ$^{31-55}$ɦɑ$^{2-2}$hɔ^{44}tʰəŋ$^{33-31}$ɦɑ$^{2-2}$hɔ^{44} 漂浮在水面的东西不论沉浮都无所谓。① 能以良好的心态对待人生际遇，沉时坦然，浮时淡然，凡事拿得起也放得下。如：一亩西瓜一亩稻，～。西瓜卖钞票，囤里有饭粮，急啥？② 对人或事物的前景丧失信心。如：我决定辞职。今后公司～，搭我完全勿搭界。

【穷人只图眼前，富人要算来年】 ɟioŋ$^{31-13}$ɲiŋ$^{31-53}$tsəʔ$^{4-4}$du$^{31-53}$ŋɛ$^{22-24}$zi$^{31-31}$，ɸu$^{35-53}$ɲiŋ$^{31-31}$iɔ^{53}sø^{35}lɛ$^{31-13}$ɲi$^{31-53}$ 劝人要有长远打算才能根本脱贫致富。如：～。孙老板年年订好计划，年年落实计划，格咾财富年年增加。

【穷来溚溚渧】 ɟioŋ$^{31-13}$lɛ$^{31-53}$ɗæʔ$^{4-4}$ɗæʔ$^{4-4}$ɗi$^{35-44}$ 亦称"穷得搭搭滴"。穷困潦倒，穷苦不堪，犹言"穷得丁当响"。如：投资对路咶辰光，伊是一夜暴富；投资失败咶辰光，伊是一夜破产，～。

【穷家勿穷路】 ɟioŋ$^{31-13}$kɑ$^{53-53}$uəʔ$^{2-2}$ɟioŋ$^{31-55}$lu$^{13-31}$ 亦称"穷家富路""贫家富路"。指在家日子再穷，出门上路必须准备充裕。如：～。獬趟出远门，路浪多带眼钞票。

【穷柴仓，富水缸】 ɟioŋ^{31}zɑ$^{31-13}$tsʰõ$^{53-53}$，ɸu^{35}sɿ$^{44-35}$kõ$^{53-31}$ 灶下不要多放稻草，水缸中经常贮满水，这是防火的必需。如：～。獬种防火常识尽管人人侪晓得，不过还是要常桩提醒。

【芦席盖被娘家好】 lu$^{31-22}$ziʌʔ$^{2-2}$ke$^{35-53}$bi$^{22-31}$ɲiæ̃$^{31-13}$kɑ$^{53-53}$hɔ^{44} 指出嫁女儿对娘家怀有深厚的感情。芦席盖被：比喻生活艰苦。如：～，爷娘咶恩情哪能可以忘记。

【走路发吭，吃饭吃汤，天勿曾暗想着只床】 tsɯ$^{44-44}$lu$^{13-44}$ɸæʔ^{4}hõ^{53}，cʰiʌʔ$^{4-4}$βɛ$^{13-35}$cʰiʌʔ$^{4-4}$tʰõ$^{53-53}$，tʰi^{53}uəʔ$^{2-2}$zəŋ$^{31-53}$e^{35}siæ̃$^{44-35}$zɑʔ$^{2-ʔ31}$tsɑʔ^{4}zɔ̃^{31} 年老体

衰者晚年生活的自嘲。谓走路发喘，缺牙少齿吃饭多喝汤，一到黄昏就想上床睡觉。如：八十岁人哉，岁数勿饶人，现在是～。

【饭后百步走，活到九十九】 βɛ$^{13-22}$ɦɯ$^{13-35}$ɓɑʔ$^{4-4}$bu$^{13-35}$ʦɯ^{44}，βəʔ$^{2-2}$ɗɔ$^{35-35}$ciɯ$^{44-33}$zəʔ$^{2-5}$ciɯ$^{44-31}$ 亦称“饭后百步，勿上药铺”。指饭后多散步有益健康。如：吃饱是饭勿好窝拉沙发里看电视，最好出去散散步。～呀！

【命里犯拉煨行灶，到东到西吹火筒】 miŋ^{13}li^{22}βɛ^{22}lɑ^{2}ue^{53}ɦæ̃$^{31-13}$ʦɔ$^{35-53}$，ɗɔ$^{35-53}$ɗoŋ$^{53-31}$ɗɔ$^{35-53}$si$^{53-31}$ʦʰʅ^{53}ɸu$^{44-35}$doŋ$^{31-31}$ 亦称“命里注拉煨行灶，走遍天下吹火筒”。比喻命中注定要吃苦。犯拉：同“注拉”，意为“注定”。煨行灶：在简陋的灶上烧饭，比喻生活穷困。行灶：一种可以搬动的烧柴小灶，须用吹火筒吹气助燃。如：人家讲伊“～”。其实伊勿是命里苦，是一生一世勿巴结，太懒。

【庙里烧香讲媳妇，田里拔秧讲阿婆】 miɔ$^{13-22}$li$^{22-22}$sɔ$^{53-35}$çiæ̃$^{53-53}$kɒ̃^{44} siŋ$^{53-22}$βu$^{13-22}$，di$^{31-22}$li$^{22-22}$bæʔ$^{2-2}$iæ̃$^{53-53}$kɒ̃^{44}æʔ$^{4-4}$bu$^{31-53}$ 亦称“佛堂间讲媳妇，水桥头讲阿婆。”庙里烧香者，多为上了年纪的婆婆们；田里拔秧者，多为正值青春年华的媳妇们。婆婆们在一起，喜欢议论各自的媳妇；媳妇们在一起，则喜欢议论各自的婆婆。如：～。婆讲媳妇，媳妇讲婆，搿种事体多来西。

【拔出萝卜地皮宽】 bæʔ$^{2-2}$ ʦʰəʔ$^{4-2}$ lɔ$^{31-22}$ boʔ$^{2-2}$ di$^{13-22}$ bi$^{31-22}$ kʰue$^{53-22}$ 拔掉萝卜，地头空空。比喻债务还清后，心情十分轻松。如：宿债全部还清，～，心里一轻松。

【招郎招郎，倒霉三房】 ʦɔ$^{53-35}$lɒ̃$^{31-53}$ʦɔ$^{53-35}$lɒ̃$^{31-53}$，ɗɔ$^{44-35}$me$^{31-31}$sɛ$^{53-35}$βɒ̃$^{31-53}$ 旧时反对招婿婚者认为女婿倒插门会给女家宗族带来霉运。欧粤《松江风俗志》：为了阻止招婿的现象出现，甚至有“～”的俗语，意为一个小家招了上门女婿，会给他的兄弟三个家族都带来坏运气。

【狗勿偷污要饿煞，人勿偷懒要做煞】 kɯ^{44}uəʔ$^{2-2}$tʰɯ$^{53-55}$u$^{35-31}$iɔ^{53}ŋu$^{13-24}$sæʔ$^{4-ʔ31}$，ɲiŋ^{31}uəʔ$^{2-2}$tʰɯ$^{53-55}$lɛ$^{22-31}$iɔ^{53}ʦu$^{35-35}$sæʔ$^{4-ʔ31}$ 人有惰性说法的辩护之词。如：～。趁队长勿勒拉，我伲偷个懒，去吃根香烟。

【的确良面子府绸夹里】 ɗiɪʔ$^{4-3}$cʰiɑʔ$^{4-5}$liæ̃$^{31-53}$mi$^{13-22}$ʦʅ$^{44-22}$ɸu$^{44-35}$zɯ$^{31-31}$kæʔ$^{4-4}$li$^{22-44}$ 比喻门当户对。如：～，伊拉两家头谈朋友蛮相配。的确良与府绸均为较好的纺织品面料。

【若要好，老做小】 zɑʔ$^{2-2}$iɔ$^{53-53}$hɔ^{44}，lɔ^{22}ʦu^{35}siɔ^{44} 家庭老少成员间，要想关系密切，相处得好，做长辈的切莫倚老卖老，而应多换位思考，在一些非原则问题上，多从小辈的地位建言处事，才能赢得尊重。好：即关系和谐融合。如：～。搿桩事体就依小辈咟意思办。

【若要俏，冻来像只狗能叫】 zɑʔ$^{2-2}$iɔ$^{53-53}$ʦʰiɔ^{35}，ɗoŋ$^{35-53}$lɛ$^{31-31}$ziæ̃$^{13-24}$ʦɑʔ$^{4-ʔ31}$kɯ^{44}nəŋ$^{31-24}$ciɔ$^{35-31}$ 穿衣单薄潇洒求漂亮，但只好受冻。如：～。三九天穿春秋装出门，要冻出毛病来咟。

【苦做苦，勿做雄媳妇】 kʰu^{44}ʦu^{35}kʰu^{44}，uəʔ$^{2-2}$ʦu$^{35-35}$ɦioŋ$^{31-13}$siŋ$^{53-55}$βu$^{13-31}$ 再怎么苦，也不能做上门女婿。雄媳妇：上门女婿。如：～。搿门亲事倷搭我回断，我是绝对勿会做上门女婿咟。

【贪噻，买是小猪猡拉娘】 tʰe^{53}ɟiæ̃^{31}，mɑ^{13}zʅ^{22}siɔ$^{44-33}$ʦʅ$^{53-55}$lu$^{31-31}$lɑ^{2}ɲiæ̃^{31} 便宜没好货。购物一定不能贪图便宜，否则适得其反。贪噻：贪图便宜。小猪猡拉娘：即老母猪。更夸张的说法是：贪噻，买是老母猪拉娘。如：～。搿种噻货，送拨人家也勿要，侬去买来派啥用场？

【贪小失大，夫妻俩哭一夜】 tʰe$^{53-35}$siɔ$^{44-53}$səʔ$^{4-4}$dɑ$^{13-35}$，ɸu$^{53-35}$ʦʰi$^{53-55}$liæ̃$^{22-31}$kʰoʔ^{4}iɪʔ$^{4-4}$ɦiɑ$^{13-35}$ 谓贪小失大，后悔莫及。如：～。还要拨别人笑话。想想实在懊恼。

【贪心勿足吃白粥】 tʰe$^{53-35}$siŋ$^{53-53}$uəʔ$^{2-2}$ʦoʔ$^{4-2}$cʰiʌʔ^{4}bɑʔ$^{2-2}$ʦoʔ$^{4-2}$ 亦称“贪心吃白粥”。讽刺贪心而无所得。吃白粥：单喝粥而无菜肴，喻无所得。又“白粥”谐音“白作”，喻白费心机。如：太贪也勿好。～，到头来一眼也弄勿着。

【贪嘴勿留穷性命】 tʰe$^{53-35}$ ʦʅ$^{44-53}$ uəʔ$^{4-4}$ liɯ$^{31-53}$ ɟioŋ$^{31-22}$ siŋ$^{35-22}$ miŋ$^{13-22}$ 亦称“贪嘴勿顾穷性命”。嘲嘴馋贪吃的人不顾身体健康，不思后果地吃喝。穷性命：小命一条。如：～。穷吃八吃，吃出毛病咟人也有，吃脱性命咟人也有。

【贪嘴吃勿得二斤半】 tʰe$^{53-35}$ʦʅ$^{44-53}$cʰiʌʔ$^{4-4}$uəʔ$^{2-4}$ɗʌʔ$^{4-4}$ɲi$^{13-22}$ciŋ$^{53-22}$ɓe$^{35-22}$ 人的食量有限，再能吃也有度，一口不可能吃成个大胖子。比喻凡事要从实际出发，尊重客观规律，不能盲目行事，急于求成。贪嘴：能吃，贪吃。二斤半：常人一般进食的最大量。如：做事体勿好急，～。

【亮灶暗房间】 liæ̃$^{13-22}$tsɔ$^{35-35}$e^{35}βɒ̃$^{31-13}$kɛ$^{53-53}$ 亮灶有利于烹调操作；房间暗一点，符合农民富不露财的心理。故旧时乡间民居厨房采光大多强于卧室。《永丰街道志》："一般人家住房为三开间、五架梁，中为客堂，两边为卧室和灶间。均为泥地，低矮潮湿，俗称'～'"。

【养煞十八斤】 ɦiæ̃^{22}sɑʔ^{4}zəʔ$^{2-2}$ɓæʔ$^{4-5}$ciŋ$^{53-53}$ 对小孩生长发育过慢的戏称。《玄空经》第一回："慢学走，先学跑，岂知乎不但～，并且张公养鸟，越养越小。"

【挖耳扒来铁锴送】 uæʔ$^{4-4}$ɲi$^{22-44}$bo$^{31-13}$lɛ$^{31-53}$tʰɪɪʔ$^{4-4}$ɗæʔ$^{4-4}$soŋ^{35} 用耳挖子扒进，用铁锴送出。比喻平时十分节俭，一点一滴积攒起家产，一朝却被意想不到的巨大支出所耗去。如：一场车祸，用光一年积蓄。～，一年白辛苦。

【是药三分毒】 zɿ^{22}ɦiɑʔ^{2}sɛ$^{53-35}$ɸəŋ$^{53-53}$doʔ^{2} 凡是药物都有几分的偏性。即在肯定药物的治疗作用的时候，不能忽视药物的毒副作用和不良反应。如：～。所以病人随便吃啥药，侪要听从医生指导，勿好瞎吃八吃。

【种田勿好荒一年，教儿勿好害一世】 tsoŋ$^{44-35}$di$^{31-31}$uəʔ$^{2-2}$hɔ$^{44-22}$ɸɒ̃^{53}iɪʔ$^{4-4}$ɲi$^{31-53}$，kɔ^{35}ɦəl^{31}uəʔ$^{2-2}$hɔ$^{44-22}$ɦe^{13}iɪʔ$^{4-4}$sɿ$^{35-35}$ 强调从小教育培养子女的重要性。如：～。作为家长，勿要满脑子钞票，一定要拿子女教育放拉第一位。

【种田勿着一年苦，讨娘子勿着一世苦】 tsoŋ$^{44-35}$di$^{31-31}$uəʔ$^{2-2}$zɑʔ$^{2-2}$iɪʔ$^{4-4}$ɲi$^{31-53}$kʰu^{44}，tʰɔ$^{44-33}$ɲiæ̃$^{31-55}$tsɿ$^{44-31}$uəʔ$^{2-2}$zɑʔ$^{2-2}$iɪʔ$^{4-4}$sɿ$^{35-35}$kʰu^{44} 谓种田歉收苦一年，娶老婆不当一生受累。勿着：失败。《玄空经》第二回："常言道：'心病还须心药医，家花哪及野花香。'不过～。"

【种好黄秧，望望爷娘】 tsoŋ$^{44-44}$hɔ$^{44-44}$βɒ̃$^{31-13}$iæ̃$^{53-53}$，mɒ̃$^{13-22}$mɒ̃$^{13-35}$ɦiɑ$^{31-13}$ɲiæ̃$^{31-53}$ 亦称"种好黄秧，望望爷娘；黄梅上岸，爷娘望囡"。农忙以后，媳妇可以回娘家探望父母，父母也可去出嫁的女儿家探望。松江民间故事《三个巧媳妇》："巧婆婆乐呵呵地道：'～。应该的，应该的！'"

【要吃好米早车田，要养伲子廿岁前】 iɔ^{53}cʰiʌʔ^{4}hɔ$^{44-35}$mi$^{22-31}$tsɔ^{44}tsʰo$^{53-35}$di$^{31-53}$，iɔ^{53}ɦiæ̃^{22}ɲi$^{31-13}$tsɿ$^{44-53}$ɲiɛ$^{13-22}$sø$^{35-35}$zi^{31} 意同"早养儿子早得福"。比喻要想早享福，生孩子要早。廿岁前：泛指年纪轻。如：老法里人普遍早婚。～。十七八岁结婚多来西。

【面呒四两肉】 mi$^{13-22}$ m̩$^{53-22}$ sɿ$^{35-33}$ liæ̃$^{22-55}$ ɲioʔ$^{2-31}$ 贬义。形容脸庞极度瘦削。常用于对"老奸巨猾者"的开相。《玄空经》第一回："岂知乎病人吃得馔香，半夜头肚里雷响，身上顷刻渐渐落瘦。撒到当明朝，已经～，就此忘记透气哩！"

【面和心勿和】 mi$^{13-22}$βu$^{31-22}$siŋ^{53}uəʔ$^{2-2}$βu$^{31-53}$ 表面上和睦相处，内心却有意见。如：经理搭副经理开会坐拉一道，碰着么也打打招呼握握手。不过班子里人侪晓得，伊拉两家头是～，冤家结来蛮深。

【面黄昏，粥半夜】 mi^{13}βɒ̃$^{31-55}$ ɸəŋ$^{53-31}$，tsoʔ^{4}ɓe$^{35-44}$ɦiɑ$^{13-44}$ 亦称"面黄昏，粥半夜，饭瓜场浪兜一埭"。旧时农民通常煮烂糊面或面糊，比稀饭不耐饥。饭瓜：即南瓜。场浪兜一埭：到外面走一圈。以南瓜当晚餐主食更不耐饥。如：～。今朝夜饭吃是碗烂糊面，等一歇要出去吃宵夜哉。"黄昏"与"半夜"指食物消化需要的时间。

【娘子有钿里床富】 ɲiæ̃$^{31-13}$tsɿ$^{44-53}$ɦiɯ$^{22-24}$di$^{31-31}$li$^{22-24}$zɒ̃$^{31-33}$ɸu$^{35-31}$ 妻子有钱虽是她自己的，但对丈夫也有好处。里床：床的靠墙一边，亦指同床之人。《玄空经》第八回："就算我弗好，圣人亦有三分差处，并且～！"

【娘好囡好，秧好稻好】 ɲiæ̃^{31}hɔ^{44}nø^{22}hɔ^{44}，iæ̃^{53}hɔ^{44}dɔ^{22}hɔ^{44} 母亲好，孩子（多指女儿）就好；秧苗好，长的稻子就好。强调基础的重要性。如：～。有哪能娘就有哪能囡，有哪能秧就有哪能稻。格咾随便做啥事体，基础侪要打好。

【娘家饭香，婆家饭长】 ɲiæ̃$^{31-13}$kɑ$^{53-55}$βɛ$^{13-31}$çiæ̃^{53}，bu$^{31-13}$kɑ$^{53-55}$βɛ$^{13-31}$zæ̃^{31} 指女子大了要出嫁，不能一辈子在娘家；婚后更多的日子是在婆家。如：～。搭婆婆一定要搞好关系，千万勿要闹矛盾。

【家花呒没野花香，野花香来勿久长】 kɑ^{53}ho^{53}m̩$^{53-53}$məʔ$^{2-31}$ɦiɑ$^{22-24}$ho$^{53-31}$çiæ̃^{53}，ɦiɑ$^{22-24}$ho$^{53-31}$çiæ̃^{53}lɛ^{31}uəʔ$^{2-2}$ciɯ$^{44-55}$zæ̃$^{31-53}$ 喻指外面的野女子虽诱人，但终究不如结发妻子可共百年之好。家花：指妻子。野花：指男人的外遇。如：～。男人花心，弄到末脚人财两空，还是自家老婆最好。

【样样毛病医得好，只有懒病呒药吃】 iæ̃$^{35-44}$iæ̃$^{35-44}$mɔ$^{31-24}$biŋ$^{13-31}$i$^{53-55}$ɗʌʔ$^{4-3}$hɔ$^{44-31}$，tsəʔ$^{4-4}$ɦiɯ$^{22-44}$lɛ$^{22-22}$biŋ$^{13-35}$m̩$^{53-53}$ɦiɑʔ$^{2-?31}$cʰiʌʔ^{4} 亦称"百病有百

药，懒病呒药医”。谓懒惰并非药物能治，只有多劳作才能变得勤快。如：～。侬要毛病好，只有日逐出去做生活。日逐：天天。

【热血搭是心，哪怕梨树精】 ɲiɪʔ$^{2-2}$çyœʔ$^{4-2}$ɗæʔ$^{4-4}$zɿ$^{22-44}$siŋ^{53}，nɑ$^{13-22}$pʰo$^{35-22}$li$^{31-24}$zy$^{13-31}$ʦiŋ^{53} 男女双方真心相爱，连妖魔鬼怪阻挠都不怕。梨树精：泛指各种妖精。如：～。只要我伲真心相爱，各种各样[口后]阻力侪冲得破[口后]。

【破扫帚配齾畚箕】 pʰu$^{35-44}$sɔ$^{44-44}$ʦɯ$^{44-53}$pʰe^{35}ŋæʔ$^{2-2}$ɓəŋ$^{53-55}$ci$^{53-53}$ 亦称“歪配歪，溜配溜，破畚箕配齾扫帚”。歪：不端正。溜：伶俐。齾：器物上的缺口。喻门当户对，总有配对的。如：搿对苦恼夫妻，起先人家讲是～。想勿到伊拉蛮争气，创业成功，还当起是老板。

【蚌壳里煎汤自暖肚】 bæ̃$^{13-22}$kʰɒʔ$^{4-5}$li$^{22-31}$ʦi$^{53-35}$tʰɒ̃$^{53-53}$zɿ^{13}nø^{22}du^{22} 比喻尽管生活条件极其艰苦，但活得自在，所以心里仍觉得温暖。蚌壳里煎汤：形容居室狭小，食物匮乏。如：芦席盖被娘家好，～。屋里苦是苦，不过勿受别人气，就觉着开心。

【造新屋看梁，讨新妇看娘】 zɔ^{22}siŋ$^{53-53}$oʔ$^{4-ʔ31}$kʰø^{35}liæ̃^{31}，tʰɔ^{44}siŋ$^{53-55}$βu$^{13-31}$kʰø^{35}ɲiæ̃^{31} 亦称“造房子看梁，讨媳妇看娘”。指房子好坏主要看梁木。女儿的习性久受母亲影响，因而选娶媳妇时要看她母亲的行为作参考。如：听说媒人要介绍秀英[口后]囡婚拨侬[口后]伲子。～。人家侪讲秀英是个定头货，搿桩婚事侬要搭伲子好好考虑考虑。

【做么真，吃么哼】 ʦu^{35}mə^{22}ʦəŋ^{53}，cʰiʌʔ^{4}mə^{22}həŋ^{53} 指干活实干、苦干；吃饭将就、凑合，甚至过于苛刻。哼：将就、凑合。如：伊是～，千辛万苦省下来搿点钞票，全部拨拉伲子买房子。

【做天难做四月天，做人难做中年人】 ʦu$^{35-53}$tʰi$^{53-31}$nɛ$^{31-24}$ʦu$^{35-31}$sɿ$^{35-33}$ɦyœʔ$^{2-5}$tʰi$^{53-53}$，ʦu$^{35-53}$ɲiŋ$^{31-31}$nɛ$^{31-24}$ʦu$^{35-31}$ʦoŋ$^{53-35}$ɲi$^{31-55}$ɲiŋ$^{31-31}$ 四月间，有人需要下雨有人要晴。中年人既有沉重的工作，又有家累。喻中年人艰辛。如：～。人到中年，日脚最难过。

【猫养猫欢喜，狗养狗欢喜】 mɔ^{31}ɦiæ̃^{22}mɔ^{31}ɸe$^{53-35}$çi$^{44-53}$，kɯ^{44}ɦiæ̃^{22}kɯ^{44}ɸe$^{53-35}$çi$^{44-53}$ 喻亲生的子女，父母都欢喜疼爱。《玄空经》第一回：“那烂老头子～，瘌痢头儿子酥瓜香，非常宝贝。”

【猫是奸臣，狗是忠臣】 mɔ^{31}zɿ^{22}ciɛ$^{53-35}$zəŋ$^{31-53}$，kɯ^{44}zɿ^{22}ʦoŋ$^{53-35}$zəŋ$^{31-53}$ 猫馋，谁家有好吃的就往谁家跑，没法养出感情；狗却恋家恋主，对主人不离不弃。徐亚君《云间动物古今谈》：“松江民谚中有一句叫做‘～’的话，也流传着不少关于义犬的故事。”

【萝卜上场，药店打烊，郎中回乡】 lɔ$^{31-22}$ɓoʔ$^{4-2}$zɒ̃$^{13-22}$zæ̃$^{31-22}$，ɦiɑʔ$^{2-2}$ɗi$^{35-35}$ɗæ̃$^{44-35}$ɦiæ̃$^{31-31}$，lɒ̃$^{31-13}$ʦoŋ$^{53-53}$βe$^{31-13}$çiæ̃$^{53-53}$ 萝卜营养丰富，有很好的食用和医疗价值。如：～。秋场里多吃点萝卜。郎中：医生。

【衔仔奶头嫡嫡亲，讨仔娘子黑良心】 ɦɛ$^{31-13}$zɿ$^{22-53}$nɑ$^{22-24}$dɯ$^{31-31}$ɗiɪʔ$^{4-3}$ɗiɪʔ$^{4-5}$ʦʰiŋ$^{53-53}$，tʰɔ$^{44-35}$zɿ$^{22-31}$ɲiæ̃$^{31-13}$ʦɿ$^{44-53}$hʌʔ$^{4-3}$liæ̃$^{31-55}$siŋ$^{53-53}$ 批评娶了新娘忘了老娘的现象。如：～。阿龙搿个小青年，讨是新娘忘是老娘，真勿像闲话！

【野鸡打是满天飞，家鸡打是团团转】 ɦiɑ$^{22-24}$ci$^{53-31}$ɗæ̃$^{44-35}$zɿ$^{22-31}$me$^{22-24}$tʰi$^{53-31}$ɸi^{53}，kɑ$^{53-35}$ci$^{53-53}$ɗæ̃$^{44-35}$zɿ$^{22-31}$dø$^{31-13}$dø$^{31-55}$ʦe$^{44-31}$ 野鸡遭打后会到处乱飞，迅疾离去；家鸡遭打后则仍在原处团团转，不会离开。比喻有血缘关系的一家人即便有矛盾，仍然念及亲情，维系着家庭。野鸡：比喻无血缘关系者或非直系亲属。家鸡：比喻有血缘关系者或直系亲属。如：～。自家吾子，打伊骂伊，伊仍旧缠牢爷娘，“爷娘”叫个勿停。

【铜打肩胛铁打腰，做死做煞勿叫饶】 doŋ$^{31-13}$ɗæ̃$^{44-53}$ci$^{53-53}$kɑ$^{35-31}$tʰiɪʔ$^{4-4}$ɗæ̃$^{44-44}$iɔ^{53}，ʦu$^{35-53}$si$^{44-31}$ʦu$^{35-35}$sæʔ$^{4-ʔ31}$uəʔ$^{2-2}$ciɔ$^{35-55}$ɲiɔ$^{31-31}$ 形容身强体壮，不怕苦累。勿叫饶：不讨饶。如：伲生产队长是复员军人，～，队里人人叫好。

【铜钿银子滚大淘】 doŋ$^{31-13}$di$^{31-53}$ɲiŋ$^{31-13}$ʦɿ$^{44-53}$kuəŋ^{44}du$^{13-22}$dɔ$^{31-22}$ 分散的钱财常常趋于集中，经济实力雄厚或善于理财者容易吸纳积聚钱财。滚：滚向，流向。淘：淘伴，同伙。大淘：(人、物)数量众多的群体。如：～，搿歇资金侪集中到大户手里去哉。

【黄狼撒个屁，吞杀老土地】 βɒ̃$^{31-13}$lɒ̃$^{31-53}$ʦʰɑʔ$^{4-4}$kɯ$^{35-35}$pʰi^{35}，tʰəŋ$^{53-53}$sæʔ$^{4-ʔ31}$lɔ$^{22-24}$tʰu$^{44-33}$di$^{13-31}$ 指黄狼之屁极臭，生活中常嘲笑某人放臭屁，也引申为说出极荒谬、低级的话。黄狼：黄鼠狼。吞杀：熏死。老土地：土地公公。《玄空经》第四回：“大头鬼忽觉脚块子里叮，便隔靴搔痒，一面正有话有笑的时候,出气姑娘屁股一歪,~。”

【黄梅勿落青梅落】 βõ$^{31-13}$me$^{31-53}$uəʔ^{2}lɒʔ^{2}ʦʰiŋ$^{53-55}$me$^{31-33}$lɒʔ$^{2-2}$ʔ^{31} 意同“白发人送黑发人”。指儿女在父母之前亡故。黄梅:梅子熟时色黄,喻指老人。青梅:喻指年轻人。《玄空经》第七回:“晓得女婿归天,痛哭流涕,哭了几声~。”

【掗打精工,算计亨通】 uæʔ$^{4-3}$dæ̃$^{44-55}$ʦiŋ$^{53-55}$koŋ$^{53-53}$, sø$^{35-44}$ci$^{35-44}$hæ̃$^{53-35}$tʰoŋ$^{53-53}$ 精明的人善于盘算,经常成功。掗打:也作“挖打”,计算精确。精工:精明。亨通:顺利。《玄空经》第二回:“我大头鬼~。”

【硬火勿怕湿柴,硬子勿怕犆爷】 ŋæ̃$^{13-22}$ɸu$^{44-22}$uəʔ$^{2-2}$pʰo$^{35-35}$sɑʔ$^{4-4}$zɑ$^{31-53}$, ŋæ̃$^{13-22}$ʦɿ$^{44-22}$uəʔ$^{2-2}$pʰo$^{35-35}$ziɯ$^{2-2}$ɦiɑ$^{31-53}$ 性格刚烈的儿子不惧怕暴戾、凶悍的父亲。犆:凶悍。如:~。阿根脾气耿,碰勿碰就要搭自家爷上腔。耿:(脾气)倔。碰勿碰:动不动。上腔:寻衅;吵架。

【硬狗污一嗓】 ŋæ̃$^{13-22}$kɯ$^{44-22}$u^{35}iɪʔ$^{4-4}$sõ$^{44-44}$ 形容饥不择食。谓肚子饿的时候,即便是最难吃的食品也会吞下去了。嗓:吞。如:现在太甜勿吃,太咸勿吃。肚皮饿起来~。

【落雨独怕天亮,生病人独怕嘴硬】 lɒʔ$^{2-2}$ɦy$^{22-22}$doʔ$^{2-2}$pʰo$^{35-35}$tʰi$^{53-35}$liæ̃$^{13-53}$, sæ̃$^{53-55}$biŋ$^{13-33}$ɲiŋ$^{31-31}$doʔ$^{2-2}$pʰo$^{35-35}$ʦɿ$^{44-44}$ŋæ̃$^{13-44}$ 亦称“病人怕肚胀,雨落怕天亮”。久雨天气突然放晴,危重病人坚信自己没事,未必都是好兆。肚胀:中医学称为臌胀,民间俗称臌症。此病难以治愈。久雨后天忽明亮,预示又要下雨。如:~。保险点,明朝送病人到中心医院去检查一遍。

【隔重肚皮隔重山】 kɑʔ$^{4-4}$zoŋ$^{31-53}$du$^{22-24}$bi$^{31-31}$kɑʔ$^{4-4}$zoŋ$^{31-53}$sɛ^{53} 不是亲生,关系疏远,很难相处。如:~。婆媳妇两个关系勿哪能,平常闲话也勿多。勿哪能:不怎么样。

【勤谨讨娘子,懒惰望丈母】 ɟiŋ$^{31-13}$ciŋ$^{44-53}$tʰɔ$^{44-33}$ɲiæ̃$^{31-55}$ʦɿ$^{44-31}$, lɛ$^{22-22}$du$^{13-35}$mõ^{13}zæ̃$^{22-22}$ɦm̩$^{22-22}$ 媳妇未过门,女家跑得勤;娶了媳妇,就懒得去看望岳父母。比喻一旦事情办成,就淡忘了办事时曾经帮助过自己的人。如:搿种人,~。只晓得自家享受,勿懂得感恩别人,为人处事勿哪能咍。

【媳妇手里讨针线】 siŋ$^{53-55}$βu$^{13-31}$sɯ$^{44-35}$li$^{22-31}$tʰɔ^{44}ʦəŋ$^{53-55}$si$^{35-31}$ 比喻事事受制于小辈,毫无自主权。如:我现在蹲拉伲子屋里。随便做啥事体,侪是~,一眼勿能作主。

【想搨便宜货,要买起底货】 siæ̃^{44}tʰæʔ^{4}bi$^{31-13}$ɲi$^{31-55}$ɸu$^{35-31}$, iɔ^{53}mɑ^{22}cʰi$^{44-35}$dĩ$^{44-33}$ɸu$^{35-31}$ 指贪便宜者的购物习惯。起底货:卖剩下来的货物,价格最低廉。如:~。陈阿姨喜欢搨便宜货,格咾每趟到小菜场,总归拣起底货买。

【筷头浪出逆子,棒头浪出孝子】 kʰuɛ$^{44-35}$dɯ$^{31-33}$lõ$^{13-31}$ʦʰəʔ^{4}ɲiʌʔ$^{2-2}$ʦɿ$^{44-22}$, bõ$^{22-24}$dɯ$^{31-33}$lõ$^{13-31}$ʦʰəʔ^{4}çiɔ$^{35-53}$ʦɿ$^{44-31}$ 旧时教子俗语。孩子要严加管教才能有出息,一味地宠幸,孩子反而要变坏。如:~。小囡勿好样样依伊心,要打咍辰光还是要打两记。

【蒲鞋出胡须,一场呒结果】 bu$^{31-13}$ɦɑ$^{31-53}$ʦʰəʔ^{4}βu$^{31-13}$sy$^{53-53}$, iɪʔ$^{4-4}$zæ̃$^{31-53}$m̩^{53}ciɪʔ$^{4-4}$ku$^{44-44}$ 亦称“一场呒结果”。“蒲鞋出胡须”为起兴。指白费精力,毫无结果。如:为是搿对小夫妻复婚,亲朋好友勿晓得做是几化工作,到末脚,~。

【跟是阿妈吃喜酒】 kəŋ$^{53-35}$zɿ$^{22-53}$æʔ$^{4-4}$mɑ$^{53-53}$cʰiʌʔ^{4}çi$^{44-35}$ʦiɯ$^{44-31}$ ①比喻身份只是随从。②比喻无需费心、操心。如:~。搿种事体勿费心思勿费铜钿,只管享受,最适意。

【酱油麻油,样样侪有】 ʦiæ̃$^{35-53}$ɦiɯ$^{31-31}$mo$^{31-13}$ɦiɯ$^{31-53}$, iæ̃$^{35-44}$iæ̃$^{35-44}$zɛ$^{31-13}$ɦiɯ$^{22-53}$ 形容什么都有。如:搿家超市规模大,商品多,~。

【慢人有慢福,晏来吃厚粥】 mɛ$^{13-22}$ɲiŋ$^{31-22}$ɦiɯ^{22}mɛ$^{13-24}$ɸoʔ$^{4-?31}$, ɛ$^{35-53}$lɛ$^{31-31}$cʰiʌʔ^{4}ɦɯ$^{22-24}$ʦoʔ$^{4-?31}$ 亦称“懒人自有懒福,晏来吃碗厚粥”。比喻人都有自己的福分,动作迟钝者也有机会成功。如:~。福气天生,命里注定是啥人咍就是啥人咍。

【瘌痢头儿子酥瓜香】 læʔ$^{2-2}$ li$^{31-55}$ dɯ$^{31-53}$ɦŋ̍$^{22-24}$ ʦɿ$^{44-31}$su$^{53-35}$ko$^{53-53}$çiæ̃^{53} 形容对自己儿子的偏爱,即使头上生着瘌疮还认为有甜瓜的香味。酥瓜:一种有斑纹的甜瓜。《玄空经》第一回:“那烂老头子猫养猫欢喜,狗养狗欢喜,~,非常宝贝。”

【算该算用该用,一生一世勿会穷】 sø^{35}ke^{53}sø^{35}ɦioŋ^{13}ke^{53}ɦioŋ^{13}, iɪʔ$^{4-3}$sæ̃$^{53-55}$iɪʔ$^{4-5}$sɿ$^{35-31}$uəʔ$^{2-2}$ue$^{35-35}$ɟioŋ^{31} 亦称“算算用用,一世勿穷”。说明生活节俭、量入为出的重要。算该算:算算。用该用:用用。如:~。倘使勿是算是咾用,想买啥就买啥,搿眼工资哪能够用呀?

【霉头触到哈尔滨】 me$^{31-13}$dɯ$^{31-53}$tsʰoʔ$^{4-4}$ɗɔ$^{35-35}$hɑ$^{53-55}$əl$^{44-33}$ɓiŋ$^{53-31}$ ① 倒霉至极。② 挖苦到极点。如：今朝我又是碰着车祸，又是落脱手机，算是～哉。

【额角头亮来像皮蛋】 ŋʌʔ$^{2-2}$kɒʔ$^{4-5}$dɯ$^{31-53}$liæ̃^{13}lɛ^{31}ziæ̃^{13}bi$^{31-24}$dɛ$^{13-31}$ 亦称“额角头亮”。谓额头亮如皮蛋者福运极佳。俗谓人身上有三盏灯，能保佑人避邪迎好运，额头一盏越亮则人运气最好。如：伊～，格咾毛病也勿生，钞票也赚得进。

【额角头高进】 ŋʌʔ$^{2-2}$kɒʔ$^{4-5}$dɯ$^{31-53}$kɔ^{53}tsiŋ^{35} 亦称“额角头高”。俗信人的额角高有福气。如：今朝伊～，刮奖刮着一只大奖。

【额角头碰着天花板】 ŋʌʔ$^{2-2}$kɒʔ$^{4-5}$dɯ$^{31-53}$bæ̃$^{13-24}$zɑʔ$^{2-ʔ31}$tʰi$^{53-35}$ho$^{53-55}$ɓɛ$^{44-31}$ 运气好得很。如：最近我中着一只新股，赚着廿几万，真是～！

【额角头碰着棺材板】 ŋʌʔ$^{2-2}$kɒʔ$^{4-5}$dɯ$^{31-53}$bæ̃$^{13-24}$zɑʔ$^{2-ʔ31}$kue$^{53-35}$ze$^{31-55}$ɓɛ$^{44-31}$ 运气极差，倒霉透顶。如：今朝我～，连牢碰着介许多触霉头哐事体。

自然类

【一日三，三日九】 iɪʔ$^{4-4}$ɲiɪʔ$^{2-4}$sɛ^{53}，sɛ$^{53-53}$ɲiɪʔ$^{2-ʔ31}$ciɯ^{44} 指日子过得很快，或指过了一段时间。如：～，搿桩事体我老早忘记脱哉！

【一日春雷十日雨】 iɪʔ$^{4-4}$ɲiɪʔ$^{2-4}$tsʰəŋ$^{53-35}$le$^{31-53}$zəʔ$^{2-2}$ɲiɪʔ$^{2-2}$ɦy^{22} 谓春天打雷会连续阴雨。如：～。春雷一响，十几日天侪要落雨。

【一场秋雨一层衣】 iɪʔ$^{4-4}$zæ̃$^{31-53}$tsʰiɯ$^{53-35}$ɦy$^{22-53}$iɪʔ$^{4-4}$zəŋ$^{31-53}$i^{53} 亦称“一场秋雨一场寒”。一阵秋雨一阵凉，人们不断加穿秋衣。如：～。老清早出门，再加件羊毛背心。

【九月十三晴，稻箩勿结顶；九月十三晴，钉鞋挂断绳】 ciɯ$^{44-35}$ɦyœʔ$^{2-ʔ31}$zəʔ$^{2-2}$sɛ$^{53-53}$ziŋ^{31}，dɔ$^{22-24}$lu$^{31-31}$uəʔ$^{2-2}$ciɪʔ$^{4-2}$ɗiŋ$^{44-22}$；ciɯ$^{44-35}$ɦyœʔ$^{2-ʔ31}$zəʔ$^{2-2}$sɛ$^{53-53}$ziŋ^{31}，ɗiŋ$^{53-35}$ɦɑ$^{31-53}$ko^{35}dø^{22}zəŋ^{31} 松江古代占候俗语。农历九月十三为稻箩生日、钉鞋生日，喜晴忌雨。稻箩：即稻垛。勿结顶：谓稻捆还要往上堆。钉鞋：即雨鞋。钉鞋挂断绳：即不用穿雨鞋了。如：～。种田人就盼望九月十三勿要落雨。

【二八月，乱穿衣】 ɲi$^{13-22}$ɓæʔ$^{4-5}$ɦyœʔ$^{2-ʔ31}$，lø$^{13-22}$tsʰe$^{53-22}$i^{53} 亦称“二八乱穿衣”“八月天，乱穿衣，纺绸布衫皮领衣”。农历二月和八月天气多变，衣着不定。领衣：背心，坎肩。如：～。昨日着春装，今朝暴冷，又要换冬装哉。

【二十分龙廿一雨，石头缝里都是米】 ɲi$^{13-24}$səʔ$^{4-ʔ31}$ɸəŋ$^{53-35}$loŋ$^{31-53}$ɲiɛ$^{13-24}$iɪʔ$^{4-ʔ31}$ɦy^{22}，zɑʔ$^{2-2}$dɯ$^{31-55}$βoŋ$^{31-53}$li$^{22-31}$zɛ$^{31-13}$zɿ$^{22-53}$mi^{22} 松江古代占候俗语。二十指农历五月二十，俗谓分龙日。一过分龙之日，天就降雨，是风调雨顺、五谷丰登的好兆头。石头缝里侪是米：连石头缝里都长出米来，这是夸张的说法。欧粤《松江风俗志》：“俗以五月二十日为分龙日，主风调雨顺，岁必丰收。谚云：‘～。’”

【二十夜里满天星，陈年宿债还干净】 ɲi$^{13-24}$səʔ$^{4-ʔ31}$iɑ$^{35-53}$li$^{22-31}$me$^{22-22}$tʰi$^{53-55}$siŋ$^{53-31}$，zəŋ$^{31-13}$ɲi$^{31-55}$soʔ$^{4-5}$tsɑ$^{35-31}$βɛ$^{31-13}$kø$^{53-55}$ziŋ$^{13-31}$ 松江古代占候俗语。俗以为农历正月二十日是棉花生日。该日天晴则预兆棉花丰收，棉农债务可还清。夜里满天星：该日天晴。欧粤《松江风俗志》：“正月二十日是棉花生日。……以这天的天气占验年内棉花收成好坏，以晴天为棉花丰收的预兆，有雨则歉收。有谚：‘太阳现一现，棉花要上担’‘～。’”

【十七八，月上煺只毛头鸭】 zəʔ$^{2-2}$tsʰiɪʔ$^{4-2}$ɓæʔ$^{4-2}$，ɦyœʔ$^{2-2}$zɒ̃$^{13-35}$tʰe$^{53-53}$tsɑʔ$^{4-ʔ31}$mɔ$^{31-22}$dɯ$^{31-22}$æʔ$^{4-2}$ 农历十七、十八，月亮上来较迟，还来得及做些家务。煺只毛头鸭：为宰杀的鸭子去毛。如：～。吃好夜饭我还有辰光做脱点事体。

【十日八夜九黄昏】 zəʔ$^{2-2}$ ɲiɪʔ$^{2-2}$ ɓæʔ$^{4-4}$ ɦiɑ$^{13-35}$ ciɯ$^{44-33}$ βɒ̃$^{31-55}$ ɸəŋ$^{53-3}$ 形容时间之长。如：搿只案子哐破案过程复杂得勿得了，～也讲勿完。

【十月呒工，只有梳头吃饭工】 zəʔ$^{2-2}$ɦyœʔ$^{2-2}$m̩$^{53-35}$koŋ$^{53-53}$，tsəʔ$^{4-4}$ɦiɯ$^{22-44}$sɿ$^{53-35}$dɯ$^{31-53}$cʰiʌʔ$^{4-4}$βɛ$^{13-35}$koŋ^{53} 亦称“十月中，梳头吃饭工”“十月呒工，梳头揩面当一工”。谓农历十月昼短夜长，梳一下头，吃三餐饭，白天就过去了。如：～。格咾大家日里做生活一定要抓紧，提高工作效率。

【十月芙蓉应小春】 zəʔ$^{2-2}$ɦyœʔ$^{2-2}$βu$^{31-13}$ɦioŋ$^{31-53}$iŋ^{35}siɔ$^{44-35}$tsʰəŋ$^{53-31}$ 亦称“十月芙蓉正上妆”。芙蓉，又名木芙蓉、芙蓉花、拒霜花，朵大色艳，农历十月遍地开放时使人有温暖如春的感觉。应小春：合小春之景。应：合。如：搿两日是～，天也暖，芙蓉花开来也蛮好看。

【三个黄梅四个夏】 sɛ$^{53-55}$ kɯ$^{35-31}$ βɒ̃$^{31-13}$ me$^{31-53}$ sɿ$^{35-44}$ kɯ$^{35-44}$ ɦɔ^{13} 指一段相当长的时间。如：～。当年出去垳辰光是小青年，现在回来已经是人到中年哉。

【三月三，荠菜开花结牡丹】 sɛ$^{53-35}$ɦyœʔ$^{2-5}$ sɛ$^{53-31}$，zi$^{22-22}$tsʰe$^{35-35}$kʰe$^{53-35}$ho$^{53-53}$ciɪʔ$^{4-3}$mɯ$^{13-55}$ɗɛ$^{53-31}$ 言荠菜春来开花较早。如：～。倷看，河滩头荠菜花开来漂亮哇！

【三月三，蚂蚁上灶山】 sɛ$^{53-35}$ɦyœʔ$^{2-5}$sɛ$^{53-31}$，mo$^{22-22}$ɲi$^{22-22}$zɒ̃$^{13-22}$tsɔ$^{35-55}$sɛ$^{53-31}$ 旧俗三月初三置荠菜花于灶上，认为可以驱虫蚁。如：～。搿日天，灶头浪摆点荠菜花，蚂蚁就勿爬上来哉。

【三月三落到四月四】 sɛ$^{53-35}$ɦyœʔ$^{2-5}$sɛ$^{53-31}$ lɒʔ$^{2-2}$ɗɔ$^{35-35}$sɿ$^{35-35}$ɦyœʔ$^{2-3}$sɿ$^{35-31}$ 亦称"三月三落雨，四月四收脚"。农历三月初三下雨，通常要到四月初四才见雨停。如：～。三月三落雨么，一个月出门侪要拿好油布伞。

【三月初，春风酥】 sɛ$^{53-53}$ɦyœʔ$^{2-\text{ʔ}31}$tsʰu^{53}，tsʰəŋ$^{53-35}$ɸoŋ$^{53-53}$su^{53} 农历三月初，春风暖洋洋。如：～。趁天好，大家一道出去白相两日。

【三月桃花一时鲜】 sɛ$^{53-53}$ɦyœʔ$^{2-\text{ʔ}31}$dɔ$^{31-13}$ ho$^{53-53}$iɪʔ$^{4-4}$zɿ$^{31-53}$si^{44} 桃花开花期很短。比喻好景不长。如：搿家公司开业初蛮出风头，只是～，好景勿长，现在破产啦哉。

【三月清明麦勿秀；二月清明麦秀全】 sɛ$^{53-53}$ ɦyœʔ$^{2-\text{ʔ}31}$tsʰiŋ$^{53-35}$miŋ$^{31-53}$mɑʔ^{2}uəʔ$^{2-2}$siɯ$^{35-35}$；ɲi$^{13-24}$ ɦyœʔ$^{2-\text{ʔ}31}$tsʰiŋ$^{53-35}$miŋ$^{31-53}$mɑʔ^{2}siɯ$^{35-53}$zi$^{31-31}$ 气象农谚。意指清明节在夏历三月，则春季寒冷，不利麦子生长；如在二月，则相反。如：～。今年二月里交清明，天暖，格咾麦秀来早，秀来全。

【三朝雾露发西风】 sɛ$^{53-35}$tsɔ$^{53-53}$βu$^{13-22}$lu$^{13-35}$ ɸæʔ$^{4-3}$si$^{53-55}$ɸoŋ$^{53-53}$ 气象谚语。指寒流来到前常有大雾。如：～。连牢三日雾露蛮大，看上去要发西风，天要冷哉。

【小暑一声雷，翻转做黄梅】 siɔ$^{44-35}$sy$^{44-31}$iɪʔ$^{4-3}$ sæ̃$^{53-55}$le$^{31-53}$，ɸɛ$^{53-35}$tse$^{44-53}$tsu^{35}βɒ̃$^{31-13}$me$^{31-53}$ 气象谚语。谓小暑日打雷下雨，可能要连续多天下雨，重现一次黄梅天气。如：小暑最怕雷响。～。雷一响，黄梅天又要重新来一遍，实在吃勿消。

【干净冬至邋遢年】 kø$^{53-55}$ ziŋ$^{13-33}$ ɗoŋ$^{53-33}$ tsɿ$^{35-31}$ læʔ$^{2-2}$ tʰæʔ$^{4-5}$ ɲi$^{31-53}$ 气象谚语。指冬至日若天晴，春节要下雨。反之，"邋遢冬至干净年"。如：～，邋遢冬至干净年。今年冬至天好，估计明年春节要落雪落雨。

【云里雨，吓小鬼】 ɦioŋ$^{31-13}$ li$^{22-55}$ ɦy$^{22-31}$，hɑʔ$^{4-4}$siɔ$^{44-44}$cy$^{44-44}$ 云里雨：乌云飘过时落下的小雨。吓小鬼：吓唬胆小的人。如：～。就是两三滴雨，勿会落大。

【五月五，买条黄鱼过当五】 ɦŋ̍$^{22-22}$ɦyœʔ$^{2-5}$ ɦŋ̍$^{22-31}$，mɑ^{22}diɔ^{31}βɒ̃$^{31-13}$ɦŋ̍$^{31-53}$ku$^{35-55}$ɗɒ̃$^{53-33}$ɦŋ̍$^{22-31}$ 端午节松江民间有吃"五黄"即黄鱼、黄鳝、黄瓜、咸蛋黄、雄黄酒的食俗。当五：端午。如：～。端午节勿好忘记吃黄鱼。

【六月二十东天红，蒲包要卖空；六月二十雨嗖嗖，买个蒲包盖墙头】 loʔ$^{2-2}$ɦyœʔ$^{2-2}$ɲi$^{13-22}$ səʔ$^{4-2}$ɗoŋ$^{53-35}$tʰi$^{53-55}$ɦoŋ$^{31-31}$，bu$^{31-13}$ɓɔ$^{53-53}$iɔ^{53}mɑ$^{13-22}$ kʰoŋ$^{53-22}$；loʔ$^{2-2}$ɦyœʔ$^{2-2}$ɲi$^{13-22}$səʔ$^{4-2}$ɦy$^{22-22}$sɯ$^{53-55}$ sɯ$^{53-31}$，mɑ^{22}kɯ^{35}bu$^{31-13}$ɓɔ$^{53-53}$ke$^{35-55}$ziæ̃$^{31-33}$dɯ$^{31-31}$ 松江古代占候俗语。相传农历六月二十为蒲包生日。若当天天晴则兆棉花丰收，天雨则歉收。蒲包：旧时松江棉农装棉花的袋子。如：～。棉花丰收勿丰收，就看六月二十太阳旺勿旺。

【六月六，晒得鸭蛋熟】 loʔ$^{2-2}$ɦyœʔ$^{2-2}$loʔ$^{2-2}$，so^{35}ɗʌʔ^{4}æʔ$^{4-4}$dɛ$^{13-35}$zoʔ^{2} 形容农历六月天气极热。欧粤《松江风俗志》：六月，"此时黄梅已过，气候进入盛夏。谚云：'～。'"

【六月勿热，五谷勿结】 loʔ$^{2-2}$ɦyœʔ$^{2-2}$uəʔ$^{2-2}$ ɲiɪʔ$^{2-2}$，ɦŋ̍$^{22-24}$koʔ$^{4-\text{ʔ}31}$uəʔ$^{2-2}$ciɪʔ$^{4-2}$ 指夏历六月不热，会影响水稻产量。如：～。大六月天一定要热，否则秋熟呒没好收成。

【太婆活到八十八，勿曾看见东南阵头发】 tʰɑ$^{35-53}$bu$^{31-31}$βəʔ$^{2-2}$ɗɔ$^{35-35}$ɓæʔ$^{4-4}$zəʔ$^{2-4}$ɓæʔ$^{4-4}$，uəʔ$^{2-2}$ zəŋ$^{31-53}$kʰø$^{35-44}$ci$^{35-44}$ɗoŋ$^{53-35}$ne$^{31-53}$zəŋ$^{13-22}$dɯ$^{31-22}$ ɸæʔ$^{4-2}$ 指松江地区东南方向起乌云，不会下阵雨。阵头：即"阵头雨"。发：发作，指下雨。如：～。东南角云再多也勿会落阵头雨。

【廿五六，干卜卜】 ɲiɛ$^{13-22}$ɦŋ̍$^{22-55}$loʔ$^{2-\text{ʔ}53}$，kø$^{53-55}$ ɓoʔ$^{4-3}$ɓoʔ$^{4-\text{ʔ}31}$ 农历廿五、廿六，是小潮汛，河水浅，不利行船。如：～。今朝是廿五，河水浅，船摇勿快，我伲还是推迟几日开船罢。

【日长长到夏至，日短短到冬至】 ɲiɪʔ$^{2-2}$zæ̃$^{31-53}$ zæ̃$^{31-24}$ɗɔ$^{35-31}$ɦɔ$^{13-22}$tsɿ$^{35-35}$，ɲiɪʔ$^{2-2}$ɗø$^{44-22}$ɗø$^{44-44}$ɗɔ$^{35-44}$

ɗoŋ$^{53-55}$tsɿ$^{35-31}$ 指夏至白昼最长；冬至日照最短。如：～。过是冬至，白天是一日比一日长哉。

【日出雨落，蟛蜞蜕壳】 ɲiɪʔ$^{2-2}$ tsʰəʔ$^{4-2}$ ɦy$^{22-24}$ lɒʔ$^{2-31}$, bæ̃$^{31-13}$ ɟi$^{31-53}$ tʰø$^{35-35}$ kʰɒʔ$^{4-31}$ 亦称“日出雨落”。指阴阳不和，常比喻世情多变。如：～。世界浪稀奇古怪㖃事体多来西，话勿准㖃事体也多来西。

【日头䟺云障，晒死老和尚】 ɲiɪʔ$^{2-2}$dɯ$^{31-53}$bɛ^{31} ɦioŋ$^{31-24}$tsɒ̃$^{35-31}$, so$^{35-53}$sæʔ$^{4-4}$lɔ$^{22-24}$βu$^{31-33}$zɒ̃$^{13-31}$ 指早晨太阳从云障里爬出，主天晴。䟺：爬。如：～。今朝太阳从云里出来，肯定天好旺日头。

【日转西风一场雨】 ɲiɪʔ$^{2-2}$tse$^{44-55}$si$^{53-55}$ɸoŋ$^{53-53}$ iɪʔ$^{4-3}$zæ̃$^{31-55}$ɦy$^{22-53}$ 白天转刮西风往往会下雨。陆洪宝《风雨丫叉洋》：“十二月的天气，应着（松江）当地‘～’的俚语。当船转入黄浦江时，适才的北风转眼成了偏西风，迎面吹来冷飕飕的，使人只打哆嗦；紧接着便‘淅沥索落’下起小雨来。”

【长三春要冷，短三春暖热】 zæ̃$^{31-13}$sɛ$^{53-55}$ tsʰəŋ$^{53-31}$iɔ^{53}læ̃^{22}, ɗø$^{44-13}$sɛ$^{53-55}$tsʰəŋ$^{53-31}$nø$^{22-24}$ɲiɪʔ$^{2-ʔ31}$ 清明节在农历三月，称长三春；清明节在二月，称短三春。欧粤《松江风俗志》：如清明节在二月，称短三春，在三月称长三春，谚云：“～。”

【正月廿，日头焰一焰，棉花捉三担】 tsəŋ$^{53-53}$ ɦyœʔ$^{2-ʔ31}$ɲiɛ^{13}, ɲiɪʔ$^{2-2}$dɯ$^{31-53}$ɦiɛ$^{13-24}$iɪʔ$^{4-3}$ɦiɛ$^{13-31}$, mi$^{31-13}$ho$^{53-53}$tsɒʔ$^{4-4}$sɛ$^{53-55}$ɗɛ$^{35-31}$ 松江古代占候俗语。俗谓农历正月二十日为棉花生日，该日天晴则预兆棉花丰收。焰：天晴。捉：采摘。三担：虚指，形容采摘量多。

【东北风，雨太公】 ɗoŋ$^{53-35}$ɓoʔ$^{4-5}$ɸoŋ$^{53-31}$, ɦy$^{22-22}$ tʰɑ$^{35-55}$koŋ$^{53-31}$ 气象谚语。东北风主雨。如：～。东北风吹紧么，出门最好带把伞。

【东鲎日头西鲎雨】 ɗoŋ$^{53-55}$hɯ$^{35-31}$ɲiɪʔ$^{2-2}$dɯ$^{31-53}$ si$^{53-55}$hɯ$^{35-31}$ɦy^{22} 气象谚语。指东虹主天晴，西虹主下雨。鲎：虹，松江话音“吼”。如：～。今朝西天有虹，出门要带伞。

【冬至大如年】 ɗoŋ$^{53-55}$ tsɿ$^{35-31}$ du$^{13-22}$ zy$^{31-22}$ ɲi^{31} 亦称“闹热冬至冷淡年”。指冬至比春节还重要。欧粤《松江风俗志》：“冬至节是年内最后一个‘鬼节’，又是岁尾阳生春来之时，松江人对冬至节历来相当重视，有‘过小年’、‘～’、‘肥冬瘦年’等说法，意思是这个节日胜似过年。”

【冬至馄饨夏至面】 ɗoŋ$^{53-55}$ tsɿ$^{35-31}$ βəŋ$^{31-13}$ dəŋ$^{31-53}$ ɦɔ$^{13-22}$ tsɿ$^{35-35}$ mi^{13} 松江民间饮食风俗。冬至日吃馄饨，夏至日吃面。如：～。搿两个节日，松江老一辈人还记得包馄饨咾下面，蛮认真㖃。

【四月芒种让人种，五月芒种抢来种】 sɿ$^{35-35}$ ɦyœʔ$^{2-ʔ31}$mɒ̃$^{31-24}$tsoŋ$^{35-31}$ɲiæ̃$^{13-22}$ɲiŋ$^{31-22}$tsoŋ$^{44-22}$, ɦŋ̍$^{22-24}$ɦyœʔ$^{2-ʔ31}$mɒ̃$^{31-24}$tsoŋ$^{35-31}$tsʰiæ̃$^{44-33}$lɛ$^{31-55}$tsoŋ$^{44-31}$ 指进入农历五月再不抓紧插秧就要误农时了，农民进入最忙碌辛苦的时候（旧有“芒种忙种秧”之谚）。如：～。现在是四月底哉，秧再种勿好就要脱季节哉。

【四月初一雨稠稠，鲤鱼游到灶前头】 sɿ$^{35-33}$ ɦyœʔ$^{2-5}$tsʰu$^{53-55}$iɪʔ$^{4-ʔ31}$ɦy$^{22-22}$zɯ$^{31-55}$zɯ$^{31-31}$, li$^{22-24}$ ɦŋ̍$^{31-31}$ɦiɯ$^{31-24}$ɗɔ$^{35-31}$tsɔ$^{35-55}$zi$^{31-33}$dɯ$^{31-31}$ 气象谚语。意指如农历四月初一下雨，通常雨量会较大且持续时间较长，积水甚至会漫入房屋。如：～。望伊四月初一勿要落雨。

【头九暖，九九寒】 dɯ$^{31-24}$ciɯ$^{44-33}$nø$^{22-31}$, ciɯ$^{44-33}$ciɯ$^{44-55}$ɦø$^{31-31}$ 气象谚语。指进入寒冬“起九”时，如“头九”天暖，主整个冬季严寒。如：～。头九暖勿是好事体，后头几个九肯定冷得来臭要西。

【未蛰先蛰，人吃狗食】 βi$^{13-24}$zəʔ$^{2-ʔ31}$si$^{53-53}$ zəʔ$^{2-ʔ31}$, ɲiŋ$^{31-22}$cʰiʌʔ$^{4-2}$kɯ$^{44-35}$zʌʔ$^{2-ʔ31}$ 气象谚语。也说“未蛰先雷，人吃狗食”。未到惊蛰响雷，主农业歉收。未蛰：未交惊蛰。先蛰：先打雷。《玄空经》第五回：“那天忽然听见雷响，出气姑娘一想，惊蛰还没有到，～，时势弗好，气候也变了。”

【白露日雨，到一处坏一处】 bɑʔ$^{2-2}$lu$^{13-55}$ɲiɪʔ$^{2-5}$ ɦy$^{22-ʔ53}$, ɗɔ^{35}iɪʔ$^{4-4}$tsʰy$^{35-35}$βɑ^{13}iɪʔ$^{4-4}$tsʰy$^{35-35}$ 气象谚语。白露时节正值水稻扬花，多雨影响产量。亦比喻品行不端者到一处为害一处。如：伊一向坏路世界，就像是～，大家侪要当心点。

【白露白迷迷，秋分稻秀齐】 bɑʔ$^{2-2}$lu$^{13-35}$bɑʔ$^{2-2}$ mi$^{31-55}$mi$^{31-53}$, tsʰiɯ$^{53-35}$ɸəŋ$^{53-53}$dɔ$^{22-22}$siɯ$^{35-55}$zi$^{31-31}$ 谓白露时节水稻开始扬花，呈点点白色，到秋分时节稻穗秀齐。如：老古话讲～。用勿着一个月就可以斫稻，吃新米哉。

【立冬勿出洞，到老一根葱】 liɪʔ$^{2-2}$ɗoŋ$^{53-53}$ uəʔ$^{2-2}$tsʰəʔ$^{4-2}$doŋ$^{13-22}$, ɗɔ$^{35-53}$lɔ$^{22-31}$iɪʔ$^{4-3}$kəŋ$^{53-55}$ tsʰoŋ$^{53-53}$ 指蚕豆必须在立冬前下种，立冬时不发芽，将影响明年收成。如：俗话讲～。今朝已是冬至日，蚕豆还呒没种下去，明年想吃豆难哉。

【立夏不吃豆，老了没人救】 liɪʔ$^{2-2}$ɦɔ$^{13-35}$ɓəʔ$^{4-4}$ cʰiʌʔ$^{4-4}$dɯ^{13}，lɔ$^{22-22}$ləʔ$^{2-2}$məʔ$^{2-2}$ɲiŋ$^{31-53}$ciɯ^{35} 立夏吃蚕豆是松江饮食风俗，是日人们争相煮豆尝鲜。老了没人救：调侃语，意临死时无人送终。欧粤《松江风俗志》："立夏日的节令食品还有很多，……以尝蚕豆最为普遍，民谚：'～'。"

【立夏坐门槛，疰夏睏床榻】 liɪʔ$^{2-2}$ɦɔ$^{13-35}$zu$^{22-22}$ məŋ$^{31-55}$kʰɛ$^{44-31}$，tsy$^{35-44}$ɦɔ$^{13-44}$kʰuəŋ^{35}zɒ̃$^{31-22}$tʰæʔ$^{4-2}$ 松江民间俗语。立夏日忌坐门槛，以免疰夏。如：立夏日，长凳短凳高登矮凳侪可以坐，就是勿好坐啦门槛浪。为啥？～。立夏日坐是门槛要疰夏晤。

【吃了夏至面，一日短一线】 cʰiʌʔ$^{4-4}$liɔ$^{22-44}$ ɦɔ$^{13-24}$tsɿ$^{35-33}$mi$^{13-31}$，iɪʔ$^{4-4}$ɲiɪʔ$^{2-4}$ɗø^{44}iɪʔ$^{4-4}$si$^{35-35}$ 夏至为一年中白昼最长，过了夏至，白昼就一天比一天短了。欧粤《松江风俗志》：夏至，"这天多吃面条，民谚：'冬至馄饨夏至面'，'～'。"

【吃是当五粽，还要冻三冻】 cʰiʌʔ$^{4-4}$zɿ$^{22-44}$ ɗɒ̃$^{53-35}$ɦŋ̍$^{22-55}$tsoŋ$^{35-31}$，ɛ$^{53-35}$iɔ$^{53-53}$ɗoŋ^{35}sɛ$^{53-55}$ɗoŋ$^{35-31}$ 谓端午节过后，天气由凉转热，但气温有时还会偏低。如：～。冷天公晤衣裳还勿好囥起来，还用得着。

【年初三落霜，一个稻两个人扛】 ɲi$^{31-13}$tsʰu$^{53-55}$ sɛ$^{53-31}$lɔʔ$^{2-2}$sɒ̃$^{53-53}$，iɪʔ$^{4-4}$kɯ$^{35-44}$dɔ$^{22-44}$liæ̃$^{22-22}$kɯ$^{35-55}$ ɲiŋ$^{31-31}$kɒ̃^{53} 松江古代占候俗语。又有"年初三，一朝霜，卖花要用船来装"。意谓大年初三下霜，兆全年风调雨顺，粮棉丰收。落霜：下霜。一个稻：一个稻把，一个成年男子一次通常能挑几十个稻把。一个稻两个人扛：夸张的说法，形容稻粒饱满，稻把沉甸甸。花：棉花。如：～。年初三落霜么，种田人心里最开心哉。

【当五不吃粽，老了没人送】 ɗɒ̃$^{35-53}$ɦŋ̍$^{22-31}$ ɓəʔ$^{4-4}$cʰiʌʔ$^{4-4}$tsoŋ^{35}，lɔ$^{22-22}$ləʔ$^{2-2}$məʔ$^{2-2}$ɲiŋ$^{31-53}$soŋ^{35} 亦称"当五勿吃粽，死是呒人送"。端午节包粽子，祭祖食粽。俚谚以近咒语的方式告诫后人：勿忘端午祭祖，传承民族文化。老了没人送：调侃语，意临死时无人送终。欧粤《松江风俗志》："宋代起，松江就有端午节前互送粽子的风气……，至今，节前互送粽子的风气仍不衰。民谚：'～'。"

【当五勿落(雨)当六落，当六落是烂底瓦】 ɗɒ̃$^{35-53}$ɦŋ̍$^{22-31}$uəʔ$^{2-2}$lɒʔ$^{2-2}$(ɦy$^{22-22}$)ɗɒ̃$^{53-53}$loʔ$^{2-ʔ31}$lɒʔ^{2}，ɗɒ̃$^{53-53}$loʔ$^{2-ʔ31}$lɒʔ$^{2-2}$zɿ$^{22-22}$lɛ$^{13-22}$ɗi$^{44-22}$ŋo$^{22-22}$ 端午正处黄梅时节，如端午当天不下雨而次日下雨，则预兆雨水不止，屋面泻水不畅形成积水，以至底瓦都会烂掉。如：～。初六落是雨么，搿个月雨有得落哉。

【当五汛，粽子吃来甜津津】 ɗɒ̃$^{35-53}$ɦŋ̍$^{22-31}$ siŋ^{35}，tsoŋ$^{35-53}$tsɿ$^{44-31}$cʰiʌʔ$^{4-4}$lɛ$^{31-53}$di$^{31-13}$tsiŋ$^{53-55}$tsiŋ$^{53-31}$ 谓端午节吃粽子甜在嘴里、甜到心里。当五汛：端午时节。如：～。豆沙粽甜，大肉粽也甜。

【老和尚过江，勿是风就是雨】 lɔ$^{22-24}$βu$^{31-33}$ zɒ̃$^{13-31}$ku$^{35-53}$kɒ̃$^{53-31}$，uəʔ$^{4-4}$zɿ$^{2-4}$ɸoŋ^{53}ziɯ$^{13-24}$zɿ$^{22-31}$ ɦy^{22} 气象谚语。每年农历二月二十八日前后，苏松地区通常不是刮风就是下雨。二月二十八日，俗称"老和尚过江日"。传说达摩祖师传播佛学，观音菩萨特意召唤风雨送他顺利过江。如：～。风大晤辰光，伞都撑勿住。

【初一月半子午潮】 tsʰu$^{53-53}$iɪʔ$^{4-ʔ31}$ɦyœʔ$^{2-2}$ ɓe$^{35-35}$tsɿ$^{44-33}$ɦŋ̍$^{22-55}$zɔ$^{31-31}$ 松江地区潮汐规律。农历初一与十五都在半夜和正午时分两次涨潮。如：～。今朝月半，半夜里潮来。

【初八廿三，卯酉泛滩】 tsʰu$^{53-53}$ɓæʔ$^{4-ʔ31}$ɲiɛ$^{13-22}$ sɛ$^{53-22}$，mɔ$^{22-24}$ɦiɯ$^{31-31}$ɸɛ$^{35-53}$tʰɛ$^{53-31}$ 松江地区潮汐规律。农历初八、廿三在上午八九点钟涨潮。卯酉：上午八九点钟。泛滩：潮水漫上河滩。如：～。上昼八九点钟涨潮，正好开船。

【初十潮，呒没摇】 tsʰu$^{53-53}$zəʔ$^{2-ʔ31}$zɔ^{31}，m̩$^{53-53}$ məʔ$^{2-ʔ31}$ɦiɔ^{31} 松江地区潮汐规律。农历初十潮水最小，小河港中行船困难。《永丰街道志》："小潮汐在农历初十、二十四日前后，谚有：'～'。"

【初三潮，十八水】 tsʰu$^{53-35}$sɛ$^{53-53}$zɔ^{31}，zəʔ$^{2-2}$ ɓæʔ$^{4-2}$sɿ$^{44-22}$ 松江地区潮汐规律。农历初三、十八日前后潮水最大。《永丰街道志》："大潮汐发生在农历初三、十八日前后，谚有'～'。"

【麦秀寒，冻煞看牛囡】 mɑʔ$^{2-2}$siɯ$^{35-35}$ɦø^{31}，ɗoŋ$^{35-35}$sæʔ$^{4-ʔ31}$kʰø$^{53-35}$ɲiɯ$^{31-55}$nø$^{22-31}$ 亦称"麦秀寒，冻煞两个斫柴囡"。麦子抽穗时，天气还会变冷，要注意保暖。看牛囡：放牛娃。斫柴囡：砍柴的孩子。如：～。春天冷起来，有辰光比寒场里还要结棍。

【拗春冷，冻煞大姑娘】 ɔ$^{35-55}$tsʰəŋ$^{53-33}$læ̃$^{22-31}$，ɗoŋ$^{35-35}$sæʔ$^{4-ʔ31}$du$^{13-22}$ku$^{53-22}$ɲiæ̃$^{31-22}$ 形容开春以后，有些年份春寒料峭，甚至春雪纷飞，十分寒冷。如：～。春头浪晤寒潮，好好交比寒场里厉害。

【明月照烂地，明朝落勿忌】 miŋ$^{31-22}$ɦyœʔ$^{2-2}$ʦɔ^{35}lɛ$^{13-22}$di$^{13-35}$，məŋ$^{31-13}$ʦɔ$^{53-53}$lɒʔ$^{2-2}$uəʔ$^{2-2}$ɟi$^{13-22}$ 阴雨天，晚间突然月出，次日仍主下雨。如：～。落雨天月亮出来，看来明朝还是要落雨。

【若要花满担，要看正月廿】 zɑʔ$^{2-2}$iɔ$^{53-53}$ho^{53}me$^{22-22}$ɗɛ$^{35-35}$，iɔ^{53}kʰø^{35}ʦəŋ$^{53-35}$ɦyœʔ$^{2-5}$ɲiɛ$^{13-31}$ 松江古代占候俗语。俗以为农历正月二十日是棉花生日。该日晴则兆棉花丰收，有雨则兆歉收。如：～。正月二十旺日头，今年棉花丰收有希望啦哉。

【雨打正月廿，棉花勿满担】 ɦy$^{22-22}$ɗæ̃$^{44-22}$ʦəŋ$^{53-35}$ɦyœʔ$^{2-5}$ɲiɛ$^{13-31}$，mi$^{31-13}$ho$^{53-53}$uəʔ$^{2-2}$me$^{22-22}$ɗɛ^{35} 松江古代占候俗语。俗谓正月二十日阴雨兆棉花歉收。如：～。旧年正月二十落是一日雨，格咾棉花收成一眼勿好。

【春风勿着肉，冻来哀哀哭】 ʦʰəŋ$^{53-35}$ɸoŋ$^{53-53}$uəʔ$^{2-2}$zɑʔ$^{2-2}$ɲioʔ$^{2-2}$，ɗoŋ$^{35-53}$lɛ$^{31-31}$e$^{53-55}$e$^{53-33}$kʰoʔ$^{4-ʔ31}$ 春风再怎么暖和，也比不上贴身衣服保暖。着肉：贴身。如：～。一交春就换春装，太单薄，冷空气一来，冻来哭也来勿及。

【春雨呒烂路，走一步，干一步】 ʦʰəŋ$^{53-35}$ɦy$^{22-53}$m̩^{53}lɛ$^{13-22}$lu$^{13-35}$，ʦɯ$^{44-35}$iɪʔ$^{4-3}$bu$^{13-31}$，kø$^{53-55}$iɪʔ$^{4-3}$bu$^{13-31}$ 春雨细，天气又比较燥，泥路也干得快，不致泥泞难走。如：～。交是春勿比寒场里，落过雨泥路就干，走路爽气。

【春雾日头夏雾热，秋雾凉风冬雾雪】 ʦʰəŋ$^{53-55}$βu$^{13-31}$ɲiɪʔ$^{2-2}$dɯ$^{31-53}$ɦɔ$^{13-22}$βu$^{13-35}$ɲiɪʔ^{2}，ʦʰiɯ$^{53-55}$βu$^{13-31}$liæ̃$^{31-13}$ɸoŋ$^{53-53}$ɗoŋ$^{53-55}$βu$^{13-31}$siɪʔ^{4} 春天的雾使气候变暖，夏天的雾使天气炎热，秋天的雾使凉风四起，冬天的雾使雪花飞扬。谓松江地区四季落雾对气候变化的影响。如：～。看得懂雾也就识得准天。

【夏至勿种秧，冬至勿望娘】 ɦɔ$^{13-22}$ʦɿ$^{35-35}$uəʔ$^{2-2}$ʦoŋ$^{44-55}$iæ̃$^{53-53}$，ɗoŋ$^{53-55}$ʦɿ$^{35-31}$uəʔ$^{2-2}$mɒ̃$^{13-55}$ɲiæ̃$^{31-31}$ 夏至日日照最长，插秧太累；冬至日日照最短，回娘家相聚时间太少了。如：夏至勿种秧，种秧太衰瘏；冬至勿望娘，闲话讲勿多。衰瘏：累。

【做天难做四月天，有人要捉麦，有人要车田】 ʦu$^{35-53}$tʰi$^{53-31}$nɛ$^{31-24}$ʦu$^{35-31}$sɿ$^{35-33}$ɦyœʔ$^{2-5}$tʰi$^{53-53}$，ɦiɯ$^{22-24}$ɲiŋ$^{31-31}$iɔ^{53}ʦɒʔ$^{4-4}$mɑʔ$^{2-4}$，ɦiɯ$^{22-24}$ɲiŋ$^{31-31}$iɔ^{53}ʦʰo$^{53-35}$di$^{31-53}$ 农历四月，割麦的人盼望天晴；车水灌田准备栽种水稻的人则盼望阴雨天。指天行有常，难以满足不同的人对天气阴晴的期盼。如：～。做人同一个道理，做事体勿可能人人称心。

【年朝黑漉秃，高低乡尽熟】 ɲi$^{31-13}$ʦɔ$^{53-53}$hʌʔ$^{4-2}$loʔ$^{2-2}$tʰoʔ$^{4-2}$，kɔ$^{53-35}$ɗi$^{53-55}$ɕiæ̃$^{53-31}$ziŋ$^{22-24}$zoʔ$^{2-ʔ31}$ 松江古代占候俗语。新年伊始天气阴晦，预示不论耕地地势高低都会有好收成。冯贤亮《明清江南乡村民众的生活与地区差异》："对农作灌溉影响较大的是地势上的高低。例如，在松江府地方，'高乡'与'低乡'的水土条件往往随气候或环境的变化，收成因此不同，农民的生活也多受其影响，甚至出现了乡村民众于农历元旦盼望天气阴晦的情况。流行的'～'的农谚就反映了这一点。"

【惊蛰闻雷米似泥】 ciŋ$^{53-53}$zəʔ$^{2-ʔ31}$βəŋ$^{31-13}$le$^{31-53}$mi^{22}zɿ^{13}ɲi^{31} 松江古代占候俗语。亦称"雷打惊蛰天，米价贱如泥"。俗以为惊蛰打雷，预兆风调雨顺，五谷丰登。米似泥：谓丰年谷贱，米价便宜。如：～。惊蛰打雷预示当年丰收，是好事体。不过，丰年谷贱，也是坏事体。

【惊蛰雷声响，稻谷堆满仓】 ciŋ$^{53-53}$zəʔ$^{2-ʔ31}$le$^{31-13}$səŋ$^{53-53}$ɕiæ̃^{44}，dɔ$^{22-24}$koʔ$^{4-ʔ31}$ɗe^{53}me^{22}ʦʰɒ̃^{53} 松江古代占候俗语。惊蛰日打雷，预示当年丰收。如：～。惊蛰雷一响，今年稻谷丰收用勿着担心啦哉。

【清明勿落雨，稻麦出勿齐】 ʦʰiŋ$^{53-35}$miŋ$^{31-53}$uəʔ$^{2-2}$lɒʔ$^{2-2}$ɦy$^{22-22}$，dɔ$^{22-22}$mɑʔ$^{2-2}$ʦʰəʔ$^{4-3}$uəʔ$^{2-5}$zi$^{31-53}$ 松江古代占候俗语。清明下雨，有利稻麦生长。如：～。种田人嘛，总归希望清明日落场雨，让稻麦长势好一眼。

【清明前一霍，三亩寒豆烧一镬】 ʦʰiŋ$^{53-35}$miŋ$^{31-55}$zi$^{31-31}$iɪʔ$^{4-4}$hɒʔ$^{4-4}$，sɛ$^{53-35}$m̩$^{22-53}$ɦø$^{31-24}$dɯ$^{13-31}$sɔ^{53}iɪʔ$^{4-4}$ɦɒʔ$^{2-4}$ 松江古代占候俗语。清明前有雷声伴闪电，蚕豆（即寒豆）通常会歉收。霍：闪电；也作"霍闪""霍显""霍险"。如：～。清明勿曾到，又是雷响又是霍显，今年寒豆估计勿会有好收成啦哩。

【清明断鹞，小乌龟放卵鹞】 ʦʰiŋ$^{53-35}$miŋ$^{31-53}$dø$^{22-22}$ɦiɔ$^{13-35}$，siɔ$^{44-33}$u$^{53-55}$cy$^{53-31}$ɸɒ̃^{35}lø$^{22-22}$ɦiɔ$^{13-35}$ 清明过后，农事开始，不该再放风筝了。鹞，纸鹞，即风筝。小乌龟：詈语。卵鹞：对纸鹞的嘲讽语。如：～。过是清明，大家侪下田做生活去哉。搿帮小乌龟还勒拉放卵鹞，真是勿懂道理！

【着夜燥，明朝戴箬帽】 zɑʔ$^{4-4}$ ɦiɑ$^{13-44}$ sɔ$^{35-44}$，məŋ$^{31-13}$ʦɔ$^{53-53}$ɗɑ^{35}ɲiɑʔ$^{2-2}$mɔ$^{13-35}$ 气象谚语。阴

雨天，傍晚突然放晴，红霞满天，次日仍主下雨。如：～。落雨天夜快头突然晴好，看来明朝仍旧落雨。

【菜花黄，昂牛壮】 tsʰe$^{35-53}$ho$^{53-31}$βɒ̃^{31}，ɒ̃$^{53-35}$ ɲiɯ$^{31-53}$tsɒ̃^{35} 指油菜花盛开时，黄颡鱼最肥硕。昂牛：黄颡鱼。壮：肥腴、肥壮。如：～。春场里哐昂牛最壮，最好吃，格咾市场浪价钿也最高。

【黄梅天，十八变，蓑衣箬帽放拉枕头边】 βɒ̃$^{31-13}$ me$^{31-55}$ tʰi$^{53-31}$，zəʔ$^{2-2}$ɓæʔ$^{4-2}$ɓi$^{35-22}$，su$^{53-35}$ i$^{53-53}$ɲiɑʔ$^{2-2}$mɔ$^{13-53}$ɸɒ̃$^{35-35}$lɑ$^{2-2}$tsəŋ$^{35-55}$dɯ$^{31-33}$ɓi$^{53-31}$ 黄梅多雨，雨具需常备。如：～。黄梅季节，出门伞咾雨披总要常常带拉身边。

【寒露呒青稻，霜降一齐倒】 ɦø$^{31-24}$lu$^{13-31}$ m̩^{53}tsʰiŋ$^{53-35}$dɔ$^{22-53}$，sɒ̃$^{53-55}$kɒ̃$^{35-31}$iɪʔ$^{4-4}$zi$^{31-53}$ɗɔ^{44} 亦称“有稻无稻，霜降放倒”。谓寒露季节晚稻均已黄熟，到了霜降时节都可以收割。如：～。寒露辰光稻田里一片金黄，到是霜降所有哐水稻侪可以斫哉。

【腊雪弗烊，种田人饭粮；春雪弗烊，饿断狗肠】 læʔ$^{2-2}$siɪʔ$^{4-2}$ɸəʔ$^{4-4}$ɦiæ̃$^{31-53}$，tsoŋ$^{44-33}$di$^{31-55}$ ɲiŋ$^{31-31}$βɛ$^{13-13}$liæ̃$^{31-53}$；tsʰəŋ$^{53-53}$siɪʔ$^{4-ʔ31}$ɸəʔ$^{4-4}$ɦiæ̃$^{31-53}$，ŋu$^{13-22}$dø$^{22-22}$kɯ$^{44-35}$zæ̃$^{31-31}$ “饿断狗肠”亦称“饿断人肚肠”。腊雪不化，说明冬天特别寒冷，开春后农作物虫害少，收成好；春雪不化，春天气温偏低，农作物易受冻害，夏粮减产歉收。《玄空经》第四回：“～！今年年势，看去又大好八成账了！”

【潮到二十，人到四十】 zɔ^{31}ɗɔ^{35}ɲi$^{13-24}$səʔ$^{4-ʔ31}$，ɲiŋ^{31}ɗɔ^{35}sɿ$^{35-35}$səʔ$^{4-ʔ31}$ 潮水到农历二十已进入小汛，人到四十岁各项生理指标开始下行。指盛况不再，开始走下坡路。如：～。我今年刚满四十岁，明显感觉到精力体力侪勿如从前啦哉。

【霜降，斫来剩个圈档】 sɒ̃$^{53-55}$kɒ̃$^{35-31}$，tsɒʔ$^{4-4}$ lɛ$^{31-53}$zəŋ$^{13-22}$kɯ$^{35-35}$cʰyø$^{53-35}$ɗɒ̃$^{53-53}$ 意同“霜降一齐倒”。霜降季节，晚稻收割基本完毕，农田里只剩下零星田块还见竖稻。斫：斫稻，割稻。也作“捉稻”。圈档：一小圈，零星田块。如：～。再过一两日，生产队里晚稻就一齐倒哉。

【蟹过立冬，影迹无踪】 hɑ^{44}ku^{35}liɪʔ$^{2-2}$ɗoŋ$^{53-53}$，iŋ$^{44-35}$tsiʌʔ$^{4-ʔ31}$βu$^{31-13}$tsoŋ$^{53-53}$ 立冬后天气渐冷，蟹都钻入河底，不易捕得。旧时冬天就没蟹吃了。如：老法里是“～”。现在利用科学技术人工养蟹，寒冬腊月也可以吃蟹哉。

生产类

【一担河泥一担金，一担垃圾一担银】 iɪʔ$^{4-4}$ ɗɛ$^{35-35}$βu$^{31-13}$ɲi$^{31-53}$iɪʔ$^{4-4}$ɗɛ$^{35-35}$ciŋ^{53}，iɪʔ$^{4-4}$ɗɛ$^{35-35}$lɑ$^{22-22}$ si$^{35-35}$iɪʔ$^{4-4}$ɗɛ$^{35-35}$ɲiŋ^{31} 河泥和垃圾都是好肥料，能使作物丰收。如：～。种田离勿开河泥搭垃圾辩两种有机肥料。

【一粒米七担水】 iɪʔ$^{4-4}$liʌʔ$^{2-4}$mi$^{22-44}$tsʰiɪʔ$^{4-4}$ ɗɛ$^{35-44}$sɿ$^{44-44}$ 指粮食来之不易。如：～。辩句闲话讲哐是种田辛苦。

【一船河泥一船麦，多罱河泥多收麦】 iɪʔ$^{4-4}$ ze$^{31-53}$βu$^{31-13}$ɲi$^{31-53}$iɪʔ$^{4-4}$ze$^{31-53}$mɑʔ^{2}，ɗu^{53}n̩iɛ^{13}βu$^{31-13}$ ɲi$^{31-53}$ɗu$^{53-55}$sɯ$^{53-33}$mɑʔ$^{2-ʔ31}$ 河泥为有机肥，有助三麦增产。如：～。想当年，罱河泥，浇麦泥，的确提高了三麦产量。

【一粥一饭饿勿杀，一耘一耥荒勿杀】 iɪʔ$^{4-4}$ tsoʔ$^{4-4}$iɪʔ$^{4-4}$βɛ$^{13-35}$ŋu$^{13-22}$uəʔ$^{2-5}$sæʔ$^{4-ʔ31}$，iɪʔ$^{4-4}$ɦioŋ$^{31-53}$ iɪʔ$^{4-4}$tʰɒ̃$^{35-35}$ɸɒ̃$^{53-55}$uəʔ$^{2-3}$sæʔ$^{4-ʔ31}$ 指只要有一口粥饭吃，就饿不死人；只要辛勤耕种，田地就不会荒芜。言农民生活的艰辛和耕作的辛勤。如：～。哪怕只有三分田，只要好好交种，总归养得活人。

【三麦丰产一条沟】 sɛ$^{53-53}$mɑʔ$^{2-ʔ31}$ɸoŋ$^{53-35}$tsʰ ɛ$^{44-53}$iɪʔ$^{4-3}$diɔ$^{31-55}$kɯ$^{53-53}$ 松江是水乡，三麦生产中，开好沟控好水是丰产关键。如：～。沟开得好，水控得住，三麦产量就提得高。

【乡下人勿识天，哪能好种田】 çiæ̃$^{53-55}$ɦɔ$^{22-33}$ ɲiŋ$^{31-31}$uəʔ$^{2-2}$sʌʔ$^{4-5}$tʰi$^{53-53}$，nɑ$^{13-22}$nəŋ$^{31-22}$hɔ$^{44-24}$ tsoŋ$^{44-33}$di$^{31-31}$ 农民历来根据季节和气象安排农事，若不谙气象知识，则根本无法从事农业生产。如：种田先要会识天。～？

【千做万做，蚀本生意勿做】 tsʰi$^{53-55}$tsu$^{35-31}$ βɛ$^{13-22}$tsu$^{35-22}$，zʌʔ$^{2-2}$ɓəŋ$^{44-22}$sæ̃$^{53-55}$i$^{35-31}$uəʔ$^{2-2}$tsu$^{35-35}$ 亦称“千卖万卖，折本不卖”。引申为做事不可有损自身利益。如：～。最起码，辩眼本钿我要收回来。

【山歌勿唱忘记多，好田勿种草成窠】 sɛ$^{53-35}$ ku$^{53-53}$uəʔ$^{2-2}$tsʰɒ̃$^{35-35}$mɒ̃$^{13-22}$ci$^{35-35}$ɗu^{53}，hɔ$^{44-35}$di$^{31-31}$ uəʔ$^{2-2}$tsoŋ$^{44-22}$tsʰɔ^{44}zəŋ$^{31-13}$kʰu$^{53-53}$ 再好的田地不精心耕种也会杂草丛生。如：～。介好哐田全部抛荒，杂草丛生，作孽哐呀！

【出门勿认账】 tsʰəʔ$^{4-4}$məŋ$^{31-53}$uəʔ$^{2-2}$ɲiŋ$^{13-22}$

tsæ̃$^{35-22}$　亦称“出门勿认货”。指货物卖出了门，卖主就不再承担责任。如：有啲奸商拿假货卖拨侬，收仔钞票就～。

【只把牯牛开勿得油车】　tsaʔ$^{4-4}$ɓo$^{44-44}$ku$^{44-35}$ȵiɯ$^{31-31}$kʰe$^{53-55}$uəʔ$^{2-3}$ɗʌʔ$^{4-231}$ɦiɯ$^{31-13}$tsʰo$^{53-53}$　一条牯牛没法开油车坊。指财力、物力、人力有限，无法办大事。油车：本指榨油装置，此处指榨油作坊。如：～。就辩眼铜钿，一间车间也造勿起，更加勿要讲开厂开公司哉。

【白米饭好吃田难种，酱油虫咬是钻心痛】　baʔ$^{2-2}$mi$^{22-22}$βɛ$^{13-22}$hɔ$^{44-35}$cʰiʌʔ$^{4-231}$di^{31}nɛ$^{31-13}$tsoŋ$^{44-53}$，tsiæ̃$^{35-55}$ɦiɯ$^{31-33}$zoŋ$^{31-31}$ŋɔ$^{22-22}$zɿ$^{22-22}$tsø$^{53-35}$siŋ$^{53-55}$tʰoŋ$^{35-31}$　指种田的辛苦。酱油虫：沪郊农村常见水虫，农民赤足下田常遭其叮螫。如：～。城里人勿曾种过田，哪能晓得种田人啲辛苦？

【好货勿强，强货勿好】　hɔ$^{44-44}$ɸu$^{35-44}$uəʔ$^{2-2}$ɟiæ̃$^{31-53}$，ɟiæ̃$^{31-24}$ɸu$^{35-31}$uəʔ$^{2-2}$hɔ$^{44-22}$　指好货不会贱卖，便宜的东西不会好。如：～。太强啲货色勿会好，勿要去买。

【约约乎皮老虎】　iaʔ$^{4-3}$iaʔ$^{4-5}$βu$^{31-53}$bi$^{31-24}$lɔ$^{22-33}$ɸu$^{44-31}$　皮老虎，随便而马虎地做成的一种泥制的玩具。借以指质量差的东西，也指做人做事马虎。如：～。介蹩脚啲物事，啥人会得喜欢。

【羊毛出拉羊身浪】　ɦiæ̃$^{31-13}$mɔ$^{31-53}$tsʰəʔ$^{4-4}$la$^{2-4}$ɦiæ̃$^{31-13}$səŋ$^{53-55}$lɒ̃$^{13-31}$　指得到的钱财或好处都是由自身支付或承担的。如：侬到超市里买物事伊拉送侬马夹袋，侬当是超市大方来，其实辩笔费用是～，最后侪是摊拉消费者的头上。

【羊肉只当狗肉卖】　ɦiæ̃$^{31-22}$ȵioʔ$^{2-2}$tsəʔ$^{4-4}$ɗɒ̃$^{35-35}$kɯ$^{44-35}$ȵioʔ$^{2-231}$ma^{13}　亦称“羊肉勿当狗肉卖”。羊肉价贵，狗肉价贱。羊肉以狗肉之价出售，为低价抛售，形容贱卖。《玄空经》第八回：“祖宗辛辛苦苦涨起来的一口薄菜汤，巴望你勿要～。”涨：同“挣”，指积攒财产。薄菜汤：比喻不多的家产。

【私盐越禁越好卖】　sɿ$^{53-35}$ ɦi$^{31-53}$ ɦyœʔ^{2} ciŋ^{35} ɦyœʔ^{2} hɔ$^{44-44}$ ma$^{13-44}$　讽刺旧社会的腐败现象。好卖，易于售出。如：旧社会里，～，越是禁止啲货色越是紧俏，越是好卖。

【身勿离货，货勿离身】　səŋ^{53}uəʔ$^{2-2}$li$^{31-53}$ɸu^{35}，ɸu^{35}uəʔ$^{2-2}$li$^{31-53}$səŋ^{53}　指贵重紧要的东西要随身携带，严防丢失。如：出门跑供销，顶重要啲就是“～”。

【麦子不作粮，种种白相相】　maʔ$^{2-2}$tsɿ$^{44-22}$ɓəʔ$^{4-4}$tsɒʔ$^{4-4}$liæ̃^{31}，tsoŋ$^{44-35}$tsoŋ$^{44-31}$baʔ$^{2-2}$siæ̃$^{53-55}$siæ̃$^{53-53}$　指松江地区三麦不作主要粮食作物，种植不多，管理松懈。《松江县志 · 三麦栽培》：解放前，“～”。本县三麦生产主要分布在浦南沿海及县境东部高亢地区，零星种植，产量不高。

【拔花萁要用垫手布，做生意要靠本钿大】　bæʔ^{2}ho$^{53-35}$ɟi$^{31-53}$iɔ^{53}ɦioŋ^{13}di$^{13-22}$sɯ$^{44-22}$ɓu$^{35-22}$，tsu$^{35-55}$sæ̃$^{53-33}$i$^{35-31}$iɔ^{53}kʰɔ^{13}ɓəŋ$^{44-35}$di$^{31-33}$du$^{13-31}$　谓本钱大，做生意更容易赚钱。花萁：棉花秆。垫手布：拔棉花秆时护手的布，作用类手套。如：～。侬手里只有几千只洋，去做啥生意？

【松江清水粪，胜如上海铁搭坌】　soŋ$^{53-35}$kɒ̃$^{53-53}$tsʰiŋ$^{53-35}$sɿ$^{44-53}$ɸəŋ^{35}，səŋ$^{35-53}$zy$^{31-31}$zɒ̃$^{13-22}$he$^{44-22}$tʰiɪʔ$^{4-4}$ɗæʔ$^{4-4}$bəŋ^{13}　① 老农经验，田间粪溉当视不同地区而异。松江华亭县、娄县宜施淡肥，其效力远比上海县的浓肥为佳。② 旧时松江华、娄是稻米之乡，上海县种麦较多，两地人常为此互嘲。清王有光《吴下谚联》曰：“粪，所以美土疆，清者力薄，浓者力厚。此自然之势。何松江之一清如水者，反胜于上海之浓厚，以铁搭坌取者乎？盖上海土高宜麦，与华、娄产稻之乡异。松江人每嘲为东乡吃麦饭，故其粪无力。松江人心思尖锐，不似上海人直遂，上海人每嘲松江人从肚肠中刮出脂油，故粪虽清薄而有力。”

【养是三年蚀本猪，田里饱滋滋】　ɦiæ̃$^{22-22}$zɿ$^{22-22}$sɛ$^{53-35}$ȵi$^{31-31}$zʌʔ$^{2-2}$ɓəŋ$^{44-55}$tsɿ$^{53-53}$，di$^{31-13}$li$^{22-53}$ɓɔ$^{44-33}$tsɿ$^{53-55}$tsɿ$^{53-31}$　养猪三年虽未获利，但产出的猪塮使农田肥力大增。如：～。辩几年养猪𡟓赚勿着，不过年年猪塮垩田，水稻产量增加倒是勿少，算算也勿吃亏。

【挜卖私盐勿值钿】　o^{53}ma^{13}sɿ$^{53-35}$ɦi$^{31-53}$uəʔ$^{2-2}$zʌʔ$^{2-5}$di$^{31-53}$　凡是强卖的东西，总是贬价出售。引申为凡是送上门去的都被人轻视。挜：强把东西塞给对方或卖给对方。如：侬做啥硬劲要拿外甥囡介绍拨伊啦？～，人家根本看勿起啲。

【赊三千勿如现八百】　so^{53}sɛ$^{53-53}$tsʰi$^{53-31}$uəʔ$^{2-2}$zy$^{31-53}$ɦi^{13}ɓæʔ$^{4-4}$ɓaʔ$^{4-4}$　亦称“赊得不如现得”“赊三不敌现二”“千钱赊不如八百现”。本指经商卖货赊账不如收现金可靠。多比喻做事要当场得到实惠；财物先到手为强。赊：赊欠。如：～。以后哪能我勿管，我只晓得现在先要得到实惠。

歇后语

【筱篮里称太婆——人小辈分大】 ɯ$^{53-35}$lɛ$^{31-55}$li$^{22-31}$ʦʰəŋ^{53}tʰɑ$^{35-53}$bu$^{31-31}$——ɲiŋ^{31}siɔ^{44}ɓe$^{35-53}$βəŋ$^{53-31}$du^{13}　尽管是摇篮里的婴儿，但在辈分上，有人应称其为“太婆”。通常指亲属间的辈分不分年纪，有时借指“人小鬼大”、少年老成。

【一个柴堆两头拔——完得快】 iɪʔ$^{4-4}$kɯ$^{35-35}$zɑ$^{31-13}$ɗe$^{53-53}$liæ̃$^{22-24}$dɯ$^{31-31}$bæʔ^{2}——βe^{31}ɗʌʔ^{4}kʰuɑ^{35}　亦作“柴堆六面拔”。指柴堆这头也拔，那头也拔，很快就拔完了。通常指家庭或单位的财物多方消耗，很快殆尽。

【一只乌龟烧八钵头——块块有话头】 iɪʔ$^{4-4}$ʦɑʔ$^{4-4}$u$^{53-35}$cy$^{53-53}$sɔ^{53}ɓæʔ$^{4-3}$ɓəʔ$^{4-5}$dɯ$^{31-53}$——kʰue$^{35-44}$kʰue$^{35-44}$ɦiɯ$^{22-22}$ɦo$^{13-55}$dɯ$^{31-31}$　一只乌龟居然烧了八钵头，每一块乌龟肉都是说来话长。有话头：原指有来历可说。引申为物品质量很高，也可指事情曲折离奇等。

【一只染缸里哜布——一路货】 iɪʔ$^{4-4}$ʦɑʔ$^{4-4}$ɲi$^{22-22}$kɒ̃$^{53-55}$li$^{22-31}$ɦɯ^{13}ɓu^{35}——iɪʔ$^{4-4}$lu$^{13-44}$ɸu$^{35-44}$原指同一个染缸里染出来的布颜色相同。常用于讽刺同一类人的行为或做派。

【一只筷吃面——独挑】 iɪʔ$^{4-4}$ʦɑʔ$^{4-4}$kʰuɛ$^{44-44}$cʰiʌʔ$^{4-4}$mi$^{13-35}$——doʔ$^{2-2}$tʰiɔ$^{53-53}$　因为只有一根筷子，所以只能挑起面条来吃。比喻以单人之力去完成某项工作。

【一肚皮算盘珠——心中有数】 iɪʔ$^{4-3}$du$^{22-55}$bi$^{31-53}$sø$^{35-55}$be$^{31-33}$cy$^{53-31}$——siŋ$^{53-35}$ʦoŋ$^{53-53}$ɦiɯ$^{22-22}$su$^{44-22}$　肚子里的算盘珠，心中自然清楚。比喻做事有把握或熟知内情，胸有成竹。

【一沰水渧忒油瓶里——真巧】 iɪʔ$^{4-4}$ɗɔʔ$^{4-4}$sɿ$^{44-44}$ɗi$^{35-35}$tʰʌʔ$^{4-ʔ31}$ɦiɯ$^{31-13}$biŋ$^{31-55}$li$^{22-31}$——ʦəŋ$^{53-35}$cʰiɔ$^{44-53}$　一沰水：一滴水。渧忒：滴在。瓶口狭小，水要滴进瓶口难度很高。比喻碰巧。

【一洗帚打杀十八只蟑螂——侪有份】 iɪʔ$^{4-3}$si$^{44-55}$ʦɯ$^{44-53}$ɗæ̃$^{44-35}$sæʔ$^{4-2}$ zʌʔ$^{2-2}$ɓæʔ$^{4-2}$ʦɑʔ$^{4-2}$ʦɒ̃$^{53-35}$lɒ̃$^{31-5}$——zɛ$^{31-13}$ɦiɯ$^{22-55}$βəŋ$^{13-31}$　一洗帚就把锅台上一大堆蟑螂全打死了。通常指参与某事的人都受到牵连。有时也指不了解情况，说话办事粗糙，简单地否定全局。洗帚：涮锅用的帚子。

【一粒骰子掷七点——勿壳张】 iɪʔ$^{4-4}$liɪʔ$^{2-4}$dɯ$^{31-13}$ʦɿ$^{44-53}$zɑʔ^{2}ʦʰiɪʔ$^{4-4}$ɗi$^{44-44}$——uəʔ$^{2-2}$kʰɔʔ$^{4-5}$ʦæ̃$^{53-53}$　骰子六个面，最大的面为六点，绝对不可能掷出七点来。比喻不可能发生的事情。掷：松江话音“石”。勿壳张：没料到；想不到。

【一跤跌忒石头浪——准来】 iɪʔ$^{4-4}$kɔ$^{53-53}$ɗiɪʔ$^{4-4}$tʰʌʔ$^{4-4}$zɑʔ$^{2-2}$dɯ$^{31-55}$lɒ̃$^{13-31}$——ʦəŋ^{44}lɛ^{31}　这一跤正好摔在石头上。① 比喻太准了。② 一定来到，决不失约。

【一镬薄粥——全靠熬】 iɪʔ$^{4-4}$ɦɔʔ$^{2-4}$bɔʔ$^{2-2}$ʦoʔ$^{4-2}$——zi$^{31-13}$kʰɔ$^{35-53}$ŋɔ^{31}　熬：长时间的煮。米少水多，煮成一锅薄粥得费很多时间。比喻好事须多磨，事成得多“熬”。

【七个人睏两横头——颠三倒四】 cʰiɪʔ$^{4-3}$kɯ$^{35-55}$ɲiŋ$^{31-31}$kʰŋ^{35}liæ̃$^{22-22}$βæ̃$^{31-55}$dɯ$^{31-31}$——ɗi$^{53-35}$sɛ$^{53-55}$ɗɔ$^{44-55}$sɿ$^{35-31}$　七个人分睡两头呈颠倒之状。比喻说话做事无序，错误百出。

【七个铜板对半分——勿三勿四】 cʰiɪʔ$^{4-4}$kɯ$^{35-35}$doŋ$^{31-13}$ɓɛ$^{44-53}$ɗe$^{35-33}$ɓe$^{35-55}$ɸəŋ$^{53-31}$——uəʔ$^{2-2}$sɛ$^{53-55}$uəʔ$^{2-5}$sɿ$^{35-31}$　七的一半为3.5，既非三也非四。比喻不伦不类，也指行为不端，不正派。

【七斤只羊，八斤只卵子——拖煞】 cʰiɪʔ$^{4-4}$

ciŋ$^{53-35}$ tsɑʔ$^{4-4}$ɦiæ̃^{22}, ɓæʔ$^{4-2}$ ciŋ$^{53-35}$ tsɑʔ$^{4-4}$lø^{13} tsɿ^{34}——tʰu$^{44-22}$ sæʔ$^{44-31}$ 七斤的羊长了八斤的睾丸(夸张的说法)。比喻不谐调,负担重、拖累多。

【七月七养囡——碰巧】 cʰiɪʔ$^{4-4}$ɦyœʔ$^{2-5}$ cʰiɪʔ$^{4-4}$ɦiæ̃^{22}nø^{13}——bæ̃$^{13-22}$cʰiɔ$^{44-22}$ 七月七:即七夕,乞巧节。农历七月初七生孩子,当天正巧是乞巧节。比喻巧合。

【七月十五种豆——呒结果】 cʰiɪʔ$^{4-4}$ɦyœʔ$^{2-5}$ zʌʔ$^{2-2}$ɦŋ̍$^{22-31}$tsoŋ$^{44-44}$dɯ$^{13-44}$——m̩^{53}ciɪʔ$^{4-4}$ku$^{44-44}$ 豆:黄豆。黄豆一般在清明时节下种,如到农历七月十五播种,豆就长不出来了。喻指办事不会有结果。

【七石缸里打拳——到处碰壁】 cʰiɪʔ$^{4-3}$zɑʔ$^{2-5}$ kɒ̃$^{53-53}$li$^{22-31}$ɗæ̃$^{44-35}$ɟyø$^{31-31}$——ɗɔ$^{35-44}$cʰy$^{35-44}$bæ̃$^{35-35}$ ɓiɪʔ$^{4-ʔ31}$ 在七石缸里打拳,受空间限制,无法施展。七石缸:大缸。比喻办事处处遇到阻碍或遭到拒绝。

【七石缸里打拳——拟缸】 cʰiɪʔ$^{4-3}$zɑʔ$^{2-5}$kɒ̃$^{53-53}$ li$^{22-31}$dæ̃$^{44-35}$ɟyø$^{31-31}$——soŋ$^{53-35}$kɒ̃$^{53-53}$ 地名歇后语。“拟缸”谐音松江。拟:打、撞、推。

【七石缸里撩芝麻——弄弄罢】 cʰiɪʔ$^{4-3}$zɑʔ$^{2-5}$ kɒ̃$^{53-53}$li$^{22-31}$liɔ$^{31-13}$tsɿ$^{53-55}$mo$^{31-31}$——noŋ$^{53-35}$noŋ$^{53-55}$ bɑ$^{22-31}$ 在一口大缸里捞一颗芝麻。比喻做事成功率很低,希望渺茫。弄弄罢:随便弄弄,不抱希望。

【七宝茶馆——夜落(晚上下雨)】 cʰiɪʔ$^{4-4}$ ɓɔ$^{44-44}$zo$^{31-24}$kue$^{35-31}$——iɑ^{35}lɔʔ^{2} 《九亭志·方言》:“七宝茶馆——夜落(雨)。注曰:‘七宝原有茶馆名落霞,农人倒叫致成歇后语。’”

【九月初八望重阳——快哉】 ciɯ$^{44-33}$ɦyœʔ$^{2-5}$ tsʰu$^{53-55}$ɓæʔ$^{4-ʔ31}$mɒ̃^{13}zoŋ$^{31-13}$ɦiæ̃$^{31-53}$——kʰuɑ^{35}tsɛ^{35} 九月初八下一天即是重阳节,故曰“快哉”。比喻日子很快就要到来或事情很快就会发生。

【八十岁孤孀——老守】 ɓæʔ$^{4-4}$səʔ$^{4-4}$sø$^{35-44}$ ku$^{53-35}$sɒ̃$^{53-53}$——lɔ$^{22-24}$sɯ$^{44-31}$ 谐音“老手”。比喻老于此道者。

【八十岁学吹打——寿长气短】 ɓæʔ$^{4-4}$səʔ$^{4-4}$ sø$^{35-44}$ɦɔʔ^{2}tsʰɿ$^{53-35}$ɗæ̃$^{44-53}$——zɯ$^{13-22}$zæ̃$^{31-22}$cʰi$^{35-53}$ ɗø$^{44-31}$ 吹打:吹鼓手,旧式婚丧礼仪中吹奏乐器的人。八十岁老人学吹打,心有余而力不足。比喻到了高龄再去学某种技艺或承担某项力不能及的工作很困难。

【十七八只枕头睏觉——高枕无忧】 zʌʔ$^{2-2}$ cʰiɪʔ$^{4-2}$ɓæʔ$^{4-2}$tsɑʔ$^{4-2}$tsəŋ$^{35-53}$dɯ$^{31-31}$kʰuŋ$^{35-44}$ kɔ$^{35-44}$——kɔ$^{53-55}$tsəŋ$^{35-33}$βu$^{31-33}$iɯ$^{53-31}$ 把枕头垫得高高的,安心地睡大觉。十七八只枕头:夸张的说法。形容无忧无虑。

【十二月里咟布袄——摘得】 zʌʔ$^{2-2}$ɲi$^{13-55}$ ɦyœʔ$^{2-5}$li$^{22-31}$ɦɯ^{13}ɓu$^{35-53}$ɔ$^{44-31}$——tsɑʔ$^{4-4}$ɗʌʔ$^{4-4}$ 冬天里的棉袄,可以穿得。“摘得”谐“着得”,着:穿。比喻植物成熟的花果可以采摘了。

【十二月里咟老布袄——巴着勿得】 zʌʔ$^{2-2}$ ɲi$^{13-55}$ɦyœʔ$^{2-5}$li$^{22-31}$ɦɯ^{13}lɔ$^{22-22}$ɓu$^{35-55}$ɔ$^{44-31}$——ɓo$^{53-53}$ zɑʔ$^{2-ʔ31}$uəʔ$^{2-2}$ɗʌʔ$^{4-2}$ 老布袄:严冬御寒之老棉袄。巴着勿得:巴勿得,即求之不得。比喻迫切希望得到的东西或遇到的事情。

【十二月里咟闲话——冷言冷语】 zʌʔ$^{2-2}$ɲi$^{13-55}$ ɦyœʔ$^{2-5}$li$^{22-31}$ɦɯ^{13}ɦɛ$^{31-24}$ɦo$^{13-31}$——læ̃$^{22-35}$ɦi$^{31-33}$ læ̃$^{22-33}$ɲy$^{13-31}$ 比喻含有讥讽嘲笑意思的冷冰冰的话。

【十八斤只猪猡——呒啥油水】 zʌʔ$^{2-2}$ɓæʔ$^{4-5}$ ciŋ$^{53-53}$tsɑʔ^{4}tsɿ$^{53-35}$lu$^{31-53}$——m̩$^{53-55}$sɑ$^{35-31}$ɦiɯ$^{31-13}$ sɿ$^{44-53}$ 十来斤的小猪,肉不多,脂肪也少。比喻没什么利益可图。

【十八罗汉请观音——客少主人多】 zʌʔ$^{2-2}$ ɓæʔ$^{4-5}$lu^{31}hø^{35}tsʰiŋ^{44}kue^{53}iŋ^{53}——kʰɑʔ^{4}sɔ^{44}cy$^{44-35}$ ɲiŋ$^{31-31}$ɗu^{53} 请客一般情况是主少客多。而罗汉请观音,恰是众多的罗汉请了一个观音菩萨。借喻宾多主少。

【十五只小菜——七荤八素】 so$^{44-35}$ɦŋ̍$^{22-31}$ tsɑʔ$^{4-2}$siɔ$^{44-44}$tsʰe$^{35-44}$——cʰiɪʔ$^{4-4}$ɸəŋ$^{53-53}$ɓæʔ$^{4-4}$su$^{35-35}$ 通常指事情纷繁复杂。也指人的思维混乱。

【十月里咟鸡冠花——老来红】 zʌʔ$^{2-2}$ɦyœʔ$^{2-5}$ li$^{22-22}$ɦɯ^{13}ci$^{53-35}$kue$^{53-55}$ho$^{53-31}$——lɔ$^{22-22}$lɛ$^{31-55}$ɦoŋ$^{31-31}$ 十月,鸡冠花绽放至晚期,花色更红,称“老来红”。比喻人到了晚年成名或晚年的事业、生活红火。

【八十岁婆婆搨粉——老来俏】 ɓæʔ$^{4-4}$sʌʔ$^{4-4}$ sø$^{35-44}$bu$^{31-13}$bu$^{31-53}$tʰæʔ$^{4-4}$ɸəŋ$^{44-44}$——lɔ$^{22-24}$lɛ$^{31-33}$ tsʰiɔ$^{35-31}$ 搨粉:涂脂抹粉化妆。通常指老年人做不合时宜的事。也指老年人赶时髦。

【八月半咟月亮——正大光明】 ɓæʔ$^{4-4}$ɦyœʔ$^{2-4}$ ɓe$^{35-44}$ɦɯ^{35}ɦyœʔ$^{2-2}$liæ̃$^{13-35}$——tsəŋ$^{35-33}$dɑ$^{13-55}$kuɒ̃$^{53-55}$ miŋ$^{31-31}$ 八月半即中秋节,晚上的月亮最大最

亮。比喻为人处事光明磊落。

【八尺浜兜，七尺跳板——搭勿够】 ɓæʔ$^{4-4}$tsʰɑʔ$^{4-4}$ɓæ̃$^{53-35}$ɗɯ$^{53-53}$，tsʰiɪʔ$^{4-4}$tsʰɑʔ$^{4-4}$tʰiɔ$^{35-53}$ɓɛ$^{44-31}$——ɗæʔ$^{4-4}$uəʔ$^{2-4}$kɯ$^{35-44}$ 浜兜：亦作"浜斗"，河浜。谓河面宽，跳板短，够不着。本指限于客观条件，事情不好办。常比喻彼此交情浅；对付不了。

【九月里茭白——灰心】 ciɯ$^{44-33}$ɦyœʔ$^{2-5}$li$^{22-31}$kɔ$^{53-53}$bɑʔ$^{2-ʔ31}$——ɸi$^{53-35}$siŋ$^{53-53}$ 九月里的茭白肉质出现灰斑，俗称"灰心"，不宜食用。借指人灰心丧气。

【万宝全书缺只角——美中不足】 βɛ$^{13-22}$ɓɔ$^{44-55}$zi$^{31-55}$sy$^{53-53}$cʰyœʔ$^{4-4}$tsɑʔ$^{4-4}$kɒʔ$^{4-4}$——me$^{44-33}$tsoŋ$^{53-55}$ɓəʔ$^{4-5}$tsoʔ$^{4-ʔ31}$ 自以为什么都懂得，可还是欠缺一部分知识。常用于揶揄。

【丈二长咟和尚——摸勿着头脑】 zæ̃$^{22-22}$ɲi$^{13-55}$zæ̃$^{31-31}$ɦɯ^{13}βu$^{31-24}$zɒ̃$^{13-31}$——mɒʔ$^{2-2}$uəʔ$^{2-2}$zɑʔ$^{2-2}$dɯ$^{31-13}$nɔ$^{22-53}$ 也说"丈二金刚摸勿着头脑"。古代男儿身高为七尺左右，举起手来也不过是一丈，而和尚的身高是一丈二尺，所以说是摸不到他的头脑的。比喻(某件事情)弄不明情况，搞不清底细。头脑：双关，亦指"头绪"。

【丈二长咟韭菜——呒青头】 zæ̃$^{22-22}$ɲi$^{13-55}$zæ̃$^{31-31}$ɦɯ^{13}ciɯ$^{44-44}$tsʰe$^{35-44}$——m̩$^{53-35}$tsʰiŋ$^{53-55}$dɯ$^{31-31}$ 极言韭菜之老，菜叶毫无青色。① 糊涂，头脑不清楚。② 言行越轨，不正经。

【三个人戴个凉帽——一呒荫头】 sɛ$^{53-55}$kɯ$^{35-33}$ɲiŋ$^{31-31}$ɗɑ$^{35-44}$kɯ$^{35-44}$liæ̃$^{31-24}$mɔ$^{13-31}$——iɪʔ$^{4-3}$m̩$^{53-55}$iŋ$^{53-55}$dɯ$^{31-53}$ "荫"谐"因"；因头，事情的起因。比喻无缘无故。

【三个铜板放两处——一是一，二是二】 sɛ$^{53-55}$kɯ$^{35-31}$doŋ$^{31-13}$ɓɛ$^{44-53}$ɸɒ̃^{35}liæ̃$^{22-22}$tsʰy$^{35-35}$——iɪʔ^{4}zɿ^{22}iɪʔ^{4}，ɲi^{13}zɿ^{22}ɲi^{13} 本指铜板一边一个，另一边两个。转指言行实事求是，本来怎么样就怎么样。也指一丝不苟，毫不含糊。

【三个铜钿火腿——呒批】 sɛ$^{53-55}$kɯ$^{35-31}$doŋ$^{31-13}$di$^{31-53}$ɸu$^{44-44}$tʰe$^{44-44}$——m̩$^{53-35}$pʰi$^{53-53}$ "批"亦作"[illegible]"，月刀切成薄片。极言生意之小而难做，或资本太小难成大事情。在某些语境中也指无可指摘或批评。

【三个铜钿白糖——经勿起一蘸】 sɛ$^{53-55}$kɯ$^{35-31}$doŋ$^{31-13}$di$^{31-53}$bɑʔ$^{2-2}$dɒ̃$^{31-53}$——ciŋ$^{53-55}$uəʔ$^{2-3}$cʰi$^{44-31}$iɪʔ$^{4-4}$tsɛ$^{35-35}$ 讽刺一受表扬即忘乎所以者。"蘸"谐音"赞"。

【三个铜钿买个落头鲞——越看越勿像】 sɛ$^{53-55}$kɯ$^{35-31}$doŋ$^{31-13}$di$^{31-53}$mɑ$^{22-22}$kɯ$^{35-35}$lɒʔ$^{2-2}$dɯ$^{31-55}$siæ̃$^{44-53}$——ɦyœʔ^{2}kʰø^{35}ɦyœʔ^{2}uəʔ$^{2-2}$ziæ̃$^{13-35}$ 讽刺质量极差的东西。落头鲞：掉了脑袋的鱼干。

【三分银子一只挖耳——经勿得一锉】 sɛ$^{53-35}$ɸəŋ$^{53-53}$ɲiŋ$^{31-13}$tsɿ$^{44-53}$iɪʔ$^{4-4}$tsɑʔ$^{4-4}$uæʔ$^{4-4}$ɲi$^{22-44}$——ciŋ$^{53-55}$uəʔ$^{2-3}$ɗʌʔ$^{4-ʔ31}$iɪʔ$^{4-4}$tsʰu$^{35-35}$ 三分银子做成的一只耳挖子，一锉就可能断裂。比喻受不起挫折。"锉"谐音"挫"。

【三月里芥菜——早有心】 sɛ$^{53-55}$ɦyœʔ$^{2-3}$li$^{22-31}$kɑ$^{35-44}$tsʰe$^{35-44}$——tsɔ$^{44-24}$ɦiɯ$^{22-33}$siŋ$^{53-31}$ 芥菜一般在四月间开花；三月，菜心里已孕育花蕊，故曰"早有心"。此语为双关。比喻存心已久，早有谋划。

【三只节头骨撮个田螺——稳拿】 sɛ$^{53-53}$tsɑʔ$^{4-ʔ31}$tsiɪʔ$^{4-3}$dɯ$^{31-55}$kuəʔ$^{4-ʔ31}$tsʰœʔ$^{4-4}$kɯ$^{35-35}$di$^{31-13}$lu$^{31-53}$——uəŋ^{44}no^{53} 节头骨：手指。一般用两只节头骨就可以随意捏住田螺，如用三只节头骨就更稳中求稳了。比喻十分有把握。

【三岁吃羹饭——小老鬼】 sɛ$^{53-55}$sø$^{35-31}$cʰiʌʔ^{4}kæ̃$^{53-55}$βɛ$^{13-31}$——siɔ$^{44-33}$lɔ$^{22-55}$cy$^{44-31}$ 指资格老、门槛精的孩子。吃羹饭：民间祭祖时吃供奉给祖先的酒饭，或丧家办羹饭待客。

【三年勿咽口——臭嘴】 sɛ$^{53-35}$ɲi$^{31-53}$uəʔ$^{2-2}$kɒʔ$^{4-5}$kʰɯ$^{44-53}$——tsʰɯ$^{35-53}$tsɿ$^{44-31}$ 比喻爱说脏话或乱说话令人讨厌之人。咽口：漱口，刷牙。

【三年勿落雨——常晴】 sɛ$^{53-35}$ɲi$^{31-53}$uəʔ$^{2-2}$lɒʔ$^{2-2}$ɦy$^{22-22}$——zæ̃$^{31-13}$ziŋ$^{31-53}$ "常晴"谐音"常情"，指情况正常，常有的事。

【三亩田一棵秧——独苗】 sɛ$^{53-55}$ɦm̩$^{22-33}$di$^{31-31}$iɪʔ$^{4-3}$kʰu$^{53-55}$iæ̃$^{53-53}$——doʔ$^{2-2}$miɔ$^{31-53}$ 独苗，指独生子。通常指家中三代之内仅有一男性小孩。

【三亩竹园一只笋——独苗】 sɛ$^{53-35}$m̩$^{22-53}$tsoʔ$^{4-4}$ɦø$^{31-53}$iɪʔ$^{4-4}$tsɑʔ$^{4-4}$səŋ$^{44-44}$——doʔ$^{2-2}$miɔ$^{31-53}$ 独苗，亦作"独卵种"。通常指家中三代之内仅有一男性小孩。

【三角碌砖——摆勿平】 sɛ$^{53-53}$kɒʔ$^{4-ʔ31}$loʔ$^{2-2}$tse$^{53-53}$——ɓɑ$^{44-33}$uəʔ$^{2-5}$biŋ$^{31-53}$ 碌砖：砖块。三角形砖块难以放平整。比喻事情无法圆满解决，不能使各方面满意；也指人调皮不好对付。

【三里桥卖蟹——等夜】 sɛ$^{53-55}$li$^{22-33}$ɟiɔ$^{31-31}$

mɑ$^{13-22}$hɑ$^{44-22}$——ɗəŋ^{44}iɑ^{35} 旧时三里桥有夜市，故有此说。形容有些人盼望夜晚早些降临，或办事松松垮垮，白天的事非要拖到晚上。

【三星图挂两搭——拆供老寿星】 sɛ$^{53-35}$siŋ$^{53-55}$du$^{31-31}$ko^{35}liæ̃$^{22-24}$ɗæʔ$^{4-4}$ʔ^{31}——tsʰɑʔ$^{4-4}$koŋ$^{35-35}$lɔ$^{22-22}$zɯ$^{13-55}$siŋ$^{53-31}$ 祝寿活动通常将福禄寿三星一起供奉，分开便是“拆供”。亦作“拆空”，落空。两搭：两处。拆供老寿星：遇到失望的事时说的一句话。指事情落空，情况糟糕透了。

【三朝里媳妇——婆养刁】 sɛ$^{53-35}$tsɔ$^{53-55}$li$^{22-31}$siŋ$^{53-55}$βu$^{13-31}$——bu^{31}ɦiæ̃$^{22-24}$ɗiɔ$^{53-31}$ 三朝里：月子里。月子里的媳妇被婆婆惯坏了。刁：挑剔苛求、爱撒娇的坏脾气。比喻过分宠爱会让小辈养成挑剔撒娇的坏习惯。

【下巴底下敲金锣——吓酥】 ɦɔ$^{22-24}$ɓo$^{53-33}$ɗi$^{44-33}$ɦɔ$^{13-31}$kʰɔ^{53}ciŋ$^{53-35}$lu$^{31-53}$——hɑʔ$^{4-4}$su$^{53-53}$ 吓酥，谐音“吓须”。受惊后软瘫。

【丫鹊打翻蛋——呒寻处】 o$^{53-53}$tsʰiɑʔ$^{4-ʔ31}$ɗæ̃$^{44-35}$ɸɛ$^{53-31}$dɛ^{13}——m̩$^{53-35}$ziŋ$^{31-55}$tsʰy$^{35-31}$ 丫鹊，指喜鹊。蛋打碎在地，无法找回。比喻没处找寻，无法收拾。

【乡下人上松江——做一日勿着】 çiæ̃$^{53-55}$ɦɔ$^{22-33}$ɲiŋ$^{31-31}$zɒ̃^{13}soŋ$^{53-35}$kɒ̃$^{53-53}$——tsu^{35}iɪʔ$^{4-4}$ɲiɪʔ$^{2-4}$uəʔ$^{2-2}$zɑʔ$^{2-2}$ 旧时农民到松江城里逛街办事，交通不便，得花一天时间。比喻准备花去一天时间去干别的事。

【乡下人勿识土地堂——上他当】 çiæ̃$^{53-55}$ɦɔ$^{22-33}$ɲiŋ$^{31-31}$uəʔ$^{2-2}$sʌʔ$^{4-2}$tʰu$^{44-33}$di$^{13-55}$dɒ̃$^{31-31}$——zɒ̃^{13}tʰɑ^{53}ɗɒ̃^{35} “土地堂”与“上他当”字形相像（“当”繁体字为“當”）。含嘲讽乡下人之意。

【卫生口罩——嘴浪一套】 βe$^{13-22}$səŋ$^{53-22}$kʰɯ$^{44-44}$tsɔ$^{35-44}$——tsɿ$^{44-44}$lɒ̃$^{13-44}$iɪʔ$^{4-4}$tʰɔ$^{35-35}$ 讽刺说一套做一套，言行不一。嘴浪：嘴上。嘴浪一套：寓意双关。本指往嘴上一戴，实指言不由衷、脱离实际的“嘴上一套”。

【土地公公放屁——神气】 tʰu$^{44-44}$di$^{13-44}$koŋ$^{53-35}$koŋ$^{53-53}$ɸɒ̃$^{35-44}$pʰi$^{35-44}$——zəŋ$^{31-24}$cʰi$^{35-31}$ 土地公公是民间普遍供奉的神，他若放屁，所排之气即是神气。形容人态度高傲。

【大肚皮着裤子——呒搭头】 du^{13}du^{22}bi^{31}tsɑʔ^{4}kʰu$^{35-53}$tsɿ$^{44-31}$——m̩$^{53-35}$ɗæʔ$^{4-5}$dɯ$^{31-31}$ 肚皮大了，裤子见小，裤子搭襻纽扣搭不上。着：穿。比喻与对方没法亲热相处；不值得理睬。

【大轮船出海——外行(航)】 du$^{13-22}$ləŋ$^{31-22}$ze$^{31-22}$tsʰəʔ$^{4-4}$he$^{44-44}$——ŋɑ$^{13-22}$ɦɒ̃$^{31-22}$ “外行”“外航”，谐音双关。

【大姑娘坐花轿——头一趟】 du$^{13-22}$ku$^{53-22}$ɲiæ̃$^{31-22}$zu^{22}ho$^{53-55}$ɟiɔ$^{13-31}$——dɯ$^{31-22}$iɪʔ$^{4-2}$tʰɒ̃$^{35-22}$ 比喻第一次做某事。

【大闸蟹上岸——横行霸道】 du$^{13-22}$zæʔ$^{2-5}$hɑ$^{44-31}$zɒ̃$^{13-22}$ŋø$^{13-35}$——βæ̃$^{31-13}$ɦiŋ$^{31-55}$ɓo$^{35-55}$dɔ$^{13-31}$ 比喻胡作非为、蛮不讲理的行为。

【大闸蟹垫台脚——硬撑】 du$^{13-22}$zæʔ$^{2-5}$hɑ$^{44-31}$di^{13}de$^{31-22}$ciɑʔ$^{4-2}$——ŋæ̃$^{13-22}$tsʰæ̃$^{53-22}$ 大闸蟹的壳很硬，用它来垫台脚，把台子撑起来，所以叫“硬撑”。比喻“硬挺；勉强支撑”。

【大腿浪把脉——呒没数脉】 du$^{13-22}$tʰe$^{44-22}$lɒ̃$^{13-22}$ɓo$^{44-35}$mɑʔ$^{2-ʔ31}$——m̩$^{53-53}$məʔ$^{2-ʔ31}$su$^{44-35}$mɑʔ$^{2-ʔ31}$ 把脉：搭脉。搭脉应该搭在手上，在大腿上搭脉，搭错了地方。比喻搞错对象，心中无数。

【大蒜头出芽——多心】 dɑ$^{13-22}$sø$^{35-55}$dɯ$^{31-31}$tsʰəʔ$^{4-4}$ŋɑ$^{31-53}$——ɗu$^{53-35}$siŋ$^{53-53}$ 一个大蒜由多瓣组成，发芽时呈多支，即一个大蒜多个心。比喻对别人心存猜疑。

【小囡拆屁——百无禁忌】 siɔ$^{44-35}$nø$^{22-31}$tsʰɑʔ$^{4-4}$pʰi$^{35-35}$——ɓɑʔ$^{4-3}$βu$^{31-55}$ciŋ$^{35-55}$ɟi$^{13-31}$ 小儿的话不当真，故无所禁忌。拆屁：放屁，比喻乱说话。如：童言无忌。逢年过节、喜庆场合说了不吉利的话，家长就得赶紧说“小囡不懂事，～”这类的话加以补救。

【小鸡踏扁头——呒救】 siɔ$^{44-35}$ci$^{53-31}$dæʔ$^{2-2}$ɓi$^{44-22}$dɯ^{31}——m̩^{53}ciɯ^{35} 小鸡的头被踩扁，比喻事情无可挽回。

【小和尚念经——有口呒心】 siɔ$^{44-35}$βu$^{31-33}$zɒ̃$^{13-31}$ɲiɛ$^{13-22}$ciŋ$^{53-22}$——ɦiɯ$^{22-24}$kʰɯ$^{44-31}$m̩$^{53-35}$siŋ$^{53-53}$ 比喻：① 嘴上说了，心里可没那样想。指不是有心说的。② 随口说说，毫不放在心上。

【小河里撑船——一篙子到底】 siɔ$^{44-33}$βu$^{31-55}$li$^{22-31}$tsʰæ̃^{53}ze^{31}——iɪʔ$^{4-3}$kɔ$^{53-55}$tsɿ$^{44-53}$ɗɔ$^{35-53}$ɗi$^{44-31}$ 小河水浅，撑船一篙子就能到底。比喻事情一下子做得彻底。

【小河结冰——封浜】 siɔ$^{44-35}$βu$^{31-31}$ciɪʔ$^{4-4}$ɓiŋ$^{53-53}$——ɸoŋ$^{53-35}$ɓæ̃$^{53-53}$ 地名歇后语，封浜位于上海嘉定区。

【小鬼打城隍——勿怕死】 siɔ$^{44-35}$cy$^{44-31}$ɗæ̃^{44} zəŋ$^{31-22}$βɒ̃$^{31-22}$——uəʔ$^{2-2}$pʰo$^{35-35}$si^{44} 城隍是民间供奉的神祇，小鬼冒死打城隍，比喻有天不怕地不怕的胆量和气魄。

【小媳妇拿钥匙——当家勿作主】 siɔ$^{44-35}$ siŋ$^{53-33}$βu$^{13-31}$no^{53}ɦiɑʔ$^{2-2}$zɿ$^{31-53}$——ɗɒ̃$^{53-35}$kɑ$^{53-53}$uəʔ$^{2-2}$ tsɒʔ$^{4-2}$tsy$^{44-22}$ 亦作“丫头带钥匙——当家不做主”。指虽然管事，却无权力。

【山东人吃麦冬——一懂也勿懂】 sɛ$^{53-35}$ ɗoŋ$^{53-55}$ɲiŋ$^{31-31}$cʰiʌʔ^{4}mɑʔ$^{2-2}$ɗoŋ$^{53-53}$——iɪʔ$^{4-4}$ɗoŋ$^{44-44}$ ɦɑ^{22}uəʔ$^{2-2}$ɗoŋ$^{44-22}$ 麦冬：中草药。药性甘寒清润。主治肺燥干咳、阴虚痨嗽等症。主要产地为四川、浙江等南方各地。山东人少见麦冬，不懂是什么东西。比喻一点都不懂。“东”与“冬”均谐“懂”。

【飞机浪放暖壶——高水平】 ɸi$^{53-35}$ci$^{53-55}$ lɒ̃$^{13-31}$ɸɒ̃^{35}nø$^{22-24}$βu$^{31-31}$——kɔ$^{53-55}$sɿ$^{44-33}$biŋ$^{31-31}$ “水平”谐音“水瓶”。通常用于赞别人的学识、技艺。

【飞机浪点灯——高明】 ɸi$^{53-35}$ci$^{53-55}$lɒ̃$^{13-31}$ ɗi$^{44-35}$ɗəŋ$^{53-31}$——kɔ$^{53-35}$miŋ$^{31-53}$ 通常用于称赞别人的能力和水平。

【飞机浪说书——空话连篇】 ɸi$^{53-35}$ci$^{53-55}$ lɒ̃$^{13-31}$sœʔ$^{4-4}$sy$^{53-53}$——kʰoŋ$^{53-55}$ɦo$^{13-31}$li$^{31-13}$pʰi$^{53-53}$ 亦作“飞机上作报告——空话连篇”。指整篇整篇的话说了很多，却没有一点实际意义。

【飞机浪撑篙——戳空】 ɸi$^{53-35}$ci$^{53-55}$lɒ̃$^{13-31}$ tsʰæ̃^{53}kɔ^{53}——tsʰoʔ$^{4-4}$kʰoŋ$^{53-53}$ 谐音“撮空”。指捕风捉影的瞎说或毫无意义的瞎忙。

【马桶呒没边——难得】 mo$^{22-24}$doŋ$^{22-31}$m̩$^{53-53}$ məʔ$^{2-ʔ31}$ɓi^{53}——nɛ$^{31-22}$ɗʌʔ$^{4-2}$ “难得”谐音“难掇”。① 不容易得到或办到（有可贵意）：人才难得。② 表示不常常（发生）：龙卷风难得碰得着。

【马桶改水桶——臭气难改】 mo$^{22-24}$doŋ$^{22-31}$ ke^{44}sɿ$^{44-35}$doŋ$^{22-31}$——tsʰɯ$^{35-44}$cʰi$^{35-44}$nɛ$^{31-13}$ke$^{44-53}$ 马桶虽然改成了水桶，但臭气还在。比喻本性难改。

【乌龟勿咬人——形状难看】 u$^{53-35}$cy$^{53-53}$uəʔ$^{2-2}$ ŋɔ$^{22-55}$ɲiŋ$^{31-53}$——ɦiŋ$^{31-24}$zɒ̃$^{13-31}$nɛ$^{31-13}$kʰø$^{53-53}$ “形状难看”亦作“虫腔难看”“吃相难看”。指形态猥琐难看。

【乌龟吃碌砖——壳里痛】 u$^{53-35}$cy$^{53-53}$cʰiʌʔ^{4} loʔ$^{2-2}$tse$^{53-53}$——kʰɒʔ$^{4-4}$li$^{22-44}$tʰoŋ^{35} 比喻吃了暗亏，有苦难言。

【乌龟抬轿子——硬上】 u$^{53-35}$cy$^{53-53}$de$^{31-24}$ ɟiɔ$^{13-33}$tsɿ$^{44-31}$——ŋæ̃$^{13-22}$zɒ̃$^{13-35}$ 不能做而勉强去做。徐珂《清稗类钞》：“龟有硬甲，轿亦硬物，喻事之硬做也。”

【乌龟爬门槛——但看此一翻】 u$^{53-35}$cy$^{53-53}$ bo^{31}məŋ$^{31-13}$kʰɛ$^{44-53}$——dɛ^{22}kʰø^{35}tsʰɿ^{44}iɪʔ$^{4-4}$ɸɛ$^{53-53}$ “翻”谐音“番”，喻指成败在此一举。

【乌龟掼石板——硬碰硬】 u$^{53-35}$cy$^{53-53}$guɛ^{13} zɑʔ$^{2-2}$ɓɛ$^{44-22}$——ŋæ̃^{13}pʰæ̃^{35}ŋæ̃^{13} 乌龟背腹都长有硬实的用以保护自己的壳甲。将乌龟往石板上扔，硬的对上硬的，比喻：① 以强硬对付强硬。② 实实在在没有虚假。

【井里捞竹头——直拔直】 tsiŋ$^{44-35}$li$^{22-31}$lɔ^{53} tsoʔ^{4}dɯ^{31}——zʌʔ$^{2-2}$bæʔ$^{2-2}$zʌʔ$^{2-2}$ 井里捞竹头，不可能绕弯。比喻直爽。

【井底里雕花——深刻】 tsiŋ$^{44-33}$ɗi$^{44-55}$li$^{22-31}$ ɗiɔ$^{53-35}$ho$^{53-53}$——səŋ$^{53-53}$kʰʌʔ$^{4-ʔ31}$ 要在井的底部雕刻花纹，自然是在深的地方。比喻认识、见解达到事情或问题的本质。

【仓桥豆腐干——白大】 tsʰɒ̃$^{53-35}$ɟiɔ$^{31-53}$dɯ$^{13-22}$ βu$^{13-55}$kø$^{53-31}$——bɑʔ$^{2-2}$du$^{13-35}$ 仓桥即大仓桥，在松江城西，旧时这里生产的豆腐干以又白又大驰名。白大：讽刺大而无用、虚胖无力之人。

【六月里冻杀一只湖羊——说来话长】 loʔ$^{2-2}$ ɦyœʔ$^{2-2}$li$^{22-22}$ɗoŋ$^{35-35}$sæʔ$^{4-ʔ31}$iɪʔ$^{4-4}$tsɑʔ$^{4-4}$βu$^{31-13}$ ɦiæ̃$^{31-31}$——sœʔ$^{4-4}$lɛ$^{31-53}$ɦo^{13}zæ̃^{31} 亦作“六月里冻杀湖羊——话起来埭头长”。湖羊：绵羊。绵羊是长毛羊，耐寒。六月酷暑，湖羊却冻死了，原因奇怪，一言难尽。比喻事情真相奇特复杂，并非三言两语能说清。

【六月里浸稻种——昏咚咚】 loʔ$^{2-2}$ɦyœʔ$^{2-2}$ li$^{22-22}$tsiŋ^{35}dɔ$^{22-24}$tsoŋ$^{44-31}$——ɸəŋ$^{53-35}$ɗoŋ$^{53-55}$ɗoŋ$^{53-31}$ 松江农谚有“清明浸种，谷雨落秧”，指浸种在清明时节，六月里浸稻种就犯糊涂了。形容人糊涂，思想混乱。

【六月里着棉鞋——日脚难过】 loʔ$^{2-2}$ɦyœʔ$^{2-2}$ li$^{22-22}$tsɑʔ^{4}mi$^{31-13}$ɦɑ$^{31-53}$——ɲiɪʔ$^{2-2}$ciɑʔ$^{4-2}$nɛ$^{31-24}$ku$^{35-31}$ 农历六月天气炎热，穿上棉鞋，脚难受。“热脚”谐音“日脚”。比喻生活很困难，难以度日。

【六月里落阵头——勿长久】 loʔ$^{2-2}$ɦyœʔ$^{2-2}$ li$^{22-22}$lɒʔ^{2}zəŋ$^{13-22}$dɯ$^{31-22}$——uəʔ$^{2-2}$zæ̃$^{31-55}$ciɯ$^{44-33}$ 农历六月阵雨多短暂，比喻某件事情不会持续很

久。落阵头：下阵雨。

【六月里睏觉——勿要面皮】 loʔ$^{2-2}$ɦyœʔ$^{2-2}$li$^{22-22}$kʰuəŋ$^{35-44}$kɔ$^{35-44}$——uəʔ$^{2-2}$iɔ$^{53-53}$mi$^{13-22}$bi$^{31-22}$ “面皮”谐音“棉被”。讽刺人不要脸。

【六月里孵小鸡——坏蛋多】 loʔ$^{2-2}$ɦyœʔ$^{2-2}$li$^{22-22}$bu$^{13-22}$siɔ$^{44-55}$ci$^{53-53}$——βɑ$^{13-22}$dɛ$^{13-35}$ɗu^{53} 农历六月为暑天，天气很热，还没等孵出鸡来，很多蛋已坏掉了。喻坏人多或坏事多。

【六节头搔卵脬——加二奉承】 loʔ^{2}tsiɪʔ^{4}dɯ^{31}tsɔ^{53}lø^{22}pʰɔ^{53}——kɑ^{53}ɲi^{13}βoŋ$^{13-22}$zəŋ$^{31-22}$ 特别讨好。多含揶揄义。亦作“六节头搔卵脬——搔来勿讨好”。六节头：六根手指。用六节头搔痒，比正常多出一指，形容做事过头，效果适得其反。比喻费力不讨好。此歇后语后半截亦有记为“格外周到”“加二讨好”“硬讨好”的。

【六婶婶嫁人——心勿定】 loʔ$^{2-2}$səŋ$^{44-55}$səŋ$^{44-53}$kɑ^{35}ɲiŋ^{31}——siŋ^{53}uəʔ$^{2-2}$diŋ$^{13-35}$ 六婶婶死了丈夫想嫁人。嫁了，怕人说闲话；不嫁，心犹不甘。一时拿不定主意。比喻遇到重大事情心神不定。

【火车浪装汽车——大错特错】 ɸu$^{44-35}$tsʰo$^{53-33}$lɒ̃$^{13-31}$tsɒ̃^{53}cʰi$^{35-53}$tsʰo$^{53-31}$——dɑ$^{13-22}$tsʰo$^{53-22}$dʌʔ$^{2-2}$tsʰo$^{53-53}$ 亦作“错上加错”。比喻本来就错了，还继续做错。松江话“错”谐音“车”，“特”谐音“叠”。

【太湖边浪涮马桶——野豁豁】 tʰɑ$^{35-55}$βu$^{31-33}$ɓi$^{53-33}$lɒ̃$^{13-31}$səʔ$^{4-3}$mo$^{22-55}$doŋ$^{22-53}$——ɦiɑ$^{22-22}$ɸæʔ$^{4-5}$ɸæʔ$^{4-ʔ31}$ 太湖水势浩大水面宽广，野野豁豁。湖边妇女们涮马桶时“马桶甩筅”在马桶内用力搅动发出的“豁豁”声也是响成一片。形容言行出格，不着边际。

【孔夫子晒手巾——包输】 kʰoŋ$^{44-33}$ɸu$^{53-55}$tsɿ$^{44-33}$ɦɯ$^{13-31}$sɯ$^{44-35}$ciŋ$^{53-31}$——ɓɔ$^{53-35}$sy$^{53-53}$ 孔夫子家中书多，故连手巾也用来包书。“输”谐音“书”，指做事或比赛，其结果终会失败。

【廿一日孵勿出鸡——坏蛋】 ɲiɛ$^{13-22}$iɪʔ$^{4-5}$ɲiɪʔ$^{2-31}$bu$^{35-33}$uəʔ$^{2-5}$tsʰəʔ$^{4-ʔ31}$ci^{53}——βɑ$^{13-22}$dɛ$^{13-35}$ 一般来说，鸡蛋孵化廿一天就应孵出小鸡了，可廿一天都不出鸡，说明这个鸡蛋是坏蛋。形容某人是个坏人。

【开门送财神——到手钞票勿要】 kʰe^{53}məŋ^{31}soŋ^{35}ze^{31}zəŋ^{31}——ɗɔ^{35}sɯ^{44}tsʰɔ^{44}pʰiɔ^{35}uəʔ^{2}iɔ^{53} 开门接财神是中国民间传统节日习俗。若开门送财神，则意味不想发财。比喻放过了赚钱的机会。

【无常鬼蹚河——越蹚越深】 βu$^{31-13}$zæ̃$^{31-55}$cy$^{44-31}$ bɛ$^{31-13}$βu$^{31-53}$——ɦyœʔ^{2}bɛ^{31}ɦyœʔ$^{2-2}$səŋ$^{53-53}$ 无常鬼涉水过河，结果在河中越陷越深。比喻陷入困境，不能自拔。

【月亮里点灯——空好看】 ɦyœʔ$^{2-2}$liæ̃$^{13-55}$li$^{22-31}$ɗi$^{44-35}$ɗəŋ$^{53-31}$——kʰoŋ$^{53-55}$hɔ$^{44-33}$kʰø$^{53-31}$ 明月下点灯，只是好看而已，并不起作用。空好看，亦作“空挂名”。徒具虚名者的自嘲。

【月亮里看书——寻事】 ɦyœʔ$^{2-2}$liæ̃$^{13-55}$li$^{22-31}$kʰø$^{35-53}$sy$^{53-31}$——ziŋ$^{31-24}$zɿ$^{13-31}$ 寻事：寻衅；找岔子。松江话“寻事”“寻字”谐音。

【木人头投河——勿成（沉）】 mɒʔ$^{2-2}$ɲiŋ$^{53-55}$dɯ$^{31-53}$dɯ$^{31-13}$βu$^{31-53}$——uəʔ$^{2-2}$zəŋ$^{31-53}$ 木头人跳进河里不会沉下去。“成”谐音“沉”。比喻违背自然规律，事情必然不可能成功。木人头：木头人。

【木人头摇船——呒推扳】 mɒʔ$^{2-2}$ɲiŋ$^{53-55}$dɯ$^{31-53}$ɦiɔ$^{31-13}$ze$^{31-53}$——m̩$^{53-35}$tʰe$^{53-55}$ɓɛ$^{53-31}$ 推、扳：指摇船的基本动作“推艄、扳艄”。木头人摇船，不会推也不会扳。推扳：松江话中作“差”“次”“相差”讲。呒推扳：即“不推扳”，形容此人物或事情相当不错。也指做事刻板，不圆通。

【木匠打娘子——一斧头】 mɒʔ$^{2-2}$ziæ̃$^{13-35}$ɗæ̃^{44}ɲiæ̃$^{31-13}$tsɿ$^{44-53}$——iɪʔ$^{4-3}$ɸu$^{44-55}$dɯ$^{31-53}$ “一斧头”谐音“一副头”。木匠所用工具之一是斧子，“一斧头”指一下子。比喻干脆利落，也戏言打牌一副即输。

【木匠师傅弹线——眼开眼闭】 mɒʔ$^{2-2}$ ziæ̃$^{13-55}$sɿ$^{53-33}$ βu$^{13-31}$dɛ$^{31-24}$si$^{35-31}$——ŋɛ$^{22-24}$kʰe$^{53-31}$ŋɛ$^{22-22}$ɓi$^{35-35}$ 即“睁一眼闭一眼”。木匠在木料上弹墨线时闭上一只眼瞄直线。比喻看见装作没看见，有意敷衍了事。

【长凳浪睏觉——翻勿转身】 zæ̃$^{31-24}$ɗəŋ$^{35-33}$lɒ̃$^{13-31}$kʰuəŋ$^{35-44}$kɔ$^{35-44}$——ɸɛ$^{53-55}$uəʔ$^{2-3}$tse$^{44-31}$səŋ^{53} 长凳仅宽二三十厘米，睡在上面无法翻身。比喻受客观条件所限，难以改变现状。

【水牛角黄牛角——各管各】 sɿ$^{44-33}$ɲiɯ$^{31-55}$kɒʔ$^{4-ʔ31}$βɒ̃$^{31-22}$ɲiɯ$^{31-22}$kɒʔ$^{4-2}$——kɒʔ$^{4-3}$kue$^{44-55}$kɒʔ$^{4-ʔ53}$ “各管各”亦作“各顾各”“各归各”。“各”谐音“角”。指双方互不相干，或互不干预。

【水豆腐嵌牙齿——有话呒介事】 sɿ$^{44-33}$

dɯ$^{13-55}$ βu$^{13-31}$kʰɛ^{35}ŋɑ$^{31-13}$ʦʰʅ$^{44-53}$——ɦiɯ$^{22-22}$ɦo$^{13-35}$m̩$^{53-55}$kɑ$^{35-33}$zʅ$^{13-31}$ 水豆腐十分细嫩，进食绝对不会嵌进牙缝。比喻说说而已，事实上根本不可能有这种事。

【水底下推船——卖力看勿出】 sʅ$^{44-35}$ɗi$^{44-33}$ɦɔ$^{13-31}$tʰe$^{53-55}$ze$^{31-53}$——mɑ$^{13-24}$liɪʔ$^{2-ʔ31}$kʰø$^{35-33}$uəʔ$^{2-5}$ʦʰəʔ$^{4-ʔ31}$ 亦作“卖力看勿到，成功勿叫好”。指默默奉献的人无人知晓。比喻花了力气，有了功劳，却不为人所知道，得不到别人的承认或赞扬。

【水缸里加明矾——煞辣清】 sʅ$^{44-33}$kɒ̃$^{53-55}$li$^{22-31}$kɑ^{53}miŋ$^{31-13}$βɛ$^{31-53}$——sæʔ$^{4-4}$læʔ$^{2-4}$ʦʰiŋ^{53} 水缸里放了明矾，水就澄清了。比喻事情的真相很清楚。煞辣：非常；很。

【牛吃稻柴鸭吃谷——各有各福】 ɲiɯ^{31}cʰiʌʔ^{4}dɔ$^{22-24}$zɑ$^{31-31}$æʔ^{4}cʰiʌʔ$^{4-4}$koʔ$^{4-4}$——kɒʔ^{4}ɦiɯ^{22}kɒʔ^{4}ɸoʔ^{4} 牛承担着犁田载物的重体力劳动，但吃的是稻柴；鸭不参与劳动，但吃的却是稻谷。比喻各人的福气、命运是不同的。

【风头里绕脚——非凡】 ɸoŋ$^{53-35}$dɯ$^{31-55}$li$^{22-31}$ɲiɔ$^{22-24}$ciɑʔ$^{4-ʔ31}$——ɸi$^{53-35}$βɛ$^{31-53}$ 旧时妇女缠足时须在足趾间洒矾，有风的时候矾会飞扬开来，谓“飞矾”。“飞矾”“非凡”谐音。比喻出众。

【风湿病碰着黄梅天——总要发作】 ɸoŋ$^{53-55}$səʔ$^{4-3}$biŋ$^{13-31}$bæ̃$^{13-24}$zɑʔ$^{2-ʔ31}$βɒ̃$^{31-13}$me$^{31-55}$tʰi$^{53-31}$——ʦoŋ$^{44-35}$iɔ$^{53-31}$ɸæʔ$^{4-4}$ʦɒʔ$^{4-4}$ 黄梅天易发风湿病。比喻老毛病或老脾气难以改变。

【引线头浪戳芝麻——碰巧】 iŋ$^{44-33}$si$^{35-55}$dɯ$^{31-31}$lɒ̃^{13}ʦʰoʔ^{4}ʦʅ$^{53-35}$mo$^{31-53}$——bæ̃$^{13-22}$cʰiɔ$^{44-22}$ 细小的针尖戳到了细小的芝麻。犹言“一沰水滴忒油瓶里”。比喻很难遇到的机会。引线头：针尖。

【甲鱼逃走——豁边】 ciæʔ$^{4-4}$ɦŋ̍$^{31-53}$dɔ$^{31-13}$ʦɯ$^{44-53}$——ɸæʔ$^{4-4}$ɓi$^{53-53}$ 人们为防止逮住的甲鱼逃走，常在甲鱼裙边上打个孔，用绳子拴住。若甲鱼逃脱，多半是裙边豁开所致。豁边：过头；超出限度；糟糕。比喻事情搞糟了。

【东天出日头——呆板数】 ɗoŋ$^{53-35}$tʰi$^{53-53}$ʦʰəʔ$^{4-3}$ɲiɪʔ$^{2-5}$dɯ$^{31-53}$——ŋe$^{31-24}$ɓɛ$^{44-33}$su$^{44-31}$ 日出东方是自然规律。呆板数：可以预测到的；必然的。指事物发展的必然结果。

【冬瓜撞木钟——一懂也勿懂】 ɗoŋ$^{53-35}$ko$^{53-53}$zɒ̃^{13}mɒʔ^{2}ʦoŋ^{53}——iɪʔ$^{4-4}$ɗoŋ$^{44-44}$ɦɑ^{22}uəʔ$^{2-2}$ɗoŋ$^{44-22}$ 冬瓜撞击木钟，不会发出“咚咚”的声音。“咚”谐音“懂”。意同“山东人吃麦冬——一懂也勿懂”。比喻什么都不懂。

【半夜里打更——敲竹杠】 ɓe$^{35-33}$ɦiɑ$^{13-55}$li$^{22-31}$ɗæ̃$^{44-35}$kæ̃$^{53-31}$——kʰɔ$^{53-55}$ʦoʔ$^{4-3}$kɒ̃$^{35-31}$ 明清之际，商铺收到顾客的钱后便投入竹制钱筒内。地痞流氓去店铺勒索钱财，不开口，只是敲拍装钱的竹筒。店主便知来意，花钱消灾。此恶行称“敲竹杠”。俗又有“半夜三更不打更”之说，谓半夜时分是鬼魂出没的时候，要避免冲撞。半夜打更不是常人所为。比喻以某种口实或寻找某种借口强行索取不义之财。打更：古代民间的一种夜间报时制度，更夫巡夜时敲击中空的竹梆发声报时。另一说：清末时，淞沪地区人犯进了衙门或巡捕房，难免会遭竹杠敲打。奸胥猾吏遂以此要挟，人犯交一些“好处费”，竹杠便可敲得轻一点，甚至免除“敲竹杠”的皮肉之苦。“敲竹杠”一词便由此而来。

【半夜里呼猫——咪也咪也】 ɓe$^{35-33}$ɦiɑ$^{13-55}$li$^{22-31}$ɸu$^{53-35}$mɔ$^{31-53}$——mi^{53}ɦɑ^{22}mi^{53}ɦɑ^{22} 松江人称猫为“阿咪”。“咪”谐音“未”，指时间未到，还早着哩。

【叫化子打难民——穷人欺穷人】 kɔ$^{35-33}$hɔ$^{35-55}$ʦʅ$^{44-31}$ɗæ̃^{44}nɛ$^{13-22}$miŋ$^{31-22}$——ɟioŋ$^{31-13}$ɲiŋ$^{31-53}$cʰi^{53}ɟioŋ$^{31-13}$ɲiŋ$^{31-53}$ 叫化子是穷人，难民也是穷人。比喻同类人之间的相互争斗。欺：欺侮；欺凌。

【叫化子听芦席——一顶头】 kɔ$^{35-33}$hɔ$^{35-55}$ʦʅ$^{44-31}$ɦɯ^{13}lu^{31}ziɪʔ^{2}——iɪʔ$^{4-3}$ɗiŋ$^{44-55}$dɯ$^{31-53}$ 叫化子只有一顶芦席，晚上睡觉用，白天常顶在头上遮风挡雨。讽刺身无长物者。一顶头：双关语。

【叫化子出灯——穷欢】 kɔ$^{35-33}$hɔ$^{35-55}$ʦʅ$^{44-31}$ʦʰəʔ$^{4-4}$ɗəŋ$^{53-53}$——ɟioŋ$^{31-13}$ɸe$^{53-53}$ 比喻穷人也会找乐子。出灯：提灯游行。

【叫化子讨出笼馒头——做一个勿着】 kɔ$^{35-33}$hɔ$^{35-55}$ʦʅ$^{44-31}$tʰɔ^{44}ʦʰəʔ^{4}loŋ^{31}me$^{31-13}$dɯ$^{31-53}$——ʦu^{35}iɪʔ$^{4-4}$kɯ$^{35-35}$uəʔ$^{2-2}$zɑʔ$^{2-2}$ 叫化子要饭，得到一个冷馒头已是运气不错，欲得到一个刚出笼的热馒头几乎不可能。尽管如此，叫化子还是想尝试一下。做一个勿着：做好了不成功的心理准备。比喻明知得不到或不可能，姑且一试。

【叫化子吃三鲜汤——要一样呒一样】 kɔ$^{35-33}$

hɔ$^{35-55}$tsɿ$^{44-31}$cʰiʌʔ^{44}sɛ$^{53-35}$si$^{53-55}$tʰɒ̃$^{53-31}$——iɔ$^{53-55}$iɪʔ$^{4-3}$iæ̃$^{35-31}$m̩$^{53-55}$iɪʔ$^{4-3}$iæ̃$^{35-31}$　烹制三鲜汤需要多种食材，叫化子一样食材都没有。穷人的自我解嘲。通常指设想做某事而缺少必要的财力、物力、人力等条件。

【叫化子吃死蟹——只只好】 kɔ$^{35-33}$hɔ$^{35-55}$tsɿ$^{44-31}$cʰiʌʔ^{4}si$^{44-44}$hɑ$^{44-44}$——tsɑʔ$^{4-4}$tsɑʔ$^{4-4}$hɔ$^{44-44}$　死蟹不鲜，叫化子没什么吃的，死蟹也说好吃。对不分好坏或要求不高者的嘲讽。

【叫化子拉胡琴——苦差】 kɔ$^{35-33}$hɔ$^{35-55}$tsɿ$^{44-31}$lɑ^{53}βu$^{31-13}$ɟiŋ$^{31-53}$——kʰu$^{44-35}$tsʰɑ$^{53-31}$　指所干的工作是苦差事。“苦差”谐音“苦扯”。

【叫化子逃走猢狲——呒戏唱】 kɔ$^{35-33}$hɔ$^{35-55}$tsɿ$^{44-31}$dɔ$^{31-13}$tsɯ$^{44-53}$βəʔ$^{2-2}$səŋ$^{53-53}$——m̩$^{53-35}$çi$^{35-55}$tsʰɒ̃$^{35-31}$　叫化子靠耍猢狲谋生，猢狲逃走，叫化子难以为生。指失去了凭借或依靠的手段，没有应付的办法或没有什么可干的了。呒戏唱：比喻事情办不起来或维持不下去。

【叫化子借算盘——穷有穷打算】 kɔ$^{35-33}$hɔ$^{35-55}$tsɿ$^{44-31}$tsiɑ$^{35-33}$sø$^{35-55}$be$^{31-31}$——ɟioŋ^{31}ɦiɯ^{22}ɟioŋ$^{31-13}$ɗæ̃$^{44-55}$sø$^{35-31}$　叫化子身无分文，却有过日子的打算。比喻条件不好也有谋生的计划和考虑。

【叫化子捉藏——呒处安放】 kɔ$^{35-33}$hɔ$^{35-55}$tsɿ$^{44-31}$tsɔʔ$^{4-4}$zɒ̃$^{31-53}$——m̩$^{53-55}$tsʰy$^{35-31}$ø$^{53-55}$ɸɒ̃$^{35-31}$　穷人获得意外财物时的心态。捉藏：原为掘出窖金。形容贵重的东西不知放哪里才好。

【叫化子唱山歌——穷开心】 kɔ$^{35-33}$hɔ$^{35-55}$tsɿ$^{44-31}$tsʰɒ̃^{35}sɛ$^{53-35}$ku$^{53-53}$——ɟioŋ$^{31-13}$kʰe$^{53-55}$siŋ$^{53-31}$　叫化子一边要饭，一边唱山歌，显得很开心。指穷人日子不好过，或境况不好，却仍然乐观，自找乐趣。大多用作自嘲。

【叫化子落脱棒——拨狗欺】 kɔ$^{35-33}$hɔ$^{35-55}$tsɿ$^{44-31}$lɒʔ$^{2-2}$tʰəʔ$^{4-2}$bɒ̃^{22}——ɓəʔ^{4}kɯ^{44}cʰi^{53}　叫化子的打狗棍一旦失落，容易遭狗咬。引申为在逆境中或落难时遭到行为不端或人格卑鄙者的欺侮。拨：被。

【叫化子端盘——只讲吃】 kɔ$^{35-33}$hɔ$^{35-55}$tsɿ$^{44-31}$ɗø$^{53-35}$be$^{31-53}$——tsəʔ$^{4-4}$kɒ̃$^{44-44}$cʰiʌʔ^{4}　叫化子整天乞食，只为填饱肚子。通常嘲讽贪吃者或吃相难看者，也强调吃是生活最基本的需求。

【四两棉花——勿弹】 sɿ$^{35-35}$liæ̃$^{22-53}$mi$^{31-13}$ho$^{53-53}$——uəʔ$^{2-2}$dɛ$^{31-53}$　四两棉花太少，没法用弹花弓来弹。“弹”谐音“谈”。指话说不到一起，或谈不拢，不予理睬。

【四金刚㖃琵琶——弹也勿要弹】 sɿ$^{35-55}$ciŋ$^{53-33}$kɒ̃$^{53-31}$ɦɯ^{13}bi$^{31-13}$bo$^{31-53}$——dɛ^{31}ɦɑ^{22}uəʔ$^{2-2}$iɔ$^{53-55}$dɛ$^{31-33}$　四金刚的琵琶是神仙所有，凡人弹不上，也不能弹。“勿弹”谐音“勿谈”。意谓“不行”，拒绝得十分干脆。

【四金刚扫地——大材小用】 sɿ$^{35-55}$ciŋ$^{53-33}$kɒ̃$^{53-31}$sɔ$^{44-44}$di$^{13-44}$——dɑ$^{13-22}$ze$^{31-22}$siɔ$^{44-44}$ɦioŋ$^{13-44}$　四金刚在佛教是四大护法金刚，在道教是南天门的四个守卫，让他们扫地是屈才了。比喻大材小用。

【四金刚摇船——大推野扳】 sɿ$^{35-55}$ciŋ$^{53-33}$kɒ̃$^{53-31}$ɦiɔ$^{31-13}$ze$^{31-53}$——du$^{13-22}$tʰe$^{53-22}$ɦiɑ$^{22-24}$ɓɛ$^{53-31}$　亦作“大推大扳”“大推八扳”。推、扳：摇船基本动作。“大”“野”同义。一会儿大推（用力推出去），一会儿大扳（用力扳回来），形容相差极大。

【四金刚摊铺——大排场】 sɿ$^{35-55}$ciŋ$^{53-33}$kɒ̃$^{53-31}$tʰɛ$^{53-55}$pʰu$^{35-31}$——du$^{13-22}$bɑ$^{31-22}$zæ̃$^{31-22}$　摊铺：摊床铺。四金刚人高马大，摊床铺占地多摆设奢华。形容办事场面铺张气派。

【四金刚腾云——悬天八只脚】 sɿ$^{35-55}$ciŋ$^{53-33}$kɒ̃$^{53-31}$dəŋ$^{31-13}$ɦioŋ$^{31-53}$——ɦø$^{31-13}$tʰi$^{53-53}$ɓæʔ$^{4-4}$tsɑʔ$^{4-4}$ciɑʔ$^{4-4}$　四大金刚腾云，八只脚悬在天上，离地越来越远。比喻：① 差距极大。② 计划或事情不落实。

【外甥点灯笼——照旧】 ŋɑ$^{13-22}$sæ̃$^{53-22}$ɗi$^{44-33}$ɗəŋ$^{53-55}$loŋ$^{31-31}$——tsɔ^{35}ɟiɯ^{13}　“照旧”谐音“照舅”“找舅”。指跟原来一样。

【对是镜子叩头——自我崇拜】 ɗe$^{35-53}$zɿ$^{22-31}$ciŋ$^{35-53}$tsɿ$^{44-31}$kʰɯ$^{35-53}$dɯ$^{31-31}$——zɿ$^{13-22}$ŋu$^{44-22}$zoŋ$^{31-24}$ɓɑ$^{35-31}$　镜子里是自己的影子。你向他磕头，他同样也向你磕头。嘲讽自我感觉良好，盲目自大者。

【布告贴拉楼顶浪——天晓得】 ɓu$^{35-44}$kɔ$^{35-44}$tʰiɪʔ$^{4-4}$lɑ$^{2-4}$lɯ$^{31-13}$ɗiŋ$^{44-55}$lɒ̃$^{13-31}$——tʰi$^{53-55}$çiɔ$^{44-33}$ɗʌʔ$^{4-ʔ31}$　布告贴在楼顶上，那是给老天看的，故曰“天晓得”。表示难以理解或无法分辨。

【生病人搭鬼商量——呒没好结果】 sæ̃$^{53-55}$biŋ$^{13-33}$ɲiŋ$^{31-31}$ɗæʔ$^{4-4}$cy$^{44-44}$sɒ̃$^{53-35}$liæ̃$^{31-53}$——m̩$^{53-53}$məʔ$^{2-ʔ31}$hɔ$^{44-33}$ciɪʔ$^{4-5}$ku$^{44-31}$　患病找医生才是，

跟鬼商量不会有好结果。比喻找错门路或自找死路。

【田鸡跳拉秤盘里——自称自卖】 di$^{31-13}$ci$^{53-53}$tʰiɔ$^{35-35}$lɑ$^{2-4}$tsʰəŋ$^{35-55}$be$^{31-33}$li$^{22-31}$——zɿ$^{13-22}$tsʰəŋ$^{53-22}$zɿ$^{13-22}$mɑ$^{13-35}$ 亦作“田鸡跳拉秤盘里——自称自赞”。田鸡：青蛙。讽刺一个人不自量力，自我夸大，吹牛。

【白娘娘斗法海——精打光】 bɑʔ$^{2-2}$ȵiæ̃$^{31-55}$ȵiæ̃$^{31-53}$ɗɯ^{44}ɸæʔ$^{4-4}$he$^{44-44}$——tsiŋ$^{53-55}$ɗæ̃$^{44-33}$kuɒ̃$^{53-31}$ 民间故事《白蛇传》记：镇江金山寺住持法海破坏白素贞（即“白娘娘”）和许仙的婚姻，白娘娘遂忿而与其激战。白娘娘本为蛇精，法海是光头和尚，故两人相斗是“精打光”。精打光：松江话形容“一点儿都不剩”。

【白娘娘吃雄黄酒——原形毕露】 bɑʔ$^{2-2}$ȵiæ̃$^{31-55}$ȵiæ̃$^{31-53}$cʰiʌʔ^{4}ɦioŋ$^{31-13}$βɒ̃$^{31-55}$tsiɯ$^{44-31}$——ȵyø$^{31-13}$ɦiŋ$^{31-55}$ɓiɪʔ$^{4-5}$lu$^{13-31}$ 民间故事《白蛇传》记：白娘娘喝了雄黄酒后，白蛇的本来面目完全暴露。比喻伪装被彻底揭开。

【石匠锻磨——照老路】 zɑʔ$^{2-2}$ziæ̃$^{13-35}$ɗø^{35}mo^{31}——tsɔ^{35}lɔ$^{22-22}$lu$^{13-35}$ 锻磨：用钢凿凿石磨的齿。旧磨的齿可按原纹路。比喻墨守成规，按既有的方法行事。

【石臼里舂石灰——白辛苦】 zɑʔ$^{2-2}$ɟiɯ$^{22-22}$li$^{22-22}$tsʰəŋ^{53}zɑʔ$^{2-2}$ɸi$^{53-53}$——bɑʔ$^{2-2}$siŋ$^{53-55}$kʰu$^{44-53}$ 石臼里舂石灰，在白色的石灰粉末堆里辛苦忙碌。白：双关，既表颜色，又表“徒然”。比喻白忙乎了。

【立是登坑——一门蛮争】 liɪʔ$^{2-2}$zɿ$^{22-22}$ɗəŋ$^{53-35}$kʰæ̃$^{53-53}$——iɪʔ$^{4-4}$məŋ$^{31-53}$mɛ$^{31-13}$tsæ̃$^{53-53}$ 立是登坑：站着排便。一门：专门。蛮：极力、拼命。“争”谐音“挣”；使劲排便。形容极力争辩。

【丝瓜勿采——大场】 sɿ$^{53-35}$ko$^{53-53}$uəʔ$^{2-2}$tsʰe$^{44-22}$——dɑ$^{13-22}$zæ̃$^{31-22}$ 地名歇后语。大场，位于今上海市宝山区。丝瓜不采摘，会又大又长。“场”谐音“长”。

【芝麻里个黄豆——独大】 tsɿ$^{53-35}$mo$^{31-55}$li$^{22-31}$kɯ^{35}βɒ̃$^{31-24}$dɯ$^{13-31}$——doʔ$^{2-2}$du$^{13-35}$ 一堆芝麻里掺着颗黄豆，显得最大。独大：最大。比喻一个人的才能或仪表在一群普通人中间显得很突出。

【买豆腐勿拿家生——捧勿起】 mɑ$^{22-35}$dɯ$^{13-33}$βu$^{13-31}$uəʔ$^{2-2}$no$^{53-53}$kɑ$^{53-35}$sæ̃$^{53-53}$——pʰoŋ$^{44-33}$uəʔ$^{2-5}$cʰi$^{44-31}$ 买豆腐需带容器，因为豆腐是不能用手捧着带回家的。捧勿起：双关。既表用双手托不起，又比喻经不起奉承。

【买咸鱼放生——死活勿得知】 mɑ^{22}ɦɛ$^{31-13}$ɦŋ̍$^{31-53}$ɸɒ̃$^{35-53}$sæ̃$^{53-31}$——si$^{44-35}$βəʔ$^{2-ʔ31}$uəʔ$^{2-2}$ɗʌʔ$^{4-5}$tsɿ$^{53-53}$ 咸鱼放在水中也不会活过来，嘲不通事理者。也指不知某事某人的最终结局。

【买眼药水走进石灰行——找错门路】 mɑ^{22}ŋɛ$^{22-22}$ɦiɑʔ$^{2-5}$sɿ$^{44-31}$tsɯ$^{44-44}$tsiŋ$^{35-44}$zɑʔ$^{2-2}$ɸi$^{53-55}$ɦɒ̃$^{31-53}$——tsɔ$^{44-35}$tsʰo$^{53-31}$məŋ$^{31-24}$lu$^{13-31}$ 石灰对眼睛伤害极大。比喻思路不明，找错方向。

【关云长卖豆腐——人硬货不硬】 kuɛ$^{53-35}$ɦioŋ$^{31-55}$zæ̃$^{31-31}$mɑ$^{13-24}$dɯ$^{13-33}$βu$^{13-31}$——ȵiŋ$^{31-24}$ŋæ̃$^{13-31}$ɸu^{35}ɓəʔ$^{4-4}$ŋæ̃$^{13-35}$ 人硬指的是关云长爽朗率直；货不硬指的是豆腐松软的样子。讥讽想逞强却又没有本事者。

【吃麦粥看《西厢》——穷作乐】 cʰiʌʔ^{4}mɑʔ$^{2-2}$tsoʔ$^{4-2}$kʰø^{35}si$^{53-35}$siæ̃$^{53-53}$——ɟioŋ$^{31-22}$tsɒʔ$^{4-2}$lɒʔ$^{2-2}$ 喝的是粗劣的麦粥，阅读的却是文学名著《西厢记》。形容生活虽然清苦，心态仍很乐观。

【吊死鬼拍粉——死要面子】 ɗiɔ$^{35-44}$si$^{44-44}$cy$^{44-53}$pʰɑʔ$^{4-4}$ɸəŋ$^{44-44}$——si^{44}iɔ^{53}mi$^{13-22}$tsɿ$^{44-22}$ 人死变成鬼还要涂脂抹粉。讽刺不顾一切追求体面的人。拍粉：搽粉。

【同行郎中讲张——自话自有理】 doŋ$^{31-13}$ɦɒ̃$^{31-53}$lɒ̃$^{31-13}$tsoŋ$^{53-53}$kɒ̃$^{44-35}$tsæ̃$^{53-31}$——zɿ$^{13-22}$ɦo$^{13-35}$zɿ$^{13-22}$ɦiɯ$^{22-55}$li$^{22-53}$ 形容同一行业的人往往相互嫉妒，话说不到一起去。讲张：说话。

【好人家囡大细——勿到夜勿归】 hɔ$^{44-33}$ȵiŋ$^{31-55}$ kɑ$^{53-33}$ nø$^{22-33}$ du$^{13-33}$ si$^{35-31}$——uəʔ$^{2-2}$ɗɔ$^{35-22}$ɦiɑ$^{13-22}$uəʔ$^{2-2}$cy$^{53-53}$ 旧时富家子弟衣着无忧，常常玩到夜间归家。讽刺经常玩得很晚才回家的孩子。好人家：指有身份的人家；囡大细：指子女。

【年三十夜敲锣鼓——勿晓得穷爷咟苦】 ȵi$^{31-22}$ sɛ$^{53-22}$ səʔ$^{4-2}$ɦiɑ^{13}kʰɔ$^{53-35}$lu$^{31-55}$ku$^{44-31}$——uəʔ$^{2-2}$çiɔ$^{44-55}$ɗʌʔ$^{4-ʔ53}$ɟioŋ$^{31-13}$ɦiɑ$^{31-53}$ɦɯ^{13}kʰu^{44} “年三十夜”为农历除夕，旧时贫民生活困难，度岁更艰，才有此牢骚。

【年初一吃糖茶——头一遭】 ȵi$^{31-22}$tsʰu$^{53-22}$iɪʔ$^{4-2}$cʰiʌʔ^{4}dɒ̃$^{31-13}$zo$^{31-53}$——dɯ$^{31-13}$iɪʔ$^{4-5}$tsɔ$^{53-31}$ 亦作“年初一吃酒酿——头一遭（糟）”。旧俗，大

年初一第一件事是喝糖茶，寓意全年生活甜甜蜜蜜。比喻第一回遇到的事。

【年初一当当头——头一票】 ɲi$^{31-22}$tsʰu$^{53-22}$iɪʔ$^{4-2}$ɗɒ̃^{35}ɗɒ̃$^{35-53}$dɯ$^{31-31}$——dɯ$^{31-22}$iɪʔ$^{4-2}$pʰiɔ$^{35-22}$ 大年初一有人典当，对当铺来说是全年的第一笔生意。头一票：第一笔。当头：用以典质的东西。指商家的第一笔生意。

【戏台浪做官——一时威风】 ɕi$^{35-53}$de$^{31-31}$lɒ̃^{13}tsu$^{35-53}$kue$^{53-31}$——iɪʔ$^{4-4}$zɿ$^{31-53}$ue$^{53-35}$ɸoŋ$^{53-53}$ 演员只在饰演官吏时尽显威武风光。讥讽人没有根基，一时神气，难长久。

【死人额角头——推也推勿动】 si$^{44-35}$ɲiŋ$^{31-31}$ŋʌʔ$^{2-2}$kɒʔ$^{4-5}$dɯ$^{31-53}$——tʰe^{53}ɦa^{22}tʰe$^{53-55}$uəʔ$^{2-3}$doŋ$^{22-31}$ 人死后僵硬。比喻即便被人推动也不愿挪步。斥固执己见、不听劝告者。

【江西人锫碗——自顾自】 kɒ̃$^{53-35}$si$^{53-55}$ɲiŋ$^{31-31}$ɗæʔ$^{4-4}$ue$^{44-44}$——zɿ$^{13-24}$ku$^{35-33}$zɿ$^{13-31}$ 旧时，松江从事补碗者以江西人为多。"自顾自"像钻头在碗上打眼时发出"兹咕兹咕"的声音。寓意各人自己管好自己，或讽刺某人自私自利，只顾自己。锫碗：也说"钉碗"，修补瓷碗。

【污拆拉门角落里——勿图天亮】 u^{35}tsʰaʔ$^{4-4}$la$^{2-4}$məŋ$^{31-22}$kɔʔ$^{4-2}$lɔʔ$^{2-2}$li$^{22-22}$——uəʔ$^{2-2}$du$^{31-53}$tʰi$^{53-55}$liæ̃$^{13-31}$ 亦作"污撒在门角落里，不通天亮"。夜间在门后大便，自以为别人不会发觉。拆污：大便。犹言掩耳盗铃，自欺欺人。

【汤罐里笃鸭——独出张嘴】 tʰɒ̃$^{53-55}$kue$^{35-33}$li$^{22-31}$ɗo$^{5-5}$æʔ$^{4-2}$——doʔ$^{2-2}$tsʰəʔ$^{4-2}$tsæ̃^{53}tsɿ^{44} 汤罐里炖鸭，鸭子炖烂了，就剩一张嘴是硬的。多用来嘲笑喜欢吹嘘、好说大话的人。笃：炖、熬、煮。

【灯心草做撑杖棒——靠勿住】 ɗəŋ^{53}siŋ^{53}tsʰɔ^{44}tsu^{35}tsʰæ̃^{53}zæ̃^{22}bɒ̃^{22}——kʰɔ$^{35-35}$uəʔ$^{4-3}$zy$^{13-31}$ 灯心草：灯草。撑杖棒：拐杖。比喻不可靠、不能相信。

【灯笼壳子——外头好看里向空】 ɗəŋ$^{53-35}$loŋ$^{31-55}$kʰɒʔ$^{4-5}$tsɿ$^{44-31}$——ŋa$^{13-22}$dɯ$^{31-22}$hɔ$^{44-44}$kʰø$^{35-44}$li$^{22-24}$siæ̃$^{53-31}$kʰoŋ^{53} 灯笼壳儿，外面好看但里面空空如也。比喻徒有外表，中看不中用。

【百家姓去脱赵——开口就是铜钿】 ɓaʔ$^{4-3}$ka$^{53-55}$siŋ$^{35-31}$cʰi$^{35-35}$tʰəʔ$^{4-ʔ31}$zɔ^{22}——kʰe$^{53-35}$kʰɯ$^{44-53}$ziɯ$^{13-22}$zɿ$^{22-22}$doŋ$^{31-13}$di$^{31-53}$ 《百家姓》的开头两句是"赵钱孙李，周吴郑王"，将开头的"赵"字去掉，就是"钱"字。"钱"：双关。一指姓氏，一指金钱。讽刺开口"钱"闭口"钱"，将金钱看得比什么都重要的唯利是图者。铜钿：钱。

【红木当柴爿烧——勿识货】 ɦoŋ$^{31-22}$mɔʔ$^{2-2}$ɗɒ̃^{53}za$^{31-13}$bɛ$^{31-53}$sɔ^{53}——uəʔ$^{2-2}$sʌʔ$^{4-2}$ɸu$^{35-22}$ 把珍贵的红木当柴烧了。比喻不能鉴别事物的好坏。含有糊涂、愚蠢的意思。

【羊头架在篱笆里——勿进勿出】 ɦiæ̃$^{31-13}$dɯ$^{31-53}$ka$^{35-44}$ze$^{13-44}$li$^{31-13}$ɓo$^{53-53}$li^{22}——uəʔ$^{4-4}$tsiŋ$^{35-35}$uəʔ$^{2-3}$tsʰəʔ$^{4-4}$ 山羊头上有角，钻进了篱笆眼，进不得，退不得。比喻处境十分尴尬，进退两难。

【羊肉勿吃惹身骚——空受累】 ɦiæ̃$^{31-22}$ɲioʔ$^{2-2}$uəʔ$^{2-2}$cʰiʌʔ$^{4-2}$za^{22}səŋ^{53}sɔ^{53}——kʰoŋ^{53}zɯ^{22}le^{13} 没有吃到羊肉反而沾染上羊肉的气味。比喻本想占便宜反而吃了亏或平白无故受到牵连。

【羊嘴里呒草——空嚼】 ɦiæ̃$^{31-24}$tsɿ$^{44-33}$li$^{22-31}$m̩$^{53-35}$tsʰɔ$^{44-53}$——kʰoŋ$^{53-53}$ziaʔ$^{2-ʔ31}$ 羊是反刍动物，进食一段时间后将半消化的食物从胃里返回嘴里再次咀嚼，民间称"倒嚼"。"倒嚼"时只见羊嘴巴在嚼，而未看见草，人们误以为羊在"空嚼"。常用于指摘喜欢说长道短、尽说废话者。

【老太婆烧香——爱佛】 lɔ$^{22-22}$tʰa$^{35-55}$bu$^{31-31}$sɔ$^{53-35}$ɕiæ̃$^{53-53}$——e$^{35-35}$βəʔ$^{2-ʔ31}$ 爱佛：谐"爱物"。比喻心爱的东西。

【老和尚做亲——呒日脚】 lɔ$^{22-24}$βu$^{31-33}$zɒ̃$^{13-31}$tsu$^{35-53}$tsʰiŋ$^{53-31}$——m̩^{53}ɲiɪʔ$^{2-2}$ciaʔ$^{4-2}$ 和尚不会成亲。比喻遥遥无期、完全办不到的事情。做亲：成亲。日脚：日子。

【老虎头浪拍苍蝇——胆大包天，寻死】 lɔ$^{22-24}$ɸu$^{44-33}$dɯ$^{31-33}$lɒ̃$^{13-31}$pʰaʔ$^{4-3}$tsʰɒ̃$^{53-55}$iŋ$^{53-53}$——ɗɛ$^{44-44}$du$^{13-44}$ɓɔ$^{53-35}$tʰi$^{53-53}$，ziŋ$^{31-13}$si$^{44-53}$ 老虎是凶猛的动物。胆敢在老虎头上拍打苍蝇，比喻胆大妄为，或不计后果触犯强横者。

【老虎吃蝴蝶——勿经大嚼】 lɔ$^{22-24}$ɸu$^{44-31}$cʰiʌʔ^{4}βu$^{31-22}$diɪʔ$^{2-2}$——uəʔ$^{2-2}$ciŋ$^{53-53}$du$^{13-24}$ziaʔ$^{2-ʔ31}$ 指食量大者分得过少的食品，根本无法满足需求。比喻所得有限，不够；或轻而易举就能完事。

【老虎灶浪㖃水——滚开】 lɔ$^{22-24}$ɸu$^{44-33}$tsɔ$^{35-33}$lɒ̃$^{13-31}$ɦɯ^{13}sɿ^{44}——kuəŋ$^{44-35}$kʰe$^{53-31}$ 松江话"水开了"也叫"水滚了"。此为斥人离开的粗鄙之语。老虎灶：熟水店。

【老法师解签——南翔】 lɔ$^{22-22}$ɸæʔ$^{4-5}$sɿ$^{53-53}$ka$^{44-35}$tsʰi$^{53-31}$——ne$^{31-13}$ziæ̃$^{31-53}$ 地名歇后语。南

翔位于上海嘉定区。"南翔"谐音"内详"。

【老鸦窠里火着——天败】 lɔ$^{22-24}$o$^{53-33}$kʰu$^{53-33}$li$^{22-31}$ɸu^{44}zaʔ^{2}——tʰi$^{53-55}$bɑ$^{13-31}$ 老鸦，即乌鸦。窠多筑树梢高处，着火当是天意。常比喻事情失败不是人为原因，而是不可抗拒的外力。

【老婆鸡打翻窠——完蛋】 lɔ$^{22-22}$bu$^{13-55}$ci$^{53-31}$ɗæ$^{44-35}$ɸɛ$^{53-31}$kʰu^{53}——βe$^{31-24}$dɛ$^{13-31}$ 窠：窝。比喻垮台、毁灭，事情到了无法挽回的地步。

【老婆鸡生疮——毛里病】 lɔ$^{22-22}$bu$^{13-55}$ci$^{53-31}$sæ̃$^{53-35}$tsʰɒ̃$^{53-53}$——mɔ$^{31-13}$li$^{22-53}$biŋ^{13} 本指老母鸡生疮有鸡毛遮掩而看不到患处。比喻事物的真相不在表面而在深处。

【老道士放屁——句句真言】 lɔ^{35}dɔ^{13}zɿ^{13}ɸɒ̃^{35}pʰi^{35}——cy^{35}cy^{35}tsəŋ^{53}ɦi^{31} 道家称得道者为真人，真人不作假事不说假话，故戏称真人放屁亦谓"真言"。

【老鼠吃荷箬——譬如空嚼】 lɔ$^{22-24}$sɿ$^{44-3}$cʰiʌʔ^{4}βu$^{31-22}$ɲiɑʔ$^{2-2}$——pʰi$^{35-53}$zy$^{31-31}$kʰoŋ$^{53-53}$ziɑʔ$^{2-ʔ31}$ 荷箬：用以包食物的干荷叶，干燥乏味。比喻姑且听人说一些不切实际、毫无意义的话。

【老鼠钻拉书橱里——吃老本】 lɔ$^{22-24}$sɿ$^{44-3}$tsø$^{53-53}$lɑ$^{2-4}$sy$^{53-35}$zy$^{31-55}$li$^{22-31}$——cʰiʌʔ^{4}lɔ$^{22-24}$ɓəŋ$^{44-31}$ 以老鼠钻进书橱啃咬书本的举动，比喻靠老资格吃饭，没有新的贡献。

【老鼠钻拉书橱里——咬文嚼字】 llɔ$^{22-24}$sɿ$^{44-3}$tsø$^{53-53}$lɑ$^{2-4}$sy$^{53-35}$zy$^{31-55}$li$^{22-31}$——ŋɔ$^{22-24}$β əŋ$^{31-33}$zi ɑ ʔ$^{2-3}$zɿ$^{13-31}$ 以老鼠钻进书橱啃咬书本的举动，形容过分地斟酌字句，多指死抠字眼而不注意精神实质；或讽刺说话写文章爱卖弄自己学识的人。也用来指对文字的使用反复推敲，十分讲究。

【老鼠偝拉风箱里——两头受气】 lɔ$^{22-24}$sɿ$^{44-3}$be$^{13-24}$lɑ$^{2-4}$ɸoŋ$^{53-35}$siæ̃$^{53-55}$li$^{22-31}$——liæ̃$^{22-24}$dɯ$^{31-31}$zɯ$^{22-22}$cʰi$^{35-35}$ 风箱一头抽气，一头打气。老鼠钻进风箱的风道里后，不管风箱是推还是拉，两头都要受气。比喻一个人处于矛盾的双方中，两面不讨好，到处受委屈。偝：躲。

【老鼠尾巴浪生疮——出脓也勿多】 lɔ$^{22-24}$sɿ$^{44-3}$mi$^{13-22}$ɓo$^{53-22}$lɒ̃$^{13-22}$sæ̃$^{53-35}$tsʰɒ̃$^{53-53}$——tsʰəʔ$^{4-4}$noŋ$^{31-53}$ɦɑ^{22}uəʔ$^{2-2}$ɗu$^{53-53}$ 亦作"老鼠尾巴浪生疮——要大大夯出"。老鼠尾巴细小，就是长了疮也不会太大。比喻才能有限，没有多大的能耐。也讽刺吝啬者，不肯施惠于人。

【老鼠跳拉戥盘里——自称自载】 lɔ$^{22-24}$sɿ$^{44-3}$tʰiɔ$^{35-35}$lɑ$^{2-4}$ɗəŋ$^{44-33}$be$^{31-55}$li$^{22-31}$——zɿ$^{13-22}$tsʰəŋ$^{53-22}$zɿ$^{13-22}$tse$^{35-35}$ 戥盘：盘子秤。称：双关语。既指称重，又指称赞。"载"谐音"赞"。比喻自我吹嘘，自我夸耀。

【肉骨头敲鼓——荤咚咚】 ɲioʔ$^{2-2}$kuəʔ$^{4-5}$dɯ$^{31-53}$kʰɔ$^{53-35}$ku$^{44-53}$——ɸəŋ$^{53-35}$ɗoŋ$^{53-55}$ɗoŋ$^{53-31}$ 肉骨头为荤物。"荤咚咚"谐音"昏咚咚"，比喻昏头昏脑、晕晕乎乎。

【芝麻落拉针眼里——恰巧】 tsɿ$^{53-35}$mo$^{31-53}$lɒʔ$^{2-2}$lɑ$^{2-4}$tsəŋ$^{53-55}$ŋɛ$^{22-33}$li$^{22-31}$——hæʔ$^{4-4}$cʰiɔ$^{44-44}$ 芝麻很小，针眼也很小，要让芝麻掉在针眼里，几乎是一件不可能发生的事。形容极少发生的巧合。

【行灶里烧稻草——当着勿着】 ɦæ̃$^{31-24}$tsɔ$^{35-33}$li$^{22-31}$sɔ^{53}dɔ$^{22-24}$tsʰɔ$^{44-31}$——ɗɒ̃^{53}zɑʔ^{2}uəʔ$^{2-2}$zɑʔ$^{2-2}$ 亦作"行灶里烧稻柴——有火发勿出"。"行灶"为可移动的简易小灶，燃料用木柴、炭等，不宜用稻草。比喻应该这么做而偏不这么做，办事不按规律或规矩。着：双关，着火与做事。

【过年讨媳妇——双喜临门】 ku$^{35-53}$ɲi$^{31-31}$tʰɔ$^{44-35}$siŋ$^{53-33}$βu$^{13-31}$——sɒ̃$^{53-35}$çi$^{44-53}$liŋ$^{31-13}$məŋ$^{31-53}$ 过年的时候娶媳妇，指喜事接踵而来。讨媳妇：娶媳妇。

【过时节勿用筷——鬼搭搭】 ku$^{35-55}$zɿ$^{31-33}$tsiɪʔ$^{4-ʔ31}$uəʔ$^{2-2}$ɦioŋ$^{13-35}$kʰuɛ^{44}——cy$^{44-33}$ɗæʔ$^{4-5}$ɗæʔ$^{4-ʔ31}$ 过时节：祭祀，斋祭祖宗神灵。松江话"搭"（亦作"嗒"），用手抓菜吃。鬼搭搭：通常指男女间的不正当行为。

【杨柳枝剥皮——光棍一条】 ɦiæ̃$^{31-24}$liɯ$^{22-33}$tsɿ$^{53-31}$ɓoʔ$^{4-4}$bi$^{31-53}$——kuɒ̃$^{53-35}$kuəŋ$^{44-53}$iɪʔ$^{4-4}$diɔ$^{31-53}$ 杨柳枝剥尽了皮，仅剩下光秃秃的一根棍，喻指单身汉。

【杨树开花——呒结果】 ɦiæ̃$^{31-24}$zy$^{13-31}$kʰe$^{53-35}$ho$^{53-53}$——m̩^{53}ciɪʔ$^{4-4}$ku$^{44-44}$ 杨树雌雄花异株，雄性杨树只开花不结果。比喻事情不了了之，没有结果。

【杨树头——东风来东风好，西风来西风好】 ɦiæ̃$^{31-24}$zy$^{13-31}$dɯ^{31}——ɗoŋ$^{53-35}$ɸoŋ$^{53-53}$lɛ^{31}ɗoŋ$^{53-35}$ɸoŋ$^{53-53}$hɔ^{44}，si$^{53-35}$ɸoŋ$^{53-53}$lɛ^{31}si$^{53-35}$ɸoŋ$^{53-53}$hɔ^{44} 杨树枝条随风摆动。形容没有主见，没有立场。

【两个哑子睏一横头——呒啥话头】 liæ̃$^{22-22}$ kɯ$^{35-35}$o$^{44-35}$tsɿ$^{44-31}$kʰuəŋ^{35}iɪʔ$^{4-3}$βæ̃$^{31-55}$dɯ$^{31-53}$——m̩$^{53-55}$sɑ$^{35-31}$ɦo$^{13-22}$dɯ$^{31-22}$ ① 没有什么可说的。② 对某个人或某件事表示失望或无可奈何。③ 形容极好。

【冷水打浆——面熟陌生】 læ̃$^{22-22}$sɿ$^{44-55}$ɗæ̃$^{44-35}$tsiæ̃$^{53-53}$——mi$^{13-24}$zoʔ$^{2-?31}$mɑʔ$^{2-2}$sæ̃$^{53-53}$ 冲面糊一般用热水。用冷水冲泡，面糊看似熟了，其实还是生的。比喻似曾相识，但仍觉陌生。打浆的面粉，即麦粉。松江话"陌""麦"同音，"麦生"谐音"陌生"。

【初三夜里嗰月亮——有搭呒没一样】 tsʰu$^{53-35}$ sɛ$^{53-55}$ɦiɑ$^{13-55}$li$^{22-31}$ɦɯ^{13}ɦyœʔ$^{2-2}$liæ̃$^{13-35}$——ɦiɯ^{22} ɗæʔ^{4}m̩$^{53-53}$məʔ$^{2-?31}$iɪʔ$^{4-4}$iæ̃$^{35-35}$ 初三夜里的月亮称"上蛾眉月"，夜空中只露出极少的光亮。比喻有也好无也罢，无所谓。

【吹打吃海蛳——归本】 tsʰɿ$^{53-35}$ɗæ̃$^{44-53}$cʰiʌʔ^{4} he$^{44-35}$sɿ$^{53-31}$——kue$^{53-35}$ɓəŋ$^{44-53}$ 吹打：吹鼓手，以吹唢呐为业者；海蛳：螺蛳，吮吸而食；一吹一吸，正好抵消，故称"归本"。比喻收回本金。

【呒病赎药——自讨苦吃】 m̩$^{53-55}$biŋ$^{13-31}$zoʔ$^{2-2}$ ɦiɑʔ$^{2-2}$——zɿ$^{13-22}$tʰɔ$^{44-22}$kʰu^{44}cʰiʌʔ^{4} 没病去买药来吃。比喻自己找苦吃。赎药：抓中药。

【围棋盘里着象棋——勿是路数】 βe$^{31-13}$ɟi$^{31-55}$ be$^{31-31}$li^{22}tsɑʔ^{4}ziæ̃$^{22-24}$ɟi$^{31-31}$——uəʔ$^{2-2}$zɿ$^{22-22}$lu$^{13-22}$ su$^{44-22}$ 指动作不合要求或规定；也指做事情的路子不对头，不守常规。含贬义。路数：双关。本指下棋的步子，转指招数或门路。

【坑缸里石头——臭硬】 kʰæ̃$^{53-35}$kɒ̃$^{53-55}$li$^{22-31}$ zɑʔ$^{2-2}$dɯ$^{31-53}$——tsʰɯ^{35}ŋæ̃^{13} 亦作"坑缸里石头——又臭又硬"。比喻态度固执、说话办事蛮横无理的人；或嘲讽外强中干者。坑缸：粪缸。

【坑缸里麻皮——臭韧】 kʰæ̃$^{53-35}$kɒ̃$^{53-55}$li$^{22-31}$ mo$^{31-13}$bi$^{31-53}$——tsʰɯ^{35}ɲiŋ^{13} 亦作"坑缸里麻皮——又臭又韧"。比喻不干脆、不爽快的脾气。麻皮：麻经沤后剥下的皮，韧性较高。

【坑缸板浪掷骰子——臭趣】 kʰæ̃$^{53-35}$kɒ̃$^{53-55}$ ɓɛ$^{44-31}$lɒ̃^{13}zɑʔ^{2}dɯ$^{31-13}$tsɿ$^{44-53}$——tsʰɯ$^{35-44}$cʰy$^{35-44}$ "臭趣"谐音"凑趣"。比喻迎合别人的行为并参与进去。坑缸：粪缸。

【坑缸浪搭棚——摆臭架子】 kʰæ̃$^{53-35}$kɒ̃$^{53-55}$ lɒ̃$^{13-31}$ɗæʔ$^{4-4}$bæ̃$^{31-53}$——ɓɑ^{44}tsʰɯ$^{35-33}$kɑ$^{35-55}$tsɿ$^{44-31}$ 嘲讽摆臭架子的作派，妄自尊大、装腔作势而惹人讨厌者。坑缸：粪缸。

【寿星唱曲子——老调】 zɯ$^{13-22}$siŋ$^{53-22}$tsʰɒ̃^{35} cʰioʔ$^{4-4}$tsɿ$^{44-44}$——lɔ$^{22-24}$diɔ$^{22-31}$ 指听过多次的使人厌烦的曲子。① 形容说话、办事都是老一套、老做法。② 亦是"死"的讳称。

【屁股里夹薄荷——凉飕飕】 pʰi$^{35-44}$ku$^{44-44}$ li$^{22-53}$kæʔ^{4}bɒʔ$^{2-2}$βu$^{31-53}$——liæ̃$^{31-13}$sɯ$^{53-55}$sɯ$^{53-31}$ "凉飕飕"指：① 事不关己，在一旁静观事态变化。② 在矛盾双方之间说风凉话。

【床底下放鹞子——大高勿妙】 zɒ̃$^{31-24}$ɗi$^{44-33}$ ɦɔ$^{22-31}$ɸɒ̃^{35}ɦiɔ$^{13-22}$tsɿ$^{44-22}$——du$^{13-22}$kɔ$^{53-22}$uəʔ$^{2-2}$ miɔ$^{13-35}$ 鹞子：风筝。以在床底下放鹞子形容局面十分糟糕，趋势不妙，事情不会好。

【弄堂里掮木头——一挺出】 loŋ$^{53-35}$dɒ̃$^{31-55}$ li$^{22-31}$ɟi^{31}mɒʔ$^{2-2}$dɯ$^{31-53}$——iɪʔ$^{4-4}$tʰiŋ$^{44-44}$tsʰəʔ^{4} "一挺出"亦作"直出直进""直来直去"。形容人性格率直，说话办事直截了当，不绕圈子。也嘲人不善言辞或不会办事。掮：扛。挺：挺直。

【弄堂里跑马——勃勿转头】 loŋ$^{53-35}$dɒ̃$^{31-55}$ li$^{22-31}$bɔ$^{31-13}$mo$^{22-53}$——bəʔ$^{2-2}$uəʔ$^{2-2}$tse$^{44-22}$dɯ^{31} 在弄堂里的马，头转不过来。嘲头脑简单者。

【张公养鸟——死多活少】 tsæ̃$^{53-35}$koŋ$^{53-53}$ ɦiæ̃^{22}ɗiɔ^{44}——si$^{44-35}$ɗu$^{53-31}$βəʔ$^{2-2}$sɔ$^{44-22}$ 张公：蜀汉大将张飞。指性格粗暴、没有耐心的人不宜干细活。

【张公养鸟——越养越小】 tsæ̃$^{53-35}$koŋ$^{53-53}$ ɦiæ̃^{22}ɗiɔ^{44}——ɦyœʔ$^{2-2}$ɦiæ̃$^{22-22}$ɦyœʔ$^{2-2}$siɔ$^{44-22}$ 张公：蜀汉大将张飞，做事心浮气躁。形容：① 事情没有发展，越办越差。② 通常指畜禽发育不良，养不大。③ 一代不如一代。

【张天师画符——独有一功】 tsæ̃$^{53-35}$tʰi$^{53-55}$ sɿ$^{53-31}$ɦo$^{13-22}$βu$^{31-22}$——doʔ$^{2-2}$ɦiɯ$^{22-22}$iɪʔ$^{4-4}$koŋ$^{53-53}$ 张天师为道教始祖，相传能斩妖降魔，画符有独到之处，灵验。比喻有一套与众不同的功夫和办法。

【张木匠讲李木匠——彼此一样】 tsæ̃$^{53-55}$ mɒʔ$^{2-3}$ziæ̃$^{13-31}$kɒ̃^{44}li$^{22-24}$mɒʔ$^{2-3}$ziæ̃$^{13-31}$——ɓi$^{44-35}$tsʰɿ$^{44-31}$iɪʔ$^{4-4}$iæ̃$^{35-35}$ 同行匠人喜欢议论对方，其实彼此手艺差不多。比喻彼此差别不大。讲：议论，评论。

【扯铃扯到半空里——空想】 tsʰɑ$^{44-35}$liŋ$^{31-31}$

tsʰɑ$^{44-44}$ɗɔ$^{35-44}$ɓe$^{35-55}$kʰoŋ$^{53-33}$li$^{22-31}$——kʰoŋ$^{53-35}$siæ̃$^{44-53}$　扯铃：抖空竹。"空想"谐音"空响"。比喻凭空设想，不切实际的想象。

【折脚抬轿子——吃力勿讨好】 zəʔ$^{2-2}$ciɑʔ$^{4-2}$de$^{31-24}$ɟiɔ$^{13-33}$tsɿ$^{44-31}$——cʰiʌʔ$^{4-4}$liɪʔ$^{2-4}$uəʔ$^{2-2}$tʰɔ$^{44-55}$hɔ$^{44-53}$　折脚：跛脚。抬轿者吃力而坐轿者不满意。指费了好大力气，仍得不到赞许。形容事情棘手难办，或工作方法笨拙，不对头。

【灶头里烧硬柴——当着勿着】 tsɔ$^{35-55}$dɯ$^{31-33}$li$^{22-31}$sɔ^{53}ŋæ̃$^{13-22}$zɑ$^{31-22}$——ɗɒ̃$^{53-53}$zɑʔ$^{2-ʔ31}$uəʔ$^{2-2}$zɑʔ$^{2-2}$　比喻应该这么做而偏不这么做。灶头本当烧稻草。硬柴：木柴。

【灶间里⿰孛少⿰曹少——鸡毛蒜皮】 tsɔ$^{35-55}$kɛ$^{53-33}$li$^{22-31}$lɔ$^{31-33}$zɔ$^{31-31}$——ci$^{53-35}$mɔ$^{31-55}$sø$^{35-55}$bi$^{31-31}$　灶间：厨房。⿰孛少⿰曹少：垃圾。厨房垃圾多为鸡毛蒜皮。比喻不值一提的琐事。

【肚皮里做功夫——闷声勿响】 du$^{22-22}$bi$^{31-55}$li$^{22-31}$tsu$^{35-55}$koŋ$^{53-33}$ɸu$^{53-31}$——məŋ$^{13-22}$səŋ$^{53-22}$uəʔ$^{2-2}$çiæ̃$^{44-22}$　做功夫：为了达到某个目的而花费时间和精力。形容不言不语，一言不发；也指心情烦闷，憋着不说。

【肚皮里撑船——内行】 du$^{22-22}$bi$^{31-55}$li$^{22-31}$tsʰæ̃$^{53-35}$ze$^{31-53}$——ne$^{13-22}$ɦɒ̃$^{31-22}$　"内行"谐音"内航"。指对某种事情或工作有丰富的知识和经验。也指内行的人。

【豆芽菜炒藕——勾勾搭搭】 dɯ$^{13-22}$ŋɑ$^{31-22}$tsʰe$^{35-22}$tsʰɔ^{44}ŋɯ^{22}——kɯ$^{53-55}$kɯ$^{53-33}$ɗæʔ$^{4-3}$ɗæʔ$^{4-ʔ31}$　藕片有许多孔，豆芽前面部分是弯的，两者放在一起烹炒容易相互勾挂、缠绕在一起。形容彼此引诱或串通起来做不正当的事。

【豆芽菜碰着屋檐——老嫩】 dɯ$^{13-22}$ŋɑ$^{31-22}$tsʰe$^{35-22}$bæ̃$^{13-24}$zɑʔ$^{2-ʔ31}$oʔ$^{4-4}$ɦi$^{31-53}$——lɔ$^{22-22}$nəŋ$^{13-35}$　老嫩：上了年纪还怕难为情；平时很老练，逢大场面却怯场。嘲讽在社交场合表现拘谨者。

【赤膊戳胡蜂窠——勿惜血本】 tsʰɑʔ$^{4-4}$ɓoʔ$^{4-4}$tsʰoʔ^{4}βu$^{31-13}$ɸoŋ$^{53-55}$kʰu$^{53-31}$——uəʔ$^{2-2}$siɪʔ$^{4-2}$çyœʔ$^{4-4}$ɓəŋ$^{44-44}$　不惜冒着全身被叮蜇的危险，光着上身去捅马蜂窝。比喻为了达到目的不吝惜所花费的代价。戳胡蜂窠：捅马蜂窝。

【赤鼻头——肝经火旺】 tsʰɑʔ$^{4-3}$bəʔ$^{2-5}$dɯ$^{31-53}$——kø$^{53-35}$ciŋ$^{53-55}$ɸu$^{44-31}$ɦiɒ̃^{13}　赤鼻头：酒糟鼻子。俗谓酒糟鼻子的人肝火旺。形容有些人遇事容易激动，动辄发火。

【赤鼻头勿吃酒——冤枉煞人】 tsʰɑʔ$^{4-3}$bəʔ$^{2-5}$dɯ$^{31-53}$uəʔ$^{2-2}$cʰiʌʔ$^{4-2}$tsiɯ$^{44-22}$——ø$^{53-55}$uɒ̃$^{44-33}$sæʔ$^{4-ʔ31}$ɲiŋ^{31}　赤鼻头：酒糟鼻子。患酒糟鼻子的人没有喝酒，其鼻色常被人以为喝了酒。比喻受到不公平的待遇；没有事实根据，被加上不应有的恶名或罪名。

【赤鼻头吃酒——干兴哄】 tsʰɑʔ$^{4-3}$bəʔ$^{2-5}$dɯ$^{31-53}$cʰiʌʔ$^{4-4}$tsiɯ$^{44-44}$——kø$^{53-35}$çiŋ$^{53-55}$hoŋ$^{53-31}$　赤鼻头：酒糟鼻子。干：徒然；白。兴哄：兴冲冲貌。干兴哄：凑热闹。比喻跟大家一起瞎玩一气；也指在别人忙乱时添麻烦。

【阿二吃姜——服辣】 æʔ$^{4-4}$ɲi$^{13-35}$cʰiʌʔ$^{4-4}$ciæ̃$^{53-53}$——βoʔ$^{2-2}$læʔ$^{2-2}$　姜，辛辣之物，有人却不怕辣，吃得下。比喻：① 扛得住。② 向强者低头称是，意同"服硬"。

【阿王炒年糕——吃力勿讨好】 æʔ$^{4-4}$βɒ̃$^{31-53}$tsʰɔ$^{44-33}$ɲi$^{31-55}$kɔ$^{53-31}$——cʰiʌʔ$^{4-4}$liɪʔ$^{2-4}$uəʔ$^{2-2}$tʰɔ$^{44-55}$hɔ$^{44-53}$　旧传阿王帮忙炒年糕，结果把年糕炒焦，得不到大家叫好。形容花费了许多时间和精力、体力，却没得到好效果。

【阿巧拉娘——一般性】 æʔ$^{4-4}$cʰiɔ$^{44-44}$lɑ$^{2-4}$ɲiæ̃^{31}——iɪʔ$^{4-3}$ɓɛ$^{53-55}$siŋ$^{35-53}$　阿巧：聪明能干的女儿。谚云："娘笨囡罅斋；囡笨娘罅斋。"罅斋：聪明能干。阿巧能干，阿巧娘的能力就"一般性""平常""不怎么样"了。通常用来表述评判，或表达自谦之意。

【阿和尚，买是炮仗别人放——寿头】 æʔ^{4}βu$^{31-24}$zɒ̃$^{13-31}$，mɑ$^{22-22}$zɿ$^{22-22}$pʰɔ$^{35-44}$zæ̃$^{13-44}$bəʔ$^{2-2}$ɲiŋ$^{31-53}$ɸɒ̃^{35}——zɯ$^{13-22}$dɯ$^{31-22}$　寿头：傻瓜。炮仗：爆竹。喜欢放炮仗，又没有胆量点燃，请别人来放。嘲笑某些人想做某件事但又没有胆量尝试，结果"给他人做嫁衣裳"。

【饭瓜生拉甏里——呒采头】 βɛ$^{13-22}$ko$^{53-22}$sæ̃$^{53-53}$lɑ$^{2-4}$bæ̃$^{13-22}$li$^{22-22}$——m̩$^{53-55}$tsʰe$^{44-33}$dɯ$^{31-31}$　南瓜长在口很小的甏里，没办法采摘。"采"谐音"睬"。呒采头：谐音双关。既表示没办法采摘，又表示对某人无法相处，不值得理睬。

【饭瓜刨皮——挺刮】 βɛ$^{13-22}$ko$^{53-22}$bɔ$^{13-22}$bi$^{31-22}$——tʰiŋ$^{44-35}$kuæʔ$^{4-ʔ31}$　挺刮：谐音"听刮"，听凭刨刮。形容：① 衣服等笔挺平整。② 物件质量优良。③ 服务工作等周到。

【鸡食盆里鸭插嘴——呒没直奴啲份】 ci$^{53-35}$zʌʔ$^{2-5}$bəŋ$^{31-31}$li^{22}æʔ^{4}tsʰæʔ$^{4-4}$tsɿ$^{44-44}$——m̩$^{53-53}$məʔ$^{2-ʔ31}$zʌʔ$^{2-2}$nu$^{31-53}$ɦɯ^{13}βəŋ^{13}　呒没直奴啲份：没有你的份。直奴：你。语义双关，表面上说没有你插嘴吃食的份，实质上是说没有你插嘴说话的份。北方话通常作“鸡食盆里鸭插嘴——没有你的食（事）”，为谐音双关。

【麦西看分相——越看越勿像】 mɑʔ$^{2-2}$si$^{53-53}$kʰø^{35}ɸəŋ$^{53-35}$siæ̃$^{53-53}$——ɦyœʔ$^{2-2}$kʰø$^{35-35}$ɦyœʔ^{2}uəʔ$^{2-2}$ziæ̃$^{13-35}$　麦西：近视眼。分相：六颗骰子掷出两种花色。近视眼看不清。① 指视力差的人，看东西越看越模糊；越难分辨。② 对人或事物观察久了，越看越觉得不对头。

【麦西看太湖——一茫白】 mɑʔ$^{2-2}$si$^{53-53}$kʰø^{35}tʰɑ$^{35-53}$βu$^{31-31}$——iɪʔ$^{4-4}$mɒ̃$^{31-53}$bɑʔ^{2}　麦西：近视眼。太湖湖面辽阔，只看到一片白茫茫。形容眼前的景物或思绪一片模糊。

【麦柴管当火通吹——小气】 mɑʔ$^{2-2}$zɑ$^{31-55}$kue$^{44-53}$ɗɒ̃^{35}ɸu$^{44-35}$tʰoŋ$^{53-31}$tsʰɿ^{53}——siɔ$^{44-44}$cʰi$^{35-44}$　火通：吹火筒。形容人小气吝啬。

【青皮橄榄——先苦后甜】 tsʰiŋ$^{53-35}$bi$^{31-55}$kɛ$^{44-55}$lɛ$^{31-31}$——si$^{53-35}$kʰu$^{44-53}$ɦɯ$^{13-22}$di$^{31-22}$　吃青皮橄榄味觉先苦后甘甜。比喻先经历苦难，后来通达美满。

【武大郎讨娘子——凶多吉少】 βu$^{22-22}$dɑ$^{13-55}$lɒ̃$^{31-31}$tʰɔ$^{44-33}$ɲiæ̃$^{31-55}$tsɿ$^{44-31}$——çioŋ$^{53-35}$ɗu$^{53-53}$ciɪʔ$^{4-4}$sɔ$^{44-44}$　武大郎因妻子出轨遭奸夫谋杀。比喻事情前景凶险。

【雨落拉灰堆里——点子多】 ɦy^{22}lɒʔ$^{2-2}$lɑ$^{2-4}$ɸi$^{53-35}$ɗe$^{53-55}$li$^{22-31}$——ɗi$^{44-44}$tsɿ$^{44-44}$ɗu^{53}　雨点掉在灰堆上会出现点点洼洼。比喻人聪慧，办事点子多。点子：双关。形容办法、主意多。

【披是蓑衣救火——引火烧身】 pʰi^{53}zɿ^{22}su$^{53-35}$i$^{53-53}$ciɯ^{35}ɸu^{44}——ɦiŋ$^{22-22}$ɸu$^{44-55}$sɔ$^{53-55}$səŋ$^{53-31}$　蓑衣：草编或棕编雨具，易着火。比喻自讨苦吃或自取灭亡；也指主动暴露自己的缺点错误。

【和尚头浪搨油——滑头】 βu$^{31-24}$zɒ̃$^{13-31}$dɯ$^{31-24}$lɒ̃$^{13-31}$tʰæʔ$^{4-4}$ɦiɯ$^{31-53}$——βæʔ$^{2-2}$dɯ$^{31-53}$　滑头：油滑，不真诚。嘲讽处事圆滑、不老实者。

【和尚吃豆腐——家常便饭】 βu$^{31-24}$zɒ̃$^{13-31}$cʰiʌʔ^{4}dɯ$^{13-22}$βu$^{13-35}$——kɑ$^{53-35}$zæ̃$^{31-55}$bi$^{31-55}$βɛ$^{13-31}$和尚素食菜单里最常见的是豆腐。比喻极为平常的事情，不足为奇。

【和尚呒头发——乐得好推头】 βu$^{31-24}$zɒ̃$^{13-31}$m̩^{53}dɯ$^{31-22}$ɸæʔ$^{4-2}$——lɒʔ$^{2-2}$ɗʌʔ$^{4-2}$hɔ^{44}tʰe$^{53-35}$dɯ$^{31-53}$和尚光头，理发推剪方便。形容有充足的理由借故推脱。推头：推脱，推诿；松江话与“剃头”谐音。

【和尚走进尼姑庵——勿妙】 βu$^{31-24}$zɒ̃$^{13-31}$tsɯ$^{44-44}$tsiŋ$^{35-44}$ɲi$^{31-13}$ku$^{53-55}$e$^{53-31}$——uəʔ$^{2-2}$miɔ$^{13-35}$亦作“和尚走进尼姑庵——摸错了庙门”。尼姑庵勿是庙。“勿妙”谐音“勿庙”，意谓“不好”，多指情况的变化。

【和尚相打——揪勿着辫子】 βu$^{31-24}$zɒ̃$^{13-31}$siæ̃$^{53-35}$ɗæ̃$^{44-53}$——tsiɯ$^{53-55}$uəʔ$^{2-3}$zɑʔ$^{2-ʔ31}$bi$^{22-24}$tsɿ$^{44-31}$相打：打架。揪辫子：抓把柄。比喻抓不住对方的短处、缺点作为把柄。

【和尚念经——老一套】 βu$^{31-24}$zɒ̃$^{13-31}$ɲiɛ^{13}ciŋ^{53}——lɔ$^{22-24}$iɪʔ$^{4-3}$tʰɔ$^{35-31}$　经文不能更改。比喻刻板地按老习惯、老办法做事，不肯改进。

【和尚看花轿——一场空欢喜】 βu$^{31-24}$zɒ̃$^{13-31}$kʰø^{35}ho$^{53-55}$ɟiɔ$^{13-31}$——iɪʔ$^{4-4}$zæ̃$^{31-53}$kʰoŋ$^{53-35}$ɸe$^{53-55}$çi$^{44-31}$　比喻对某事有期望，结果令人失望。

【和尚望丈母——呒介事】 βu$^{31-24}$zɒ̃$^{13-31}$mɒ̃^{13}zæ̃$^{22-22}$ɦm̩$^{22-22}$——m̩^{53}kɑ^{35}zɿ^{13}　和尚不能成婚，不可能有丈母。呒介事：没有那回事。指不可能发生的事。

【夜壶里煨鸭——独出一只嘴】 iɑ$^{35-55}$βu$^{31-33}$li$^{22-31}$ɗoʔ$^{4-4}$æʔ$^{4-4}$——doʔ$^{2-2}$tsʰəʔ$^{4-2}$iɪʔ$^{4-4}$tsɑʔ$^{4-4}$tsɿ$^{44-44}$亦作“汤罐里煨鸭——独出一只嘴”。夜壶：尿壶。容积不大，若放入鸭，鸭嘴只能“独出”壶外。嘲笑能说会道却不会做实际工作的人。或讽刺专吃白食，只带“嘴”，不带“钱”的人。

【夜壶挽水——稳成】 iɑ$^{35-53}$βu$^{31-31}$uɛ^{44}sɿ^{44}——uəŋ$^{44-35}$zəŋ$^{31-31}$　夜壶：尿壶。“稳成”谐“揾沉”。指事情稳操胜券，成功绝无悬念。挽水：舀水。揾：浸入；浸没。“揾”与“沉”，皆言“夜壶挽水”时夜壶必须沉入水中。

【夜壶浪刺花——空好看】 iɑ$^{35-53}$βu$^{31-33}$lɒ̃$^{13-31}$tsʰɿ$^{35-53}$ho$^{53-31}$——kʰoŋ$^{53-35}$hɔ$^{44-55}$kʰø$^{35-31}$　夜壶：尿壶。冬天夜晚接小便的器具，讲究的是实用，没有必要在上面雕刻精美的花纹。比喻事物外表好看而无实用价值。

【夜壶浪登坑——扣掐扣】 iɑ$^{35-53}$βu$^{31-33}$lɒ̃$^{13-31}$

ɗəŋ$^{53-35}$kʰæ̃$^{53-53}$——kʰɯ$^{35-35}$kʰæʔ$^{4-3}$kʰɯ$^{35-31}$ 夜壶：尿壶。在夜壶上排便，必须对准夜壶口，不能有丝毫偏差（戏谑的说法）。登坑：蹲茅坑。扣掐扣：也说“扣扣叫”。比喻（时间、钱、材料等）刚刚正好，一点也没有多余。

【孤孀娘子养小囡——自家心里有数】 ku$^{53-35}$sɒ̃$^{53-55}$ɲiæ̃$^{31-55}$tsɿ$^{44-31}$ɦiæ̃$^{22-22}$siɔ$^{44-55}$nø$^{22-31}$——zɿ$^{13-22}$kɑ$^{53-22}$siŋ$^{53-35}$li$^{22-53}$ɦiɯ$^{22-24}$su$^{44-31}$ 孤孀娘子：寡妇。寡妇若未再婚，不可能怀孕生子。比喻凡偷偷摸摸做的事情，别人不一定知道其底细，但当事人自己心里最清楚。

【宜兴夜壶——好只嘴】 ɲi$^{31-13}$çiŋ$^{53-53}$iɑ$^{35-53}$βu$^{31-33}$——hɔ$^{44-35}$tsɑʔ$^{4-231}$tsɿ^{44} 夜壶：尿壶。陶都宜兴生产的尿壶以壶嘴光洁而闻名。嘴：双关，本指壶嘴，转指说话。讽刺能说会道而不做实事的人。

【岳庙里戏台——多搭】 ŋɔʔ$^{2-2}$miɔ$^{13-35}$li^{22}çi$^{35-53}$de$^{31-31}$——ɗu^{53}ɗæʔ^{4} 松江西门外的东岳庙，原有戏台，不需再搭。“搭”，又有搭识、搭理的意思。形容人喜欢与人搭讪、多方搭识朋友。

【岸上扳鱼——网网空】 ŋø$^{13-22}$zɒ̃$^{13-35}$ɓɛ$^{53-35}$ɦŋ̍$^{31-53}$——mɒ̃$^{22-22}$mɒ̃$^{22-55}$kʰoŋ$^{53-31}$ 扳鱼：亦称“扳罾”，在水中拉网捕鱼。网网：与“往往”音近。比喻事情几乎全落空。

【泥土地趤河——酥倒】 ɲi$^{31-13}$tʰu$^{44-55}$di$^{13-31}$bɛ$^{31-13}$βu$^{31-53}$——su$^{53-35}$ɗɔ$^{44-53}$ 泥土地：泥塑土地神。趤河：涉水过河。酥倒：双关。既指事物酥烂倒下，又指人身心酥软倒下，比喻受迷惑而不能自持。

【泥菩萨过河——自身难保】 ɲi$^{31-22}$bu$^{31-22}$sæʔ$^{4-2}$ku$^{35-53}$βu$^{31-31}$——zɿ$^{13-22}$səŋ$^{53-22}$nɛ^{31}ɓɔ^{44} 比喻连自己也保不住，怎么顾得上别人。

【泥鳅黄鳝轧朋友——滑头碰滑头】 ɲi$^{31-13}$tsʰiɯ$^{53-53}$βɒ̃^{31}ze^{22}gæʔ$^{2-2}$bæ̃$^{31-55}$ɦiɯ$^{22-53}$——βæʔ$^{2-2}$dɯ$^{31-53}$bæ̃^{13}βæʔ$^{2-2}$dɯ$^{31-53}$ 泥鳅和黄鳝体形相似，生活习性也相同，且体表很黏滑，用手难抓住。比喻或斥责一对油滑不老实的人。轧朋友：交朋友。

【炒虾等勿得红——心急】 tsʰɔ$^{44-35}$hø$^{44-31}$ɗəŋ$^{44-33}$uəʔ$^{2-5}$ɗʌʔ$^{4-231}$ɦoŋ^{31}——siŋ^{53}ciɪʔ^{4} 虾熟了会发红。颜色未变就想出锅，形容非常着急，迫不及待。

【狗头浪插金花——形容勿出】 kɯ$^{44-35}$dɯ$^{31-33}$lɒ̃$^{13-31}$tsʰæʔ^{4}ciŋ$^{53-35}$ho$^{53-53}$——ɦiŋ$^{31-13}$ɦioŋ$^{31-53}$uəʔ$^{2-2}$tsʰəʔ$^{4-2}$ 指装模作样，故作姿态，以期引起别人的注意。

【狗吃牛污——贪多】 kɯ^{44}cʰiʌʔ^{4}ɲiɯ$^{31-24}$u$^{35-31}$——tʰe^{53}ɗu^{53} 亦作“狗吃牛污——只管堆头多”。狗喜欢吃屎。家畜中牛拉的屎最多。牛污：牛屎。比喻办事不管需要与否，不顾质量好坏，一味贪多。嘲贪多务得者。

【狗污里落苏——采也勿要采】 kɯ$^{44-33}$u$^{35-55}$li$^{22-31}$lɒʔ$^{2-2}$su$^{53-53}$——tsʰe^{44}ɦɑ^{22}uəʔ$^{2-2}$iɔ$^{53-53}$tsʰe^{44} 长在狗屎里的茄子，因环境肮脏，人们大多不愿意采摘。狗污：狗屎。落苏：茄子。“采”谐音“睬”。讽刺自绝于人者。

【狗捉老鼠——多管闲事】 kɯ^{44}tsɒʔ^{4}lɔ$^{22-24}$sɿ$^{44-31}$——ɗu$^{53-35}$kue$^{44-53}$ɦiɛ$^{31-24}$zɿ$^{13-31}$ 比喻干不属于自己该操心、该管、该干的事。含贬义。

【空棺材出丧——木中无人】 kʰoŋ$^{53-35}$kue$^{53-55}$ze$^{31-31}$tsʰəʔ$^{4-4}$sɒ̃$^{53-53}$——mɒʔ$^{2-2}$tsoŋ$^{53-53}$βu$^{31-13}$ɲiŋ$^{31-53}$ 出丧：出殡，把已经入殓的棺材送到墓地。木中无人：棺木中没有人。“木”谐音“目”。比喻自高自大，瞧不起别人。

【郎中开药店——连裆】 lɒ̃$^{31-13}$tsoŋ$^{53-53}$kʰe^{53}ɦiɑʔ$^{2-2}$ɗĩ$^{35-35}$——li$^{31-13}$ɗɒ̃$^{53-53}$ 郎中：医生。医生给病人看病，又让病人到自己开的药店买药。诊所和药店这两个行当相连，且是同一个主人。比喻串通一起做某事。

【陌生人吊孝——死人肚里自得知】 mɑʔ$^{2-2}$sæ̃$^{53-55}$ɲiŋ$^{31-53}$ɗiɔ$^{35-44}$hɔ$^{35-44}$——si$^{44-33}$ɲiŋ$^{31-55}$du$^{22-55}$li$^{22-31}$zɿ$^{13-22}$ɗʌʔ$^{4-5}$tsɿ$^{53-53}$ 陌生人上门吊孝，丧家亲友全不认识，唯有死者（实际上指陌生人自己）心里明白。讽刺性格内向、不肯暴露思想的人。也比喻所做之事无人知晓。孝，松江话音“耗”。

【青竹梢掏粪坑——越掏越臭】 tsʰiŋ$^{53-35}$tsoʔ$^{4-5}$sɔ$^{53-31}$dɔ^{13}ɸəŋ$^{35-53}$kʰæ̃$^{53-31}$——ɦyœʔ^{2}dɔ^{13}ɦyœʔ^{2}tsʰɯ^{35} 用青竹梢去掏粪，不仅掏不上，反而越搅越臭。比喻丑事不宜多说，越闹腾名声越坏。

【青菜叶炒葱——亲(青)上加亲】 tsʰiŋ$^{53-55}$tsʰe$^{35-33}$ɦiɪʔ$^{2-2}$ʔ^{31}tsʰɔ^{44}tsʰoŋ^{53}——tsʰiŋ^{53}zɒ̃^{13}kɑ^{53}tsʰiŋ^{53} 青菜叶与葱，两种青色的蔬菜炒在一起，故谓青上加青，谐音为“亲上加亲”。旧时大多指表兄

妹之间成亲之类。形容关系更加紧密。

【顶是石臼做戏——吃力勿讨好】 ɗiŋ$^{44-35}$ zɿ$^{22-31}$zɑʔ$^{2-2}$ɟiɯ$^{22-22}$ʦu$^{35-44}$ɕi$^{35-44}$——cʰiʌʔ$^{4-4}$liɪʔ$^{2-4}$ uəʔ$^{2-2}$tʰɔ$^{44-55}$hɔ$^{44-53}$ 石臼：用作舂米的分量很重的石器。顶是：头顶着。做戏：演戏。比喻做很吃力的活，但成效不大或得不到肯定或赞扬。

【驼子跌跤——两头勿着实】 du$^{31-13}$ʦɿ$^{44-53}$ ɗiɪʔ$^{4-4}$kɔ$^{53-53}$——liæ̃$^{22-24}$dɯ$^{31-31}$uəʔ$^{2-2}$zɑʔ$^{2-2}$zəʔ$^{2-2}$ 亦作“驼子跌跤——两头脱空”。驼子：驼背。仰面跌倒后头和脚都不着地。比喻事情两头落空或当事人双方都没有捞到好处。

【俏媚眼做拨瞎子看——白费神思】 ʦʰiɔ$^{35-33}$ me$^{13-55}$ŋɛ$^{22-31}$ʦu$^{35-35}$ɓəʔ$^{4-ʔ31}$hæʔ$^{4-4}$ʦɿ$^{44-44}$kʰø^{35}——bɑʔ$^{2-2}$ɸi$^{35-35}$zəŋ$^{31-13}$sɿ$^{53-53}$ 俏媚眼：娇媚的眼神。比喻说话做事再好也没有人赏识。

【养媳妇叫吃饭——大家来】 ɦiæ̃$^{22-24}$siŋ$^{53-33}$ βu$^{13-31}$ciɔ^{35}cʰiʌʔ$^{4-4}$βɛ$^{13-35}$——dɑ$^{13-22}$kɑ$^{53-22}$lɛ^{31} 养媳妇：指童养媳，旧时领养人家的小女孩做儿媳妇，待儿子成人后再结婚，多为家境穷困的女孩。年少的养媳妇怕羞，喊不出公婆一类称呼，才这么喊叫。“大家来”又有一起出席、共同负责等意思。

【养媳妇做媒人——自顾勿周】 ɦiæ̃$^{22-24}$siŋ$^{53-33}$ βu$^{13-31}$ʦu$^{35-55}$me$^{31-33}$ɲiŋ$^{31-31}$——zɿ$^{13-22}$ku$^{35-35}$uəʔ$^{2-2}$ ʦɯ$^{53-53}$ 养媳妇：童养媳。比喻自身尚难照顾周全，没有余力管他人事。

【哑子吃黄连——说勿出的苦】 o$^{44-35}$ʦɿ$^{44-31}$ cʰiʌʔ^{4}βɒ̃$^{31-13}$li$^{31-53}$——sœʔ$^{4-4}$uəʔ$^{2-4}$ʦʰəʔ$^{4-4}$ɗiʌʔ^{4}kʰu^{44} 亦作“哑子吃黄连，有苦话勿出”。哑子：哑巴。黄连：中药，味苦。比喻有苦难言。

【哑子喊捉贼——有口难开】 o$^{44-35}$ʦɿ$^{44-31}$ hɛ^{35}ʦɒʔ$^{4-4}$zʌʔ$^{2-4}$——ɦiɯ$^{22-22}$kʰɯ$^{44-55}$nɛ$^{31-33}$kʰe$^{53-31}$ 哑子：哑巴。比喻有话不便开口说或不敢说。

【独眼龙相亲——一眼看中】 doʔ$^{2-2}$ŋɛ$^{22-55}$ loŋ$^{31-53}$siæ̃$^{53-35}$ʦʰiŋ$^{53-53}$—— iɪʔ$^{4-4}$ŋɛ$^{22-44}$kʰø$^{35-44}$ ʦoŋ$^{35-44}$ 独眼龙：单眼瞎。通常指相亲时一拍即合，也指一经观察便感觉合意。

【独眼龙看申报——一目了然】 doʔ$^{2-2}$ŋɛ$^{22-55}$ loŋ$^{31-53}$kʰø^{35}səŋ$^{53-55}$ɓɔ$^{35-31}$——iɪʔ$^{4-3}$mɒʔ$^{2-5}$liɔ$^{22-55}$ ze$^{31-53}$ 独眼龙：单眼瞎。申报：报纸的泛称。指一眼就能看清的人或事，形容事物、事情原委清晰，一看就知道是怎么回事。

【城头上出棺材——远兜远转】 zəŋ$^{31-13}$dɯ$^{31-55}$ zɒ̃$^{13-31}$ʦʰəʔ$^{4-3}$kue$^{53-55}$ze$^{31-53}$——ɦø$^{22-22}$ɗɯ$^{53-55}$ɦø$^{22-55}$ ʦe$^{44-31}$ 亦作“城头上出棺材——远弯兜转”。城头：城墙。抬着棺材在城墙上兜圈子，绕远道，最后才运至城外墓地。形容人说话或办事不直截了当，爱绕圈子。

【城隍老爷带孝——白袍】 zəŋ$^{31-13}$βɒ̃$^{31-55}$lɔ$^{22-55}$ ɦiɑ$^{31-31}$ɗɑ$^{35-44}$hɔ$^{35-44}$——bɑʔ$^{2-2}$bɔ$^{31-53}$ “白袍”谐音“白跑”。指白白地跑了一趟，泛指白费劲。

【城隍猛将——面孔两样】 zəŋ$^{31-13}$βɒ̃$^{31-53}$ mæ̃$^{13-22}$ʦiæ̃$^{35-35}$——mi$^{13-22}$kʰoŋ$^{44-22}$liæ̃$^{22-22}$iæ̃$^{35-35}$ 松江旧有城隍庙和猛将庙。供奉的城隍面容和善，猛将面容威猛。两位神祇容貌差异很大。嘲讽两面派人物在待人待事时善于变脸以迎合不同的对象。

【屋里点火——外头亮】 oʔ$^{4-4}$li$^{22-44}$ɗi$^{44-35}$ ɸu$^{44-31}$——ŋɑ$^{13-22}$dɯ$^{31-22}$liæ̃^{13} 指家庭内部的事情，外人看得很清楚。嘲爱把家庭事务向外宣泄者。

【屋顶上写字——天晓得】 oʔ$^{4-4}$ɗiŋ$^{44-44}$zɒ̃$^{13-44}$ siɑ$^{44-44}$zɿ$^{13-44}$——tʰi$^{53-55}$ɕiɔ$^{44-33}$ɗʌʔ$^{4-ʔ31}$ 意同“布告贴拉楼顶浪——天晓得”。表示难以理解或无法辩白。

【差人面孔——要板就板】 ʦʰɑ$^{53-35}$ɲiŋ$^{31-53}$ mi$^{13-22}$kʰoŋ$^{44-22}$——iɔ^{53}ɓɛ^{44}ziɯ^{13}ɓɛ^{44} 亦作“差人面孔，一板就板”。形容面孔要翻就翻。差人：旧时官府的衙役。衙役的脸色变化多端，常常翻脸不认人。板：脸色铁青，一点表情也没有，挺吓人的样子。

【歪头和尚念经——勿对经】 ɸɑ$^{53-35}$dɯ$^{31-55}$ βu$^{31-55}$zɒ̃$^{13-31}$ɲiɛ$^{13-22}$ciŋ$^{53-22}$——uəʔ$^{2-2}$ɗe$^{35-55}$ciŋ$^{53-31}$ “勿对经”谐音“勿对劲”，比喻对不上口径，不合拍，不协调，不对头。

【歪嘴吹喇叭——斜气】 ɸɑ$^{53-35}$ʦɿ$^{44-53}$ʦʰɿ^{53} lɑʔ$^{2-2}$ɓɑ$^{53-53}$——ziɑ$^{31-24}$cʰi$^{35-31}$ “斜气”谐音“邪气”。①指不正当的风气或作风。②用作副词，意同“很”“非常”。

【烂泥萝卜——揩一段吃一段】 lɛ$^{13-22}$ɲi$^{31-22}$ lɔ$^{31-22}$ɓoʔ$^{4-2}$——kʰɑ^{53}iɪʔ$^{4-4}$dø$^{13-35}$cʰiʌʔ^{4}iɪʔ$^{4-4}$dø$^{13-35}$ 揩：擦洗。比喻：①有些事情不能一步到位，要逐步采取措施，逐步解决。②缺乏整体把握，走一步算一步，也指得过且过。

【烂糊泥壁脚——两面光】 lɛ$^{13-22}$βu$^{31-22}$ɲi$^{31-22}$

ɓiɪ ʔ$^{4-4}$ciɑʔ$^{4-4}$——liæ̃$^{22-22}$mi$^{13-55}$kuɒ̃$^{53-31}$ 壁脚：墙壁。用烂泥糊墙，两边都抹得平整。比喻双方都不得罪，也指做事无原则，和稀泥。

【牯牛身浪拔根毛——呒啥大不了】 ku$^{44-35}$ ɲiɯ$^{31-31}$səŋ$^{53-55}$lɒ̃$^{13-31}$bæʔ$^{2-2}$kəŋ$^{53-53}$mɔ^{31}——m̩$^{53-55}$ sɑ$^{35-31}$dɑ$^{13-22}$ɓəʔ$^{4-5}$liɔ$^{22-31}$ 牯牛：指阉割过的公牛。泛指牛。牛身上的一根毛非常渺小。比喻微不足道，不值得一提。

【皇帝剃头——呒没王法】 βɒ̃$^{31-24}$ɗi$^{35-31}$tʰi$^{35-53}$ dɯ$^{31-31}$——m̩$^{53-53}$məʔ$^{2-ʔ31}$βɒ̃$^{31-22}$ɸæʔ$^{4-2}$ 亦作"皇帝出家——呒没王法"。"王法"谐音"皇发"。意指无视法律和道德规范。

【眉毛上火着——只顾眼前】 mi$^{31-13}$mɔ$^{31-55}$ zɒ̃$^{13-31}$ɸu$^{44-35}$zɑʔ$^{2-ʔ31}$——tsəʔ$^{4-4}$ku$^{35-35}$ŋɛ$^{22-24}$zi$^{31-31}$ 火着：失火。指遇事缺乏长远眼光，只顾应付眼前的急事。

【砂锅里炖肉——秃熟】 so$^{53-35}$ku$^{53-55}$li$^{22-31}$ ɗəŋ^{35}ɲioʔ^{2}——tʰoʔ$^{4-4}$zoʔ$^{2-4}$ 秃：煮沸。比喻掌握的知识十分熟悉，遇到问题对答如流。

【砒霜拌大蒜——毒辣】 pʰi$^{53-35}$sɒ̃$^{53-53}$be^{22} dɑ$^{13-22}$sø$^{35-35}$——doʔ$^{2-2}$læʔ$^{2-2}$ 砒霜毒，大蒜辣。形容心肠或手段狠毒残酷。

【蒲桃里肉——勿敲勿出】 bu$^{31-13}$dɔ$^{31-55}$li$^{22-31}$ ɲioʔ^{2}——uəʔ$^{2-2}$kʰɔ$^{53-53}$uəʔ$^{2-2}$tsʰəʔ$^{4-2}$ 蒲桃：核桃。须敲击使其破裂方可取肉。嘲讽悭吝者不逼迫不肯出资。也指犯事者不施加压力不肯招供。

【草搪河泥起泡——发笑】 tsʰɔ$^{44-33}$dɒ̃$^{31-55}$ βu$^{31-55}$ɲi$^{31-31}$cʰi$^{44-44}$pʰɔ$^{35-44}$——ɸæʔ$^{4-4}$siɔ$^{35-35}$ 草搪河泥：松江农村常见的一种沤肥。将河泥和稻草、杂草等夹杂积置，使其发酵腐解，以增强肥力。起泡，说明沤肥已发酵。"发酵""发笑"，松江话同音。形容笑起来，笑出声来。

【蚂蚁相打——闯勿出大穷祸】 mo$^{22-24}$ɲi$^{22-31}$ siæ̃$^{53-35}$ɗæ̃$^{44-31}$——tsʰɒ̃$^{35-33}$uəʔ$^{2-5}$tsʰəʔ$^{4-ʔ31}$du$^{13-22}$ ɟioŋ$^{31-22}$βu$^{13-22}$ 蚂蚁打架不会出大事。形容对困难或异常情况把握准确，泰然处之。也指对待问题毫不在意。

【蚂蟥叮牢鹭鸶脚——走到哪里跟到哪里】 mo$^{22-24}$βɒ̃$^{31-31}$ɗiŋ$^{53-35}$lɔ$^{31-53}$lu$^{13-22}$sɿ$^{53-22}$ciɑʔ$^{4-2}$—— tsɯ$^{44-44}$ɗɔ$^{35-44}$ɦɑ$^{31-24}$li$^{22-31}$kəŋ$^{53-55}$ɗɔ$^{35-31}$ɦɑ$^{31-24}$li$^{22-31}$ 俗作"蚂蟥叮牢螺蛳脚"。鹭鸶：水鸟，足长，常活动于水边、泽地。蚂蟥叮在鹭鸶脚上不离不弃。比喻紧紧跟随，一步不离。

【退笼——只进勿出】 tʰe$^{35-53}$loŋ$^{31-31}$—— tsəʔ$^{4-4}$tsiŋ$^{35-35}$uəʔ$^{2-2}$tsʰəʔ$^{4-2}$ 亦作"退笼里黄鳝 只进勿出"。退笼：亦作"退簏"。放置于浅水处的竹笼，开口处呈喇叭形，有倒刺，鳅、鳝、小鱼小虾等进入后无法逃脱。比喻非常吝啬，只想收取他人财物，从不施舍于人者。

【香烟蒂头——弄脱货】 çiæ̃$^{53-35}$i$^{53-55}$ɗi$^{35-55}$ dɯ$^{31-31}$——ɗɒʔ$^{4-4}$tʰəʔ$^{4-4}$ɸu$^{35-44}$ 比喻无用的、该扔的东西，也指被抛弃的人。

【剃头店打烊——勿理】 tʰi$^{35-55}$dɯ$^{31-33}$ɗi$^{35-31}$ ɗæ̃$^{44-35}$ɦiæ̃$^{31-31}$——uəʔ$^{2-2}$li$^{22-22}$ 理：双关，既作"理发"之"理"，亦作"理睬"之"理"。"勿理"意为"不理睬"。

【鬼迷张天师——有法呒处使】 cy^{44}mi^{31}tsæ̃$^{53-35}$ tʰi$^{53-55}$sɿ$^{53-31}$——iɯ$^{22-24}$ɸæʔ$^{4-ʔ31}$m̩$^{53-55}$tsʰy$^{35-33}$sɿ$^{44-31}$ 张天师本是降妖伏怪的高人，连他也被鬼迷住，浑身的法术使不上来。比喻面对更强的对手毫无办法。

【娘胎里毛病——改勿好】 ɲiæ̃$^{31-13}$tʰe$^{53-55}$li$^{22-31}$ mɔ$^{31-24}$biŋ$^{13-31}$——ke$^{44-33}$uəʔ$^{2-5}$hɔ$^{44-31}$ 旧谓孩子的脾性在娘胎里就已经定型了，后天很难再改。比喻人的不良习惯从小就已养成，态度消极的人已没有信心去改正。此说常为一些人无意痛改积弊的托词。

【猪猡呒食——外冈】 tsɿ$^{53-35}$lu$^{31-53}$m̩^{53}zʌʔ^{2}—— ŋɑ$^{13-22}$kɒ̃$^{53-22}$ 地名歇后语。外冈：位于上海嘉定区。猪猡无食只能啃缸。"外冈"谐音"齾缸"。

【柴草人救火——自身难保】 zɑ$^{31-24}$tsʰɔ$^{44-33}$ ɲiŋ$^{31-31}$ciɯ$^{35-53}$ɸu$^{44-31}$——zɿ$^{13-22}$səŋ$^{53-22}$nɛ$^{31-13}$ɓɔ$^{44-53}$ 比喻自己也保不了自己，更无法为他人出力。

【校场里麻鸟——吓胆大】 kɔ$^{35-55}$zæ̃$^{31-33}$li$^{22-31}$ mo$^{31-13}$ɗiɔ$^{44-53}$——hɑʔ$^{4-4}$ɗɛ$^{44-44}$du^{13} 校场：旧时行刑、点兵、比武的场所。麻鸟：麻雀。比喻经历过大场面、大事件，胆子大。

【烟囱里挂扎钩——钓火】 i$^{53-35}$tsʰoŋ$^{53-55}$li$^{22-31}$ ko^{35}tsæʔ$^{4-4}$kɯ$^{53-53}$——ɗiɔ$^{35-53}$ɸu$^{44-31}$ "钓火"谐音"吊火"。比喻惹人光火，惹人生气。

【烧香烧拉破庙里——走错门路】 sɔ$^{53-35}$ çiæ̃$^{53-53}$sɔ^{53}lɑ$^{2-4}$pʰu$^{35-44}$miɔ$^{13-44}$li^{22}——tsɯ$^{44-35}$tsʰo$^{53-31}$ məŋ$^{31-24}$lu$^{13-31}$ 民间以为烧香要去好庙，去破庙烧香不灵验。门路：做事的诀窍；解决问题的途

径，特指能达到目的的途径。比喻想求人帮忙办事却找错了门路。

【烧香望和尚——一事两勾当】 sɔ$^{53-35}$çiæ̃$^{53-53}$mɒ̃^{13}βu$^{31-24}$zɒ̃$^{13-31}$——iɪʔ$^{4-4}$zɿ$^{13-35}$liæ̃$^{22-22}$kɯ$^{53-55}$ɗɒ̃$^{53-31}$ 入寺烧香，既礼佛，又可顺便访僧。旧时亦指作风不正的女子去寺庙，既烧了香又看望了相好的和尚。比喻一举两得。

【爱克斯光拍片——看透】 e$^{35-33}$kʰʌʔ$^{4-5}$sɿ$^{53-55}$kuɒ̃$^{53-53}$pʰɑʔ$^{4-4}$pʰi$^{35-35}$——kʰø$^{53-55}$tʰɯ$^{35-31}$ 比喻不论对方如何伪装，也能透彻地了解其居心和用意。

【药店里甘草——百搭】 ɦiɑʔ$^{2-2}$ɗi$^{35-22}$li$^{22-22}$ke$^{53-35}$tsʰɔ$^{44-53}$——ɓɑʔ$^{4-4}$ɗæʔ$^{4-4}$ 甘草是最常用的一味中药，可与各类药物搭配使用。常比喻能做各种事或能与各种人搭上关系的人。

【盐钵头打翻拉酱缸里——勿碍啥】 ɦi$^{31-13}$ɓəʔ$^{4-5}$dɯ$^{31-31}$ɗæ̃$^{44-35}$ɸɛ$^{53-31}$lɑ$^{2-4}$tsiæ̃$^{35-53}$kɒ̃$^{53-31}$li^{22}——uəʔ$^{2-2}$ŋe$^{13-35}$sɑ^{35} 亦作"盐钵头打翻拉酱缸里——勿错拨外头人"。勿碍啥：没关系。错：因计算或点数发生差错而损失钱。松江话读若"醋"。比喻情况虽有变化，但利益未受损失。

【蚕宝宝个肚皮——侪是私】 ze$^{31-24}$ɓɔ$^{44-33}$ɓɔ$^{44-31}$kɯ^{35}du$^{22-24}$bi$^{31-31}$——zɛ$^{31-13}$zɿ$^{22-53}$sɿ^{53} "丝"谐音"私"。比喻人私心重。

【咸菜烧豆腐——勿必多言】 ɦɛ$^{31-24}$tsʰe$^{35-31}$sɔ^{53}dɯ$^{13-22}$βu$^{13-35}$——uəʔ$^{2-2}$ɓiɪʔ$^{4-2}$ɗu$^{53-35}$ɦi$^{31-53}$ "盐"谐音"言"。意谓不用多说。表示劝告或者制止。

【砻糠搓绳——起头难】 loŋ$^{31-13}$kʰɒ̃$^{53-53}$tsʰu^{53}zəŋ^{31}——cʰi$^{44-35}$dɯ$^{31-31}$nɛ^{31} 砻糠：稻谷砻过后脱下的稻壳，搓不成绳子。形容万事开头难。

【秤钩打钉——扯直】 tsʰəŋ$^{35-53}$kɯ$^{53-31}$ɗæ̃$^{44-35}$ɗiŋ$^{53-31}$——tsʰɑ$^{44-35}$zʌʔ$^{2-ʔ31}$ 秤钩的一头是尖的，只要扯直就成钉子了。扯直：拉平；拉之使直。比喻得失相抵，处事能适得其平。

【笔管里煨鳅——直死】 ɓiɪʔ$^{4-3}$kue$^{44-55}$li$^{22-53}$ue^{53}tsʰiɯ^{53}——zʌʔ$^{2-2}$si$^{44-22}$ 煨：用微火慢慢地煮。鳅：泥鳅。把泥鳅放进细直的笔管里煮，只能直挺挺死掉。比喻死路一条。

【绣花枕头——一包草】 siɯ$^{35-55}$ho$^{53-33}$tsəŋ$^{35-33}$dɯ$^{31-31}$——iɪʔ$^{4-4}$ɓɔ$^{53-53}$tsʰɔ^{44} 比喻某人或某物徒有其表，腹内空虚，中看不中用。

【缺嘴吃线粉——落档】 cʰyœʔ$^{4-4}$tsɿ$^{44-44}$cʰiʌʔ^{4}si$^{35-53}$ɸəŋ$^{44-31}$——lɒʔ$^{2-2}$ɗɒ̃$^{53-53}$ 缺嘴：即兔唇；"档"谐音"当"，指当司、机会。比喻恰好碰上机会。

【缺嘴拖鼻涕——顺路】 cʰyœʔ$^{4-4}$tsɿ$^{44-44}$tʰɑ^{53}bəʔ$^{2-2}$tʰi$^{35-35}$——zəŋ$^{13-22}$lu$^{13-35}$ 兔唇患者流鼻涕会顺着唇裂处流入口中。指① 顺着所走的路线到另一处。② 道路没有曲折阻碍，走着方便。

【臭河浜里挽水——拎勿清】 tsʰɯ$^{35-55}$βu$^{31-33}$ɓæ̃$^{53-31}$li^{22}uɛ$^{44-44}$sɿ$^{44-44}$——liŋ$^{53-35}$uəʔ$^{2-5}$tsʰiŋ$^{53-31}$ 挽水：提水，拎水。比喻反应慢，接受能力差，没有悟性。做出来的举动叫人不爽。

【蚊子叮石臼——一咻也勿咻】 məŋ$^{31-13}$tsɿ$^{44-53}$ɗiŋ^{53}zɑʔ$^{2-2}$ɟiɯ$^{22-22}$——iɪʔ$^{4-4}$çiɯ$^{53-53}$ɦɑ^{22}uəʔ$^{2-2}$çiɯ$^{53-53}$ 石臼：石质器具。咻：理睬。嘲讽麻木不仁、毫无反应者。

【蚊子叮菩萨——看错人头】 məŋ$^{31-13}$tsɿ$^{44-53}$ɗiŋ^{53}bu$^{31-22}$sæʔ$^{4-2}$——kʰø$^{35-53}$tsʰo$^{53-31}$ɲiŋ$^{31-13}$dɯ$^{31-53}$ 意指找错了对象。比喻① 不重视调查，办事莽撞。② 看不清人的本质，分不清好坏。③ 有眼不识泰山。

【蚊子放屁——小气】 məŋ$^{31-13}$tsɿ$^{44-53}$ɸɒ̃$^{35-44}$pʰi$^{35-44}$——siɔ$^{44-44}$cʰi$^{35-44}$ 形容人气量狭小，非常吝啬。

【被头里放屁】 bi$^{22-22}$dɯ$^{31-55}$li$^{22-31}$ɸɒ̃$^{35-44}$pʰi$^{35-44}$——① 独吞。doʔ$^{2-2}$tʰəŋ$^{53-53}$ ② 自作自受。zɿ$^{13-22}$tsɒʔ$^{4-5}$zɿ$^{13-55}$zɯ$^{22-31}$ ③ 能文能武。nəŋ$^{31-13}$βəŋ$^{31-53}$nəŋ$^{31-13}$βu$^{22-53}$ ④文不得、武不得。βəŋ$^{31-22}$ɓəʔ$^{4-2}$ɗʌʔ$^{4-2}$，βu$^{22-22}$ɓəʔ$^{4-5}$ɗʌʔ$^{4-ʔ31}$ ① 讥讽人独自占有财物或好处。② 比喻自己做了蠢事或坏事后带来的不良后果，自己承担。③ 意为既有文才，又通武艺。"文"谐"闻"；"武"谐"捂"。④ 文的方面没多少文化，握不了笔杆子，武的方面干不动体力活。比喻人没能耐，什么也不能干。

【贼出关门——来勿及】 zʌʔ$^{2-2}$tsʰəʔ$^{4-2}$kuɛ$^{53-35}$məŋ$^{31-53}$——lɛ$^{31-22}$uəʔ$^{2-2}$ɟiɪʔ$^{2-2}$ 贼偷了东西走后才关门。比喻事故发生之后才采取防范措施。

【铁榔头敲钟——响当当】 tʰiɪʔ$^{4-3}$lɒ̃$^{31-55}$dɯ$^{31-53}$kʰɔ^{53}tsoŋ^{53}——çiæ̃$^{44-33}$ɗɒ̃$^{53-55}$ɗɒ̃$^{53-31}$ 比喻出色、过硬或有名气。

【起重机吊摇篮——大材小用】 cʰi$^{44-33}$zoŋ$^{22-55}$ci$^{53-31}$ɗiɔ^{35}ɦiɔ$^{31-13}$lɛ$^{31-53}$——du$^{13-22}$ze$^{31-22}$siɔ$^{44-44}$ɦioŋ$^{13-44}$ 比喻人才未被重用，埋没人才。也指小

事大作，浪费资源。

【轿子里跌出神主牌——勿识人抬鬼】 ɟiɔ$^{13-22}$tsɿ$^{44-22}$li$^{22-22}$ɗiɪʔ$^{4-4}$tsʰəʔ$^{4-4}$zəŋ$^{31-24}$tsy$^{44-33}$bɑ$^{31-31}$——uəʔ$^{2-2}$sʌʔ$^{4-2}$ɲiŋ^{31}de$^{31-13}$cy$^{44-53}$ 神主牌：死者的灵位。“鬼”谐音“举”。比喻不识抬举。

【造房子请是箍桶匠——弄错对象】 zɔ$^{22-22}$βɒ̃$^{31-55}$tsɿ$^{44-31}$tsʰiŋ$^{44-35}$zɿ$^{22-31}$ku$^{53-35}$doŋ$^{22-55}$ziæ̃$^{13-31}$——noŋ$^{53-35}$tsʰo$^{53-53}$ɗe$^{35-53}$ziæ̃$^{22-31}$ 箍桶匠：专业制作桶状器物的木匠，不善建房木作工艺。比喻办事找错了对象。

【铁弹子滚河里——稳成】 tʰiɪʔ$^{4-3}$dɛ$^{31-55}$tsɿ$^{44-53}$kuəŋ$^{44-33}$βu$^{31-55}$li$^{22-31}$——uəŋ$^{44-35}$zəŋ$^{31-31}$ 铁弹子：铁珠。“稳沉”谐“稳成”。比喻胜券在握。

【铁铬防夜——笨贼】 tʰiɪʔ$^{4-4}$ɗæʔ$^{4-4}$bɒ̃$^{31-24}$ɦiɑ$^{13-31}$——bəŋ$^{13-24}$zʌʔ$^{2-ʔ31}$ 铁铬：农具，主要用作坌地，即翻地。防夜：守夜。“笨”谐“坌”。“坌”有“打击”意。笨贼：笨蛋，与“傻瓜”同义。

【鸭蛋勿生脚——滚】 æʔ$^{4-4}$dɛ$^{13-35}$uəʔ$^{2-2}$sæ̃$^{53-53}$ciɑʔ^{4}——kuəŋ^{44} 滚：双关。既指滚动，也用于斥人离去，如“滚蛋”。

【鸭蛋呒黄——白讨好】 æʔ$^{4-4}$dɛ$^{13-35}$m̩^{53}ɸɒ̃^{53}——bɑʔ$^{2-2}$tʰɔ$^{44-55}$hɔ$^{44-53}$ 鸭蛋没有了蛋黄，只能用蛋白讨好人。白，既指蛋白，又有“徒然”之意。讽刺奉承拍马而未收到效果者。

【凉帽坏脱边——顶好】 liæ̃$^{31-24}$mɔ$^{13-31}$βɑ$^{13-24}$tʰəʔ$^{4-ʔ31}$ɓi^{53}——ɗiŋ$^{44-44}$hɔ$^{44-44}$ 凉帽：草帽。顶：双关。既可渭“帽顶”之“顶”，又意同副词“最”。比喻人或事物极好、非常好。

【假佯头勿吃猪头肉——贪嘴要面皮】 kɑ$^{44-33}$iɑʔ$^{2-2}$dɯ$^{31-31}$uəʔ$^{2-2}$cʰiʌʔ$^{4-2}$tsɿ$^{53-55}$dɯ$^{31-33}$ɲioʔ$^{2-ʔ31}$——tʰe$^{53-35}$tsɿ$^{44-53}$iɔ^{53}mi$^{13-22}$bi$^{31-22}$ 假佯头：假装、佯装。猪头肉，在松江被当作低档菜肴。心里想吃却假装不要吃。嘲伪君子。

【婆阿妈偷汉郎头——另有一公】 bu$^{31-13}$ɑʔ$^{4-5}$mɑ$^{53-3}$tʰɯ^{53}hø$^{35-55}$lɒ̃$^{31-33}$dɯ$^{31-31}$——liŋ$^{13-22}$ɦiɯ$^{22-22}$iɪʔ$^{4-4}$koŋ$^{53-53}$ 公：儿媳的公婆之“公”，谐“功”。另有一功：指本领、做法与众不同且超群。

【廊檐浪挂麻叉袋——一代压一代】 lɒ̃$^{31-13}$ɦi$^{31-55}$lɒ̃$^{13-31}$kɔ^{35}mo$^{31-13}$tsʰo$^{53-55}$de$^{13-31}$——iɪʔ$^{4-4}$de$^{13-35}$æʔ^{4}iɪʔ$^{4-4}$de$^{13-35}$ 比喻按着辈分，一代管着一代，“代”谐“袋”。

【廊檐浪掇酱缸——抬勿起放勿落】 lɒ̃$^{31-13}$ɦi$^{31-55}$lɒ̃$^{13-31}$ɗœʔ^{4}tsiæ̃$^{35-53}$kɒ̃$^{53-31}$——de$^{31-22}$uəʔ$^{2-2}$cʰi$^{44-22}$ɸɒ̃$^{35-33}$uəʔ$^{2-5}$lɒʔ$^{2-ʔ31}$ 掇：端、抬。酱缸沉重，人在廊檐上，抬不起放不下，十分尴尬。比喻接手的事做不好又推不掉，处境两难。

【掩牢耳朵吃海蜇——自骗自】 e$^{53-35}$lɔ$^{31-53}$ɲi$^{22-24}$ɗu$^{44-31}$cʰiʌʔ$^{4-3}$he$^{44-55}$tsəʔ$^{4-ʔ53}$——zɿ$^{13-24}$pʰi$^{35-33}$zɿ$^{13-31}$ 海蜇质脆，咬嚼时会出声。吃的时候掩住耳朵以为别人听不见。犹“掩耳盗铃”。

【清明货——嘴上卖铜钿】 tsʰiŋ$^{53-35}$miŋ$^{31-53}$ɸu^{35}——tsɿ$^{44-44}$zɒ̃$^{13-44}$mɑ$^{13-22}$doŋ$^{31-22}$di$^{31-22}$ 清明货，指纸钱、纸马等供焚烧的祭祀用品。松江话“嘴”谐“纸”，比喻能说会道，靠嘴上功夫获得钱财。

【清蒸马鲛鱼——嘴硬骨头酥】 tsʰiŋ$^{53-35}$tsəŋ$^{53-53}$mo$^{22-22}$kɔ$^{53-55}$ɦŋ̍$^{31-31}$——tsɿ^{44}ŋæ̃^{13}kuəʔ$^{4-4}$dɯ$^{31-53}$su^{53} 亦作“马鲛鱼——嘴硬骨头酥”。马鲛鱼：亦称“燕鱼”“鲅鱼”。清蒸后鱼肉鱼骨易酥烂，唯鱼嘴独硬。形容嘴上强硬，但内心害怕。

【猪头肉——块块勿精】 tsɿ$^{53-55}$dɯ$^{31-33}$ɲioʔ$^{2-ʔ31}$——kʰue$^{35-44}$kʰue$^{35-44}$uəʔ$^{2-2}$tsiŋ$^{53-53}$ 也说“猪头肉三勿精”。猪头无精瘦之肉。喻人本事平平，毫无专长。

【猫吃狗奶——呒奶哈】 mɔ^{31}cʰiʌʔ^{4}kɯ^{44}nɑ^{22}——m̩$^{53-55}$nɑ$^{22-33}$hɑ$^{53-31}$ “呒奶哈”即“呒奶喝”：没有奶可喝，谐“呒哪哈”，松江话意为“不怎么样”。哪哈：怎么样。

【猫嘴里挖鳅——呒想头】 mɔ^{31}tsɿ$^{44-35}$li$^{22-31}$uæʔ$^{4-4}$tsʰiɯ$^{53-53}$——m̩$^{53-55}$siæ̃$^{44-33}$dɯ$^{31-31}$ 猫喜食泥鳅。想从猫嘴里掏出泥鳅，无法做到。比喻事情没有希望。

【笪巴眼看斜纹布——大勿对思路】 tsʰiɑ$^{35-55}$ɓɑ$^{53-33}$ŋɛ$^{22-31}$kʰø^{35}ziɑ$^{31-13}$βəŋ$^{31-55}$ɓu$^{35-31}$——du$^{13-24}$uəʔ$^{2-3}$ɗe$^{35-31}$sɿ$^{53-55}$lu$^{13-31}$ 笪巴眼：亦作“罅巴眼”，斜视患者。“思路”谐“丝路”。比喻解决问题或达成目标的路径不对头。

【绿豆芽炒藕——钻空子】 loʔ$^{2-2}$dɯ$^{13-55}$ŋɑ$^{31-31}$tsʰɔ$^{44-35}$ŋɯ$^{22-31}$——tsø$^{53-35}$kʰoŋ$^{53-55}$tsɿ$^{44-31}$. 藕片多孔洞，和绿豆芽同炒，豆芽会钻进藕洞。比喻利用漏洞做利己之事。

【脚底搨油——开溜】 ciɑʔ$^{4-4}$ɗi$^{44-44}$tʰæʔ$^{4-4}$ɦiɯ$^{31-53}$——kʰe$^{53-35}$liɯ$^{53-53}$ 亦作“脚底浪搨油——滑脚”。比喻出了差错或闯了祸赶紧逃跑，或推

卸责任。

【脚炉盖当镜子——看穿】 ciɑʔ$^{4-3}$lu$^{31-55}$ke$^{35-31}$ɗɒ̃^{35}ciŋ$^{35-53}$tsɿ$^{44-31}$——kʰø$^{35-53}$tsʰe$^{53-31}$ 亦作"脚炉盖当镜子——越看越穿"。脚炉:铜制取暖用具,盖上有许多小孔。比喻事情或人的本质已被看破。

【脚馒头浪打瞌暁——自靠自】 ciɑʔ$^{4-3}$me$^{31-55}$dɯ$^{31-53}$lɒ̃$^{13-31}$ɗæ̃$^{44-33}$kʰəʔ$^{4-5}$tsʰoŋ$^{53-53}$——zɿ^{13}kʰɔ^{35}zɿ^{13} 脚馒头:膝盖;打瞌暁:打瞌睡。比喻只能依靠自己的力量,借助不到外人和外力。

【脚馒头浪敲铜鼓——豰腿】 ciɑʔ$^{4-3}$me$^{31-55}$dɯ$^{31-53}$lɒ̃$^{13-31}$kʰɔ$^{53-35}$doŋ$^{31-55}$ku$^{44-31}$——ɗɔʔ$^{4-4}$tʰɛ^{44} "豰":捶、击;读音谐"笃"。"腿"谐"泰"。"豰腿"谐"笃泰",松江话意为"笃定"。形容泰然自若,镇定貌。

【脚踏西瓜皮——漓到啥里是啥里】 ciɑʔ^{4}dæʔ^{2}si$^{53-35}$ko$^{53-55}$bi$^{31-31}$——li^{31}ɗɔ^{35}ɦɑ$^{31-24}$li$^{22-31}$zɿ^{22}ɦɑ$^{31-24}$li$^{22-31}$ 漓:松江话可用作动词,意为"滑""滑行"。指消极的生活态度,有走一步算一步,破罐破摔的意思。

【脱柄茶壶——呒捏手】 tʰəʔ$^{4-3}$ɓiŋ$^{35-55}$zo$^{31-55}$βu$^{31-31}$——m̩^{53}niæʔ$^{2-2}$sɯ$^{44-22}$ 捏手:把;柄。呒捏手:没有手可以握持的地方,没法下手。比喻事情复杂,无从着手。

【船头浪跑马——走投无路】 ze$^{31-13}$dɯ$^{31-55}$lɒ̃$^{13-31}$bɔ$^{31-13}$mo$^{22-53}$——tsɯ$^{44-35}$dɯ$^{31-33}$βu$^{31-33}$lu$^{13-31}$ 比喻无路可走、陷入窘境。

【萝卜炖肉——油水拔伊拔光】 lo$^{31-22}$boʔ$^{2-2}$ɗəŋ$^{35-35}$ɲioʔ$^{2-ʔ31}$——ɦiɯ$^{31-13}$sɿ$^{44-53}$ɓəʔ^{4}i^{53}bæʔ$^{2-2}$kuɒ̃$^{53-53}$ 萝卜可吸收肉的油水。比喻经济实力悬殊的两方混在一起时,实力弱的一方通常会从对方获得较多的利益。拔:吸取、抽取。

【萝卜敲金锣——越敲越短】 lo$^{31-22}$boʔ$^{2-2}$kʰɔ^{53}ciŋ$^{53-35}$lu$^{31-53}$——ɦyœʔ^{2}kʰɔ^{53}ɦyœʔ^{2}ɗø^{44} 亦作"萝卜敲金锣——节节短""萝卜敲金锣,烂一节短一节"。比喻做生意的本钱,或家中的积蓄越来越少。

【蛇吃鳗鲡——赝长短】 zo^{31}cʰiʌʔ^{4}me$^{31-13}$li$^{31-53}$——i^{35}zæ̃$^{31-13}$ɗø$^{44-53}$ 蛇和鳗鲡体型都很长,蛇必须比鳗鲡长才能把对方吞下,故为"赝长短"。赝:比量长短。比喻一较长短。两者较量,强者胜。

【象牙筷浪扳骹丝——硬捉扳头】 ziæ̃$^{22-24}$ŋɑ$^{31-33}$kʰuɛ$^{44-33}$lɒ̃$^{13-31}$ɓɛ^{53}cʰiʌʔ$^{4-4}$sɿ$^{53-53}$——ŋæ̃$^{13-24}$tsɒʔ$^{4-ʔ31}$ɓɛ$^{53-35}$dɯ$^{31-53}$ 在光滑的象牙筷上寻找翘起的丝。比喻存心挑刺儿。意同"鸡蛋里挑骨头"。捉扳头:找岔子。

【野鸡躲个头——瞒勿过】 ɦiɑ$^{22-24}$ci$^{53-31}$ɗu$^{44-24}$kɯ$^{35-33}$dɯ$^{31-31}$——me$^{31-22}$uəʔ$^{2-2}$ku$^{35-22}$ 野鸡遇到危险时常藏头露尾。比喻自欺欺人的举动。

【铜勺搭铲刀讲——铸啦哂】 doŋ$^{31-22}$zɔʔ$^{2-2}$ɗæʔ$^{2-2}$tsʰɛ$^{44-35}$ɗɔ$^{53-31}$kɒ̃^{44}——cy^{35}lɑ$^{2-4}$ɦɯ^{13} 铜勺与铲刀,两者都是铜铸。"铸"谐音"注"。比喻命中注定。

【阎罗王开饭店——鬼也勿上门】 ɲi$^{31-13}$lu$^{31-55}$βɒ̃$^{31-31}$kʰe$^{53-55}$βɛ$^{13-33}$ɗi$^{35-31}$——cy^{44}ɦɑ^{22}uəʔ$^{2-2}$zɒ̃$^{13-55}$məŋ$^{31-31}$ 亦作"阎罗王开饭店——鬼勿来"。阎罗王是地狱之主,连鬼也害怕。指没有一个主顾敢上门;或讽刺商家生意清淡;也比喻恶人当道,无人敢惹。

【阎罗王生疮——阴疖】 ɲi$^{31-13}$lu$^{31-55}$βɒ̃$^{31-31}$sæ̃$^{53-35}$tsʰɒ̃$^{53-53}$——iŋ$^{53-53}$ciɪʔ$^{4-ʔ31}$ "阴疖"谐"阴骘",指暗中行善积德,俗谓"积了阴德"。

【阎罗王屋里贼偷布——老鬼失匹】 ɲi$^{31-13}$lu$^{31-55}$βɒ̃$^{31-31}$oʔ$^{4-4}$li$^{22-44}$zəʔ^{2}tʰɯ^{53}ɓu^{35}——lɔ$^{22-24}$cy$^{44-31}$səʔ$^{4-4}$pʰiɪʔ$^{4-4}$ "失匹"谐"失劈"。比喻内行的失手,或精明人的失算、失误。参阅俗成语"老狙失劈"。

【阎罗王说书——鬼话连篇】 ɲi$^{31-13}$lu$^{31-55}$βɒ̃$^{31-31}$sœʔ$^{4-4}$sy$^{53-53}$——cy$^{44-33}$ɦo$^{13-55}$li$^{31-55}$pʰi$^{53-31}$ 阎罗王是地狱之主,说的都是鬼话。讽刺不实之词。

【阎罗王说谎——骗鬼】 ɲi$^{31-13}$lu$^{31-55}$βɒ̃$^{31-31}$sœʔ$^{4-4}$ɸɒ̃$^{44-44}$——pʰi^{35}cy^{44} 阎罗王是地狱之主,说谎只能骗鬼。意为"骗不了人"。

【阎罗王贴布告——话鬼话】 ɲi$^{31-13}$lu$^{31-55}$βɒ̃$^{31-31}$tʰiɪʔ^{4}ɓu$^{35-44}$kɔ$^{35-44}$——ɦo$^{13-22}$cy$^{44-22}$ɦo$^{13-22}$ 阎罗王张贴的布告,说的全是鬼话。比喻说谎。话鬼话:说鬼话。鬼话:谎话;不真实的话。

【阎罗王面前充老鬼——勿晓得天高地厚】 ɲi$^{31-13}$lu$^{31-55}$βɒ̃$^{31-31}$mi$^{13-22}$zi$^{31-22}$tsʰoŋ^{53}lɔ$^{22-24}$cy$^{44-31}$——uəʔ$^{2-2}$çiɔ$^{44-55}$ɗʌʔ$^{4-ʔ53}$tʰi$^{53-35}$kɔ$^{53-55}$di$^{13-55}$ɦɯ$^{22-31}$ 阎罗王是地狱之主,在阎罗王面前充老鬼,那是不知道天高地厚。形容骄狂无知。

【阎罗王拉爷——老鬼】 ȵi$^{31-13}$lu$^{31-55}$βɒ̃$^{31-31}$lɑ$^{2-4}$ɦiɑ^{31}——lɔ$^{22-24}$cy$^{44-31}$ 爷：父亲。拉：结构助词“的”。阎王的父亲可称“老鬼”。老鬼：松江话意谓内行、行家。

【阎罗王拉阿奶——鬼老太婆】 ȵi$^{31-13}$lu$^{31-55}$βɒ̃$^{31-31}$lɑ$^{2-4}$æʔ$^{4-4}$nɑ$^{44-44}$——cy$^{44-33}$lɔ$^{22-55}$tʰɑ$^{35-55}$bu$^{31-31}$ 阿奶：奶奶。“老太婆”，松江人指老年妇女，一般在人后含有轻蔑、恶意的称呼。“鬼老太婆”为诅咒老妪的詈词。

【麻子搨粉——蚀煞老本】 mo$^{31-13}$tsɿ$^{44-53}$tʰæʔ$^{4-4}$ɸəŋ$^{44-44}$——zʌʔ$^{2-2}$sæʔ$^{4-2}$lɔ$^{22-24}$ɓəŋ$^{44-31}$ 麻子：麻脸人，脸上有麻坑，涂抹粉底霜要比常人多用数倍。搨：抹。形容做生意等成本大，收益小，亏损亏空，也指做事得不偿失。

【麻鸟打雄——越小越凶】 mo$^{31-13}$ɗiɔ$^{44-53}$ɗæ̃$^{44-35}$ɦioŋ$^{31-31}$——ɦyœʔ^{2}siɔ^{44}ɦyœʔ^{2}çioŋ^{53} 麻鸟：麻雀。松江俗语指男性生殖器。打雄：动物交配。讽年少气盛与人争执打斗时出言不逊或态度凶悍。

【麻鸟吃砻糠——空欢喜】 mo$^{31-13}$ɗiɔ$^{44-53}$cʰiʌʔ^{4}loŋ$^{31-13}$kʰɒ̃$^{53-53}$——kʰoŋ$^{53-35}$ɸe$^{53-55}$çi$^{44-31}$ 麻鸟：麻雀。砻糠：稻谷碾过后剩下的空壳。比喻原以为得到了想要的东西或事情的结果，事实上没有得到，白高兴一场。

【黄连汤淘饭——苦到心】 βɒ̃$^{31-13}$li$^{31-55}$tʰɒ̃$^{53-31}$dɔ$^{31-22}$βɛ$^{13-35}$——kʰu$^{44-33}$ɗɔ$^{35-55}$siŋ$^{53-31}$ 黄连汤：味道极苦。淘饭：茶汤等倒入饭中搅拌。形容苦到了极点。

【黄连树底下弹琴——苦中作乐】 βɒ̃$^{31-13}$li$^{31-55}$zy$^{13-31}$ɗi$^{44-35}$ɦɔ$^{22-31}$dɛ$^{31-13}$ɟiŋ$^{31-53}$——kʰu$^{44-35}$tsoŋ$^{53-31}$tsɒʔ$^{4-4}$lɒʔ$^{2-4}$ 比喻在困境中寻找乐趣，以自我安慰。

【黄浦江浪挽水——犯勿着】 βɒ̃$^{31-13}$pʰu$^{44-55}$kɒ̃$^{53-55}$lɒ̃$^{13-31}$ʋɛ$^{44-44}$sɿ$^{44-44}$——βɛ$^{22-22}$uəʔ$^{2-5}$zɑʔ$^{2-ʔ31}$ 去黄浦江上提水，既费劲又危险。“犯”谐音“挽”；挽水：拎水、提水；犯勿着：不值得。比喻所做事的不得当，没必要。也用于人与人之间的交往，指不值得与某种人发生矛盾或与其纠缠。

【黄酱塌饼压死人——小麦根上祸】 βɒ̃$^{31-24}$tsiæ̃$^{35-33}$tʰæʔ$^{4-}$ɓiŋ$^{44-31}$æʔ$^{4-4}$si$^{44-44}$ȵiŋ$^{31-13}$——siɔ$^{44-35}$mɑʔ$^{2-ʔ31}$kəŋ$^{53-55}$zɒ̃$^{13-31}$βu^{13} 黄酱塌饼：用面粉做成的饼块，发酵后制酱的原料。面粉是小麦磨成的。压死人的是黄酱塌饼，根子追查到了小麦。比喻追根穷源，也比喻嫁祸于人。

【黄鼠狼看鸡——越看越稀】 βɒ̃$^{31-24}$sɿ$^{44-33}$lɒ̃$^{31-31}$kʰø^{53}ci^{53}——ɦyœʔ^{2}kʰø^{53}ɦyœʔ^{2}çi^{53} 看：看守。借喻用人不当，会造成损失。

【黄鼠狼躲拉鸡棚浪——勿偷鸡来也是偷】 βɒ̃$^{31-24}$sɿ$^{44-33}$lɒ̃$^{31-31}$ɗu$^{44-35}$lɑ$^{2-4}$ci$^{53-35}$bæ̃$^{31-55}$lɒ̃$^{13-31}$——uəʔ$^{2-2}$tʰɯ$^{53-55}$ci$^{53-53}$lɛ^{31}ɦɑ$^{22-24}$zɿ$^{22-31}$tʰɯ^{53} 又作“黄狼踲鸡棚上——勿偷鸡来也是偷”。踲：蹲，踩。意同成语“瓜田李下”。指行端坐正者要主动远离一些有争议的人和事，否则容易引起不必要的误会或嫌疑。

【强盗发善心——难得】 ɟiæ̃$^{31-24}$dɔ$^{13-31}$ɸæʔ$^{4-2}$ze$^{22-24}$siŋ$^{53-31}$——nɛ$^{31-22}$ɗʌʔ$^{4-2}$ 比喻事情少见。

【强盗打官司——场场输】 ɟiæ̃$^{31-24}$dɔ$^{13-31}$ɗæ̃$^{44-33}$kue$^{53-55}$sɿ$^{53-31}$——zæ̃$^{31-13}$zæ̃$^{31-55}$sy$^{53-31}$ 亦作“强盗打官司——打一场输一场”。通常用于嘲讽赌徒屡战屡败。

【强盗碰着贼爷爷——黑吃黑】 ɟiæ̃$^{31-24}$dɔ$^{13-31}$bæ̃^{13}zɑʔ^{2}zʌʔ$^{2-2}$ɦiɑ$^{31-55}$ɦiɑ$^{31-53}$——hʌʔ$^{4-4}$cʰiʌʔ$^{4-4}$hʌʔ$^{4-4}$ ① 强盗抢的财物，转手被窃贼偷走，黑道吃黑道，比喻一路货。② 强盗所得财物为明抢，窃贼将其据为己有为巧取，比喻一物降一物。

【搔头皮当曳手——自作多情】 tsɔ$^{53-35}$dɯ$^{31-55}$bi$^{31-31}$ɗɒ̃^{35}ɦiɑ$^{2-2}$sɯ$^{44-22}$——zɿ$^{13-22}$tsɒʔ$^{4-5}$ɗu$^{53-55}$ziŋ$^{31-53}$ 曳手：招手。见别人举手搔头皮，误认为向自己招呼。比喻期待的心情十分迫切。意同成语“挖耳当招”。

【棺材呒没盖——三长两短】 kue$^{53-35}$ze$^{31-53}$m̩$^{53-53}$məʔ$^{2-ʔ31}$ke^{35}——sɛ$^{53-35}$zæ̃$^{31-53}$liæ̃$^{22-24}$ɗø$^{44-31}$ 棺材由四长两短六块木板拼成，棺盖为四长之一。等待尸体入殓的未盖棺棺材便是三长两短。指意外的灾祸或事故，也是对人死的婉转说法。

【棺材里伸手——死要铜钿】 kue$^{53-35}$ze$^{31-53}$li^{22}səŋ$^{53-35}$sɯ$^{44-53}$——si^{44}iɔ^{53}doŋ$^{31-13}$di$^{31-53}$ 人死了还伸手要钱。比喻财迷心窍，死不罢休。

【棺材脚跟头打枪篱——辣棺材】 kue$^{53-35}$ze$^{31-53}$ciɑʔ$^{4-3}$kəŋ$^{53-55}$dɯ$^{31-53}$ɗæ̃$^{44-33}$tsʰiæ̃$^{53-55}$li$^{31-31}$——læʔ^{2}kue$^{53-35}$ze$^{31-53}$ 脚跟头：脚边。打枪篱：用篱笆围起来。枪篱：篱笆。“辣”谐“拦”。棺材脚

跟头打枪篱：把棺材拦住、围住。辣棺材：松江土语亦作"腊棺材"，指不识时务、不懂规矩、头脑不清的人。

【猢狲爬树——熟套】 βəʔ$^{2-2}$səŋ$^{53-53}$bo$^{31-24}$zy$^{13-31}$——zoʔ$^{2-2}$tʰɔ$^{35-35}$ 比喻熟练于事；又，"熟"谐音"俗"，也比喻无新意。

【猢狲拾着块姜——吃也勿是，丢也勿是】 βəʔ$^{2-2}$səŋ$^{53-53}$ɲiɪʔ$^{2-2}$zɑʔ$^{2-2}$kʰue^{35}ciæ̃^{53}——cʰiʌʔ^{4}ɦɑ^{22}uəʔ$^{2-2}$zɿ$^{22-22}$，ɗɒʔ^{4}ɦɑ^{22}uəʔ$^{2-2}$zɿ$^{22-22}$ 亦作"猢狲拾着块姜——吃吃辣蓬蓬、丢脱勿舍得"。丢：丢弃。食之怕辣，弃之可惜。比喻所获之物用处不大，又不舍得丢弃。有时也形容处境尴尬。

【猢狲戴帽子——像个人样子】 βəʔ$^{2-2}$səŋ$^{53-53}$ɗɑ$^{35-33}$mɔ$^{13-55}$tsɿ$^{44-31}$——ziæ̃^{13}kɯ^{35}ɲiŋ$^{31-24}$iæ̃$^{35-33}$tsɿ$^{44-31}$ 讥讽人打扮得光鲜，但本质不好。

【短脚裤着袜——终归差一段】 ɗø$^{44-35}$ciɑʔ$^{4-3}$kʰu$^{35-31}$tsɑʔ^{4}mæʔ^{2}——tsoŋ$^{53-35}$kue$^{53-53}$tsʰo^{53}iɪʔ$^{4-4}$dø$^{13-35}$ 亦作"短脚裤塞袜筒——差得远"。穿短裤，脚上套袜子，腿还露了一大截。比喻距离相差很远。

【窗闼面孔——掇上掇落】 tsʰɒ̃$^{53-55}$dæʔ$^{2-3}$mi$^{13-33}$kʰoŋ$^{44-31}$——ɗœʔ$^{4-4}$zɒ̃$^{13-35}$ɗœʔ$^{4-4}$lɒʔ$^{2-4}$ 窗闼：可向上打开后用木棍支撑，或是可装卸木板的窗户。旧时沿街的窗闼大多作小店的营业门面，可随时开关。讽刺看到不同地位者，冷热态度迥然不同的人。

【粪船浪扯篷——臭快】 ɸəŋ$^{35-55}$ze$^{31-33}$lɒ̃$^{13-31}$tsʰɑ$^{44-35}$boŋ$^{31-31}$——tsʰɯ^{35}kʰuɑ^{35} 篷：帆。臭：惹人厌恶。形容干活虽快，但是马虎草率，质量不高。

【落过雨送伞——卖人情】 lɒʔ$^{2-2}$ku$^{35-55}$ɦy$^{22-31}$soŋ$^{35-44}$sɛ$^{35-44}$——mɑ^{13}ɲiŋ$^{31-13}$ziŋ$^{31-53}$ 比喻事情过去后，才来表示不再需要的支持，使对方感激自己。

【落过雨撑伞——过时】 lɒʔ$^{2-2}$ku$^{35-55}$ɦy$^{22-31}$tsʰæ̃$^{53-55}$sɛ$^{35-31}$——ku$^{35-53}$zɿ$^{31-31}$ 比喻错失了机会。

【裁缝师傅勿带尺——存心不良】 ze$^{31-13}$βoŋ$^{31-55}$sɿ$^{53-55}$ɸu$^{35-31}$uəʔ$^{2-2}$ɗɛ$^{35-35}$tsʰɑʔ^{4}——zəŋ$^{31-13}$siŋ$^{53-53}$ɓəʔ$^{4-4}$liæ̃$^{31-53}$ 存心：故意的，有意的。"良"谐音"量"。比喻存着坏心眼。

【裁缝师傅打瞌睆——勿繗】 ze$^{31-13}$βoŋ$^{31-55}$sɿ$^{53-55}$ɸu$^{35-31}$ɗæ̃$^{44-33}$kʰəʔ$^{4-5}$tsʰoŋ$^{53-53}$——uəʔ$^{2-2}$liŋ$^{31-53}$ 繗：缝合，谐音"灵"。比喻事情办得不灵活、不好。

【隔年老皇历——过时货】 kɑʔ$^{4-4}$ɲi$^{31-53}$lɔ$^{22-22}$βɒ̃$^{31-55}$liɪʔ$^{2-ʔ31}$——ku$^{35-55}$zɿ$^{31-33}$ɸu$^{35-31}$ 皇历："黄历"，指历本。比喻过时的事物或陈旧的经验，已经无用。

【隔年蚊子——宿口】 kɑʔ$^{4-4}$ɲi$^{31-53}$məŋ$^{31-13}$tsɿ$^{44-53}$——soʔ$^{4-4}$kʰɯ$^{44-44}$ 亦作"隔年蚊子——老口"。指说话办事老练，亦嘲言辞尖锐刻薄的人。

【隔年蚕宝宝做茧——旡心思】 kɑʔ$^{4-4}$ɲi$^{31-53}$ze$^{31-24}$ɓɔ$^{44-33}$ɓɔ$^{44-31}$tsu$^{35-53}$ci$^{44-31}$——m̩$^{53-35}$siŋ$^{53-55}$sɿ$^{53-31}$ "心思"谐"新丝"。做茧：吐丝做茧。比喻心里有事，干啥事也提不起精神，没心思去处理。

【隔是黄浦江搀手——搭勿够】 kɑʔ$^{4-4}$zɿ$^{22-44}$βɒ̃$^{31-24}$pʰu$^{44-33}$kɒ̃$^{53-31}$tsʰɛ$^{53-35}$sɯ$^{44-53}$——ɗæʔ$^{4-4}$uəʔ$^{2-4}$kɯ$^{35-44}$ 搀手：牵手，握手。比喻交情浅；对付不了。

【媳妇问阿公借钞票——挪用公款】 siŋ$^{53-55}$βu$^{13-31}$məŋ^{13}æʔ$^{4-4}$koŋ$^{53-53}$tsia^{35}tsʰɔ$^{44-44}$pʰiɔ$^{35-44}$——no$^{31-24}$ɦioŋ$^{13-31}$koŋ$^{53-35}$kʰue$^{44-53}$ 公：本意指公婆的"公"，转指公家。指私自拿用公家的钱。

【摇是三日三夜橹，还勿曾解缆绳——白忙】 ɦiɔ^{31}zɿ^{22}sɛ$^{53-55}$ɲiɪʔ$^{2-3}$sɛ$^{53-33}$ɦiɑ$^{13-31}$lu^{22}，ɛ^{53}uəʔ$^{2-2}$zəŋ$^{31-53}$kɑ^{44}lɛ$^{22-24}$zəŋ$^{31-31}$——bɑʔ$^{2-2}$mɒ̃$^{31-53}$ 摇橹未解缆绳，船仍在原地。形容白忙一气。

【暗头里讲张——瞎话】 e$^{35-55}$dɯ$^{31-33}$li$^{22-31}$kɒ̃$^{44-35}$tsæ̃$^{53-31}$——hæʔ$^{4-4}$ɦo$^{13-35}$ 暗头里：暗地里。讲张：说话；聊天。指① 不真实的话；谎话。② 瞎说。没有根据地乱说。

【暗头洞里绕小脚——瞎缠】 e$^{35-55}$dɯ$^{31-33}$doŋ$^{13-33}$li$^{22-31}$ɲiɔ$^{22-22}$siɔ$^{44-55}$ciɑʔ$^{4-ʔ31}$——hæʔ$^{4-4}$ze$^{31-53}$ 暗头洞里：没有光亮的地方。绕小脚：旧时妇女缠足。瞎缠：双关。原指暗中胡乱缠足。转指胡搅蛮缠。

【楝树开花——真生活】 li$^{13-22}$zy$^{13-35}$kʰe$^{53-35}$ho$^{53-53}$——tsəŋ$^{53-55}$sæ̃$^{53-33}$βəʔ$^{2-ʔ31}$ 楝树春花秋实，果实皮肉单薄果核肥大，即所谓"假生肉，真生核"。楝树开花时农活极为繁重。真生活：本指工作吃重，十分费力。后引申为"真功夫""真本事""棘手"等。松江话"生活""生核"同音。

【满家屋老鼠一只猫——独大】 me$^{22-22}$kɑ$^{53-55}$oʔ$^{4-ʔ31}$lɔ$^{22-24}$sɿ$^{44-31}$iɪʔ$^{4-4}$tsɑʔ$^{4-4}$mɔ^{31}——doʔ$^{2-2}$du$^{13-35}$

比喻最大或是唯一的大佬。

【煤球炉打翻——倒霉(煤)】 me$^{31-13}$ɟiɯ$^{31-55}$lu$^{31-31}$ɗæ̃$^{44-35}$ɸɛ$^{53-31}$——ɗɔ$^{44-35}$me$^{31-31}$ "倒霉"谐"倒煤"。指遇事不利；遭遇不好。

【矮子爬芦席——高得一层】 ɑ$^{44-35}$tsɿ$^{44-31}$bo^{31}lu$^{31-22}$ziʌʔ$^{2-2}$——kɔ^{53}ɗʌʔ^{4}iɪʔ$^{4-4}$zəŋ$^{31-53}$ 亦作"蟹子爬芦席，高不到一寸篾"。矮子爬在芦席上，仅增高一层芦席高度。通常形容二者差不了多少。高得一层：也指略胜一筹。

【矮子爬楼梯——步步高升】 ɑ$^{44-35}$tsɿ$^{44-31}$bo^{31}lɯ$^{31-13}$tʰi$^{53-53}$——bu$^{13-22}$bu$^{13-55}$kɔ$^{53-55}$səŋ$^{53-31}$ 本指由低处一步一步地升到高处，转指境况、生活等一天比一天好，或地位、职位不断提高。

【蒲鞋面鞋子——呒双梁】 bu$^{31-13}$ɦɑ$^{31-55}$mi$^{13-31}$ɦɑ$^{31-13}$tsɿ$^{44-53}$——m̩$^{53-35}$sɒ̃$^{53-55}$liæ̃$^{31-31}$ 双梁：布鞋前部中间的两条脊，蒲鞋面无。"双梁"谐"商量"。指没有商量余地。

【跳虱钻拉袜统里——脚色】 tʰiɔ$^{35-35}$səʔ$^{4-ʔ31}$tsø$^{53-53}$lɑ$^{2-4}$mæʔ$^{2-2}$tʰoŋ$^{44-55}$li$^{22-53}$——ciɑʔ$^{4-4}$sʌʔ$^{4-4}$ 松江话"脚虱"谐"脚色"。指能干、厉害的人。

【跟是和尚卖篦箕——寻错人头】 kəŋ^{53}zɿ^{22}βu$^{31-24}$zɒ̃$^{13-31}$mɑ^{13}ɓi$^{53-35}$ci$^{53-53}$——ziŋ$^{31-13}$tsʰo$^{35-31}$ɲiŋ$^{31-24}$dɯ$^{31-53}$ 篦箕：密齿木梳，篦发用。比喻盲目跟从，跟错对象。

【酱甏里落苏——拣软㖃撍】 tsiæ̃$^{35-33}$bæ̃$^{13-55}$li$^{22-31}$lɒʔ$^{2-2}$su$^{53-53}$——kɛ^{44}ɲyø$^{22-22}$ɦɯ$^{13-35}$tsəŋ^{53} 酱茄子放在甏里，取用时通常选酱透的，即捏上去软绵绵的。落苏：茄子。撍：揿、捏；音"珍"。比喻寻衅先从软弱者着手，也指弱者易受欺凌。

【墙头浪绣花——戳壁脚】 ziæ̃$^{31-13}$dɯ$^{31-55}$lɒ̃$^{13-31}$siɯ$^{35-53}$ho$^{53-31}$——tsʰoʔ$^{4-4}$ɓiʌʔ$^{4-4}$ciɑʔ$^{4-4}$ 戳壁脚：意指人后挑拨离间，说人坏话。指搬弄是非、无中生有、中伤(人)。

【嫩竹扁担挑水——担当勿起】 nəŋ$^{13-24}$tsoʔ$^{4-3}$ɓi$^{44-33}$ɗɛ$^{35-31}$tʰiɔ$^{53-35}$sɿ$^{44-53}$——ɗɛ$^{53-35}$ɗɒ̃$^{53-55}$uəʔ$^{2-5}$cʰi$^{44-31}$ 担当勿起：意为"担待不了；承受不起"。双关。本指嫩竹扁担担不起沉重的水桶。转指对于长辈或领导的厚爱，用"承受不起"表示谦虚和感谢；对于不想接受的，用"承受不起"则表示拒绝，即不稀罕对方的付出。

【敲开木鱼——合勿拢嘴】 kʰɔ^{53}kʰe^{53}moʔ$^{2-2}$ɦŋ̍$^{31-53}$——ɦəʔ$^{2-2}$uəʔ$^{2-2}$loŋ$^{22-22}$tsɿ^{44} 形容高兴，哈哈大笑。

【漾泥沟里小鸭——学游】 iæ̃$^{35-55}$ɲi$^{31-33}$kɯ$^{53-33}$li$^{22-31}$siɔ$^{44-35}$æʔ$^{4-ʔ31}$——ɦɔʔ^{2}ɦiɯ^{31} 漾泥沟：小泥水沟。"学游"谐"学油"。斥年轻人开始学得油腔滑调。

【瘌痢勿瘌——有点犟】 læʔ$^{2-2}$li$^{13-35}$uəʔ$^{2-2}$læʔ$^{2-2}$——ɦiɯ$^{22-24}$ɗi$^{44-31}$ɟiæ̃^{22} 俗语有"犟瘌痢，瘌痢犟"。谓瘌痢性格大多比较固执。嘲讽有的人个性倔强。

【瘌痢头伲子——自家好】 læʔ$^{2-2}$li$^{13-55}$dɯ$^{31-31}$ɲi$^{31-13}$tsɿ$^{44-53}$——zɿ$^{13-22}$kɑ$^{53-22}$hɔ^{44} 瘌痢头伲子，喻孩子缺点明显。比喻对不足之处视而不见，总认为自己的人或物甚好。也指父母溺爱孩子。

【瘌痢头放炮——豪悻】 læʔ$^{2-2}$li$^{13-55}$dɯ$^{31-31}$ɸɒ̃^{35}pʰɔ^{35}——ɦɔ$^{31-24}$sɔ$^{35-31}$ 爆竹在空中炸裂后，散落物有时会掉到人头上，故放炮人(点爆竹者)放炮后便迅速离开。瘌痢头放炮，若散落物砸到头上，则比别人更疼，故放炮后比别人跑得更快。豪悻：赶快，快点儿。多用于催促人赶速。

【瘌痢头拾着辫子——得法】 læʔ$^{2-2}$li$^{13-55}$dɯ$^{31-31}$ɲiɪʔ$^{2-2}$zɑʔ$^{2-2}$bi$^{22-24}$tsɿ$^{44-31}$——ɗʌʔ$^{4-4}$ɸæʔ$^{4-4}$ 得：粘；法：谐头发之"发"。得法：形容走运，得意，合理，合适。

【瘌痢头浪插金花——忍痛要好看】 læʔ$^{2-2}$li$^{13-55}$dɯ$^{31-55}$lɒ̃$^{13-31}$tsʰæʔ^{4}ciŋ$^{53-35}$ho$^{53-53}$——ɲiŋ$^{22-22}$tʰoŋ$^{35-35}$iɔ^{53}hɔ$^{44-35}$kʰø$^{53-31}$ 比喻强忍痛苦，硬装门面。

【瘌痢头剥痂——噱头】 læʔ$^{2-2}$li$^{13-55}$dɯ$^{31-31}$ɓoʔ$^{4-4}$ke$^{35-35}$——çyœʔ$^{4-4}$dɯ$^{31-53}$ 瘌痢头剥去头上的痂会满头是血。痂：松江话音"盖"；"噱"谐音"血"。比喻发噱令人见笑。

【瘌痢头撑阳伞——无法无天】 læʔ$^{2-2}$li$^{13-55}$dɯ$^{31-31}$tsʰæ̃^{53}ɦiæ̃$^{31-24}$sɛ$^{35-31}$——βu$^{31-13}$ɸæʔ$^{4-5}$βu$^{31-55}$tʰi$^{53-31}$ 发：头发，音谐"法"，指法纪。天：双关，本指天空，转指天理、常理。斥人目无法纪，不受管束，毫无顾忌地胡作非为。

【算盘珠——勿拨勿动】 sø$^{35-55}$be$^{31-33}$tsy$^{53-31}$——uəʔ$^{2-2}$ɓəʔ$^{4-2}$uəʔ$^{2-2}$doŋ$^{22-22}$ 比喻人做事缺乏主动性，催一催，动一动。

【蜡烛——勿点勿亮】 læʔ$^{2-2}$tsoʔ$^{4-2}$——uəʔ$^{2-2}$ɗi$^{44-22}$uəʔ$^{2-2}$liæ̃$^{13-35}$ 比喻某些人不经开导或施加压力，思想就搞不通，行动就跟不上。

【蜻蜓吃尾巴——自吃自】 tsʰiŋ$^{53-35}$diŋ$^{31-53}$cʰiʌʔ^{4}mi$^{13-22}$ɓo$^{53-22}$——zɿ^{13}cʰiʌʔ^{4}zɿ^{13} 通常指所有的消费，如聚餐、娱乐等开支都由各自承担。

【蝼蛄落出蚂蚁来——一代不如一代】 lɯ$^{31-13}$ku$^{53-53}$lɒʔ$^{2-2}$tsʰəʔ$^{4-2}$mo$^{22-24}$ȵi$^{22-31}$lɛ^{31}——iɪʔ$^{4-4}$de$^{13-35}$ɓəʔ$^{4-4}$zy$^{31-53}$iɪʔ$^{4-4}$de$^{13-35}$ 落：牲畜幼体从母体中分离出来。蝼蛄体型比蚂蚁大，比喻一代比一代差。

【鼻头浪挂鲞鱼——嗅鲞】 bəʔ$^{2-2}$dɯ$^{31-55}$lɒ̃$^{13-31}$ko^{35}siæ̃$^{44-35}$ɦŋ̍$^{31-31}$——çiɯ^{35}siæ̃^{44} 鲞鱼：剖开晾干的鱼。“嗅鲞”谐“休想”。指不要妄想。

【鼻头管里血——自拍出】 bəʔ$^{2-2}$dɯ$^{31-55}$kue$^{44-55}$li$^{22-53}$çyœʔ^{4}——zɿ^{13}pʰɑʔ^{4}tsʰəʔ^{4} 自己拍打鼻腔导致流血。嘲引火烧身、咎由自取者。

【憋嘴拆硬污——硬撑】 ɓiɪʔ$^{4-4}$tsɿ$^{44-44}$tsʰɑʔ^{4}ŋæ̃$^{13-22}$u$^{35-35}$——ŋæ̃^{13}tsʰæ̃^{53} 拆硬污：便秘，大便板结。“撑”谐音“挣”；用力解下大便。憋住嘴巴使劲排便。比喻硬充好汉。

【撑牢篙子摇船——死做】 tsʰæ̃$^{53-35}$lɔ$^{31-53}$kɔ$^{53-35}$tsɿ$^{44-53}$ɦiɔ$^{31-13}$ze$^{31-53}$——si^{44}tsu^{35} 撑：用竹篙使船前进。篙子：撑船用的竹竿。使劲定住竹篙，用橹摇船，船无法行走。比喻用错误的方法做事，毫无结果。

【橄榄核垫凳脚——活里活络】 kɛ$^{44-33}$lɛ$^{31-55}$βəʔ$^{2-ʔ31}$di^{13}ɗəŋ$^{35-35}$ciɑʔ$^{4-ʔ31}$——βəʔ$^{2-2}$li$^{22-55}$βəʔ$^{2-5}$lɒʔ$^{2-ʔ53}$ 橄榄核：橄榄的果核。橄榄核容易滚动，不稳定。形容事物不确定，靠不住，不易掌握。

【瞌眈碰着枕头——来得正好】 kʰəʔ$^{4-4}$tsʰoŋ$^{35-35}$bæ̃$^{13-24}$zɑʔ$^{2-ʔ31}$tsəŋ$^{35-53}$dɯ$^{31-31}$——lɛ$^{31-22}$ɗʌʔ$^{4-2}$tsəŋ$^{35-53}$hɔ$^{44-31}$ 瞌眈：打瞌睡。比喻正合心意。

【瞎子打瞌眈——真假难分】 hæʔ$^{4-4}$tsɿ$^{44-44}$ɗæ̃$^{44-35}$kʰəʔ$^{4-3}$tsʰoŋ$^{35-31}$——tsəŋ$^{53-35}$kɑ$^{44-53}$nɛ^{31}ɸəŋ^{53} 瞌眈：打瞌睡。盲人睡觉，不易辨别是真睡还是假睡。比喻分不清真假。

【瞎子吃馄饨——肚里有数】 hæʔ$^{4-4}$tsɿ$^{44-4}$cʰiʌʔ$^{4-3}$βəŋ$^{31-55}$dəŋ$^{31-53}$——du$^{22-24}$li$^{22-31}$ɦiɯ^{22}su^{44} 比喻有主见或心里有数。也比喻心照不宣，不必说出。

【瞎子帮忙——越帮越忙】 hæʔ$^{4-4}$tsɿ$^{44-4}$ɓɒ̃$^{53-35}$mɒ̃$^{31-53}$——ɦyœʔ^{2}ɓɒ̃^{53}ɦyœʔ^{2}mɒ̃^{31} 指帮忙不得法，反而给人增添麻烦。对不善于做助手者的调侃语。

【瞎子看申报——装样】 hæʔ$^{4-4}$tsɿ$^{44-4}$kʰø^{35}səŋ$^{53-55}$ɓɔ$^{35-31}$——tsɒ̃^{53}iæ̃^{35} 亦作“瞎子看申报——装模作样”。申报：旧时报纸的代名词。比喻故作姿态，有其形而无其实。

【瞎子背瞎子——忙上加忙】 hæʔ$^{4-4}$tsɿ$^{44-4}$ɓe^{35}hæʔ$^{4-4}$tsɿ$^{44-4}$——mɒ̃^{31}zɒ̃^{13}kɑ^{53}mɒ̃^{31} “忙”谐音“盲”。形容事情比平常增多，更加忙碌。

【瞎子剥豆——瞎巴结】 hæʔ$^{4-4}$tsɿ$^{44-4}$ɓoʔ$^{4-4}$dɯ$^{13-35}$——hæʔ$^{4-3}$ɓo$^{53-55}$ciɪʔ$^{4-ʔ31}$ 巴结：努力；勤奋。巴结：松江话谐音“剥荚”。形容胡乱地、没有效果地忙碌。

【瞎子称秤——勿拉星浪】 hæʔ$^{4-4}$tsɿ$^{44-4}$tsʰəŋ$^{53-55}$tsʰəŋ$^{35-31}$——uəʔ$^{2-2}$lɑ$^{2-4}$siŋ$^{53-55}$lɒ̃$^{13-31}$ 秤星的“星”与“心”谐音。比喻不把事情放在心上。

【瞎子舀油——勺里有数】 hæʔ$^{4-4}$tsɿ$^{44-4}$ɦiɔ^{22}ɦiɯ^{31}——zɒʔ$^{2-2}$li$^{22-22}$ɦiɯ^{22}su^{44} 本指瞎子用勺子舀油，心里记着舀出油的数量。转指对事情的底细和原委等基本情况以及处理办法，自己心中很清楚。比喻对情况心里有底。

【瞎子唱大面——眼勿见为净】 hæʔ$^{4-4}$tsɿ$^{44-4}$tsʰɒ̃^{35}du$^{13-22}$mi$^{13-35}$——ŋɛ$^{22-24}$uəʔ$^{2-3}$ci$^{35-31}$βe^{31}ziŋ^{13} 食物制作过程没有看见，都当成是干净的。也指对于烦心事避而不见，便觉清净。大面：戏剧中的花脸，眼睛看不到花脸即净。又，花脸也称“净”。参见谚语“眼勿见为净”。

【瞎子望丈人——有眼勿识泰山】 hæʔ$^{4-4}$tsɿ$^{44-4}$mɒ̃^{13}zæ̃$^{22-24}$ȵiŋ$^{31-31}$——ɦiɯ$^{22-24}$ŋɛ$^{22-31}$uəʔ$^{2-2}$sʌʔ$^{4-2}$tʰɑ$^{35-53}$sɛ$^{53-31}$ 泰山：双关，本是对岳父的尊称，转喻令人敬仰的能人。比喻见闻太窄，认不出有地位、有身份或有本事的人。常用作自谦的客套话。

【瞎子磨刀——快哩快哩】 hæʔ$^{4-4}$tsɿ$^{44-4}$mo$^{31-13}$ɗɔ$^{53-53}$——kʰuɑ$^{35-44}$li$^{13-44}$kʰuɑ$^{35-44}$li$^{13-44}$ 快：双关语，原指刀刃锋利，转义为即将、不久。盲人磨刀，只能以手感觉刃口的锋利与否。借以表示时间不会太久。

【踏板浪蚊子——勿拉帐里】 dæʔ$^{2-2}$ɓɛ$^{44-22}$lɒ̃$^{13-22}$məŋ$^{31-13}$tsɿ$^{44-53}$——uəʔ$^{2-2}$lɑ$^{2-4}$tsæ̃^{35}li^{22} 踏板：旧式床前铺设的木板。踏板上的蚊子指在蚊帐之外。“帐”谐“账”，指不在计划之内。

【踏碎皮球——一包气】 dæʔ$^{2-2}$se$^{35-35}$bi$^{31-13}$ɟiɯ$^{31-53}$——iɪʔ$^{4-4}$ɓɔ$^{53-53}$cʰi^{35} 踏碎，即踩破。一包

气：满肚子窝囊气。多比喻结局不佳，令人失望，遭人嘲诟。

【额角头浪放扁担——头挑】 ŋʌʔ$^{2-2}$kɒʔ$^{4-5}$dɯ$^{31-53}$lɒ̃$^{13-31}$ɸɒ̃^{35}ɓi$^{44-44}$ɗɛ$^{35-44}$——dɯ$^{31-13}$tʰiɔ$^{53-53}$ “头挑”，语义双关。由“用头挑担”转义为“头等的”“最好的”。

【檀香木当柴烧——大材小用】 dɛ$^{31-22}$çiæ̃$^{53-22}$mɔʔ$^{2-2}$ɗɒ̃^{53}zɑ^{31}sɔ^{53}——du$^{13-22}$ze$^{31-22}$siɔ$^{44-44}$ɦioŋ$^{13-44}$ 把贵重的檀香木当木柴烧掉。比喻大材料派了小用场，借指人事安排不当，屈才。

【蟑螂配灶鸡——一对“好”夫妻】 ʦɒ̃$^{53-35}$lɒ̃$^{31-53}$pʰe^{35}ʦɔ$^{35-53}$ci$^{53-31}$——iɪʔ$^{4-4}$ɗe$^{35-35}$hɔ$^{44-33}$ɸu$^{53-55}$ʦʰi$^{53-31}$ 灶鸡：又称灶马，形如蟋蟀，穴居于灶旁。有蟑螂的地方就会有灶鸡，二者几乎形影不离，宛如“好”夫妻。指双方基本条件相当，很般配。常用来形容低贱贫苦的夫妻，或指夫妻双方均染有不良习气，臭味相投。

【癞蛤巴吃蚂蚁——一舔】 lɑ$^{13-22}$kəʔ$^{4-5}$ɓo$^{53-31}$cʰiʌʔ^{4}mo$^{22-24}$ɲi$^{22-31}$——iɪʔ$^{4-4}$tʰi$^{44-44}$ 癞蛤蟆吃蚂蚁，用舌头一舔而就。形容办事轻松容易。又，“一舔”谐音“一体”，比喻办事视同一律。

【癞蛤巴垫台脚——硬撑杖】 lɑ$^{13-22}$kəʔ$^{4-5}$ɓo$^{53-31}$di$^{13-22}$de$^{31-22}$ciɑʔ$^{4-2}$——ŋæ̃^{13}ʦʰæ̃^{53}zæ̃^{22} 亦作“癞蛤蟆垫台脚——硬撑”。硬撑杖：硬撑拐杖之类的支柱物。比喻拼命忍受某种无法忍受的沉重压力，或勉强承担某种难以胜任的重负。

【蟛蜞上壁——自盘自落】 bæ̃$^{31-13}$ɟi$^{31-53}$zɒ̃^{13}ɓiʌʔ^{4}——zɿ$^{13-22}$tʰɛ$^{35-22}$zɿ$^{13-22}$lɒʔ$^{2-2}$ 本指蟛蜞自己爬上墙壁，又自己落下来。“自盘自落”谐音“自叹自乐”，转指一会儿叹息，一会儿高兴。盘：爬行。

【蟛蜞脚裹馄饨——里戳出】 bæ̃$^{31-22}$ɟi$^{31-22}$ciɑʔ$^{4-2}$ku^{44}βəŋ$^{31-13}$dəŋ$^{31-53}$——li$^{22-22}$ʦʰoʔ$^{4-5}$ʦʰəʔ$^{4-?31}$ 亦作“蟛蜞裹馄饨——里戳出”。蟛蜞：一种小蟹，可食用。本指用蟛蜞脚做馄饨馅，其坚硬的脚会戳破面皮儿。转喻在内部搞破坏，亦讽刺吃里爬外者。

【邋遢和尚——做勿出好道场】 læʔ$^{2-2}$tʰæʔ$^{4-2}$βu$^{31-22}$zɒ̃$^{13-22}$——ʦu$^{35-33}$uəʔ$^{2-5}$ʦʰəʔ$^{4-?31}$hɔ$^{44-33}$dɔ$^{13-55}$zæ̃$^{31-31}$ 本指不整洁、不利落、不修边幅的和尚不可能营造出修行学道的良好环境。比喻做不出好事或像模像样的事。道场：指佛教、道教进行诵经弘法等宗教活动的场所。也指进行上述宗教活动。

【鳗鲡死拉汤罐里——勿势直】 me$^{31-13}$li$^{31-53}$si^{44}lɑ$^{2-4}$tʰɒ̃$^{53-55}$kue$^{35-33}$li$^{22-31}$——uəʔ$^{2-2}$sɿ$^{35-55}$zʌʔ$^{2-?53}$ 死在汤罐里的鳗鲡身体盘曲。比喻事情非心甘情愿而为，不值得做。

【鳗鲡佮蟹洞——两贪】 me$^{31-13}$li$^{31-53}$kəʔ^{4}hɑ$^{44-44}$doŋ$^{13-44}$——liæ̃^{22}tʰe^{53} 在蟹洞里，螃蟹用唇吻舔食鳗鲡肥腻躯体分泌的汁液，鳗鲡则获得了憩息之所。比喻双方都有贪图，也都有好处。佮：合，合伙。

【糯米圆子滚芝麻——多少沾一眼】 nu$^{13-22}$mi$^{22-22}$ɦø$^{31-13}$ʦɿ$^{44-53}$kuəŋ^{44}ʦɿ$^{53-35}$mo$^{31-53}$——ɗu$^{53-35}$sɔ$^{44-53}$ʦe^{53}iɪʔ$^{4-4}$ŋɛ$^{22-44}$ “沾”谐音“粘”。沾一眼：沾一点。本指糯米团上总能粘上些芝麻。转指凭借与人或事物的关系而多少得到点好处。也指与某人多少沾点儿亲戚关系。

【戴是箬帽香鼻头——难碰头】 ɗɑ$^{35-53}$zɿ$^{22-31}$ɲiɑʔ$^{2-2}$mɔ$^{13-35}$çiæ̃^{53}bəʔ$^{2-2}$dɯ$^{31-53}$——nɛ^{31}bæ̃$^{13-22}$dɯ$^{31-22}$ 香鼻头：亲吻。箬帽：箬竹的篾或叶子编成的遮雨遮阳帽，边缘很大，戴了箬帽难以亲吻。比喻双方距离远，难以相遇。

【螺蛳屁股——绕头多】 lu$^{31-13}$sɿ$^{53-55}$pʰi$^{35-55}$ku$^{44-31}$——ɲiɔ$^{22-24}$dɯ$^{31-31}$ɗu^{53} 螺蛳：淡水螺，外表有锥形的硬壳，尾部有螺纹。绕头：旋纹、弯子。本指螺蛳屁股多弯弯绕绕的螺纹。比喻枝节繁多。

【炒菜呒油——干搂】 ʦʰɔ$^{44-35}$ ʦʰ e^{35} m̩$^{53-53}$ ɦiɯ^{31}——kø$^{53-35}$ lɯ^{31} 亦作“炒菜呒油——空搂”。搂：蔬菜在油锅里用铲刀翻炒。干搂：双关。本指干翻炒，转指白费劲，空起劲，无意义。

松江方言语系、声母、韵母、声调

【松江方言语系】 上海方言分支之一。属吴语太湖片分支，元末及明清时曾为松江府所辖地区的主流方言，今上海方言的重要基础。今上海方言可分为五片：市区片、崇明片、嘉定片、练塘片及松江片，其中以松江片覆盖面积最大，人数最多。松江片再可分为三个小片：松江小片、上海小片和浦东小片。松江小片包括：松江、金山、青浦、闵行、奉贤等区以及嘉定区的小部分。其中，松江镇方言在语音、词汇等方面最具代表性。

【松江方言声母】 松江方言的声母一共有33个：[p]包比布 [p‘]抛圮破 [b]跑辨步 [m]妈美眯 [ɦ m]买梅袜 [f]方粉虎 [v]房混物 [t]刀点妒 [t‘]滔舔吐 [d]逃弟度 [n]乃你努 [ɦ n]南奶怒 [l]捞拉拎 [ɦ l]劳赖领 [k]高告国 [k‘]敲考哭 [g]鳌环狂 [ŋ]癌我昂 [ɦ ŋ]鹅熬额 [h]哈好孝 [ɦ]鞋华于 [tɕ]骄肩鬼 [tɕ‘]跷起亏 [dʑ]桥件柜 [ȵ]粘扭袅 [ɦ ȵ]泥软玉 [ɕ]嚣险许 [ts]紫遮阻 [ts‘]车浅醋 [s]烧水素 [z]潮坐重 [ʑ]钱谢静 [Ø]啊哑恶

【松江方言韵母】 松江方言的韵母一共有54个：[ʅ]纸此梳水 [i]衣宣面非 [u]乌播所鹅 [y]迂雨句跪 [ɑ]柴带鞋家 [iɑ]借写野亚 [uɑ]乖拐怪花 [o]爬母社晒 [ə]头茂浮 [iə]刘牛旧酒 [ø]短暖虾最 [yø]卷劝元软 [e]杯满对 [ue]管款碗缓 [ɛ]版反担减 [iɛ]奸念眼也 [uɛ]关筷晚 [ɔ]保考草讨 [iɔ]表巧小条 [əl]而耳 [iu]靴 [ŋ]五 [m]姆 [n](口五) [æn]棚打硬冷 [iæn]娘想让 [yn]钧君菌 [əŋ]粉林灯 [uəŋ]坤棍睏 [oŋ]冬风 [ioŋ]穷荣熏 [ɑŋ]床唐创爽 [uɑŋ]广光往狂 [uɑn]横堆(蛮不讲理) [iŋ]清心寻 [iɑng]旺 [ɑʔ]迫麦客石 [iɑʔ]略削鹊脚 [uɑʔ]呱划 [ʌʔ]则默直塞 [œʔ]脱叠割 [əʔ]泼织出色 [iɪʔ]笔匹液摘 [uəʔ]骨阔剐 [yəʔ]菊屈血阅 [oʔ]北福伏哭 [ioʔ]曲褥疫轴 [ɔʔ]木捉角岳 [iɔʔ]瘸 [uɔʔ]扩握 [æʔ]八拔袜塔 [iæʔ]甲夹捏协 [uæʔ]刮括滑 [iɪʔ]热急绝力

【松江方言声调】 松江方言共有八种声调：

1. 阴平　高降调(53)

例如“爸、妈、它、拉、编、批、非、天、包、超”等字的声调。

2. 阳平　低降调(31)

例如“排、埋、鞋、柴、皮、言、题、前、毛、挑”等字的声调。

3. 阴上　半高平调(44)

例如“把、摆、奶、矮、比、体、洗、起、早、稿”等字的声调。

4. 阳上　半低平调(22)

例如“买、李、礼、米、免、搞、咬、恼、件、近”等字的声调。

5. 阴去　中升调(35)

例如“拜、派、带、债、闭、济、线、店、到、告”等字的声调。

6. 阳去　低升调(12)

例如“败、卖、坏、赖、辩、面、地、艺、冒、道”等字的声调。

7. 阴入　高短调(5)

例如“屋、黑、八、吸、得、责、百、必、作、确”等字的声调。

8. 阳入　低短调(2)

例如“局、及、敌、学、习、舌、洛、目、热、剧”等字的声调。

人物、著述

人　物

【郭友松】(1820—1887)　或作友嵩,名福衡,以字行。清松江府娄县(治今上海市松江区)人。十三岁中秀才,同治十二年(1873年)应乡试,中举人。因不谙世务,故终身未仕。晚年用松江土话写成小说《玄空经》,有传本行世。

【张源潜】(1921—2007)　上海市松江区人。副教授。曾先后就读于国立西南联合大学、清华大学中文系,毕业论文为《松江方言记音》。毕业后在江苏省松江县立中学任教,并任校务委员会主任。1954年调扬州师范学院中文系任教。退休后定居松江。曾编撰1991年版《松江县志·方言》。著有《松江方言志》,2003年由上海辞书出版社出版。

【盛济民】(1951—　)上海市松江区人。华东师范大学文学硕士。上海市松江一中语文高级教师。著有《学说松江话》《品味松江话》等读本。专著《软侬吴语松江好》于2019年由上海辞书出版社出版。

盛济民

著　述

【松江方言教程】　晚清供传教士及其同伴学习上海方言的教科书。清光绪九年(1883年)徐家汇土山湾天主教出版社出版。编著者佚名。所记多为徐家汇一带的上海县方言。当时上海县属松江府所辖,松江方言是今上海市区范围内的通用语言。故书名以"松江"冠之。全书共42课。法文书名:1883, George Emest Morrison: LeCons ou Exercices de Langue Chinoise Dialecte de Song-Kiang (Zi-Ka-Wei, Imprimerie de la Mission Catholique a L'orphelinat de T'ou Se-Ve)。

【土话指南】　松江府方言学习课本。上海土山湾慈母堂编纂。编著者佚名。清光绪十五年(1889年)初版,光绪三十四年再次编印出版。光绪七年吴启太、郑永新曾撰《官话指南》。《土话指南》称:《官话指南》"本为东洋吴君所撰……然于松属传教士不克其用,未免有恨,概欲译以松属土音为快,余姑就众情,勉按原本译以方言"。"松属土音"即为清末松江府方言。全书分为三章,分别为《应对须知》《官商吐属》和《使令通话》,正文以对话形式展现。

【法华上海松江方言词典】　上下两册,共1 314页,收集词语甚全,因为当时上海话和松江话语音和词语差异较小,故编在一起,有区别处记明差异。有简短的语法介绍,附录中有松江话和官话的语音比较表。

【玄空经】　用松江方言创作的小说。清郭友松撰。传世者初仅有钞本,1933年始有排印本,由上海少年书局印行。全书共八回,16 000余字,情节简单。在记述当时社会的世俗生活场景、市井文化细节,尤其在记录松江方言方面,有重要的参考和研究价值。

【松江俗语】　松江方言俗语汇编。胡祖德编。上海地区最早的谚语集成本。1914年冬完稿，分为两卷：上卷收谚语、俗语；下卷收山歌、谜语及方言习俗介绍文字。1922年3月出版石印本。1923年1月，上卷编为“沪谚”两卷，下卷编为“沪谚外编”两卷，印刷出版。

【松江人学习普通话手册】 普及普通话读物。江苏省上海市方言调查指导组和华东师范大学方言调查工作组编。1959年上海教育出版社出版。该手册在语音、词汇、语法等方面对松江话和普通话作了比较。

《松江人学习普通话手册》

【中国民间文学集成上海卷·松江县谚语分卷】 松江方言谚语集成汇编。1990年，松江县民间文学艺术集成编辑委员会编。全书约10万字，分时政、事理、修养、社交、生活、自然和生产七个部分。

【松江方言记音】 松江方言研究论文。张源潜1947年清华大学毕业论文。导师为张清常先生。

【松江方言志】 张源潜编著，2003年上海辞书出版社出版。此书为首部松江方言志书，全书分语音、词汇、语法特点和标音举例四章。附录有（一）《玄空经》（附注释），（二）郭友松（1820—1887）传略，（三）郭友松与《玄空经》（摘录）。

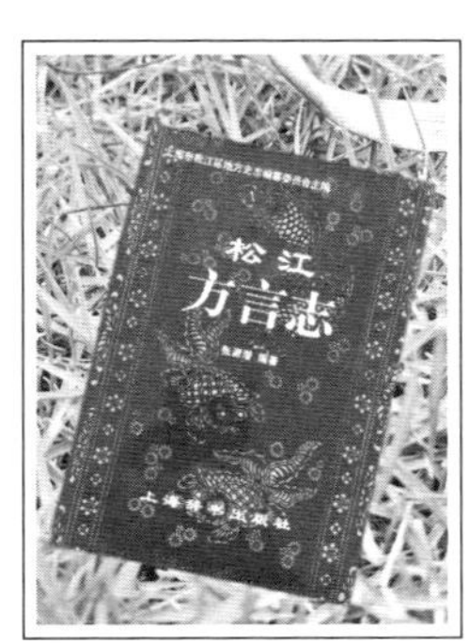

《松江方言志》

【上海方言、松江方言和嘉兴方言的比较】 松江方言研究论文。屠丽萍2007年上海大学博士论文。导师为钱乃荣教授。

【松江方言研究】 方言研究著作。许宝华、陶寰著，2015年复旦大学出版社出版。该书对松江方言作全面系统分析，记录松江方言老中新三派的音系、老派两字组三字组连读变调现象。比较研究了松江方言和北京音系、中古音系之间的对应关系。通过比较松江方言和周边吴语之间的异同，论述松江方言的特点。书中还收录松江方言词语约8 000条、语法例句、民歌和长篇语料。

【软侬吴语松江好】 记录松江方言的专著。盛济民著，2019年上海辞书出版社出版。全书汇集作者300余篇文章，对松江方言词语予以详解，其中有对以往志书错误注解予以纠正的，有对境内地名植物名予以考证疏解的，有对俗谚内容予以深度诠释的。文章大都篇幅短小，注重融知识性思想性趣味性于一体，在方言研究和文化研究等方面均有一定价值。

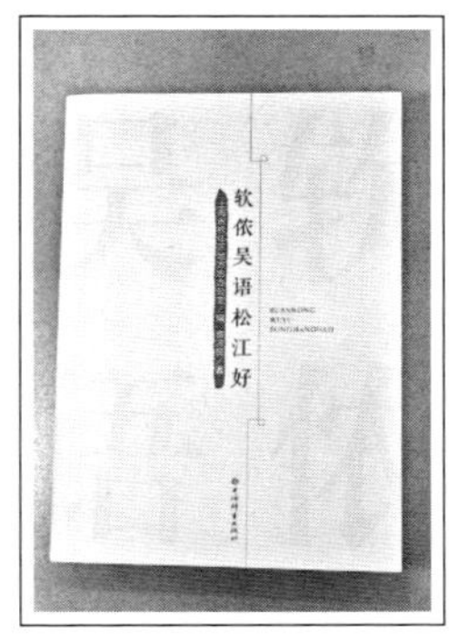

《软侬吴语松江好》

【松江方言问答】 松江方言著作稿本。作者不详。复旦大学图书馆藏本。

宗 教

松江宗教概述

松江是古代上海地区政治、经济、文化中心，历史悠久，文化底蕴深厚。松江的宗教历史文化是松江历史文化的重要组成部分。佛教、道教、伊斯兰教、天主教、基督教“五教”俱全是松江宗教的一大特色，体现了松江海纳百川、大气谦和的人文胸怀。

一

唐代，佛教在松江兴盛。唐乾元二年（759年）建大明寺（北宋大中祥符年间〔1008—1016〕易名普照寺，地广曾逾百亩），大中十三年（859年）建圆智教寺，咸通十五年（874年）建超果寺。其中，超果寺以其规模宏大在当时列为江南大寺之一，清康熙皇帝南巡时亲题“虹光胜迹”金匾。建于唐大中十三年的唐陀罗尼经幢（在今松江区中山小学内）是上海地区现存最为古老的地面文物，也是唐代佛教在松江兴盛的历史见证。

五代后晋天福年间（936—944），圆智教寺由县城西南移建天马山。后汉乾祐二年（949年）建兴圣教寺（今方塔公园内）。

宋代是松江佛教发展的鼎盛时期。据史料记载，松江在宋代新建的寺院及庵有50多所、宝塔2座，其中知名的有：建于大中祥符年间（1008—1016）的东田寺、建于熙宁至元祐年间（1068—1094）的兴圣教寺塔（方塔）、建于治平二年（1065年）的宣妙讲寺、建于崇宁年间（1102—1106）的南禅寺、建于绍兴元年（1131年）的东禅寺（今东禅古寺），建于绍兴十六年的北禅寺、建于乾道元年（1165年）的泗州塔院（今九峰禅寺）、建于乾道五年的云峰寺（又名“本一禅院”）、建于嘉定六年（1213年）的延寿院（今李塔汇延寿寺）、建于嘉定九年的西禅寺、建于淳祐四年（1244年）的禅定寺、建于咸淳元年（1265年）的云间接待院（今西林禅寺）、建于咸淳四年的资庆庵（今九亭镇资庆寺）等。

元明两代，佛教在松江继续发展。据清康熙《松江府志》记载，当时松江境内有佛教寺院及庵150多所，其中，元代新建的近30所，明代新建的近70所。建于明洪武十九

西林禅寺（2014年）

年（1386年）张泽镇东隐禅寺、建于明正统年间（1436—1449）云间第一桥西的延恩院、建于明成化十二年（1476年）天马山的上峰寺等较有影响。

入清以后，松江佛教发展滞缓。新建的寺院及庵主要有：建于顺治十五年（1658年）石湖荡泖口的宋家庵、建于康熙三十一年（1692年）二里泾的九莲庵、建于乾隆四十三年（1778年）新浜的大方庵、建于道光十九年（1839年）李塔汇东村的真净庵。据1931年《松江县政考查记录》，当时“全县有寺庙庵400余所，僧尼800余人”。

全面抗战期间，松江屡遭日机轰炸，城内外许多寺庙被毁。据《松江县志·宗教·佛教》记载：“民国三十六年（1947年），本县有寺庙183所，僧尼240人，其中比丘尼82人；佛、神像（含道教在内）975尊；寺庙房屋1 074间，田产1 649亩（不包括庙基325.5亩）。”

西林寺殿宇落成佛像开光大型法务活动（2010年）

中华人民共和国成立后，党和政府贯彻宗教信仰自由政策，同时在土改中僧尼也按政策分得土地和房屋，部分僧尼由此还俗。1951年，民国时期组建的松江县佛学会和松江县佛教会合并成立松江县佛教协会，有会员145人。“文化大革命”期间，寺院绝大多数被毁，宗教活动停止。

中共十一届三中全会后，党的宗教政策重新得到落实，宗教财产逐步归还。

1986年11月，上海市佛教协会派龙华寺僧人续明到松江主持修复西林禅寺并筹备恢复松江县佛教协会，全县时有僧尼54人，其中比丘尼16人。1987年9月，西林禅寺正式对外开放，12月5日，成立松江县第一届佛教协会。1998年松江撤县建区，2001年召开松江区佛教代表大会，松江县佛教协会改称松江区佛教协会。至2019年，全区共恢复和新建佛教场所12处，有僧尼120人，其中比丘尼4人。

禅宗、净土宗、华严宗、天台宗在松江佛教历史上曾长期并存。1987年松江县佛教协会成立，恢复和新建的寺院以禅宗和净土宗为主，但佛法传播不拘泥于一宗一派，主张融合各宗各派，倡导“教在华严，行在禅宗”“台贤并弘，禅净双修”“八宗护法”。

二

道教在松江活动的历史较早。据传，三国时孙权好道术，葛玄与孙权交往甚密，曾随孙权船队到今松江地区。松江民间有葛玄施法的各种传说。

松江建立的第一所道观是李塔明王庙。《苏州府志》:“唐太宗第十四子明，初封曹王，调露二年（680年）贬苏州刺史。先天二年（713年），奉敕立祠于松江。”

北宋时期，松江道教开始兴盛。大观年间（1107—1110）扩建东岳行宫（又称东岳庙），时为华亭庙宇之冠；政和四年（1114年）建华亭县城隍庙等。

元代是松江道教发展的鼎盛时期。至元十四年（1277年），华亭由县升府，县城隍庙由此升为府城隍庙；大德十年（1306年）建长春道院，为全真派传入上海地区的首座道观。至正年间（1341—1368），建西湖道院、朝真道院。至元末，松江已有道观76处。

明清时期，松江道教发展乏力，所建道观大多为小观。民国时期，军阀混战使道教受损，尤其是抗日战争全面爆发后，松江城区连续遭受日机狂轰滥炸，城内松江府城隍庙、长春道院等主要道观建筑被炸毁。据1946年《松江县各种宗教报告》，当时“全县有道观13处，出家道士16人，俗家道士215人”。

中华人民共和国成立后，1952年12月，由县道教协会筹备委员会对道观庙产、设备、存废做了调查。鉴于道士人员较少，俗家道士在土改中大多分得土地和房产，改就他业者甚多，因而未正式成立道教组织。1964年，东岳庙因白蚁蛀蚀、梁木脱落、山墙开裂难以修复，经报市文管会批准拆除。

东岳庙（约20世纪50年代）

杨大神过寄仪式(2015年)

"文化大革命"期间,观宫神像遭受严重破坏,宗教活动停止。

中共十一届三中全会后,党的宗教政策重新得到落实,宗教工作重新恢复。由于松江县内道观几无尚存,据1985年统计,全县道士仅剩8人,道教协会暂缓恢复。2002年5月,经上海市民族和宗教事务委员会与松江区人民政府批准,在东岳庙原址重建东岳庙。2004年4月,东岳庙一期竣工。2006年10月,松江区道教协会成立。至2019年,松江区共有道士11人,恢复和新建道教场所4处。

松江道教,历史上先有正一派。元大德年间(1297—1307)全真派传入,并有一定发展,但入清以后逐渐衰弱。2006年松江区道教协会成立后,松江道教皆为正一派。

三

松江是上海地区伊斯兰教传入和穆斯林聚居最早的地区。

元至元十二年(1275年),元军将领沙全率兵驻华亭,因功授华亭县达鲁花赤(地方最高行政长官名)。至元十四年,华亭县升为华亭府(翌年改称松江府),沙全升为松江府达鲁花赤。由沙全率领的官兵及其家属定居松江,其中大多为信奉伊斯兰教的穆斯林。穆斯林按伊斯兰教习俗实行集中土葬,在松江府城之西景家堰北侧修筑"回回坟"。

元至正元年(1341年),元廷敕建松江真教寺(今清真寺),至正十一年建成,伊斯兰教在松江始有固定的活动场所。据史料记载,元至正年间(1341—1368)松江有色目人31户。

明初,由于回族将领随明太祖起兵灭元有功,有分封食禄于金山卫(时属松江府)者。天顺年间(1457—1464),为巩固海防,朝廷将西北地区2 000多名穆斯林迁徙至江南各卫(包括松江金山卫),松江穆斯林人口增加。

清真寺(2009年)

明廷对伊斯兰教比较尊重，松江真教寺先后在洪武二十年（1387年）、永乐五年（1407年）、万历十年（1582年）进行了大修和扩建。永乐五年，明成祖朱棣亲赐“敕建真教寺”匾额。

明代，常以“皇恩赐”对穆斯林姓氏予以改姓。松江穆斯林赛氏后裔，在洪武年间以“皇恩赐”改从“唐”姓。明清以来，松江穆斯林大户有唐、马、杨、金、郭、刘、艾等姓。

清末和民国时期，战事迭起，尤其是经过太平天国和全面抗战，松江穆斯林迁徙他往者众多。1936年，松江县城内穆斯林人口降至300余人，至1946年仅有77人。

中华人民共和国成立后，党和人民政府对穆斯林群众和伊斯兰教给予高度重视和关心。1955年，松江县人民政府对年久失修的清真寺拨款维修，尊重穆斯林的宗教活动。当年，松江有穆斯林80人。“文化大革命”期间，松江清真寺被占为他用，宗教活动停止。

中共十一届三中全会后，民族和宗教政策重新得到落实。在天马山麓划出2.46亩土地建立回民公墓，恢复伊斯兰殡葬习俗。1980年8月，松江清真寺被列为市级文物保护单位。1985年，全县有穆斯林208人。1987年9月，清真寺修复一期工程竣工并恢复伊斯兰教活动，12月，成立松江清真寺民主管理委员会。

松江清真寺民族书画艺术展

随着改革开放的不断深入，来松务工经商、安家立业的穆斯林也越来越多，2015年后，清真寺参加每周一次主麻日聚礼的人数由刚恢复时的10多人增至400多人；开斋节等重大节日，参加会礼的高达1 400多人。至2019年，全区有穆斯林常住人口6 683人，其中户籍人口2 069人。松江清真寺有阿訇3名、寺管会委员5人。

四

明天启二年（1622年），意大利籍耶稣会传教士毕方济到松江，为179名入教者施洗，天主教传入松江。清顺治八年（1651年），意大利籍耶稣会传教士潘国光到松江和上海等地传教，并在许甘第大资助下于顺治十五年（1658年）在松江城内建造了松江第一座天主教堂邱家湾天主堂。

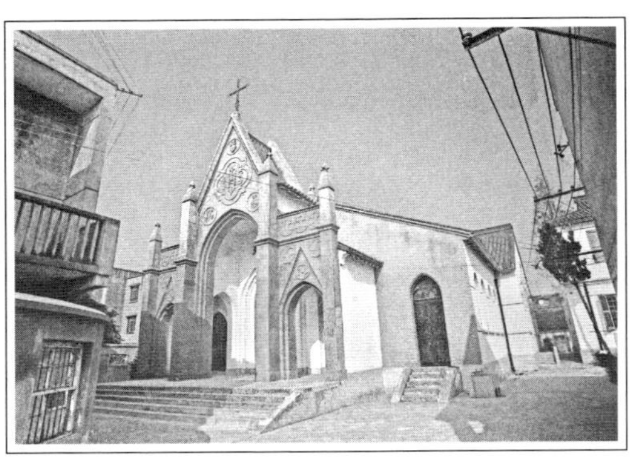
邱家湾天主教堂（2018年）

清康熙、雍正年间（1662—1735），因朝廷禁止传习天主教，天主教在中国的传教活动停止。松江邱家湾教堂因此被没收拆除。鸦片战争后，天主教再次进入中国。道光二十年（1840年），教皇派意大利人罗伯济任江南署理主教，江南天主教再度复兴。道光二十二年七月，江南新教区耶稣会会长南格禄神父和艾方济神父先后抵达佘山张朴桥会口，与教徒一起举行瞻礼活动。同年10月，法国籍李秀芳神父受罗伯济主教之令，到张朴桥创办修道院并翻建张朴桥天主教堂。道光二十六年，清政府被迫弛禁天主教，天主教在中国迅速发展。

同治二年（1863年），江南教区耶稣会会长鄂尔璧在松江西佘山购置山地在半山腰建造5间平房，作为传教士修养憩息之所，并在山顶建一六角亭，六角亭内供有“进教之佑圣母像”。同治九年，“天津教案”爆发，许多地方的天主教受到严重冲击，时任江南耶稣会会长谷振声前来佘山山顶，在六角亭前下跪向“进教之佑圣母像”许愿：江南代牧区如能保佑度过灾难，化险为夷，将在山顶建一座大教堂。后来，江南代牧区未遭波及，平安度过。同治十年，由教友募捐钱款，建造山顶圣母大堂。同年，邱家湾天主堂在原址复建。

在这期间，松江天主教所属的江南代牧区，形成了代牧主教、院长神父（同治十三年改为总铎区）、本堂区、堂口的管理体制。邱家湾天主教堂作为总铎区的总铎座堂，下辖7个本堂区，管辖范围包括松江、青浦、上海、金山四县的大部分地区，共有教堂80多处。1949年，佘山本堂区升格为总铎区，形成了松江境内有两个总铎区的局面。

1925年，佘山山顶圣母大堂因无法容纳教徒的宗教活动，决定拆除重建。经过十年的建设，于1935年正式落成。1941年，教皇庇护十二世钦定佘山圣母为中华圣母；1942年又敕封佘山山顶圣母大堂为宗座乙级圣殿，成为东亚第一座也是至今中国大陆唯一受到教皇敕封的圣殿，由此，佘山山顶圣母大堂成为中国天主教的朝圣中心。至1947年，松江全县有天主教堂70余所，教徒20 473人。教会在松江县境内先后兴办光启、正心2所中学和12所小学，创办若瑟医院。

中华人民共和国成立前后，由外国传教士控制的天主教会，盗用教义教规，煽动教徒反对中国共产党和新生的人民政权。1955年，上海教区主教龚品梅反革命集团被肃清。1961年，松江县天主教爱国会成立，标志着松江天主教会彻底挣脱了帝国主义势力的精神枷锁，走上了“独立自主、自办教会”的爱国爱教道路。“文化大革命”期间，宗教活动停止，爱国会停止工作。

中共十一届三中全会后，党的宗教政策重新得到落实。1981年5月，佘山山顶圣母大堂修复开堂。同年10月，松江县天主教爱国会恢复。1998年松江撤县建区，同年10月，松江县天主教爱国会改称松江区天主教爱国会。2005年，天主教上海教区对总铎区进行了调整，设立嘉（定）青（浦）松（江）总铎区，邱家湾天主教堂为总铎区座堂，松江的教务直属嘉青松总铎区。至2019年，全区恢复开放教堂共10处，有神父6人，修女5人，全区共有天主教徒约3万人。

佘山圣母月弥撒活动（2018年）

五

松江基督教历史上以美国监理公会（后称“卫理公会”）教派为主体，其他教派并存。

清光绪六年（1880年）至十二年，由美国监理公会属下的曹子实牧师最先在松江府城西门口一带传教。光绪十二年，美国监理公会派遣传教士麦乐恩到松江，购置田产准备建造教堂。不到一年，麦乐恩回美国，光绪十三年由美国传教士步惠廉接任。光绪十五年，步惠廉在松江府城西门外馆驿处建起松江第一座基督教教堂，为纪念传教士麦乐恩，取堂名为“乐恩堂”。光绪二十七年，步惠廉分别在新浜角钓湾、石湖荡小镇建造角钓湾耶稣堂和石湖荡耶稣堂。1925年在松江城区寺基弄南首（今中山中路人民路西松江中心医院对面）又建一座教堂及钟楼，教堂亦称“乐恩堂”，又称“新堂”。1998年为配合旧城改造，迁移至园丁路，并改名永恩堂。监理公会基督教在松江形成了一定的规模。

基督教-永恩堂（2004年）

监理公会松江牧区原先由上海教区管理。据1917年监理公会第32届年议会记载，当时松江牧区分松江乐恩堂、松江西牧区、松江东牧区三大部分，共有中西传教士19人、传道及义工30人，中西信徒652人。

1920年，松江教会由牧区升为独立教区，与上海、苏州、湖州教区并列，下辖乐恩牧区、朱家角牧区、金山牧区、浦东牧区、浦南牧区、凝溪牧区等7个牧区。1924年第

39届和1929年第45届监理公会中华年议会均在松江举行，松江基督教在当时已有相当的规模和影响。

松江基督教还有“圣公会”“中华基督教会”“使徒信心会”“地方教会”“自立会”和“基督教聚会处”等教派。1923年上海基督教圣公会在小昆山建圣公会礼拜堂，有信徒六七十人。1924年中华基督教会在枫泾镇（时属松江县）建堂，有信徒200余人。1941年使徒信心会在枫泾镇建堂，有信徒60余人；地方教会由姚方渊等发起，在泗泾镇建堂办教，信徒约50人。自立会和基督教聚会处由上海和外县传入，时间较晚，各有信徒80～200人。

全面抗战期间，乐恩堂等教堂被日军占用，传教士被关进集中营。抗日战争胜利后教堂收归教会。

中华人民共和国成立后，松江基督教界拥护人民政府“独立自主、自办教会”主张，自觉割断与国外教会势力的联系，走上了“自治、自养、自传”的爱国爱教道路。“文化大革命”期间，教堂设施被毁，宗教活动停止。

中共十一届三中全会后，宗教政策得到落实。1984年5月，松江基督教堂正式复堂，成立松江县基督教三自爱国运动委员会和松江县基督教堂务委员会（简称“松江基督教两会”），按照“自治、自养、自传”原则，由基督教两会对全县基督教实行统一领导和统一管理的组织体制与运作机制。1998年松江撤县建区，松江县基督教两会改称松江区基督教两会。至2019年，松江全区共有基督教堂（点）11个，牧师4名、长老3名、专职传道员11名、义工传道员4名，基督教信众10 185人。

天爱公益讲堂

佛　教

现有佛教场所

【西林禅寺】 佛教寺院。位于松江区中山中路666号。据传，唐咸通十三年（872年），在华亭县治西建西林精舍，为西林禅寺前身。南宋咸淳年间，僧睿（号圆应）增建，改名“云间接待院”（按，接待院是宋代由官府或经官府批准建在交通要道上用于接待僧侣或来往官员及商旅的寺院）。在寺前建宝塔，名“崇恩塔”，亦名“延恩塔”。元初，寺、塔毁于兵燹。明洪武二十年（1387年），僧淳厚在旧址重建，于二十五年竣工，改名西林禅院。为纪念圆应禅师，将新建的宝塔取名“圆应塔”，立“西林禅院圆应塔记碑”。正统年间，僧法瑀移塔于大殿后。正统十二年（1447年），英宗朱祁镇赐额“大明西林禅寺”。景泰三年（1452年）建毗卢殿于塔后，其时，寺院僧众达600余人，列为江南名刹之一。清顺治十七年（1660年），僧成行重修。康熙二十年（1681年），昭武将军杨捷捐资修建大殿和山门。乾隆三十二年（1767年），住持佛铭募资大修。嘉庆十一年（1806年），住持寄亭重建毗卢阁并修圆应塔，增建湖亭、法喜堂、詹葡林等。同治四年（1865年），住持普信重建方丈室。光绪三年（1877年），住持海州重建山门；十九年，重修毗卢阁。此时方丈室前有古松两棵，老干龙盘，故名“双松丈室”。清末起香火渐少，民国时期寺渐败落。至1949年，寺内主要建筑仅剩圆应塔和毗卢阁。1982年，圆应塔被列为上海市文物保护单位。1986年，恢复对外开放，并正式登记为佛教寺院，由龙华寺续明法师来寺主持工作，陆续增建地藏殿、药师殿、弥勒殿，1991年大修毗卢殿，翌年落成，由赵朴初题匾。1992年，龙华寺监院性修继任住持，复修毗卢殿、大雄宝殿、牌楼、钟鼓楼、药师殿、念佛堂、方丈室东厢房等。2003年，推举上海玉佛寺监院悟端接任性修，对寺院建设作总体规划，扩建普贤殿、三圣殿、弥陀殿、功德堂、西林素斋等，增建华藏世界，重修毗卢殿。2010年，西侧（一期工程）翻建全面完成。截至2019年，寺院整体布局沿中轴线有山门、大雄宝殿、华藏世界、圆应塔、毗卢殿，东侧有钟楼（拟建尊客堂、文殊殿、方丈室、云水楼），西侧有鼓楼、西林素斋馆、普贤殿、弥陀殿等。建筑面积5 497.94平方米。是松江区佛教协会办公地。

西林禅寺500罗汉斋（2012年）

【西林精舍】 见“西林禅寺”。

【云间接待院】 见“西林禅寺”。

【东禅古寺】 佛教比丘尼道场。位于车墩镇东门村659号。始建于南宋绍兴元年(1131年),初名"桃花庵",绍兴六年寺成,赐额"宝胜禅院"。后因松江府衙东西皆有寺,该寺居府衙之东,故又名"东禅寺"。元至正六年(1346年)住持文友于寺西筑清溪亭。亭临于水,栽有花竹,过者常游访于此,士大夫均于此赋咏,杨维桢曾为之作记,一时寺名扬江南。明洪武年间,圆通庵等一寺两庵并入。该寺曾是松江"八寺香火"之一,地处府衙东首,每年春节,郡守知县都到该寺行迎新仪式,此举一直延续至清同治年间。明隆庆元年(1567年)住持天霞建天王阁、青莲阁。万历年间,僧碧空重建西方殿。清咸丰十年(1860年),毁于兵燹。同治十年(1871年),僧普信重建,首埭天王殿,两埭大雄宝殿,三埭青莲阁。东厢有伽蓝殿,西厢有三圣殿。寺东与寺后有竹林、僧塔。清末民初,东门一带战事频繁,香火衰微。1917年,僧庆纯将三埭庙舍缩减改为两埭。全面抗战爆发初期,难民云集于寺西的铁路口设卡处,住持圆觉倾东禅寺之所有,煮粥济民,将僧房改作难民收容所。1949年全寺仅剩僧智能一人守舍。1949年上海解放初,曾邀请雪相法师来寺院讲经7天,一时佛徒云集。"文化大革命"期间,寺院挪作他用。1993年,庙舍归还松江县佛教协会,委派尼传贤住持,改比丘道场为比丘尼道场,更今名。1994年9月正式登记为佛教寺庙。1995年,松江县佛教协会邀请常定任监院。2009年,因修建沪杭高铁,迁址重建。新址位于松卫北路东、沪杭高铁南。2015年主体工程基本完成。截至2019年,寺院整体布局沿中轴线有韦驮殿、大雄宝殿、念佛堂,东侧有钟楼、客堂、接待室等,西侧有鼓楼、祖师殿、三圣殿、斋堂。占地3 240平方米,建筑面积3 104平方米。

东禅古寺(2021年)

【桃花庵】 见"东禅古寺"。

【宝胜禅院】 见"东禅古寺"。

【东禅寺】 见"东禅古寺"。

【大方禅院】 佛教寺院。位于新浜镇大方支路26弄29号。清乾隆四十三年(1778年),有广能和尚舟行西来,驻锡创建,名"大方庵"。原为四合院式寺院,方砖铺地。院前有古银杏两株,院中有古榆树两株。该寺地处松江、青浦、金山三县交界地段,1927年前后曾是陈云领导的枫泾农民暴动指挥部所在地。每次地下党秘密召开会议,寺院当家兆太主动承担望风侦察任务,后其因保护地下党被国民党杀害。中华人民共和国成立后,部分房屋被用作大队办公室、卫生室和小学。1962年被列为松江县文物保护单位。1991年,因流民夜宿庙宇,失火焚毁后殿东厢房。1992年,由松江县人民政府出资在原址重建。1994年恢复为宗教活动场所,更名为"大方禅院",委派西林禅寺副寺又海任监院。是年6月正式登记为佛教寺院。从1998年起,陆续向赵王村永久性租地5亩,扩大寺院。2006年,西林寺监院能慧接任监院。2019年,更名"隆庆寺",迁址新浜镇文兵路690号。

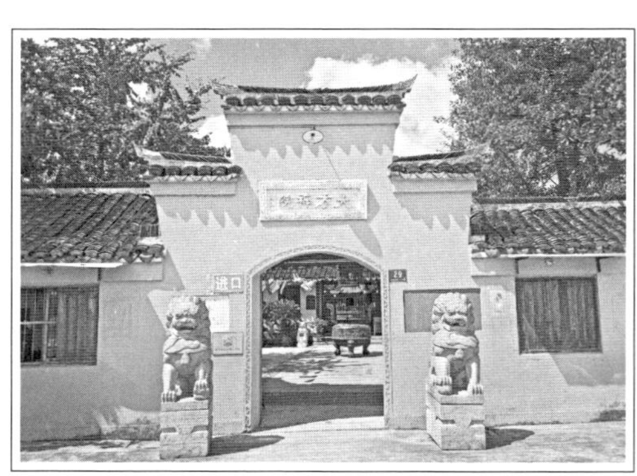

大方禅院(2018年)

【大方庵】 见"大方禅院"。

【严家庵】 佛教寺院。位于今泗泾镇张泾河东。清乾隆四十三年(1778年)里人秦镜等建,

1949年前有房屋5间，比丘尼3人。中华人民共和国成立后，尼姑还俗，庵改作民房。1994年，通过尼慧清的提议，获准为临时宗教活动场所。2000年，经上海市民族宗教事务委员会和松江区人民政府批准，将严家庵比丘尼道场改为比丘道场，并移址城隍庙旧址重建。

【福田净寺】 佛教净土宗道场。位于泗泾镇开江中路300弄30号。2000年，严家庵移址城隍庙旧址重建。是年，圆通宝殿落成，并将泗泾镇内原有的8座小庙集中迁址于此。历史上，泗泾镇内曾有东田寺、北田寺，时任松江区佛教协会会长、西林禅寺住持性修念东田寺和北田寺等历代高僧弘法之功，循“东田”名义，易一字正名为“福田净寺”。2003年，松江区佛教协会委派上海玉佛寺副寺明非任监院。至2008年，寺院内各项建设基本完成。截至2019年，寺院整体布局沿中轴线有山门、天王殿、圆通宝殿、念佛楼、云水楼，东侧有千手观音殿、客堂、东厢房、功德堂、斋堂，西侧有千佛阁、延生堂、西厢房、法堂。占地8 000平方米，建筑面积5 186平方米。

福田净寺（2018年）

【九峰禅寺】 佛教寺院。位于小昆山北峰。唐龙朔元年（661年）西域僧伽（因晚年定居泗州，自号泗州和尚）在小昆山北峰建慈雨塔。南宋乾道元年（1165年），僧心古依塔建寺，因敬崇僧伽，定寺名为“泗州塔院”，慈雨塔改名“泗州塔”。明弘治四年（1491年）建观音殿；八年，住持忠绍建转轮阁。嘉靖二十年（1541年）建真武殿；二十六年，重建西方殿、起僧寮。隆庆元年（1567年），僧照重建藏经阁。万历年间

九峰禅寺（2018年）

（1573—1620），修葺藏经阁和泗州塔，时华亭朱家角人礼部尚书陆树声撰有《重修塔院记》。明末，寺主体殿宇有山门、大雄宝殿、水月殿（观音殿）、华佗殿，大殿左有禅堂、但笑斋、三圣阁；右有二陆祠堂（祀西晋陆机、陆云）、方丈院、转轮阁及宝训堂、藏经阁、藏宝阁等。据叶梦珠《阅世编》记载，清顺治五年（1648年），因寺院建在山之北坡，住持本月为出行方便，遂鸠工易向，一壁不移，寸瓦未动，转而北向，宛若天然，使泗州塔院成为风格独特的寺院。康熙四至五年（1665—1666），原济（俗名朱若极，号石涛，画家，“清初四僧”之一）因仰慕高僧本月，曾到该寺拜师。四十四年，康熙帝南巡时赐御书“奎光烛影”匾额。嘉庆年间泗州塔倾圮。此后迭经战乱，寺院渐废。1941年被侵华日军占用。20世纪50年代，寺已无存，仅留古银杏1棵及几个直径达1米的柱基础石。1998年5月恢复重建，由中国佛教协会副会长、龙华寺住持明旸任修复委员会总顾问。因小昆山为“松郡九峰”之第九峰，重建后定名为“九峰禅寺”，由时任中国佛教协会会长赵朴初题匾。1999年由浙江宁波天童寺知客戒法出任修复委员会主任，2001年6月，主体工程竣工，9月正式登记为佛教寺院。戒法任监院。截至2019年，寺院整体布局沿中轴线有天王殿、大雄宝殿、法堂、藏经楼，东侧有法堂、送子观音殿，西侧有三圣殿。占地4 800平方米，建筑面积4 000余平方米。

【泗州塔院】 见“九峰禅寺”。

【地藏古寺】 佛教寺院。位于车墩镇东门村

地藏古寺（2020年）

800号。初为明刑部郎中杨忠裕别业。清顺治元年（1644年）改建为佛寺地藏古寺。同治年间重修。光绪元年（1875年），住持比丘尼何师太增建后殿，以奉地藏王菩萨，并于殿之两旁塑十王像及地狱诸变相；前殿奉三官，殿之西祀刘郡王；后殿东侧厢楼三楹为焚修之所。宣统三年（1911年），其徒比丘尼莲寿添建西厢三楹，铸接引佛。后比丘尼传贤于西偏建屋五楹。"文化大革命"期间被毁。1985年恢复重建，重建后，有正殿念佛堂300平方米，东西厢房各7间共350平方米，餐房50平方米。1999年，时任松江区佛教协会会长、西林禅寺住持性修决定以古庵为基础创建上海市第一家佛教安养院，定名"化城安养院"。时占地4 000平方米，建筑面积800余平方米。2007年，松江区佛教协会会长悟端又重征土地，占地面积扩大到13 297平方米。2009年，派西林禅寺监院达平主持工作，并对内部建设做重新规划，分两期实施。2016年，西林禅寺住持悟端代为住持。2018年，变更登记为佛教固定处所，恢复古名"地藏古寺"。2019年，请戒量和乾观为副监院并代主持日常工作。寺院整体布局沿中轴线有山门、地藏宝殿、行愿戒台、行愿文化艺术馆、念佛堂、上海崇恩书画院；东侧有钟楼、药师殿、五观堂、僧寮；西侧有鼓楼、行愿堂、行愿共修大楼、崇恩茶窖、闭关房、行愿图书馆、行愿义诊堂。建筑面积6 650.5平方米。上海崇恩书画院设在寺内。参见"上海崇恩书画院"。

【化城安养院】 见"地藏古寺"。

化城安养院（2021年）

【延寿寺】 佛教寺院。位于石湖荡镇李塔汇李塔街130号。南宋嘉定六年（1213年），浙东定海（今浙江舟山）僧元信到此，当地钱姓富绅舍宅捐地，在李塔下建寺，名"澄庵"，又名"圆通庵"。咸淳年间，僧如霑请额，改名为延寿院。元中叶毁于战乱。明万历元年（1573年），僧照重建。清咸丰二年（1852年），僧普信募修李塔，增建"真静""澄漪""广济""妙悟"4所寮房及旁房30余间，置香火田数亩，在寺前三里河设慈航

延寿寺（2021年）

渡口，解决路人渡河之难。信徒远近悦来，香火鼎盛一时。1913年，住持莲根重葺圆通殿，其时前有山门，首埭为弥勒殿，两埭为悬空殿，殿后大院铺砖平旷，院内李塔高耸，其后左右各有古银杏一棵。三埭为大雄宝殿。抗战全面爆发后寺毁于战火。1997年，上海市文物部门修复李塔，2002年被列为上海市文物保护单位。2000年，恢复重建古寺，西林禅寺灵彻任监院。2001年正式登记为佛教寺院。寺庙为仿唐建筑风格。截至2019年，寺院整体布局沿中轴线有山门、天王殿、李塔、大雄宝殿（待建）、藏经楼；东侧有外围东厢房、客堂、钟楼、药师殿、千手观音殿、斋堂；西侧有外围沿街客房、明王殿（待建）、鼓楼（待建）、三圣殿、地藏殿、禅堂加僧寮。建筑面积2万平方米。寺内佛像全部用汉白玉制作，总计600余尊，为寺院一大特色。

【澄庵】 见“延寿寺”。

【圆通庵】 见“延寿寺”。

【普善讲寺】 原名“蟛蜞庵”，亦称“普善庵”。佛教寺院。位于叶榭镇井凌桥村425号。始建于清乾隆年间。南北两进、东西厢房，四合院式建筑。1941年，常住石定延清奉城万佛阁尼僧根楞及弟子又德来庵共同住持。“文化大革命”期间停止宗教活动。20世纪80年代，宗教政策重新得到落实后，三位尼僧重回庵中。1994年，又德建庵堂3间。2001年批准为烧香点。2003年，建大雄宝殿，并正式登记为宗教活动固定处所。2011年，因又德年事已高，西林禅寺监院圣慧获派任监院。2012年，更今名。截至2019年，寺院整体布局有天王殿、大雄宝殿及伽蓝殿、斋堂等。建筑面积720余平方米。

普善讲寺（2018年）

【蟛蜞庵】 即“普善讲寺”。

【普善庵】 即“普善讲寺”。

【资庆寺】 佛教寺院。位于九亭镇北场姚北路33号。2005年，为加强民间自发烧香点的管理，松江区民宗办和九亭镇人民政府依法取缔拆除了兴联、金吴、来泾浜、小寅等5个村中在老庙基上搭建的6处烧香点，并在北场辟出地块，设立九亭佛教活动场所。2006年，派西林禅寺知客能慈任监院。九亭镇原有佛教寺院资庆庵，早已湮没。2008年，将九亭地区新设的佛教活动场所定名为“资庆寺”，并正式登记为宗教活动固定处所。截至2019年，寺院整体布局沿中轴线有山门、天王殿、大雄宝殿、伽蓝殿。东侧是钟楼和东厢房，东厢房有药师殿、接待室、书画室、讲堂等；西侧是鼓楼和西厢房，西厢房有三圣殿、客堂、斋堂等。建筑面积约3 000平方米。

【天马山佛教固定场所】 佛教临时活动点。位于天马山南峰山顶，为原上峰寺旧址。上峰寺建于明成化年间。寺内供有鎏金铜铸观音像，高3米，重1 800千克。当地乡民以有此观音菩萨铜像颇为自豪，有民谣：“天马穷，天马穷，尚有三千六百斤铜。”清康熙三十七年（1698年）于大殿东南建摩云阁，崇伟壮观。寺内还有三清殿、祖师殿等。全面抗战期间，铜像被日军劫走，至今下落不明，庙宇被毁严重。1949年，上峰寺已废圮。1978年起，当地信众自发到山上搭建小庙，随意烧香的现象严重。为满足信众宗教生活需求，保护山林安全，2001年由松江区民族宗教办公室、松江区佛教协会、佘山林场共同协商后，在护珠塔与古银杏西北侧，辟出三间天马山公园用房，供奉信徒自发送来的佛像。是年，又在上峰寺旧址上按原貌新制铜质观音像一尊。后为保护佛像，加盖彩钢板顶棚。2007年，正式登记为宗教活动固定处所，启用今名，隶属于松江区西林禅寺，委托天马山公园负责日常管理。2018年，管理工作移交圆智寺筹备小组。

【上峰寺】 见“天马山佛教固定场所”。

【知也禅寺】 佛教寺院。位于广富林文化遗址内。相传，晚唐有位大致和尚从洛阳云游到广富林，发愿在此建庙弘法。经过十年化缘，终于

知也禅寺(2017年)

圆智寺大雄宝殿渲染效果图

在四面环水的高亢之地建起一座大殿,并在大殿东面的河上建石桥。大殿和石桥落成后,遭到水灾,周围村庄全被淹没,村民都到大殿中避难。大雨连续不停,难民越来越多,粮食越来越少。大致和尚愁白了双眉。一夜,他打坐时梦见佛祖正在舍身饲虎。醒后连声颂道:"知也!知也!"于是将本准备为佛祖塑像的银两全部捐出,购粮赈灾。大水退去后,乡民前去告辞,见大致和尚端坐在蒲团,已圆寂而去。后人便将庙宇称"知也寺"。又一说,大致和尚到广富林时,正遇瘟疫,每天为乡人治病,由于语言不通,乡人问他情况,只回"知也"两字。大致和尚因治病劳累而终,乡人建"知也寺"以作纪念。2009年,作为广富林文化遗址的重要项目,由松江区文化广播影视管理局、松江区佛教协会、松江区大学城建设发展有限公司联合重建。2013年5月竣工,派西林禅寺监院如恒任监院,是年8月正式登记为佛教固定处所。寺院采用仿唐式建筑,主要建筑物均系纯木质结构。截至2019年,寺院整体布局沿中轴线有山门、五方文殊殿、大雄宝殿、般若丈室,东侧有钟楼、地藏殿、客堂、斋堂,西侧有鼓楼、祖师殿、观音殿。建筑面积3 275平方米。寺内专设祖师殿供奉大致和尚。

【圆智寺】 规划重建中的佛教寺院。位于天马山南麓天马东街6号。圆智教寺始建于唐大中十三年(859年),为佛教天台宗道场。五代后晋天福年间,因水坏寺基,迁至干山(即天马山)东南麓,在二陆草堂废址上重建。北宋太平兴国年间,都水使钱绰扩建庙宇,延请天台韶国师弟子熹蟾为住持,寺院初具规模。元丰二年(1079年),时任华亭县令许文全在大殿东南建四层砖塔,《建塔碑记》云:"命工匠建立阿育王塔像一所,安置释迦如来真身舍利,及金书金像。"南宋淳祐五年(1245年),僧墨庆大加修葺。明万历年间,太仆寺卿林景旸重修,时寺院有紫凝山房、竹虚山房、竹楼房、慧修阁、梵音堂、潮音堂、松月堂等,极具规模,成为松江知名寺院之一。崇祯十三年(1640年),吕廷振重修砖塔(阿育王塔),为报父恩,以其父之别号"中阳",命塔名为"中阳塔"。清雍正五年(1727年),遭遇火灾,宇院大多被毁。乾隆六年(1741年),拆除中阳塔。全面抗战期间,遭日军严重破坏。1949年,寺院基本废圮。2014年,经松江区民族宗教事务办公室批准,成立圆智教寺恢复重建筹备小组,由明智主持恢复重建工作。寺址选于天马山南麓天马东街6号,考虑当下信众的修习偏好,将原天台宗道场改为禅宗道场,将原寺名"圆智教寺"改为今名。2018年10月,举行圆智寺奠基仪式。重建后为唐宋建筑风格,规划的整体布局包括山门、天王殿、大雄宝殿、法堂、梵音阁、钟鼓楼等,建筑面积约1万平方米。

【圆智教寺】 见"圆智寺"。

【隆庆寺】 佛教寺院。位于新浜镇文兵路690号。建于明隆庆四年(1570年)。清道光二十七年(1847年)重修。前后两进四合院式建筑。20世纪50年代初尚有比丘尼住寺。后因年久失修,至2006年尚存后殿断墙残垣及部分朽梁。2013年,为有利于陈云领导枫泾农民暴动纪念地建筑文物的保护,消除重大宗教活动时的安全隐患,经新浜镇人民政府重新规划和上海市民族宗

隆庆寺灵山宝殿(2021年)

教事务委员会批准,将大方禅院整体迁入隆庆寺旧址,并用“隆庆寺”旧名,能慧任监院。2019年迁建工程基本完成,三进两院,呈明清风格。寺院整体布局沿中轴线有山门殿、灵山宝殿、藏经楼(第一楼法堂、二楼水月坛场、三楼文殊殿)、云水楼,东侧有钟楼、地藏殿、祈福殿、伽蓝殿、五观堂、会议室、东厢房、僧寮,西侧有鼓楼、观音殿、接引殿、财神殿、西厢房。建筑面积4 048.8平方米。参见“大方禅院”。

松江普照寺(约20世纪40年代)

已湮没的佛教场所

【普照寺】 初名“大明寺”。佛教寺院。位于原华亭县治东(今松江区中山中路松江自来水厂一水厂)。建于唐乾元年间。北宋大中祥符三年(1010年)改名“普照寺”。寺有陆将军祠,传为陆机园亭。南宋时,临安(今杭州)府净慈寺住持、高僧居简(号北磵)居该寺,撰有《普照寺重建西方殿纪略》,称该寺规模独步浙西。唐、宋间曾两次遭火灾,元初重建。元世祖至元三十一年(1294年)建藏殿,以藏《大藏经》,松江知府张之翰撰有《普照寺藏殿纪略》。元末毁于战乱。明正统年间,知府赵豫等先后倡导捐资修复,弘治六年(1493年)重建竣工。清初殿宇倾圮,雍正三年(1725年)重修。嘉庆、咸丰年间分别由僧瑞亭和僧立山修建。据清光绪《松江府续志》记载,前志所载秀朵轩、涵晖室、香水海、静观堂诸胜皆废,山门各殿及海月堂、景苏阁存。民国初,仅剩大殿三进。第一进为弥陀殿,两旁有四大金刚,殿后有一长方形天井,两侧有偏殿、禅房,有二陆祠;第二进为罗汉殿,内有十八罗汉,殿之东南有梅花井;第三进为观音殿,殿有楼。1913年为北洋军阀驻兵之所。1927年为北伐军驻兵之所。1949年初,僧璧云为住持。1961年在寺址建松江自来水厂。

【大明寺】 即“普照寺”。

【超果寺】 初名“长寿寺”。佛教寺院。位于华亭城外西南瑁湖桥之右(今松江一中操场)。唐咸通十五年(874年)心鉴(即藏奂)禅师建。元末毁于兵灾。明洪武年间,僧景祥重建。由祥耐、大与、德奎、宗尚、正受等先后住持,各有兴葺,已具规模,香火旺盛。天启元年(1621年),一览楼将倾,侍御王元瑞捐资兴建,崇祯九年(1636年)竣工,规模壮观。寺沿中轴线依次有鸳鸯殿、大殿、雨华殿、一览楼。大殿东廊有镜碑,南为转藏殿、真如堂;又南为徐文贞公阶祠;北为圆悟堂。大殿西廊为西方殿,供定光佛;北为西隐堂,堂东偏有古杏,傍为雨花堂,侍御王元端、冏卿李凌云、太守徐琳章、太学台鼎结放生社于此;南为瑞光井,又南为四贤祠,祀张翰、陆机、陆云、顾野王“四贤”,陆树声题匾曰“仰止”。万历三十七年(1609年),觉虚一讲师建西来堂，太仆吴炯迁祠于其东，周绍节拟以顾清、张弼、陆树声、陆树德为之配，称“后四贤”。清光绪六年（1880年），僧普信重建蛇王殿，翌年修一览楼及山门。1916年修大悲阁，新建西山门。寺内有石桥，松谚所谓“庙里桥”。鸳鸯殿后向有石一方嵌于壁间，以水泼之，现观音像，谓之“泼水观音”。1932年修筑松汇公路，公路穿越寺院，庙宇东侧被拆。1936年，松江红十字会创办战时救护训练班于寺中。1958年“大炼钢铁”时寺废。

【长寿寺】 即“超果寺”。

【兴圣教寺】 初名“兴国长寿寺”。佛教寺院。位于华亭县治东南谷市桥西（今方塔园照壁之南）。五代后汉乾祐二年（949年）邑人张仁（张司空之子）舍宅，僧明颂创建。北宋大中祥符年间改名“觉玄院”，后又改名“兴圣教寺”。初地广30亩，正殿为大悲阁，东有水陆池，南有九层方塔。钟楼高及佛塔之半，钟声洪亮，闻数十里。元时寺毁，仅剩佛塔与钟楼。明洪武三年（1370年），知府林庆以寺址的三分之二建府城隍庙，僧道安、原珍在塔旁建忏堂，名“兴圣塔院”。正统十二年（1447年），僧善昌募助重修。清咸丰十年（1860年），钟楼毁于兵燹，寺院渐废无存。20世纪70年代兴建方塔园时，出土古寺石础两方，其一柱径80厘米，重约3 500千克。

【兴国长寿寺】 即“兴圣教寺”。

【觉玄院】 即“兴圣教寺”。

【兴圣塔院】 见“兴圣教寺”。

【普照教寺】 初名“佘山东庵”，亦称“普照教院”。佛教寺院。北宋康定二年(1041年)由择汀上人修建，庆历七年(1047年)塔(“塔”指聪道人塔)庙成。治平二年(1065年)赐额“普照教院”，亦称“普照教寺”。元末毁于兵燹。明永乐年间，僧坚智重建。明嘉靖三十九年(1560年)，僧月泽重修。清康熙二十一年(1682年)王骏声重修。清末寺废，仅存秀道者塔。

【佘山东庵】 即“普照教寺”。

【普照教院】 即“普照教寺”。

【慧日寺】 亦称“惠日院”“佘山中庵”。佛教寺院。位于西佘山半山腰（今天主教佘山中山圣母堂处）。北宋太平兴国三年（978年），僧弘庆建。治平二年（1065年），赐额“惠日院”。据《云间志》，佘山有三大庵：东庵为普照教院，中庵为慧日寺，西庵为宣妙讲寺。寺西有古沐塔。元代毁于兵乱。明嘉靖十五年（1536年），徐阶奉明世宗所赐蟒衮（飞鱼官服）付僧圆实留镇山门，礼部尚书陆树声也舍衲于寺，乃以“慧日双衣”纳入“佘山十景”之一。万历六年（1578年），僧圆实、太师徐阶、尚书陆树声倡议募捐重建，成为九峰名刹。明董其昌曾作《慧日寺记》。清同治年间（1862—1874）寺废。

【惠日院】 即“慧日寺”。

【佘山中庵】 即“慧日寺”。

【东田寺】 初名“观音庵”，亦称“东观音堂”“普渡禅院”“东田禅院”，俗称“小普渡”。佛教寺院。建于北宋咸平至大中祥符年间，元初重修，改名为东观音堂。明万历年间改名为普渡禅院。清嘉庆年间改名为东田禅院。1937年被日军焚毁，1942年重建。1956年修建沪松公路时被拆除。

【观音庵】 即“东田寺”。

【东观音堂】 即“东田寺”。

【普渡禅院】 即“东田寺”。

【东田禅院】 即“东田寺”。

【小普渡】 即“东田寺”。

【善住教院】 佛教寺院。在普照寺东北隅。北宋皇祐年间，僧常矩建。晋水法师净源开山，寺内有“怀晋轩莲池”“瑞像”“机云故宅”“高阁层峦”“鹤滩秋晓”“云西双松”六景。后被占为军营，寺废。

【宣妙讲寺】 亦称“佘山西庵”。佛教寺院。在西佘山南麓（今天主教佘山修院处）。北宋治平二年（1065年）建，并赐额。元毁于兵灾。明正统六年（1441年），僧坚（名智，号虚白，俗姓潘，浙江余姚人）与徒宗升重建，成化五年（1469年）建成。大雄宝殿中有十八罗汉、二十诸天于壁。钱溥撰《重建宣妙碑记》叙其事。历代皆有修缮。20世纪30年代中期寺毁。寺前原有仆裂石，系清康熙帝御题“兰笋山”刻石。寺中有一白牡丹，花如斗大，系明僧所栽。1949年寺已荒芜，唯剩栖碧山房。1985年寺址建中国天主教佘山修院，牡丹花移植至上海植物园，后衰竭死亡。

【佘山西庵】 即“宣妙讲寺”。

【广化寺】 旧名“广化漏泽院”，俗称“蛇王庙”。佛教寺院。位于超果寺西北(今长桥南街北端)。北宋崇宁年间僧永珍建。南宋绍兴三年(1133年)赐额。明正德七年(1512年)、万历十七年(1589年)先后重修。清乾隆十年(1745年),僧尘超、涵明修葺。寺中有法林堂、安禅室、普光阁、明静轩。光绪十六年(1890年),住持清涛重修。宣统元年(1909年),僧本端重葺山门。

【广化漏泽院】 即“广化寺”。

【蛇王庙】 即“广化寺”。

【北禅寺】 亦称“马謦寺”。佛教寺院。位于华亭县治东北。南宋绍兴年间,沂州(今山东临沂)马謦(以往文献皆讹作“嶜”)山净居寺僧人法宁禅师航海到松,建寺。因法宁来自马謦山,人称“马謦禅师”,寺俗称“马謦寺”。元代寺毁。明洪武年间僧慧海重建。明万历四十五年(1617年)郡人钱龙锡倡修。后寺废,仅存石刻四面观音像。清乾隆五十一年(1786年),僧海阔募建,有三楹。咸丰十年(1860年)毁于太平天国战争。

【马謦寺】 即“北禅寺”。

【昭庆禅寺】 亦称“灵峰庵”。佛教寺院。位于东佘山骑龙堰侧。南宋绍兴二年(1132年)由沂州(今山东临沂)马謦山净居寺僧人法宁禅师建。法宁来自马謦山,人称“马謦禅师”。后人为纪念祖师建马謦禅师塔。元代寺毁。明洪武二十四年(1391年)僧德智重建。永乐十二年(1414年),僧智、古庵等募建观音地藏殿、藏经殿并两廊,又募铸大钟。正统七年(1442年),僧法云继之,建楼、毗卢阁,景泰元年(1450年)落成。天顺年间,复建毗卢阁。寺内有金沙地、芥子庵、狮子岩、钵西堂、绣烟阁、马謦禅师塔等胜境。后寺渐废。清康熙十七年(1678年),知府曹超重建。乾隆四十八年(1783年),僧福缘功募重修。废圮时间不详。

【灵峰庵】 即“昭庆禅寺”。

【康宁庵】 亦称“康庵”。佛教寺院。位于原仓七图东横泾桥南。南宋绍兴年间建。清初,夏完淳妻钱氏居此。同治五年(1866年),平湖女子张氏重建。光绪二十九年(1903年),住持尼闲贞募捐重修。民国时设小茜泾乡立第三国民学校。

【康庵】 即“康宁庵”。

【延庆教院】 佛教寺院。位于华亭县城外东南三百步。南宋乾道六年(1170年)僧碧云建,并赐额。开禧年间圮坍。开庆元年(1259年),僧恩恭增建殿堂、廊庑、香积厨、库房等计500余楹,里人陈忠训舍宅移建于寺西荒址计百余楹。于是寺宇宏敞壮丽,居南宋天台宗五山十刹之首。董楷撰有《重兴寺记略》。寺中高僧如佛光、梅峰、云梦皆成宗门匠硕。明洪武元年(1368年),寺入籍于官,十六年发还。永乐六年(1408年)高僧善启任住持。嘉靖年间寺改为盐运司公署,即“新察院”。抗战全面爆发后遭日机轰炸,寺院旧建筑成废墟。

【云峰寺】 亦称“本一禅院”,俗称“大北庵”。佛教寺院。位于华亭县治西北瑞鹿桥东(今松江区中山二路东段樟馨家园西侧)。原为道教宫观,南宋乾道年间建,名“真净院”,后改名“北道堂”。元世祖至元年间,宋室后裔赵孟僩寓居松江,入北道堂隐为道士,五年后皈依中峰禅师,剃度为僧,法名月麓,改北道堂为本一禅院。清康熙四十四年(1705年)赐额“云峰寺”。因邻近有寺院禅定寺,俗称“小北庵”,故该寺被称为“大北庵”。嘉庆二年(1797年)知府赵宜嘉捐修。咸丰十年(1860年)遭兵灾受损严重。民国时期仅存山门、贤首堂及僧房。全面抗战期间遭日机轰炸,寺全毁。赵孟僩为赵孟頫族兄,赵孟頫常客居松江,寺中有赵孟頫石刻遗迹、中峰禅师像赵孟頫书赞、《赵孟頫戴笠像》等。

【本一禅院】 即“云峰寺”。

【大北庵】 即“云峰寺”。

【示应庵】 佛教寺院。位于华亭县城西门外白龙潭东北。南宋淳熙年间僧瑶建。明万历年间,僧明心、真允在故址重建。清康熙十二年(1673年),僧寂闻重修。后殿庑尽圮。乾隆四十七年(1782年),里人重修。同治十三年(1874年),寮房半多倾圮,大雄宝殿破败不堪,僧普信重建。1918年,住持僧清贤募资重修。

【普宁寺】 亦称“黄耳祠”,俗称“黄泥寺”。佛教寺院。位于华亭县城南门外七里(今车墩镇米市渡村黄泥寺)。南宋庆元六年(1200年)僧尼如湛建,为尼庵。寺院西北角有一隆起的土坟,名“黄耳冢”,传为西晋陆机爱犬黄耳之墓。故寺又称“黄耳祠”,松江方言“黄耳祠”与“黄泥寺”谐音，乡人俗称为“黄泥寺”。清咸丰三年(1853年)，改为僧寺。后毁于兵灾。黄耳冢两旁旧时有古树两棵，其枝叶覆盖整个墓地，在兵灾中被砍伐。光绪三年(1877年)，僧嘉荣重建。时黄耳冢仍在。

【黄耳祠】 即“普宁寺”。

【黄泥寺】 即“普宁寺”。

【西禅寺】 亦称“西禅兴福寺”“龙潭寺”。佛教寺院。位于华亭城西白龙潭(约在今松江区人民路乐都路路口东北角)，故俗称“龙潭寺”。南宋嘉定年间僧法因建。洛阳范开有记。端平年间赐额“西禅兴福寺”。明万历年间，僧聊辉重建藏经阁，僧月印重造关帝殿、生生阁。清顺治十六年(1659年)，僧心一募修万佛阁、听雷堂。同治元年(1862年)，方丈、禅房毁于兵灾；九年，僧燮悟重修大雄宝殿；十年，建方丈室。光绪元年(1875年)，建三药殿。民国期间，松江县佛教会设于寺内。

【西禅兴福寺】 即“西禅寺”。

【龙潭寺】 即“西禅寺”。

【福圣教寺】 俗称“徐家观”。佛教寺院。位于北竿山西。南宋嘉熙年间乡绅徐芝建。传说徐因梦见主宰钱财的神人告示，为避祸得福，聚集钱财而捐资创立山门，续请于朝赐额。

【徐家观】 即“福圣教寺”。

【龙门寺】 佛教寺院。南宋僧如喜建，淳祐元年(1241年)赐额。旧址不详，元至正二十年(1360年)，迁址松江府城内长生桥南(约在今茸南苑)。官员迎送大多设饯于此寺。有“龙门十景”。元末毁于兵灾。明永乐六年(1408年)，僧能胜重建。后复圮废。清乾隆二十四年(1759年)，僧大诠募修海云堂、听雪轩；四十三年，复建大悲阁。王嘉璧有记。

【禅定寺】 亦称“瑞应教院”，俗称“小北庵”。佛教寺院。位于华亭县治西北，云峰寺东(今松江区中山二路樟馨家园东侧)。南宋淳祐四年(1244年)天台僧成从善募设瑞应教院。清康熙二十年(1681年)，赐额“禅定寺”；四十四年，御书“般若相”三字匾额。1918年，画家张大千(原名张正权)及其二哥张善孖，受同乡旧友、禅定寺住持逸琳法师之邀，客寓于寺中。翌年再到松江，因寄托对表妹的哀思，剃度为僧，法名“大千”。百日后还俗，后以法名行世。

【瑞应教院】 即“禅定寺”。

【小北庵】 即“禅定寺”。

【妙严教寺】 佛教寺院。位于华亭县治西，东岳行宫东。南宋咸淳年间，僧智建本三乘庵，后改名“妙严院”，宗白云教。元至正年间重建，敕赐为寺。明景泰三年(1452年)，僧昕东谷重建佛殿并山门。万历三十四年(1606年)，僧性静、智禅募修寺门、驰道并前殿；四十七年，复修毗卢阁十八应真像，出自邱弥陀之手，眉目如画，为寺名迹。清康熙初，殿前庙宇被商铺侵占；十九年(1680年)，知府鲁超檄行清理，恢复原貌；二十七年，僧寂学又修。后寺圮坏，前殿庙基又被商铺侵占，东偏僧庐改作纯阳祠，穿寿安街巷，山门变成行人过道。嘉庆四年(1799年)遭风雨，大殿倾圮。咸丰四年(1854年)重建毗卢阁。是年六月大风雨，阁圮。1913年，僧都纲、常慧重修大雄宝殿。1914年，庄严请佛及十八应真、二十四诸天，西偏为玉泉山房，中有止慧、朗月二堂，堂前有银杏两株，树龄数百年。

【本三乘庵】 即“妙严教寺”。

【妙严院】 即“妙严教寺”。

【资庆庵】 俗称“九里庵”。佛教寺庵。位于蒲溪北岸。南宋咸淳年间僧法耸建。庵东有小涞港，西傍蟠溪(今盘龙塘)，水陆交通两便。为方便行人歇足，在庵南蒲溪岸口建一凉亭，从泗泾至七宝约十八里，折半为九里，亭建于此，故名九里亭，庵因此又称“九里庵”，也因亭名而有地名。庵原宏巨，屋宇数十间，存有明董其昌所题“花雨缤纷”、晚清状元陆润庠所题“佛寺广大”匾额等。清同治初毁于太平天国战争。1922年，僧界云重建。1938年侵华日军进剿抗日游击队，至此搜查未果，杀害僧界云和庙祝，纵火毁寺，庵、亭皆废。

【九里庵】 即“资庆庵”。

【化城永寿寺】 初名“化成庵”。佛教寺院。位于华亭城南二十七里古胥顾泖。南宋端平年间，僧妙智苦节清修，近泖架一室奉神，后“泖隆然”，遂构精舍，名曰“化成庵”。元泰定年间，赐“化城永寿寺”额。至清末，仅存三楹。

【化成庵】 即“化城永寿寺”。

【楞严庵】 佛教寺院。位于石湖荡镇西。始建于元中后期。庵址原为元代松江府同知谢伯理故居，后改为寺院。前后两埭。前埭三楹，供弥勒佛；后埭五楹，供如来、观音。1958年，寺院拆除，改建为古松人民公社中心校。寺内有一罗汉松，传为元代诗人杨维桢避乱于松江暂居谢伯理家时所栽，号称“江南第一松”。故石湖荡集镇亦称“古松”。

【积庆禅寺】 初名“坐化庵”。佛教寺院。位于松江府城南门陆家桥东，与龙门寺相望。元至正年间邑人陈源为庆禅师舍宅建。庆坐化，肉身在焉，庵因以名。明正统年间，僧慧明请今额。其后相继营建，遂成名刹。清康熙五十六年（1717年）重修。乾隆四十年（1775年），提督陈杰复修。

【坐化庵】 即“积庆禅寺”。

【延恩院】 佛教寺院。明正统年间，越僧可立，得黄氏地于云间第一桥西，迁延恩报德院旧额而名。成化年间，知府刘璟于院前筑祭江亭，每岁漕运，设祭于此。弘治年间，知县张岐修。清康熙五十九年（1720年）、乾隆三十年（1765年）先后重修。同治年间重建。

【小云台】 原称“三秀庵”。佛教寺院。位于松江府城西门外西新桥东（今松江区中心医院东北处）。明隆庆元年（1567年）建。万历年间，章元衡重建。清康熙三十八年（1699年），僧天池重修。光绪二年（1876年），住持尼品全重修，并购置田亩，以充香积。十九年，品全弟子永辉改建山门，缮葺大殿。

【三秀庵】 即“小云台”。

【圆通庵】 亦称“圆通禅院”。佛教寺院。位于新浜镇长浜村。明万历二十五年（1597年），费朝寅舍地，僧广空募建。崇祯七年（1634年）重修。20世纪40年代末，仍有僧方仕主持，另有火工一人。后改作小学。1958年拆除。存有《募建古龙门圆通禅院碑记》。

【圆通禅院】 即“圆通庵”。

【东隐禅院】 旧称“彭家庙”，亦称“东隐庵”“崇三道院”。佛教寺院。位于张泽老集镇东北隅。明代彭氏建。后为蒋氏香火院。清顺治年间有住持僧印空、自恒。清张有曜《置田碑记》述其事。吴昂锡曰：“东隐庵昔时又名崇三道院，严道人居此。后复招僧住持，改今名。重建后为尼庵。”咸丰十一年（1861年）毁于兵灾。光绪二年（1876年），住持尼通圆重建斗姥殿，后尼心悟改建如来殿。

【彭家庙】 即“东隐禅院”。

【东隐庵】 即“东隐禅院”。

【崇三道院】 即“东隐禅院”。

【圣月庵】 旧称“阿陀庵”。佛教寺院。位于松江府城鹤荡泾北，近阿陀桥。建庵时间失考。有寒山访船子和尚遗迹。明万历四十三年（1615年），俞氏、徐氏、沈氏等重修，更今名。清初遭受兵灾，仅存伽蓝堂。

【阿陀庵】 即“圣月庵”。

【小普陀禅院】 佛教寺院。位于泗泾镇。明万历年间建。徐承恩造大士菩萨像，有金钗在肩际。清嘉庆年间，马德薄等结文社于院内。咸丰十年（1860年）毁于太平天国战争，僧果镛重修。

【莲花庵】 佛教寺院。位于松江府城西门外白龙潭西北。明崇祯三年（1630年）僧普明建。庵前有放生池，面积四五亩。正殿奉三官，其东为文昌阁，庵中有崇德善堂，设立义塾及恤嫠、惜字诸善举。1914年，郡人姚筠董其事，以历年盈余改建正殿及两廊，并于殿西构船屋一楹，颜曰“逸舫”，备夏月纳凉之所。

【茶庵】 俗称“茶亭”。佛教寺院。位于松江府城南门外普济桥旁（今车墩镇联民村2队）。明代僧了凡建。明万历年间浚城河，张宗鼐得“施茶庵”古牌，升置庵中，建前亭名“憩饮”。清康熙六十年（1721年），里人捐田70亩，夏施凉茶，冬施姜饮，以济行人。同治八年（1869年），僧都纲、松琴建寮房八楹。后田多侵耗，寮房圮半。民国时期设小学（1个班）。20世纪70年代初，拆庵移建校舍。

【茶亭】 即“茶庵”。

【柏子庵】 亦称“静观堂”“贻远山房”。佛教寺院。位于原普照寺西北。始建不详。祀“白衣大士”。后因寺僧贫不能守，前后已属民居。明崇祯三年（1630年），俞母杨夫人捐资修复。庭有古柏，董其昌题曰“柏子庵”。

【静观堂】 即“柏子庵”。

【贻远山房】 即“柏子庵”。

【华严禅院】 亦称“华严庵”。佛教寺院。位于松江府城东门外双板桥北堍。明崇祯十三年(1640年)僧通曙建,因日诵《华严经》而名“华严庵”。清咸丰年间禅院后殿毁。光绪十七年(1891年)住持僧月明重建中殿,庄严佛像。三十一年,重修前殿。1916年改建山门,上有匾额“华严禅院”。“文化大革命”中拆除。

【华严庵】 即“华严禅院”。

【大悲禅院】 亦称“兰玉山房”。佛教寺院。位于松江府城南门外。明代侍郎钱士贵建。后敕立,特祠于左。清嘉庆时已废。

【兰玉山房】 即“大悲禅院”。

【直指庵】 佛教寺院。位于九亭镇施家弄底。明末僧慧云建。清乾隆年间僧石屏募修。前后三进,规模较大。1949年尚存部分建筑,1958年起逐步被拆除。

【莲庆庵】 佛教寺院。位于松江府城南门外小吕巷桥南(今车墩镇南门村委会之南)。建于明代。清光绪三十一年(1905年),重建观音大殿;三十四年,募捐续修殿之东西各两楹。宣统二年(1910年)装塑佛像。1978年为华阳桥乡南门大队驻地,后改作副业队仓库。20世纪80年代中期,房屋失修塌废。

【湛然庵】 佛教寺院。位于松江府城西门外宋家桥西(约在今岳阳地段医院北侧)。清顺治年间建,太常寺少卿吴廷撰有记。道光初进士朱恒尝读书于此。同治三年(1864年)僧福本重修。据史籍记载,庵在湛然浜南,道光季年,得挹秀街(即阔街)地,至是始建山门于此。光绪七年(1881年),僧立山重建山门,并与吴迪方等建“字藏”阁于殿旁,为“惜字会”。阁之下为禅堂,名士仇炳台署额“净业”,越年既久,字迹剥落。1914年,僧得念重修是堂,将旧额磨洗,易以“戒清”两字,吴前楣有跋。

【中峰寺】 佛教寺院。位于天马山中峰偏西,故名。清康熙三十七年(1698年)建,面西开门,正对宝光护珠塔。

【翠竹庵】 初名“徐家庵”。佛教寺院。位于华亭县治北俞塘南。明徐阶曾孙女所筑。后废。清康熙六十年(1721年),尼鹤闲因其地为庵,改今名。王廷和《娄县志稿》:“鹤闲姓单氏,本巨族,适王氏。夫早死,因誓节为尼,建此焚修。有佛阁甚宏丽。”

【徐家庵】 即“翠竹庵”。

【凤鸣庵】 佛教寺院。位于新浜镇林家荡自然村。清康熙年间进士林境(曾任四川南部县知县)先祖捐款所建。光绪六年(1880年),解元林开福先父翻建,题有一匾,上书“西来一指”。庵占地1 400平方米,先后有明德、常度、新梅、方成等和尚驻庙。1958年拆除。

【莲花禅院】 俗称“放生池”。佛教寺院。其址约位于今人民北路乐都路路口东北处。建于清代中叶。庵前有石砌水塘,来院进香者常将龟鳖鱼虾放生池中,故称“放生池”。20世纪60年代起,院池渐废。

【放生池】 即“莲花禅院”。

【福庵】 佛教寺院。位于松江府城西白龙潭北天后宫西。始建年代不详。清道光年间重修,扬州诗人赵煦居此。光绪五年(1879年),住持尼大慧重建。庵西旧有关帝庙。民国时已废。

【大觉寺】 佛教寺院。位于车墩镇得胜港小镇。始建年代不详。清同治七年(1868年)重修。供有如来、观音佛像。寺屋三间,门前有银杏一树。每年农历六月十九日观音诞旦,香火甚旺。1952年开设小学。1976年扩建校舍时拆除。

【白云庵】 比丘尼道场。位于松江府城东门内塌水桥东。始建年代不详。清光绪三年(1877年),将佛像迁于修身庵内。民国时,在庵内先后设披云初等小学、松江市立第一国民学校。

【崇本庵】 佛教寺院。位于叶榭乡南新庄十八图(今叶榭镇中原村蒋家队)。相传为金氏家庵。清光绪十五年(1889年)金长庚募修大殿及前后六楹。宣统三年(1911年)陈南崧、金其相等集资重修。民国期间设乡立第三国民学校。

【草庵】 佛教寺院。位于今车墩镇联庄村施家埭。始建年代不详。有屋三间,二进二厢,内供弥勒、观音、关公诸神像。住有庵僧,正月十九设社于庵中,拈香者众。民国期间设南星小学。1974年筑金山支线铁路时拆除。

【观音堂】 佛教寺院。位于原打铁桥集镇(今车墩镇打铁桥村)。始建年代不详。有大殿,四面有护房,殿东有一棵桂花树,直径1米。清宣统二年(1910年)改为乡自治所,附设官绍塘第一国民学校。20世纪70年代拆除他用。

【广化庵】 佛教寺院。位于原新桥乡十字头图之西南隅,与娄治白沃区接壤。始建年代不详。庵内所供神未详。民国时期，有房屋四五间，前设茶馆、肉肆、豆腐店等小铺。铁路未通前，莘庄、新桥赴松，皆于此休憩。

【云鹫禅院】 佛教寺院。位于横云山。建于清顺治二年(1645年)，铁峰大师开山。宣统三年(1911年)，僧林逸修葺，并建山门。

【北田寺】 佛教寺院。位于泗泾镇北张泾市梢。始建年代不详。有房屋五间。1937年被日军烧毁。后重建草房三间，“文化大革命”时拆除。后建泗联乡化工厂。

【东泉庵】 佛教寺院。位于新浜镇泗圣址自然村。始建年代不详。民国初，有僧自远方来，法号青山，为庵内主持。僧青山知识渊博，会号脉看病，在庵内办私塾，兼当先生。全面抗战爆发前夕圆寂。后有尼本清来庵住持。1939年，庵被日军放火烧毁。1941年，由信徒募捐重建。1958年，庵堂用作粮库。1959年后，为石油钻井队用房。1961年拆除。

【宝和庵】 佛教寺院。位于新浜镇陈家堵自然村。始建年代不详。建筑面积约100平方米，有弥勒等佛像。1949年时有僧殷洋水主持。1958年拆除。

【保国庵】 佛教寺院。位于石湖荡镇新村与东三村交界区，旧地黄泥泾。始建年代不详。一埭三间，僧人由云住持，内供关帝像。1946年因遭盗窃，迁至南新村东首。1957年改建为村校，1962年翻建为学校。

【北草庵】 佛教寺院。位于车墩镇汇桥村东库西南。始建年代不详。有屋三间，内供观音、弥勒诸像。春节和农历六月十九日有香节。20世纪50年代末设小学，60年代改为饲养场。

【九亭大方庵】 佛教寺院。位于九亭镇启安弄北首。始建年代不详。有前殿与后殿，20世纪40年代末，庵内尚有尼僧10余人。1958年后逐渐拆除。

【虬千庵】 佛教寺院。位于车墩镇漯水渡村虬泾西岸。有屋三间二进，前殿供关公、韦驮佛像，后殿供如来、弥勒、观音等像，中间庭院有古松、古柏各一株。20世纪40年代末庵内尚有尼姑2人，农历六月十九日拈香者甚众。1965年废佛像，改建小学。

【真净庵】 佛教寺院。位于今石湖荡镇金汇村。始建年代不详。20世纪40年代末，庵内尚有三埭庵房，尼僧10余人。后庵舍塌废，尼僧还俗嫁人。90年代末，有民间香头在旧址建一瓦房，供“施相公”。

人 物

【惠旻】(573—649) 一作慧旻，字玄素。隋末唐初僧人。河东(今山西)人。九岁出家，十五岁从新罗玄光法师学《成实论》。十七岁在海盐光兴寺讲《法华经》，听者云集。后游历天台等处，数年后还吴(今江苏苏州)，居通玄寺，足不出院，结徒励业，凡十七年。隋末，吴中遭荒灾，人争相逃难，其守死不移，禅诵不辍。时刺史李廉、薛通、王荣等送其入华亭谷干山(今上海市松江区天马山)。在干山立寺行道数年。唐初，入海虞山(今江苏常熟西北)，隐居二十余年，从学问道者百人。著有《十诵私记》《菩萨戒义疏》《僧尼行事》等。

【僧伽】(生卒年不详) 号泗州和尚。唐代僧人。龙朔元年(661年)从西域来，在小昆山北峰建慈雨塔。晚年定居泗州(今安徽泗县、江苏泗洪等一带)，自号泗州和尚。南宋乾道元年(1165年)，僧心古依塔建寺，因尊僧伽而取寺名为“泗州塔院”，又改塔名为“泗州塔”。

【慧闵】(生卒年不详) 唐代僧人。唐乾元年间在华亭县建大明寺(北宋时改名“普照寺”)。

【藏奂】(790—866) 唐代僧人。华亭(治今上海市松江区)人。俗姓朱。幼年出家，拜僧道旷为师，至冠年于嵩山受具足戒，又在五泄山拜灵默(又名“虚默”)为师。曾受敕于东都洛阳长寿寺住持。会昌元年(841年)，任明州(今浙江宁波)天童寺方丈，建镇蟒塔。会昌年间，唐武宗李炎灭佛，史称“会昌法难”，其间抢救保护了大量佛教典藏。大中十二年(858年)，江西分宁县令任景求舍宅为寺，名“东津禅院”，礼请其居之。十三年，浙东爆发裘甫农民起义。裘甫率众闯入东津禅院欲行抢掠，寺众惊骇逃散，唯其在殿中瞑目禅定，神色不变。裘甫等惊异，作礼而退。翌年，郡守奏闻朝廷，盛称师德，诏改东津禅院为栖心寺(今宁波七塔寺)。由是成为宁波七塔寺开山鼻祖。圆寂后葬于天童寺。其徒奏报朝廷请谥，赐号“心镜”（亦作“心鉴”），塔铭“寿相”。又，《高僧传》：“心鉴禅师藏奂，苏州华亭人。大中初，修洛下长寿寺，敕奂居焉。奂后归乡建寺，复名‘长寿’。”华亭长寿寺即超果寺，建于唐咸通十五年（874年），藏奂已卒，其说有误，待考。

【大致】（生卒年不详） 唐代僧人。据传，晚唐时从洛阳云游到华亭，发信建寺弘法。经十年化缘，在广富林建殿堂一座，乡民称“大致屋”；在殿东架一石桥，以便乡民。不久遇水灾，将大殿供乡民避难。然灾情不退，难民日增，衣食无靠。一夜，其盘坐于蒲团，诵经祈福，进入梦境，见佛祖正在舍身饲虎。醒悟之后，连声道：“知也！知也！”起身写下“知也寺”纸条纳入袖中。第二天，将本准备为佛祖塑像的银两如数捐出，让乡民往他乡购粮赈灾。水退灾消，乡民谢辞时，其端坐在蒲团上已圆寂。乡民在为其净身时，发现“知也寺”纸条，便将“大致屋”改称“知也寺”。2013年，广富林文化遗址内知也寺重建落成后，设“祖师殿”塑像以祀。

【船子和尚】（生卒年不详） 唐代僧人，法名德诚。遂州（今四川遂宁）人。自幼出家，师从澧州（今湖南澧县）药山惟俨禅师。尽道三十年，与道吾、云岩离开药山。道吾入京口（今江苏镇江）鹤林寺。德诚到秀州华亭（今松江），飘然一舟，泛于华亭与朱泾之间。行不离舟，舟不离人，时人莫测其高深，称其为“船子和尚”。僧人善会，去京口鹤林寺向道吾求教，道吾令其参谒德诚。传道间，德诚将其三次打入水中，在沉浮起落间善会突然大悟：有无不二、起落不二，一切事物皆为相对，无不为此。拜别时，善会再三回头，似有难舍之情。德诚立于船头，大声曰：“汝将谓别有耶？”曰毕，倾覆小舟，自溺而亡。德诚用生命再次向善会开示生死不二的法门真谛。咸通十年（869年），僧藏晖在德诚覆舟岸侧建“法忍寺”（在今朱泾镇西林街），俗称“船子道场”。留有《船子机缘集》，内有《拨棹歌》39首，元、明间均有刻本，1987年由华东师范大学出版社出版，施蛰存为之序。

【明颂】（生卒年不详） 五代宋初僧人。兴圣教寺开山祖师。据《重修兴圣教寺宝塔记》碑记载：“兴圣寺，明颂法师蕴公为开山始祖。立宝塔，功垂成，而蕴逝。”兴圣教寺，始建于五代后汉乾祐二年（948年）。兴圣教寺塔（即松江方塔）于北宋熙宁至元祐年间建成。

【延寿】（904—975） 五代宋初僧人，净土宗六祖，法眼宗三祖。俗姓王，字冲元，号抱一子。浙江余姚人。自幼信佛。曾任余姚库吏。28岁任华亭（今上海松江）镇将。30岁从龙册寺翠岩禅师出家。旋从法眼宗创始人文益的子弟德韶禅师，传承法眼宗。后周广顺二年（952年）主持奉化雪窦寺。北宋建隆元年（960年）应吴越王钱俶之请，主持重修杭州灵隐寺，“灵隐因开中兴”。翌年，移驻杭州永明寺，居15年，度弟子1 700人，吴越王钱俶赐“永明寺智觉禅师”号。著有《宗境录》《万善同归集》《神栖安养赋》《唯心诀》《受菩萨戒》《定慧相资歌》《警世》等。

【喜蟾】（生卒年不详） 北宋僧人。天台韶国师弟子。北宋太平兴国年间（976—984）为干山（即天马山）禅居寺住持，人多归之，精舍始备，赐号“崇惠明教”。治平年间赐禅居寺“圆智寺”额。

【德聪】（944—1017） 亦称“聪道人”。北宋僧人。俗姓仰，姑苏张潭（今江苏昆山市张浦镇）人。初出家杭州慈光院，后于梵天寺正式受戒。遍参名师，深得教益。北宋太平兴国二年（977年），到华亭（今上海市松江区）寻访船子和尚道场，次年在东佘山结庵修行。有两虎大青、小青随侍。天禧元年（1017年）七月圆寂，葬于西佘山东麓。康定二年（1041年）正月，择汀上人于聪道人坟后建塔庙。庆历七年（1047年）十二月建成，迁聪道人坟于佘山南岭之下（今东佘山森林公园大门附近）。次年正月，杭州西湖宝胜院灵鉴法师撰《重迁聪道人塔志铭》。

【秀道者】（生卒年不详） 北宋僧人。最早出现在南宋许尚《华亭百咏·秀道者塔》自注：“秀昔庐此山，有二虎侍之，后自建塔于山巅，建毕，积薪自焚，止存碑铭。”《松江县志·文物古迹·秀道者塔》：“塔建于北宋太平兴国年间（976—984）。当时，山上有湖音庵，有修道者名‘秀’，结庐山麓，亲自参与筑塔，塔成后引火自焚，故名秀道者塔。”又，正德《松江府志》：“佘山东庵，宋太平兴国三年聪道人建。治平二年赐额普照教院，寺亦以名。山有道人塔，下有月轩，傍有虎树亭。道人在山时有二虎随侍，道人死，虎亦死，瘗之塔旁，逾年生银杏树二，僧隐辟亭其间，以虎树名。”秀道者与聪道人是同人异名还是异人异名，史料记载众说不一。待考。

【子璇】（965—1038） 北宋僧人，华严宗六祖。俗姓郑，号东平，人称长水大师、楞严大师。秀州华亭（治今上海市松江区）人。九岁随普慧寺契宗出家，习诵《楞严经》。十二岁受沙弥戒，翌年受具足戒。北宋太平兴国年间，从秀州（今浙江嘉兴）灵光寺洪敏法师学《楞严经》，后参拜滁州琅琊山慧觉法师，受教辞去，专就华严教观深究其奥旨。其后，移住长水（时属秀州的古地名），设讲席以开导僧俗。时从徒几近千人。大中祥符六年（1013年），赐紫衣及“长水疏主楞严大师”号。著有《楞严义疏》《金刚般若经纂要科》《起信论笔削记》等。

【慧辩】（1015—1073） 北宋僧人。俗姓傅，字海月，号讷翁。华亭（治今上海市松江区）人。自幼在华亭普照寺出家，后依杭州上天竺寺祖韶法师，传其衣钵。又任杭州都僧正，讲经二十余年，弟子近千人，为天台宗一代宗师。北宋熙宁四年（1071年），苏轼任杭州通判，与慧辩相识，成为莫逆之交。慧辩临终时嘱咐弟子，必须等苏轼到后方可盖棺。等苏轼赶到时，其已圆寂四天，但“趺坐如生，顶尚温也”。数年后，苏轼梦见慧辩，作七绝《吊天竺海月辩师》3首。绍圣元年（1094年），又作《海月辩公真赞并引》。普照寺由此建海月堂（后改称“景苏阁”），上奉弥勒，旁祀慧辩和苏轼。

【净源】（1001—1088） 北宋僧人。华严宗七祖。俗姓杨，字伯长，号潜叟。泉州晋水（今福建晋江）人，故亦称“晋水法师”。自出家受具足戒后，四处参学。初从五台承迁学《华严经》，继从横海明覃学李通玄新《华严经论》。后至长水（时属秀州），师事华严宗六祖子璇长水大师，得其要领，遂为法嗣。历任泉州清凉寺，苏州报恩寺、观音寺，杭州祥和寺，秀州（今浙江嘉兴）青镇密印阁，华亭（治今上海市松江区）善住寺（亦称“善住教院”）住持。在杭州南山慧因院示寂。著有《仁王经疏》《佛遗教经论疏节要》《华严妄尽还源观疏钞补解》《华严原人论发微录》《华严普贤行愿修证仪》《金狮子章云间类解》等。

【文照】（生卒年不详） 北宋僧人。名铨。善鼓琴，有琴曰“响泉”。居松江普照寺，所居阁名“妙音”。闭户绝交，择取好风良月，焚香抚弄，以此供佛。邻居喜其琴声，隔墙筑亭以听。铨知之，移至北牖弹奏。与华亭县主簿刘发交情深厚。一日，刘发邀一客人前来，铨方抚琴弹出和声，客人即拍手称好，铨即停奏。客人不悦而离去。铨对刘发说：“何得引俗人入吾座也。”刘发愧疚而致歉。

【性空】（生卒年不详） 南宋僧人。四川人。绍兴元年（1131年）前后云游至华亭（治今上海市松江区），创建桃花庵。六年，寺成，赐额“宝胜禅院”（今东禅古寺）。

【元伟】（1101—1156） 南宋僧人。俗姓陈，建溪（今福建建瓯）人。世业儒。因科举屡受挫折，乃割爱离亲，捐妻弃子，投华亭（治今上海市松江区）超果寺依慧道法师，苦行三十年。又按师令去杭州灵芝寺谒元照律师。不久，所学甚充，于绍兴四年（1134年）返回华亭，在县西访得接待旧址，建屋数楹。后因密州观察使、湖州思溪人王永从之请赴思溪建圆觉寺及经坊、宝塔。僧腊三十一，度弟子十一人。《延恩寺律师行业记碑》述其事。

【法宁】（1081—1156） 宋代僧人。俗姓李。密州莒县（今属山东）人。初依天宁妙空明和尚剃度，跟随数年，尽得云门（禅宗一派）宗旨。后住沂州（今山东临沂）马鬐山净居寺，传道弘法，人称“马鬐禅师”。南宋绍兴初航海至青龙镇（今属上海市青浦区），有章衮母高氏梦见天人告之：“古佛来也。”翌日，迎其至钱氏园，其夜，见地有光亮，掘得一碑，上有“大唐禅寺”；在福德桥下又得金刚佛像，便建寺供奉，寺名“北禅寺”，又名“马鬐寺”。后右丞朱锷请其主持佘山灵峰庵，改灵峰庵为昭庆禅院，封其为开山祖师。绍兴二十六年（1156年）正月初八，沐浴端坐，说法辞众而示寂，葬于寺之东隅，塔名“马鬐禅师塔”。

【妙空】（1078—1157） 宋代僧人。俗姓夏，字智讷。秀州（今浙江嘉兴）人。十四岁出家，后谒长庐崇信法师，深得赏识，称其为“法中高第”。初住真州（今江苏仪征）天宁寺。南宋建炎初住灵隐寺，慈圣皇太后召其说法，得到肯定，赐号“佛海”。韩世忠奏请以灵岩为功德院，请其任住持，前后五次入住，历二十余年。尚书孙觌题方丈室，曰“五至堂”。后任临安（今浙江杭州）径山寺住持。卒于华亭（治今上海市松江区），葬于白云庵（在东门内塌水桥东，今中山街道白云新村）。

【法云】（1088—1158） 宋代僧人。俗姓戈，号普润，自称无机子。长洲（今江苏苏州）人。九岁剃度，二十岁受具足戒，从通照法师习天台宗。次投天竺敏法师门下。得法于南屏清辩法师。北宋政和七年（1117年），应徽猷阁直学士、通议大夫应安道之请，任华亭（治今上海市松江区）大觉寺住持，讲《法华经》八年，赐号普润大师。后因思母回故里，集千人结莲社。著有《息阴集》《翻译名义集》《金刚经注》《心经疏钞》等。

【碧云】（生卒年不详） 南宋僧人。名守祥。据《重兴延庆讲寺记》碑载：“隆兴间，有大修行僧守详自姑苏来结茅芦苇中。多向从者，以众力成十六观堂。乾道始赐寺额。”据此，延庆讲寺（亦称“延庆教寺”）始建于隆兴年间，由其创建，初名“十六观堂”。乾道六年（1170年）赐额“延庆讲寺”，其为开山祖师，后人在寺中设祖堂，塑像称“碧云尊者”。

【心古】（生卒年不详） 南宋僧人。乾道元年（1165年）在小昆山依慈雨塔创建泗州塔院（今九峰禅寺）。

【行恭】（生卒年不详） 南宋僧人。字慧辉。绍兴九年（1139年），“华亭兴圣寺火，千手眼大士岿然瓦砾中”。乾道年间与僧云净、莹跃商议重建兴圣教寺大悲阁，未几，与云净相继圆寂，后由莹跃建成。

【可观】（1083—1182） 宋代僧人。天台宗二十一祖。俗姓戚，字宣翁，号竹庵，又号解空。华亭（治今上海市松江区）人。十六岁在杭州南屏出家。后闻车溪卿禅师声震江浙，负笈从之，得其法。南宋建炎年间任嘉禾寿圣寺住持。绍兴年间为当湖德藏寺住持。乾道七年（1171年）为北禅天台寺住持。淳熙七年（1180年）为南湖延寿寺住持。不久归隐当湖南林竹庵。生前曾与大慧宗杲禅师言谈终日，称其为“教诲老龙”。著有《楞伽说题集解补注》《兰盆补注》《山家义苑》《竹庵草录》等。

【惠明】（生卒年不详） 南宋僧人。俗姓薛。华亭（治今上海市松江区）城南薛塔人。居普照寺。相传，其佯狂若癫，衣不蔽体，即使寒冬雪地，也露胫跣足；语言无绪，但信口谈人灾福，皆有灵验。时人称其“明癫”。平日里常通宵立于廊庑间，倚着廊柱，口中不停念叨，细听才知是在念经。每次到街市，进入谁家的门店，生意就兴隆；遇到斋日，收到的供奉也都施散于童。绍熙三年（1192年），有一日本商船前来，忽然暴风骤起，情况危急。只见一僧人就地拾起一土块，扔向空中，随即风平浪静，商船得以脱险。后日商路见其而跪拜道谢，随其到普照寺，送钱而其不受。日商不敢勉强，捐给寺院部分货物，做一场水陆法会以了心愿。洪迈《夷坚志》有记。

【元信】（生卒年不详） 南宋僧人。浙东定海（今舟山市定海区）人。嘉定六年（1213年）到华亭（治今上海市松江区），募建寺院。得当地钱姓富绅舍宅为寺，并捐土地，在李塔下建庙，名“澄庵”，又名“圆通庵”。咸淳年间改名“延寿院”（今松江区李塔汇延寿寺）。

【宗印】（1148—1213） 南宋僧人。天台宗二十二祖。俗姓陈，字元实，号北峰。盐官（今浙江海宁）人。十五岁出家，初事慧力德邻，后谒可观，修习天台止观，诵读诸祖格言。其后住正觉寺、上天竺寺，讲天台止观；又历住超果、圆通、北禅诸寺。灵山海空退居，继灵山寺住持，五百学徒皆服其德。宋宁宗闻其名声，召选德殿问佛法大旨，一一答之，语简理明，圣心大悦，赐号“慧行法师”。庆元五年（1199年），日僧俊芿入宋，拜其为师，留于超果寺八年，从其研习天台教观。嘉定六年（1213年）为营建观室，在吴中一带化缘筹款，行至华亭，对弟子说：“吾化缘毕此。”圆寂，葬于慈云塔旁。著有《金刚经新解》《楞严经释题》《北峰教义》等。

【莹跃】（生卒年不详） 南宋僧人。绍兴九年（1139年）兴圣教寺毁于火灾。乾道年间，与僧行恭、云净倡议重修。行恭、云净不久相继圆寂。其独担重任，自淳熙元年（1174年）至嘉定六年（1213年），勤苦三十余年，完成大愿。绍定三年（1230年）居简撰《兴圣教寺大悲阁记》述其事。

【法因】（生卒年不详） 南宋僧人。名黄道。华亭（治今上海市松江区）人。淳熙初生。童稚出家，久游方外。逾四十年后归，结庐城西白龙潭。邑人尊其德行，相与捐助，数年后，庙宇建成。嘉定十年（1217年），乡闾之乐善者为其落发，披袈裟，受具足戒。后有天台僧人隆磊云游来华亭，深受感动，回杭州，告已故丞相钱象祖之子钱沆，钱分祖上所奉佛牙舍利供奉寺中，后名“龙潭寺”。

【净真】（?—1239） 南宋僧人。早年依华亭兴圣教寺若平法师出家。嘉定六年（1213年）始习贤首宗（华严宗别称）。南宋嘉熙三年（1239年）游历浙江诸寺，见钱塘江坝坍，水灾泛滥，以偈呈安抚使赵端明，偈曰：“海沸江河水接连，居民冲荡益忧煎。投身直入龙宫去，要止惊涛浪拍天。”遂投身于海。赵端明上奏朝廷，赐号“护国净真法师”，立祠于杭之会灵。

【道因】（生卒年不详） 南宋僧人。绍兴初，在性空所居住之处（即桃花庵）开山建寺。绍兴六年（1136年），赐额“宝胜禅院”，后为寺。寺居府衙东，遂名“东禅寺”（今东禅古寺）。

【文杲】（1167—1242） 南宋僧人。杭州上天竺寺第二十二代住持。俗姓喻（一说黄姓），字如晦，号古镜。祖籍河南开封，生于华亭（治今上海市松江区）。早年失去父母，从庆宁寺师训法师出家。十八岁受具足戒。嘉定元年（1208年）住青龙镇广福塔寺。后又历住华亭延庆寺、凤山褒亲寺。嘉熙二年（1238年）任杭州上天竺寺住持。旋敕封右街僧录及“佛慧”（意“得大智慧者”）之号。

【居简】（1164—1246） 南宋僧人。俗姓王，字敬叟，号北磵。潼川（今四川三台）人。早年在潼川广福院依圆澄法师出家，后拜余杭径山寺别峰涂毒为师，又谒阿育王寺佛照德光禅师，修学十五年，遂得其法印。曾于台州报恩光孝寺弘法，后退居杭州飞来峰之阴。时有苏州虎丘山云严寺、江东东林寺、云居寺等名刹延请其为主持，皆不应。又移驻杭州净慈寺，大开法道。其间，在寺之北磵（即寺院之北的山谷）构筑一室，名“苇室”，并作赋以示己志。驻临安（今浙江杭州）十余载，常北游华亭（治今上海市松江区），曾居普照寺东北隅善住教院，晚居天台示寂。著有《北磵文集》，记有彼时华亭寺院碑记及述、赞、疏、榜近40篇。张诚之作序，称“读其文，与宗密（华严宗五祖）未知伯仲；诵其诗，合参寥、觉范（北宋两位诗僧）为一人，不能当也”。

【僧然】（生卒年不详） 南宋僧人。淳祐十年（1250年）创建福田寺（今泗泾镇福田净寺）。

【如霑】（生卒年不详） 南宋僧人。咸淳年间，请额改“澄庵”为“延寿院”（今松江区李塔汇延寿寺）。

【法耸】（生卒年不详） 南宋僧人。咸淳年间在蟠溪岸口创建资庆庵（在今松江区九亭镇内）。

【圆应】（生卒年不详） 南宋僧人。西林禅寺开山祖师。尊称“睿禅师”，号圆应。咸淳年间在华亭（治今上海市松江区）庆云桥北创建云间接待院（后改称“西林禅寺”），并造崇恩宝塔。

【妙运】（生卒年不详） 南宋僧人。兴圣教寺塔地宫中入藏宋代铜鎏金释迦牟尼涅槃铸像。铸像木板封口上墨书有“兴圣院比丘妙运入藏”。

【妙觉】（生卒年不详） 南宋僧人。俗姓朱。华亭（治今上海市松江区）人。在家削发苦行持修，背后纹《心经》字，深入肤理。年六十余忽沐浴更衣，别邻里，谓其子曰：“我将去矣。在常州白家某房某月某日托生，汝可来问。”遂坐而瞑。后其子往觅，果于是日生一男，背见《心经》字。

【僧秀】（生卒年不详） 南宋僧人。字松岩。住西林寺。依明州天童寺别山智得法。

【可宗】（生卒年不详） 元代僧人。先为延庆教院住持，退居后去杭州南竺山。元世祖至元二十三年（1286年），其师龙门寺住持思贤命其归，将寺院托付。二十八年，任住持。龙门寺原在邑东五十里黄土塘北，其以为“寺濒海，年不熟屡有寇至，欲图久而遗后人，似安莫若再迁”。将寺院迁于府治东南隅，建殿堂楼阁门庑庖湢，众宇悉备。其圆寂后传僧正，僧正传文明，文明传智传。

【希白】（生卒年不详） 元代僧人。普照寺住持。自元世祖至元十九年（1282年）至三十一年，历经十三年，建成藏殿。殿21楹，奉贮《大藏经》5 048卷，以548函，为当年佛教一大盛事。张之翰撰《普照讲寺藏殿记》述其事。

【从得】（生卒年不详） 亦称“慧光融照”。元代僧人。世家越之南明。早年受业华藏寺，后云游四方。至松江，从延庆教寺渊叟法师。元世祖至元二十六年（1289年）创建华藏忏院，经十年竣工。华藏忏院，在槐安坊内。邓文原撰《华藏忏院记》述其事。

【行高】（？—1301） 元代僧人。曾任兴圣教寺住持。元世祖至元二十一年（1284年），重修兴圣教寺及砖塔，未果。任叔实撰《兴圣教寺修塔院碑记》述其事。

【月麓】（生卒年不详） 元初僧人。俗名赵孟僩，字汝昌。浙江黄岩（今台州市黄岩区）人。宋太祖十一世孙，赵孟頫堂兄。文天祥入卫临安（今浙江杭州），授其从事一职。宋亡，寄身华亭北道堂隐为道士，名道渊。五年后皈依中峰明本法师，剃度为僧，改北道堂为本一禅院。一生由儒而道，由道而释，自号"三教遗逸"。临终口占："王室之懿，文山之客。持此寸心，千古忠赤。"至死不忘故宋。清康熙四十四年（1705年），本一禅院改为云峰寺，尊其为开山祖师。著有《湖山汗漫集》。

【果公】（生卒年不详） 元代僧人。字空林。松江府（治今上海市松江区）人。先为善应庵住持。本一禅院自月麓开山。月麓圆寂后，其徒存礼继任。存礼自认不能胜任，延请其"居己上"，寺院一切由其作主。在任时，"殿中立大雄氏像，其旁若僧堂、筹室、山门，圆通、真武之殿，燕居、庖湢之室，靡不完具"。延祐年间示寂。果公圆寂，僧开继之，开传誉，誉传善实。杨维桢撰《本一禅院记》述其事。

【存礼】（生卒年不详） 元代僧人。参见"果公"。

【明本】（1263—1323） 元代僧人。俗姓孙，号中峰，法号智觉。钱塘新城（今杭州市富阳区新登镇）人。九岁丧母。二十四岁入杭州天目山拜原妙禅师学习经律，翌年正式出家，第三年受具足戒。从师十年，严守戒律，刻苦钻研，深得师之赏识，论其"却是竿上林新篁，他日成材未易量也"。原妙示寂，其不肯继位，说："余初心出家，志在草衣垢面，刁头陀行（以行脚乞食为生的一种修行方法）。"大德元年（1297年），离开天目山，往来于江南各地，随处结庵而居。凡结庐处，皆名"幻住"，故憩止处称"幻住山房"。其间，曾杖锡华亭（治今上海市松江区），栖泊泖上。时南宋宗室赵孟僩隐居松江，为北道堂道士，请其说法，遂又拜其为师，由道转僧，并依师名改"北道堂"为"本一禅院"。至大元年（1308年），时为太子的仁宗赐号"广慧禅师"。延祐五年（1318年）重返天目山，至示寂。元统二年（1334年），顺帝追谥"普应国师"。其著述、诗文分别收录于《天目中峰和尚广录》《天目明本禅师杂录》。

【管主八】（1245—1327） 元代僧官。管主八，是藏语"经学大师"的音译。松江府僧录（掌管寺院僧尼账籍等佛教事务的官员），受"广福大师"之号。有流通正教之志，历年印施汉本《大藏经》50余部、"四大部经"30余部、《华严经》1 000余部、《经律论疏钞》500余部及无数诸杂经典。用金银书写《华严》《法华》等经百卷。供奉金彩佛像，刊施佛像图本。设斋供养10万余僧，开建传法讲席，自课日诵《华严经》从不间断。大德六年（1302年）奉旨于杭州路大万寿寺刊印河西文（即西夏文）《大藏经》30余部及《华严经》《梁皇忏》《华严忏》各100余部散施于甘肃地区寺院；刊印西蕃文（藏文）《乾陀般若白伞盖》30余件、经咒各1 000余部散施于西藏地区寺院。十年，主持对平江路（今江苏苏州）碛砂延圣寺《大藏经》（简称《碛砂藏》）补刻工作，计1 000余卷。在对《碛砂藏》补刻中，通过对直北教藏（大都弘法寺版本）与江南闽浙之教藏版的比对，发现诸教藏版短缺《秘密经解论》数百卷，遂又补刻315卷，《碛砂藏》由此成为中国汉本《大藏经》流传至今的最后一部私刻大藏。

【喜得】（生卒年不详） 元代僧人。俗姓钱。初在华亭兴圣教寺出家。后去天目山拜明本禅师为师，获宗旨。回松江，在北花园地结庵。凿挖地基时，得一古石，刻有"钱喜"两字，明本大书"喜见"两字。庵成，取名"喜见庵"。平日常接济穷人；亡者无人收殓，将之殡葬，人称"喜菩萨"。至顺年间，庵迁至府东七里盘龙塘，不到三年，遂成名刹。及卒，僧人和信众前来送葬者数千人。"火后，争分舍利，驩泣交喧，或拾片骨，取撮灰，裹藏供祷。"

【念常】（1282—1341） 元代僧人。俗姓黄，号梅屋。华亭（治今上海市松江区）人。十二岁在平江（今江苏苏州）圆明院出家，十四岁受具足戒。此后游历江浙各大丛林，博览群书。至大元年（1308年），晦机元熙从江西百丈山迁至杭州净慈寺，前往参拜。七年后，晦机元熙迁径山寺，遂接任净慈寺住持。后任嘉兴祥符禅寺住持。至治三年(1323年)赴大都(今北京),备受帝师发思巴尊宠。此后,历时二十年,“观光三都,朝礼五台,寻觅燕京遗墟,搜集佛教流传事迹”。编写编年体佛教通史《佛祖历代通载》。书成,虞集为之序,宝州评价此书:“理明事实,出入经典,有补于名教也。”

【觉庆】(?—1341) 元代僧人。俗姓毛,号寿堂。四明鄞(今浙江省宁波市鄞州区)人。早年拜寿梅峰为师。至正元年(1341年)云游至松江,因“观普照佛会隆盛”,期望在“会中坐化”。圆寂后,有信徒陈源坚将其肉身迎回家中,“是夕,红光烛灭。又十日,颜貌如生,须发自长,人皆叹异”。陈源坚将肉身涂漆供奉,并改居所为庵,名“坐化庵”。坐化庵在南门内陆家桥东,明正统十二年(1447年),赐名“积庆禅院”。其肉身至清康熙年间仍保存完好。

【文友】(生卒年不详) 元代僧人。至正六年(1346年),于松江东禅寺(今东禅古寺)西筑清溪亭。亭临于水,士大夫赋咏于此。杨维桢曾为之作记,一时寺名闻江南。

【季慧】(生卒年不详) 元代僧人。重修延寿院(今松江区李塔汇延寿寺)。

【德然】(1323—1396) 元末明初僧人。俗姓张,字唯庵,又字松隐。松江华亭(治今上海市松江区)人。七岁在杭州天龙寺出家受戒。后入霞雾山(在今浙江湖州)师从石屋清珙禅师。师住所处有一松树,浓荫叠翠,覆盖满地。一日,清珙手指松树说:“子就是松,后当广荫于人。”又手书“松隐”两字相赠,并说:“缘在吴淞。”离开霞雾山,受业于浙江金华圣寿寺千岩长禅师,随其讲法,声誉鹊起。元至正八年(1348年)还归华亭郭汇之南(在今金山区亭林镇),结茅而居,闭关三年,修持不出。里人奇而敬之,捐地集资建庙。十二年始建,十四年庙成,取名“松隐庵”(后改称“松隐禅寺”)。“松隐”因庵名而为地名。明洪武初,以高行僧荐于朝,不久即还。洪武十三年(1380年)在庵内建塔,尝刺指血,命僧人道谦书《华严经》81卷藏于塔内。十七年,塔成,名“华严塔”。有《船居诗》10首,宋濂为之序。

【清濋】(生卒年不详) 元末明初僧人、诗人。俗姓刘,字兰江。浙江天台人。元末,说法于吴中,缁素(即僧人和没有出家的信众)倾仰,座无虚席。明洪武初,敕住南京天界寺,曾受太祖朱元璋的召见和赏识,御制“清濋说”赐之。晚居松江东禅寺(今车墩镇东禅古寺)。著有《望云集》《语录毗卢正印》,宋濂为之序。

【僧照】(生卒年不详) 明代僧人。元末松江延寿寺毁于兵。由其重建。明初任延寿寺住持。

【原珍】(1344—1385) 明代僧人。俗姓朱,号用藏。上海人。在华亭(治今上海市松江区)兴圣教寺出家,传天台教观。博极群,戒行高洁,暇者书经,随缘演说,禅坐达旦。兴圣教寺毁于元末。明洪武三年(1370年)与僧道安建兴圣塔院。十八年,微疾,索浴书谒而化。

【道安】(生卒年不详) 明代僧人。俗姓朱,字静中,华亭(治今上海市松江区)人。早年在兴圣教寺出家,后参拜德然禅师,在松隐(今属上海市金山区亭林镇)唯命庵任住持,建七级宝塔,造千佛像。元末,兴圣教寺毁于兵燹,明洪武三年(1370年)知府林庆以寺址三分之二建府城隍庙,其与僧原珍依兴圣教寺塔建忏堂5间,名“兴圣塔院”。不久,塔被飓风刮倒,所剩无几。誓图重建,志未成而寂,由弟子慧忻、克相、安志等继续建造,至永乐十三年(1415年)落成。心泰撰《重修兴圣教寺宝塔记》述其事。

【淳厚】(生卒年不详) 明代僧人。号无际。自幼出家,曾从师霞雾山(在今浙江湖州)石屋清珙禅师。明洪武初,游历至松江,在云间接待院旧址重建寺院,名“西林禅院”,自任住持。洪武二十一年(1388年)重建舍利宝塔,二十五年塔成,为感念始祖圆应禅师创建寺院之功绩,将宝塔命名为“圆应塔”。时任僧录司左善世弘道撰碑文《松江府西林禅院圆应塔记》述其事。

【慧隆】(生卒年不详) 明代僧人。西林禅院住持淳厚之徒。明洪武年间,协助淳厚修复寺院和宝塔。受命到南京,力邀僧录司左善世弘道为宝塔撰碑文《松江府西林禅院圆应塔记》。

【普智】(?—1408) 明代僧人。天台宗第二十六祖。字无碍,号一枝叟。杭州人。初出家于钱塘(今浙江杭州)龙井寺,依东溟慧日法师,授天台性具之学(天台宗学说之一)。学识渊博,门风大振。先后任4个寺院住持,终居松江延庆教院。晚年专修净业,寒暑不辍。洪武二十六年(1393年),授副都纲。永乐六年(1408年)微疾,会众端坐,面西念佛而逝。著有《阿弥陀经集注》。

【一如】(1352—1425) 明代僧人。俗姓孙,字一庵,号退翁。上虞(今浙江省绍兴市上虞区)人。十三岁入长庆寺为僧,师从关山宝奎寺安学禅师,学识精奥。洪武十八年(1385年)任松江崇庆寺住持。后迁任苏州北禅寺、杭州上竺寺住持。永乐初与僧彝一同出使日本,两年而归,任南京大报恩寺住持。其间,撰《法华经科注》,姚广孝为之序。后奉召纂修《大藏注》《大明三藏法数》等,授僧录司右阐教。

【敬心】(生卒年不详) 明代僧人。字渊,讳居敬,别号兰雪。曾任南京大报恩寺知宾、杭州大集庆寺忏首。曾奉诏校经。宣德五年(1430年)从上海南广福寺住持应请任普照寺住持,重修普照寺,经十三年,“大觉宝殿、海月法堂、山门、廊庑、秀朵轩、涵晖室,巍然焕然”。

【善启】(?—1443) 明代僧人。俗姓杨,字东白,号晓庵。长洲(今江苏苏州)人。早年出家永茂院,精通诸子百家,对《大藏经》研究深透。永乐七年(1409年)任松江延庆寺住持,授副都纲。翌年,应召纂修《永乐大典》,又校勘《大藏经》,因功赐金缕伽黎服。在松江时,与松江名士沈粲、王猛、钱溥等有深交。

【如玉】(生卒年不详) 明代僧人。淳厚之徒。正统九年(1444年),任西林禅寺住持,发起重修圆应塔,未成。

【似玭】(生卒年不详) 明代僧人。如玉之徒。正统九年(1444年),任西林禅寺首座,与住持如玉共同发起重修圆应塔,未成。次年任住持,继修寺院和圆应塔。

【法瑀】(生卒年不详) 明代僧人。华亭(治今上海市松江区)人。正统十二年(1447年)至天顺年间任西林禅寺住持。重修寺院,将圆应塔自大雄宝殿南移至殿后。住持期间,英宗朱祁镇赐额“西林大明禅寺”。

【忠诏】(生卒年不详) 明代僧人。弘治四年(1491年)任泗州塔院(今小昆山镇九峰禅寺)住持。在院左增建禅堂、但笑斋、三圣阁,院右增建二陆祠堂、方丈室、转轮阁。《重修昆山泗州塔院记》述其事。

【照澈】(生卒年不详) 明代僧人。明万历年间创建泗州塔院(今小昆山镇九峰禅寺)藏经阁。

【彻堂】(?—1554) 明代僧人。“松江四义僧”之一。曾从师少林僧月空。嘉靖年间统百余僧兵,应募在松江御倭,屡捷。三十三年八月在南汇白沙湾与倭寇激战中,因无援兵,与僧一峰、了心、真元阵亡,史称“松江四义僧”。大理寺丞冯恩为铭,葬于松江西佘山。陆振芬修四王殿。清康熙二十一年(1682年)王骏声修塔,建钟亭,有《修塔记》。

【一峰】(?—1554) 明代僧人。“松江四义僧”之一。参见“彻堂”。

【了心】(?—1554) 明代僧人。“松江四义僧”之一。参见“彻堂”。

【真元】(?—1554) 明代僧人。“松江四义僧”之一。参见“彻堂”。

【真觉】(生卒年不详) 明代僧人。嘉靖年间建泗州塔院(今小昆山镇九峰禅寺)三圣阁。

【白云】(?—1568) 明代僧人。出家于松江南禅寺。遇道者授定静之法,精虔有得。后又遇道者,对其曰:“汝已小定矣,非大定也。”此后仍向静中求之,常持陀罗尼咒。一日瓶水涌沸尺余,用以疗病,立愈,人比之“钱喜菩萨”。著有《白云心法》,松江籍进士、广西提学副使周思兼为之序。

【海云】(生卒年不详) 明代僧人。名圆济。从灵隐云游到松江,隆庆年间任东禅寺(今车墩镇东禅古寺)住持。在任期间建天王殿、青莲阁(慈云阁)。

【智空】(?—1577) 明代僧人。俗姓葛,字妙有。云南大理人。生在苍山之阳,自号苍山野衲。年十三礼禅宗南宗普通禅师。及长,游南岳、匡庐,东至径山,于万松行秀座下得法。隆庆元年(1567年)至松江超果寺,授《楞严咒心》及《法界图》。行苦礼恭,色和语庄,士庶德之。寂后,徐阶为撰塔铭。

【圆实】(生卒年不详) 明代僧人。佘山慧日寺住持。嘉靖十五年(1536年),徐阶奉世宗所赐蟒衮留镇山门,礼部尚书陆树声也舍衲于寺,乃以“慧日双衣”纳入佘山十景之一。万历六年(1578年),倡议募捐重建慧日寺,成为九峰名刹。

董其昌撰《慧日寺记》述其事。

【昌舄】(生卒年不详) 明代僧人。俗姓曾，号雪庵，四川铜梁(今重庆市铜梁区)人，幼不茹荤，八岁削发为僧。下巫峡，顺流向东，抵松江，居坐化庵，又居马鬐寺(即北禅寺)，学士大夫多从之游。隆庆年间，巡抚张佳胤亦铜梁人，巡视到松江多次想见他，却避而不见；张在巴岳建"赤松""招隐"两庵，请其出任，被婉拒；后张邀请其去北京天界寺任住持，回复说："此皮囊何地不可遗？恐老僧先归，而公尚未得归也。"未几，入寂。

【张道人】(？—1595) 明代僧人。嘉兴人，自幼出家马鬐寺。一字不识，早晚功课外，执炊厨下，不避烦劳。沿街拾字纸，以竹篮归，投诸水火。形体黧黑，每取口釜余沥，聊以充腹，曰："精洁茶饭，非薄福人所宜享也。"淅米必拣虫蚁施放，驯鸟绕而待哺焉。或与钱，不受。众称之曰"小菩萨"。

【谷休】(生卒年不详) 明代僧人。万历四十一年(1613年)，任西林禅寺住持。在任期间，与徒默然重修西林寺，翻新大雄宝殿，重塑全堂佛像(释迦牟尼灵山大会众僧)、菩萨像，十八罗汉、二十诸天像，新增四大天王像。

【碧空】(生卒年不详) 明代僧人。万历年间任东禅寺(今车墩镇东禅古寺)住持，重建西方殿。

【默然】(生卒年不详) 明代僧人。与师谷休一起募集资金修塔修寺。万历四十七年(1619年)任西林禅寺住持，完成重修宝塔和大雄宝殿，翻新重塑全堂佛像、十八罗汉、诸天像。

【广来】(生卒年不详) 明代僧人。号无从。华亭(治今上海市松江区)人。天启初住余杭大安禅寺，兴复殿宇，与诸名流结诗社，著有《径山草》1卷。社中诗友如断峰、念空两僧俱为华亭人。

【圆信】(？—1643) 明代僧人。号雪峤。宁波人。与天童圆悟同得法于龙池正传。圆悟法门甚盛，传衣者十二人。而圆信则终身不付一弟子。自径山到松江，先主佘山古浴堂，继迁颐浩寺。

【常莹】(生卒年不详) 明末清初僧人、书画家、诗人。字珂雪。华亭(治今上海市松江区)人。先居超果寺，后迁居西郊之息庵。与陈子龙志趣相投，为莫逆之交。清顺治四年(1647年)，陈子龙殉节，不久亦示寂。善画山水，其画宗宋元诸家，与赵左齐名，时常为董其昌代笔。工诗。所作《山水图卷》现藏北京故宫博物院，《登高远眺图》现为南京天渡楼收藏。

【神一】(1618—1661) 女。清初尼僧，诗人。俗名夏淑吉，字荆影(隐)，又字美南，号龙隐。夏允彝长女，夏完淳异母姐，嘉定侯玄洵之妻。华亭(治今上海市松江区)人。"善琴工弈，励志操，善词赋。"明末清初，清军攻占嘉定和松江，侯、夏两家皆为抗清义士，多有殉节者，男丁几乎死绝。其夫侯玄洵先于明崇祯十一年(1638年)病逝。清顺治十年(1653年)，其子侯檠病逝。红尘断绝，遂与母、弟媳一并剃度出家，"筑岁寒亭于曹溪、龙江间，夙具慧根，戒行不玷，禅诵勤苦，清修以终"。著有《龙隐斋诗集》《荆隐遗稿》。

【本月】(？—1676) 清代僧人。俗姓孙，号旅庵。秀水(今浙江嘉兴)人。天童寺道忞法师弟子。清顺治初到松江任泗州塔院(今小昆山镇九峰禅寺)住持。顺治五年(1648年)，因寺院建在山之北坡，出行不便，在不动一砖一瓦，不移一墙一壁之下，将大门和佛像调转180度，改寺院为坐南朝北，从而名声大振。十六年，随师入都，得顺治帝特赐"乐天知命"四字及"一池荷叶衣无尽，数亩松花食有余""天上无双月，人间本一僧"两联。后奉旨入善果寺(皇家寺院)任监院。康熙元年(1662年)还山回泗州塔院，建宝奎阁祀宸翰，拟种松子于小昆山之麓，以为十年之后可比苏台之灵岩、吴兴之白雀并峙，愿未遂而圆寂。康熙四、五年间，明室后裔朱若极(即画家石涛)由庐山东行，仰慕其人，上泗州塔院剃度，拜其为师，法名原济(元济)，号苦瓜和尚，又号大涤子、清湘陈人。后朱若极两度上泗州塔院探望师傅，乃师圆寂后，为师傅追福，起塔守望。这段经历，成为石涛人生道路和艺术发展的重要转折点。著有《旅庵(本)月和尚奏对录》，是研究顺治帝出家的重要原始文献之一。

【成行】(生卒年不详) 清代僧人。康熙年间，曾任西林禅寺住持，康熙十七年(1678年)，主持重修西林禅寺。

【真心】(1620—1688) 清代僧人。字自牧。

出身鄞县(今浙江宁波)柴氏。弱冠投奉化法海妙行老宿剃度。谒天童寺道忞并受具足戒。参福严容。后得法于离言法。康熙二年(1663年)住松江超果寺,重建山门,立祖堂,请大藏供于一览楼,增置菜圃斋田。历五载,退于法海。继而再往超果寺,建千手观音阁等。《重兴超果禅堂碑记》述其事。

【通旭】(1649—1698) 清代僧人。临济宗天童密云四世法裔。俗姓俞,字潮音,号昆霞。华亭(治今上海市松江区)人。早年入普陀山旃檀庵出家,依白龙慧镜禅师受具足戒。后参遍海内名衲,随侍啸堂、寒泉长老,悉入堂奥。受天台万年寺无碍行彻嘱咐,在慈溪寿峰寺讲经弘法。康熙二十九年(1690年),康熙帝南巡,赐金千两重修普陀山普济寺佛殿,派定海(今浙江省舟山市定海区)总兵蓝理督办。蓝理见寺院"荆榛满地,叹无主席人才"。经诸山长老推荐,即请其为普济寺住持。经近十年,寺院面貌更新,被誉"百废俱举,焕然中兴。德业闻望,可与元代孚中怀信相比"。旋于普济寺西侧建息来院退居。圆寂后之塔在息来院外,衣钵塔在普贤塔后。著有《潮音语录》《普陀列祖录》《百岁老祖谱》等。

【元璟】(生卒年不详) 清代僧人、诗人。字借山,号晚香老人。浙江平湖人。曾在华亭(治今上海市松江区)翁历的蛰园学习韵律,其诗作归云间诗派。后寓居松江超果寺。康熙四十二年(1703年),康熙帝南巡驻跸松江,诗作得到康熙帝的欣赏。与当时松江名士常交往唱和。著有《完玉堂诗集》10卷。

【明穹】(生卒年不详) 清代僧人。俗姓吴,字苍庵。华亭张堰(今属上海市金山区)人。在九华山旃檀林出家。王顼龄请其任超果寺住持。康熙四十四年(1705年)、四十六年康熙帝南巡时,两次迎銮赋诗,康熙帝呼其为"老实和尚",赐"超果讲寺"额、"台宗阐教"匾。年七十余,预知时至,说偈而化。

【鹤闲】(生卒年不详) 清代尼僧。康熙六十年(1721年)于华亭县治北俞塘南徐家庵旧址建翠竹庵。据王廷和《华亭县志稿》:"姓单氏,本巨族,适王氏。夫早死,因誓节为尼,建此(翠竹庵)焚修。有佛阁甚宏丽。"

【元珑】(?—1723) 清代僧人,诗人。俗姓李,字牧堂。华亭(治今上海市松江区)人。工诗文,精绘画。为瑞应禅院住持。康熙四十四年(1705年)、四十六年康熙帝南巡时,受命作《万寿颂》和《长生图》接驾,得到康熙帝赏识,赐"禅定寺"额、"般若相"匾及诗扇。有《奏对录》记其事。

【达真】(1655—1728) 清代僧人。俗姓杨,字简庵。在超果寺出家,居西来堂,后居广富林福城庵。戒律精严,兼工书画,擅长花鸟。户部尚书王鸿绪以其画扇进呈,皇帝称善,于是四方争购之。雍正六年(1728年)世寿七十有四,忽谕徒众曰:"明午吾当逝矣。"众问师何往,答曰:"吾家自有通霄路,不向他人行处行。"至期信徒云集,沐浴更衣,向众作礼而化。

【从如】(生卒年不详) 清代僧人。乾隆元年(1736年)前后任泗州塔院(今小昆山镇九峰禅寺)住持。增建三官殿。

【实源】(生卒年不详) 清代僧人,书画家。初名三友,号一泉。松江府青浦(今属上海)人。入来青阁为僧。后应张照之请居横云山张氏山庄。在山中凿井有甘泉之应,更名"一泉"。好画梅,因自号"梅花船子"。乾隆十六年(1751年),进梅花长卷,得乾隆帝嘉许。旋北上,住保定莲花寺。

【佛铭】(生卒年不详) 清代僧人。西林禅寺住持。乾隆三十二年(1767年)募修西林禅寺,复还寺貌旧观。

【慧诚】(生卒年不详) 清代僧人。乾隆三十二年(1767年)募修兴圣教寺塔(即松江方塔)。

【玉泉】(生卒年不详) 清代僧人。乾隆四十八年(1783年)任东禅寺(今车墩镇东禅古寺)住持时,募修寺院。

【广能】(生卒年不详) 清代僧人。清乾隆四十三年(1778年)到松江驻锡,在今新浜镇西南创建大方庵。五十九年,去"芦隐庵"驻锡。许衢撰《重修芦隐庵记碑》述其事。

【巨川】(生卒年不详) 清代僧人。乾隆末至嘉庆初任西林禅寺住持。乾隆五十八年(1793年)毗卢阁倾圮,发起募建毗卢阁并修崇恩塔。业未竟而示寂。

【寄亭】(生卒年不详) 清代僧人。浙江钱塘(今杭州)人。嘉庆三年(1798年)任西林禅寺住持。在任期间，继修毗卢阁，至十一年竣工。添建湖亭、法喜堂、詹葡林等。后易锡他驻。

【慧良】（生卒年不详）　清代僧人。嘉庆十七年（1812年）任西林禅寺住持。据《重建西林禅寺山门记》载："而寄亭锡他驻，山门尚未立也。嘉庆壬申（1812年）延寄亭本师慧良主院，邀寄亭来共事，于是，诹吉（选择吉日）兴工，山门峻整，古刹继乎，长衢列眉（大道整齐）"。

【悟彻】（生卒年不详）　清代僧人。九江（今属江西）人。住持西林禅寺七年。著有《闲草诗本》。

【柏贞】（生卒年不详）　清代僧人。道光二十年（1840年）任西林禅寺住持。募修圆应塔。

【八和尚】（生卒年不详）　清代僧人。安徽泾县人。在松江西林禅寺出家。虔礼《华严经》，彻夜不眠，饥食柏叶。有贤士周比部拜见，愿捐资供养，答曰："精足不思欲，气足不思食，神足不思眠。"其妻亦终身不改嫁，在松江城西兰若庵焚香修行。

【本斎】（生卒年不详）　清代僧人。俗姓陈，字大渊，晚号钓雪翁。茶陵（今属湖南）人。十七岁依江宁（今江苏南京）纯湛法师剃度。后参拜宁波天童寺道忞禅师，侍十五载。后到松江佘山普照教寺住持。又居瑞应教院（即禅定寺），重兴瑞应古寺。著有《瑞应录》《邻虚阁集》等。

【彻源】（生卒年不详）　清代僧人。浙江人。精堪舆术，兼通数。任礼（李）塔院住持时，作札固封，上题"某年月日开看"。届期有僧实如募修塔院，启其札，则曰"塔于某年当圮，某年重新"，并载首捐者姓名。其书法被张照称道，亦工画。

【淡斋僧】（生卒年不详）　清代僧人。每日白饭一盂，不食盐酪。披一衲，数十年寒暑不易。或供钱糈，受即施之。人问以经律，曰："吾知有佛一字，善一字，此外无知。若辈亦只须如此。"居超果寺数十年。一日语其徒曰："我去矣。"取一浴具，趺坐其中，数令人灌水，气若芷兰，一月灌毕，合掌而化。

【三觉】（生卒年不详）　清代僧人。道光年间初，创建延寿院（今松江区李塔汇延寿寺）禅堂。

【先传】（生卒年不详）　清代僧人。道光十八年（1838年）、十九年时任西林禅寺住持。组织大修圆应塔。

【普信】（生卒年不详）　清代僧人。咸丰二年（1852年），募修延寿院（今松江区李塔汇延寿寺）李塔；寮房4所，曰真静、曰澄漪、曰广济、曰妙悟，及寺旁房30间。

【天许】（生卒年不详）　清代僧人。同治年间募建泗州塔院（今小昆山镇九峰禅寺）僧寮数间。

【普信】（生卒年不详）　清代僧人。同治年间任西林禅寺住持。同治四年（1865年）重建方丈院。

【海州】（生卒年不详）　清代僧人。光绪年间初任西林禅寺住持。光绪三年（1877年）重建山门。

【得性】（生卒年不详）　清代僧人。光绪三年（1877年）任东禅寺（今车墩镇东禅古寺）住持。曾叩募重修寺院，功未成而逝。

【云辉】（生卒年不详）　清代僧人。居西林禅寺。善山水，能操琴。

【何师太】（生卒年不详）　近代尼僧。清光绪元年（1875年），增建松江地藏庵（今地藏古寺）后殿，以奉地藏菩萨，于殿之两旁塑十五像及地狱诸变相神。以前殿奉一官，殿之西祀刘郡王。复于后殿东侧构厢楼三楹，为焚修之所。

【逸琳】（生卒年不详）　近现代僧人。1918年前后任松江禅定寺住持，曾为张大千剃度出家。

【兆太】（生卒年不详）　现代僧人。1927—1928年间任新浜大方庵当家（监院）。陈云等在组织枫泾武装暴动时，以大方庵为秘密指挥部。农会开会时，主动在庵外放哨，掩护地下工作。后被国民党当局秘密谋害。

【圆林】（生卒年不详）　现代僧人。1930年曾住持西林禅寺，王一亭曾莅临西林禅寺并与之会见。

【界云】（?—1938）　现代僧人。1921年发心修建九亭九里庵。在原资庆庵遗址建成两进五开间，房屋数十间。1938年侵华日军进剿游击队，至此搜查未果，将其和庙祝杀害，纵火烧毁寺院。

【青山】（生卒年不详）　现代僧人。曾任位于新浜镇泗圣址村的东泉庵住持。知识渊博，诵经念佛外，为乡民号脉看病，在庵内办私塾，兼当先生。抗战全面爆发前夕圆寂。

【庆纯】(生卒年不详) 现代僧人。1917年任东禅寺(今车墩镇东禅古寺)住持。任内将三排房屋改成二排,于殿东筑小屋两椽。

【圆觉】(1873—1945) 现代僧人。闵行荷花港人。俗姓金,出家东禅寺(今车墩镇东禅古寺),受戒于庆纯法师。1920—1945年间任东禅寺住持。日军侵占松江期间,在东禅寺西铁路口设卡,难民云集东禅寺附近,其倾寺中所有,煮粥济民,将僧房改作难民收容所。圆寂时松江法界和十方乡邻同往送别。后立"圆觉大师纪念塔"碑于寺院东北角。

"圆觉大师纪念塔"碑

【本清】(生卒年不详) 现代尼僧。抗战全面爆发后,曾到新浜镇泗圣址村东泉庵任住持,直至1949年。

【恒光】(生卒年不详) 现代僧人。四川人。20世纪四五十年代,曾任新浜大方庵住持。

【莲寿】(生卒年不详) 女。现代尼僧。何师太之徒,清宣统元年(1909年),为松江地藏庵添建西厢楼三楹,铸造接引佛(即阿弥陀佛)。

【心融】(生卒年不详) 现代僧人。1946年前后任西林禅寺住持。募缘重修西林禅寺,未果。

【璧云】(生卒年不详) 现代僧人。20世纪三四十年代任普照寺住持。1933年成立松江县佛教会,任会长。1946年松江县佛教会再度成立,当选理事长。

【本学】(生卒年不详) 现代僧人。1950年前后,继心融任西林禅寺住持。

【丁月心】(1867—1953) 女。现当代教育家,居士。名金兰,以字行。金山朱泾镇人。幼慧好学,学成嫁后冈吴氏。夫亡,冲破封建习俗,初筹农场受阻。复去湖州福音医院工作。不久返松任教于松筠女校。1913年创建松江佛学会,任首任会长。此后凡慈善公益,倾心不辞。1916年9月,松江霍乱流行,县城日死数十人,在佛教界发起举行"菊花会"祈福消灾。1946年6月,佛学会再度召开大会,被推为名誉理事长。中华人民共和国成立后,被推选为松江县首届各界人民代表大会代表,又被推为苏南文史研究馆馆员。

【智能】(?—1953) 现当代僧人。继圆觉任东禅寺(今车墩镇东禅古寺)当家。全面抗战期间,东禅寺遭日军破坏严重,寺僧四散。至1949年松江解放时一人守舍东禅寺。当年曾邀雪相法师在东禅寺讲经七天。

【根楞】(1904—1985) 女。现当代尼僧。奉贤平安人。十五岁出家,师从奉贤万佛阁禅慧法师,并收五岁又德为徒。1941年受尼僧石定之邀,携徒又德共同住持普善庵(今叶榭镇普善讲寺)。"文化大革命"期间,宗教活动停止,避居别处。中共十一届三中全会后,宗教政策得到落实,与石定、又德重回普善庵。

【常度】(1907—1990) 现当代僧人。四川重庆人。幼入私塾,善诗能文。曾在刘湘军中任文书。见军阀混战,民不聊生,看破红尘,出家为僧。初在成都昭觉寺受戒,为圣钦法师侍者。抗战全面爆发前到上海、苏州等地大寺挂单。全面抗战期间转至松江新浜乡赵王村净土庵为主持。1970年,寺庙改为生产队仓库,移居大队预制场。1987年到西林禅寺,加入松江云间诗社。

【续明】(1911—1991) 现当代僧人。俗姓甘,名根源。松江泗泾镇人。三十五岁出家,在泗泾武安桥北堍关帝庙修行，三年后受戒。1958年寺庙改为工厂，始当工人。1982年至龙华寺再度受戒。1986年10月到松江西林禅寺参与法会住持，从此驻锡西林禅寺并主持工作。1987年9月由明旸长老送座，任西林禅寺方丈，主持寺院修复工作，任松江县佛教协会会长。灵骨原葬苏州灵岩山，后移葬于松江化城安养院（今车墩镇地藏古寺行愿堂）。

续明法师

【传贤】（1920—1994） 女。现当代尼僧。俗姓黄，名仙珍。江苏启东人。20世纪40年代后期起任地藏庵（今车墩镇地藏古寺）住持。"文化大革命"开始后，在当地农村务农。1986年西林禅寺恢复后居西林禅寺。1987年任松江县佛教协会第一届理事会常务理事。1993年恢复东禅寺，任住持，改为比丘尼道场，更名"东禅古寺"。

【石定】（1900—2000） 女。现当代尼僧。松江兴渗村人。1941年前后住持普善庵，邀请奉贤奉城万佛阁根楞师太及弟子又德，到普善庵共同住持。

【性修】（1919—2006） 现当代僧人。俗姓孙。江苏泰州（今泰州市姜堰区）人。九岁入宜兴龙池山澄光寺，十八岁受具足戒。十九岁荐学于常州天宁佛学院，翌年转荐入焦山定慧寺佛学院。抗战全面爆发，赴沪志愿加入上海玉佛寺僧伽救护队。两年后任上海法藏寺维那、知客、副寺等职。1942年转任上海海会寺堂主、知客。1945年抗战胜利后，由育生和尚荐介，任苏州承天寺住持。1949年重返上海海会寺。翌年由慧开和尚荐介，赴无锡由原佛教界主办的永安火葬场工作，1980年退休。1983年佛诞，重返法界，在宁波天童寺再次剃度。1984年底，由明旸法师邀往上海龙华古寺任知客、监院，并传教梵呗。1987年7月随团赴美弘法。1992年3月由明旸法师送座，任松江西林禅寺住持。2001年任松江区佛教协会会长，上海市佛教协会咨议委员。2004年7月让丈座于悟端住持。

性修法师

【明非】（1966— ） 当代僧人。俗姓居，名明飞。江苏南通人。十七岁出家。1983年入上海佛学院学习。1985年依上海静安寺淦泉法师出家。同年，由上海玉佛寺方丈真禅老和尚受具足戒。1987年上海佛学院毕业后任上海玉佛寺知客。1997年任上海玉佛寺副寺。2003年任松江区福田净寺监院。2004年任松江区佛教协会副会长。2018年任松江福田净寺住持。是松江区第五届政协委员。2008—2011年在华东师范大学本科班进修哲学专业。

明非法师

【悟端】（1969— ） 当代僧人。俗姓张，名全富。福建福鼎人。1984年依福鼎市乐善寺立平长老出家。1986年入福建佛学院。1987—1993年就读上海佛学院，毕业后到上海玉佛寺常住。1989年10月在江苏常州天宁寺受具足戒。1994年赴澳大利亚悉尼观音寺修学佛法。1997—2001年历任上海玉佛寺知客、僧值、监院、寺务处主任。2001年6月任松江区西林禅寺监院兼寺管会主任。2004年任松江西林禅寺住持。2005年任松江区佛教协会会长。2015年任上海市佛教协会副会长。2004—2009年在华东师范大学进修本科学历。2007—2009年在南京大学进修宗教系研究生；2010年在中国人民大学宗教系进修研究生。是普陀区第十、十一届政协委

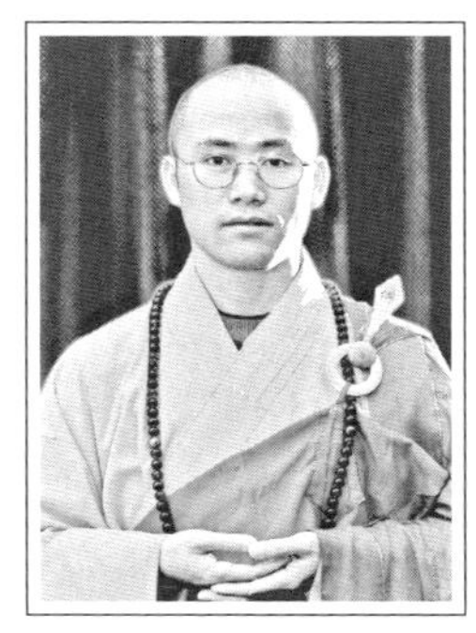

悟端法师

员，松江区第二至四届政协常委，松江区第五届人大常委。2018年成立上海崇恩书画院，任执行院长。2018年被上海市慈善基金会、上海市精神文明委员会办公室评为“上海市第八届慈善之星”。工书法，尤精隶书和行书。与狄其安共同编著《江浙沪梵呗》《中国汉传佛教常用梵呗》《中国汉传佛教“瑜伽焰口”法会唱本》等。著有《禅心·禅缘·禅意》。

【能慧】（1980— ） 当代僧人。俗姓李，名小东。江苏泰州人。本科学历。1996年依上海市金山区万寿寺礼空法师出家。1998年在西林禅寺常住。2000年在安徽省凤阳县隆兴寺受具足戒，任松江西林禅寺维那。2001年入浙江普陀山佛学院学习。2003年任松江西林禅寺监院兼僧值。2005年任松江区佛教协会秘书长。2006年任大方禅院监院。2009年任松江区佛教协会副会长。是松江区新浜镇第十八届人大代表，松江区青联常委。2006—2012年在华东师范大学进修。曾先后出访泰国、法国、韩国，交流佛教文化。

能慧法师

建筑物

【李塔】 亦称“礼塔”。佛教建筑。位于松江区石湖荡镇李塔汇集镇延寿寺内。始建年代不详。相传唐显庆年间由唐太宗之子曹王李明任苏州刺史时所建，故名。据塔中《重建礼塔记》碑记，本名“礼塔”。因“礼”“李”谐音，后遂讹称今名。塔身七层四面，高40.94米。承袭唐代风格，砖木结构。塔身内壁每层四周皆有佛龛，供有大小不同的砖雕佛像200余尊。底层四角石柱刻有施舍人姓名，墙砖上亦有捐款人名。至20世纪80年代，塔身内部楼梯和平等结构皆已毁，外部腰檐平座栏杆也损坏严重，大风时常有砖瓦朽木落下。1985年松江县人民政府公布为县文物保护单位，并纳入修缮计划。1995年由上海市文管委、松江县人民政府共同出资立

李塔（修复前）

李塔（修复后）

项修缮。修缮期间，在地宫内发现文物70余种。1997年7月竣工。今存塔体保持唐宋建筑式样。2002年公布为上海市文物保护单位。

【礼塔】 即“李塔”。

【慈雨塔】 亦称“泗州塔”。佛教建筑。位于松江区小昆山北峰。唐龙朔元年（661年），西域僧伽建。僧伽晚年定居泗州，号泗州和尚。南宋乾道元年（1165年），释心古在塔傍建寺，因尊僧伽，取名“泗州塔院”，塔亦改名“泗州塔”。明万历年间，寺僧修建藏经阁时，曾修葺该塔，陆树声《重修塔院记》述其事。清嘉庆年间塔圮废，寺僧在山北坡另筑石塔3幢，以保留塔院名称。石塔每座高3米，设三节，上为塔顶，镌刻梵语；中为塔身，有孔门，卷边刻莲花纹，亦镌有梵文；下为塔座，中径2米。毁于1928年，塔座青石遗置道旁，至1958年无存。

【泗州塔】 即“慈雨塔”。

【秀道者塔】 初称“月影塔”。佛教建筑。位于松江区西佘山东坡。北宋太平兴国三年（978年）秀道者德聪建，故名。另有一说，今秀道者塔原为“聪道人塔”，北宋康定二年（1041年）由择汀上人建，庆历七年（1047年）塔成。在西佘山山顶另有“秀道者塔”。“聪道人塔”在南宋时已湮没，元明以后被讹传为“秀道者塔”。木结构，楼阁式，七层八面，高29米。塔身细长，外形秀美。至20世纪80年代初，塔檐、平座、围廊等均已毁，塔刹歪斜，木构无遗，仅存砖身。1985年测绘时，曾开挖底层四周浮土，发掘到宋代瓦当及垂脊瓦饰。经考证，内有个别瓦当系隋唐滴水瓦。1997年松江县文管会重修，次年竣工。修缮中，于天宫内发现明代青铜信女像、玉饰、钱币等10余件文物，在塔刹构件上发现明万历年间重修的铭文。1961年公布为松江县文物保护单位。2002年公布为上海市文物保护单位。

秀道者塔（修复前）

秀道者塔（修复后）

【月影塔】 即“秀道者塔”。

【安方塔】 亦称“福田安方塔”。佛教建筑。位于松江区泗泾镇西市桥（武安桥）北堍河滨公园内。始建于北宋咸平至大中祥符年间。全面抗战期间毁于日机轰炸。1994年泗泾镇人民政府决定重建。2001年4月开工，同年11月竣工。塔呈七层八面，塔基直径12.45米，塔高35.18米，

安方塔(2021年)

松江方塔(修复前)

钢筋混凝土木结构。2002年4月举行落成开光典礼。

【福田安方塔】 即“安方塔”。

【松江方塔】 亦称“兴圣教寺塔”。佛教建筑。位于松江区中山东路235号方塔园内。五代后汉乾祐二年(949年)建兴国长寿寺,北宋大中祥符年间改名“觉元院”,再改“兴圣教寺”。熙宁、元祐年间,寺僧希阶、如纳、如礼募建宝塔,以寺名为塔名,称“兴圣教寺塔”。塔高42.5米,九层四面,砖木结构。塔身四面等边,呈四方形,俗称“方塔”。南宋、元、明、清各代屡经修葺。至1949年,塔砖身出现裂缝,下层围廊全部毁坏,塔内各层木结构亦大多损坏,楼板扶梯仅剩一层。1958年由江苏省文管会拨款安装避雷针,抢修顶层、墙身及屋面。1975—1977年,松江县文化部门对方塔进行复原大修,换去腐蚀的塔心木,重装塔刹,补换相轮。恢复各层扶梯、楼板、平座、腰檐和寻杖式栏杆,重建围廊。修复时,在地宫中出土一批文物。其中有汉白玉石函、铜佛座像、银匣、佛牙及唐宋钱币等。1956年公布为江苏省甲级文物保护单位。1962年公布为上海

松江方塔(修复后)

市重点文物保护单位。1996年公布为全国重点文物保护单位。

【兴圣教寺塔】 即“松江方塔”。

【中阳塔】 初称“阿育王塔”。佛教建筑。位于天马山麓原圆智教寺东南隅。北宋元丰二年(1079年)由横云里人、华亭(治今上海市松江区)县令许文全建。据建塔碑记:“命工匠建立阿育王塔像,安置释迦如来真身舍利及金书金像。”南宋淳祐五年(1245年)僧墨庆、明万历年间太仆寺卿林景旸先后重修。崇祯十三年(1640年)吕廷振重修,为报父恩,以其父之别号“中阳”,改塔名为今名。清雍正五年(1727年)庙宇大毁于火灾。乾隆六年(1741年)塔被拆除。

【阿育王塔】 即“中阳塔”。

【护珠塔】 亦称“宝光塔”“护珠宝光塔”,俗称“天马斜塔”。佛教建筑。位于松江区天马山中峰。八角七层,砖木结构,残存高19米。南宋建炎元年(1127年)周文达护驾南渡有功,宋高宗赐以银甲,并任其为秀州路(今浙江嘉兴)招抚使,择居华亭(治今上海市松江区)。绍兴七年(1137年),宋高宗又将西域所献的五色佛舍利一枚赐予周文达,勉励其“宣力王家,一心坚固,常同此舍利”。二十七年,周氏在天马山中峰建七级宝塔,奉五色舍利,以报皇恩,祈国运永昌。因所藏舍利奇珍,时显宝光,又称“宝光塔”。淳祐五年(1245年)僧昙庆重修。清乾隆五十三年(1788年),寺中演戏祭神,因燃放爆竹引起火灾,烧去塔心、扶梯及楼板等,仅剩砖砌塔身。后有人在砖缝中发现北宋元丰年间钱币,遂拆砖觅宝,使底层西北角砖身渐被拆毁,形成一个约2米直径的大窟窿,仅以竹石垫补,塔身倾斜日趋严重。1982年勘查结果,塔身向东南倾斜6°52′52″,塔顶中心位移2.27米,塔身东南面部分向外扭曲,东北、西南二面自上而下各有一条明显裂缝向外延伸,砖体风化剥落严重。塔身严重倾斜,故称“斜塔”。1982年上海市文管会组织成立了“天马山护珠塔研究修缮组”,确定了“按现状加固,保持斜而不倒”的修缮方案。1983—1987年上海市文管会拨款30余万元予以修缮。大修后的护珠塔未恢复塔刹、腰檐、平台、楼梯等结构,没有纠偏移正,按修复方案对现状加固,保持斜而不倒。修缮后可抗6级以下的地震、10级

护珠塔(1981年,修复前)

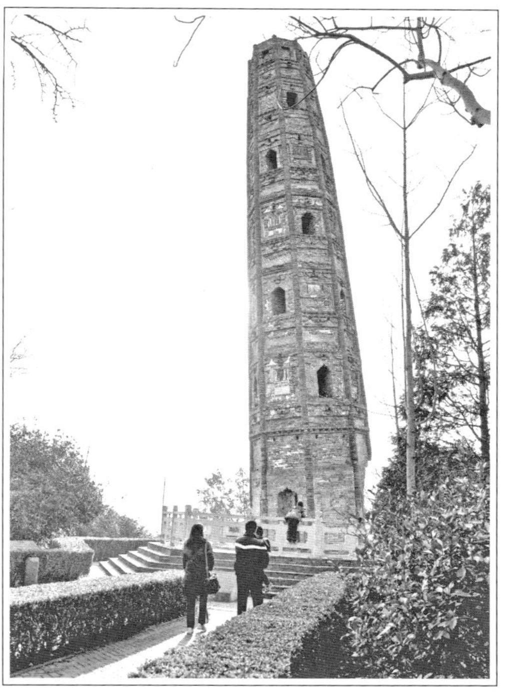

护珠塔(2015年,修复后)

以下的风力。1983年3月26日公布为上海市文物保护单位。1993年,向社会公众开放。

【宝光塔】 即“护珠塔”。

【护珠宝光塔】 即“护珠塔”。

【天马斜塔】 即“护珠塔”。

【马鬐禅师塔】 佛教建筑。位于原佘山昭庆禅寺内。南宋绍兴年间,沂州马鬐山净居寺法宁禅师航海到华亭,先创建北禅寺(又名“马鬐寺”),绍熙二年(1191年)在佘山创建昭庆寺。法宁禅师人称“马鬐禅师”,后人建塔纪念,故取今名。废于明代。

【西林塔】 亦称“崇恩塔”“延恩塔”“圆应塔”。佛教建筑。位于松江区中山中路666号西林禅寺内。南宋咸淳年间,僧睿(号圆应)建云间接待院,在寺前建宝塔,名“崇恩塔”,又名“延恩塔”。元初遭兵灾,寺、塔皆毁。明洪武二十年(1387年)僧淳厚重建,寺名改“西林禅院”,为纪念祖师,塔名改为“圆应塔”,又依寺名为今名。正统年间,僧法[illegible]移塔于大殿后。塔七层八面,高46.9米,砖木结构,为迄今上海境内佛塔高度之最。明万历四十一年(1613年)、清乾隆五十八年(1793年)、清道光二十年(1840年)皆有重修。至20世纪50年代,寺院荒废,宝塔严重损坏,腰檐、平座、栏杆全部腐朽,残瓦朽木时常掉落。1963年采取应急措施,除顶层及底层屋檐外,将残破的各层腰檐平座全部拆除。1993年10月至1994年11月,由上海市文物管理委员会、松江县人民政府联合拨款重修。其间,在塔刹宝瓶、塔顶天宫及塔基地宫中发掘出珍贵文物700余件。其中有鎏金小佛像、经书、玉佛、良渚文化玉镯等重要文物。1962年公布为松江县文物保护单位,1982年9月公布为上海市文物保护单位。

西林塔(20世纪50年代)

西林塔(1992年,修复前)

西林塔(2020年,修复后)

【崇恩塔】 即“西林塔”。

【延恩塔】 即“西林塔”。

【圆应塔】 即“西林塔”。

【超果寺塔】 佛教建筑。位于原超果寺内。始建年代失考。据南宋绍熙《云间志》载,“超果寺在县西三里”,“唐咸通十五年心镜禅师造”。未提及建塔情况。此后有关志书均无建塔记载。据清乾隆八年(1743年)黄之隽撰《重修大殿记略》:“元时寺有塔,未详何年废也。”清嘉庆《松江府志》载,寺“元末毁于兵”。该塔可能与寺同毁。

【唐陀罗尼经幢】 俗称“唐经幢”。佛教建筑。在松江区中山小学内。上海地区现存最古老的地面建筑。建于唐大中十三年(859年)。据《佛顶尊胜陀罗尼经序》,经幢由蒋复、沈直尔两位居士为超度死去的母亲和早卒的二弟发起建造。幢身刻有150多个为建造经幢捐献财物的人名。经幢为青石制作,高9.3米,由21级石雕组成。由于长期置放于路口,风化严重,特别是幢身下勾栏仅存1/8,因此在清代中叶已用条石堆砌,加上地面堆积的增加,幢身之下有9级及砖砌地坪被埋入地下。地面上的各级均显倾斜。1962年10月,上海市文管会批准修复,由上海博物馆负责修复,在考古探索和科学实验相结合下进行。1963年5月对经幢上部较小的雕刻部件进行试胶合。1964年8月,经幢21级石雕全部胶合完毕。幢身通体喷射硅橡胶以防青石吸水风化。1988年公布为全国重点文物保护单位。

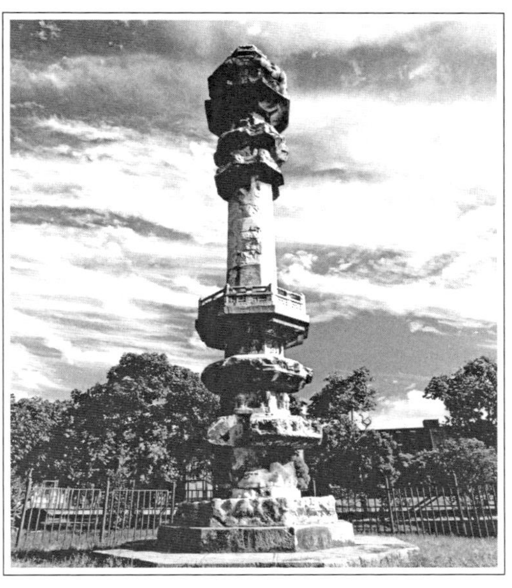
唐陀罗尼经幢(2010年)

【唐经幢】 即“唐陀罗尼经幢”。

【四义僧塔】 佛教建筑。位于松江区西佘山上海佘山天文台院内。明嘉靖年间,倭寇侵扰

四义僧塔

中国东海边境，松江各地遭其烧杀淫掠。嘉靖三十二年（1553年），僧人彻堂召集百余僧兵抗倭。三十三年二月，与倭寇激战于叶榭马家浜。八月，在南汇白沙湾一战中，彻堂和了心、一峰、真元四人殉国。松江知府方康将四僧葬于佘山，并建4座石幢以作纪念，取今名。后因无人管理而散毁。2003年6月，在佘山山顶发现和收集到散存于地面的石幢构件21件，皆为青石制作，表层已风化剥蚀，其形制和雕刻风格表现为明代中期特点。尤其有4件构件的形制和大小完全相同，高48厘米，八角形，皆为石幢幢身部分。由此断定是原有石幢的残存。后在残存中选取若干构件，配制成一座完整石幢置于上海佘山天文台院内。

【九莲庵石幢】 亦称“如来石幢”。佛教建筑。原址位于九莲庵寺中，现在松江方塔园内。据《娄县续志·九莲庵》载：“九莲庵，在东横泾桥圮。庵前二里泾为众水入口要道，潮汐冲激，岸屡圮，明万历间（1573—1620）设如来石幢（按：据石幢的铭文所记，为崇祯四年〔1631年〕七月吉日所立）以镇之。清康熙年间（1662—1722），里人即以余地结庵。今庵废而石幢屹立。”石幢高3.6米，由仰莲须弥座、幢身、腰檐、火焰宝珠屋顶四个部分组成。20世纪80年代，在城西横街底联星大队饲养场内发现后迁入松江方塔园。

【如来石幢】 即“九莲庵石幢”。

【松江佛名幢】 佛教建筑。现藏于松江区博物馆。青石质，八面，残高86厘米，边径33厘米。未署立幢年月，疑似明代遗物。有残文59字，为佛教经咒。

【性修墓塔】 佛教建筑。位于车墩镇东门村地藏古寺内。2006年由松江区佛教协会立。墓塔高3.85米，底座边长1.3米，有六角形石栏小塔院围绕。墓塔正面镌刻“西林堂上性修老和尚之灵塔”。墓塔后立一墓碑铭，由西林禅寺住持悟端撰《上性下修法师传略》。

九莲庵石幢（2021年）

初建的性修墓塔（2006年）

搬迁后新建的性修墓塔（2009年）

【崇恩法幢】 佛教建筑。位于西林禅寺圆应塔两旁。2008年建，高10米余，刻制各类佛教浮

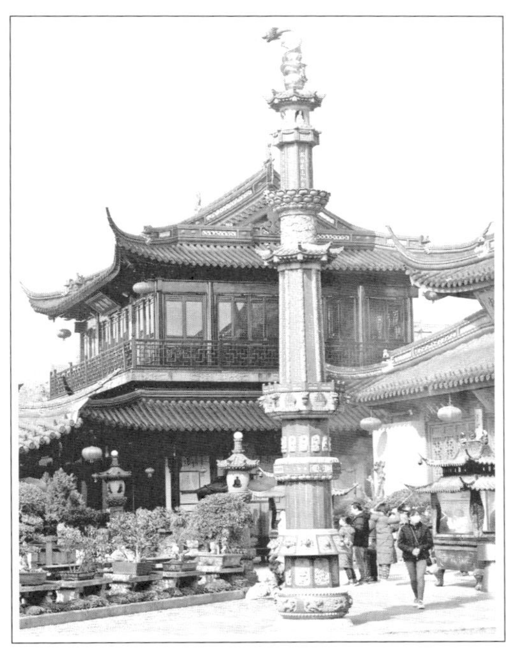

崇恩法幢（2021年）

雕、佛号、经文。在法幢上方所刻蟠龙上，可悬挂水陆法会的宝幡、九莲灯笼、六色佛教教旗。

碑　刻

【吴道子绘观音像碑】 图画石刻。曾被视为松江白龙潭西禅寺镇寺之宝，置于西禅寺大雄宝殿内。观音像线条流畅，简练生动，飘然欲动。是经典的“吴带当风”。现存于醉白池碑廊。

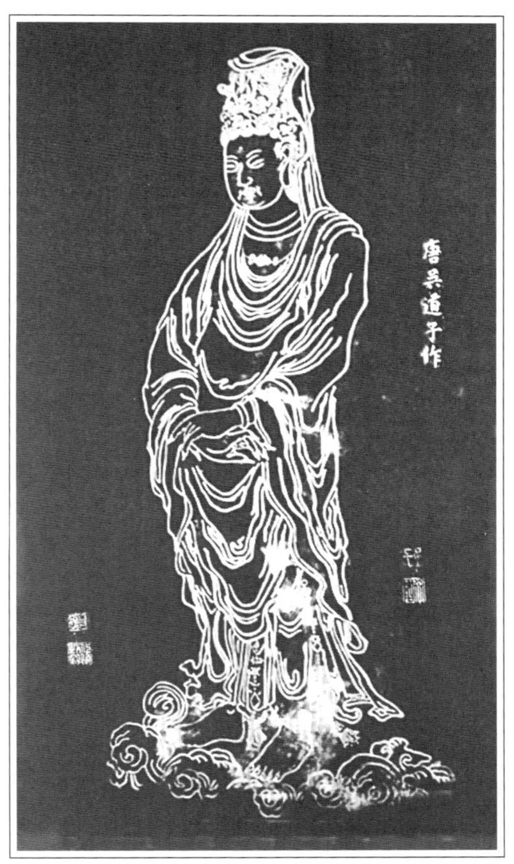

吴道子绘观音像碑

【泼水观音碑】 图画石刻。原为超果寺内镶嵌于鸳鸯殿后向壁间上的一块石面，高约100厘米，宽约60厘米。将清水泼于其上，即显观音之像，故名。石面上方有“明崇祯二年章台鼎跋，崇祯三年九月立”字样。1958年移置醉白池。1966年“文化大革命”破“四旧”时被砸碎。

【云间“三文敏”《心经》书法碑】 文字石刻。1979年12月，松江博物馆（筹）考古人员经张寿甫提供线索，在松江镇青松石路发现6块书法碑刻。经鉴定，分别是元代赵孟頫、明代董其昌、清代张照三人书写的《般若波罗密多心经》真迹石刻。三人俱谥“文敏”，故名。董其昌正楷《心经》全文24行，每行13字，附有董书题记。张照行楷《心经》全文附跋，30行，每行11字。赵孟頫《心经》全文26行，每行11字。该碑原由张氏后人松江镇张寿甫祖传家藏，“文化大革命”中流散。后在青松石路25号居民住宅炉灶里发现。今藏松江区博物馆，嵌于碑廊西壁。

云间“三文敏”《心经》书法碑（2021年）

【圆应塔宝塔志】 碑刻。碑记作于明洪武二十二年（1389年），由西林禅院（今西林禅寺）住持淳厚撰。碑存于西林禅寺圆应塔地宫，1994年维修圆应塔时发现。现藏上海博物馆。碑文录自2002年《上海博物馆集刊》所载《上海松江圆应塔珍藏文物及碑文考释》一文。碑文为：“大明国松江府华亭县城西望恩桥西林禅院住持比丘淳厚，俯念佛恩海岳高深，涓尘莫报，取洪武二十一年三月初四日，发心募众缘，于院之右建造佛舍利宝塔一座，七层。洪武二十二年四月初九日吉时，开启地宫，安奉银造三世佛菩萨像、佛牙舍利、七宝等物。出生妙利普，与法众群生世出，世间尊重如塔者。”

【重修昆山泗州塔院记碑】 碑刻。碑记作于明万历二十一年（1593年），由时任礼部尚书陆树声撰。泗州塔院，即今小昆山镇九峰禅寺。碑已没，文载于明崇祯《松江府志·寺观》。碑文为：“小昆山之创塔院，自宋乾道元年僧心古始。其垂废而建观音大士殿，自余先世捐资，弘治乙卯僧忠诏始。其左有禅堂、但笑斋、三圣阁，右有二陆祠堂，有方丈、转轮阁，自万历乙亥僧濂始。父老云，昆山古号马鞍，吾郡西北二十三里，一峰郁然，绾结泖口，晋机、云兄弟读书其中，是为真昆山陆之祖、征北将军祎墓在焉。胜国中峰禅师与五百人俱，时见神虎出没林莽，道者李某能降之。垂后荒圮，山童树秃。虽小振于弘治锄艾之余，然舍大士殿而补率与鸟鼠争道而已。赖濂上人拮据数年，榛蔓瓦砾化为庄严，又礼请三怀讲师，宏敞法度。余八十五年余，常曳杖山椒，相与徘徊藤花松影之下，顾视石气沉秀，诸僧次第驯谨，雅有规绳，信兹山重兴之会也。大较干将、横云诸山，寺枕山麓，山不能兼泖，泖塔浮水中，水不能兼山，独小昆山两收之，而又二陆先生之灵实依于此，非濂上人曷能成是胜乎？于是余施田数亩。以少续先世遗志，而士大夫之属游于山中者，各捐若干亩，皆不可以无记。”

【护珠塔建塔记碑】 碑刻。碑记作于南宋绍兴二十七年（1157年），由护珠塔建造者、秀州路招抚使周文达撰。碑已没，文载于清乾隆《干山志》卷九。碑文为：“粤潍皇帝建炎元年，自汴扈跸南，得承银甲之赐，奉命招抚两浙秀州路，遂留华亭地。绍兴七年，帝命中使颁西域所献五色佛舍利各一，谓此殊异之珍，劫烧之火不能焦，金刚之杵不能坏，期臣宣力王家，一心坚固，常同此舍利也。拜受君赐。奔走戎索，定栖于华亭干将山下。既作家庙于山，恭藏皇帝所赐银甲一领，昭示我后嗣子孙。复建塔七层，安奉皇帝所颁五色佛舍利，庆绵国祚于无穷，答报群恩于垂暮。我后之人，灵根不泯，能忠君为国高步乎？人天觉路，向塔作礼，自见佛舍利放大光明，历恒河沙千百亿劫，永永如是。爰勒贞珉，以表我建塔之旨。皇帝绍兴二十七年岁次丁丑四月朔日，御前银甲将军招抚两浙秀州路招抚使周文达谨记。”

团体　事件　文化

【松江县佛学会】 社会团体。1912年4月中华佛教总会在上海留云寺成立。1913年松江县佛学会成立，会址设于西门外西塔弄，会员由男女居士、比丘、比丘尼组成，约300人，丁月心任会长。抗战全面爆发后，城区寺庙大多被毁，学会无存，活动停止。1946年抗战胜利后，学会恢复成立，会址仍设于原址，朱久望任理事长，有会员62人。1951年7月，为精简佛教社团组织，经县民政部门协调，与松江县佛教会合并，成立松江县佛教协会。

【松江县佛教会】 社会团体。1933年3月，经国民党松江县党部及江苏省党部核准，建立江苏省佛教协会松江支会，设常务理事、理事、监事10人。璧云任会长，圆慧任副会长。会员皆为佛教僧尼，约400人。会址设于松江西门外白龙潭西禅古寺。抗战全面爆发后，佛教会无存，活动停止。1946年11月，再度成立，会址仍设于原址，璧云任理事长，有会员43人。为庆祝抗战胜利，佛教会特意设计定制佛教会会徽。会徽呈圆形，黄底红佛字，系黄铜珐琅材质制成。1951年7月，与松江县佛教学会合并，成立松江县佛教协会。

【松江县佛教协会】 见“松江区佛教协会”。

【松江区佛教协会】 社会团体。1951年7月，为精简佛教社团组织，松江县佛学会与松江县佛教会合并成立松江县佛教协会。下设7个分会，会员145人。陶昌世任主任，若澄、韩君铸、丁月心任副主任(一说韩君铸任主任，圆慧任副主任)。“文化大革命”期间，协会工作及宗教活动停止。1987年松江县佛教协会恢复建立，12月15日召开松江县第一次佛教代表大会，成立第一届理事会，续明任会长。1997年7月性修任第二届佛教协会会长。1998年松江撤县建区。2001年7月召开松江区佛教代表大会，松江县佛教协会改今名，选举产生松江区佛教协会理事会，性修任会长。至2019年，协会已历四届，从第二届起由悟端任会长。

【上海崇恩书画院】 民间非营利组织。2006年创办。旨在“立足松江、走进上海、面向全国”。以寺内崇恩塔命名。悟端任院长。2017年9月在松江区社团局登记注册，为独立的文化团体，隶松江区佛教协会，松江区人民政府民族宗教事务办公室为业务主管单位。上海市文史研究馆馆员顾振乐任院长，悟端任执行院长。院址设于松江区地藏古寺。从事艺术交流、书画展览、慈善义拍、办班教学等活动。2019年有会员51人，其中中国书法家、美术家等协会会员13人。

崇恩书画院(2020年)

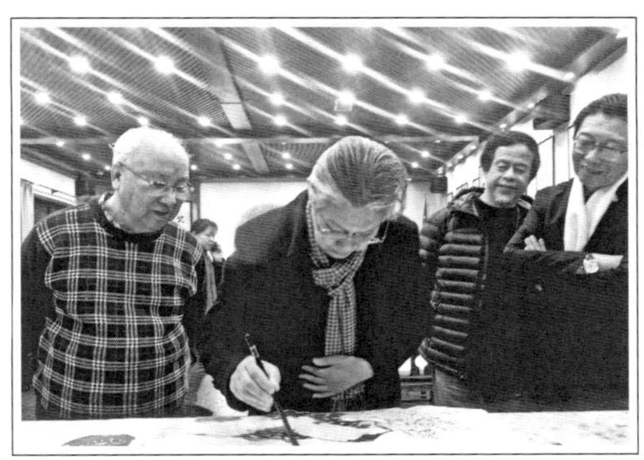

崇恩书画院笔会(2020年)

【僧兵抗倭】 历史事件。明嘉靖三十二年(1553年)春，倭寇侵扰华亭县(治今上海市松江区)内各地，烧杀淫掠。其时，有僧人彻堂，曾师从少林僧月空，统百余僧，称少林僧兵，应募御倭。三十三年二月初六，僧兵80余人与倭寇激战于叶榭马家浜，得胜。八月，在南汇白沙湾与倭寇激战，彻堂、了心、一峰、真元4位僧人殉国。葬于松江西佘山，大理寺丞冯恩(松江人)作铭。清康熙二十一年(1682年)王骏声修塔，建钟亭，有《修塔记》。

【西林梵音】 佛教音乐文化。具有江南特色的梵呗唱腔。梵呗是佛教举行宗教仪式时以偈语赞唱佛和菩萨的颂歌，源自古印度，在流传过程中不同的地区形成各具特色的唱腔。西林禅寺已故住持性修是上海佛教界梵呗唱诵大师，唱腔韵律柔和，字正腔圆，为西林禅寺特色之一。

西林梵音颂唱队（2006年）

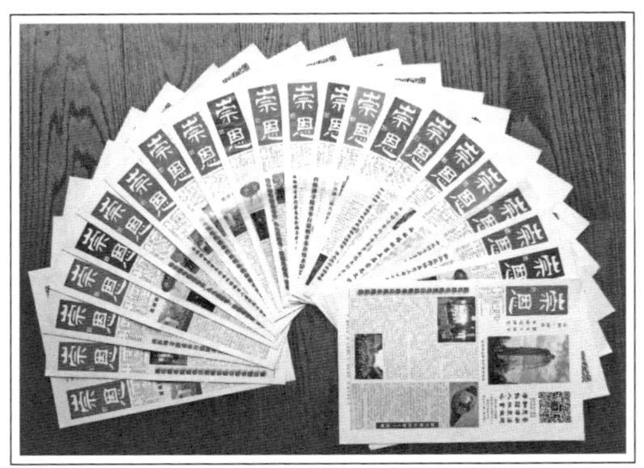

各期《崇恩》报

悟端接任西林禅寺住持后，录制唱诵内容，至2019年完成31种包括经文、咒语、偈赞的唱诵录音。与上海大学音乐学院狄其安教授合作，用乐谱对梵呗记谱，改变梵呗习唱历来依靠口口相传的方式。已出版发行《江浙沪梵呗》《中国汉传佛教常用梵呗》《中国汉传佛教“瑜伽焰口”法会唱本》等。

【崇恩文化】 松江佛教文化品牌。2004年由西林禅寺住持悟端提出，取寺内崇恩塔名，赋予“崇尚道德，恩泽众生；和谐社会，净化人心”的思想内涵，作为西林禅寺建设和发展的一个目标和品牌。先后成立崇恩图书馆、崇恩网站、崇恩基金、崇恩书画院、崇恩梵乐团、崇恩禅茶坊等，创办《崇恩报》《崇恩禅露年刊》《崇恩文化丛书》和“崇恩文化节”等宣传载体和活动方式。2014年“崇恩”商标经国家商标局正式注册。

【崇恩报】 佛教内部出版物。2008年创办，双月刊。设有“松江佛教新闻”“佛法知识”“佛学说坛”“法会报道”“学佛感悟”等栏目。以赠阅的方式发行。每期3 000份，以“崇德、奉献、感恩、友善”的道场精神，结缘大众。至2019年，共出版70期。

【西林素斋】 亦称“崇恩斋”。素食餐馆。在西林禅寺内。2005年西林禅寺注册“双松堂餐饮有限公司”，并正式对社会开放。传承佛教寺院素食制作工艺，以“健康是根、素食为本，缘结大众、服务至上”为服务宗旨，为松江餐饮业中特色餐馆。

【崇恩斋】 即“西林素斋”。

【行脚朝山】 佛教修行方式。行脚是僧侣增长见识、磨砺意志的修行方式。2004年起，松江佛教各寺院根据自身实际，组织开展行脚和引香活动。至2019年，松江各寺院共组织开展40批次行脚朝山活动。具体情况列表如下：

时间	组织寺院	带队人	参加人数	目的地	行　程	起止时长
2005年	九峰禅寺	戒法法师	12人	九华山	450千米	21天
2006年	九峰禅寺	戒法法师	21人	九华山	450千米	20天
2006年	西林禅寺	悟端大和尚	40人	泰国法身寺		5天
2006年	西林禅寺	悟端大和尚	100人	五台山	1 400千米	5天
2007年	西林禅寺	悟端大和尚	69人	开元寺等寺院	740千米	4天
2007年	九峰禅寺	戒法法师	15人	九华山	450千米	18天
2010年	西林禅寺	悟端大和尚	93人	惠山寺等寺院	151千米	3天
2010年	西林禅寺	悟端大和尚	3人	法国潮州会馆		10天

（续表）

时间	组织寺院	带队人	参加人数	目的地	行　程	起止时长
2010年	西林禅寺	悟端大和尚	6人	普陀山	280千米	3天
2011年	西林禅寺	悟端大和尚	4人	法国潮州会馆		10天
2011年	西林禅寺	悟端大和尚	40人	平兴寺等寺院	530千米	4天
2011年	西林禅寺	悟端大和尚	10人	马来西亚		10天
2013年	延寿寺	灵彻法师	15人	普陀山	280千米	12天
2014年	九峰禅寺	戒法法师	13人	九华山	450千米	9天
2014年	西林禅寺	昌松法师	85人	白马寺等寺院	1 045千米	5天
2015年	西林禅寺	悟端大和尚	60人	资国寺等寺院	650千米	5天
2015年	延寿寺	灵彻法师	16人	九华山	450千米	15天
2015年	延寿寺	灵彻法师	20人	印度		11天
2015年	知也禅寺	如恒法师	38人	九华山	450千米	4天
2015年	九峰禅寺	戒法法师	12人	普陀山	280千米	5天
2016年	西林禅寺	悟端大和尚	10人	香港青山寺		4天
2016年	九峰禅寺	戒法法师	21人	五台山	1 400千米	28天
2016年	福田净寺	妙青法师	53人	九华山	450千米	3天
2016年	知也禅寺	如恒法师	42人	灵山大佛	170千米	3天
2017年	延寿寺	灵彻法师	20人	五台山	1 400千米	50天
2017年	西林禅寺	悟端大和尚	40人	印度		4天
2017年	西林禅寺	悟端大和尚	100人	东林寺等寺院	660千米	5天
2017年	西林禅寺	灵耀法师	30人	南普陀等寺院	1 050千米	5天
2017年	福田净寺	妙青法师	51人	普陀山	280千米	3天
2017年	九峰禅寺	戒法法师	17人	峨嵋山	2 100千米	38天
2018年	西林禅寺 地藏古寺	悟端大和尚	49人	九华山	450千米	16天
2018年	知也禅寺	如恒法师	40人	灵隐寺等寺院	169千米	2天
2018年	西林禅寺	悟端大和尚	40人	斯里兰卡		8天
2018年	福田净寺	妙青法师	30人	五台山	1 400千米	5天
2019年	延寿寺	灵彻法师	20人	峨嵋山	2 100千米	93天
2019年	西林禅寺	昌松法师	60人	南山寺等寺院	2 600千米	5天
2019年	圆智寺	明智法师	20人	阿育王等寺院	150千米	2天
2019年	地藏古寺	戒量法师	25人	五台山	1 400千米	5天
2019年	普善讲寺	圣慧法师	11人	峨嵋山	2 100千米	6天
2019年	福田净寺	妙青法师	26人	峨嵋山	2 100千米	6天

【崇恩文化系列丛书】 2004年西林禅寺提出“崇恩文化”建设和发展目标后，计划每年出版一种反映崇恩文化建设和发展的丛书或年刊。至2019年，已公开或内部出版15种（套）系列丛书。具体列表如下：

书　　名	出版时间	出　版　社
《西林佛教艺术博览》(1—4)	2005年	大公报出版有限公司
《崇恩翰墨》书法篆刻集	2008年	内部出版
《孙绍国篆隶墨迹》	2014年5月	上海文化出版社
《中国汉传佛教常用梵呗》	2014年6月	上海音乐学院出版社
《北硼文集》〔(宋)释居简著〕	2014年9月	复旦大学出版社
《上海西林禅寺》	2014年9月	宗教文化出版社
《禅心·禅缘·禅意》(悟端著)	2014年9月	宗教文化出版社
《崇德感恩》(大型画册)	2014年9月	内部出版
《吴铁华画集》	2014年12月	上海美术出版社
《崇恩翰墨缘》书法集	2015年10月	内部出版
《上海松江佛教》	2016年8月	宗教文化出版社
《崇恩尚德》书画、论文、图片专辑	2016年8月	内部出版
《崇恩报》78期双月刊 (1—50期)合订本	2016年8月	内部出版
《崇恩禅露》年刊 (1—6期)	2015—2020年	内部出版
《中国汉传佛教“瑜伽焰口”法会唱本》	2019年10月	上海音乐学院出版社

道 教

现有道教场所

【东岳庙】 亦称“东岳行宫”“东岳行祠”，俗称“岳庙”。道教宫观。位于松江区中山中路196弄9号。始建年代失考。南宋绍熙《云间志·祠庙》:“东岳别庙，在县西二里。”明正德《松江府志·坛庙》:“东岳行宫，在府城西，建置无考。宋朱右丞谔始，大而新之。”清嘉庆《松江府志·东岳行宫》:“乾隆二十七年重建大殿。殿东有泉曰‘泉澜’，水仙阁在其上。相传岳庙初仅三楹，有跛道人谢姓者居之，擅咒水术，患疮疾者往叩，道人取泉水咒而敷之，立愈。没后，塑像水侧，即今水仙神也。”北宋时规模宏大，有“华亭庙宇之冠”之称。元至正五年(1345年)毁于兵燹，十三年邑人夏浚即楼址立门复旧。明成化元年(1465年)，副道纪曹希升建玉皇阁。弘治五年(1492年)，知府刘璟重修，扩建戏台、寝宫。嘉靖年间，倭寇进犯松江城，“入西关，大肆焚劫，烟火七昼夜不绝”，庙毁。万历年间，知府徐琳重建大门及冥司殿，于大殿西北建杨侯神祠，亦称“昭天侯殿”，祀杨文圣，封东岳大帝掌刑神。清顺治二年(1645年)，清军攻松江城，又毁，遂复建，增建摄性楼、太虚亭。康熙二十三年(1684年)建崇恩殿，二十五年建十王殿，二十七年在玉皇阁旧址改建寝殿。乾隆二十七年(1762年)重修大殿。嘉庆年间，庙占地20余亩，建筑宏伟，规模壮观。咸丰十年(1860年)，太平天国战争中“毁门楼，坠庑像”。抗战全面爆发后，损坏严重，经信众支持得以修复。据“松江县乡区道教庙观实地调查”，1952年尚有正殿(悬“泰山之殿”匾)、昭天侯殿、十王殿、偏殿等42间，供奉东岳大帝、三茅真君、炳灵公、十王、昭天侯、雷祖星宿等100余尊神像。以后，庙宇房屋或毁或被他用。1964年，正殿遭雷击，又因梁柱被白蚁蛀坏，出现殿宇倾斜、山墙开裂等现象，经上海市文物管理委员会批准，岱岳殿、昭天侯殿等大部分庙宇被拆除。2002年5月，经上海市民族宗教事务委员会批准，在原址重建。2005年对外开放。2012年正式登记为道教宫观。2013年，重建工作基本完成。现宫观的布局沿中轴线有庙门、阅坛、岱岳殿、昭天侯殿(两侧为斗姆阁、太岁殿，二楼为玉皇殿、元辰殿，三楼为三清殿)；东侧有观音殿、客堂、天师殿、文昌殿等；西侧有土地殿、财神殿、府城隍、三官殿、长生殿、娘娘殿、月老祠等。建筑面积5 128平方米。

东岳庙(2010年)

【东岳行宫】 即“东岳庙”。

【东岳行祠】 即“东岳庙”。

【岳庙】 即“东岳庙”。

【天妃宫】 道教宫观。海神妈祖道场。位于松江中山东路方塔园内照壁东北处。始建于宋初，位于上海小东门十六铺一带，名“顺济庙”。元、明、清屡有修建。清咸丰三年（1853年）毁于战火。光绪十年（1884年）在河南路桥北堍易地重建，改名“天后宫”。1927年国民党上海第三区党部设于宫内，大殿改建为树基小学。1937年八一三事变后，用作难民收容所。20世纪50年代，部分殿庑用作学校，部分改作山西北路地段医院。1978年因市政改造需要，上海市城建局将大殿（天后宫）迁松江方塔园。1980年迁建工程完成，改今名。大殿面积330平方米，高17米。1993年10月公布为松江县文物保护单位。2002年9月举行“浦江妈祖开光典礼”和“上海方塔园天妃宫开放仪式”。2019年7月管理工作由方塔园移交松江区道教协会。

天妃宫（2015年）

【观音堂】 原称“秀溪道院”。道教宫观。位于松江西门外八家弄颐园西侧（今永丰街道秀南街陈家弄7号）。始建于明崇祯年间。清光绪十七年（1891年）僧戒遂于院后旷地建三官殿，并添造西厢两楹。“文化大革命”期间被家具厂租用。中共十一届三中全会后，由松江县文化局接收，列为区级文物保护单位。2015年移交松江区道教协会管理和使用，改今名，正式登记为道教宫观。现有主殿1间，西侧偏殿2间。主殿供奉三十三观音，偏殿供奉财神、文昌、车神。建筑面积330平方米。

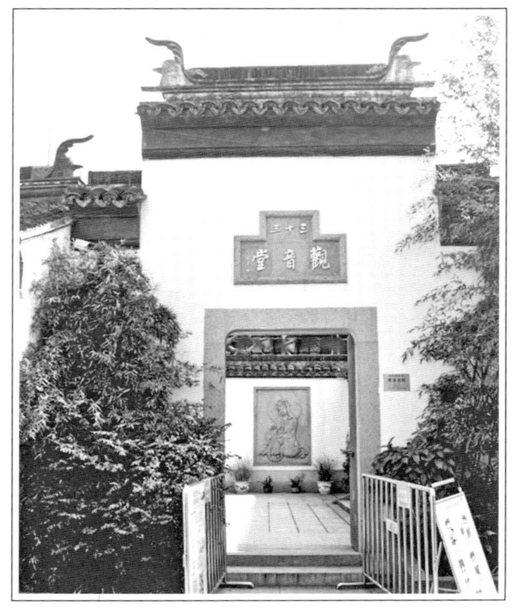

观音堂（2021年）

【秀溪道院】 即“观音堂”。

【广富林关帝庙】 道教宫观。位于广富林文化遗址内。在广富林文化遗址建设规划中设有3个道教宫观，即关帝庙、城隍庙、三元宫。关帝庙主要供奉三国时蜀汉名将关羽。关帝以忠、孝、节、义为代表而奉为武圣，又因善于理财、发明“日清簿”而奉为财神。2012年由松江区新城公司投资兴建，2015年竣工后移交松江区道教协会管理和使用。2016年与城隍庙、三元宫统一以“广富林关帝庙”的名称正式登记为道教固定处所。庙内整体布局沿中轴线有山门、关帝殿、文

广富林关帝庙（2021年）

昌阁、斋堂，东侧有龙王殿，西侧有土地殿等。建筑面积1 212.82平方米。其建设得到山西解州关帝祖庙的支持，在2015年竣工典礼上，双方合立《重修关帝庙记碑》，并确立其为山西解州关帝祖庙之下庙。

【城隍庙】 道教宫观。位于广富林文化遗址内。是广富林文化遗址建设规划中3个道教宫观之一。广富林地区原有城隍庙，供广富林城隍陈王爷。广富林文化遗址建设规划时，决定移址扩建。2012年由松江区新城公司投资兴建，2015年竣工后移交松江区道教协会管理和使用。2016年与广富林关帝庙、三元宫统一以“广富林关帝庙”的名称正式登记为道教固定处所。庙内整体布局沿中轴线有山门、戏台、府城隍殿、寝宫；东侧有客堂、娄县城隍殿；西侧有月老殿、富林城隍殿、法堂。占地5 333平方米，建筑面积1 504.9平方米。主殿供奉松江府城隍李待问，娄县城隍殿供奉娄县城隍李复兴，富林城隍殿供奉陈王爷。相传，元初广富林地区突发霍乱瘟疫，老中医陈金生与辞官还乡的王家昌倾家产，为民治病消灾。两老故世后，被后人尊奉为广富林城隍，建庙以祀，俗称“陈王爷”。

城隍庙（2021年）

【三元宫】 道教宫观。位于广富林文化遗址内富林塔东侧。是广富林文化遗址建设规划中3个道教宫观之一。供奉天官紫微大帝、地官清虚大帝、水官扶桑大帝。按照道教学说，夏历正月十五日为天官紫微大帝诞辰日，称上元节；七月十五日为地官清虚大帝诞辰日，称中元节；十月十五日为水官扶桑大帝诞辰日，称下元节。三

三元宫（2021年）

官大帝与三元节是道教文化的重要组成部分。2012年由松江新城公司投资兴建，2016年底竣工后移交松江区道教协会管理和使用。同年，与广富林关帝庙、城隍庙统一以“广富林关帝庙”的名称正式登记为道教固定处所。宫内整体布局沿中轴线有山门、灵官殿、元辰殿、长生殿、三官宝殿；东侧有客堂、慈航殿；西侧有财神殿等。建筑面积1 621.88平方米。

【吕荡庙】 道教宫观。位于车墩镇东门村658号。旧址在车墩镇新余村。2019年因开发建设需要，由车墩镇资产经营有限公司与松江区道教协会签订协议，将该庙迁今址，由松江区道教协会负责管理。前后两进，有吕祖殿、杨大神殿、玉皇殿、观音殿等。建筑面积513方米。

吕荡庙（2021年）

【猛将庙】 民间烧香点。位于新桥镇陈春路880号。旧址在新桥镇庙浜，有庙房10余间，占地10余亩，祀刘猛将军，香火颇盛。1980年存庙

房1间，有2位老年信士轮流奉守。1999年因位于开发建设工程项目内，移今址。在猛将殿前搭一彩钢板活动房供神像，有一香头负责管理。

已湮没道教场所

【明王庙】 亦称“李塔明王庙”。道教宫观。位于松江府城西南四里（今石湖荡镇李塔汇集镇中部延寿寺部分）。明崇祯《松江府志》引《旧经》：“唐太宗第十四子明，初封曹王。调露二年贬苏州刺史。先天二年奉敕立祠于松江。梁开平四年封昭灵侯，庙食十有二所，或号曹王，或号李明王。”“今府境修竹乡称李塔明王庙界，则所祀曹王明也。”李明于唐贞观二十一年（647年）封为曹王。永隆元年（680年）以“与太子李贤通谋”罪，流放黔州（今贵州）。永淳元年（682年）武则天逼令其自尽，就地埋葬。先天二年（713年）玄宗李隆基为其平反，下旨建明王祠。五代后梁开平四年（910年），苏州吴江建昭灵侯庙，华亭（治今上海市松江区）将明王祠扩建为庙，增设送子观音和千手观音两殿。旋在县城西门外聚奎里（俗呼后诸行街）续建明王庙。一时，华亭、吴江等地相继建有12所不同名称的庙观，或称“明王庙”，或称“曹王庙”“昭灵侯庙”，供奉神主曹王李明。为争所建庙观的地位各不相让，后经佛道两派论定，以李塔汇明王庙为正庙，余者皆属别庙，均属李塔明王庙界（因庙中建李塔，故又称“李塔明王庙”）。南宋嘉定六年（1213年），在塔侧建寺院，初名“澄庵”，宝祐、咸淳年间易名“延寿院”。道、佛寺庙共存，人鼎香旺，遂形成李塔汇集镇。明王庙历代均有修缮，香火延续至1949年。20世纪50年代，送子观音和千手观音两殿被拆除，部分庙房被居民占用。1958年起明王殿用于粮管所供应站及仓库。1978年改为塔汇公社粮管所办公地。1990年用作印花品厂厂房，引起火灾，仅剩大殿。1996年遭暴风雨，大殿倒塌，明王庙建筑无存。

【汤村庙】 亦称“大徽庵”“元桢寺”。道教宫观。位于小昆山镇汤村。始建于唐代。明代称“大徽庵”“元桢寺”。相传，明嘉靖年间，戚继光在泖湖地区击溃倭寇，庙内主供戚继光神像。清初改今名。有戚继光殿、观音殿、弥陀殿、猛将堂等。1938年10月被侵华日军烧毁庙房7间。庙内原有一口大铜钟，铜钟上部镌有5 048字，楷体铭文；下部镌有助捐者姓名。1958年庙房改作食堂，铜钟被当作废品上交。1970年起庙产归生产大队作仓库。今庙房年久失修残败。

【大徽庵】 即“汤村庙”。

【元桢寺】 即“汤村庙”。

【李塔明王庙】 “明王庙”别庙。道教宫观。位于松江府城西门外聚奎里，俗呼后诸行街（今长桥街东侧，西对小塔前）。据《苏州府志·吴江昭灵侯庙》：“（唐）先天二年，奉敕立祠于松江。五代后梁开平四年，封昭灵侯，庙食十有二所，或号曹王，或号李明王。”建造时间约在后梁开平四年（910年）。清乾隆十三年（1748年）卢修龄、周兆钰、徐仲旸等重建。光绪二十三年（1897年）吴迪蕃重修。

【广卫将军祠】 祠祀。在普照寺内（今松江第二水厂内）。寺中有石碑，载吴越王《祭献文》，祠所祀“晋贤陆机之祖”。相传普照寺原为陆机家宅，后为佛教寺院，历代皆在寺中设陆机、陆云及先祖的祠堂。

【陆宝院】 初称“福寿祠”。道教宫观。位于“九峰”陆宝山。相传是西晋陆机、陆云宗祠家庙，内供其祖陆逊、父陆抗及道家始祖老子。后为道观，并以山名改今名。陆宝山，位于今凤凰山与薛山之间，与厍公山隔溪相对，因石少土肥，人争取之，至明代已夷为平陆。五代十国时迁至吴淞江边。相传，吴越王钱镠曾驻跸其中，并赐王妃手书“金字莲花经”。吴越王将“陆宝”误为“六宝”，赐“金字莲花经”时曰：“此亦一宝也。”遂将其改名“七宝寺”。后因江水啮岸，于北宋初再迁于蒲汇塘北横沥港西（今闵行区七宝镇辖地），由当地大户张泽舍宅为寺。七宝“镇无旧名，因寺得名”。北宋大中祥符元年（1008年）敕赐“七宝教寺”，遂为正宗禅林。后七宝教寺毁，2002年重建。

【福寿祠】 即“陆宝院”。

【金山忠烈昭应别庙】 道教宫观。在华亭县治东南八十步（约在今松江方塔园附近）。建于五代吴越王钱镠在位之前。主庙在今上海市金山区大金山岛，建于三国吴孙皓在位期间（264—280），是上海地区有史料记载的建立最早的道教宫观。祀西汉大将霍光，孙皓封其为捍海之神。据南宋绍熙《云间志》载，吴主孙皓染病甚重，一日，霍光大将军附身于小黄门说："国主封界华亭谷，极东南，有金山咸塘（即护塘），风激重湖，海水为害，非人力所能防。金山北，古之海盐县，一旦陷没为湖，无大神力护也。臣，汉之功臣霍光也。臣部属有力，可立庙于咸塘，臣当统部属以镇之。"于是立庙，每年祭祀。北宋宣和二年（1120年）赐"显忠庙"。五年，封"忠烈公"。南宋建炎三年（1129年）加封"忠烈顺济"，且赐缗钱，以新庙宇；四年加封"昭应"，故称"忠烈昭应庙"。华亭城内别庙，始建年代不详，据南宋绍熙《云间志》："金山忠烈昭应庙，在海中金山，去县九十里。别庙在县东南八十步，庙有吴越王镠《祭献文》。"《祭献文》全文已佚，今仅存"以报冠军之阴德"七个残字。

【福顺延德大王庙】 道教宫观。在原都酒务西。建于五代十国吴越时期。明正德《松江府志》引《苏州府志》称，苏州"有南双庙，左为英烈王伍子胥神像，右为福顺王陈果仁神像"。北宋蔡京作《修庙记》："隋将陈果仁尝以阴兵助钱氏伐淮南有功，奏封福顺延德王，使诸郡皆建庙。"清嘉庆年间废。

【朝真道院】 道教宫观。位于天马山南坡护珠塔（俗称斜塔）之下。北宋大中祥符三年（1010年）敕建。元大德八年（1304年）宣抚使周显改建。至正三年（1343年）道士郭松溪重建。明万历二十八年（1600年）处士周观镐、金从玄在道院左侧建餐霞馆，董其昌题额。馆前有丛桂5株，大可合抱；馆后有濯月泉，又称"天下第四泉"。至清初，遂成规模，从山半腰的三清殿沿山坡往下建有玉皇阁、关帝殿、猛将堂、城隍殿，上下殿堂台阶式排列于山坡之中，极为壮观。咸丰十年（1860年）毁于兵燹。光绪初重修道观及道房数间。1954年道院被废。

【松江府城隍庙】 道教宫观。始建年代不详，庙址在华亭县治西广明桥右、赵店土地庙西。初为华亭县城隍庙，礼"天下都城隍威灵公"纪信。北宋政和四年（1114年）移至县治东南七十步，盟素道院左侧（今松江方塔园内方塔北）。元世祖至元十四年（1277年）华亭县升为府，县城隍庙升为府城隍庙。明洪武三年（1370年）知府林庆在兴圣教寺废址上重建。正统九年（1444年）知府赵豫整饬庙门。景泰元年（1450年）遭灾，知府黄平重建。成化十五年（1479年）知府王衡在正殿后扩建寝宫。弘治元年（1488年）五月毁于台风，知府刘璟按原式样重建。正德三年（1508年）知府翁理重修，在两侧廊庑增塑二十四司神像。嘉靖四十四年（1565年）遭灾，知府衷贞吉、华亭知县聂廷璧捐俸重建。入清后，庄亲王赐额"德庇华娄"。乾隆四十一年（1776年）清廷封晚明中书舍人李待问为松江府城隍，在庙内塑像以祀，道教封其为"二品威灵公"。乾隆八年、二十八年、五十七年，嘉庆二年（1797年）知府汪德馨、富琦、李廷敬、赵宣喜先后修葺。庙前有照壁，大殿三进，两侧有庑廊庑楼，殿后有寝宫，旁有小园，花木幽静。同治元年（1862年）作清军戈登洋枪队兵营，庙半遭损毁；五年集资修建。光绪年间建戏台三堂。1926年大修。全面抗战期间，日军拆去楼房及东厅1幢。1950—1951年，驻松部队将戏台、仪门及大殿搬走。"文化大革命"中神像全部被毁。1978年建松江方塔园，其余建筑全部拆除。现仅剩古井1口、明代砖雕照壁1堵、古银杏树3棵。其中，1987年9月明代砖雕照壁公布为上海市文物保护单位。2012年建广富林城隍庙，将府城隍殿设为正殿，专供府城隍李待问。

【华亭县城隍庙】 见"松江府城隍庙"。

【城南道院】 亦称"玄元道院""圆元道院"。道教宫观。位于松江府治南，会星桥西北。始建于北宋。元世祖至元年间改称"玄元道院"。明代道士陈景芳重修，邵亨贞有记。清乾隆后称"圆元道院"。至清嘉庆时，已久废。

【玄元道院】 即"城南道院"。

【圆元道院】 即"城南道院"

【仙鹤观】 道教宫观。位于华亭县治南二百步，朝真桥西。始建年代不详。南宋绍兴三十年（1160年）处州（今浙江丽水）天真观道士叶太真，经向朝廷请求，获准在东晋仙鹤观旧址复建，赐"仙鹤观"旧名。乾道年间进士陈箎、朱飞卿、郑瀰等捐资，建寥阳殿、昊天宝阁、山门、经楼、钟楼及两庑，各种设施一应俱全。明洪武元年（1368年）腾出庙房设太平南仓粮库，迁朝真桥东张氏祠堂。占地不大，但殿堂玲珑，曾为明清松江府最秀丽道观，被誉为松江“琼琳宫第一”。曾为松江府道纪司所在地。清嘉庆年间起逐渐衰落而荒废。今无存。

【北道堂】 道教宫观。位于松江府城内西北瑞鹿桥东（今菜花泾樟馨家园西侧）。南宋乾道年间建，初称“真净院”，后改今名。元世祖至元年间，宋室后裔赵孟僴（赵孟頫族兄）寄身松江，入北道堂为道士。故赵孟頫常来松江，入住北道堂，皈依入道，寓室名“双松堂”。赵孟僴后师从高僧中峰明本禅师，剃度为僧，依师名“明本”，改北道堂为“本一禅院”。1980年，在其遗址1米深的地层中发现“赵文敏公”自画像石刻。画中赵孟頫头戴笠子，身穿古袄大布袍，右有隶书“赵文敏公”四字，下押“松雪斋”印。石刻现藏松江博物馆。

【谷水道院】 道教宫观。位于松江府城西南西湖西岸（今谷阳南路南端西侧）。南宋宝庆二年（1226年）道士陆景微建。明洪武二十年（1387年）道士叶云谷增修。后毁于火，里人冯骥重建，内有东云所、来鹤亭等。清康熙十年（1671年），住持赵熙明建三茅堂，庄亲王赐“得一以盈”额。乾隆五年（1740年）道士王声万建斗姆阁，十四年重修大殿，当时“名园芳榭，不知湮没凡几，而此院岿然独存”。嘉庆六年（1801年）工部官员徐士泰择西偏殿设祀刘惟谦、沈大成、殷元正、章德棨祠堂；光绪四年（1878年）经沈莲、朱赓飏等申请，增祀焦袁熹、陈嵦、王永祺、陆明睿、倪思宽、朱大韶等人，故亦称“十贤祠”（俗称“十先生祠”）。1912年，大殿倾倚欲倒，唯十贤祠修缮完好，改作市立第八国民学校校址。今无存。

【十贤祠】 见“谷水道院”。

【龟蛇庙】 道教宫观。位于松江府城集仙门（南门）外城濠边。南宋淳祐八年（1248年）道士余子善建，祀真武大帝。龟、蛇是真武大帝的两位天门门将，故名。明正统十一年（1446年）至景泰二年（1451年）重修殿宇，并增置两廊各3间。后在庙外立龟蛇真境坊，砌砖为街，瓦石为桥。弘治年间道士姚宇端、徒唐以清买田傅玄嗣封。监察御史张方璚有记。清光绪时已废圮。

【白沃庙】 道教宫观。位于松江府城谷阳门外北俞塘。南宋鲁应龙《闲窗括异志》称，相传当湖（在今浙江平湖东门外）初陷时，白沃史君跃马疾走，不及，遂驻马以鞭指，得湖东南一角水至不没。因立庙。

【武帝庙】 道教宫观。① 庙址位于故县学射圃东。后废，移建于松江府城南门南禅寺右（约在今松汇东路与方塔南路交汇处西侧）。始建于宋，初称“义勇武安王庙”，祀三国蜀汉名将关羽（关帝）。清雍正三年（1725年）世宗颁令，以关帝庙为武庙，列为国家祀典。每年春秋仲月，松江府县致祭。康熙年间、乾隆四十七年（1782年）松江知府李文鸢、华亭知县林培由先后重修。民国时祠宇久废，仅存石狮一对。② 亦称“关帝庙”。祀三国蜀汉名将关羽。位于叶榭东圩中市（今叶榭镇中市街25号无纺布厂）。明弘治十八年（1505年）始建，翌年落成。1937年被侵华日军焚其大部。后略事修缮，仅存大殿及两厢。1958年拆除，在庙址建叶榭公社大礼堂。旧时每年夏历五月十三日与九月十三日（相传为关羽的生日与忌日）皆有庙会，规模盛大，万人云集。

【义勇武安王庙】 即“武帝庙①”。

【玉辰道院】 道教宫观。在西佘山。始建于元世祖至元二十年（1283年）。至正三年（1343年）散大夫常州军事邑人卫宗武重建。

【盟素道院】 道教宫观。位于平桥西，松江府治东南华亭城隍庙侧。元世祖至元二十七年（1290年）祝知观建。清咸丰十年（1860年）毁于兵。同治初年住持杜铃重建，庙址由德润堂西移至德润堂东，仍用旧名。

【干山东岳行宫】 道教宫观，松江东岳行宫别庙。位于干山（即天马山）中峰寺旁、斜塔之上。元大德八年（1304年）山民潘显建，由松江东岳行宫派道士主持庙务。其西傍房为地藏殿，神像从圆智教寺迁入。清乾隆三十七年（1772年）里人改奉东岳行宫西房昭天侯杨大神（俗称“杨老爷”），改称“杨侯神庙”，建两庑及山门。旧时每年夏历九月初九举行杨侯神诞庙会。相传，杨侯之妻杨侯娘娘为天马山西北汤河浜人，因此，庙会杨大神巡游要陪杨侯娘娘“回娘家”，专程到汤河浜举行祭祀典礼后再回干山。1965年被拆。

【长春道院】 道教宫观，上海地区首座全真教道场。位于松江府城南门（今南内路老南门桥北堍)。元大德十年(1306年)钱塘(今浙江杭州)人郑真云游至松江,见“松江人无为全真教者”,便买地2亩,筑室4间,创全真教。收弟子朱道本守之,继续北上云游。大户计肃、夏世昌捐地7亩扩建,派人寻找郑真回来主持道院。郑真回,按全真教要求授徒传道,观宫清规戒律严格,受乡人和乡绅推重。有元诗人杨载撰、书法家赵孟𫖯书《长春道院记》。道院前殿供奉老子,两边为厢房,后面是举行法事和修道的法堂。清末已荒弃。1916年里人杨竹山集资重建两楹,立观音像于其中,名为“长春庵”。今俱无存。

【问俗道院】 亦称“云西道院”。道教宫观。位于云间第一桥(跨塘桥)南,与祭江亭隔市河相望。建于宋代。初名“问俗亭”,相传有一在外为官多年者回乡后已物是人非,便在亭内查询问俗,故名。元顺帝至元三年(1337年)道士张允真扩建,有云西堂、斗姆阁、关帝殿、三元宫、明志堂等,院内“花木丛深,池石蔚秀,望若仙宫”。清光绪二十七年(1901年)道士夏高鹏于明志堂后建楼房3楹,悬“环秀山房”额。清末民初,道长周祥专程赴江西龙虎山祖庭援箓,名声大振,香火极旺。全面抗战期间道院被炸,仅剩山门、关帝殿、三元宫。山门内有匾额“古问俗亭”,为于右任手书。1950年建中粮第二仓库,道院废。

【云西道院】 即“问俗道院”。

【玄真道院】 道教宫观。位于松江府治东南三百步故延庆寺南。元至正初(约1341年)道士鲁烟霞、百户汪义建。清乾隆后称“元真道院”。

【元真道院】 即“玄真道院”。

【西湖道院】 道教宫观。位于松江府治西南(今普照路南端)。元至正元年(1341年)道士邵以中建,最初仅有殿堂及庙房2间。明正统十四年(1449年)道士计一宁重建,有大圆通殿(俗称玉皇阁),殿前有池一方,春夏时蒲柳参差,枭雁翔集,为城中幽胜处。成化年间道士蔡元静重修。清顺治年间毁于火。康熙二十二年(1683年)提督昭武将军重建。嘉庆时仅剩玉皇阁。道光七年(1827年)督帅王应凤重修。光绪四年(1878年)、十九年提督李朝彬、谭碧理先后修葺。后日趋萧条。相传葛玄曾在此炼丹,丹成投池中,后常有五色泉涌出。道光七年督师王应凤立并书的“五色泉”碑今尚存,在醉白池公园内。

五色泉(2021年)

【祥泽道院】 亦称“真武行宫”。道教宫观。位于泗泾镇西北隅。祀北极镇天真武玄天大帝(简称“真武大帝”)。元至正年间里人周大亨建。明万历十三年(1585年)重建,改名“小武当”,又建后殿供圣宫圣母。1949年后拆除建泗泾小学。

【真武行宫】 即“祥泽道院”。

【小武当】 即“祥泽道院”。

【吴辅国将军祠】 亦称“镇西将军陆侯庙”“陆将军庙”。祠祀。位于松江府治西南。初建于府治东石狮子巷侧,祀三国吴国名将陆逊。陆逊因征讨关羽获胜,吴王孙权拜其为镇西将军,先封华亭侯,继又封娄侯。元至正九年(1349年)移至松江府治西南重建,增祀陆逊之子、陆机之父陆抗,改名“陆将军庙”。明洪武十六年(1383年)重建,易今名,定每年春秋两季祭祀。宣德二年(1427年)、成化十四年(1478年)两次重修。元秦裕伯《复庙记》、明夏寅《成化十六年记》有记载。

【镇西将军陆侯庙】 即“吴辅国将军祠”。

【陆将军庙】 即“吴辅国将军祠”。

【悟真道院】 亦称“痘司庙”。道教宫观。在机山之巅。建于元代。红瓦黄墙,朝南开门。主供护粮王痘司神。每逢秋季乡民作“村社”,祈佑农业丰收。善男信女赴烧香山进香,必去此庙一拜,香火旺盛。全面抗战期间毁于侵华日军。

【痘司庙】 即“悟真道院”。

【东阳道院】 道教宫观。位于华亭县治西北祈雪街(今邱家湾路西端)。元道士陆东阳建。相传,真人陆东阳曾在此祈雨得雪,故街名“祈雪街”。清光绪十四年(1888年)道士孙楚卿重修。二十九年道士金高畤改建道房三楹。民国时毁于战火。元代画家黄公望因张闾案入狱,出狱后隐居不仕,皈依全真教,曾在此卖卜,居观弘道。清代画家改琦,家住祈雪街西,近此道院,曾绘“三清”“玉帝”“斗姆”“雷天君”“四将”“松江府城隍”等13轴道家神像名画藏于道院中,为镇观之宝。现存11幅藏于松江区博物馆。

【灵顺行宫】 道教宫观。祀五显大帝马灵官马胜。据正德《松江府志》:“元至正初,府人仿杭,迎引会社,因筑宫祀焉。”明景泰年间,知府叶冕增修。成化年间毁,知府王衡重建。后废。《任勉之记略》有载。

【崇真道院】 道教宫观。全真教道场。位于辰山(今上海辰山植物园内)。辰山,相传自古有神仙寄迹山中,故又名“神山”,唐天宝六载(747年)易名“细林山”。崇祯《松江府志》载,崇真道院“在细林山,元至正年间建。国朝洪武十四年彭素云重建”。明永乐九年(1411年)道士陈愈清修殿,建东堂5间。万历年间重加修葺,增建关帝祠、朝真阁和三清、三茅二殿。清康熙元年(1662年)建玉皇殿。1956年,尚有三清殿、祖师殿、彭真人殿及神像、石碑、仙人洞等。后因开山采石,道院房屋被拆为他用。

【夏周二公祠】 祠祀。在松江府治南。明洪武十五年(1382年)建。祀明户部尚书夏原吉、江西巡抚周天襄。清嘉庆七年(1802年)知府康荃田重修。有明钱傅《建祠记》,清鲁超《重修祠记》、康荃田《重修祀记》。

【真武庙】 道教宫观。位于松江府城西城墙外。祀北极镇天真武玄天大帝(简称“真武大帝”)。为湖北武当山主庙之别庙。明永乐年间邑人孟仲扩建。天顺年间知府叶冕重修。

【唐宋忠良祠】 祠祀。位于松江府治西南。明正德十五年(1520年)推官周佐并据钱起《送贽擢第还乡》诗中有“乡路归何早? 云间独擅名。华亭养仙鹤,指日再飞鸣”之句,确认唐平章侍郎陆贽生于华亭,便奏请朝廷建祠以祀。嘉靖年间,松江知府黄润因宋丞相李纲父李夔曾任华亭(治今上海市松江区)尉,生李纲于华亭,请以忠定(李纲谥号)配祀忠宣(陆贽谥号),合称“唐宋忠良祠”。清嘉庆七年(1802年),知府康荃田重修,在祠内创景贤书院。有明杨枢《唐陆宣公祠记》、清康荃田《重修唐宋忠良祠立景贤书院记》。

【罗神庙】 道教宫观。位于松江府城南门,在会仙桥南(今南内路南门桥北埯)。明嘉靖年间建。传说明代御史冯恩被贬雷州(今属广东)时,有罗氏五兄弟横行乡里,一日各悔悟,羞愧自杀。后冯恩辞官回家,忽患眼疾,梦五兄弟成神,而目疾竟愈。于是在宅旁建庙奉祀。

【碧霞行宫】 初称“紫霞宫”。道教宫观。位于松江府城东门外二里(今东禅古寺东)。始建于明嘉靖四十五年(1566年)。祀泰山天仙玉女碧霞元君。万历三十六年(1608年)道士陈宇光增建文昌阁。董其昌题“碧霞行宫”额。后毁于兵事。清光绪初年里人杨碧松重修。

【紫霞宫】 即“碧霞行宫”。

【施王庙】 道教宫观。在小机山东麓。建于明万历七年(1579年)。有庙房3间。供一白袍小将,称“靖江王”。1949年后,用于农会活动场所。“文化大革命”中神像被毁。后按危房拆除。

【水次仓关帝庙】 道教宫观。位于大仓桥南。据《水次仓关帝庙记碑》,明万历三十年(1602年)由晋州(今属河北)商人集资兴建。天启二年(1622年)补葺。陆云阳撰记并书。据《华娄续志残稿·祠祀志》:“武帝庙别庙,一在大仓桥南,一名灌顶禅院。向东三进,前弥勒、中武帝、后如来。”清乾隆四十七年(1782年),汪陈氏捐料重建。中有超伦堂,秀水汪大经书额。

【父子忠孝祠】 祠祀。位于华、娄县学东(约在今中山街道松汇东路云间路西侧)。明万历三十五年(1607年)建。祀冯恩及子冯行可、杨允绳及子杨应祈。清嘉庆五年(1800年),冯恩裔孙冯以昌重修。冯恩,松江府华亭县(治今上海市松江区)人。明嘉靖五年(1526年)进士,擢南京御史。十一年因上疏极论张孚敬、方献夫、汪鋐奸状而入狱,判死刑。朝审时挺立不屈,人称“嘴硬、膝硬、肝胆硬、骨头硬”的“四铁御史”。其子冯行可,年仅十三岁,赴宫门泣诉,上书代父就死,用刀刺臂以血书疏,自缚于宫门前。世宗免去冯恩死刑,发配至雷州(今属广东)。六年后遇大赦,回故里。杨允绳,松江府华亭县(治今上海市松江区)人。嘉靖二十三年进士，授行人，后擢兵科给事中。为人正直，秉公稽查军务，升户科左给事中。三十四年针对倭寇猖獗，上疏皇帝，矛头直指内阁首辅严嵩而遭诬陷，定于三十九年十月在西市处死。杨允绳之子杨应祈与母黄孺人赶赴京城，要求替父领罪代死。其间到了约定的婚期，对方袁家送女来京，应祈以父亲冤案没有昭雪而拒绝成婚，容貌枯槁，形销骨立。在狱中与父亲诀别后，绝食而亡，年仅二十七岁。黄孺人与儿媳奉两棺回松，路人见之无不悲怜。隆庆元年（1567年）穆宗即位，冯恩、杨允绳两案得以昭雪。冯恩复出，授大理寺丞，其子冯行可旌为孝子，谒选得官光禄寺署正，又升应天府（今江苏南京）通判。杨允绳追赠光禄寺少卿，谥忠恪，其子杨应祈追赠蓟州（今天津市蓟州区）知州。

【方正学先生祠】 祠祀。位于松江府城内普照寺西、鹤城书院旧址（今岳阳街道中山中路松江区第二行政中心西侧）。祀明文学博士方孝孺（别称“正学先生”）。明万历三十七年（1609年）建，匾额为“求忠书院”。清康熙二十年（1681年）知府鲁超重修有记。乾隆五十三年（1788年）知府杨寿楠重修有记。嘉庆七年（1802年）知府康荃田重修。清黄之隽有《求忠书院记》。

【金龙四大王庙】 道教宫观。位于松江府城西门外仓桥南。明万历年间乡人徐肇台建。据《秋谷杂记》载，四大王之一姓谢名绪，钱塘安溪昌人，会稽（今浙江绍兴）秀才，东晋太傅谢安后裔。宋末隐居黄溪。闻宋帝赵昺死，即投溪水而亡。乡人在金龙山建庙祀之。据传说，明太祖与海牙战于吕梁洪，明军失利，突然风暴大作，风卷潮击海牙军，海牙大败。夜，太祖梦金龙山神进见，称“臣谢绪也”。醒后即敕封谢绪为黄河之神。从此，神护漕运，屡显灵异。天启年间敕封“济运金龙四大王”。谢绪有三位兄长谢纲、谢纪、谢统，谢绪名列第四，其庙在金龙山，故称。娄县（治今上海市松江区）立庙，意在保护漕运。

【昭天侯殿】 亦称“杨侯庙”。道教宫观。旧址位于东岳庙大殿西北侧，为东岳庙附庙，故亦称“东岳庙西房”。主供昭天侯，俗称“杨大神”“杨老爷”。据清乾隆《娄县志》载：“东岳庙在西门外大街……西北隅则杨侯庙，明万历中郡人徐琳建。”清光绪年间，达成规模，有三进，前有照壁，里为天井，内有古银杏（今尚在）；北为第一进十殿阎王殿；再北为第二进案殿，陈有地府衙役；再北为第三进昭天侯殿，杨大神面容焦黑，端坐中央，上悬“生死关”匾额。昭天侯殿有“三宝”：一为算盘，用于计算阴间灵魂善恶账；二为铜镜（亦称“阴阳镜”），能照见人在阴间的行径；三为黑羊，通人性，为杨大神化身。1937年毁于日机轰炸。1938年朱伯华等倡捐劝募重建。1964年与东岳庙岱岳殿一起拆除。2006年东岳庙二期工程，将后殿底层正中设为“昭天侯殿”。

【杨侯庙】 即“昭天侯殿”。

【东岳庙西房】 即“昭天侯殿”。

【文帝庙】 道教宫观。位于松江府城内云间书院左（约在今普照路红楼宾馆内）。明天启六年（1626年）府学教授陈锺盛建魁星阁，移文帝神像于魁星阁内。清嘉庆六年（1801年）松江知府赵宜喜、华亭知县王劝、娄县知县胡念祖、府学教授陆梓捐俸重建，有庙舍三楹。后知府康荃田在庙舍后创建新殿。每年春秋官员祭祀。

【龙山道观】 道教宫观。位于小昆山南坡。始建于明代。三楹两埭，顺坡而建，供“三清”。清光绪二十四年（1898年）改为学堂。1917年为小昆山警察署驻地。1942年改为民国小学。1944年拆除。

【随粮王庙】 道教宫观。在松江府城北门总管衙内。祀“七老爷”。七老爷姓金，排行第七，故名。明崇祯年间浙江西塘（今属浙江嘉善）一带闹饥荒，七老爷督运漕粮经过，为救饥民，倾粮施民，自知难逃国法，投河自尽。百姓念其恩建庙以祀，称“七老爷庙”。后朝廷追封其为“护国随粮王”。主庙在西塘。夏历四月初三为随粮王庙庙会。

【莲墩庙】 道教宫观。清初，建于庙头村一与地面齐平的石丘上（今属佘山镇卫家埭村）。有庙房10余间，主供“杨老爷”。每年夏历七月半为庙会。庙处娄县（治今上海市松江区）、青浦（今属上海）两县交界地，香火旺盛。20世纪60年代改建为学校，后作采石厂用房。

【石湖庙】 道教宫观。南临石湖塘，西为湖荡村（今石湖荡镇人民政府大院东南侧）。以塘名为庙名。明钱龙锡建，一埭三间。清光绪三十四年(1908年),沪杭铁路建成,在石湖庙南约100米处建石湖荡火车站,湖荡村成集镇。石湖庙扩建为两埭两厢,改称“城隍庙”。1949年5月松江解放,被古松乡人民政府征用。1958年设古松公社广播站,西侧建古松公社办公房。

【娄县城隍庙】 道教宫观。位于松江府城隍庙西。清康熙三十四年(1695年)建。顺治十三年(1656年)析华亭县西北部设娄县,隶松江府。康熙五年娄县知县李复兴推行均田均役法,解决了“政繁赋重”的社会矛盾,民众祀李复兴为娄县城隍。乾隆三十一年(1766年)重修,乡人公置香火田47亩有余。乾隆五十年、嘉庆十八年(1813年)知县谢庭薰、万台先后重修。全面抗战期间被日机炸毁。2015年广富林文化遗址建城隍庙,重塑李复兴城隍像供奉于东殿。

【杜公祠】 祠祀。位于故压韉浜(约在今江虹小区)。清康熙年间建,祀杜乔林。杜乔林,字君迁,号梅梁,华亭(治今上海市松江区)人。明万历四十四年(1616年)进士,官至浙江右布政使。天启、崇祯年间,因诛灭群盗和海寇闻名朝野。明杨瑄有记。改琦《云间邦彦画像》绘其像。

【刘将军庙】 俗称“猛将庙”。道教宫观。位于华亭县治东北张泾。祀驱蝗正神刘猛将军,俗称“猛将老爷”。清雍正二年(1724年)诏令全国各省、府、州、县建刘猛将军庙,列入国家祀典。官府每年春秋致祭。夏历正月十三日为刘猛将军诞辰日,民间有举行神诞法会习俗。

【钱明宫】 祠祀。位于松江府城披云门(东门)外北四十步,张塔桥东。祀五代十国时吴越王钱镠。明崇祯年间称“钱公庙”。后改为“杨侯庙”。清乾隆三十九年(1774年)邑人方伯、蔡鸿业重修,在其西偏建崇德道院,移奉吴越王钱镠神像于内。后毁于兵事。

【钱公庙】 即“钱明宫”。

【葛仙翁庙】 道教宫观。位于寺基弄后(今松江区中心医院东北隅)。祀道教灵宝派祖师葛玄。清乾隆三十八年(1773年)以“天君庙”为基础改建。咸丰四年(1854年)重修,正殿有楼,为斗姥阁。八年,金陵(今江苏南京)人傅遇年等借用作为染业公所。后有叶姓者捐庙侧旷地,建屋六楹作殡舍。又有张宦捐田3亩余作义冢。

【火神庙】 祠祀。位于华亭县治西北祈雪街(今邱家湾路西端)。清乾隆三十七年(1772年)建。每年夏历六月二十三日致祭。一说,乾隆三十八年知县纪澄中建。

【陈夏二公祠】 亦称“忠双祠”。祠祀。位于广富林集镇(今广富林文化遗址内)。祀明末陈子龙(谥忠裕公)、夏允彝(谥忠节公)。清嘉庆六年(1801年)知府陈延庆建,每年春秋致祭。咸丰年间祠坏,邑人范祥林重修。同治九年(1870年)署知县陈其元重建,增祀夏完淳、沈犹龙、李待问、章简等37人。

【忠双祠】 即“陈夏二公祠”。

【玄坛庙】 亦称“元坛庙”。道教宫观。位于松江府城西门内杨家桥南堍东侧(今岳阳街道中山中路松江区第二行政中心南)。始建年代不详。祀武财神赵公明,故又称“财神庙”。清同治年间重建。后毁于兵事。有多处别庙:一在故松江府治南七十步,一在故西塔弄杜家滩,一在故白龙潭西青松石。

【元坛庙】 即“玄坛庙”。

【施公庙】 俗称“南大桥”。道教宫观。位于张泽七图收字圩(今叶榭镇种子场村)。祀施相公施锷。清光绪二年(1876年)八月里人张正福等改建。1949年前后尚有道士3人,房屋7间。1958年人民公社化时拆除。

【南大桥】 即“施公庙”。

【周太仆祠】 祠祀。位于松江府城南门内登云桥西侧。祀清松江知府周中鋐。雍正六年(1728年)黄浦江堤岸溃决,周中鋐在抢修决堤时落水身亡。朝廷追封为太仆卿,建祠以祀。光绪十五年(1889年)知府恩兴拨昭忠祀款1 000元存典生息,备修缮之用。宣统元年(1909年)知府戚杨提息400余元修葺。后毁于兵事。

【丁施庙】 道教宫观。在叶榭集镇西市。始建年代失考。清光绪三十二年(1906年)里人吴志纬重建,于厅左添两楹,将全庙隔为两院。西半厅设第二小学及乡教育会;东间仍供城隍像,另辟门出入。1958年拆除。

【五圣庙】 道教宫观。① 亦称“五老爷庙”。在横山之巅,居山正中,门向朝南,有庙房10余间。正殿供“五老爷”,塑有3只眼睛。殿前有“阴船”1只,殿后有3间地下室。“文化大革命”

期间拆除。② 民间小庙。五圣，民间又称“五显”“五通”。20世纪50年代前，乡间多见，或在桥头，或在檐下，画5个古装神像，称“桥头五圣”“廊檐五圣”。或在地头、小道旁建高广不超过三五尺的五圣庙。相传，“五圣”本为天官，玉皇大帝要其下凡人间，不愿，向玉皇提出要在人间建一箭之高（一箭射出的高度）的庙宇。玉皇则以箭矢的高度为“五圣”建庙。“五圣”憋屈下凡人间，因此极为暴戾凶煞，人不可招惹。又有传说，五圣庙是明太祖朱元璋为战死的兵卒而设的小庙，以死者五人为伍，命江南人各立尺五小庙祀之。清汤斌《奏毁淫祠疏》:“苏松淫祠有五通、五显、五方贤圣诸名号，皆荒诞不经。而民间家祀户祝，饮食必祭。妖邪巫觋创作怪诞之说，愚夫愚妇为其所惑，牢不可破。”松江民间有“五圣庙，碰勿得”之谚。旧时在松江农村田头路边，几乎村村皆有。20世纪50年代起，逐渐被拆除，五圣崇拜淡薄。

【五老爷庙】 即“五圣庙①”。

【塘垛庙】 道教宫观。在叶榭北八图（今叶榭镇杨典村张家队）。始建年代无考。民国初期里人蒋叶氏出资重建，五开间二埭及旁舍共计12间。1949年尚有银杏树1棵，树干三人合抱，树龄500余年。1960年起改建为学校。

【三神庙】 道教宫观。位于天马山西北山麓。有庙舍3间，供火神、水神、财神。每逢夏历元月初五财神节有庙会，名为“接财神”。若逢旱年、涝年则另两尊神被百姓接至乡里巡游，名为“出会”。1956年毁于台风。

【车墩庙】 古称“钵花庵”。位于车墩镇车墩村庵前生产队。庙屋8间，中设大殿，供观音、三元等像。民国时期设立乡第六国民小学。1983年拆除庙屋。遗址在车墩中心小学校园内。

【钵花庵】 即“车墩庙”。

【白云古庙】 道教宫观。位于横云山之巅，居山正中。建有山门、庭院及庙房10余间。正殿供奉慈航道人（观音娘娘）；殿东置斗姆娘娘；殿西供永福侯，塑有三眼，称“王老爷”。旧时每逢夏历九月初九重阳节，为横山庙会，称“游重阳”，为当地盛会。

【圣帝庙】 道教宫观。在佘山镇辰山村（原张家村白塘生产队）。庙房阔大，主供圣帝。1949年拆除，神像由信徒移至松江东岳庙。

【红庙】 道教宫观。位于西佘山北麓，外青松公路、佘北公路交界处。庙堂有200余平方米，供奉佘将军。1990年，拓宽佘北公路时拆除。

【陆司空祠】 祠祀。位于松江府城南门外一里（今松江烈士陵园东北角）。祀神有三说：一为陆四公，无考；一为陆机，但陆机从未任过“司空”之职；一为陆四官。据传，元致和元年（1328年）有盐船泊于庙前，夜间，守船人在庙中找得光明珠。20世纪50年代改为南外小学。今院内仍有银杏1棵，树龄300年以上。

【施公庙】 道教宫观。位于东佘山南麓，佘山山前街中段。始建年代不详。1949年前，香火旺盛。有庙房3间，杂作1间。正屋供施公像，左间供施公妻妾，右间供施公之子。庙场有2棵百年银杏。1958年拆除。

【姚村庙】 道教宫观。位于干山村姚村浜。始建于清代。前后两埭，东西二厢房，主供城隍、猛将、土地三神。庙界大，香火旺盛。“文化大革命”期间拆除。

【薛泽庙】 道教宫观。位于佘山镇高家村横泖河口油车头生产队。有庙房3间，香火旺盛。1958年湮没。20世纪90年代后期，在原址有一香客自费建造10多平方米小庙。逢夏历月半，有百余香客祭神。

人 物

【王可交】（生卒年不详） 唐代道士。吴郡华亭（治今上海市松江区）人。居吴淞江南岸赵屯村，以耕钓为业。相传，在三十岁时遇仙人赐以仙栗，遂又送至天台山。时唐兴（今浙江天台）县令送道袍披在其身上。自食仙栗之后便不食五谷，也不再耕钓，携妻、子入四明山（在今浙江宁波）。二十年后，出山到明州（今浙江宁波），专营药业和酒业，得钱后便施于人。其药效和酒质俱佳，人称“王仙人药酒”。又三十余年，复入四明山，再无复出。时人图其画像，为治病驱邪之符。唐沈汾《续仙传》有记。

【沈羲】（生卒年不详） 唐代道士，吴郡华亭（治今上海市松江区）人。“学道于蜀中，能消灾治病。”相传，其擅长用中药制香，其香能口服治病。以宅为庙，祀道教始祖张天师。乐善好施，常施香送药为民治病。殁后，民众为其建庙，俗称“羲庙”，祀始祖张天师，另设药王殿祀之，称“药王神”。

【跛道人】（生卒年不详） 唐末宋初道士，东岳庙开山祖师。姓谢，名不详。腿有疾，人称“跛道人”。相传为楚国苦县厉乡曲仁里（今河南鹿邑）人。唐末宋初云游至华亭（治今上海市松江区），在城东香澜泉旁建屋3间，称为“东岳别庙”。擅长咒水术，郡人生有疮疾，都去求治。其取泉中之水，口念咒语，敷之立愈。殁后，后人在泉旁建水仙阁祀道人，称“水仙神”。

【汤道亨】（生卒年不详） 宋代茅山道士。号清音子，自号赤足道人。居华亭（治今上海市松江区）城北，自称来自金陵（今江苏南京）。牵一猱（猴），体大如人，能供驱使。时人认为有“奇技”，争相资助。后于城北建庙，名为“太古宫”。相传，北宋熙宁年间华亭大旱，其赶往茅山请嗣法宗师刘混来华亭作法，日夜兼程，马死鞋破，赤脚上到茅山。刘混到华亭作法，甘霖消灾。民众捐款建太古宫。终年八十一岁，留有诀别偈一首：“八十一年饶舌，终日化缘不歇。重阳时节归家，一路清风明月。”

【蒋清谷】（生卒年不详） 元代道士。自号坱圠子。二十五岁读经史，以诗著称。说话简约有深意，蓬头垢面，不拘小节。至正初到松江，住太古圜室，常去市集，举止疯癫，人称“疯子”。一日，敲开邑人沈蒲团家门，索要“蒲团”打坐。因“蒲团”正是东家名，沈蒲团惊讶万分，便延请到菜园草棚中，在蒲团上静坐，遂又拜其为师。后在菜园旁建庵，名为“清谷庵”，三年不出门。坐化前给沈蒲团留诗两首。

【郑真】（生卒年不详） 元代道士。上海地区全真教创始人。钱塘（今浙江杭州）人，据杨载撰文、赵孟頫书写的《长春道院记》所述，其在少年时非常敬慕王重阳和丘处机的道法。其父为严陵（今浙江桐庐）守将，后因病免官，上司奏报朝廷由其继任。然其志不在官，隐姓埋名，去永嘉（今浙江温州）拜师学道。在密室中修炼数年。一日突然想家，然回到家中，父母早已卒葬。从此无所牵挂，出门远游。大德十年（1306年）到松江，暂居朱氏家，见“松江人无为全真教者”，购地2亩，筑室4间，创建全真教长春道院。嘱徒弟朱道本等守之，本人则北上云游。其时，松江有大户计肃、夏世昌两人，捐地7亩，扩建道院。派人将其寻回主持道院。遂依照全真教要求传道授徒，严格执行道场的清规戒律，自身忠厚谦和，做事认真踏实，得到众人尊重，文人雅士和乡绅都喜欢与其交往。长春道院的创立为全真教在上海地区的发展奠定了基础。

【赵孟頫】（1254—1322） 宋末元初官员、书法家、画家。字子昂，号松雪道人、水精宫道人。吴兴（今浙江湖州）人。宋太祖赵匡胤十一世孙。元世祖至元二十三年（1286年）举荐赴京，累官至翰林学士承旨、荣禄大夫。延祐六年（1319年）得请南归还乡。因其族兄赵孟僩在松江北道堂任住持，入北道堂事道，寓室名“双松堂”。其书法作品《洛神赋》《道德经》《玄妙观重修三门记》等，绘画作品《玄真观图》《三教图》《轩辕同道图》《松石老子图》《溪山仙馆图》等与道教有关。松江今存有“赵孟頫自画像石刻”“赵孟頫书《心经》石刻”等。著有《松雪斋集》。

【王惟一】（？—1326） 元代神霄派道士。字景阳，号雷霆散使。括苍（今浙江丽水）人。幼时其父曾在华亭（治今上海市松江区）任官，家迁居华亭。自幼酷好法道，后入仕为官，弃之云游四方，参拜名师。自称曾遇高道传授“还丹九转”与“雷霆一窍”等法，潜心修炼。后又得莫月鼎使者法及先天一炁之说，颇有心得。撰写道书6卷。晚年居樊泾岳祠，端坐而逝。著有《道法心传》《明道篇》。《道法心传》收入《正统道藏》，阐述“五雷正法”；《明道篇》阐发内丹学说，以诗为文，形式上仿张伯端《悟真篇》。

【黄公望】（1269—1354） 元代全真派道士、画家。字子久，号一峰，又号大痴道人。江苏常熟人。原姓陆，名坚，其祖陆龙霆久居华亭。幼年过继给永嘉（今浙江温州）黄氏为义子，遂改姓换名。元世祖至元三十一年（1294年）为浙西廉访使徐琰的书吏。至大四年（1311年）为江浙行省平章张闾的书吏。皇庆元年（1312年）随张闾到京城，为御史台察院掾吏。延祐二年（1315年）随中书省平章政事张闾返江浙行省行“经历田粮”之法，因张闾案入狱。出狱后，入全真教师事金月岩，曾任万寿宫、提点开元宫住持。其间常往来于杭州、松江等地卖卜为生。在松江居东阳道院，晚年住杭州筲箕泉至逝世。著有《纸舟先生全真直指》1卷、《抱一含山秘诀》1卷，阐述全真派内丹原理和功法。绘画上得赵孟𫖯指授，宗法董源、巨然，兼参李成法。与倪瓒、吴镇、王蒙合称“元四家”。传世画作有《富春山居图》等。

【孙道明】(1296—1376) 元代道士，藏书家。字明叔，号清隐、停云子、泗滨老人。华亭(治今上海市松江区)人。始居县城东，继迁泗泾之北。博学好古，筑草堂3间，有书楼曰“映雪斋”，藏书万卷，偃休其中，不问世事。遇秘本亲手抄录，以校阅藏书为乐。造一小舟，名“水光山色”，常与陶宗仪泛舟于九峰三泖间，一人作词，一人谱曲，倚箫吹之，擢歌相答，极鸥波缥缈之思。其抄录的《闲居录》(吾衍撰)，今藏中国国家图书馆，2008年入选第一批《国家珍贵古籍名录》;《清异录》(陶谷撰，中国古代重要笔记)书中一半以上条目被《辞源》《汉语大词典》等采录。

【彭宏大】(1307—1394) 元明时期全真教道士。号素云，法名通微。河南汝阳人。十二岁出家入紫谭长生庵，师从刘月渊。元至正四年(1344年)朝礼武当山，时太和真人主持紫霄宫。为三年杂役，晨夕不懈，得太和真人赏识，传与炼气栖神之秘诀。别时有“逢辰即栖”之嘱。离开武当山，遍游天下名山。据《明初全真教南北宗风研究》，其于元至正十三年到松江，后一直在此传道授徒。《上海宗教志》:“彭宏大于明洪武十四年(1381年)抵达松江府细林山(即辰山)，在山结茅隐居，时年74岁。”明崇祯《松江府志》:“崇真道院在细林山，元至正间建，国朝洪武十四年彭素云重建。”相传，其到细林山后，一日，吕洞宾下凡，曰:“晚来当具一井，助汝修持。”当夜雷击石裂，果成一井，后称辰山十景之七“丹井灵源”。在崇真道院传授炼气栖神秘诀，教习武当法事音乐，使庙观香火旺盛，名动朝野。洪武二十七年八月，出关，沐浴更衣，趺坐告弟子:“吾即将返我真了。”又作一偈，遂逝。九月，时明太祖朱元璋遍求天下隐逸高人，令太监郑承恩到松江细林山宣召，方知其已离世。太祖怀疑彭诈死不受诏，再令郑承恩前去查证。开棺验尸，才确认无误。太祖乃封其为“明真子素云先生”。辰山留有其墓，称“素翁仙灵”，为辰山十景之六。

【郭得全】(生卒年不详) 明代道士。学博志高。因母族夏家墓在辰山，故在辰山出家做道士，拜彭宏大为师。彭宏大去世后，为其守墓终身。

【白鹤仙人】(生卒年不详) 明代道士。坐馆松江俞显之家。传说其有相人之能和治病之术。俞显之子俞允喜欢道术，拜其为师。其说俞允“有奇气”，能成“朝廷命官”，应努力于仕途。俞允转攻儒学，洪武二十七年(1394年)中进士。后俞允被贬去长沙，未至病重，奄奄待毙，忽有一医者求见，在囊中取出一颗药丸放入俞允口中，竟起死回生。家人问其姓名，只说:“长沙有白鹤大仙庙，你到任后去修缮便是。”众人方知其是白鹤仙人。《明文海》有记。

【曹希升】(生卒年不详) 明代道士。成化年间任松江府道纪司副道纪，又任东岳庙住持并扩建玉皇阁。

【陆道泓】(生卒年不详) 明代道士。永乐年间任蓬莱道院住持。“戒行超卓，道术高妙，常以殿宇卑隘，不足以壮观一郡为歉”。成化初，构两祠，祀文昌和吕纯阳。后与其徒江守澄竭力经营，重建“正殿三间，高四丈六尺，广视高倍五丈一尺，深倍广者四丈八尺。后殿三间，广与高深具杀焉。正殿真武居之，后殿老子居之，文昌、纯阳二祠则徙于后殿前之左右，利济侯祠以及山门诸所焕然一新”。至正德三年(1508年)竣工。钱溥撰《重修蓬莱道院记》述其事。

【刘黑黑】(生卒年不详) 明代道士。山东人。万历三十年(1602年)自泰州到苏郡，衣冠破旧，鱼不煮而食，举止如若疯子，蓬头垢面，人称“垢仙”。曾在华亭(治今上海市松江区)华阳香花桥上守坐八年，风雨无阻。时华亭朱国盛(后任太常寺卿)，中年无子，向其祈愿。道人赠橘两枚，后果生两子。一日，坐于泖滩辞别，众人挽留，其拨开芦苇，快步离去，不知所终。

【贫极道人】(生卒年不详) 明代道士。三十多岁时面色赤红，每日披头散发逛游于集市。能用稻草心作笔，替人写字。有未卜先知之能。一府学博士，离家甚远，希望在家附近做官，以便服侍母亲。一日，府学博士乘轿外出，道人拍其肩膀说:“尔佳音至矣,待信至,我当自来。”不几日,道人一早来到府学博士门口说:“报者已在西关外。”果然如道人言。博士甚是高兴,酬以金帛,不受。后不知所终。

【蒋平阶】(1615—1685) 清代道士,风水学家。初名雯阶,字大鸿、驭鸿,号杜陵生,别号中杨子,道号宗阳子。华亭(治今上海市松江区)张泽人。自幼丧母,父蒋安溪通晓地理风水之术,受其感染,早年已深谙此道。十八岁拜陈子龙为师,工诗词,性豪隽,为云间词派后期重要人物。清顺治二年(1645年),清军占领松江,其追随唐王朱聿键至福州,授兵部司务,升御史。翌年,唐王兵败,其潜回松江,图谋反清复明,几度事败,遂感时事不可为,隐身入道,专心堪舆之术。《绍兴府志》载:“福建败,遂亡命,服黄冠,假青鸟之术,浮沉于世。”康熙十七年(1678年),友荐其应博学鸿儒科,被拒,忠于明王朝之志不移。晚年定居稽山耶溪(在今浙江绍兴),著有堪舆学著作《地理辨正》《天元五歌》《归厚录》《古镜歌》《水龙经》《阳宅指南》《传家阳宅得一录》等。创制罗经(风水仪),为堪舆玄空派一代宗师,时人称“地仙”。《清史稿》称其为地学“一代大宗,所造罗经,后人多用之,称为‘蒋盘’”。一生著作颇丰,有著作10余部,卷以百计,大多散落无存。现存与周积贤、沈亿年合著的《支机集》,藏上海图书馆。

【杨鹤亭】(?—1674) 明末清初道士。字开先,号汀石。松江(今属上海)人。出生时家有白鹤飞翔栖息,故名。出家松江府东岳庙,每天诵读《道德经》《黄庭经》,揣摩道教经典书籍。从跛道人处得真传,道术灵异,每试必验。远近病人前来求治,人称“杨仙翁”。清康熙十三年(1674年)沐浴更衣,端坐而逝。

【詹维静】(生卒年不详) 明末清初道士。字怡阳。扬州(今属江苏)人。四十八岁弃家学道,走遍道教名山,在武当山遇纯阳真人,授其金丹大道。清康熙年间在辰山崇真道院传道,住点易台,年七十,而貌如青年。后在茅山乾元观示化。

【邱从高】(?—1741) 明末清初道士。字天山。得杨鹤亭秘传符箓,又遇周大经,授以五雷玉笈。病邪祟者,治必愈。一生求雨13次,都灵验。清雍正十年(1732年)夏,河水变咸,时太仆寺卿俞兆岳总理江南塘秋,亲自拜访,其认为是“妖鱼作祟”。用铁牌镇于湖中,湖水就此而清。俞兆岳题“诚通帝座”“法力神通”匾额。

【杨仁瑜】(生卒年不详) 清代道士。字士升,号静庵。华亭(治今上海市松江区)人。出身书香门第世家。拜萨祖派昆山道士陈明莅为师。康熙三十二年(1693年),松江大旱,知府龚嵘请其求雨,果然大雨倾盆。次年到河南,拯救旱灾,治理黄河,都甚灵验。巡抚顾汧捐万金为其祝寿,不受,用以在当地建斗姆阁。周铨刻碑有记。三十八年、五十三年松江大旱,皆施法得雨。其侄名全德,得其衣钵。

【史肇元】(生卒年不详) 清代道士。号复初。镇江(今属江苏)人。相传,母陈氏梦武当神授桃,吞而有孕。及长,从杨犹龙云游,尽得其术。康熙年间,泗泾镇一朱姓者妻中邪,请其到家建坛诵咒,得救。遂定居娄县(治今上海市松江区)。七十七岁示灭。

【娄近垣】(1688—1776) 清代道士。字三臣,号朗斋、上清外史。松江府娄县(治今上海市松江区)人。出身道士世家,童年师从杨纯一,修道于枫溪仁济观。因“慕龙虎之胜”,乃入江西龙虎山,师从三华院高道周大经,尽习其三洞五雷诸法及诸家符箓,成为道法高妙之士。雍正五年(1727年)随五十五代天师张锡麟循列赴京朝贺。九年奉召入宫为雍正帝驱邪治病,有效验,得雍正帝器重,封龙虎山四品提点,赐钦安殿住持,后又面赐“清吟恬淡”匾额及“种花春打雪,看箓夜焚香”联一副。十一年敕封“妙正真人”,修大光明殿并命其为开山主持,诏封通议大夫,掌道录司印务事及京都东岳庙正住持。十三年授晋秩三品,追封其祖父同禄。乾隆元年(1736年)敕带管京师道录司印务,东岳庙等处正住持,余如故。临终辟谷数日,于京师妙缘观端坐而化。赐银百两治丧,令葬龙虎山。著有《龙虎山志》《南华经注》《御选妙正真人语录》,重编《黄箓科仪》12卷,校订《先天奏告玄科》等。

【金溪远】(生卒年不详) 清代道士。字武瞻,号淑芳。得邱从高真传。雍正初年随娄近垣去京师,荐直正大光明殿,讲演经义,皆称旨。

【顾真诚】(生卒年不详) 清代道士。字蓴云,号一鹤。上海人。通晓易经八卦,祈祷皆有验。乾隆四十二年（1777年）募修莲溪道院（在松江府城西门外娄县附三图莲溪东）。著有《易学拾补》。

【徐汉梁】（生卒年不详）　清代道士。东岳庙西房住持。嘉庆十九年（1814年）大旱，祷雨立应。知府宋如林赠以联："道阐西天，运甘雨和风于在掌；泽周大地，庆南阡北陌之有年。"有薛氏女，患两蛇为祟，请其治，病者梦见白须人解项间两带而去，病愈。

【龚汉玉】（生卒年不详）　清代道士。居松江细林山（即辰山）。嘉庆年间大旱，祷雨立应。提督重其道术，屡入山相访。时山庙荒颓，道人积资兴修。

【董经鳌】（生卒年不详）　清代道士。居城西痧神庙。有道术，祈祷辄应。嘉庆年间大旱，提督请其祈雨，雨即下。居庙期间，建晖吉堂、景春道院、听雪山房。

【陈玉书】（生卒年不详）　清代道士。居东岳庙，有道术。道光十一年（1831年）遭旱，祈雨立应。知府沈氏赠以"召和通妙"额。十三年祈晴、二十三年祈雨，亦皆验。

【杨巨外】（生卒年不详）　清代道士，东岳庙住持。光绪十三年（1887年）起"葺正殿，缮内宫，建二门"，经越数载而工讫。二十三年沈祥龙撰《重修松江东岳行祠记》述其事。

【张痴六】（生卒年不详）　清代道士。华亭（治今上海市松江区）人。在家排行第六，放浪不受约束，故称"痴六"。平时日间游行于市，夜则僵卧于桥上。遇大雨身上不会淋湿，霜晨雪夕身上冒热气。黄面碧眼，牙齿平整洁白。常蓬首垢面，不洗漱梳头。与人说话、预测，大多无法理解和相信，而其死后，均得到验证。

【杨慕申】（生卒年不详）　近现代道士。1915年任杨侯庙（即东岳庙西房）住持。是年，东岳庙岱岳殿毁于火，与金午葵发起重建。邑人姚大任有记。

【洪永生】（？—1953）　现当代道士。1949年前后任东岳庙当家。1953年逝世后，由弟子袁银荣继任。

【朱秋楣】（1909—1994）　现当代道士。上海松江人。九岁进松江东岳庙西房学道，师从金公权道长。精通科仪，吹拉弹唱俱精。1930年被推举为东岳庙西房当家。1936年曾于东岳庙接待二胡艺人华彦钧（瞎子阿炳），与道众合奏道教音乐《钧天妙乐》。1937年淞沪会战时组织道众、学徒参加义务救护队，赴现场抢救伤员，开展救治工作。抗战全面爆发后，曾煮粥救济难民。1947年松江县道教会成立，任理事长。1984年7月2日，作为松江唯一的特邀代表，参加在上海市人民政府礼堂召开的中国红十字会成立八十周年纪念和表彰大会。

朱秋楣

【袁银荣】（1925—2013）　现当代道士。父母早逝。1941年经亲戚介绍入东岳庙当学徒，师从洪永生道长，是洪永生的关门弟子。1953年洪永生去世，继任东岳庙当家。1965东岳庙拆除后，先后在松江县供销社服务二店下属旅社、浴室当服务员至退休。1991年任松江县道教协会筹备小组组长。其间致力于东岳庙的恢复和重建。是上海市道教协会第一至三届理事会理事。

袁银荣

【史孝进】（1965—　）　当代道士。道号鼎渊。江苏海安人。1986年入上海道学班。1989年到上海浦东钦赐仰殿，师从正一派高功法师薛明德道长（道号宏旻），为宏旻大弟子。1993年任上海崇福道院管委会组长。1995年任上海市道教协会秘书长。1999—2011年任上海市道教协会

史孝进

会长。2002年5月重建松江东岳庙，兼任松江东岳庙修复委员会主任兼修复委员会办公室主任。是上海市第九届政协委员、第十届政协常委、第十一届政协常委会副主任。著有《威仪庄严——道教科仪及其社会功能》《道教风俗谈》等。

【颜春喜】（1973— ） 当代道士。江苏海安人。1992年就读于上海道教学院。1995年任浦东新区钦赐仰殿主坛场法师兼庙管会成员。2002年任松江区东岳庙修复委员会办公室副主任。2004年任东岳庙庙管会副主任。2006年松江区道教协会成立，任会长。2013年兼任上海道教学院教务长。2014年任东岳庙庙管会主任。2015年任上海道教协会副秘书长。2016年任上海道教协会副会长。是松江区第二届政协委员、第五届政协常委，松江区第三、四届人大代表。2010年评为上海市民族宗教系统世博工作先进个人，2016年评为全国创建和谐寺观教堂先进个人。

颜春喜

建筑物 碑刻

【社稷坛】 古代祭坛。始建年代无考。现有最早的记载是北宋钟必万的《社坛记》。北宋知县徐民瞻重修。元元贞年间，知府张之翰在西湖书院行祭祀社稷礼。至大年间，知府季禄兒移址太平桥（宋代造船场旧址）。元统二年（1334年）知府申某重修，顺帝至元二年（1336年）落成，有屋十七楹。明洪武二年（1369年）移址松江府衙西北二里，府城通波门（北门）外。后废为教场。

【风云雷雨坛】 古代祭坛。分风云师坛和雷雨师坛。始建年代无考。元代，风云师坛在松江府衙东北清修寺前，雷雨师坛附于社稷坛中稷坛之右。明洪武二年（1369年）移建于松江府城集仙门（南门）外官绍塘。

【郡厉坛】 古代祭坛。祭祀无人祭祀之亡灵的场所。在松江府城通波门（北门）外。建于明洪武三年（1370年）。清乾隆五十年（1785年）华亭知县王应中、娄县知县谢庭薰重建。

【先农坛】 古代祭坛。祭祀耕稼之神神农氏。在松江府治东北。清雍正四年（1726年）华亭知县陆廷枢奉敕建。每年仲春，地方官到坛上行祭祀礼，武官陪同，祭毕，行耕籍之礼。秋收后再祭，行报答之礼。逢歉收年，秋末不祭。

【府城隍庙照壁】 亦称“松江照壁”。明代大型砖刻浮雕。位于今松江方塔园方塔北侧。洪武三年（1370年）建。砖刻照壁正中是一个龙头、鹿蹄、狮尾、麒片巨型怪兽，昂首向着太阳。松江人称其为“獖”（音“贪”）。其四足分别踩着元宝、如意、珊瑚、玉环，周围有摇钱树、灵芝草及飞禽走兽等吉祥物。民间传说，獖享尽人间富贵，吃尽山珍海味，拥有无数金银财宝，仍不满足，欲吞食东升旭日，结果葬身东海。寓意人若贪得无厌，必自取灭亡。相传历代到松江任职的官员，先要拜此照壁，警醒做官要清正廉洁。照壁前有一宽4米、长8米水池，名“水陆池”，用以阻挡人们靠近，对照壁起保护作用。全面抗战期间，府城隍庙毁于日机轰炸，仅存此壁，至今保存完整。1987年公布为上海市文物保护单位。

府城隍庙照壁（2021年）

【赵孟頫自画像碑】 图画石刻。1980年3月松江镇友谊药棉加工厂基建施工中，在1米深地层中发现。长方形，宽约30厘米，长约80厘米，刻有3幅画像，其中一幅是赵孟頫自画像。画像线条优美，形象生动，神情洒脱。画像旁有画家孙克弘题跋：“此赵松雪自为临镜写容，并玉图刻贮一银盒内，闻于吴兴故居中得之。其物颖奇特，足令观者解颐，宜其翰墨之妙，绝天下也。”经专家鉴定确为真迹。画像戴笠，穿右衽大布

赵孟頫自画像碑

袍，微胖，俨然学士风度。石刻出土地点为本一禅院旧址，乃赵孟頫族兄赵孟僩的旧居。自画像石刻原保存在本一禅院，庵毁后，被埋于地下。今藏松江区博物馆。

【重修松江东岳行祠碑记】 碑刻。清光绪二十五年（1899年）由时任东岳庙住持杨巨升立，沈祥龙撰记。今藏松江区博物馆。碑文如下："泰山为五岳之长，尊曰岱宗。维岳有神，祀崇百代。有唐初封，曰天齐王，□□□□□□□□加天齐大生仁圣帝，至明始称东岳。泰山之神，自古帝王巡狩封禅，祡望祭告，咸首东□。□□巍巍，凡在士民，罔敢僭祀。然考宋时江淮郡邑，皆有东岳行祠，殆以东岳亭毒万物，萌柢群生，表仁育于春令，展灵施于东土，而遐迩咸得祈报与？松江城西东岳行祠，肇基宋初，朱谔扩其规制，许尚著于篇咏。自宋元至今，代加修建。殿宇壮丽，轮奂宏美，甲于一郡。神威肃穆，灵贶毕臻，遇水旱疾疠，奔走祈祷者，立时应感。盖灵气所宅，福佑我松民也，千岁于兹矣。值粤寇逼城，市廛灰烬，独此岳祠密迩阛阓，岿然无恙，仅毁门楼、堕庑像，殆有神呵护焉？然而岁月积久，垣宇日剥，宗桷渐蠹，上雨旁风，时虞隤圮。于是周君桓、王君曾玮、陈君士翘、夏君衔、邱君景浩、杨君朴及住持杨道人巨升，集郡人相与咨谋，谓不修废举坠，何以整庙貌，而逆神庥。时年谷丰登，民气和乐，

《重修松江东岳行祠碑记》

好善之士均愿输刀布荦木石，朴斫丹雘，次第振兴，葺正殿，缮内宫，建二门、曾楼完，十王旁宇，倾攲悉整，残破毕营，经始于光绪十有三年，越数载而工讫。鸠合金钱计縻巨万，宏规重起，旧观尽复，俾云间士庶益虔香火、肃观瞻，盛哉斯役也。近日大秦景教炽焰震旦，袄祠丛错，诬惑民俗，有识心忧。洪惟东岳之神，昭列祀典，捍御灾患，赞理阴阳，赫赫行宇，万众敬礼，葺而新之，亦足维人心之正，挽世风之诡，岂徒仰邀福祚，永永无涯已哉？爰铭勒斯石，垂示后代，其辞曰：岩岩泰岳，作镇东方。触石吐云，雨润禾桑。神灵赫濯，是秩是望。分立行宫，规基谷阳。创自宋代，建设庙堂。历千百载，灵应夙彰。岁久失缮，矧厄红羊。青凋丹落，霖漏飙扬。将摧栋宇，渐坏墉墙。经之营之，期复旧章。鸠工庀材，醵资集粮。崇祠华殿，日新晖光。灵爽显著，福荫一乡。惟神泽宏，百谷丰穰。惟神德盛，万民乐康。岁时礼祀，肃冑礼将。荐陈俎豆，敬恭坛场。明德惟馨，长降嘉祥。”

【重修杨侯庙记】 碑刻。杨志民撰记，1948年立。今仅存碑记拓片藏松江区博物馆。碑文如下：“东岳行宫泰山殿之西，有杨侯庙焉，建于何代，史不可考。宋尚书右丞朱谔始扩而新之，明嘉靖毁于倭寇，万历中，邑人徐琳重建，清初，建摄性楼、太虚亭，嗣后复有增缮，极池台园囿之观，庙貌崇闳遂甲一郡。相传神生前服官秋曹，清勤治狱，境无奸举，案无枉纵，神明之颂遍于朝野，卫民御侮，至以身殉，记曰：‘生能为民御灾捍患，殁宜享民之祀，以美其报也。’历代人士，以神护农保赤，灵爽式凭，因之赍牲醴香楮而来者报赛无虚日。民国丁丑（一九三七年）倭夷侵扰，寝殿为墟，昔之园囿台池沦为荒烟蔓草，即仅存之殿宇廊庑，三百年来失于修缮，上风旁雨，岌岌将危。邑人朱伯华君亟谋所以新之举以告余，余以维持古迹人所乐闻，值此工料奇昂，集资惟恐不易，君曰：‘无伤，古迹之修建，固阖境人民之责。’爰是倡捐劝募，诹日鸠工，凡栋柱之糟朽、阶礦之倾斜，罔弗为之整葺，而供奉之神像，亦皆塑饰一新，计费七亿三千一百余万元。经始于丁亥（一九四七年）九月，落成于戊子（一九四八年）六月，遐迩观瞻，香火络绎于道。工既竣，该庙住持洪镜清、朱秋楣两炼师属余为文以记之。余以肸蜜潜通，以佑以护，语有之：‘莫为之，前虽美弗彰；莫为之，后虽盛弗传。’自有宋之朱谔、明之徐琳倡募于前，今得朱君伯华重修于后，庙之历劫重新，此其中殆有神助者耶？余不能文，谨志数言，愿就正于有道君子焉。”

【重修关帝庙碑记】 碑刻。2015年广富林关帝庙落成后，由广富林关帝庙和山西解州关帝祖庙并立。碑址位于广富林关帝庙山门左前方。碑文如下：“天下之庙多矣，大抵皆供仙供神，并道士敬礼之所。兹惟江南人杰地灵之域，太湖之潆洄，胜地佘山之畔，有崇祀关圣帝君道观一所，曰帝庙，创自前人，供有贞珉垂焉。奈代远年湮，风消云蚀，非复前日之壮观。有善士醵金重塑神像，其间以为春祈秋报。之所供神像以关圣帝

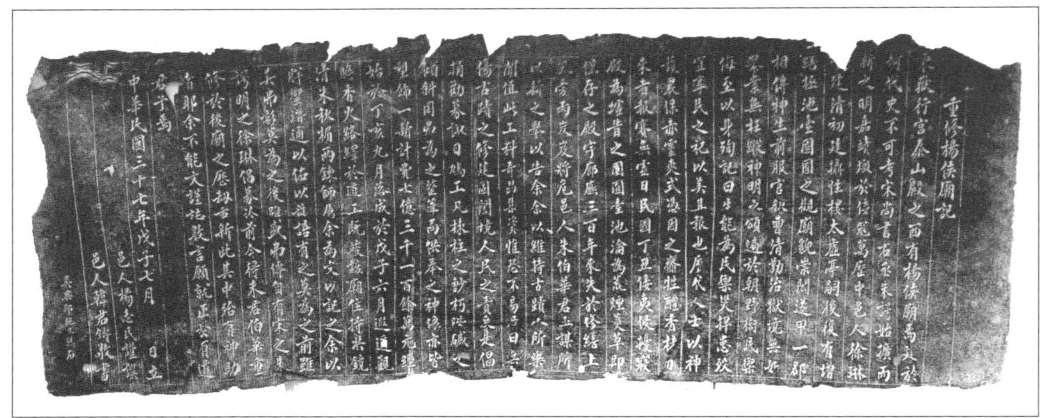

《重修杨侯庙记》

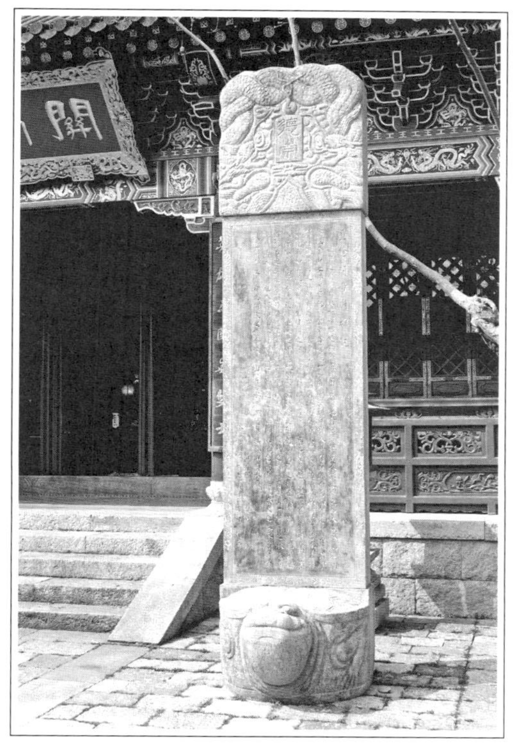

《重修关帝庙碑记》

君为主外，如龙王，如土地，皆有门生日用之常，诚所谓有功德于民，则祀之者众也。再历多年，所饰丹青剥落，栋折榱崩，有所不免恐非垂久之计，思欲补葺。幸得帝之祖庙及同源之亲于氏，领众贤念袍泽之谊，鼎力之助，遂择期于癸巳年季冬施工，历三秋而落成。于是，先之颓败者焕然一新，前之湫隘者廓然而大。斯观也，人兴神旺，得祖庙呕心帮庇之力，有传扬文化之亲，续正脉香火之缘，承宫庙仪规之制。今之继者，尤期后之继今，故云：山苍苍，水泱泱，关帝之风山高水长。”

团体 文化 法会

【松江县道教会】 社会团体。1913年，松江开始出现道教社团组织。1946年1月东岳庙东房洪镜清召集松江城区各观宫道众在东岳庙大殿举行重大法会，超度在抗日战争中死难的中国将士及民众。同年3月7日成立松江县道教会筹备会，洪镜清任筹备会主任。1947年松江县道教会正式成立，推选东岳庙西房朱秋楣为理事长，设理事9人，候补理事5人，监事3人，候补理事1人。会员约300人。20世纪60年代初起活动逐渐停止。

【松江区道教协会】 社会团体。1991年5月成立松江县道教协会筹备小组，组长袁银荣，办公地点在黑鱼弄62号。2002年5月经上海市民族宗教事务委员会和松江区人民政府批准，决定在原址重建东岳庙。同年5月，上海市道教协会成立松江区东岳庙修复委员会，陈莲笙任顾问，史孝进任主任。2005年10月成立松江区道教协会筹备组，组长颜春喜。2006年10月19日松江区道教协会成立，会长颜春喜，名誉会长袁银荣。

【上海道教学院】 宗教院校。2005年9月国家宗教事务局批准设立，由上海市道教协会主办。时任上海市道教协会会长、松江东岳庙庙管会主任史孝进决定先使用东岳庙庙房，将学院设在松江东岳庙。采用双学历教育模式，由华东师范大学哲学系负责基础文化类课程的设置、教学和华东师范大学学历认可；由上海市道教协会负责宗教专业课程的设置、教学和上海道教学院学历认可。设三年制大专班和四年制本科班，面向华东六省一市招生，有高中以上学历的青年自愿报名、统一考核后择优录取。2006年12月，招生首届大专班（此前，上海市道教协会已自办上海道学班、上海道学院，招收三届。承接原上海道学院的招生批次，为第四届）学员56名，2009年49名学员按期毕业。2013年招生第五届本科班学员55名，至2016年全部毕业。2018年学院迁址浦东新区金桥镇。

【华亭道音】 俗称“岳庙道曲”。具有松江本土特色的宗教音乐。以道教传统音乐为基础，融合松江本土器乐，采用松江方言唱诵的一种宗教音乐。分声乐和器乐两类。声乐根据不同的曲牌名称，分为颂、赞、偈、步、虚等形式。器乐分细乐和粗乐。细乐指用笛、箫、二胡、三弦、琵琶、阮等配以钟、木鱼、鼓、铛、钹、镲等合奏的曲目；粗乐指用唢呐、锣、平锣、鼓、铙、钹、镲、十样景等合奏的曲目。北宋大观年间，左丞朱锷扩建松江东岳庙，并为其母举办斋醮科仪，演奏道场音乐。

上海道教音乐（2018年）

杨大神圣诞祈福法会（2015年）

明洪武十四年（1381年）武当山道士彭宏大抵松，武当道乐传入松江。清雍正年间娄县（治今上海市松江区）人正一派道士娄近垣受雍正帝重用，删定《黄箓科仪》、校订《先天拔亡奏告玄科》等，对松江东岳庙科仪给予具体指导，使松江东岳庙的科仪及乐曲更加趋于规范和成熟。民国时期，东岳庙有2个道乐班社，有乐师16人、客师10人。据20世纪80年代松江县民间文学艺术集成编纂委员会调查，道教班演奏常用曲目50余首。由法师朱祯祥献出的1934年《钧天妙乐》手抄本，载有道教乐曲34首。《中国民族民间器乐曲集成·上海市松江县分卷》载有道教乐曲20首。

【岳庙道曲】 即“华亭道音”。

【昭天侯神诞祈福法会】 松江本土特色宗教活动。相传，昭天侯姓杨，名文圣，曾任华亭县（治今上海市松江区）典狱官，为人清廉正直，在一次监狱失火中舍身救人而亡，被尊为神，民间称之为“杨大神”“杨老爷”，道教封其为“东岳大帝昭天侯”，掌管生死祸福。建昭天侯殿于东岳庙西侧。杨大神信仰自明万历、天启时期开始形成，至清初成为松江及周边地区颇有影响力的道教后天神。夏历三月初八为杨大神诞辰日，东岳庙每年举行昭天侯神诞祈福法会。法会持续三五天，内容有祭神、大典、杨大神出巡、攀亲过寄、酬神戏神等。其中“攀亲过寄”最具地方特色，在“过寄”仪式上，由东岳庙道长率道众作“祝愿”科仪、宣读自愿过寄信徒名单、洒圣水、行三跪九叩礼，礼毕，由道长发“过寄证”。

【威灵公李待问神诞法会】 松江本土特色宗教活动。李待问（1603—1645），字存我，松江府华亭县竹冈李家角（今属上海市奉贤区西渡街道灯塔村）人。明崇祯十六年（1643年）进士，授中书舍人。清顺治二年（1645年）清兵围困松江城，李待问为东门守将。据《李忠节公集》载：“乙酉八月三日，清兵围城，度不免。为全郡生灵计，早起整束冠带，列香案于庭，抚膺大恸，曰：‘世受国恩，忝登甲第。城存与存，城亡与亡。在朝在藉，有死无二。’复东向叩首，呼母长辞危坐厅事，就公案所围白布，咬手指，血书十二大字，曰：‘宁可粉我尸，不可伤百姓一人。’”当日，清兵用计袭取西门，城破。李待问见大势无可挽回，乃从东门下来。有百户挽住说：“闻君读烂‘四书’，今作何打算？”李答曰：“为臣死忠，常事也。我不过想和家人作最后诀别罢了。”百户说：“能如此，我先断头以待。”便拔刀自刎而死。待问凭尸而哭，仓卒抵家。众人劝其趁乱而逃，待问笑着说：“以身殉国，乃分内之事。”遂引绳自缢。气未绝而被俘，劝降不屈，慷慨就义。临刑时还正告清将不可残杀民众。清将为之动容，松江免遭屠城之惨祸。乾隆四十一年（1776年）追谥“忠节”，封为松江府城隍，在府城隍庙中塑像为祀。道教封其为“二品威灵公”。同治五年（1866年），松江知府李纯重修府城隍庙，规定夏历七月十四日为府城隍诞辰，松江道教在每年是日举行“威灵公李待问神诞法会”。七月十四日前后数日，松江府城隍庙周围有盛大庙会，沿袭至20世纪60年代初。民间是日有喝豆浆、吃油

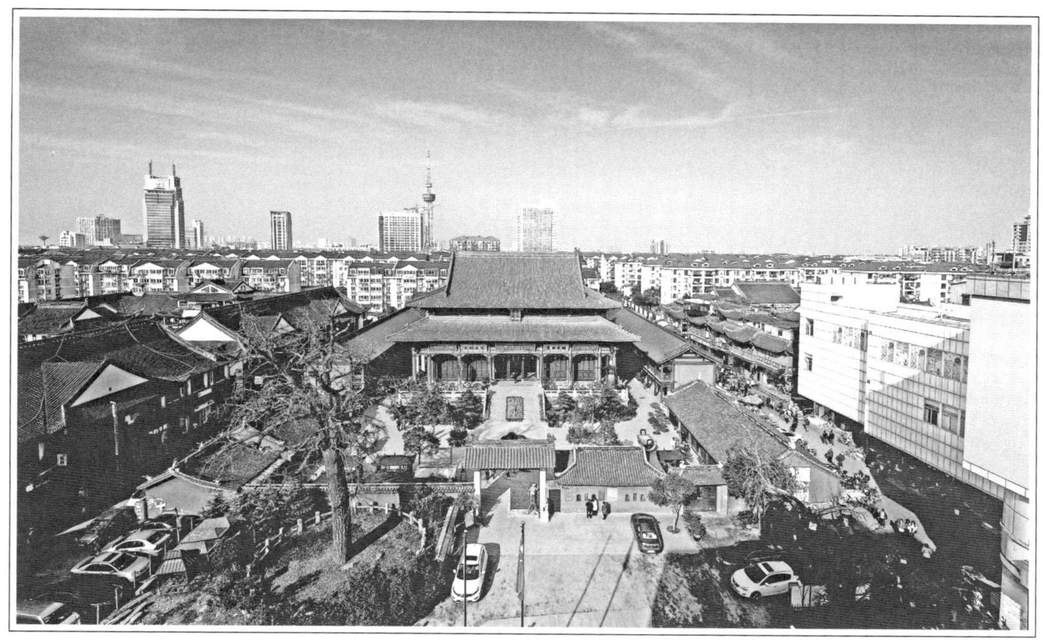

东岳庙全景图（2016年）

条风俗，源于纪念李待问，延续至今。

【东岳庙会】 松江本土祭祀与商贸相结合的宗教与商贸活动。相传，夏历三月廿八日是东岳大帝圣诞日。旧时，是日在松江东岳庙广场及周边举行庙会。岳庙大街及周边街弄的商家挂灯扎彩，在岳庙东侧的妙严寺弄搭棚设摊，长达200余米。庙会期间，千舟百舸，八方涌来，场面盛大。进香顶礼、品尝美食、购物赏戏。2013年起恢复庙会，内容有祭奠仪式、杨大神出巡、唱戏娱神、发放寿面等，历时3天。

【东岳庙太极拳培训班】 道教养生类培训班。太极拳是道教传统养生术。松江东岳庙恢复开放后，委派徐洪政道士去武当山专修太极拳术。2011年在松江东岳庙举办道职人员培训班，培养师资骨干。2012年对社会开展免费培训。太极拳纳入上海市道教学院（时设于松江东岳庙内）教学内容。2013年青浦区城隍庙开办太极拳培训班，聘请徐洪政任教员。2015年上海城隍庙“国学·太极拳班”开班，聘请徐洪政任总教习。

杨大神圣诞出巡（2017年）

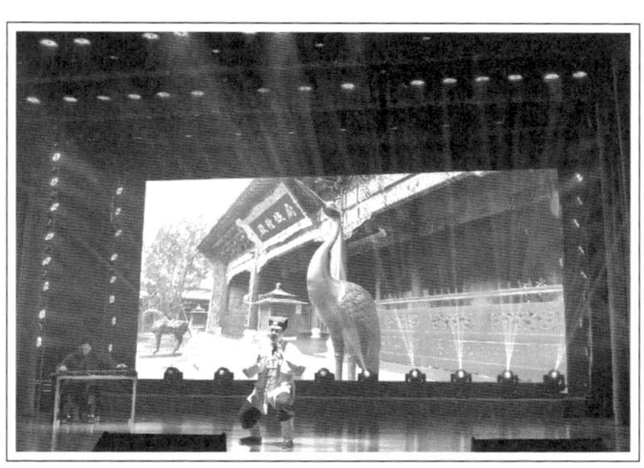

东岳庙太极拳培训班（2019年）

伊斯兰教

场所

【松江清真寺】 亦称“真教寺”“清慎寺”“云间白鹤寺”“礼拜寺”。伊斯兰教礼拜场所。上海地区最古老、占地面积最大的伊斯兰教寺院。位于松江区岳阳街道中山中路南侧缸甏巷75号。始建于元至正年间。元初，松江达鲁花赤（最高地方长官）及信仰伊斯兰教的色目人官兵，在松江府西景家堰北建回回坟，随后在回回坟东侧建松江清真寺最早的建筑窑殿。明洪武二十四年（1391年），赛哈智奉诏重建。永乐五年（1407年），朝廷任赛孝祖为松江真教寺教长并奉永乐帝圣谕重修，赐“敕建真教寺”匾额，此匾保留至今，悬挂于正门门庭之上。嘉靖十四年（1535年）、万历十年（1582年）进行两次修缮和扩建。清顺治十五年（1658年）、康熙二十二年（1683年）、嘉庆十七年（1812年）、道光二年（1822年）先后四次整修或扩建，形成融元、明、清三朝建筑特色，江南园林、阿拉伯建筑与中国古典建筑风格为一体的寺墓合璧的寺院特色。1937年抗战全面爆发后，松江沦陷，穆斯林人数减少，清真寺荒芜。中华人民共和国成立后，松江县人民政府拨款整修。“文化大革命”期间被工厂占用，宗教活动停止。1982年，由上海市文物管理委员会、上海市民族事务委员会、松江县人民政府和上海市伊斯兰教协会组成松江清真寺修复领导小组，先后分两期对清真寺进行大修。1987年竣工开放，恢复正常宗教活动。2012年大修。今寺内布局主要有正门、邦克楼、龙墙、礼拜大殿、讲经堂、谘议堂等。占地4 800平方米，建筑面积近2 000平方米。1962年1月公布为松江县文物保护单位。1980年8月公布为上海市文物保护单位。2015年、2019年连续两次创建为上海市五星级文明寺观教堂。2016年获全国和谐寺观教堂先进单位称号。

松江清真寺正门（2021年）

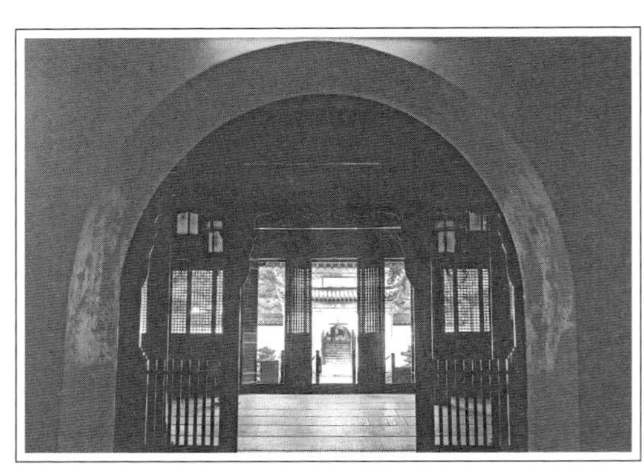

松江清真寺内景（2009年）

人 物

【沙全】(1242—？) 元代松江首位穆斯林官员。初名抄儿赤。西域色目人。五岁为宋军所虏，十八岁从军隶刘整帐下，二十岁随刘整归元，授军百户。元世祖至元三年(1266年)，随刘整出兵平顶山，与宋将夏贵兵遇，击杀甚众。十二年刘整死，从大将阿术征南宋，与张世杰、孙虎臣大战于焦山(今江苏镇江附近)，宋军败，获其将校33人。翌年至华亭(治今上海市松江区)，令部属不可滥杀抢掠，守城宋将开门出降。因取华亭之功，任华亭县达鲁花赤。华亭一邑，因保全完好，士农工商未受兵灾。力事兴复。十四年华亭县升为华亭府(翌年改称松江府)，其升为华亭府达鲁花赤。在任三年，政绩著闻。十八年敕命为松江万户府达鲁花赤，始专领军政。二十二年受中书省右丞卢世荣之命，代宁玉戍浙西吴江，为吴江万户府达鲁花赤。同年迁隆兴(今河北张家口)万户府达鲁花赤。未几，元世祖以松江为濒海重地，复命镇之，赐三珠虎符。卒于官。

【哈散沙】(？—1356) 元代穆斯林官员。阿里温氏，字允中。奉直大夫。至正十一年(1351年)任松江府达鲁花赤。时逢战乱和钞法变更失败，物价飞涨，百姓无钱买粮。上奏曰："吾为民师帅，忍坐视老弱馁死沟壑乎？"遂开仓赈济贫民，劝富裕之家按月卖粮，活者甚众。乡绅孙明重建城隍庙落成，庙中塑其像供奉。在松任职五年，廉慎如一，公于爱民而廉于自守，政绩为浙西之最。十五年夏，行省遣使者欲调其去杭州任职，松江军民乡绅数百人拦于使者马前，请求在松江留任。不久，又调任平江路(今江苏苏州)达鲁花赤。十六年二月，在抗击张士城攻占平江之役中战死。据现代穆斯林学者、伊斯兰教史学家马以愚的研究和考证，认为松江清真寺于元至正十一年由时任松江府达鲁花赤哈散沙所建。1947年马以愚曾到松江清真寺进行实地考察，撰有《松江伊斯兰教寺采访》一文。

【赛孝祖】(生卒年不详) 明代松江清真寺阿訇、教长。原名赛亦德·哈马鲁丁。赛典赤·瞻思丁后裔。明永乐五年(1407年)到松江宣谕敕建松江真教寺。为敕修后的松江清真寺第一任住持(教长)。

【赛印昌】(生卒年不详) 清代松江清真寺阿訇、教长。据康熙十六年(1677年)《重修清真寺碑记》，时为松江清真寺住持(即教长)。

【丁洪本】(生卒年不详) 清代松江清真寺阿訇、教长。据嘉庆十七年(1812年)《清真寺重修碑记》，时为松江清真寺住持(即教长)。

【拜登有】(1839—1899) 清末松江清真寺阿訇、教长。哈吉(完成朝觐功修者)。陕西临潼(今西安市临潼区)人。光绪十三年(1887年)六月，自陕西渭南前往麦加朝觐，是上海有记载的朝觐年份最早的哈吉。朝觐归来路经松江，坊上穆斯林乡老挽留，留任松江清真寺教长。葬于松江清真寺西回回坟墓地内(今松江清真寺墓园)。

【杨振民】(？—1939) 民国年间松江清真寺阿訇、教长。河南博爱人。精通阿拉伯文，擅长书法。曾任杭州板儿巷清真寺教长。20世纪20年代初应松江清真寺董事会聘请，到松江清真寺任教长。归真于安徽蚌埠。

【王耀堂】(1891—1957) 松江清真寺阿訇、教长。回族。安徽亳州人。堂号敬狮堂。早年随父念经，后穿衣挂帐。曾任安徽含山县运漕镇清真寺教长。1946年经上海外国寺(今浙江中路清真寺)刘兆才教长推荐到松江清真寺任教长。归真于上海，葬于上海江湾回民公墓。曾任松江县第一届政协委员。

【唐鸿庆】(生卒年不详) 松江清真寺阿訇、教长。回族。上海松江人。自认是赛典赤·瞻思丁之后裔。1957年王耀堂教长归真后继任松江清真寺教长至"文化大革命"前。

【沙永寿】(生卒年不详) 阿訇。民国时期任松江清真寺教长。

【杨大波】(生卒年不详) 阿訇。民国时期任松江清真寺教长。

【马进才】(生卒年不详) 阿訇。民国时期任松江清真寺教长。

【丁子英】(生卒年不详) 阿訇。安徽亳州人。全面抗战后期任松江清真寺教长。

【王子平】(1881—1973) 上海市伊斯兰教协会副主任，武术家。回族。字永安。河北沧州

王子平

人。出身武术世家,自幼习武。清光绪二十四年(1898年)起学习中医数年。二十六年拜杨鸿修为师。兼通查、洪、长等拳术,臂力过人,有"千斤神力王"之誉。1917年,号称"世界第一大力士"俄国人康泰尔在北京中山公园设擂,势甚嚣张,被其一招挫败,遂名声大振。是年,在济南与美国武术教练阿拉曼、日本柔道高手宫本先后比武,皆予以击败。后又与日、美、德三国大力士比武,均获胜。因击伤日本大力士宫本,遭北洋政府通缉,遂到上海。1921年,美国人沙利文伙同德国人彼得、英国人丁柯尔在上海打出"万国竞武场"旗号,摆设擂台,自夸无可匹敌。上海武术界派其出场。赛前,对方提出请比武者当场向观众讲话,以趁机偷袭,却遭反击,当场将偷袭者踢趴在地。外方力士声言合约无效,取消比赛。1958年全国武术协会成立,任副会长。1960年随国务院总理周恩来访问缅甸。1962年当选上海市伊斯兰教协会副主任。归真后葬于松江清真寺回回坟墓地。曾任上海市人民代表、上海市政协委员、上海市伤科学会副主任。著有《拳术二十法》《祛病延年二十势》等。

【唐持钧】(1893—1974) 松江清真寺社首(清真寺管理机构主要负责人,亦称"社头""学董")。回族。字秉之。上海松江人。赛典赤·瞻思丁后裔。曾上私塾八年。少时在南京学习中医,1940年在松江开设诊所坐堂行医,曾任松江县中医协会副会长。20世纪四五十年代,先随祖母李氏管理松江清真寺事务。中华人民共和国成立后,祖母离世,接任清真寺社首,管理清真寺事务。葬于小仓桥回民墓地,1979年迁葬于松江清真寺回回坟墓地内。是松江县第一至三届政协常委,松江县第四届政协驻会常委。

唐持钧(秉之)

【杨震清】(1909—1988) 松江清真寺社首。回族。哈吉。浙江嘉兴人。原名沙国柱,后入赘松江回族杨家。大学学历,毕业于之江大学文学系。1937年5月任松江县第一区区长。1939—1945年先后在上海、无锡开办染织厂,曾任上海通艺馆经理、大连商务印书馆经理。1946年任中国回教协会江苏省松江县支会理事长、中国回教协会监事。是年促成中国伊斯兰教经学家、翻译家王静斋阿訇到松江清真寺小住半年有余,完成《古兰经译解》校对和定稿,当年由上海永祥印书馆出版。1949年去台湾。曾任台北松江同乡会理事长。

杨震清

【张玉峰】(1917—1995) 回族。河北沧州人。出生于武术世家,九岁只身到上海,拜舅舅武术家王子平为师,在拳术、剑、摔跤等方面有很高造诣。20世纪40年代在上海打败外国大力士。后定居松江,开设私人诊所,以治伤正骨为业。提倡手法与练功有机结合,将正骨手法、点穴手法、正骨理筋熔于一炉,形成武术伤科特色治疗技术。中共十一届三中全会后,为松江清真寺的修复和伊斯兰教宗教活动的恢复建言献策。1987年起任松江清真寺第一至三届民主管理委员会副主任。是松江县第五、六届政协常委,第七届政协委员;松江县第七届人大代表。

张玉峰

【徐开明】(1928—2004) 回族。江苏南京人。自幼随父学习点心制作,在松江设摊经销清真点心,制作精良,广受欢迎。热心为松江的穆斯林做好事实事,有好口碑。1981年起任回民饮食店

徐开明

门市部主任。1987年起任松江真清寺第一至四届民主管理委员会委员。是松江县第七、第八届政协委员。

【张景良】（1958—2019） 回族。河北沧州人。张玉峰之子。1975年进松江食品公司工作，1996年任松江方塔医院医生。2003年起任松江清真寺第七至九届管理委员会副主任。是松江区第三、第四届政协委员。

张景良

【王振海】（1927—2021） 松江清真寺阿訇、教长。经名优素福。回族。哈吉。安徽亳州人。出身阿訇世家，堂号敬狮堂。清末阿訇王宝云曾孙，王耀堂之子。早年随姑父刘兆才阿訇和姑母王秀婷阿訇在上海外国寺（今浙江中路清真寺）当海里凡（经堂学员）学经，后回松江随父学经。1955年松江县成立饮食公司饮食合作商店，任松江清真馆门市部主任。1985年起任松江县饮食服务总公司集体饮食总店副经理。全程参与松江清真寺修复工程。1987年12月松江清真寺恢复正常宗教活动后，任清真寺教长。1987年起任松江清真寺第一至四届民主管理委员会主任。是松江县第七、第八届人大常委，松江县第七至十届政协常委，松江区第一届政协常委。2006年12月赴麦加朝觐。

王振海

【杨健雄】（1942— ） 经名尔萨。回族。哈吉。上海松江人。大学本科学历，学士学位。会计师。1961年毕业于松江一中。1965年任松江九曲弄小学教师。1968年因涉台（台湾）社会关系而调至松江城厢镇岳阳服务站当装卸工人。1979年落实台属政策安排到上海麻纺织厂任门卫。1980年任厂校教师。1991年任财务科会计至退休。2000年起任松江清真寺第五、六届民主管理委员会主任。是松江区第二届政协委员。2002年被上海市民族联评为民族联工作先进个人。2011年11月赴麦加朝觐。

杨健雄

【孙学成】（1956— ） 经名阿里。回族。江苏扬州人。1974年毕业于松江一中，后至新桥人民公社（今新桥镇）插队落户。1979年进入松江县饮食服务总公司清真馆工作。1985年任清真馆门市部主任。1991年起任松江县饮食服务总公司集体饮食总店主任。1994年起任上海松江广鑫商贸公司副经理。2011年任松江清真寺民主管理委员会办公室主任。2013年起任松江清真寺第八至十届民主管理委员会主任。2015年松江清真寺创建为上海市五星级文明寺观教堂，2016年获宗教场所国家级最高荣誉全国和谐寺观教堂先进集体称号。是松江县第九至十一届人大代表。

孙学成

【蒲冠雄】（1964— ） 经名欧麦尔。回族。海南三亚人。大学本科学历。2003年12月任松江清真寺阿訇、副

蒲冠雄

教长。2007年7月调至上海回民公墓任职。曾获评中共松江区委统战部立功竞赛先进个人。是松江区第二、三届政协委员。

【米志伟】(1966—) 松江清真寺副阿訇、教长。经名达吾德。回族。哈吉。安徽寿县人。大学本科学历。1992年毕业于上海伊斯兰教协会经学班,同年在上海市回民公墓实习。1994年任上海清真牛羊肉公司阿訇,2002年任上海市回民公墓阿訇。2007年任松江清真寺副教长、阿訇。2015年起任上海沪西清真寺副教长、阿訇。2007年参加中央社会主义学院伊斯兰教界代表人士读书班,2011年毕业于中央广播电视大学行政管理专业,2013年毕业于华东师范大学宗教专业。2015年调至上海沪西清真寺任职。是松江区第三、四届政协委员。2006年12月赴麦加朝觐。

米志伟

【沙启亮】(1970—) 松江清真寺副阿訇、教长。经名优素福。回族。哈吉。山东定陶(今菏泽市定陶区)人。高中学历。1988年4月入上海市伊斯兰教协会经学班。1990年10月结业后到松江清真寺任教职人员,2006年离职。曾任松江区第二届少数民族联合会会长。是松江县第九届政协委员,松江区第二届政协常委,松江区第一届人大代表。2018年9月赴麦加朝觐。

沙启亮

【赵阳】(1986—) 松江清真寺阿訇、教长。经名达吾德。回族。河南南阳人。大学本科学历。2009年任上海沪西清真寺助理阿訇。2013年任沪西清真寺副教长。2015年任松江清真寺副教长。2017年起任松江清真寺教长,同年任上海市伊斯兰教协会副秘书长。是松江区第四、五届政协委员。2015年9月至2018年7月就读于上海开放大学工商管理专业并获学士学位。2012年获中国伊斯兰教协会全国“卧尔兹”演讲比赛优秀奖。2015年评为上海市伊斯兰教协会年度先进个人。

赵阳

建筑 墓冢 碑刻

【清真寺正门】 伊斯兰教建筑。在松江城区缸甏巷75号,坐南朝北,始建于明代。以北有横书“清妙元真”四字外照壁,以南有直书“清真寺”三字内照壁。照壁,又称“影壁”,中国古建筑大门前特有的设置。外照壁有标识作用,内照

松江清真寺正门(2018年)

松江清真寺龙墙(2012年)

壁为内院的屏障。门庭上方有一竖匾，上书“敕建真教寺”五字。明永乐五年（1407年），朝廷任命赛孝祖为松江真教寺主持（教长）并奉永乐帝圣谕重修，赐“敕建真教寺”匾额，竖匾有双龙戏珠浮雕。今匾是复制品。

【邦克楼】 亦称“宣礼塔”“望月楼”。融中国江南建筑风格与伊斯兰建筑风格完美结合成一体的古建筑。位于松江清真寺内。顶部外方内圆为三重檐十字脊，呈长方形。始建于元代，重建于明嘉靖十四年（1535年）。是穆斯林礼拜前念“邦克”（阿拉伯语，亦称“宣礼”“唤礼”）的地方，是为召唤穆斯林来清真寺礼拜而建的塔楼。

邦克楼（2007年）

【礼拜大殿】 穆斯林礼拜的地方。位于松江清真寺内，坐西朝东。主体建筑由前殿、穿廊和后殿组成。前殿始建于明代，穿廊始建于清代，后殿始建于元代。后殿亦称“窑殿”，因无梁，

礼拜大殿外貌（2012年）

礼拜大堂（2006年）

俗称“无梁殿”。后殿南北辟有耳房和格子窗，屋顶外形施有重檐十字脊，高约8米，内部为阿拉伯式齿形叠砖拱形圆顶，高达4米，整个窑殿建筑为无木结构。大殿门前置有木栅栏，大殿内有“敏白尔”（阿拉伯语，即教长宣讲教义的地方），后殿西壁竖有镶金木制经文板。大殿沿袭阿拉伯传统建筑风格，融合中国建筑元素，体现了元代中国建筑风格与阿拉伯建筑风格的巧妙结合。

【讲经堂】 亦称“北讲堂”。伊斯兰教建筑。位于松江清真寺内。原为藏经堂，原藏有各种版本的《古兰经》。据残碑记载，始建于明代，由万历年间礼部侍郎马自强捐金建造。为清真寺历代教长、阿訇向海里凡（经堂学员）或穆斯林民众讲授经文、研究教义和议事之用的讲堂。与谘议堂、邦克楼、礼拜大殿之间形成一个四合院的建筑形制。

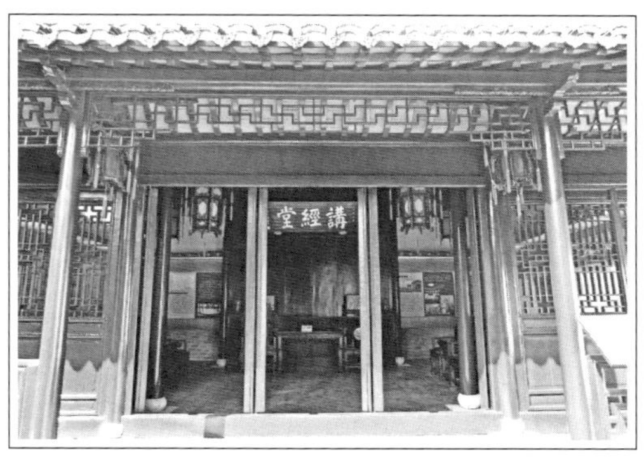

讲经堂（2012年）

【谘议堂】 亦称“南讲堂”。伊斯兰教建筑。位于松江清真寺内。始建于清代。为清真寺历代教长、阿訇向海里凡(经堂学员)或穆斯林民众讲授经文、研究教义和议事之用的讲堂。与讲经堂、邦克楼、礼拜大殿之间形成一个四合院的建筑形制。

【回回坟】 穆斯林墓地。在松江清真寺东南,与寺有墙分隔。占地约3 000平方米。元世祖至元十二年(1275年),元将沙全率部进驻华亭(治今上海市松江区),其中大部分为穆斯林。后沙全留任华亭府(后改松江府)达鲁花赤,松江始有色目人定居。至正年间,松江府有色目人31户,辟墓地,称今名。明正德《松江府志》:“礼拜寺(指清真寺)在城西三里,永乐初蒙古氏建,俗呼‘回回坟’。”又因地处清真寺山墙之内,寺之东南,故亦称“内园”。1985年清真寺修复期间,在平整园地时,挖掘出遗体70多具,嗣后将其尸骨重新埋葬在寺院龙墙之下。

【百雀寺墓地】 穆斯林古墓地。位于松江府城东门外白雀寺旁。占地约2万平方米。到现代已荒芜,无人知晓,地面散落大量石碑、石材。1978年起,松江清真寺派人多次前往考察,从残存的墓坑和石碑中确认为穆斯林古墓地。1996年该地块划入松江经济技术开发区,基建时发掘出大量尸骨和石椁。经协调,由开发商一次性向清真寺补偿2万元,该款项全部用于天马山回民墓地整修。回民代表在墓地的东南西北中各取部分泥土,集中带往天马山回民公墓中砌墓立碑纪念。原墓地无存。

【天马山回民公墓】 穆斯林墓地。位于松江区沈砖公路3555号天马山公墓南侧。“文化大革命”期间,少数民族代表向松江县革命委员会要求解决回民墓葬用地。后获准在天马山马尾山东南划出一块山坡地约1 600平方米作为永久性回民墓地。1988年松江县在马尾山筹建天马山公墓,同年9月由松江县民政局、县宗教民族事务局和天马乡政府三方签订立界协议。天马山公墓逐年发展,时有外人擅闯回民墓地情形。经松江县民政局和县宗教事务局协商,由松江县人民政府、松江县少数民族联合会、上海市伊斯兰教协会、天马山公墓各家出资,于1995年6月在回、汉两墓间砌隔离墙,回民公墓成为独立的封闭性区域。回民公墓墓地和殡葬事宜由松江清真寺民主管理委员会负责管理。

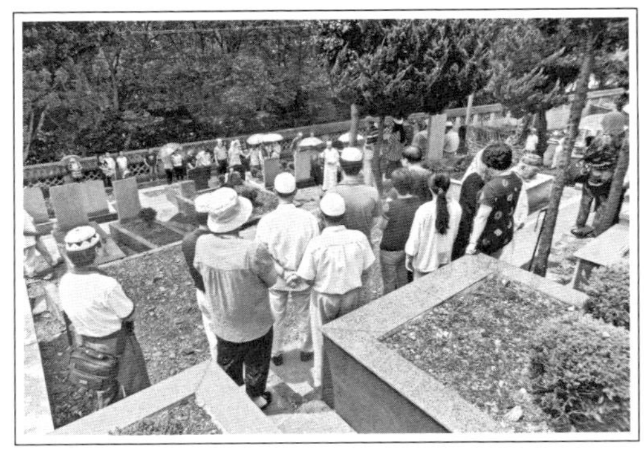

天马山回民公墓开斋节(2016年)

【小仓桥回民墓地】 穆斯林墓地。1972年秋,由松江县计划委员会牵头,松江镇和回民代表共同商定,在松江镇西部向阳新村边小仓桥蔬菜地中划出1 640平方米旱地作为回民墓地。1979年,松江县第三中学扩建被征用,由该校出资将墓地内9具尸骨迁葬于松江清真寺回回坟内。原墓地无存。

【唐家坟】 私家穆斯林墓地。位于松江府城东门外(今松江经济技术开发区内)。唐氏家族系元代勋臣赛典赤·瞻思丁后裔,明代由皇帝赐姓改为唐姓,世袭云骑尉俸禄。唐氏家族显赫,有私家墓地,还有传世家谱。其家谱一册在“文化大革命”中被家人自焚,另有一册现藏于北京国家博物馆。1956年冬开挖洞泾港涉及墓地,遂迁葬于松江清真寺回回坟内。原墓地无存。

【杨家坟】 私家穆斯林墓地。位于松江府城东门外(今松江经济技术开发区内),临近唐家祖坟。杨氏家族是松江回民大户,在松江阔街有老式四进深楼房2幢,前连街,后连河。1956年冬开发洞泾港涉及墓地,迁葬于松江清真寺回回坟内。原墓地无存。

【马家坟】 私家穆斯林墓地。位于松江府城东门外(今松江经济技术开发区荣乐路南侧)。马氏家族是松江回民大户,1949年前在松江城乡拥有大批房地产,号称“马半城”。马氏为守坟的农民建有2间房屋及田产供其耕种生活。2002年开发松江工业区(今松江经济技术开发区)时涉及坟地,松江清真寺寺管会与马家后裔联系,通过协商,由松江工业区提供补偿,松江清真寺负责将祖坟尸骨迁葬于松江清真寺回回坟内,并砌墓立碑。原墓地无存。

【达鲁花赤墓碑】 碑刻。清康熙十四年(1675年)由赛士英等立。现存于松江清真寺北门甬道西侧。碑文如下:"郡西真教寺傍墓道,系元守郡达鲁花赤故冢。守蒙古人,而教宗西域,没于官。遂葬此。胜国时载入府志,仍赋其地,赖有同教,岁偿租税,相沿至今,遂为北邙,土满壤接,几于层楼架阁矣。嗟乎!沧海陵谷,今昔同悲,体魄犹栖,而垅泉已变,目击心伤,能无隐痛?用是矢愿鸠工,刊碑永戒,从此亲知须全掩骼之忱,弗蹈覆车之辙,泽及于枯,功深不朽,世世恪遵,慎旃无替。(落款略)"

达鲁花赤墓碑

【重修真教寺碑记】 碑刻。清康熙十六年(1677年)由时任松江清真寺住持赛昌印等立。现存于松江清真寺邦克楼之东。碑文如下:"自我皇清诞受天命,凡四方万国,瀛海内外,悉重译至。而默德那国备方物,贡献尤厚。因嘉其远且勤,馆礼颇优渥。按象胥录所载,默德那国与筠冲接壤,土腴民淳,宗事天学,罽宾、印度诸君长,悉遵行焉。传入华夏,自隋开皇中始,宏衍关雒,渐讫江淮间。唐天宝元年敕赐建寺院,以时习礼。有宗因之,焚修不替。元起西陲,混壹六合,勋旧多默德那国人。如赛典赤瞻思丁,系谟罕默德之后,为云南行省平章,封王号,庙食咸阳。一时教泽敷畅,偏隅徼塞、遐荒辽绝之区,莫不皆建寺。明洪武二十四年特谕赛哈智住持,香火所在,寺有倾颓,许重修不许阻滞。永乐五年又谕赛亦的哈马鲁丁护持,焚修供职。各府州邑礼拜寺,如有官员军民人等,敢侮慢欺凌者,罪不赦。玺书敕寺右,用垂不朽。盖普天均之。真教寺之由来久矣。予奉简命秉铎松郡,庠考郡志,知真教寺在府西景家堰之北,元至正年间,蒙古氏创造。寺旁即元郡守达鲁花赤故冢。因敬谒焉。殿宇虽宏,垣墉浸圮不修,且散坏不可收拾。会同教赛纯吾偕耆彦唐九臣、陆元卿合辞言曰,松寺历有年所,兵燹不及,岿然于兹。前在胜国,赖同教少宗伯马公捐金盖廨舍三间,整饰壮伟。时万历十年,岁次壬午事也。百余载后,又得参戎尹公来镇我邦,高其闬闳,以著光大。今倾颓又见告矣。公适临兹土,将何以为修葺此寺计予。逊谢良久,出俸钱二十两,勉为倡率。遐迩欢助,乐趋厥事。董役鸠工,经营指顾而不以为劳。量材偿直,持筹司出入,而不以为苦。荷锄运畚,雉堵闬阓之废弛,榅榅级乾之,腐黑破缺,而皆焕乎

《重修真教寺碑记》

润泽，而不以为过华。无溢前制，无忝后观，是举既竣，将见尊祖敬宗恒于斯，慎斋养性恒于斯。遵五时之敬修，而敦七日之来复，亦无不恒于斯。继往开来，岂小补耶。诸同志与有利济矣。予故不辞为之记。时康熙十六年岁次丁巳季冬上浣。（落款略）”

【清真寺重修碑记】 碑刻。清嘉庆十七年（1812年）由时任松江清真寺住持丁洪本等立。现存于松江清真寺邦克楼之东。碑文如下：“松郡城西清真寺者创自有元，历前明以来，修葺严整。自我朝定鼎后，凡直省寺院咸许兴修。而吾郡之清真寺亦得焕然。其时有耆彦赛纯吾、唐九臣、陆元卿倡议捐修。事在康熙十六年。郡学博杨才瑰撰记立珉。迄今已百三十余年矣。虽其间随时补葺，而岁久就圮。庚午夏住持等爰集绅士蒋春浦、唐振林、马裕昆诸同人谋所以新之。于是各出赀财，遐迩欢助，董役鸠工，踊跃就事，撤朽起颓，俾巩永久。会逢提宪田公、马公前后驻节莅此，又得城守游府马公共襄厥事，凡殿庭厅庑以及庖湢之属，严严翼翼，次第改观。嗟乎！清真寺由来已久，所以为慎斋养性之所，而尊祖敬宗之意即由此而存。今者之举，不特增美饰观，夸耀于里闾已也。固期振兴奋厉，护持于不朽，则寺之更新，所以为继往开来之助者甚大，而诸同志之勇于为善尤可嘉已。爰述缘起为后记以勒之石。（落款略）”

【清真寺捐输碑记】 碑刻。清道光元年（1821年）由松江清真寺同人共立。现存于松江清真寺邦克楼之东。碑文如下：“松郡清真寺创自有元，迄于明季，至我朝康熙十六年，郡学博杨公讳才瑰捐俸修葺，众志乐输。迨嘉庆十七年墙垣坍废。藉在郡诸亲互为襄赞，鸠工修理。又逢田提宪、马提宪及马游府前后驻节，悬额捐廉，得以殿庭厅廨焕然一新。所有捐输姓氏已刊碑寺侧。惟念功成非易，岁葺为难，爰集诸亲各捐一文，硕积成一百千文，存庄生息，以作岁修之费。今春幸值提宪萧公驻节我郡。上额之外，又捐廉俸足钱一百千文，共存二百千足，一并存庄生息。从此岁修有赖，倾圮无虞。俾得殿宇辉煌，规模宏远。皆萧公资助之力也。嗣后或遇别项公用，不得擅动本银，庶免亏缺，以垂永久云尔。是为之记。（落款略）”

《清真寺重修碑记》

《清真寺捐输碑记》

【**重修松江清真寺碑记**】 碑刻。1990年4月由松江清真寺同人立。现存于松江清真寺邦克楼之东。碑文如下:"奉至仁至慈安拉之名 伊斯兰教自唐初传入中国,已垂千三百余年,代相传授流布日广教众日盛。当元朝定鼎时,教人多随军征战建立殊勋,有被委为松江府达鲁花赤者,如沙金、纳速剌丁、哈萨沙等,威戍海疆雄镇江南教缘人兴。松江府遂有兴建清真寺之举,寺位于松江城西景家堰缸甏行内,近马路桥之西畔。据寺内残存碑记,古寺建于元至正年间,明清两代续有增建,庭宇肃穆、窑殿耸立、龙墙蜿蜒、翠柏森森,为民朝拜礼仪聚会之所。新中国成立后,教众世俗同披光华,伊斯兰教义得弘扬发展。一九六六年夏,教会遭劫、古寺摧毁、文物荡然,窑殿庭宇沦为厂甸,掌教乡老亦遭放逐,回回坟毁弃殃及枯骨。一九七六年秋,天宇重光教业复兴。一九八零年,松江清真寺被列为上海市文物保护单位。一九八二年春,由上海市文物管理委员会、上海市民族事务委员会、松江县人民政府、上海市伊斯兰教协会合署成立松江清真寺修复领导小组,下设修复办公室主持修复事宜。自一九八二年,成立修复领导小组起至一九八九年修复竣工,历时七年耗资七十七万余元,中间历尽艰难,赖诸同人戮力同心,方始告成。修复者为窑殿宣礼楼、南北厅、照墙;重建者为照壁、大门厅、二门厅、龙墙、达鲁花赤墓;增建者为教长室、男女水房、男女厕所、炉房、石板庭院、供水排水管道;复增建内园牌坊门、门房、绿化园地;改造两层楼房,规模宏大前代所无,古寺重辉,教民欢喜踊跃。饮水思源,踵先贤之遗德,彰政府之惠绩,谨立兹碑,以志永念。上海市回民公墓管理所镌刻。(落款略)"

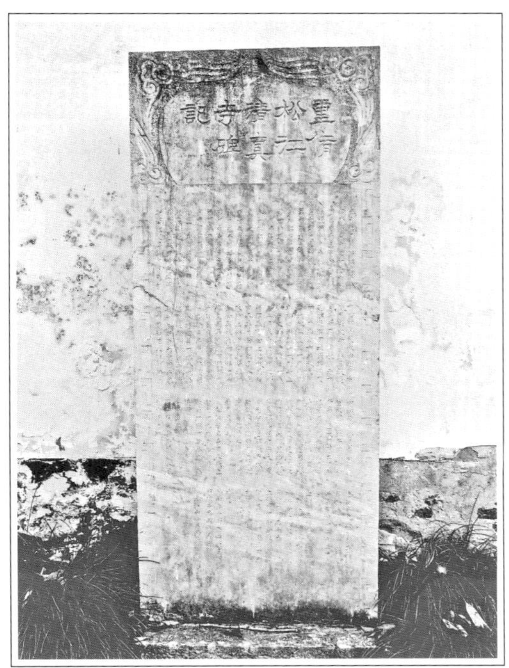

《重修松江清真寺碑记》

机构 饮食文化

【**松江清真寺民主管理委员会**】 简称"松江清真寺寺管会"。民主管理组织。实行民主管理,负责松江清真寺教务、寺务和其他有关事务的管理机构。1987年9月松江清真寺第一期修复工程竣工后,经松江县宗教局与上海市伊斯兰教协会研究,决定成立松江清真寺民主管理委员会。当年12月6日召开穆斯林代表大会,产生清真寺第一届寺管会组成人员,王振海教长兼任寺管会主任。寺管会满三年换届,至2019年为第十届,王振海任第一至四届寺管会主任,杨健雄任第五、六届寺管会主任,米志伟任第七届寺管会主任,孙学成任第八至十届寺管会主任。

"松江清真寺寺管会"换届选举代表大会(2007年)

【**回民饮食店**】 俗称"清真馆"。清真餐饮店。位于中山中路原庙前街东侧数十米、妙严寺对面。20世纪40年代,回民穆斯林徐兆云在长桥街66—68号开设徐同兴清真饮食店，两楹，以经营清真点心为主。1955年，徐兆云、王振海、杨志刚、董玉珍等创办清真合作商店，徐同兴清真饮食店改名“清真馆”，隶属松江县饮食服务公司。1957年迁址中山中路高家弄口西侧原松鹤楼菜馆旧址（今中山中路286号），砖木结构，两楹两层。60年代初，再迁址中山中路妙严寺对面，原松江富强社（裁缝店）门面（今中山中路109号），王振海任门市部主任。经营卤味、炒菜、面条、点心等。其中羊汤面、两面黄、羊肉锅贴、牛肉煎包、葱油饼、羌饼等特色面点和白切羊肉、羊肉汤、羊杂汤、羊骨头、生炒牛肉丝、爆三洋等清真小炒受欢迎，在松江有好口碑。80年代初，松江县人民政府规划对中山中路拓宽，对清真食品网点实行“拆一还一”政策，选址谷阳南路（时称解放路）建造新店。拓宽工程时间较长，其间，待动迁的老店改今名，新建于谷阳南路的新店冠名“清真馆”。两店分设后，王振海任清真馆主任，徐开明（徐兆云之子）任回民饮食店主任。1994年拆除。参见“清真馆”。

【清真馆】 清真餐饮店。位于谷阳南路（时称解放路）53号。1981年正式开业。1979年底，回民饮食店委派孙学成、徐燕群（徐开明之女）两名回民职工到上海福州路上海大西洋清真饭店学习烹饪技术，1981年回松江筹备清真馆，当年开业。该馆坐西朝东，四楹，建筑面积约400平方米。以经营清真菜肴为主，兼营面点，在松江餐饮业中首家经营涮羊肉，可承办喜庆筵席。同时承担松江穆斯林副食品供应任务。90年代末转行歇业。参见“回民饮食店”。

【请君来回民饮食店】 清真餐饮店。位于松江中山东路（今松江农业银行营业部对面偏东）。1985年回民青年张宁仁（巴基斯坦裔）开办。两层楼面，以供应涮羊肉为主，兼营热炒等，经营一度兴旺。1995年歇业。

【天山回民食品商店】 清真食品店。位于松江中山中路（原良友照相馆东侧）。1982年由松江县糖业烟酒公司开设。三楹。周志强任门市部主任。经营传统清真食品，由上海翠文斋回民食品店（时称“北京翠文斋”）和上海天山回民食品厂常年供配货。翠文斋以京式糕点闻名，其中蜜三刀、茯苓饼、大京果、百果提浆和苏式月饼等在国内外穆斯林中享有盛誉。1994年在中山中路拓宽工程中被拆除。

【羊肉锅贴】 清真食品。松江清真馆特色点心。特点为出锅香气扑鼻、底板金黄焦香、表皮玉白柔软、馅料鲜香多汁、口感脆嫩可口。制作方法为：馅心用新鲜羊肉剁成肉茸，加调味品后再将剁碎的洋葱末拌和成馅待用；面粉用温水搅拌成絮状，用手搓揉至光滑成面团，稍饧；搓条下剂子，4个剂子75克；将剂子擀成皮子放入馅心捏成饺形；平底锅中放入底油，将锅贴码入锅中，加水，中火煎至底板呈金黄色。当时每天从午餐后开始供应，一直到深夜不断。

羊肉锅贴

【牛肉煎包】 清真食品。松江清真馆特色点心。特点为面皮油润暄软、包底金黄脆香、馅料鲜嫩适口。制作方法为：馅心用新鲜牛肉剁成肉茸，加调味品后再将剁碎的京葱末拌和成馅待用；面粉放入酵母用温水搅拌成絮状，用手搓揉至光滑成面团；待面团膨松发起，加入适量食用碱水揉至光滑，稍饧；搓条下剂子，2个剂子75克；将剂子擀成皮子放入馅心捏成圆形；平底锅中放入底油，将包子摁扁码入；加水，中火将包子两面煎成金黄色。出锅时发出滋吱声响，颇受食客欢迎。

牛肉煎包

天 主 教

现有天主教场所　教产

【佘山中山圣母堂】 天主教教堂。位于西佘山半山腰。清同治二年（1863年），江南教区耶稣会会长、法籍神父鄂尔壁在西佘山南坡购地，在半山腰建5间平房，作传教士休养憩息处，其中一间设有祭台供圣母像，作礼拜小堂。光绪二十年（1894年）将5间平房翻建为教堂，名“中山圣母堂”。教堂依地势坐东朝西，为中国传统建筑风格，可同时容纳500余人参与礼仪。教堂前有平坦的广场，广场西侧设“三圣亭”（耶稣圣心亭、圣母亭、若瑟亭）。教友到佘山朝圣，一般先到该教堂念经颂歌，再拜苦路上山，然后到山顶圣母大堂参加弥撒，最后折返回三圣亭祈祷，为朝圣者通常程序。“文化大革命”期间，宗教活动停止。1981年教堂归还天主教上海教区，同年5月经修缮后复堂开放。1994年登记为“宗教活动场所（教堂）”。几经修复和扩建，现有殿堂、神父楼、修女楼、康复院、客房等主要建筑。建筑面积3 646平方米。

【佘山山顶圣母大堂】 天主教教堂。位于西佘山山顶。清同治七年（1868年）松江总铎区总铎、耶稣会法籍神父杜若兰在佘山顶修建一座六角亭，亭内供耶稣会中国籍修士陆伯都（字省三）所绘的“进教之佑圣母”像。九年，“天津教案”发生，时任江南耶稣会会长、法籍神父谷振声为此专程到佘山，在“进教之佑圣母”像前许愿，若“教难”平息将在山顶建一教堂。后北方教案未波及上海，“佘山圣母保佑江南教区”之说在教徒中传开，纷纷捐款筹建大堂。次年始建，耶稣会法籍修士马历耀为总建筑师，两年后建成。大堂朝南，呈希腊正十字结构，堂前有石狮4对，正立面由10根石柱撑起，东、西、南各有大门3扇，可容纳800人，名“圣母进教之佑堂”。因朝圣者逐渐增多，大堂狭小，不敷使用，于1921年拆除新建。1925年开工建造新教堂，1935年落成。新教堂由圣母圣心会士、比利时籍神父和羹柏设计，耶稣会法籍神父叶肇昌负责工程。叶神父根

佘山山顶圣母大堂外貌（1998年）

佘山山顶圣母大堂内景（2001年）

据佘山实际地理环境，对图纸进行了修改。大殿东西长55米，南北宽16米，最宽处24米，内顶高16米，屋脊高22米，钟楼高38米，建筑面积1 586平方米。钟楼顶部圆穹上立一圣母托举小耶稣像，高4.8米，重1.2吨。全面抗战期间，堂内曾收容难民3 000余人。1942年，教皇庇护十二世敕封该堂为宗座乙级圣殿，成为东亚第一座也是至今中国大陆唯一一座国际性宗座圣殿，成为中国天主教朝圣中心，堂名正式改为“佘山进教之佑圣母大殿”。1946年，圣座又特许为佘山圣母像进行加冕。“文化大革命”期间，宗教活动停止，教堂内的设施受到严重毁坏，大堂被佘山天文台占用。1981年3月，教堂归还天主教上海教区。1983年批准复堂开放。1984年完成大殿修复工程。1994年登记为“宗教活动场所（教堂）”。清朝同治年间起，每年5月（圣母月），江南地区天主教友云集佘山朝圣。20世纪80年代后期起，朝圣人群扩展至全国乃至其他国家的基督徒。2013年评为全国和谐寺观教堂先进单位。

【若瑟堂】 天主教教堂。位于岳阳街道卫生服务中心西南，阔街53弄。始建于1933年，是若瑟医院（今岳阳街道卫生服务中心前身）仁爱会为医院内部修女、医生、护士提供宗教生活而建的一所小堂，供奉一尊无原罪始胎圣母浑身像。1949年仁爱会修女离开，圣母堂活动停止，天主教上海教区将圣母堂划归松江总铎区，改今名。“文化大革命”期间被移作他用。1984年房产归还教会，教区将房屋翻修后又新建6间附属用房，同年12月，复堂开放。1994年9月登记为“宗教活动场所（教堂）”。现有殿堂、神父楼、办公室等主要建筑，占地1 140平方米，建筑面积468平方米。1985年顾品贤任本堂神父。1992年沈宗熙任本堂神父，同时负责邱家湾耶稣圣心堂复堂筹备工作。是松江区天主教爱国会办公所在地。

【横塘圣母领报堂】 天主教教堂。位于泗泾镇沪松公路旁横塘桥村。始建于清道光二十年（1840年），建堂同时，创办孤儿院。二十三年张朴桥修道院迁入横塘，两年后，横塘修道院落成。二十四年创办耶稣会会院。同治三年（1864年）在耶稣会会院内创办圣母院。至此，横塘堂口集江南教区四大事业（孤儿院、修道院、耶稣会会院、圣母院）于一体。1957年起，教堂房屋先

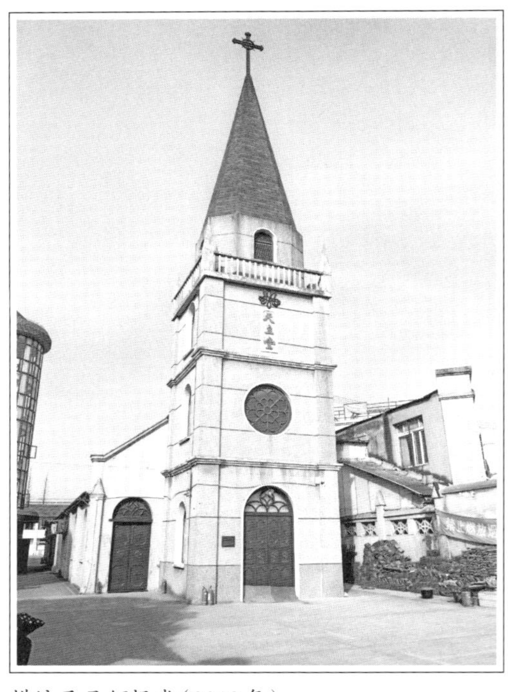

横塘圣母领报堂（2018年）

由合作社办幼儿园，后作血吸虫病防治站用房。中共十一届三中全会后，教产归还教区，1984年12月复堂开放。1994年9月登记为“宗教活动场所（教堂）”。天主教上海教区在堂内建造数幢楼宇房设立息安骨灰堂，专为天主教教友存放亡者骨灰。1986年5月天主教上海教区助理主教李思德主持举行复堂典礼，同时安放首批神父和修女骨灰盒。1995年10月李思德主教骨灰盒安放在安息堂“痛苦之母”塑像旁。现有圣堂、息安骨灰堂（由天主教上海教区直接管理）、神父楼等主要建筑，占地3 405平方米，建筑面积3 925平方米。

【邱家湾耶稣圣心堂】 天主教教堂。位于邱家湾东首（今方塔北路281号）。始建于清顺治十五年（1658年），由徐光启孙女许甘第大出资修建，意大利籍神父潘国光督造。持有教堂和教士住院。教堂可容纳500余人礼拜参礼。雍正年间，因“礼仪之争”，清政府禁止在中国传习天主教，教堂拆除。鸦片战争后，耶稣会传教士重来江南宣教，同治十年（1871年），教产发还给教会。十二年，在原址重建，为十字型哥特式与中国古典建筑相结合的教堂。光绪十二年（1886年），因邱家湾教案（参见“邱家湾教案”）遭火灾受损，作修复。“文化大革命”期间，教堂被松江县教师进修学校印刷厂占用。1992年房产归还天主教上海教区。1993年经修复后复堂开放。1994年9月登记为“宗教活动场所（教堂）”。现有圣堂、神父楼、修女住房及办公室、会议室等主要建筑，建筑面积1 727平方米。曾是松江总铎区的总铎座堂，今为天主教上海教区嘉青松总铎区的总铎座堂。历任总铎有杜若兰、利庸乐、富守仁、帅维则、颜辛傅、品道茂。1996年起，龚秋生、吴建林、何永辉先后任总铎区总铎兼本堂神父。1949年9月30日至10月4日，松江县各界人民代表会议（后改称“松江县第一届第一次各界人民代表会议”）在该教堂召开。松江县各业各界代表286人出席。这次会议得到毛泽东主席批示，要“各地一律仿照办理”。由此该教堂成为松江历史纪念地。

【张朴桥圣母无原罪始胎堂】 天主教教堂。位于佘山镇张朴村六队。始建年代不详。清道光十九年（1839年），南京教区98名骨干教友聚会张朴桥天主堂，联名向教皇格列高利十六世请愿，希望派遣主教和传教士来华协助传教。次年，教皇派意大利人罗伯济来华，就任江南署理主教，江南教务开始复兴。二十二年，法籍神父李秀芳受罗伯济主教之命到张朴创办修道院，翌年正式成立，名“圣母无玷圣心修道院”。同时完成教堂翻建，为砖木结构，建筑主体融合中西风格，可同时容纳1 000余人参礼，时称“江南第一堂”。咸丰十一年（1861年）教堂毁于太平天国战争。同治二年（1863年）修复。1958年教堂停止宗教活动。“文化大革命”期间，教堂房屋移作他用。1992年教产归还天主教上海教区，1993年12月批准复堂开放。1994年9月登记为“宗教活动场所（教堂）”。现有圣堂、神父楼等主要建筑。占地3 773.35平方米，建筑面积744平方米。2019年因涉及动迁暂停宗教活动。

邱家湾耶稣圣心堂（2008年）

张朴桥圣母无原罪始胎堂（1999年）

【中桥圣伯多禄保禄堂】 天主教教堂。位于永丰街道盐仓二村。始建于清光绪二十三年(1897年),为中式砖木结构。1949年前办有教会学校"磐石小学"。"文化大革命"期间宗教活动停止,教堂占为他用。改革开放后教产归还教区。20世纪90年代初,因春节燃放烟花爆竹引起火灾,大部分房屋被毁,只剩2间神父房和6间小厢房。1995年上海教区将2间神父房修缮成一个小堂,并登记为"宗教活动场所(固定处所)"。1996年6月批准复堂开放。2006年建5间瓦房作为新的圣堂。现有殿堂、神父楼等建筑。占地1 866.65平方米,建筑面积405平方米。

【五库玫瑰圣母堂】 原称"雉鸡汇玫瑰圣母堂"。天主教教堂。位于泖港镇五库曹家浜村201号。清咸丰年间始建于五库长和村雉鸡汇。1932年在原教堂南面重建,1935年落成,能同时容纳600余人参礼。1977年涉及水利工程,拆除教堂。1994年经天主教上海教区选址,五库镇(今泖港镇五库社区)人民政府划拨土地5.16亩后重建,1996年底竣工,改今名,登记为"宗教活动场所(教堂)"。现有圣堂、神父楼等主要建筑。占地3 440平方米,建筑面积618平方米。

五库玫瑰圣母堂(2018年)

【江秋潭耶稣圣心堂】 天主教教堂。位于佘山镇江秋村河北队。建于清道光五年(1825年)。1958年停止宗教活动后,先后作学校、养牛棚、仓库等用。"文化大革命"期间,拆除部分建筑改作宅基地。20世纪80年代中期,上海教区对教堂进行翻建,作为佘山中山圣母堂附属堂点。1994年登记为"宗教活动场所(固定处所)"。1997年批准复堂开放。现有圣堂、办公楼等主要建筑。占地324平方米,建筑面积183平方米。

江秋潭耶稣圣心堂(2018年)

【中泾圣母领报堂】 天主教教堂。位于车墩镇新兴村南兴224号。清同治十年(1871年),由当地周、杨两姓教友奉献土地而建,规模较小,隶属于马桥本堂区下的堂口。1919年本堂神甫张士琅添造神父住房1幢。1936年,教友增多,本堂神父刘季泽将老堂拆除后重建。1937年设立中泾本堂区,升格为本堂区座堂。"文化大革命"期间,教堂被移作他用。中共十一届三中全会后教产归还教会。2000年底经整修后复堂,并登记为"宗教活动场所(教堂)"。现有圣堂、神父楼等主要建筑。占地3 565平方米,建筑面积1 332平方米。

【天马若瑟堂】 原称"朱家村天主教堂"。天主教教堂。位于佘山镇新宅村朱家538号。清道光三十年(1850年)始建于天马乡(今属佘山镇)朱家村。1939年在堂内创办栲栳圈堂小学。"文化大革命"期间宗教活动停止,教堂房屋被学校、生产队占用。“文化大革命”后期拆除。2013年易地重建，2019年落成，更今名。2020年登记为“宗教活动场所（教堂）”。现有圣堂、神父楼、办公房等主要建筑。建筑面积1 294.23平方米。

【泰晤士圣神降临堂】 天主教教堂。位于方松街道泰晤士小镇中央。由原中山街道生生桥圣神降临堂、五里塘耶稣升天堂动迁置换易地新建的教堂。原生生桥圣神降临堂位于北门外生生桥西堍。清光绪三十一年（1905年）由神父蒋超凡在莲生庵旧址新建。三十四年由堂口信众捐献农田24余亩作为堂口的经济来源。1916年神父朱若瑟扩建教堂。1938年遭日军破坏，教堂受损严重。1946年王儒芳医生用堂口的女公所创办私立生生小学，1950年该校改为民校，1952年改为五龙完全小学。教堂房屋由教育部门接收用作校舍。原五里塘耶稣升天堂位于五里塘生生村。清道光十年（1830年）建。堂口占地5 913.27平方米，建筑面积1 825平方米。20世纪90年代，两处教堂按政策征用置换。2005年由松江新城建设发展有限公司在松江新城区泰晤士小镇易地新建。2011年落成并开放，取今名。2019年房产产权归属尚在界定中，教堂仍未登记。

泰晤士圣神降临堂（2008年）

【沈家港圣若瑟堂】 现存教产。位于泖港镇姚厍村。始建年代不详，初仅有小屋3间。清光绪十六年（1890年），在原教堂西南易地扩建较大规模的新堂。抗战全面爆发后，教堂部分房屋被日军烧毁。1938年冬，张寿祺神父亲自设计并重建，1940年3月举行复堂典礼。1950—1955年，用作米市乡乡政府办公用房。“文化大革命”期间，教堂主体部分被拆。1970年由当地教友出资，将剩余建筑拆除，在原正屋墙基上重建房屋5间。中共十一届三中全会后，教产归还教会。

【平武浜玫瑰圣母堂】 现存教产。位于永丰街道盐仓村。始建于1932年，占地面积约5亩。1947年在堂内创办平武浜小学。1958年教堂被生产大队占用。2002年，教区对教堂进行修葺。现存有建筑面积350平方米。

【车墩玫瑰圣母堂】 俗称“东王教堂”。现存教产。位于车墩镇高桥村。始建于清道光二十年（1840年），由王炎春信友捐赠，时有教堂及住房共3栋。1927年新建住房4间。因当时教徒大多姓王，故俗称“东王教堂”。民国期间，接收大批难民在堂内避难，堂内曾设立小学。“文化大革命”期间，教堂被占用，其间曾几次失火，主堂后半部分几近毁尽。后涉及市政道路拓宽，拆除部分房屋。1998年，教会对教堂进行修葺。2016年配合车墩镇经济建设所需，教堂易地重建。

人　物

【潘国光】（Francesco Brancati，1607—1671） 意大利籍神父，耶稣会会士。明崇祯十年（1637年）来华，不久到上海。清顺治十五年（1658年）由许甘第大资助，建松江邱家湾耶稣圣心堂。是康熙帝禁教前在上海传教时间最长的一位传教士，在江南地区兴建多处教堂，主持了当年中西结合的徐光启葬礼并撰写拉丁文墓志铭。被许多学者认为是上海天主教的奠基人之一。

【许甘第大】（1608—1680） 女。亦称“徐甘第大”“许徐甘第大”。明末清初天主教教友，社会公益和慈善活动家。松江府上海县徐家汇(今属上海)人。徐光启次孙女。自幼受洗,圣名甘第大(Christiana),受家庭熏陶,"虔诚敬主,勤修圣德"。十六岁嫁松江府华亭县(治今上海市松江区)秀才许远度为妻,居松江府城西田村竹溪别业。婚后生有子女8人,其子许缵曾历任江西驿传道副使、云南按察使、四川布政使。一生勤俭,不辍女红,热心教会事业,积蓄银两数千,资助潘国光神父建造教堂44座,其中有江南第一座天主教堂敬一堂、松江邱家湾耶稣圣心堂等。请西洋教士译著宗教类书籍126种、科普类书籍89种计486卷,分发各处教堂。扶贫救困,热衷慈善事业,针对当时贫苦家庭无力抚养子女、弃婴甚多的情况,在其子许缵曾的支持下创建育婴所。自清康熙十四年(1675年)至三十五年,育婴所共收养弃婴5 480名,花费赎银18 333两。康熙帝闻其年高德昭,贞节彪炳,特赏镶银棉袍一件、珠宝凤冠一顶,钦封"淑女"称号,大事褒扬。为遵圣旨,在寿日当天穿戴上御赐棉袍和凤冠,接受子女僮仆叩拜。生日过后,即将袍上银饰和冠上珠宝悉数摘下,施舍贫穷者。康熙十九年,自知死期已近,将家中百亩良田捐献给松江教会作为公产。传教士誉其为"古今罕匹、中国圣教独一无二的女士"。

【南格禄】(Clauae Gotteland, 1803—1856) 法国籍神父,耶稣会会士。字德朗。清道光二十二年(1842年),与艾方济、李秀芳到浦东金家巷天主堂,成为在中国天主教恢复合法地位后第一批重返江南的耶稣会会士,任江南耶稣会会长。二十八年在徐家汇创办圣依纳爵公学,三十年定名"徐汇公学",1931年易名"徐汇中学"。咸丰元年(1851年)起任修道院院长,购买佘山南坡山地,准备修建供传教士休养之处。计划未了而逝世。

【鄂尔璧】(Joseph Gonnet, ?—1895) 法国籍神父,耶稣会会士。南格禄神父去世后,继任江南耶稣会会长,出任江南宗座代牧区代理主教。清同治二年(1863年),在佘山半山腰建5间平房,作为传教士休养憩息之处,完成了南格禄神父的遗愿。同治五年(1866年)被派往河北献县,光绪四年(1878年)任献县代理主教至去世。

【李秀芳】(Benjamin Brueyre, 生卒年不详) 法国籍神父,耶稣会会士。清道光二十二年(1842年),与南格禄、艾方济三人一同到上海。当年,受江南署理主教罗伯济之命,到松江创办修道院。翌年,修道院在松江张朴桥正式成立,名"圣母无玷圣心修道院"。此后创建江苏海门教区耶稣圣心堂、河北献县教区第一所修道院等。

【杜若兰】(Marin Desjacques, 1824—1884) 法国籍神父,耶稣会会士。字玛诺。曾任江南代牧区账房。清咸丰七年(1857年)任上海洋泾浜天主堂第一任本堂神父。同治七年(1868年),任松江总铎区总铎,在佘山山顶建六角亭,亭内供奉"进教之佑圣母"像。佘山始有信众上山朝圣。有学者据资料提出:松江总铎区成立于同治十三年,故其任松江总铎区总铎的时间有误。待考。

【王昌祉】(1899—1959) 神父,耶稣会会士。字叔若,圣名若瑟。江苏松江(今属上海)人。早年就读上海徐汇中学,1918年入徐家汇修道院。1921年进耶稣会。曾赴安徽休宁襄助传教两年。后在耶稣会文学院专攻中西文学,又于徐汇中学任教四年。1928年赴欧,曾在英国泽西岛、法国里昂神学院学习。1932年晋升神父。翌年再赴巴黎攻读博士学位,1935年获巴黎天主教大学神学博士学位,成为获此学位的第一位中国神父。博士论文收入巴黎《神学史名著丛书》。次年,获巴黎大学文学院哲学博士学位。1937年初回上海,先后担任光启社副社长兼主笔、《圣心报》副主编、耶稣会文学院和神学院中文主任、震旦大学公教青年指导司铎等职。1945年任耶稣会会长咨议员。1947年在震旦大学文学院中文系执教。另兼任徐家汇育婴堂董事。1949年奉耶稣会之命率耶稣会文学院和初学院修生50人前往菲律宾。著有《人生的意义》《天主教教义探讨》等。

【李思德】(1908—1993) 神父,天主教上海教区助理主教。亦名李德全,圣名斯德望。江苏松江(今属上海)人。先后就读于徐家汇汇思小学、徐汇公学。1928年进徐家汇修道院。1938年晋升神父。曾任上海徐汇汇思小学,江苏常熟、上海曹家渡等地教会小学训导主任、校长等职，同时在上海南汇、张泾、曹家渡等地传教。1947年起担任嘉宝总铎区总铎。1949年任天主教上海教区咨议员。1956年任虹口天主堂院长神父。同年，赴北京参加中国天主教爱国会发起人会议，受到周恩来总理接见。1983年任上海教区副主教。1984年任助理主教。是上海市第二至五届政协委员、第六至八届政协常委，上海市天主教爱国会第一至四届副主任，上海市天主教教务委员会第一至三届副主任，中国天主教主教团顾问。

【卫青心】(1901—2001)　神父。圣名类思。出生于松江新浜镇胡家埭天主教家庭。1918年担任记者。1924年以平信徒身份在上海召开的中华全国主教公会议承担会务工作。1928年赴新加坡从事记者工作五年。1931年从上海出发徒步前往罗马，行程15 000千米，于1933年抵达。1939年起就读于法国里昂中法大学，完成《法国对华传教政策1842—1856》研究论文。1945年起就职于中国驻法大使馆，兼任法国国家科学研究中心研究员。1953—1960年在布鲁日本笃会圣安德肋修院学习。1961年10月入加尔默罗修院(巴黎天主教学院内设修院)学习。1965年在罗马圣弥额尔堂祝圣为神父，后担任儿童医院神师。1979年退休，同年曾回国访问。著有《教廷和中国：从庇护十一世到现在》《梵蒂冈第一届大公会议与中国传教问题》等。

【谈光华】(1926—2009)　江苏松江(今属上海)人。1957年任江苏省天主教爱国会委员。1960年任上海市天主教爱国会常务委员会委员。1961年10月任松江县天主教爱国会第一届委员会主任。1981年10月，恢复松江县天主教爱国会，继续担任天主教爱国会主任。是青浦县各界人民代表会议代表，松江县第一届人大代表，松江县第四、第五届政协委员、常委。

谈光华

【龚秋生】(1921—2011)　神父。圣名老楞佐。江苏川沙(治今上海市浦东新区川沙新镇)人。1950年晋铎，先后在嘉定、青浦、虹口担任牧灵工作。1989年2月任佘山总本堂，分管松江、青浦、上海、嘉定四县的教务工作。1979年12月当选为青浦县天主教爱国会主任。1987年6月起，历任上海市天主教第二届教务委员会委员、第三届教务委员会副主任；上海市天主教爱国会第三、四届委员会常务委员，第五届委员会主任；松江县天主教爱国会第二、三届委员会主任。1988年起，作为主教代表(副主教)，负责小修院、备修生和光启社工作。是上海市第八届政协委员。

【金鲁贤】(1916—2013)　天主教上海教区主教。本名金鲁意，圣名类思。上海浦东人。1932年进修院。1938年入耶稣会。1945年5月晋铎。1946年毕业于上海徐家汇耶稣会神学院，随后赴法国、德国、奥地利、意大利等国求学。1950年获罗马宗座格列高利大学(旧译宗座额我略大学)神学博士学位。1951年回国，担任徐家汇大修院院长、耶稣会上海区代会长，中国耶稣会代巡阅使、海州监牧区代宗座监牧。1982年担任佘山修院院长。1988年接任上海教区主教。是中国天主教界有重要影响的代表人士，在宗教界享有很高威望。是中国人民政治协商会议第九至十二届全国委员会常务委员、中国天主教爱国会和中国天主教团名誉主席、上海市天主教爱国会和上海市天主教教务委员会名誉主任。

【陈荣杰】(1929—2016)　曾用名陈荣华，圣名雅各伯。江苏松江(今属上海)人。先后就读于松江达义小学、松江光启中学。1949年7月任松江县城东区城东乡人民政府文书及乡粮库会计。1950年起，先后在上海普慈疗养院、上海市精神病院、上海市精神病医院分院任护士、护士长、病房负责人、医生、主治医生等职。曾担任上海市第十四批、第十七批卫生工作队队长。1998年任松江区天主教爱国会第一届委员会主任。是松江区第一届政协委员。

陈荣杰

【张忠良】(1927—2017) 圣名达尼老。江苏松江(今属上海)人。初中文化程度。1951年任茸北小学教师。1988年任松江县天主教爱国会第一届委员会代理主任兼秘书长。1989、1993年先后当选为松江县天主教爱国会第二、三届委员会常务副主任。1998年当选为松江区天主教爱国会第一届委员会常务副主任兼秘书长,上海市天主教爱国会第四届委员会常务委员。是松江县第八、九届政协常委。2002年松江区广播电视台制作电视专题片《老骥伏枥仍奋蹄——记松江区天主教爱国会秘书长张忠良》。

张忠良

【张敏】(1961—) 女。圣名玛利亚。上海松江人。大专学历。1977年5月上山下乡至泗联人民公社联兴大队。1980年10月在上海红旗药棉厂工作。2001年5月任松江区天主教爱国会副主任、秘书长,上海市天主教爱国会副主任、副秘书长。是松江区第三至五届政协委员。曾代表上海市天主教爱国会参加中国天主教第九届代表会议,代表上海市天主教界出席上海市第十五届妇女代表大会。

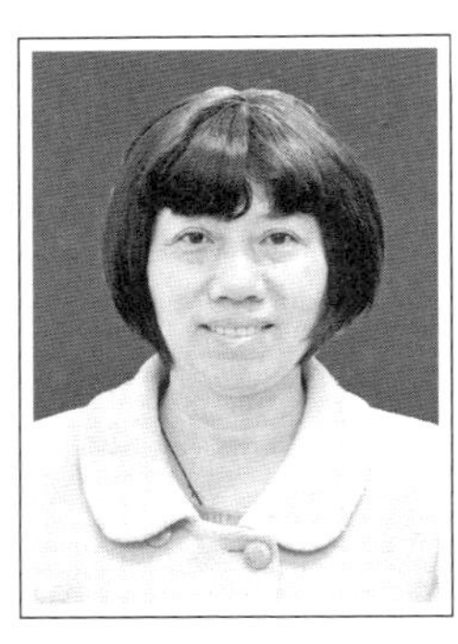
张敏

【张志坚】(1967—) 圣名方济各。上海松江人。大学本科学历。1987年毕业于上海师范大学,任松江佘山学校教师,先后担任佘山学校教导处干事、总务主任、工会副主席等职。2003年10月任松江区天主教爱国会副主任、秘书长,上海市天主教教务委员会委员。是松江区第二、三届政协委员。

张志坚

【吴建林】(1970—) 圣名依纳爵。上海崇明人。1990年入佘山修院学习。1997年晋铎。1999年任松江区邱家湾耶稣圣心堂本堂神父兼天主教上海教区嘉青松总铎区总铎。2004年兼任松江区天主教爱国会主任、上海市天主教爱国会副主任。2005年兼任天主教上海教区副秘书长。2013年任黄浦区伯多禄堂本堂神父兼天主教上海教区市区总铎区总铎。2017年任上海市天主教教务委员会主任,兼任黄浦区天主教爱国会主任。是松江区第二至四届政协常委,上海市第十二、十三届政协委员,第十三届全国政协委员。

吴建林

【何永辉】(1978—) 神父。圣名安德肋。上海崇明人。1995年9月入佘山修院学习。2006年12月晋铎。2006年12月任佘山修院办公室主任。2013年2月任松江邱家湾耶稣圣心堂本堂神父兼天主教上海教区嘉青松总铎区总铎、松江区天主教爱国会主任、上海市天主教教务委员会副秘书长。是松江区第四、五届政协常委。2017年获第三届全国和谐寺观教堂先进个人。

何永辉

机构 学校医院 天文台 事件 活动

【天主教上海教区松江总铎区】 天主教管理体制中的一级行政主体。天主教按教区、总铎区、本堂区三级分级管理。主教领导教区教务;总铎区隶属于教区,实行总铎负责制;本堂区隶属于总铎区，下辖若干堂口，实行本堂神父负责制。堂口，通常称为教堂。松江总铎区成立于清同治十三年（1874年），总铎座堂是邱家湾耶稣圣心堂。1949年松江总铎区下辖松江、青浦、上海、金山四县7个本堂区80个堂口，教友14 431人。“文化大革命”开始后，宗教活动停止，松江总铎区无形中消失。

【天主教上海教区佘山总铎区】 天主教管理体制中的一级行政主体。1936年佘山本堂区升格为总铎区（时行政区划属青浦县），总铎座堂为佘山山顶圣母大堂。总铎区辖青浦和松江北部的本堂区。1949年佘山总铎区辖4个本堂区25个堂口。1955年3月佘山地区划归松江县，松江县境内同时有2个总铎区。“文化大革命”开始后，宗教活动停止，佘山总铎区无形中消失。据1949年统计，松江境内的堂口（教堂）有78处，分属3个总铎区，其中属松江总铎区46处，属佘山总铎区12处，属南桥总铎区20处。

【天主教上海教区嘉青松总铎区】 天主教管理体制中的一级行政主体。中共十一届三中全会后，天主教上海教区的教务活动开始恢复，同时恢复教区下设总铎区、本堂区管理体制。2005年上海教区对总铎区进行调整，成立嘉青松总铎区，总铎座堂设在松江城区邱家湾耶稣圣心堂。嘉青松总铎区管辖松江、青浦、嘉定三区内的所有本堂区及教堂，共有9个本堂区21个教堂。其中松江区内有3个本堂区10个教堂。

【松江区天主教爱国会】 群众团体。天主教爱国会是在中国共产党和人民政府领导下，贯彻“独立自主，自办教会”方针，由天主教神长教友组成的爱国爱教群众团体。1961年10月松江县天主教爱国会正式成立，有委员13人，谈光华任主任。“文化大革命”开始后，停止活动。1981年10月召开松江县天主教爱国会扩大会议，宣布恢复组织和活动，产生新的领导班子。至1998年，共历三届，龚秋生任第二、三届主任。1998年松江撤县建区。同年10月，召开松江区天主教第一次代表大会，选举产生松江区天主教爱国会第一届委员会，陈荣杰任主任。松江区天主教爱国会每届任期5年。至2019年，共历五届。吴建林任第二、三届主任。第三届届中吴建林调任天主教上海教区，由何永辉接任。

松江区天主教爱国会（1998年）

【松江县天主教爱国会】 见“松江区天主教爱国会”。

【正心小学】 天主教教会学校。1913年由松江天主教教会创办，校址在松江城区邱家湾教堂东侧。最初只有一二年级复式班，后发展为完全小学，增设初中班。小学五年级起，分男生部和女生部。20世纪20年代初发展为初级中学。1934年定名“松江私立正心中学”，正心小学为其附属小学。1937年抗战全面爆发，11月松江沦陷，学校被迫解散。1945年9月复校，体制照旧。1950年2月正心中学附属小学高年级废止男女分班。1952年1月由政府接管，改名“邱家湾小学”。

【正心中学】 天主教教会学校。1913年松江天主教教会在邱家湾教堂内创办正心小学。20世纪20年代初发展为初级中学。1934年，经松江教育部门批准，定名“松江私立正心中学”。学校分男校、女校和附属小学。男校位于邱家湾教堂正殿北面，女校位于教堂东侧。历任校长均由神父担任，男校由主母会中国籍修士管理，男教师执教；女校由献堂会修女管理，女教师执教。1935年由陈秋棠神父任校长，主母会修士张多艺任总监学。1937年抗战全面爆发，11月松江沦陷，学校停办。1945年8月复校，体制照旧。1946年增设高中班，全校学生370余人。1947年6月，经江苏省教育厅核准，光启中学在正心中学（男校）复校，正心中学（男校）撤销。1950年2月，正心中学（女校）并入光启中学。至此，建置全部撤销。

【求真小学】 初名“天马山乡立第五初等小学校”。天主教教会学校。校址在天马山朱家逮。始建于1914年。1921年由天主教会接管，教师由神父和修女担任。1940年改名“私立求真小学”。设有7个班，学生200余人。其中1个班为读经班。1952年10月由松江县人民政府接收。

【育才小学】 天主教教会学校。位于泗泾天主教堂东西两侧。1917年由朱慕悌神父创办，任校长。学校分设男女两部。1919年添设高级部。1938年春，因日军侵占而停办。同年秋，重新开办。1940年学校共有12个班，学生678人。1953年7月由松江县人民政府接收。

【光启中学】 天主教教会学校。校址在今人民南路东、松汇路南、松江一中校舍西、醉白池公园北。1934年9月创立，为上海震旦大学附属中学，首任校长吴应枫神父。初设初中3个年级，学生100余人，外聘松江知名人士执教。1936年6月江苏省教育厅核准增设高中部。全面抗战爆发后，日机轰炸松江，教学大楼成废墟，学生转至正心中学就读，学校停办。1947年6月经江苏省教育厅核准，在正心中学校址复校，秦士元神父任校长。1952年6月由松江县人民政府接收，后并入松江县第二中学。参见“正心中学”。

【德源小学】 初名“读经学堂”。天主教教会学校。1935年沈金成在张朴天主教堂内创办。翌年，佘山堂区升格为佘山总铎区，张朴桥教堂由堂口升格为本堂区座堂。首任本堂神父沈桂芳将读经学堂改为小学，取名“德源小学”。教师由献堂会修女和有文化的教徒担任。除教授文化知识外，还由修女开设“圣学课”。1943年发展成完全小学，由本堂神父张安伯接任校长。1949年初，学校共设4个班级：2个低年级单式班，中年级和高年级复式班各1个。有教师8人，其中献堂会修女4人，专职教师4人；学生150余人。1951年9月由松江县教育局接收，更名为“张朴小学”。

【石室小学】 天主教教会学校。1937年由中泾天主堂本堂神父唐询在堂内创办。1944年唐询神父病故，康慕安（卢森堡籍）继任本堂神父，学校由在中泾堂疗养的中国神父兼管。1947年张冬青任本堂神父兼校长，并亲自任课。1951年9月，学校增设小学五年级，设一、二、三年级和四、五年级2个复式班。规定凡教徒家庭学生，每天课后要增加“圣学课”，学习教理知识、读经唱经，男生要学习辅拉丁弥撒。1952年9月增设六年级，成为完全小学。1953年1月由松江县教育局接收，更名“中泾村初级小学”。

中泾天主堂（2018年）

【达义中学】 天主教教会学校。1938年松江总铎区总铎利用已经停办的正心中学（女校）校舍创办小学，取名“达义小学”。翌年，在正心中学（男校）校舍开设五、六年级2个班，将高年级男生全部转到一起。1942年增设1个初中班，取名“特别班”（即初一班）。1943年发展到2个初中班，改名“松江私立达义中学”，钱志元神父任校长，朱达义神父任董事长。1945年春校舍被日军占用，学校解散。

【雉鸡汇小学】 天主教教会学校。位于原五库乡雉鸡汇天主堂。1938年由雉鸡汇天主堂本堂神父郁辉理创办。起初仅有1位老师，1个班级（一、二年级复式班）。1943年设一至三年级、四至六年级2个复式班，沈吉书贞女担任高年级班老师。抗日战争胜利后，沈吉书被聘为上海仿德女中教师，由项、顾两位教师包班任教。1950年郁辉理神父离去，堂口宗教活动停止，学校解散。

【荣升小学】 天主教教会学校。1946年由五里塘耶稣升天堂本堂神父张冬青创办。因所在教堂称“耶稣升天堂”，故名。初期设一、二年级2个班。1947年周苹荪接任本堂神父兼校长。1948年发展为设2个复式班的初级小学，有2位常住教师。1950年后，因教会无力承担办学费用，学校运转靠收取学费维持。1951年2月由松江县人民政府接收，更名“五里塘小学”。

【生生小学】 天主教教会学校。1946年由信奉天主教老贞女、小儿科医生王儒芳在北门通波塘河西下塘街生生桥天主堂内创办，取名“私立生生小学”。1950年9月停办。

【平武小学】 天主教教会学校。1947年在原仓桥乡平阳村平武浜天主堂内创办，周苹荪神父为负责人，龚雅仁（女）为教师。初期仅设一、二年级复式班。两年后，扩大为初级小学，学生30余人。初办时，学校经费大部分来自教会，同时向学生收取学费。1950年后，教会经费停拨，学校运转全靠学费收入维持。1956年9月转为公办学校，更名“平阳小学”。

【磐石小学】 天主教教会学校。1949年姜炎莹在仓桥乡中桥天主教堂内创办。共2间教室，占地133平方米，教师1人。停办时间不详。

【栲栳圈堂小学】 天主教教会学校。1939年9月在天马山栲栳圈天主教堂内创办。学校规模与停办时间不详。

【奇港村堂小学】 天主教教会学校。1944年9月在佘山奇港村天主教堂内创办。学校规模与停办时间不详。

【南横泾堂小学】 天主教教会学校。1946年2月在天马山南横泾天主教堂内创办。学校规模与停办时间不详。

【龙聚会小学】 天主教教会学校。1950年2月在松江城北龙聚会天主教堂内创办。学校规模与停办时间不详。

【佘山修院】 宗教院校。位于松江西佘山南麓。天主教上海教区主管。1982年10月正式开学。翌年，山东、江西、福建三省教会提出参与联办。1983年华东六省一市教会举行联席会议，成立董事会。1983年起修院为六省一市联办。起初，校址设在佘山中山圣母堂附属房内，后经政府协调，置换西佘山宣妙讲寺旧址，修建新院舍。1985年5月12日举行新院舍奠基典礼，1986年9月落成。1987年第六次董事会酝酿“两条腿”办院方针，即修生先由各地完成三年文学班的培训后再送佘山修院，1990年起开始实施。上海的文学班设在青浦泰来桥天主堂。修院本部学制六年，两年哲学、四年神学班。修生在完成两年哲学学习后，需回本人所属的教区实习（出试）一年，经地区教长及修院培育团评估合格后方可继续进入神学班学习。

佘山修院（2021年）

【佘山天文台】 中国最早的现代意义上的天文台。位于松江西佘山山顶。清光绪二十五年（1899年）开始建设，二十七年竣工。首任台长是法籍耶稣会士蔡尚质，主持佘山天文台工作二十余年（1901—1925），主持安装了当时亚洲最大的望远镜，开展对太阳黑子、日珥、光斑等课题的观测和照片拍摄，取得一系列成果。在宣统二年（1910年）哈雷彗星回归时，开展跟踪定位观测，拍下彗核爆发照片。第二任台长是法国神父葛式（1927—1931年在任），其对中国古代算学研究颇多，以重测赫歇尔双星享誉学界。第三任台长是法国神父卫尔甘（1932—1946年在任），曾参加国际经度联测，擅长研究小行星普遍摄动规律和月掩星预报。1946年卫尔甘去世，佘山天文台无人主持，业务停滞。后由卜尔克神父、葛兴道神父先后驻山主持业务。1950年安装太阳分光仪。光绪三十三年该台出版法文《佘山天文年刊》，主编蔡尚质。至1942年，共出版21卷。

佘山天文台

1951年12月上海市人民政府接管天文台，更名"中国科学院紫金山天文台佘山观象台"。今为中国科学院上海佘山天文台。

【若瑟医院】 天主教教会医院。位于松江城区马路桥南堍。1917年上海公教进行会创办诊所。1923年上海公教进行会会长陆伯鸿改建为医院，陆隐耕任院长，具体事务委托仁爱会修女管理。医院占地4余亩，有楼房1幢，平房13间，分男女两部。病房分头等、二等、三等、四等。1937年八一三淞沪抗战期间作为伤兵医院，收容伤兵约150人。日机轰炸松江，医院被损毁，迁址邱家湾天主堂。1946年10月医院迁回原址，由主任医师吴云端负责修复，设病床50张。1950年11月医院董事会主席朱叔建、院长王槐安等要求人民政府接办。1953年由松江县卫生院接收，改为松江县人民医院。

【安老院】 天主教慈善机构。设在松江城区马路桥南堍松江若瑟医院内。初办时委托仁爱会修女兼管，经费由上海公教进行会和松江公教进行会捐助。收留老人20余名。1937年抗战全面爆发后，上海公教进行会停止活动，由松江公教进行会承担全部费用。1940年随松江公教进行会停止活动而解散。

【横塘息安骨灰堂】 用于天主教教徒亡故后存放骨灰的殡葬场所。位于泗泾镇沪松公路查袋泾车站旁的横塘圣母领报堂内。1985年横塘圣母领报堂教产归还天主教上海教区后，征用当地一幢2层楼房，改造成息安骨灰堂。1986年5月举行开放仪式，首批安放上海教区神父、修女的骨灰。1994年新建5层楼房，扩充格位至28 000个。直属天主教上海教区，现委托上海修女院管理。

【光启老年康复院】 天主教教会内部医疗服务机构。位于松江西佘山半山间。1988年由天主教上海教区委托上海市天主教知识分子联谊会创办并管理。康复院有上下两层楼房，设床位34张。设有医疗室、理疗室、会议室、餐厅等。由天主教知识分子联谊会会员中的医疗专家根据需要到康复院作医疗服务。

【邱家湾教案】 重大历史事件。清光绪十二年(1886年)，松江府所属七县千余童生集中于察院应童子试。察院东侧即邱家湾教堂。夏历二月初二(3月7日)数名南汇应试童生欲参观邱家湾教堂，当时堂内正举行弥撒，因童生衣冠不整，管堂人员未准其入内，双方发生争执。二月初五(3月10日)应试童子再次前往教堂参观。一童生擅自取下祭台纸花，管堂人员指责其行为亵圣偷盗，欲扣留该童生，双方发生争执，继而引发斗殴。此举引起应试童生和附近民众不满，冲入教堂，捣毁器物，焚烧教堂旁的学校，并冲击修女住所。松江知府及华亭、娄县知县闻讯后调200兵勇前往弹压，并逮捕肇事者。次日，数百应试童生和民众冲进知府衙门，斥责知府助洋虐民。知府避而不见，数百人又拥至邱家湾教堂并纵火。江南提督李朝斌率兵勇弹压，引发激烈冲突，导致兵勇20人受伤，而民众和童生受伤更多。李朝斌头部亦被石块击伤，竟下令将数名被捕童生投入火中。三月初四(4月7日)上海道台邵友濂派代表向江南主教倪怀纶示慰，嘱其详列教堂损失，保证迅速妥善处理。最终，邵友濂谕令赔款3万两白银，分别由道、府、县三方分偿。并应教会要求，逮捕参与者南汇县生员5名、青浦县生员3名，取消多名参与教案的童生应试资格。次年初，邱家湾教堂重新修复。

【佘山五月朝圣】 中国天主教纪念圣母玛利亚的重大庆典活动。每年5月24日为圣母进教之佑瞻礼日，13世纪末扩展至整个5月。1924年在上海召开"天主教第一次全国主教会议"，6月12日会议闭幕当天，宗座驻华代表刚毅恒总主教率领参会全体主教举行了将中国奉献给圣母玛利亚的隆重典礼，次日，率领15位中国主教赴佘山，再次奉献中华于圣母玛利亚。1941年

佘山五月朝圣(2006年)

佘山五月朝圣（2006年）

宗座驻华代表蔡宁总主教请求教皇庇护十二世允许中国举行“中国之后节”，同年12月8日获准在每年5月31日庆祝“圣母诸宠中保及中国之后”瞻礼。后又特准5月内的任何一天都可以举行。1942年教皇庇护十二世册封佘山山顶大堂为宗座乙级圣殿，成为东亚第一座也是至今中国大陆唯一一座国际性宗座圣殿，成为中国天主教朝圣中心，堂名正式改为“佘山进教之佑圣母大殿”。1946年圣座又特许佘山圣母像进行加冕。每年5月，来自全国各地的天主教信众云集佘山，敬礼圣母。

基督教

现有基督教场所

【松江永恩堂】 基督教教堂。位于永丰街道仓丰路128号。中共十一届三中全会后，步公纪念厅归还教会，经整修后于1984年5月复堂开放，名“松江基督教堂”（在松江中山中路774—746号，松江县人民医院大门东侧）。1999年松江区中心医院扩建，经松江区人民政府协调，以土地置换方式，在永丰路西侧永久生产队内划拨土地8.3亩，作为建堂用地。其间，礼拜聚会活动暂借松汇西路上海立新电器厂内房屋。2000年1月新教堂建设开工，同年10月竣工，2001年9月举行落成典礼。经松江区基督教两会（松江区基督教三自爱国运动委员会、松江区基督教教务委员会）讨论决定，新教堂取名“永恩堂”。教堂为哥特式建筑，有主堂、副堂、教室、办公室、会议室等主要建筑。占地5 384平方米，大堂建筑面积1 833平方米。该堂是松江基督教最大的聚会场所、松江区基督教两会办公所在地。陈爱敏、唐兴弟先后任该堂负责人。

【松江基督教堂】 见“松江永恩堂”。

【小昆山耶稣堂】 初名“基督教圣公会礼拜堂”，亦称“圣公会信义堂”“昆冈耶稣堂”。基督教教堂。位于小昆山镇鹤溪街129号。1923年由上海基督教圣公会拨款建造，时有信徒六七十人，杨明其任牧师。1929年杨明其病故，由张锦寿接任。抗战全面爆发后被日军侵占。1949年后教堂房舍一度充作公用。1986年被昆冈帆布厂拆除。1991年小昆山乡划拨土地3.08亩作为教产置换。1993年由松江县基督教两会筹款重建，命名“昆冈耶稣堂”，2002年改今名。除大堂外，现另有传达室、伙房、主日学习用房等辅助建筑。占地2 054平方米，建筑面积943.52平方米，可容纳800人礼拜。1993年起吴敏华、柯爱心、沈建中先后任该堂负责人。

松江永恩堂（2021年）

小昆山耶稣堂（2018年）

【基督教圣公会礼拜堂】 即“小昆山耶稣堂”。

【圣公会信义堂】 即“小昆山耶稣堂”。

【昆冈耶稣堂】 即“小昆山耶稣堂”。

【泗泾福音堂】 基督教教堂。位于泗泾镇开江东路48号。1940年泗泾镇信徒陈文娴姐妹与其他信徒在泗泾东市桥附近租一房屋，用于信徒聚会，取名“伯大尼福音堂”。1941年竺规身牧师主持第一届伯大尼福音堂受洗礼。1947年教会在泗泾镇开江东路筹建新堂，1948年元旦举行落成典礼。1949年后教产被占为他用。1994年底教产归还教会，经整修，1997年1月举行献堂感恩礼拜。有礼拜堂、辅助房等主要建筑。占地647平方米，建筑面积644平方米。2019年配合泗泾镇老城改造，以置换方式迁址重建。新堂选址于泗泾镇鼓浪路（江川北路路口西北侧、泗泾公园对面），规划占地1 863平方米，建筑面积1 600平方米。新堂在建期间，宗教活动安排在泗泾镇鼓浪路221号。1997年起沈友德、曹金妹、陈惠华先后任该堂负责人。今已拆迁至泗泾新址。

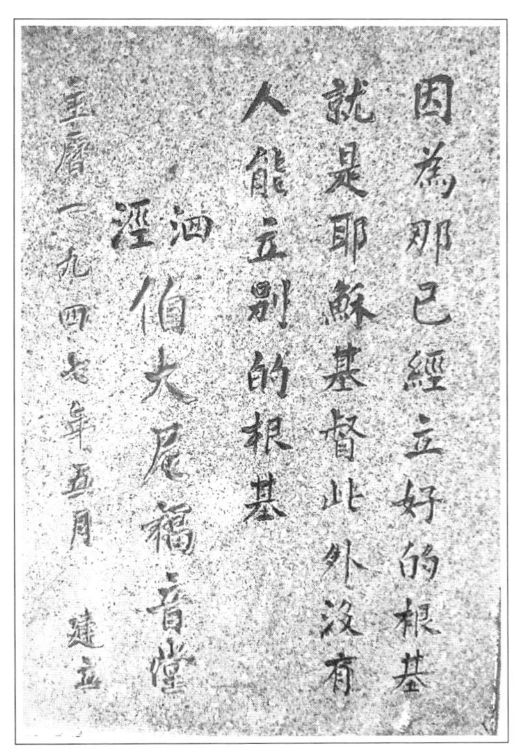

伯大尼福音堂纪念碑

泗泾伯大尼福音堂

【伯大尼福音堂】 见“泗泾福音堂”。

【石湖荡耶稣堂】 基督教教堂。位于石湖荡镇新源村。清光绪二十七年（1901年），石湖荡人杨铁声在上海入教，回乡后发展信徒。是年，监理会在石湖荡镇河南建一埭三开间房子作为教堂，有信徒100余人。20世纪二三十年代松江牧区派戴仰钦、杨维新等牧师在该堂讲道。全面抗战期间，教堂曾作地方自卫队团部。1949年杨粹文在教堂内开设私立小学。此后，改作他用。1989年经松江县宗教部门批准，在信徒柴小妹家中设立聚会点。1990年原教产归还教会，经简单修缮后供信徒过宗教生活。1996年老堂拆除，在原址建新堂。当年12月举行新堂落成典礼。现有礼拜堂、办公室、会议室等主要建筑。占地682.76平方米，建筑面积326.82平方米。柴小妹为该堂负责人。

石湖荡耶稣堂（2021年）

【叶榭耶稣堂】 基督教教堂。位于叶榭镇团结村。1990年松江浦南叶榭有近400名基督教徒，经松江县民族宗教事务办公室批准，在车

叶榭耶稣堂（2018年）

站村信徒高提升家中设立聚会点。1994年经叶榭乡政府和松江县宗教部门协调，松江县基督教两会在团结村购得220平方米土地建造教堂。1995年举行新堂落成典礼，取今名。现有礼拜大堂、副堂、办公室等主要建筑。占地512.16平方米，建筑面积707.53平方米。1995年起高提升、徐金荣先后任该堂负责人。

【泖港蒙恩堂】 基督教聚会点。位于泖港镇中南路10弄8号。1998年松江区基督教两会在泖港集镇租用1间空房作为教徒聚会点。1999年经松江区民族宗教事务办公室与泖港镇人民政府协商，由基督教两会购买原泖港信用社1幢两层楼房，改建后作基督教堂，取今名。现有礼拜堂、办公室、辅助房等主要建筑。占地517.76平方米，建筑面积479.2平方米。1998年起吕玉娥、吕玉云先后任该堂负责人。

泖港蒙恩堂（2021年）

【塔汇得胜堂】 基督教聚会点。位于石湖荡镇东港村。20世纪90年代初塔汇乡（今属石湖

塔汇得胜堂（2018年）

荡镇）部分基督教徒自发借用卫中村一民房开展宗教活动。1995年经松江县民族宗教事务办公室批准，在信徒蒋爱芳家中设立聚会点。2005年松江区基督教两会商借石湖荡镇东港村东村角队3间仓库，经修缮后改作教堂，有1间大堂、3间小屋。大堂宽敞明亮，可容300人礼拜。取今名。占地300.5平方米，建筑面积154.5平方米。蒋爱芳为该堂负责人。

【新浜耶稣堂】 初名“角钓湾耶稣堂”。基督教聚会点。位于新浜镇叶新公路5688号。清光绪二十七年（1901年）美国传教士步惠廉建于新浜角钓湾集镇石牌楼北侧，西邻关帝庙，东邻天主堂，占地1.02亩，名“角钓湾耶稣堂”。起初，由一信徒负责堂内杂务，后由卫理公会松江教区派顾保障牧师负责堂务。20世纪60年代初，教堂被拆除。2001年教会在新浜镇胡家埭村购得3间仓库，经装修后作为聚会场所，2001年6月开始主日礼拜。2003年重建。2016年4月以置换方式将产权移交松江区基督教两会。经装

新浜耶稣堂（2021年）

修后于2018年正式开堂。占地1 818平方米，建筑面积735.8平方米。蔡冬根为该堂负责人。

【甪钓湾耶稣堂】 即“新浜耶稣堂”。

【新桥新恩堂】 基督教聚会点。位于新桥镇潘家浜村。1992年起新桥一带基督教信徒将新闵村信徒朱学文家作为聚会点开展宗教活动。2002年底松江区基督教两会租借潘家浜村空置房，经装修后改为教堂，取今名。大堂建筑面积364平方米，有辅助房7间，占地1 800平方米。1992年起朱学文、张九余、蒋芳英先后任该堂负责人。

新桥新恩堂（2021年）

【佘山聚会点】 亦称“佘山感恩堂”。基督教聚会点。位于佘山镇桃源路690弄19—22号。2000年松江佘山地区有基督教信徒250余人，松江区基督教两会在西佘山山脚租借原佘山采石厂闲置房作为聚会点。2001年因建设开发被拆。

佘山聚会点（2017年）

同年9月借用佘山村胡娄队信徒殷为凤家作为聚会点。2010年遇动迁，次年6月教会购买今址房屋作聚会场所。2014年又购下相连的2间2层楼，聚会场所扩建。教堂由主堂和副堂组成，占地236.94平方米，建筑面积340.24平方米。2000年起王惠娟、王志英先后任该堂负责人。

【佘山感恩堂】 即“佘山聚会点”。

【九亭耶稣堂】 基督教聚会点。位于九亭镇。2011年8月松江区基督教两会在九亭镇租赁1 200余平方米厂房作聚会场所，10月开始活动。2016年在环境整治中厂房被拆迁，转租九亭玖富路金马路158号厂房。2018年9月租九亭盛龙路连富路918号8号楼5楼厂房，建筑面积600平方米。2011年起陈慧荣、陈惠华先后任该堂负责人。

九亭耶稣堂（2018年）

已湮没基督教场所

【天恩堂】 基督教教堂。1919年建于松江城内杨家桥南堍。一说，清光绪十年（1884年），监理公会派曹子实到松江天恩堂牧境开创工作。则此时已建堂。抗战全面爆发后毁于日机轰炸。

【乐恩堂】 基督教教堂。清光绪十二年（1886年），美国监理公会派传教士麦乐恩到松江传教。麦乐恩在松江购置田产筹建教堂，一年后回美国。由美国传教士步惠廉接任。十五年在西门外馆驿（今中山中路西塔弄西侧）建松江第一座基督教堂，一年后堂成。为纪念前任麦乐恩，取今名。1925年教会再建新教堂，新

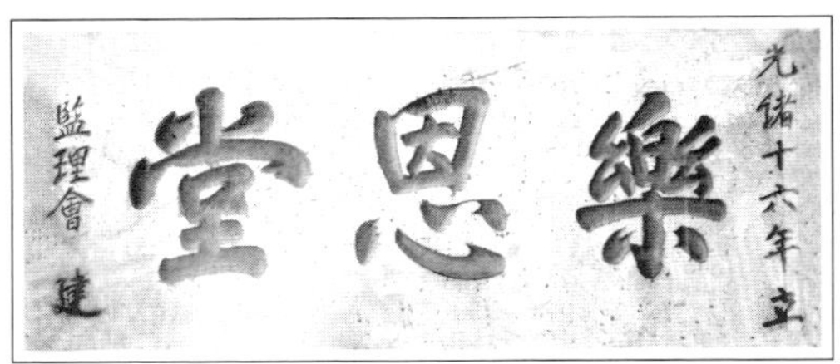

乐恩堂题额

乐恩堂(老堂)墙垣

堂北靠松江大街,南临市河(今松江区中心医院对面的思鲈园),称“乐恩堂新堂”。建筑面积487.2平方米。主堂2层,一楼为办公室和接待室,二楼为礼拜堂,可容纳500人同时礼拜。教堂东北隅有一4层高的钟楼,内有一口青铜大钟。“文化大革命”期间教堂遭严重破坏,钟楼在武斗中被火烧。1983年在中山中路拓宽改造中拆除。

【步公纪念厅】 初名“乐恩厅”。基督教礼堂。1928年在乐恩堂新堂的大街对面建一座小礼堂,约100平方米,取名“乐恩厅”。1948年大修后,时值步惠廉在美国去世不久,1月20日松江基督教在乐恩堂举行追悼仪式,决定将“乐恩厅”改今名,由黄炎培题匾。“文化大革命”初期,内部设施遭“红卫兵”损毁,后用作松江人民医院门诊部。中共十一届三中全会后归还教会。1984年整修后复堂,取名“松江基督教堂”。1999年松江区中心医院扩建,以土地置换方式迁址永丰街道仓丰路128号,名“永恩堂”。参见“松江永恩堂”。

【乐恩厅】 即“步公纪念厅”。

步公纪念厅(1998年)

人　物

【曹子实】(1847—1902) 英文名查理·马歇尔(Charley Marshall)。近代牧师。第一个到松江布道的基督教传教士,松江基督教开拓者。浙江嘉兴人。苏州东吴大学(今苏州大学前身)创办人之一。幼时父母双亡,随兄流浪来到上海,乞讨为生。11岁时被美国基督教监理公会传教士蓝柏夫妇收养。清咸丰九年(1859年)随蓝柏夫人到美国,从马歇尔会督受洗入教,故取英文名查理·马歇尔。不久,蓝柏夫人重返上海,将其托付给友人凯利医生照顾。1861年美国南北战争爆发,随凯利医生在前线开展医护工作。南北战争结束后,依靠勤工俭学完成四年学业。同治八年(1869年)返回上海,九年由监理公会派往苏州传教布道,租借教友殷勤山在苏州葑门十全街的家室作为布道处。十年在布道处开设学校,名“存养书院”,通过办学开展传教活动。光绪五年(1879年)存养书院迁址天赐庄,十年改名“博习书院”,十六年扩建为东吴大学。十五年参加美国田纳西州监理公会总议会,是中国唯一的代表。据监理公会各堂简表记载,“乐恩堂牧境,开创人曹子实(1880

曹子实

年）”。生有一女一男，次子曹云祥为清华大学第五任校长。

【麦乐恩】（生卒年不详） 美国基督教传教士。清光绪十二年（1886年）由美国监理公会派驻松江传教。又据《上海宗教志·松江乐恩堂》：“光绪六年（1880年），美国监理公会派遣传教士麦乐恩至松江租屋设堂传教。”在松江期间，购置田产准备筹建教堂等教会设施。“向清政府购地，范围南临（松江）大街、西至寺基弄、北至西新桥街和十字街、东至西塔弄佛学会。”面积“周围有地百余亩”。在华不到一年返回美国。

【步惠廉】（William B. Burke，1864—1947） 美国基督教传教士。生于佐治亚州梅肯市。1879年入爱摩利大学，获文学学士学位。1883年入田纳西州范德比尔特大学进修神学。1885年任美国监理公会南佐治亚区议会巡回传道。1887年奉派来华，到松江传教。清光绪十五年（1889年）至三十一年，先后在松江城区外馆驿、角钓湾集镇（今属新浜镇）、朱泾镇（今属金山区）等地建基督教教堂，同时创办乐恩学校、孤贫儿院等教育、慈善机构。二十九年6月，黄炎培等4人在南汇新场镇（今属浦东新区）举行反清演讲时被清政府逮捕，即将被“正法”。步惠廉受教友之托，出手营救，4人被保释出狱，送往日本避难。其后，受大学同学宋耀如之托，相继介绍宋女宋蔼龄、宋庆龄、宋美龄到美国其故乡卫斯理安女子学院求学。1914年依托东吴大学在松江创办男子圣经学校，1928年更名“惠廉圣经学校”。1924年爆发江浙军阀齐燮元、卢永祥之战，松江为双方交战地区，受灾严重。组织抢救伤员、安置难民、赈济穷人。1934年退休回国。抗战全面爆发后，于1938年重回松江，从事安抚、办学和救济工作。1941年太平洋战争爆发，遭日军逮捕，囚禁数月后获释，受日军监视。1943年3月再次被捕，至9月在交换战俘中被释放回国。后病逝故里。在华50多年，主要活动在松江，松江人尊称其为“步先生”“步好人”。1926年立有“美国步教士纪念碑”（现藏松江永恩堂）。1948年初松江人闻讯其逝世，在乐恩堂举行追悼仪式，将乐恩厅整修后改称“步公纪念厅”。其子步雅各是美国《时代》杂志远东记者，1942年著有《我的父亲在中国》（*My Father in China*），在美国纽约和加拿大多伦多出版。

步惠廉

步惠廉和松江孤贫儿院师生合影（摘自《松江史志》2016年第2期）

东吴大学欢送步校长回国留别纪念（1936年）

【郑洪生】（1895—1958） 牧师。浙江嘉善人。初在枫泾镇一中药店当学徒，后学习中医。1927年入由美国传教士步惠廉创办的圣经学校。1932年进松江乐恩堂工作。1934年调任浙江德清县莫干山耶稣堂牧师。1938年调任苏州唯亭镇一教堂牧师。1947年调任奉贤县庄行镇真光堂牧师。1949年调任松江乐恩堂牧师，后任主任牧师直至去世。是松江县第一、第二届人民代表大会代表。

【赵宗福】(1896—1966) 牧师。江苏松江(今属上海)人。1921年毕业于金陵神学院,先后任监理公会中华年议会湖州海岛堂、常州恺乐堂主任牧师。1935年秋调任南浔教区教区长兼南浔思乐德堂主任牧师。1936年秋调任苏州圣约翰堂主任牧师。1940年春调任苏州教区教区长兼苏州乐群社会堂(今宫巷堂)主任牧师。1946年11月调任卫理公会华东年议会基督教教育部(驻松江)执行干事,其间编辑教会内部通讯《华东消息》及《消息周刊》。1949年5月松江解放后,曾任松江县各界人民代表会议第一、二届代表、常务委员,苏南各界人民代表会议协商委员会聘请为该会宗教事务委员会委员。1953年6月暂派到浙江吴兴县善连镇福善堂及钟家墩分堂任牧师。1955年6月退休,移居南京。

【俞秀丽】(1902—1983) 基督教教育工作者。原籍浙江奉化(今宁波市奉化区),生于江苏苏州。俞止斋牧师(曾任上海沐恩堂、景灵堂主任牧师)第四女。1923年从东吴大学下属的湖州湖郡女中毕业,由监理公会年议会女传道工作中央委员会派遣到常熟传道。后在北平(今北京)燕京大学神学系进修一年,又赴美国深造。1939年获学士学位,是年底回国,在上海慕尔堂(今上海沐恩堂)服务。1949年派往华东年议会基督教成人教育处(驻松江)任指导员,1953年,该机构改名"福村学校",任干事。1956年学校撤销。

【戴仰钦】(1887—1990) 牧师。上海人。6岁入私塾,16岁进米行当学徒。清光绪三十一年(1905年)在松江乐恩堂受洗入教。宣统三年(1911年)辞去高薪,立志传道,长期在农村布道。1922年调松江任牧师。1928—1949年两次派往苏州,两次调往湖州任主任牧师和教区长。1960年任第三届中国基督教三自爱国运动委员会委员。1966年退休。生有三女,皆信奉基督耶稣。小女戴丽贞于1981年按立为牧师,是改革开放后上海基督教复堂后首位女牧师。

【周郁晞】(1913—2006) 牧师。江苏宝山(今属上海)人。其母徐亚英是松江乐恩堂传道,自幼随母在松江生活、求学。1934年入苏州东吴大学,获文学学士学位。1938年入金陵神学院。1941年获宗教教育硕士学位和神学学士学位。

戴仰钦牧师百年寿辰摄于家中

1946年按立为长牧(牧师)。1952年以"孔子与耶稣的伦理教导比较"课题论文,获神道学博士学位。后去香港,创办香港卫理公会北角堂并任牧师。1968年任新加坡三一神学院院长及教授。1981年退休。1997年返回松江,入住松江社会福利院。译著有《罗马书注释》等。

【许约瑟】(1918—2014) 基督徒,教育工作者。曾名许学新。江苏松江(今属上海)人。1939年任松江县私立益德小学(基督教教会办)负责人。1940年任金山县私立益德初中初习馆数学教师。1943年任金山县公立东林小学教导主任。1949年任松江私立慕卫学校教导主任。1984年松江县基督教复堂开放,临时成立松江县基督两会,临时任松江县基督教三自爱国运动委员会主任。1988年任松江县第一届基督教三自爱国运动委员会主任。1990年改任名誉主任、常委、顾问。1987年、1993年分获上海市宗教界和宗教系统先进个人和先进工作者称号。

【吴敏华】(1937—2013) 松江小昆山人。出身中医世家,祖传咽喉专科第七代传人。20世纪50年代参加松江县第一批联合诊所。1954—

1984年先后在天马山卫生院、小昆山卫生院工作。1988年任松江县第一届基督教三自爱国运动会委员。1990年任松江县第一届(届中)基督教三自爱国运动委员会主任。1993—1996年为小昆山耶稣堂负责人。是松江县第七届政协委员。1959年被评为上海市先进工作者并获荣誉奖章一枚;1960年被评为上海市(文教系统)先进工作者,并作为先进工作者代表参加上海市群英大会。

吴敏华

【王月华】(1944—) 上海松江人。1969—2000年在松江县(区)卫生防疫站工作。1985年任松江县基督教三自爱国运动委员会副主任。1988年任松江县第一届基督教三自爱国运动委员会副主任。1993年任松江县第一届(届中)基督教三自爱国运动委员会主任。1997—2015年任松江县(区)第二至四届基督教两会副主任、常委。2015—2019年任松江区第五届基督教两会常委兼顾问。是松江县第九届政协委员。1992年被评为上海农村科普先进工作者。

王月华

【俞勇莉】(1952—) 长老。上海松江人。松江县(区)航运公司会计。1988年任松江县第一届基督教两会副主任。1997年任松江县第二届基督教两会主任。2001年任松江区第三届基督教两会副主任。2001年3月按立为松江区基督教长老。是松江区第一届政协委员。

俞勇莉

【陈爱敏】(1965—) 女。牧师。上海松江人。1996年毕业于华东神学院。1997年任松江县第二届基督教两会副主任兼秘书长。2001—2015年任松江区第三、四届基督教两会主任。2001—2004年兼任松江永恩堂负责人。2015年任松江区第五届基督教三自爱国运动委员会主任。是松江区第二届政协委员,松江区第三至五届人大代表。2001年2月,由上海市基督教教务委员会按立为牧师。是基督教全国两会第八、九届委员,上海市基督教两会第八至十一届常委,上海市基督教两会第十一届副秘书长。

陈爱敏

碑 刻

【美国步教士纪念碑】 碑刻。1926年由基督教教友立。现存于松江永恩堂大厅东侧。碑文如下:“有美教士曰步惠廉,笃行有道君子也,来吾松有年,与松人士沆瀣一气,助长社会事业,不可偻指数,而以甲子之秋拯吾松千百被难者于兵凶战危中,厥功尤伟。民国十三年九十月之交,江浙兵起,吾松为两军之焦点,松人士惄焉忧之而绌于力,相继赴沪为后援计。陆君独昌言于众曰:“事急矣,不有居者,谁与卫闾阎?”遂造步君之庐,而请助焉。步君慨诺,集同志数十人。首先组织妇孺救济会。公推步君为会长,陆君副之,一时入会求庇护者千百人,凡食宿医药等事无不急就,又组织稽查队及掩埋队,与战斗期内所应为者悉具焉。是役也,其最危者莫如浙军东窜、闽军西来,兵船数百艘,泊市河内外,狺狺似猛虎,枪声炮声接人耳鼓,累累如贯珠。方是时,县令弃城走,驻松之军有闽军谢司令鸿勋之部,有皖军史旅长后玉之部,有苏军白师长宝山之部。令出多门,军无统系,商贾罢市,士卒塞途,地方游手无赖蜂起附和、四出淫掠,至于不可究诘。步君日与陆君徒步行,躬冒险阻,亲诣各军

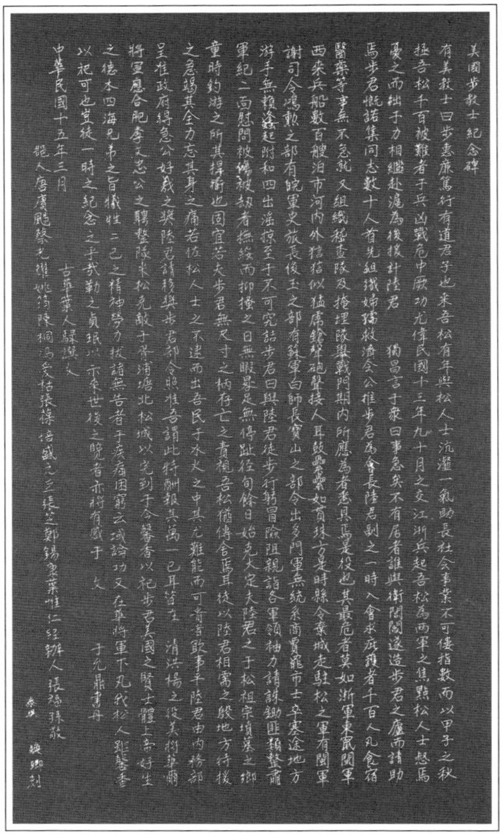

《美国步教士纪念碑》

领袖，请诛锄匪类，整肃军纪，一面慰问被伤被劫者，抚绥而抑搔之，日无暇晷，足无停趾，径旬余日始克大定。夫陆君之于松，祖宗坟墓之乡、童时钓游之所，其捍卫也固宜；若夫步君无尺寸之柄，存亡之责，视吾松犹传舍焉耳，徒以陆君相需之殷，地方待援之急，竭其全力，忘其身之痛，若佐松人士之不逮，而出吾民于水火之中，其尤难能而可贵者欤。事平，陆君由内务部呈准政府，得急公好义之奖。陆君请移奖步君，部令照准，吾谓此特酬报其万一已耳。昔在清洪杨之役，美将军华尔将军应合肥李文忠公之聘，整队来松，克敌于胥浦塘北，松城以完，到于今馨香以祀。步君美国之贤士，体上帝好生之德，本四海兄弟之旨，牺牲一己之精神劳力，拔诸无告者于疾痛困穷之域，论功又不在华将军下。凡我松人虽馨香以祀可也，岂徒一时之纪念之乎哉。勒之贞珉，以示来世。后之览者，亦将有感于文。（落款略）”

机构 学校 文化

【松江区基督教两会】 基督教教会组织。由松江区基督教三自爱国运动委员会和松江区基督教教务（堂务）委员会组成的联合机构，故简称今名。宗旨是：在中国共产党和人民政府领导下，坚持“自治、自养、自传”和独立自主、自办教会的方针，开展本地区基督教宗教活动和各项工作。会员由信仰基督耶稣为神的爱国人士组成。1984年松江基督教堂复堂后，临时成立松江县基督教三自爱国运动委员会和堂务委员会，负责本地区基督教宗教活动和各项工作。1988年7月20日举行松江县第一次基督教信徒代表大会，选举产生松江县基督教两会第一届领导班子，许约瑟任三自爱国运动委员会主任，石玉英任堂务委员会主任。1990年8月，吴敏华接任三自爱国运动委员会主任。1993年，王月华接任

松江县基督教两会代表（1984年）

松江区基督教两会代表（2015年）

三自爱国运动委员会主任，骆颂恩任堂务委员会主任。1997年召开松江县第二届信徒代表大会，俞勇莉任松江县基督教两会主任。1998年松江撤县建区，松江县基督教两会改今名。2001、2011年分别召开松江区第三届、第四届信徒代表大会，陈爱敏均被选为松江区基督教两会主任。2015年召开松江区第五届信徒代表大会，陈爱敏任三自爱国运动委员会主任，陈慧荣任教务（堂务）委员会主任。

【松江县基督教两会】 见“松江区基督教两会”。

【松江区基督教三自爱国运动委员会】 见“松江区基督教两会”。

【松江区基督教教务（堂务）委员会】 见“松江区基督教两会”。

【监理公会上海教区松江牧区】 旧时基督教的一级宗教组织。监理公会是美国南方的一个基督新教主要宗派，最高机关为监理公会总议会。清光绪十二年十月（1886年11月）在上海成立监理公会中华年议会，作为监理公会在中国南方的一个大传教区。中华年议会下辖教区议会，再下设牧区（堂）议会。松江基督教会最初属于上海教区。据1917年监理公会第32届年议会记录，当时松江有3个牧区，分别是乐恩堂、松江西牧区、松江东牧区，共有中西传教士19人，传道及义工30人，中西信徒652人。

【监理公会松江教区】 旧时基督教的一级宗教组织。1920年基督教松江教会由牧区升格为年议会直属教区，与上海、苏州、湖州教区并列。设教区长1人，牧师和传道若干人，辖青浦、昆山、奉贤、嘉善、吴江、金山、平湖等地。1924年和1929年，基督教中华监理公会第39、第45届年议会在松江召开。松江教区历任教区长及任期：袁恕菴（1920—1924）、胡稼农（1925—1926）、杨奎章（1927—1930）、章友仁（1947—1951）、黎德培（1953—？）。

【松江女子圣经学校】 原名“松江圣经女塾”，亦称“云间女子圣经学校”。基督教教会学校。位于松江城区九曲弄西（今松江城区西林路东侧）。监理会女传教士傅秀兰、罗淑君于清光绪二十四年（1898年）创办女传道班。二十七年改名“松江圣经女塾”。三十三年扩建校舍。1921年，分正科和预科，正科相当初中程度，培养出不少女传道。1927年正科停办，专办预科，改名“云间女子圣经学校”。1932年停办。

【松江圣经女塾】 即“松江女子圣经学校”。

【云间女子圣经学校】 即“松江女子圣经学校”。

【乐恩中学】 基督教教会学校。位于松江城区寺基弄口（今松江区中心医院东侧）。清光绪十六年（1890年）步惠廉建成乐恩堂（旧堂），在堂内开办义务学校、英文学塾等教学机构。二十五年合并为东吴大学第五附中。

【乐恩小学】 亦称“益德小学”。基督教教会学校。位于松江城区寺基弄口（今松江区中心医院东侧）。清光绪二十五年（1899年）后，步惠廉租用一吴姓房屋创办。三十四年停办。

【益德小学】 即“乐恩小学”。

【慕卫女子初中】 亦称“慕卫女校”“慕卫女子中小学”“慕卫小学”“九曲弄小学”。基督教教会学校。位于松江城区九曲弄东。清光绪二十九年（1903年）美籍女传教士华德治到松江，租赁九曲弄塔桥东韩姓家5间房屋作校舍，将乐恩学校迁入，更名“慕卫女校”。设工艺和文学两科，以灌输新知识为办学宗旨。1913年华德治回美国募集资金，扩充校舍，新建2幢教学大楼。是年，华德治调上海景林堂，由陶美德继任校长。1927年陶美德回美，由毛丹林继任，改名“慕卫女子中小学”，改革学校体制，分设训育、教育、行政、庶务4组，规定初小四年级起兼收男生。全面抗战期间，2幢教学楼被日机炸毁，学校停办。抗日战争胜利后复校，改名“慕卫小学”。1949年8月俞秀丽任主任委员（校长），许约瑟任教导主任。学制自幼儿园至小学六年级，有教师13人。1953年由松江县人民政府接管，改名“九曲弄小学”。

【慕卫女校】 即“慕卫女子初中”。

【慕卫女子中小学】 即“慕卫女子初中”。

【慕卫小学】 即“慕卫女子初中”。

【九曲弄小学】 即“慕卫女子初中”。

【松江男子圣经学校】 亦称“惠廉圣经学校”。基督教教会学校。位于松江城区寺基弄口（今松江区中心医院东侧）。美国传教士步惠廉创办。清宣统三年（1911年）经监理公会年议会

松江男子圣经学校（摘自松江区中心医院《光辉历程1949—2014建院六十五周年纪念特辑》）

核准，在松江开设男子圣经学校。1914年春正式开学，杨维翰为教务主任兼教授，传教士鲍涵恩及胡笃平为《圣经》及社会学科教授。规定学生入学资格为初中毕业，开学时学生33人，后剩30人。杨维翰任教务主任时深得学生欢迎。1918年第一届学生毕业。1925年杨维翰告辞，胡稼农牧师继任。该校开办时隶属东吴大学，1928年与东吴大学脱离关系，步惠廉自筹经费，直接负责教务，校名改为“惠廉圣经学校”。1932年夏停办。

【惠廉圣经学校】 即“松江男子圣经学校”。

【松江孤贫儿院】 基督教慈善机构。位于松江城区九曲弄西（今松江区中心医院东北隅）。1915年美籍传教士步惠廉会同松江士绅陆规亮、杨了公、杨守勤、朱小鹏等发起创办，步惠廉任主管（院长）。收养孤贫儿，以教养兼施、工读并重为办院方针。据当年在院孤贫儿回忆：孤贫儿院是一所全寄宿制学校，只收男生。设一至四年级4个班级，每班30多人，最多时全校收纳200多人。开设语文、算术、常识、历史、珠算、音乐、应用文等课程。学生毕业后，前三名保送到私立茸光中学，前十名送上海神学院，其余大部分去商铺、手工作坊当学徒。1941年步惠廉遭日军逮捕后，由日伪政府“慈爱会”接管，实际上无人监管，不到一年即解散。

松江孤贫儿院碑

【监理公会中华年议会基督教教育部】 基督教监理公会工作机构。1935年监理公会中华年议会试办教育部，办事处设在松江，谢颂三任首任执行干事。1939年美国卫斯理宗的监理公会、美以美会、美普会合并改称卫理公会。1941年3月在中国传教的监理公会、美以美会、美普会合并后在上海召开第一届中央年议会。合并后的名称为“中华基督教卫理公会”，最高组织是中央年议会，下辖10个地区年议会，原监理公会中华年议会改称“华东年议会”。1946年11月，调任赵宗福为卫理公会华东年议会基督教教育部执行干事。1947年起，出版《华东消息》。1956年撤销。

【卫理公会华东年议会基督教教育部】 见“监理公会中华年议会基督教教育部”。

【华东年议会基督教成人教育处】 卫理公会教育培训机构。设立年代不详。1946年女传教士林满德任指导员。1949年俞秀丽任指导员。1953年改名“福村学校”，俞秀丽任干事。1956年撤销。

【福村学校】 见“华东年议会基督教成人教育处”。

【松江基督教慕道友培训班】 基督教教会学习班。由松江基督教两会集中管理，各堂点独立开设。培训对象是志愿加入基督教的信众。学习内容有《圣经》基础知识、基督教基本要义等。学员通过培训考试合格后，方可参加教会举行的洗礼和圣餐礼。1984年永恩堂举办首期培训班，至2019年共举办49期，学员3 369人。截至2019年底，松江区基督教通过各堂点培训，全区受洗人数6 949人。

松江区基督教第一届青年义工学习培训班（2014年）

【松江基督教百人联合唱诗班】 基督教义工团体。1984年永恩堂唱诗班成立，此后各堂点相继成立唱诗班。由松江区基督教两会牵头，以永恩堂唱诗班为主，各堂点选送优秀唱诗班成员组建松江基督教百人联合唱诗班。在基督教重大

2019年松江区民族和宗教界庆祝中华人民共和国成立70周年文艺汇演

节日或活动中，百人联合唱诗班身着圣衣，就坐圣台中央献唱圣诗，成为一项重要的活动内容。截至2019年底，永恩堂唱诗班成员约80人，各堂点唱诗班有成员20～50人不等。

【松江基督教义工队伍】 基督教义工团体。由热心服务教会并服从教会统一管理的受洗信徒组成。设传道员、礼拜主持人、唱诗班成员、探访员、后勤人员等岗位。截至2019年底，成员有500余人。2012年起，永恩堂与岳阳街道“阳光之家”签订协议，每年到“阳光之家”开展联谊活动1～2次，通过音乐、游戏等方式帮助残障人士。

教会公益慈善义卖活动合影（2019年）

附　录

松江历代湮没的佛教场所一览表

寺院名称	所处位置	建创时间 创建人	历史大事 圮废时间	出　处
宝相寺	县西南三百步	唐乾元元年(758年)		嘉庆《松江府志》
善应庵	王行桥西	北宋太平兴国年间(976—984),金嘉尊者建		光绪《重修华亭县志》
仙云庵	县北二十里	北宋大中祥符年间(1008—1016)建	僧大胜开山	正德《华亭县志》
北华严庵		北宋天禧年间(1017—1021),僧道隆建		康熙《松江府志》
法华庵		北宋元丰年间(1078—1085),僧厂建		崇祯《松江府志·华亭县》
普宁慧日院	孔宅	北宋元丰年间(1078—1085)		《云间志》
聚沙庵	三十六保十七图	北宋元丰年间(1078—1085),僧妙堂建		光绪《重修华亭县志》
竹隐庵	西门外长桥南	南宋建炎年间(1127—1130)		民国《华娄续志残稿》
净居禅院	县东北三百步	南宋绍兴五年(1135年)		《云间志》
演教禅院	县南二里	南宋绍兴二十六年(1156年),请敕额		《云间志》
大明寺	府西北二十五里	南宋绍兴年间(1131—1162)		崇祯《松江府志·华亭县》
为善庵	华亭县三十六保二十九图	南宋绍兴年间(1131—1162),僧宣慧建		光绪《松江府续志·华亭县》
寿安施水庵		南宋绍兴年间(1131—1162)僧常建		崇祯《松江府志·华亭县》
静心居	小昆山北峰	南宋乾道元年(1165年)		《小昆山镇志》

（续表）

寺院名称	所处位置	建创时间 创建人	历史大事 圮废时间	出　处
报恩院	府西四十里	南宋乾道二年（1166年）		崇祯《松江府志·华亭县》
集福保国水陆禅院	娄县白牛寺东	南宋淳熙九年（1182年）		康熙《娄县志》
志严庵		南宋淳熙年间（1174—1189）		康熙《松江府志》
梵修寺	普照寺西北隅	南宋淳熙年间（1174—1189），僧义聪可贤建		嘉庆《松江府志》
莲隐庵	府南十里	南宋绍定年间（1228—1233），僧缘建		崇祯《松江府志·华亭县》
余庆庵	三十五保二十五图	南宋咸淳年间（1265—1274）建		乾隆《娄县志》
施水庵		南宋咸淳年间（1265—1274），林奉建		光绪《重修华亭县志》
清凉庵	府西二十七里	南宋咸淳年间（1265—1274），僧湛堂建		
积庆寺	新浜角吊湾小镇	南宋景定四年（1263年），僧济建		《新浜镇志》
定光庵		南宋景定年间（1260—1264），僧通建		康熙《松江府志》
崇敬庵		南宋景定年间（1260—1264）僧清建		正德《华亭县志》
土地庵	四十一保	南宋咸淳二年（1266年），僧溥建		正德《松江府志·华亭县》
安福庵	府北二十里	南宋咸淳年间（1265—1274），僧照建		康熙《松江府志》
太古庵	县西北三百步许	宋建，尼永祥重建		正德《华亭县志》
西报德忏院	府南三十里	宋达讲师建		光绪《重修华亭县志》
报恩寺		宋僧祐建		正德《松江府志·华亭县》
昭福院	佘山左肱	宋末		康熙《松江府志》
姜庵	城东南隅	宋建		光绪《重修华亭县志》
慧海院	府治东南钱府十二峰	元世祖至元三十年（1293年）建		光绪《重修华亭县志》
修学院	府西北	元世祖至元年间（1264—1294），僧沈尚建		康熙《松江府志》

（续表）

寺院名称	所处位置	建创时间 创建人	历史大事 圮废时间	出　处
水月禅院	叶榭镇	元世祖至元年间（1264—1294）建		民国《华娄续志残稿》
寿安讲寺	钟贾山下	元元贞年间（1295—1297），僧崇仁等建		正德《华亭县志》
德济庵	干山	元大德三年（1299年），邑人张谦建		康熙《松江府志》
慧灯塔院	里仁坊内	元大德四年（1300年），僧智泰建		嘉庆《松江府志》
报恩院	佘山之阴	元大德年间（1297—1307）建		正德《松江府志·华亭县》
福严忏院	佘山之阴	元大德年间（1297—1307），徐世英建		康熙《松江府志》
庆寿院	凤凰山	元大德年间（1297—1307），张瑄建		崇祯《松江府志·华亭县》
寿安教院	干山东	元大德年间（1297—1307），释师安建		乾隆《娄县志》
观音庵	泗泾镇	元至大年间（1308—1311），僧静澄建		康熙《松江府志》
莲华庵	府西三十里	元延祐年间（1314—1320），僧坚铁舟建		正德《松江府志·华亭县》
焚化院	府东三十里	元延祐年间（1314—1320），僧大祐建		光绪《重修华亭县志》
集贤庵	府西南三十里	元延祐年间（1314—1320），僧智建		正德《华亭县志》
庆福庵	四十二保	元泰定年间（1324—1328）初，僧正因建		正德《华亭县志》
跶堰庵	华亭县九保五图	元泰定年间（1324—1328），僧贤建		光绪《松江府续志·华亭县》
喜见庵	府东北七里	元至顺年间（1330—1333），喜菩萨建		光绪《重修华亭县志》
顺济庵	佘山西北潘荡庆丰桥侧	元至正二年（1342年），穹禅师建		崇祯《松江府志·华亭县》
善会庵	四十二保	元至正二年（1342年），僧德馨建		崇祯《松江府志·华亭县》
化东庵	四十三保	元至正四年（1344年），僧道济建		崇祯《松江府志·华亭县》

（续表）

寺院名称	所处位置	建创时间 创建人	历史大事 圮废时间	出　处
清谷庵	在松江府西北二里	元至正四年（1344年），道士蒋清谷建	明正德时已废	正德《松江府志·华亭县》
慈观庵	府东南三十里	元至正六年（1346年），僧德馨建		康熙《松江府志》
祥泽庵	塘桥镇东北	元至正（1341—1368）初，释道坚建		光绪《娄县续志》
大觉庵	府北十五里	元至正年间（1341—1368），僧信觉建		康熙《松江府续志》
大觉庵	府东南三十里	元至正年间（1341—1368），僧贵建		康熙《松江府续志》
永福庵	府南十八里	元僧法福建		光绪《重修华亭县志》
华藏忏院	槐安坊内	元僧融照建		光绪《娄县续志》
观音堂	府西三百步	元至正年间（1341—1368），僧善庆建		康熙《松江府志》
陆坟庵	府南六十六里	元至正年间（1341—1368），僧道明建		崇祯《松江府志·华亭县》
定心庵	县西三十里	元僧如月建		正德《华亭县志》
法华庵	四十三保	至正年间（1341—1368），僧真重建		正德《华亭县志》
觉海庵	四十三保	元至正年间（1341—1368），僧教建		崇祯《松江府志·华亭县》
语泽庵	四十三保	元至正年间（1341—1368），僧道正建		崇祯《松江府志·华亭县》
祠山庵	府西三里	元至正年间（1341—1368），僧欢建		崇祯《松江府志·华亭县》
莫苏庵	孙家桥	元至正年间（1341—1368），僧善庆建		嘉庆《松江府志》
真圣堂	谷阳门内	元至正年间（1341—1368）建		光绪《重修华亭县志》
资福寺	城东十五里	元至正年间（1341—1368）初建		康熙《松江府志》
通庆庵	府东	元僧贵建		光绪《重修华亭县志》
辉和庵	泖西金四村	元至正年间（1341—1368），僧允中建		崇祯《松江府志·华亭县》
普福庵	府南三十五里	元至正年间（1341—1368）建		康熙《松江府志》

（续表）

寺院名称	所处位置	建创时间 创建人	历史大事 圮废时间	出　处
塘桥庵	府西	元至正年间（1341—1368），僧名建		崇祯《松江府志·华亭县》
福庆庵		元至正年间（1341—1368），僧显建		崇祯《松江府志·华亭县》
福泉庵	县北	元至正年间（1341—1368），垚建		正德《华亭县志》
慈悲忏院	府治东三里	元至正年间（1341—1368），僧成空林建		光绪《华亭县志》
大慈寺	府西南十里北钱市	元僧受建	毁于清道光年间(1821—1850）	正德《松江府志·华亭县》
蒋庄庵		元至正年间（1341—1368），僧岳安建		康熙《松江府志》
万竹林庵	府西南四十里	明洪武三年（1370年），僧翰建		崇祯《松江府志·华亭县》
观音堂	府南二十七里	明洪武十七年（1384年），僧皓建		康熙《松江府志》
太清庵	东门外北俞塘上	明洪武（1368—1398）初年，里人重建		乾隆《娄县志》
三义庙	郡西皇华亭之右	明洪武年间（1368—1398）建		康熙《松江府志》
感恩院	云间第一桥北堍西侧	明正统年间（1436—1449），越僧可立建		《九亭镇志》
本一善应庵	通波门外	明天顺年间（1457—1464），僧德让重建		崇祯《松江府志·华亭县》
龙树庵	洞泾东新浜北	明弘治年间（1488—1505）建		《乾隆娄县志》
竹林精舍	府西岳祠后	不详		正德《华亭县志》
张坟庵	县二十三里	不详		正德《华亭县志》
觉乘寺	四十二保	不详		正德《华亭县志》
清修寺	县治东北	不详		正德《华亭县志》
洪济庵观音堂	四十三保	明嘉靖二十年（1541年），僧士辛建		崇祯《松江府志·华亭县》
静胜庵		明嘉靖年间（1522—1566）		《张泽志》
隆兴庵	朱家村	明隆庆元年（1567年）建		崇祯《松江府志·华亭县》
普陀禅院	泗泾镇东	明万历十九年（1591年），徐承恩重建		乾《娄县志》隆

（续表）

寺院名称	所处位置	建创时间 创建人	历史大事 圮废时间	出　处
点头庵	马鬐寺东北	明万历三十四年（1606年），僧檀林建		光绪重修《华亭县志》
昙花庵	东门外北城河	明万历四十三年（1615年），傅碧峰建		康熙《松江府志》
贝多庵	云间第一桥西，枕陆家浜	明万历年间（1573—1620），僧海净生建	清咸丰十年（1860年）毁于兵	光绪《娄县续志》
六和庵	洞泾镇光星村	明万历年间（1573—1620），顾承学建		《洞泾镇志》
古兰若	府治西门外五里许张泾侧	明万历年间（1573—1620）		嘉庆《松江府志》
龙德庵	南门外双庙	明万历年间（1573—1620），僧大集建		崇祯《松江府志·华亭县》
三秀庵	新浜镇角钓湾小镇	明万历年间（1573—1620）后期建	1958年拆除	《新浜镇志》
小石林	通波门外集贤桥北	明万历年间（1573—1620），僧性霖建		光绪《重修华亭县志》
永静庵	莲湖中万圩	明万历年间（1573—1620）创建		崇祯《松江府志·华亭县》
苇庵	南门外东城河上	明万历年间（1573—1620），张鼐为僧守心建		民国《华娄续志残稿》
崇宁庵	灵济桥南	明万历年间（1573—1620）建		崇祯《松江府志·华亭县》
普济庵	南门外普济桥	明万历年间（1573—1620）建		民国《华娄续志残稿》
兴善庵		明天启元年（1621年）		崇祯《松江府志·华亭县》
茭芦庵	秀州塘江家浜	明天启元年（1621年），僧一乘建		嘉庆《松江府志》
潮音阁	西佘山北麓	明天启元年（1621年），僧性澄重修		康熙《松江府志》
永生庵	东门外白沃庙界	明天启二年（1622年），僧大会建		光绪《重修华亭县志》
隆里庵		明天启六年（1626年），僧性方建		崇祯《松江府志·华亭县》
华藏庵	北门外陆文定公墓北	明天启年间（1621—1627），僧雪朗建		光绪《重修华亭县志》

（续表）

寺院名称	所处位置	建创时间 创建人	历史大事 圮废时间	出　处
具足庵	北门外	明天启年间（1621—1627），僧正杲重建		康熙《松江府志》
回龙庵	北门外	明天启年间（1621—1627），僧正果建		崇祯《松江府志·华亭县》
永生庵	曹家桥南	明崇祯元年（1628年），僧通灯建		光绪《重修华亭县志》
竹林庵	张家浜内	明崇祯元年（1628年）		康熙《松江府志》
千华庵	包家桥北新街	明崇祯八年（1635年），僧引誓建		康熙《松江府志》
三昧庵	花家泾	明崇祯十年（1637年）		康熙《松江府志》
逝多林	城东双板桥北	明崇祯十三年（1640年），僧通曙建		光绪《重修华亭县志》
赋永林	华亭县东门外贤游泾	明崇祯十六年（1643年），里人叶舟建		康熙《松江府志》
三乘庵	西门外妙严寺北	明崇祯年间（1628—1644），僧寂觉建		民国《华娄续志残稿》
广福庵	四十一保周家泾	不详		崇祯《松江府志·华亭县》
龙归庵	九亭盘龙塘之南西距澜泾4里许	明末	1976年拆除	《九亭志》
永松庵	南门外米市塘口	明张拱端建		民国《华娄续志残稿》
西来庵	华亭县张泽镇	明潘栋建		光绪《松江府志·华亭县》
华严庵	府城南门外	僧海云建		崇祯《松江府志·华亭县》
芦隐庵	白龙潭北	明崇祯年间（1628—1644），僧妙空建		光绪《松江府续志》
秀溪庵	秀南街陈家弄内	明崇祯年间（1628—1644）建		《九亭镇志》
护生庵	西塔后	僧是空建		崇祯《松江府志·华亭县》
青莲亭	天马山巽隅	不详		崇祯《松江府志·华亭县》
金村庙	九亭原金吴村柏家	明代建		《九亭镇志》

（续表）

寺院名称	所处位置	建创时间 创建人	历史大事 圮废时间	出　处
种福庵	张泽西南十保十图古泖塔村也	明崇祯年间（1628—1644）		光绪《松江府续志》
棠阴禅院	横云山	明崇祯年间（1628—1644），李叔春建		乾隆《娄县志》
横溪禅院	横塘南岸	明崇祯年间（1628—1644）建		乾隆《娄县志》
祝允庵	四图荒字圩祝家港西	明代建		《张泽志》
宋家庵	在石湖荡镇古松村泖口队	清顺治十五年（1658年）建	俗称官厅，有房一埭二厢房	《松江县志》
小云栖庙	新浜镇林家浜自然村	清康熙八年（1669年），陆豫生建	1968年拆除	《新浜镇志》
河梁禅寺	三十五保十一图	清康熙十二年（1673年），里人重修		乾隆《娄县志》
竹林禅院	四十保十二图	清康熙三十年（1691年）		乾隆《娄县志》
祖师禅院	叶榭乡十一图	清康熙五十六年（1717年）		民国《华娄续志残稿》
大树庵	华亭县洞泾	侍郎钱士贵建		康熙《松江府志》
广福庵	十五保	里人宋宗宪、宋际为、僧道溥建		康熙《松江府志》
永清庵	在油车浜自然村	清康熙年间（1662—1722）建	二进五开间，1949年改作小学，1958年拆除	《新浜镇志》
贞静庵	闸港南	僧超尘建		康熙《松江府志》
华严阁	西横泾桥	清康熙年间（1662—1722）建		民国《华娄续志残稿》
华严庵	南门外	僧海云建		康熙《松江府志》
衣珠庵	白龙潭登龙桥南堍	僧慧名建		康熙《松江府志》
如是庵	东门外	清康熙年间（1662—1722），僧登镂建		光绪《重修华亭县志》
灵峰庵	西门外宋家桥西	清康熙年间（1662—1722），僧生漪建		民国《华娄续志残稿》
拈花室	教场南	僧宏念建		康熙《松江府志》

（续表）

寺院名称	所处位置	建创时间 创建人	历史大事 圮废时间	出　处
法华庵	横泾桥东	里人杜允江建		康熙《松江府志》
宝峰庵	百曲港	僧行徵、道弘建		康熙《松江府志》
真修庵	石湖塘	至拙居士顾可容建		康熙《松江府志》
菩提庵				乾隆《华亭县志》
赐子庵	十四保	僧寂玉、寂孝建		康熙《松江府志》
福城庵	广富林镇	清康熙年间（1662—1722），僧达真建		《方松街道志》
宝明庵	竹冈西	清乾隆十八年（1753年），比丘尼本定募建		嘉庆《松江府志》
福善庵	竖护庄五图	清乾隆二十二年（1757年），张友三建		民国《华娄续志残稿》
严家庵	泗泾北张泾河东	清乾隆四十三年（1778年），里人秦锦等修		《泗泾镇志》
凤楼庵	新浜镇腰溇里自然村	清乾隆年间（1736—1795）建	1958年拆除	《新浜镇志》
兰若庵	中桥北			乾隆《娄县志》
尘定庵	新坊图			乾隆《娄县志》
寿量庵	永安桥北			乾隆《华亭县志》
南禅寺	府学东			乾隆《华亭县志》
涤麈坛	华亭县龙泉港	清乾隆年间（1736—1795），孝女沈氏建		光绪《松江府志》
隐锡庵	下四图	比丘尼庵		乾隆《娄县志》
静心庵	娄县三十七保二十图庄家滨	清乾隆年间（1736—1795）		光绪《松江府续志·娄县》
韦驼庵	西门外白龙潭北	清嘉庆十五年（1810年），王铭坊重建		民国《华娄续志残稿》
宝林庵	包家桥北	清嘉庆年间（1796—1820）建		乾隆《娄县志》
于塔庵	胡家桥北			嘉庆《松江府志》
圣僧庙	三十八保			嘉庆《松江府志》
贞静庵	腷港南	僧超凡建		嘉庆《松江府志》
纯阳禅	陶宅			嘉庆《松江府志》
漳泉寺	三官堂镇	里人胡含贞等增建		嘉庆《松江府志》
莲生庵	华亭县北门外生生桥西南	清道光二十年（1840年），邑人姜熙重修		光绪《松江府续志·华亭县》
接岱寺	黄耳祠桥北	清道光二十八年（1848年）重修		

（续表）

寺院名称	所处位置	建创时间 创建人	历史大事 圮废时间	出　处
清河庵	西门外莫家弄后，北杨家桥东	清道光年间（1821—1850）重修		民国《华娄续志残稿》
甘露庵	华阳桥东		清咸丰十年（1860年），毁于兵	光绪《重修华亭县志》
梵音庵	滚龙桥东		清咸丰十年（1860年），毁于兵	光绪《重修华亭县志》
草庵	在小昆山界泾村	清咸丰十一年（1861年）建	1957年拆除	《小昆山镇志》
天庆庵	娄县三十五六图	清同治十年（1871年）重建		光绪《松江府志·娄县》
神王庙	史家村小河东	清同治十一年（1872年）建	1958年拆除	《小昆山镇志》
积庆庵	四十三保六图钱家桥后	清同治年间（1862—1874）		光绪《娄县志》
长生庵	新余村俞家埭东	清光绪二年（1876年）	20世纪60年代初拆除	《车墩镇志》
施公庙	七图收字圩瑞安桥西	清光绪二年（1876年）里人改建		《张泽志》
会龙寺	沈溇大溇村沈溇4队	清光绪六年（1880年）	1960年拆除	《小昆山镇志》
接云兰若	潭泾九图（又名善庆庵）	清光绪十一年（1885年），陈遇良募修		民国《华娄续志残稿》
象泾庵	东黄泥楼	清光绪十一年（1885年）建	1955年拆除	《小昆山镇志》
观音寺	柘林运石河北	清光绪十三、十四年（1887—1888），里人刘元建、顾言章募修	清咸丰年间（1851—1861）毁于兵	民国《华娄续志残稿》
蒋王庙	蒋召浜	清光绪十三年（1887年）建	1958年拆除	《小昆山镇志》
洪庙	大港东港村	清光绪十八年（1892年）建	1958年拆除	《小昆山镇志》
凌云寺	新桥镇东栅外	清光绪二十一年（1895年）重修		民国《华娄续志残稿》

（续表）

寺院名称	所处位置	建创时间 创建人	历史大事 圮废时间	出　处
堂家庙	民华西油浜	清光绪二十二年（1896年）建	1956年拆除	《小昆山镇志》
普江庵	新浜镇泗庄浜自然村	清中期建	1957年拆除	《新浜镇志》
小普陀庵	新浜镇渣家浜村西南	清代建	1958年拆除	《新浜镇志》
三仙庵	新浜镇彭家村自然村	清代建	1958年拆除	《新浜镇志》
广明庵	西湖道院西南			光绪《重修华亭县志》
无畏林	东门外	僧起凡建		光绪《重修华亭县志》
北应庵	四十三保七图			光绪《娄县续志》
白燕庵	华亭县东门外			光绪《松江府志·华亭县》
必寿庵	三十七保十四图			光绪《娄县续志》
永觉庵	六十七图			光绪《娄县志》
贞静庵	四十一保横潦泾			光绪《娄县志》
问津庵	娄县横云山	里人捐田资司渡者		光绪《松江府志·华亭县》
花娘庵	四十一保二十图			光绪《娄县续志》
秀水庵	四十一保二十一图			光绪《娄县续志》
宏愿寺	明星桥东			光绪《重修华亭县志》
杨家庵	长溇村七家浜	清代大户杨姓建		《车墩镇志》
雨华庵	放生桥北	僧化仪建		光绪《娄县志》
抱香庵	古倪园西			光绪《重修华亭县志》
竺西禅院	新泾口			光绪《华亭县志》
祇圆庵	四十图			光绪《娄县志》
贻庆庵	为卫氏家庵	建于北闲	清代毁	《佘山镇志》
香光庵	洞泾西李氏世桂堂后		一名寿量庵	光绪《重修华亭县志》
修微庵	北门外总管堂巷内			光绪《重修华亭县志》

（续表）

寺院名称	所处位置	建创时间 创建人	历史大事 圮废时间	出　处
弇山精舍	在北门外	僧天懿开山		光绪《重修华亭县志》
送子庵	西门内黑桥南	尼庵		光绪《重修华亭县志》
总持寺	府治东北			光绪《重修华亭县志》
积善庵	东门外熙凤园后	普门禅室古迹，僧如澄修		光绪《重修华亭县志》
赐子定光庵	白龙潭西	释古月建		光绪《娄县续志》
普门院	城内寿安桥北	清光绪年间（1875—1908）重修		民国《华娄续志残稿》
瑞华阁	娄县西门外金沙滩			光绪《松江府续志》
潮梵禅院	云间第一桥南堍	僧真林建，清光绪年间（1875—1908）重修		《九亭镇志》
狮林禅院	叶榭乡八图	民国初年，蒋叶氏重修		民国《华娄续志残稿》
大王庙	界泾村江口	1936年	1958年拆除	《小昆山镇志》
九莲庵	横街南端			《九亭镇志》
大观音堂	钱泾桥东北			民国《华娄续志残稿》
大观音堂	竖护庄四图			民国《华娄续志残稿》
大观音堂	松江九亭地区的坊里与村落	民间所建		《九亭镇志》
大乘庵	西门外秀甲园北			民国《华娄续志残稿》
千福庵	松江九亭地区的坊里与村落	民间所建		《九亭镇志》
小宣村庙	盘龙塘西岸俞家桥正北		1966年拆除	《九亭志》
广慧禅院	镇北一华里，古松八队境内			《石湖荡乡志》
太平庵	大张泾桥	清僧海滨建		民国《华娄续志残稿》
太平庵	漯水渡村宋家埭			《车墩镇志》

（续表）

寺院名称	所处位置	建创时间 创建人	历史大事 圮废时间	出 处
长寿庵	叶榭乡叶八图			民国《华娄续志残稿》
水月庵	新桥乡十字头图			民国《华娄续志残稿》
仁寿寺	十一保二区上三图	以殷姓建		民国《华娄续志残稿》
六神堂	东山泾北村江处		1958年拆除	《小昆山镇志》
石香庵	松江九亭地区的坊里与村落	民间所建		《九亭镇志》
石塔庙	洞泾百鸟村			《洞泾镇志》
东庵	石湖荡五村		20世纪50年代初拆除	《石湖荡乡志》
宁寿庵	九亭地区的坊里与村落	民间所建		《九亭镇志》
永党寺	夏庄村（陆家浜）境内		1952年改建陆家浜村校	《石湖荡乡志》
庄泾庵	庄泾村			《九亭镇志》
如意庵	九亭地区的坊里与村落	民间所建		《九亭镇志》
观音堂	新桥乡十字十五图河浜口			民国《华娄续志残稿》
杜家庵	联建村计家埭			《车墩镇志》
佛圣庵	九图成字玗			《张泽镇志》
佛阁	四溇村赵家泾			《车墩镇志》
妙心庵	南门外双庙桥南			民国《华娄续志残稿》
青龙禅院	叶榭乡八保十九图谢家渡北			民国《华娄续志残稿》
青白庵	汇桥村中渡桥		1966年拆除	《车墩镇志》
昙花庵	二十一图宇字圩			《张泽志》
和尚庵	新浜镇庵浜里自然村	解放前	1959年拆除	《新浜镇志》
净土庵	新浜镇五家湾自然村			《新浜镇志》

（续表）

寺院名称	所处位置	建创时间 创建人	历史大事 圮废时间	出　处
诚心庵	南门外大桥	清节妇吴郑氏建		民国《华娄续志残稿》
弥陀殿	西佘山巅			《佘山镇志》
孟姜庵	石湖荡洙桥村		20世纪50年代初拆除	《石湖荡乡志》
草庵	石湖荡新姚村		20世纪50年代初拆除	《石湖荡乡志》
草庵	在车墩联庄村施家埭		有屋三间，二进二厢。1974年筑金山支线铁路时拆除	《车墩镇志》
草庵庙			1958年拆除	《茸北乡志》
药师庵	下横庄五图王家厍			民国《华娄续志残稿》
药和庵	新浜镇腰溇里自然村		1958年拆除	《新浜镇志》
修水庵	张庄村南首			《塔汇乡志》
修身庵	东门内慧灯桥西			民国《华娄续志残稿》
保宁庵	四十一保廿九图蒋沼浜北			《华娄续志残稿》
亭心庵	苗圃二队处		1958年拆除	《茸北乡志》
闻香庵	寒字圩三十一图			民国《华娄续志残稿》
送子庵	思巷弄底			《岳阳街道志》
送子庵		民国时期建	1964年毁	《佘山镇志》
洋河宅尼姑庵	张朴村旧宅		1964年毁	《佘山镇志》
莲墩庙	佘山卫家埭村			《佘山镇志》
栖野庵	北俞塘			乾隆《娄县志》
栖稹庵	洞泾倪家墩村			《洞泾镇志》
贾庄庵	松江九亭地区的坊里与村落	民间所建		《九亭镇志》

（续表）

寺院名称	所处位置	建创时间 创建人	历史大事 圮废时间	出　处
钵花庵	新桥乡车十九图			民国《华娄续志残稿》
积庆庵	松江九亭地区的坊里与村落	民间所建		《九亭镇志》
凌云寺	莱花泾			《岳阳街道志》
梅花庵	新桥乡十字十六图			民国《华娄续志残稿》
堂梓庙	汇桥村吴家河北岸			《车墩镇志》
清静庵	石湖荡洙桥村		解放初期拆除	《石湖荡乡志》
雁里庵	三浜村谢家塘		20世纪90年代拆除	《车墩镇志》
景福庵	叶榭乡叶十图			民国《华娄续志残稿》
赐福庵	竖护庄五图			民国《华娄续志残稿》
善礼堂	佘山陈坊村			《佘山镇志》
新兴庙庵	陈厍二队处		1958年拆除	《葺北乡志》
雍锡院	竖护庄五图			民国《华娄续志残稿》
慈悲庵	圆泄泾河边，五村村南端			《石湖荡乡志》
福梓庵	联庄村周家埭			《车墩镇志》
福墩庵	新浜镇土地堂自然村		1967年拆除	《新浜镇志》
聚庆庵	县治西北沈泾塘九里亭西			《方松街道志》
慧摄庵	寒字圩三十图			民国《华娄续志残稿》
栖稹庵	在洞泾镇倪家栖	始建年代不详		《中华佛教寺院名胜大典（上海卷）》
薛泽庙	佘山高家村			《佘山镇志》

说明：已列为词目的场所不列入表内。

松江历代佛教僧人一览表

法名	所处时代	俗姓、名、字、号	籍贯	主要事迹	出处
僧隆	唐代			天宝六载(747年)建澄鉴禅寺	崇祯《松江府志·华亭县》
良慧	唐代			乾元年间(758—760)创建普照寺释迦如来殿	《普照寺释迦殿记碑》
智道	五代			后梁贞明六年(920年)建福善院	绍熙《云间志》
僧聪	五代			吴越武肃王钱镠时(907—932年在位)任超果寺住持	《重兴超果讲寺记碑》
法庆	宋代			太平兴国三年(978年)在佘山建慧日寺	正德《松江府志·华亭县》
弘庆	宋代			太平兴国三年(978年)建慧日庵	《佘山镇志》
洪庆	宋代			太平兴国三年(978年)建慧日院	崇祯《松江府志·华亭县》
全喜尊者	宋代			太平兴国年间(976—984)建善应庵	嘉庆《松江府志》
庆依	宋代			太平兴国年间(976—984)创建超果讲寺	崇祯《松江府志·华亭县》
僧济	宋代			庆历年间(1041—1048)建慈福庵	崇祯《松江府志·华亭县》
洪岳	宋代			皇祐年间(1049—1054)建东岩塔院	崇祯《松江府志·华亭县》
常矩	宋代			皇祐年间(1049—1054)建善住教寺	崇祯《松江府志·华亭县》
希玠	宋代			熙宁年间(1068—1077)住持兴圣教寺,曾得赐紫衣,发起重修兴圣教寺	《兴圣教寺修塔院碑记》
法海	宋代			熙宁年间(1068—1077)建圆觉讲堂	崇祯《松江府志·华亭县》
灵照	宋代			熙宁年间(1068—1077)主华亭超果	嘉庆《松江府志》
如礼	宋代			熙宁至元祐年间(1068—1094)协助住持希玠重修兴圣教寺塔	《兴圣教寺修塔院碑记》
如纳	宋代			熙宁至元祐年间(1068—1094)协助住持希玠重修兴圣教寺塔	《兴圣教寺修塔院碑记》
妙堂	宋代			元丰年间(1078—1085)建聚沙庵	崇祯《松江府志·华亭县》
永珍	宋代			崇宁年间(1102—1106)建广化漏泽院	嘉庆《松江府志》
普顾	宋代			崇宁年间(1102—1106)建施水庵	嘉庆《松江府志》
普愿	宋代			崇宁年间(1102—1106)建施永庵	《中国佛教名寺大典》

（续表）

法名	所处时代	俗姓、名、字、号	籍贯	主　要　事　迹	出　处
元伟	宋代			绍兴四年（1134年）建延恩院	嘉庆《松江府志》
宣慧	宋代			绍兴年间（1131—1162）建为善庵	光绪《松江府续志·华亭县》
僧常	宋代			绍兴年间（1131—1162）建水庵	崇祯《松江府志·华亭县》
守祥	宋代			隆兴年间（1163—1164）以众力成十六观堂。乾道年间（1165—1173）始赐寺额延庆寺	《重修延庆讲寺记碑》
义聪	宋代			淳熙年间（1174—1189）建梵修寺	嘉庆《松江府志》
可贤	宋代			淳熙年间（1174—1189）建梵修寺	嘉庆《松江府志》
守端	宋代			淳熙年间（1174—1189）建志严庵	崇祯《松江府志·华亭县》
如湛	宋代	号浑源		庆元六年（1200年）建普宁寺	《普宁寺重修记碑》
了性	宋代			嘉泰元年（1201年）与如喜建龙门寺	《龙门寺记碑》
忠信	宋代			与僧祖祥于嘉定九年（1216年）建普照讲寺西方殿	《普照讲寺重建西方殿记碑》
黄道	宋代			嘉定年间（1208—1224）建西禅寺。端平年间（1234—1236）赐额“西禅兴福寺”	《西禅寺白龙潭记碑》
智渊	宋代			嘉定年间（1208—1224）继祖祥建成普照寺千僧堂	《普照寺千僧堂记碑》
僧林	宋代			嘉定年间（1208—1224）建慈济庵	崇祯《松江府志·华亭县》
僧缘	宋代			绍定年间（1228—1233）建莲隐庵	崇祯《松江府志·华亭县》
智妙	宋代			端平年间（1234—1236）建化成庵	嘉庆《松江府志》
妙智	宋代			端平年间（1234—1236）建化城庵	《中国佛教名寺大典》
善游	南宋			淳祐四年（1244年）建禅定寺	《中国佛教名寺大典》
僧成	宋代	字从善		淳祐四年（1244年）募地创禅定院	嘉庆《松江府志》
昙庆	宋代			淳祐五年（1245年）修护珠宝塔	嘉庆《松江府志》
净月	宋代			淳祐年间（1241—1252）建积庆寺	崇祯《松江府志·华亭县》
静月	宋代			淳祐年间（1241—1252）建积庆寺	《中国佛教名寺大典》
僧瑶	宋代			淳祐年间（1241—1252）建示应庵	嘉庆《松江府志》
静深	宋代			景定五年（1264年）超果寺住持，于火灾中保超果寺大士像	《重兴超果讲寺记碑》

（续表）

法名	所处时代	俗姓、名、字、号	籍贯	主要事迹	出处
僧济	宋代			景定年间(1260—1264)建积庆庵	崇祯《松江府志·华亭县》
僧卿	宋代			景定年间(1260—1264)建三乘庵	崇祯《松江府志·华亭县》
僧清	宋代			景定年间(1260—1264)建崇敬庵	光绪《松江府续志·娄县》
如月	宋代			咸淳六年(1270年)前后任延庆讲寺住持	《重兴延庆讲寺记碑》
若虚	宋代			咸淳六年(1270年)延庆寺住持如月之徒	《重兴延庆讲寺记碑》
行超	宋代			咸淳十年(1274年)普照寺住持,重修普照寺释迦如来殿	《普照寺释迦殿记碑》
慧思	宋代			咸淳十年(1274年)倡修普照寺释迦如来殿	《普照寺释迦殿记碑》
明空	宋代			咸淳年间(1265—1274)与明无建圆通院	正德《松江府志·华亭县》
明无	宋代			咸淳年间(1265—1274)与明空建圆通院	正德《松江府志·华亭县》
贤惠	宋代			咸淳年间(1265—1274)募修普照寺释迦如来殿	《普照寺释迦殿记碑》
悟秀	宋代			咸淳年间(1265—1274)募修普照寺释迦如来殿	《普照寺释迦殿记碑》
贻光	宋代			咸淳年间(1265—1274)创禅定寺	《中国佛教名寺大典》
僧智	宋代			咸淳年间(1265—1274)建妙严院	乾隆《娄县志》
友懽	宋代			咸淳年间(1265—1274)建东报德忏院	嘉庆《松江府志》
如隐	宋代			咸淳年间(1265—1274)建云隐庵	崇祯《松江府志·华亭县》
僧妙	宋代			咸淳年间(1265—1274)建崇福庵	崇祯《松江府志·华亭县》
僧奉	宋代			咸淳年间(1265—1274)建施水庵	崇祯《松江府志·华亭县》
士衡	宋代			著《天台九祖传》(载《续藏目录》)	崇祯《松江府志·华亭县》
云梦	宋代			延庆讲寺住持	嘉庆《松江府志》
水渊	宋代			建善住教院怀晋轩、莲池瑞象、机云故宅,有高阁、层峦、鹤滩、秋晓、云西、双松六景	崇祯《松江府志·华亭县》

（续表）

法名	所处时代	俗姓、名、字、号	籍贯	主要事迹	出处
如喜	宋代			建龙门寺	嘉庆《松江府志》
佛光	宋代			延庆讲寺住持	嘉庆《松江府志》
梅峰	宋代			延庆讲寺住持	嘉庆《松江府志》
僧达	宋代			创建西报德忏院	《中国佛教名寺大典》
僧祐	宋代			建报恩寺	崇祯《松江府志·华亭县》
僧福	元代			创建永福庵	崇祯《松江府志·华亭县》
思贤	宋代			曾主持嘉禾普贤院，择地兴复龙门寺	《龙门寺记碑》
普莲	元代			世祖至元十六年（1279年）建普门院	嘉庆《松江府志》
僧尚	元代			世祖至元年间（1264—1294）建修学院	崇祯《松江府志·华亭县》
光烨	元代			世祖至元年间（1264—1294）曾住持超果寺	《曹氏舍超果寺田碑》
崇仁	元代			元贞年间（1295—1297）建寿安讲寺	崇祯《松江府志·华亭县》
如寄	元代	字驿宝		大德元年（1297年）重修南禅寺南山胜地	《南禅寺南山胜地记碑》
智焘	元代			大德四年（1300年）建慧灯塔院	《中国佛教名寺大典》
僧智	元代			大德四年（1300年）建慧灯塔院	崇祯《松江府志·华亭县》
清浴	元代			大德五年（1301年）继行高任兴圣教寺住持，继续重修兴圣寺塔及塔院并成功	《兴圣教寺修塔院碑记》
智受	元代			大德七年（1303年）重建普照寺千僧堂	《普照讲寺重建千僧堂记碑》
普照	元代			大德年间（1297—1307）建寿安教院	崇祯《松江府志·华亭县》
僧杲	元代			大德年间（1297—1307）建福严禅院	正德《松江府志·华亭县》
僧性	元代			大德年间（1297—1307）建资寿院	崇祯《松江府志·华亭县》
子闻	元代			至大元年（1308年）修普照寺释迦如来殿	《普照寺释迦殿记碑》
无德	元代			至大年间（1308—1311）建普照寺千佛水陆院	《普照寺千佛水陆院记碑》
惠慈（又称“志新”）	元代			至大年间（1308—1311）重修普照寺千佛水陆院	《普照寺千佛水陆院记碑》

（续表）

法名	所处时代	俗姓、名、字、号	籍贯	主要事迹	出处
净心	元代			惠慈徒，至大年间（1308—1311）协助普照寺住持惠慈，建成普照寺千佛水陆院	《普照寺千佛水陆院记碑》
净恩	元代			惠慈徒，至大年间（1308—1311）协助普照寺住持惠慈，建成普照寺千佛水陆院	《普照寺千佛水陆院记碑》
静澄	元代			至大年间（1308—1311）建观音庵	嘉庆《松江府志》
正满	元代			皇庆元年（1312年）建方广教寺新寺	嘉庆《松江府志》
士波	元代			皇庆年间（1312—1313）受敕住持昭福院	崇祯《松江府志·华亭县》
道源	元代			皇庆年间（1312—1313）建报恩寺	崇祯《松江府志·华亭县》
僧坚	元代	字铁舟		延祐年间（1314—1320）建莲花庵	崇祯《松江府志·华亭县》
僧智	元代			延祐年间（1314—1320）建集贤庵	崇祯《松江府志·华亭县》
大祐	元代			延祐年间（1314—1320）建焚化院	崇祯《松江府志·华亭县》
僧志	元代			泰定四年（1327年）建平等禅寺	崇祯《松江府志·华亭县》
正固	元代			泰定年间（1324—1328）初建庆福庵	崇祯《松江府志·华亭县》
僧贤	元代			泰定年间（1324—1328）建埏堰庵	《中国佛教名寺大典》
僧颐	元代			泰定年间（1324—1328）建莲社庵	正德《松江府志·华亭县》
僧净	元代			泰定年间（1324—1328）建无尽庵	崇祯《松江府志·华亭县》
僧辉	元代			顺帝至元二年（1336年）建青岩塔院	崇祯《松江府志·华亭县》
庆禅师	元代			至正元年（1341年）建积庆禅寺	崇祯《松江府志·华亭县》
穹禅师	元代			至正二年（1342年）建顺济庵	嘉庆《松江府志》
德馨	元代			至正二年（1342年）建善会庵	崇祯《松江府志·华亭县》
僧成	元代			至正三年（1343年）建金道成庵	正德《松江府志·华亭县》

（续表）

法名	所处时代	俗姓、名、字、号	籍贯	主 要 事 迹	出 处
僧省	元代			至正三年（1343年）建龙门院	崇祯《松江府志·华亭县》
道济	元代			至正四年（1344年）建化东庵	崇祯《松江府志·华亭县》
德馨	元代			至正六年（1346年）建慈观庵	崇祯《松江府志·华亭县》
行缘	元代			至正十六年（1356年），火灾中保全超果寺大士像	《重兴超果讲寺记碑》
僧澈	元代	字灵源		至正十九年（1359年）重修超果寺	《重兴超果讲寺记碑》
子来	元代			修观音忏堂	崇祯《松江府志·华亭县》
道坚	元代	字铁山		至正年间（1341—1368）初建祥泽庵	《中国佛教名寺大典》
允中	元代			至正年间（1341—1368）建辉和庵	崇祯《松江府志·华亭县》
正印	元代			寿安讲寺僧，有《半云亭》诗	嘉庆《松江府志》
存礼	元代			本一住持月麓昌之徒，继月麓任本一庵住持，不肯任职，延请善应庵住持空林接任	《本一禅院碑》
成空	元代			至正年间（1341—1368）建城东慈悲忏院	《中国佛教名寺大典》
如月	元代			建定心庵	崇祯《松江府志·华亭县》
时溥	元代	字君泽，号雨巖	华亭人	居接待寺，通经律，能诗，亦画墨竹，笔致清简	康熙《松江府志》
妙净	元代			至正年间（1341—1368）建真圣堂	崇祯《松江府志·华亭县》
岳安	元代			至正年间（1341—1368）建法云寺	光绪《松江府续志·华亭县》
法福	元代			建永福庵	《中国佛教名寺大典》
宝灯	元代			建四十八愿庵	《中国佛教名寺大典》
信觉	元代			至正年间（1341—1368）建大觉庵	崇祯《松江府志·华亭县》
善庆	元代			至正年间（1341—1368）建观音堂	崇祯《松江府志·华亭县》
善实	元代			本一禅院住持	《本一禅院碑》
道正	元代			至正年间（1341—1368）建语泽庵	崇祯《松江府志·华亭县》

（续表）

法名	所处时代	俗姓、名、字、号	籍贯	主要事迹	出处
僧开	元代			本一禅院住持	《本一禅院碑》
僧成	元代	字空林		至正年间（1341—1368）建慈悲忏院	崇祯《松江府志·华亭县》
僧名	元代			至正年间（1341—1368）建塘桥庵	崇祯《松江府志·华亭县》
僧欢	元代			至正年间（1341—1368）建祠山庵	崇祯《松江府志·华亭县》
僧受	元代			建大悲寺	崇祯《松江府志·华亭县》
僧显	元代			至正年间（1341—1368）建福庆庵	崇祯《松江府志·华亭县》
僧贵	元代			建通庆庵	崇祯《松江府志·华亭县》
僧贵	元代			至正年间（1341—1368）建大觉庵	光绪《松江府续志·华亭县》
僧顺	元代			至正年间（1341—1368）重修云隐庵	崇祯《松江府志·华亭县》
僧莹	元代			建种福庵	崇祯《松江府志·华亭县》
僧教	元代			至正年间（1341—1368）建觉海庵	崇祯《松江府志·华亭县》
僧源	元代	字无竭		至正年间（1341—1368）建接待庵	崇祯《松江府志·华亭县》
僧誉	元代			本一禅院住持	《本一禅院碑》
慧海	元代			重建北禅寺	崇祯《松江府志·华亭县》
融无	元代			建华藏禅院	《中国佛教名寺大典》
融照	元代			建华藏忏院	嘉庆《松江府志》
僧翰	明代			洪武三年（1370年）建万竹林庵	崇祯《松江府志·华亭县》
僧寿	明代			洪武六年（1373年）建董坟庵	崇祯《松江府志·华亭县》
永欢	明代			洪武十六年（1383年）建延庆讲寺	嘉庆《松江府志》
德智	明代			洪武二十四年（1391年）重建昭庆禅寺	崇祯《松江府志·华亭县》
僧贻	明代			洪武二十五年（1392年）任瑞应教院住持	崇祯《松江府志·华亭县》

（续表）

法名	所处时代	俗姓、名、字、号	籍贯	主 要 事 迹	出 处
祥耐	明代			洪武二十七年（1394年）续造超果禅寺观音前殿、西方殿、转轮藏殿、方丈等屋	崇祯《松江府志・华亭县》
僧皓	明代			洪武二十七年（1394年）建观音堂	崇祯《松江府志・华亭县》
如泰	明代		华亭人	洪武二十八年（1395年）四月至珍敬庵，微疾	康熙《松江府志》
原珍	明代			洪武年间（1368—1398）初建兴圣教寺忏堂	崇祯《松江府志・华亭县》
净慧	明代	字古明	松江府人	洪武年间（1368—1398）诗僧	嘉庆《松江府志》
景祥	明代			洪武年间（1368—1398）重建超果讲寺	乾隆《娄县志》
能胜	明代			永乐六年（1408年）重建龙门寺	嘉庆《松江府志》
大舆	明代			永乐七年（1409年）建超果寺外山门、修观音殿	崇祯《松江府志・华亭县》
得奎	明代			永乐七年（1409年）建西庑，甃砌净道街及两庑地面	崇祯《松江府志・华亭县》
古庵	明代			永乐十二年（1414年）募建昭庆禅寺观音地藏殿、藏经殿并两廊，又募铸大钟	《佘山镇志》
僧智	明代			永乐十二年（1414年）募建昭庆禅寺观音地藏殿，藏经殿并两廊，又募铸大钟	
僧慧	明代			永乐年间（1403—1424）重建寿安讲寺	《佘山镇志》
虚白	明代			永乐年间（1403—1424）重修寿安讲寺	崇祯《松江府志・华亭县》
智中	明代			正统六年（1441年）建禅定寺圆通宝殿，方丈等室。正统十一年始建山门	《中国佛教名寺大典》
僧坚		名智，号虚白，俗姓潘	浙江余姚人	正统六年（1441年）与徒宗升重建佘山宣妙讲寺	《佘山镇志》
法云	明代			正统七年（1442年）建昭庆禅寺钟楼、毗卢阁	《佘山镇志》
道圆	明代			正统七年（1442年）建昭庆禅寺钟楼。天顺年间（1457—1464）建毗卢阁	崇祯《松江府志・华亭县》
隆磊	明代			天台僧人，云游至松江，得相国之子钱沆助，分其先世所奉佛牙、舍利供奉。历时近一年，于正统十年（1445年）七月（西禅寺）寺成	《西禅寺白龙潭记碑》

（续表）

法名	所处时代	俗姓、名、字、号	籍贯	主 要 事 迹	出 处
惠明	明代			正统十二年（1447年）为积庆禅寺请今额	崇祯《松江府志·华亭县》
大城	明代			正统年间（1436—1449）兴复普照讲寺	《中国佛教名寺大典》
可立	明代		越（今浙江）	正统年间（1436—1449）建延恩院	嘉庆《松江府志》
善昌	明代			正统年间（1436—1449）募修兴圣教寺	嘉庆《松江府志》
僧昕	明代			景泰三年（1452年）重建妙严教寺	乾隆《娄县志》
正受	明代			天顺元年（1457年）修超果讲寺金刚殿、雨华堂。庚辰重修弥陀殿、建方丈。六年，修东西二庑。成化三年（1467年）修一览楼、与夫斋堂、库室	崇祯《松江府志·华亭县》
宗潮	明代			天顺年间（1457—1464）重修土地庵	崇祯《松江府志·华亭县》
智际	明代			天顺年间（1457—1464）重修土地庵	崇祯《松江府志·华亭县》
德让	明代			天顺年间（1457—1464）重建善应庵	崇祯《松江府志·华亭县》
广理	明代			成化年间（1465—1487）重修水月院	嘉庆《松江府志》
福圣	明代			成化年间（1465—1487）重修水月院	嘉庆《松江府志》
能豫	明代		华亭	弘治六年（1493年）重修普照寺	《重修普照寺记》
道明	明代			弘治九年（1496年）重建蒋庄庵及庵东济生桥	《重修蒋庄庵记碑》
智洪	明代			弘治年间（1488—1505）以后修葺超果讲寺	嘉庆《松江府志》
道俊	明代			弘治年间（1488—1505）以后修葺超果讲寺	嘉庆《松江府志》
慧汎	明代			正德年间（1506—1521）重修永福庵	《中国佛教名寺大典》
士辛	明代			嘉靖二十年（1541年）建洪济庵观音堂	崇祯《松江府志·华亭县》
宗城	明代			嘉靖年间（1522—1566）建平等庵海云阁	崇祯《松江府志·华亭县》
智明	明代			嘉靖年间（1522—1566）建澄照禅院大雄殿	嘉庆《松江府志》
慧莲	明代			嘉靖年间（1522—1566）建海月庵	崇祯《松江府志·华亭县》
天霞	明代			隆庆元年（1567年），建东禅寺天王殿、青莲阁	崇祯《松江府志·华亭县》

（续表）

法名	所处时代	俗姓、名、字、号	籍贯	主 要 事 迹	出 处
自正	明代			隆庆六年（1572年），筑石堤为外护	嘉庆《松江府志》
静秀	明代			万历元年（1573年）重建宁海庵	崇祯《松江府志·华亭县》
知明	明代	号无相	昆山	出家长水塔院，习禅定。万历三年（1575年）除夕，持戒沐浴，留偈别僧，跏趺而化。尸留二十日，启龛视之如生	嘉庆《松江府志》
大渊	明代			万历五年（1577年）建弥陀殿，重建大殿，建邻虚阁寮房	《中国佛教名寺大典》
居素	明代			万历五年（1577年）建瑞应教院弥陀殿	崇祯《松江府志·华亭县》
广空	明代			万历二十五年（1597年）建圆通庵	《新浜镇志》
如明	明代			万历二十九年（1601年）建法华禅寺	崇祯《松江府志·华亭县》
真澄	明代			万历二十九年（1601年）建法华禅寺	崇祯《松江府志·华亭县》
性静	明代			万历三十四年（1606年）修妙严教寺	乾隆《娄县志》
性德	明代			万历三十四年（1606年）建万年寺	崇祯《松江府志·华亭县》
智禅	明代			万历三十四年（1606年）修妙严教寺	乾隆《娄县志》
檀林	明代			万历三十四年（1606年）建点头庵	《中国佛教名寺大典》
觉虚	明代	字性一		万历三十六年（1608年）建西来堂	嘉庆《松江府志》
真訇	明代			万历三十八年（1610年）建香光庵	崇祯《松江府志·华亭县》
海净	明代			万历四十年（1612年）重建贝多庵	崇祯《松江府志·华亭县》
碧峰	明代			万历四十三年（1615年）建昙花庵	崇祯《松江府志·华亭县》
如体	明代		南海	万历四十六年（1618年）建崇宁禅院	崇祯《松江府志·华亭县》
了凡	明代			万历年间（1573—1620）初建茶亭庵	嘉庆《松江府志》
三无	明代			万历年间（1573—1620）草创古兰若	光绪《娄县续志》
大振	明代			万历年间（1573—1620）修兴圣教寺塔	崇祯《松江府志·华亭县》
大集	明代			万历年间（1573—1620）建龙德庵	崇祯《松江府志·华亭县》
月印	明代			万历年间（1573—1620）重建西禅寺关帝殿、生生阁	嘉庆《松江府志》

（续表）

法名	所处时代	俗姓、名、字、号	籍贯	主要事迹	出处
明心	明代			万历年间（1573—1620）重建示应庵	崇祯《松江府志·华亭县》
性沂	明代			南宋普光王寺，元代毁，明代改淀山禅寺，万历年间（1573—1620）复毁，性沂重建	崇祯《松江府志·华亭县》
性宏	明代			万历年间（1573—1620）建雨华堂	嘉庆《松江府志》
性霖	明代			万历年间（1573—1620）建小石林	崇祯《松江府志·华亭县》
莲儒	明代			万历年间（1573—1620）重修寿安讲寺	崇祯《松江府志·华亭县》
真胤	明代			万历年间（1573—1620）重建示应庵	崇祯《松江府志·华亭县》
圆保	明代			万历年间（1573—1620）重建慧日院	崇祯《松江府志·华亭县》
聊辉	明代			万历年间（1573—1620）重建藏经阁	嘉庆《松江府志》
瑞庵	明代			万历年间（1573—1620）草创古兰若	嘉庆《松江府志》
慧解	明代			万历年间（1573—1620）重修寿安讲寺	崇祯《松江府志·华亭县》
一乘	明代			天启元年（1621年）建茇芦室	乾隆《娄县志》
性澄	明代			天启元年（1621年）重修潮音阁	崇祯《松江府志·华亭县》
海亮	明代			天启元年（1621年）建舆善庵	崇祯《松江府志·华亭县》
大会	明代			天启二年（1622年）建永生庵	崇祯《松江府志·华亭县》
性方	明代			天启六年（1626年）建隆里庵	崇祯《松江府志·华亭县》
正果	明代			天启年间（1621—1627）建回龙庵	崇祯《松江府志·华亭县》
雪朗	明代			天启年间（1621—1627）建华藏庵	崇祯《松江府志·华亭县》
隐傳	明代			天启年间（1621—1627）建方广教寺别院	光绪《松江府续志·华亭县》
寂敬	明代			崇祯元年（1628年）建长生庵	崇祯《松江府志·华亭县》
海明	明代			崇祯三年（1630年）建护心庵	崇祯《松江府志·华亭县》

（续表）

法名	所处时代	俗姓、名、字、号	籍贯	主　要　事　迹	出　处
普明	明代			崇祯三年（1630年）建莲心庵	崇祯《松江府志・华亭县》
性延	明代			九莲庵住持，崇祯四年（1631年）在松江县城西横泾桥北九莲庵内立如来石幢一尊	《九莲庵如来石幢》
湛如	明代			崇祯四年（1631年）移建普福庵	崇祯《松江府志・华亭县》
成雨	明代			崇祯九年（1636年）重建超果讲寺一览楼	嘉庆《松江府志》
妙空	明代			崇祯十三年（1640年）建芦隐庵	乾隆《娄县志》
通署	明代			崇祯十三年（1640年）建花严禅院后殿	《中国佛教名寺大典》
寂觉	明代			崇祯年间（1628—1644）建三乘庵	嘉庆《松江府志》
大城	明代			相继兴复普照讲寺海月堂、秀朵轩、涵晖室、香水海、静观堂	嘉庆《松江府志》
大懿	明代			建弇山精舍	《中国佛教名寺大典》
太虚	明代			建景苏阁	嘉庆《松江府志》
化仪	明代			建雨华庵	崇祯《松江府志・华亭县》
心如	明代			建竹林禅寺	乾隆《娄具志》
古月	明代			建赐子定光庵	嘉庆《松江府志》
名俑	明代			相继兴复普照讲寺海月堂、秀朵轩、涵晖室、香水海、静观堂	嘉庆《松江府志》
守心	明代			创建苇庵	乾隆《娄县志》
如惺	明代			著有《佛祖金汤》《普慈秘要》	康熙《松江府志》
如澄	明代			重建积善庵	崇祯《松江府志・华亭县》
志常	明代		华亭	号梅隐。华亭朱氏子。礼本一院僧善实，遂继师席	康熙《松江府志》
沈泓	明代			著《易宪》《东山遗草》《怀谢轩诗文集》	嘉庆《松江府志》
宏念	明代			建拈花室	崇祯《松江府志・华亭县》
果宝	明代			建善应庵和二殿	嘉庆《松江府志》
明琳	明代			建不香庵	乾隆《娄县志》
性玉	明代			玉美髭髯，持诵《法华经》准提咒，二十余年胁不帖席，足不出户，为道行耆宿。建青莲亭	崇祯《松江府志・华亭县》

（续表）

法名	所处时代	俗姓、名、字、号	籍贯	主 要 事 迹	出 处
宗尚	明代			历年修超果讲寺	嘉庆《松江府志》
居敬	明代		华亭	奉诏校勘《大藏经》	崇祯《松江府志·华亭县》
居敬	明代			相继兴复普照讲寺海月堂、秀朵轩、涵晖室、香水海、静观堂	嘉庆《松江府志》
赵庵	明代			重建度门寺	崇祯《松江府志·华亭县》
是空	明代			建护生庵	崇祯《松江府志·华亭县》
信衷	明代			著《诗问略》	
起凡	明代			建无畏林	《中国佛教名寺大典》
真如	明代			贞静庵住持，为都御史陆树德女	嘉庆《松江府志》
真林	明代			建潮梵庵	崇祯《松江府志·华亭县》
真福	明代			建三味庵	崇祯《松江府志·华亭县》
圆鉴	明代			建资庆庵	崇祯《松江府志·华亭县》
海云	明代			建华严庵	崇祯《松江府志·华亭县》
海滨	明代			建太平庵	崇祯《松江府志·华亭县》
通凡	明代			崇祯年间（1628—1644）复建种福庵	光绪《松江府续志·华亭县》
通灯	明代			刺血书写《金刚经》《药师经》《弥陀经》《华严经》《法华经》《楞严经》《地藏经》《梵网经》《圆觉经》《涅槃经》等	《中国佛教名寺大典》
通洽	明代	字履三		华亭超果寺僧。参一雨、汰如诸讲席，有诗名	嘉庆《松江府志》
梅谷	明代	名含辉	华亭	住径山寂照庵，能诗。后至嘉兴本觉寺	嘉庆《松江府志》
清源	明代	字雪泉，陆氏子	华亭	投北禅寺坎峰荥禅师祝髪。常持《金刚般若》。后归结观音阁	康熙《松江府志》
维牧	明代			圣月庵住持	崇祯《松江府志·华亭县》
散公	明代			著《青松集》	《松江府志》

（续表）

法名	所处时代	俗姓、名、字、号	籍贯	主 要 事 迹	出 处
普智	明代			相继建延庆讲寺玉龙洞天、碧云澄怀二堂	嘉庆《松江府志》
道权	明代			重修普宁寺	《普宁寺重修记碑》
道敏	明代			重建普照讲寺	嘉庆《松江府志》
禅寂	明代			建普照寺景苏阁	嘉庆《松江府志》
登镂	明代			建如是庵	崇祯《松江府志·华亭县》
福昭	明代			续建积庆禅寺	崇祯《松江府志·华亭县》
慧云	明代			建直指庵	乾隆《娄县志》
德奎	明代			历年修超果讲寺	嘉庆《松江府志》
宏歇	清代	字彻崖，俗姓游		本为黄州诸生，从圆信于云门。圆信殁后，择佘山居焉	嘉庆《松江府志》
心一	清代			顺治十六年（1659年）募修西禅寺万佛阁、听经堂	嘉庆《松江府志》
行瀚	清代	字冠嵋，俗姓沈	华亭	年十四礼雷涛薙染。顺治十六年（1659年）诣苏州报恩寺浮石贤具戒，服膺九稔而嗣法	《五灯全书》卷七七
自恒	清代			顺治年间（1644—1661）重修东隐禅院	《中国佛教名寺大典》
行裕	清代			顺治年间（1644—1661）重建种福庵	光绪《松江府续志·华亭县》
寂闻	清代			康熙十二年（1673年）重修示应庵	嘉庆《松江府志》
恒修	清代			康熙二十七年（1688年）重修妙严教寺	乾隆《娄县志》
寂学	清代			康熙二十七年（1688年）重修妙严教寺	乾隆《娄县志》
解宗	清代			康熙三十二年（1693年），募缘兴修本一禅院	《重修本一禅院记碑》
天池	清代			康熙三十八年（1699年）修小云台	光绪《松江府续志·娄县》
慎微	清代			康熙五十九年（1720年）重修延恩院	《嘉庆松江府志》
鹤闲	清代			康熙六十年（1721年），创建翠竹庵	光绪《松江府续志·华亭县》
生漪	清代			康熙年间（1662—1722）建云峰庵	光绪《娄县续志》
达真	清代			康熙年间（1662—1722）建福城庵	《永丰街道志》
性标	清代			康熙年间（1662—1722）撰《云峰庵碑记》	光绪《娄县续志》
无心	清代			康熙年间（1662—1722）修芦隐庵	《重修芦隐庵记碑》

（续表）

法名	所处时代	俗姓、名、字、号	籍贯	主要事迹	出处
大润	清代			雍正七年（1729年）曾住持大润禅寺	嘉庆《松江府志》
明智	清代			乾隆八年（1743年）重修超果寺圆通大殿	《重修超果寺大殿记碑》
尘超	清代			乾隆十年（1745年）修广化漏泽院法林堂、安禅室、普光阁、明静轩	嘉庆《松江府志》
涵明	清代			乾隆十年（1745年）修广化漏泽院法林堂、安禅室、普光阁、明静轩	嘉庆《松江府志》
佛定	清代			乾隆十二年（1747年）重建普照讲寺景苏阁	嘉庆《松江府志》
明印	清代			松江草庵住持，乾隆十七年（1752年）校录苏州草庵所刻沈周、文徵明“纪游诗”碑，并补刻清代诗二首，携徒实田勒石立诗碑	《草庵纪游诗碑》
大诠	清代			乾隆二十四年（1759年）募修龙门寺海云堂、听雪轩。四十三年，复建龙门寺大悲阁	嘉庆《松江府志》
碧尘	清代			乾隆三十年（1765年）重修延恩院	嘉庆《松江府志》
际严	清代			乾隆四十八年（1783年）重修超果讲寺大殿，又次第募修雨花殿、天主殿、一览楼	嘉庆《松江府志》
福缘	清代			乾隆四十八年（1783年）重修昭庆禅寺	《佘山镇志》
海阔	清代			乾隆五十一年（1786年）募建三楹（何寺不明）	《中国佛教名寺大典》
承法	清代			大方庵广能之徒，乾隆五十九年（1794年）继广能住持大方庵	松江现开放各寺院提供
石屏	清代			乾隆年间（1736—1795）募修直指庵	乾隆《娄县志》
德心	清代			嘉庆二年（1797年）重建修身庵	嘉庆《松江府志》
上晏	清代	号雪松		居铎庵，时面壁，工诗	嘉庆《松江府志》
化霖	清代			纂修《天台山志》，大学士嵇璜作序	嘉庆《松江府志》
仪尘	清代			嘉庆二十五年（1820年）重修善应庵	《华亭志》陆慎《余记》
达邃	清代			著《续机缘集》《推篷篷稿》	嘉庆《松江府志》
行法	清代			著《语录》	嘉庆《松江府志》
如霖	清代			募建雨华殿，供定光佛，在（娄县）鸳鸯殿后	
戒闻	清代		华亭	工山水，仿元人法，风格清逸，诗文亦佳。其款托名“姜容”	《娄县志》参《画徵录》、嘉庆《松江府志》
珂月	清代			尝构一室，额曰“来庵”，朝夕焚修，不履户外，里中目为清净僧	嘉庆《松江府志》

（续表）

法名	所处时代	俗姓、名、字、号	籍贯	主 要 事 迹	出 处
品端	清代			雨华殿监院。嘉庆二十一年（1816年）募修雨华殿	嘉庆《松江府志》
祖性	清代			雨华殿住持，嘉庆二十一年（1816年）募修雨华殿	嘉庆《松江府志》
离言	清代			费隐禅师法嗣。两主南禅寺，又移锡超果寺。著有《离言语录》	嘉庆《松江府志》
清鉴	清代			续师慈云，补刻《积盛光念诵仪》	嘉庆《松江府志》
犀照	清代			有《静安寺》诗	嘉庆《松江府志》
瑞亭	清代			嘉庆年间（1796—1820）重建普照讲寺	光绪《松江府续志·华亭县》
楚琛	清代	字青璧	华亭	从珂雪师剃度，随天童密公受具戒，归超果西来堂。善画工诗	嘉庆《松江府志》
慈惠	清代			著《见山诗集》	嘉庆《松江府志》
慧日	清代			有《题院中白莲花诗》	嘉庆《松江府志》
普信	清代			道光二十六年（1846年）募修超果讲寺鸳鸯殿、雨华殿、大悲阁、禅房	光绪《松江府续志·娄县》
立山	清代			咸丰年间（1851—1861）重修普照讲寺	光绪《松江府续志·华亭县》
果镛	清代			咸丰年间（1851—1861）修小普陀禅院	光绪《娄县续志》
真通	清代			同治三年（1864年）重建崇敬庵	光绪《松江府续志·娄县》
福本	清代			同治三年（1864年）重修湛然庵	光绪《松江府续志·娄县》
松琴	清代			同治八年（1869年）建造普济桥之茶庵客堂寮房八楹	光绪《娄县续志》
燮悟	清代			同治九年（1870年）重修西禅寺大雄殿。十年，建方丈。光绪元年（1875年）建三药殿	光绪《松江府续志·娄县》
福全	清代			同治十二年（1873年）重建贝叶庵	光绪《娄县续志》
普信	清代			同治十三年（1874年）重建示应庵寮房	光绪《娄县续志》
僧真	清代			同治年间（1862—1874）初年重建崇敬庵	光绪《娄县续志》
真林	清代			建潮梵庵	光绪《娄县续志》
通阕	清代			光绪二年（1876年）重建东隐禅院	《中国佛教名寺大典》
大慧	清代			光绪五年（1879年）重建北福庵	民国《华娄续志残稿》
立三	清代			光绪七年（1881年）建湛然庵山门	光绪《松江府续志·娄县》

（续表）

法名	所处时代	俗姓、名、字、号	籍贯	主要事迹	出处
目明	清代			光绪十七年(1891年)任华严禅院住持时,建中殿。三十一年,又重修前殿	《中国佛教名寺大典》
戒遂	清代			光绪十七年(1891年)建秀溪禅院	民国《华娄续志残稿》
馥山	清代			光绪二十年(1894年)重修大殿,并重建二陆祠	《重修普照讲寺碑》
莲根	清代			光绪二十九年(1903年)任潮梵禅院住持。三十一年,募修前殿,葺山门,添两廊,改斋舍,后又建楼五楹及“集贤堂”	《新建潮梵禅院集贤堂记碑》
心悟	清代			光绪年间(1875—1908),改建东隐禅院如来殿	《中国佛教名寺大典》
止中	清代			著《笔墨案》,传入《图绘宝鉴续》	潘民权著《松江佛教》
行林	清代	字冷堂,俗姓沈	华亭	依华山一雨通润出家,历参湛然、密云、汉月诸老,契旨于石奇通云。住萧山汀湖	《五灯全书》卷七三
林逸	清代			宣统三年(1911年)修葺横云山云鹫禅院并建山门	民国《华娄续志残稿》
觉圆	清代			著《尊古堂诗存》	潘民权著《松江佛教》
能印	清代		华亭	著《梓月山诗稿》	潘民权著《松江佛教》
能忍	清代		华亭	著《东山遗草》	潘民权著《松江佛教》
道悟	清代	字慧心,俗姓汪	华亭	家贫,受贞不字。后投吉祥庵出家,诣地藏院受戒。念佛精进。后置龛别众而逝	《续比丘尼传》卷五
静维	清代			著《怀湘赋》《寄笠遗稿》	
方成	现代			清末民国时住持于凤鸣庵	《新浜镇志》
明德	现代			清末民国时住持于凤鸣庵	《新浜镇志》
新梅	现代			清末民国时住持于凤鸣庵	《新浜镇志》
得念	现代			1914年重修湛然庵	民国《华娄续志残稿》
道朗	现代			1921年曾任九亭阳春庙住持	《九亭镇志》
圆慧	现代			西禅寺住持。1933年成立松江佛教会,任副会长。1951年松江佛教会和松江佛学会合并,任松江佛教协会副会长	松江区佛教协会提供
殷洋水	现代			1949年前曾在新浜镇陈家堵村宝和庵主持	《新浜镇志》

说明：已列为词目的僧人不列入表内。

松江佛教历代碑刻一览表

留存状况	碑　名	撰(书)记人(立碑者)	时　间	存处或碑记、碑名出处
碑、记俱存者	西林禅院圆应塔记碑	弘道撰	明洪武二十五年(1392年)	西林禅寺圆应塔底层面北处
	松江华亭西林禅院碑	宋琛撰	明正统十年(1445年)	《上海松江圆应塔珍藏文物及碑文考释》(《上海博物馆集刊》2002年版)
	西林大明禅寺重建圆应宝塔志	僧法琨撰	明正统十三年(1448年)	《上海松江圆应塔珍藏文物及碑文考释》(《上海博物馆集刊》2002年版)
	重建西林大明禅寺圆应塔记碑	黄翰撰	明正统十三年(1448年)	西林禅寺圆应塔底层面北处
	董其昌书《金刚经》字塔碑		明万历二十七年(1599年)	原藏于董文敏祠中,后遭日机轰炸,断为三截。现藏松江区博物馆
	沈恺狂草书法(四通)	沈恺诗并书	明嘉靖、万历年间(1522—1620)	现存于西林禅寺
	西林寺重修塔疏二碑记	陆应阳撰	明万历四十一年(1613年)	现存于西林禅寺
	董氏世效□力记碑	董复表撰	明万历四十一年(1613年)	现存于西林禅寺
	重修圆应塔记碑	董孝初撰	明万历四十七年(1619年)	在圆应塔一层外墙
	西林寺重修塔记碑	陈继儒撰	明崇祯十年(1637年)	在圆应塔一层外墙正东
	本一禅院三画像石刻		明崇祯十七年(1644年)	现藏松江区博物馆
	草庵纪游诗碑	明沈周、文徵明撰	清乾隆十七年(1752年)	现藏松江区博物馆
	云间"三文敏"《心经》书法碑		清乾隆二十四年(1759年)	现藏松江区博物馆碑廊
	重修西林禅寺记碑	里人范棫士撰并书	清乾隆三十二年(1767年)	现存于西林禅寺圆应塔旁。因碑面距塔身不足20厘米,内容无法观识。(待考)
	西林禅寺圆应塔塔刹宝瓶中藏木板铭文	吴光缙撰	清道光十九年(1839年)	《上海松江圆应塔珍藏文物及碑文考释》(《上海博物馆集刊》2002年版)
	西林禅寺圆应塔塔刹宝瓶中藏银板铭文	先传撰	清道光十九年(1839年)	《上海松江圆应塔珍藏文物及碑文考释》(《上海博物馆集刊》2002年版)

（续表）

留存状况	碑　名	撰（书）记人（立碑者）	时　间	存处或碑记、碑名出处
碑、记俱存者	兴圣教寺《古寺遗础》碑		20世纪70年代	现立于方塔园兴圣教寺遗址
	秀道者塔碑		20世纪70年代	现立于佘山秀道者塔前
	大方庵重修碑	松江县文物管理委员会	1993年	现立于新浜大方庵山门侧墙
	秀道者塔碑		2000年	现立于松江西佘山秀道者塔前
	松江方塔院方塔碑		2000年	现立于松江方塔院内兴圣教寺塔前
	松江方塔院古寺遗础		2000年	现存于松江方塔院内兴圣教寺塔遗址
	松江唐陀罗尼幢说明碑		2000年	现立于松江区松江小学内
	松江西林禅寺崇恩功德碑记	悟端撰	2009年	现立于西林禅寺大雄宝殿西墙外
	西林禅寺西林修学信念碑		2009年	现立于西林禅寺大雄宝殿西墙外
	《兴建安方塔记》碑		2009年	现立于西林禅寺大雄宝殿西墙外
	灌顶禅院修建《缘起》碑	悟端撰	2013年	现立于灌顶禅院
碑佚记存者	重迁聪道人塔志铭碑	灵鉴撰	北宋庆历七年（1047年）	嘉庆《松江府志·冢墓》
	超果天台教院记碑	陈舜俞撰	北宋熙宁五年（1072年）	嘉庆《松江府志·寺观》
	圆智教寺中阳塔记碑		北宋元丰二年（1079年）	《天马山志》2001年版
	广化漏泽院记碑	许尚撰	南宋淳熙六年（1179年）	明庆德《松江府志》
	延恩寺律师行业记碑		南宋庆元三年（1197年）	元至元《嘉禾志》
	贻庆庵四大夫手书创庵疏碑跋语	卫泾撰	南宋嘉定五年（1212年）	嘉庆《松江府志·寺观》
	龙潭寺记碑	范开撰	南宋嘉定十二年（1219年）	嘉庆《松江府志·文艺志·金石》
	普照讲寺重建西方殿记碑	居简撰	南宋嘉定十二年（1219年）	嘉庆《松江府志·寺观》
	兴圣教寺大悲阁记碑	居简撰	南宋绍定三年（1230年）	嘉庆《松江府志·寺观》

（续表）

留存状况	碑名	撰（书）记人（立碑者）	时间	存处或碑记、碑名出处
碑佚记存者	普照寺千僧堂记碑	居简撰	南宋嘉定年间（1208—1224）	嘉庆《松江府志·文艺志·金石》
	重兴延庆讲寺记碑	董楷撰	南宋咸淳六年（1270年）	嘉庆《松江府志·寺观》
	龙门寺记碑	大昕撰	元世祖至元二十年（1283年）	崇祯《松江府志·寺观》
	普照讲寺藏殿记碑	张之翰撰	元世祖至元三十一年（1294年）	崇祯《松江府志·寺观》
	南禅寺南山胜地记碑	阎夏撰	元大德元年（1297年）	嘉庆《松江府志·寺观》
	兴圣教寺修塔院碑记	任叔实撰	元大德六年（1302年）以后	光绪《华亭县志》
	修兴圣教寺塔记碑	任叔实撰	元大德年间（1297—1307）	崇祯《松江府志·寺观》
	普照讲寺重建千僧堂记碑	牟巘撰	元至大元年（1308年）	崇祯《松江府志·寺观》
	普照寺释迦殿记碑	牟巘撰	元至大元年（1308年）	嘉庆《松江府志·寺观》
	普照寺千佛水陆院记碑	牟巘撰	元至大二年（1309年）	嘉庆《松江府志·寺观》
	曹氏捨超果寺田碑记	任文林撰	元至大三年（1310年）	崇祯《松江府志》
	华藏忏院记碑	邓文原撰	元延祐二年（1315年）	崇祯《松江府志·寺观》
	本一禅院碑记	杨维桢撰	元至正十一年（1351年）	嘉庆《松江府志·寺观》
	重兴超果讲寺记碑	杨维桢撰	元至正二十四年（1364年）	崇祯《松江府志·寺观》
	寿安讲寺栖云楼记碑	杨维桢撰	元代（1271—1368）后期	嘉庆《松江府志·艺文志·金石类》
	重修兴圣教寺宝塔记碑	心泰撰	明永乐十三年（1415年）	崇祯《松江府志·寺观》
	重建普照寺记碑	黄翰撰	明正统七年（1442年）	崇祯《松江府志·寺观》
	西禅寺白龙潭记碑	黄平撰	明正统九年（1444年）	崇祯《松江府志》

（续表）

留存状况	碑名	撰（书）记人（立碑者）	时间	存处或碑记、碑名出处
碑佚记存者	昭庆禅寺钟楼记碑	钱溥撰	明景泰四年（1453年）	崇祯《松江府志·寺观》
	西林大明禅寺毗卢阁记碑	钱溥撰	明天顺七年（1463年）	明正德《松江府志·寺观》
	重建宣妙寺碑记	钱溥撰	明成化七年（1471年）	《青浦县志·寺观》
	重修普照寺记碑	张鎣撰	明弘治六年（1493年）	嘉庆《松江府志·寺观》。松江区博物馆藏有拓片
	普宁寺重修记碑	何良俊撰	明嘉、隆年间（1522—1572）	嘉庆《松江府志·寺观》
	慧日寺记碑	董其昌撰	明万历三年（1575年）以后	《青浦县志·寺观》
	重修本一禅院记略碑	沈宗敬撰	清康熙三十五年（1696年）	嘉庆《松江府志·名迹志·寺观》
	逝多林碑记略	超凡撰	清康熙三十九年（1700年）	民国《华娄续志残稿》
	重修普照寺记碑	王顼龄撰	清雍正三年（1725年）	嘉庆《松江府志·寺观》
	重修超果寺大殿记碑	黄之隽撰	清乾隆八年（1743年）	嘉庆《松江府志》
	重建西林禅寺山门记碑	陈廷庆撰	清嘉庆十七年（1812年）	嘉庆《松江府志·名迹志·寺观》
	重修芦隐庵记碑	许衢撰	清道光十四年（1834年）	民国《华娄续志残稿》
	重修水月禅院碑	张庆瑗撰	清道光十四年（1834年）	民国《华娄续志残稿》
	重修李塔延寿寺记碑	仇炳台撰	清咸丰年间（1851—1861）	光绪《娄县续志·祠祀》
	重修普照讲寺碑	袁昶撰	清光绪二十年（1894年）	民国《华娄续志残稿》
	新建潮梵禅院集贤堂记碑	许绠修撰	清宣统元年（1909年）	民国《华娄续志残稿》
	积善堂三僧合塔幢刻石		年代不详	现藏松江区博物馆

（续表）

留存状况	碑 名	撰（书）记人（立碑者）	时 间	存处或碑记、碑名出处
仅存碑名者	《施茶庵记》碑	僧善启跋撰	唐贞观年间（627—649）立	旧碑已损，时重摹入石。康熙《松江府志》
	方广寺石幢残字		唐咸通六年（865年）	嘉庆《松江府志》
	《船子和尚拔櫂歌》碑	吕益柔撰	北宋大观四年（1110年）	嘉庆《松江府志》
	大唐禅寺古碑	僧法宁凿地所得	南宋绍兴年间（1131—1162）	旧存北禅寺。光绪重修《华亭县志》
	《圆通禅院部颁公据》碑	僧如霑立石	南宋开庆元年（1259年）	民国《华娄续志残稿》
	《普光王寺铸造钟记》碑	汝勋撰	南宋咸淳五年（1269年）	嘉庆《松江府志》
	《黄泥寺》碑		南宋咸淳年间（1265—1274）	嘉庆《松江府志》
	《松江府礼（李）塔延寿院记》碑	钱大信撰张倩书	元至大元年（1308年）	民间《华娄续志残稿》
	《普照寺千佛水陆院记略》碑	牟巘撰	元至大二年（1309年）	《松江宗教志稿》（草）
	《东报德忏院记》碑	牟巘撰	元至大年间（1308—1311）	《松江宗教志稿》（草）
	《延寿院记》碑	钱有信撰	元至大年间（1308—1311）	嘉庆《松江府志》
	《延寿院常住田地记》碑	僧愚庵立石	元延祐三年（1316年）	民国《华娄续志残稿》
	《福善教寺记》碑	邓起吟撰	元顺帝至元年间（1335—1340）	嘉庆《松江府志》
	《兴圣寺钟铭》	僧正印撰	元至正十年（1350年）	嘉庆《松江府志》
	《大北庵长明灯记》碑		元至正十三年（1353年）	嘉庆《松江府志》
	“清夏”两字石刻	幻住老人（即中峰禅师）自书	元末	原存云峰寺，后移龙门寺，时存万年堂
	“古太毫泉”井栏石刻	中峰禅师题		时存大北庵。民国《华娄续志残稿》
	超果寺《重兴寺记略》	杨维桢撰		时存超果寺。《松江宗教志稿》（草）

（续表）

留存状况	碑　名	撰(书)记人(立碑者)	时　间	存处或碑记、碑名出处
仅存碑名者	东禅寺《清溪亭记略》碑	杨维桢撰		时存东禅寺。《松江宗教志稿》(草)
	《云峰寺记略》碑	杨维桢撰		时存本寺。《松江宗教志稿》(草)
	《灵感观音文》(一各镜光碑)	杨维桢撰并书		在超果寺。康熙《松江府志》
	《永乐大典大藏经》碑	僧善启	明永乐七年(1409年)	在延庆寺。光绪《松江府续志》
	禅定寺《重建圆通殿记》碑	钱溥撰	明正统六年(1441年)	《上海宗教志》
	禅定寺《重建山门记》碑	张宗撰	明正统十一年(1446年)	《上海宗教志》
	《重建瑞应教院记》碑	僧文豳立石，钱溥撰	明成化五年(1469年)	时存小北庵。民国《华娄续志残稿》
	《重建宣妙讲寺记》碑	钱溥撰	明成化七年(1471年)	《松江宗教志稿》(草)
	《鼎新圆通宝殿记》碑	钱溥撰		在禅定寺。光绪《松江府续志》
	《龙潭西禅兴福禅寺重建四大天王殿题名记》碑	东海翁撰	明成化十四年(1478年)	时存本寺。民国《华娄续志残稿》
	《超果寺重建观音殿记》碑	钱溥撰 陈浩书	明成化十四年(1478年)	光绪《松江府续志》
	《西禅寺重建天王殿记》碑	张弼撰并书	明成化十四年(1478年)	光绪《松江府续志》
	《重修超果寺记》碑	夏寅撰 张悦书	明成化十八年(1482年)	光绪《松江府续志》
	《重建小昆山观音殿记》碑	曹时中、扬言、韩鼐书	明弘治十八年(1505年)	时存本寺。民国《华娄续志残稿》
	罗汉井铭	都纲一峰撰	明嘉靖十五年(1536年)	嘉庆《松江府续志》
	《龙潭寺无著和尚安禅说公案疏》	陆树声题	明嘉靖四十一年(1562年)	时存本寺。光绪《松江府续志》
	《观音大士像石刻》	陆树声题		时存湛然禅院。民国《华娄续志残稿》
	《龙潭寺经藏记》碑	方道成撰 董宣阳书	明隆庆元年(1567年)	时存本寺。光绪《松江府续志》

（续表）

留存状况	碑 名	撰（书）记人（立碑者）	时 间	存处或碑记、碑名出处
仅存碑名者	《六磊庙义田记》碑	张凤翔撰	明万历六年（1578年）	光绪《重修华亭县志》
	智空禅师塔铭	徐阶撰	明万历十一年（1583年）	在超果寺。光绪《松江府续志》
	《董其昌临颜真卿多宝塔》碑	董其昌书	明万历二十九年（1601年）	今存董文敏祠。光绪《松江府续志》
	《兴福寺法云堂四世塔铭》	陆应阳书	明万历三十三年（1605年）	时存西禅寺。光绪《松江府续志》
	聚沙功德题额石刻	董其昌题	明万历三十八年（1610年）	时存兴圣塔院。民国《华娄续志残稿》
	佛顶尊胜总持经咒石刻	金时通书 顾如志镌	明万历三十八年（1610年）	勒于兴圣塔院。民国《华娄续志残稿》
	《重修礼（李）塔记》碑	钱龙锡撰	明万历三十九年（1611年）	时存本寺。民国《华娄续志残稿》
	《重修礼（李）塔记》碑	钱大复撰	明万历三十九年（1611年）	时存本寺。民国《华娄续志残稿》
	《方明府重修郡西李塔德政记》碑	钱龙锡撰 杨汝成书 僧普亮立石		时存本寺。民国《华娄续志残稿》
	《重修跶堰庵大雄宝殿增构圆通殿梵音堂记》碑	陆彦章撰	明万历四十七年（1619年）	《上海宗教志》
	《本一禅院慧日堂记》碑	陈继儒撰	明天启四年（1624年）	嘉庆《松江府志》
	影壁	章台鼎跋	明崇祯二年（1629年）	时存超果寺。光绪《松江府续志》
	准提菩萨真言石刻	董其昌书，陈继儒、李明睿、秦镜题记	明崇祯八年（1635年）	时存泗泾镇。民国《华娄续志残稿》
	《超果寺重建一览楼记》碑	章台鼎撰 周裕度书	明崇祯十年（1637年）	时存本寺。民国《华娄续志残稿》
	《茶庵记》碑	单恂撰 李世祺书	明崇祯十五年（1642年）	时存外茶亭。民国《华娄续志残稿》
	《祝允庵义田记》碑	智光书	明崇祯十五年（1642年）	光绪《重修华亭县志》
	《重修本一禅院记》碑	李凌云撰 冯明玠书	明崇祯十六年（1643年）	时存大北庵。民国《华娄续志残稿》

（续表）

留存状况	碑　名	撰（书）记人（立碑者）	时　间	存处或碑记、碑名出处
仅存碑名者	《五宗严统》碑	僧通容		在九峰寺。光绪《松江府续志》
	北禅寺《重修寺记略》碑	沈恺撰	明代（1368—1644）	时存北禅寺。光绪《松江府续志》
	《西林禅院圆应塔记》碑	僧弘道撰		在九峰寺。光绪《松江府续志》
	《贞静庵记》碑	陆光祖撰	明代（1368—1644）	在九峰寺。光绪《松江府续志》
	行书《心经》	党以平书 陆树声跋	明代（1368—1644）	时存西禅寺。光绪《松江府续志》
	《禅定寺山门记》碑	张宗熙撰	明代（1368—1644）	在九峰寺。光绪《松江府续志》
	重修兴圣塔院记	朱孔阳书	明代（1368—1644）	乾隆《松江府志》
	龙潭西禅兴福禅寺重修佛殿题名记		清顺治十五年（1658年）	时存本寺。民国《华娄续志残稿》
	《超果寺藏经记》碑	施洪烈撰 曹思邈书	清康熙五年（1666年）	光绪《松江府续志》
	《重修会隆庵记》碑	沈荃撰并书	清康熙十四年（1675年）立石	时存新桥镇。民国《华娄续志残稿》
	三祇大师像石刻	孙寂闻、勒上方、陈继儒撰像赞	清康熙十五年（1676年）	时存示应庵。民国《华娄续志残稿》
	《示应庵祖堂铭（并序）》碑	琅琊王瑞国题，藻里园书	清康熙十五年（1676年）	时存本庵。民国《华娄续志残稿》
	《弘润庵助田记》碑	张若羲撰 陆启凤书	清康熙十六年（1677年）	时存南门外茶亭。民国《华娄续志残稿》
	《重修超果禅堂记》碑	鲁超撰 冯守真书	清康熙二十三年（1684年）	时存本寺。民国《华娄续志残稿》
	小昆山白驹泉题额		康熙四十四年（1705年）康熙帝“奎光烛泖”御碑亭之左	时存泗州塔院。民国《华娄续志残稿》
	《募建大悲阁文昌殿并供僧田》碑	僧明徵月如氏撰	清康熙四十五年（1706年）	时存外馆驿，三官堂石枋下。民国《华娄续志残稿》
	《超果寺堂斋僧田碑小引》	释圆信、冯守真等撰	清康熙四十八年（1709年）	时存本寺。民国《华娄续志残稿》

（续表）

留存状况	碑　名	撰(书)记人(立碑者)	时　间	存处或碑记、碑名出处
仅存碑名者	《重修兴圣寺钟楼方塔》碑	杨瑄撰并书	清康熙五十九年（1720年）	时存本寺。民国《华娄续志残稿》
	《湛然禅院》碑	王顼龄撰 王舜龄书	清康熙六十一年（1722年）	时存本院。民国《华娄续志残稿》
	示应庵《奉给碑帖》		清康熙年间（1662—1722）	时存本庵。民国《华娄续志残稿》
	《细林陈氏舍田记》碑			时在细林山寺。康熙《松江府志》
	康熙御书《心经》碑		清康熙年间（1662—1722）	同治六年(1867年)移禅定寺。乾隆《华亭县志》
	《重修普照寺记略》碑	王顼龄撰	清雍正三年（1725年）	《松江宗教志稿》(草)
	重修佛字桥捐银勒石		清雍正七年（1729年）	民国《华娄续志残稿》
	《奉宪立药师庵》碑	僧慎旃立石	清雍正八年（1730年）	时存湛然禅院。民国《华娄续志残稿》
	《重修大悲阁副擔记》碑	僧苍霖撰	清雍正九年（1731年）	时存超果寺。民国《华娄续志残稿》
	《奉府批饬药师庵免赋》碑	僧慎旃刻	清雍正九年（1731年）	时存湛然禅院。民国《华娄续志残稿》
	《天马上峰(寺)记》碑	放志口成 源泉识	清乾隆元年（1736年）	时存干山。民国《华娄续志残稿》
	“吴万钟重装佛像”石刻	荷月立石	清乾隆三年（1738年）	时存礼(李)塔塔内。民国《华娄续志残稿》
	《重建李塔大雄宝殿碑记》	望日立 黄之隽撰		时存延寿院。民国《华娄续志残稿》
	《重修李塔延寿院记》碑	黄之隽撰		《松江宗教志稿》(草)
	“奉宪斜塘讯员兵丁讯口,另建营房不得潜居庙宇”勒石		清乾隆七年（1742年）	时存延寿院。民国《华娄续志残稿》
	《重修竹乡李塔庙记》碑	吴邦雪舟撰,会和周世法芷泉书	清乾隆十三年（1748年）	时存延寿院。民国《华娄续志残稿》
	《重修长兴桥碑记》	释知见立,赵万里撰,戴光清书	清乾隆四十三年（1778年）	时存小昆山。民国《华娄续志残稿》

（续表）

留存状况	碑　名	撰（书）记人（立碑者）	时　间	存处或碑记、碑名出处
仅存碑名者	《重修佛字桥记》碑	王梦文撰并书	清乾隆五十二年（1787年）	民国《华娄续志残稿》
	超果寺《重修大殿记略》碑	黄之隽撰	清乾隆年间（1736—1795）	《松江宗教志稿》（草）
	《善应庵碑记》	知县许治撰	清乾隆年间（1736—1795）	《松江宗教志稿》（草）
	《超果寺碑记》	汪大经撰并书	清嘉庆二年（1797年）	时存本寺。民国《华娄续志残稿》
	娄县示禁云鹫庵房竹树毋得变买（卖）勒石	云鹫庵住持勒石	清嘉庆十一年（1806年）	时存横云山云鹫庵。民国《华娄续志残稿》
	《重修莲花庵放生池费用记》碑		清嘉庆十一年（1806年）	时存放生池。民国《华娄续志残稿》
	《丁氏捐建龙门寺山门记》碑	住持祖耀立石	清嘉庆十五年（1810年）	时存本寺。民国《华娄续志残稿》
	马鬐禅寺塔铭			嘉庆《松江府志》
	超果寺石刻			嘉庆《松江府志》
	《龙门寺补种杉木记》碑	钦善有撰	清嘉庆十八年（1813年）	《松江宗教志稿》（草）
	《重修水月禅院记》碑	张庆瑗撰	清道光十一年（1831年）	《松江宗教志稿》（草）
	《重修李塔延寿院记》碑	仇炖肉台撰沈恬书	清同治十一年（1872年）	时存本院。民国《华娄续志残稿》
	《历年修建西禅古寺》碑	住持燮悟立	清光绪八年（1882年）	时存本寺。民国《华娄续志残稿》
	《重建北禅寺记》碑	法名妙根序	清光绪二十四年（1898年）	时存本寺。民国《华娄续志残稿》
	《湛然庵记》碑	吴廷揆撰		光绪《娄县续志》
	《重修善应庵记略》碑	陆慎余撰		《松江宗教志稿》（草）
	龙门寺《大悲阁记》碑	王家璧撰		《松江宗教志稿》（草）
	《建钟寺修塔记》碑	王原撰		时存秀道者塔。《松江宗教志稿》（草）
	《静芳庵记略》碑	韦光黻撰	清代（1644—1911）	时存新浜江家堰。《松江宗教志稿》（草）

说明：已列为词目的碑刻不列入表内。

松江历代湮没的道教场所一览表

道观名称	所处位置	创建时间(创建人)	历史大事　圮废时间	出　处
二俊祠	在松江府学东庑		“二俊”为晋陆机、陆云。亦称“二陆祠”。南宋端平年间(1234—1236)废,元世祖至元年间(1264—1294),重建又废	明《寰宇通志》
真圣庙	在府治西垣外	宋元间建	明永乐年间(1403—1424)初,郡人孟仲经置地益之。天顺年间(1457—1464),知府叶冕重修。居民祷祀,有飞鹤翔舞之异	正德《松江府志·华亭县》
真武庙	在城北九里亭今沈泾塘边	宋元之间建	明永乐年间(1403—1424)初,郡人孟仲经扩建。天顺年间(1457—1464),知府叶冕重修。清乾隆年间(1736—1795),里人顾佐重修。有碑记	《方松街道志》
施相公庙	在叶榭镇东勤村	相传始建于南宋末年	民国初已无	《叶榭镇志》
灵真道院	在华亭县金家巷	元世祖至元年间(1264—1294)末,郡人建		正德《华亭县志》
真靖道院	在府西北普照寺后		俗称“道堂”	至元《嘉禾志》
玉清观	在钟贾山	元大德六年(1302年),道士曹绍武建		《佘山镇志》
真武庙	在叶榭镇上	始建于元代	明时盛,清则渐衰。民国初已无	《叶榭镇志》
谷神道院	在府南五里	明洪武四年(1371年),道士陈仁常建	正德年间(1506—1521)已废。	正德《松江府志·华亭县》
糜公庙	在三十八保图一区,今广富林西	明洪武年间(1368—1398)初建	祀土神	《方松街道志》
北山道院	在府治北			正德《松江府志·华亭县》
圣妃宫	在松江府南仙鹤观侧			正德《松江府志·华亭县》
泰山行宫	在松江府西门外跨塘桥西	嘉靖十五年(1536年),道士陆铖建	号“圣母庙”	崇祯《松江府志·华亭县》
三星堂	在凤凰山通波塘	明嘉靖年间建	亦称“陶庙”。祀陶宗仪	《佘山镇志》

（续表）

道观名称	所处位置	创建时间(创建人)	历史大事 圮废时间	出　处
镇海侯庙	在西塔弄内黄家潭	明嘉靖年间(1522—1566)建	解放前已毁	《岳阳街道志》
关帝庙	在新浜湾良泾自然村	明末清初建	占地400平方米,1963年拆除	《新浜镇志》
城隍行庙	在天马山朝真道院西侧	明崇祯十一年(1638年),朱永佑建		《佘山镇志》
西来庵	在张泽镇	明潘栋建	旧称“忠义庙”。张惿有记	光绪《重修华亭县志》
武帝庙别庙	在叶榭镇西市	明杨允绳重建		光绪《重修华亭县志》
萧王太子庙	在华亭县张公道桥东			崇祯《松江府志·华亭县》
萧王太子庙别庙	在华亭县东门兵马司西			崇祯《松江府志·华亭县》
萧王太子庙别庙	在华亭县五里塘上			崇祯《松江府志·华亭县》
萧王太子庙别庙	在华亭县治西北二十步			崇祯《松江府志·华亭县》
修真道院	在干山	清康熙年间(1662—1722)初,提督总兵官黄之鼎建		乾隆《娄县志》卷十
寿国禅林	在披云门内		清康熙十一年(1672年),提督杨捷崇奉玉皇于其中	光绪《重修华亭县志》
蓬溪道院	在今松江上海市农校内	清康熙十四年(1675年)建	即“斗姆阁”,乾隆四十二年(1777年)重建。1949年前已毁	《岳阳街道志》
斗姥阁	在横云山顶	清康熙年间(1662—1722),邑人王鸿绪建		乾隆《娄县志》卷十
护顺王庙	在谷阳桥左	清雍正十二年(1734年)建	嘉庆十八年(1813年)重建,1949年前已毁	《岳阳街道志》
刘猛将军祠	在集仙宫	清乾隆三年(1738年),知县黄建中建		《嘉定县志》
刘猛将庙	在集仙门外	清乾隆四年(1739年)建	乾隆五十一年(1786年),知县谢庭薰重修	民国《华娄续志残稿》
杨侯庙别庙	在钱明宫故址,西偏为崇德道院		清乾隆三十四年(1769年),蔡鸿业重修改建	民国《华娄续志残稿》

（续表）

道观名称	所处位置	创建时间（创建人）	历史大事　圮废时间	出　处
火神庙	在县治西南祈雪街	清乾隆三十七年（1772年）建	岁以六月廿三日致祭	民国《华娄续志残稿》
火神庙	在西门外里馆驿	清乾隆三十八年（1773年），知县纪澄中建		民国《华娄续志残稿》
痘神庙	在北门外统管弄南	清同治十三年（1874年）重建		民国《华娄续志残稿》
仙山道院	在松江府东南寒字圩又名仙水堂			乾隆《华亭县志》
里社行祠	在城西林庵左	清乾隆年间（1736—1795）盛渭珍捐地募建	咸丰年间（1851—1861）毁于兵。光绪年间（1875—1908）初，里人陆宿海募建 俗称“斗姥阁”	光绪《重修宝山县志》
竺西禅院	在新桥镇新泾口	兴建年代无考		乾隆《华亭县志》
施相公庙	在城东紫霞宫西			乾隆《华亭县志》
文帝庙别庙	在张泽镇东隐禅院	清嘉庆十年（1805年）建	旧称“彭家庙后”	民国《华娄续志残稿》
萧王庙	在旧府城华亭县治址的永安桥侧	清嘉庆十七年（1812年）重建	“文化大革命”时拆除	《九亭镇志》
龙王庙	在白龙潭西禅寺内		原为崔府君庙。清嘉庆九年（1804年），知府郑济焘改建	民国《华娄续志残稿》
小寅村庙	在盘龙塘西岸王山芽宅南	清道光十三年（1833年）建	1966年拆除，建为小学	《九亭镇志》
小宣村庙	在盘龙塘西岸俞家桥正北	清道光十三年（1833年）建	1966年拆除，翻建小学	《九亭志》
星主堂	在松江西门外斜桥北		亦称“星主殿”。清道光二十八年（1848年），陈敬白从祭江亭移纯阳像供奉于此	民国《华娄续志残稿》
关帝庙	在西贤油墩港口	清咸丰八年（1858年）建	一间五架梁。1952年拆除	《小昆山镇志》
兴福庙别庙	在华亭县北门外北市桥西		即“古三神庙”。清同治元年（1862年）毁	光绪《华亭县志》
将军庙	在佘山镇原将军村	太平天国年间（1851—1864）建	民国初被毁	《佘山镇志》
白庙	在小昆山镇徐春塘	清同治七年（1868年）建	有前后二埭。1956年拆除	《小昆山镇志》

（续表）

道观名称	所处位置	创建时间(创建人)	历史大事　圮废时间	出　处
吕祖祠别庙	在白龙潭登龙桥下	清同治十三年(1874年)修		光绪《松江府续志·娄县》
萧王庙别庙	在通津桥北		清光绪年间(1875—1908)已圮	光绪《华亭县志》
天后宫	在西门外白龙潭北		殿前有池一方,西与福庵毗连	民国《华娄续志残稿》
龙王庙	在泖港镇湾巷村横潦泾边	清光绪十年(1884年)建	1958年拆除	《泖港镇志》
小武当	在西门外黄家石桥北	清光绪十六年(1890年)里人重建		《石湖荡镇志》
相王庙	在相王庙村	清光绪十七年(1891年)建	有三间七架梁。1959年拆除	《小昆山镇志》
东关帝庙	在新桥镇东梢		亦称“凌云寺”。清光绪二十一年(1895年)重修。1949年后改建成学校	《新桥镇志》
瞿真人庙	在南门内龙门寺北,初在普照寺南周公堂旧址	清光绪二十二年(1896年),湖南人唐姓者集资创建		民国《华娄续志残稿》
太岁庙	在府城隍庙大门内	清光绪三十一年(1905年),知府戚杨重建		《上海府县旧志丛书·松江县卷》
公输子庙别庙	在西门外长桥南,陈家墙门东		清光绪三十一年(1905年),包松廷等重建,为匠业公所	民国《华娄续志残稿》
文帝庙别庙	在华亭试院河南小青龙河上		清光绪三十一年(1905年)改建怀新高等小学。1912年设县议会。1914年设乙种师范。1916年设艺徒学校	民国《华娄续志残稿》
三官堂	在五厍兴旺村蒋阿埭队	清光绪年间(1875—1908)建	亦称“藕溪庵”。前后埭三间两厢房。1970年拆毁	《泖港镇志》
公输子庙	在东门外钱明宫西			光绪《华亭县志》
吕祖庙别庙	在新桥镇			光绪《华亭县志》
兴福庙	在华亭县赵店土地庙西		相传即旧城隍庙址。祀水、火二神,1913年重修	光绪《华亭县志》
兴福庙别庙	在华亭县庄老桥		即古花梁庙	光绪《华亭县志》
兴福庙别庙	在华亭县艾家桥东		即丁壬宫	光绪《华亭县志》

（续表）

道观名称	所处位置	创建时间(创建人)	历史大事　圮废时间	出　处
兴福庙别庙	在华亭县蓬莱桥			光绪《华亭县志》
兴福庙别庙	在华亭县试院东			光绪《华亭县志》
城隍庙	在大仓桥西，仓桥弄内	清光绪年间(1875—1908)重修	即西城隍庙。民国时，市立第十二国民学校设此	民国《华娄续志残稿》
施相公庙别庙	在东门外起云桥	建废年代不详		光绪《华亭县志》
萧王庙别庙	在华亭县三十六保三十图			光绪《华亭县志》
清宁道院	在县南徐家桥侧		清光绪年间(1875—1908)废	光绪《华亭县志》
潮里浜庙	在松江里浜(曹里浜)处，原庙前有渡口(聚庆渡)	始建无考	民国初被毁	《方松街道志》
公输子庙别庙	在普照寺南		清宣统年间(1909—1911)，里人重建头门	民国《华娄续志残稿》
三官堂	在九亭泾诸家，小涞港沿岸	建于清代(1644—1911)	有房7间，供三官老爷	《九亭镇志》
关帝庙	在角钓湾小镇	建于清代(1644—1911)	25平方米，1958年拆除	《新浜镇志》
显应庙	在泖港镇东首		清末，厘卡局借设庙内。1937年被日军焚毁	《泖港镇志》
胡公祠	在松江府学西		祀元代教授胡存遵	清《大清一统志》
文帝庙别庙	在华亭广明桥弄内，火神庙左		1914年改设平民习艺所	民国《华娄续志残稿》
土地祠	在西塔弄内、小云台对门	1915年，里人重修		民国《华娄续志残稿》
张相公庙	在泗泾镇小长村赵家生产队	建于民国初	“人民公社化”运动中被毁	《中华佛教寺院名胜大典》(上海卷)

（续表）

道观名称	所处位置	创建时间（创建人）	历史大事　圮废时间	出　处
文乐道院	在中山西路	民国初，绍兴帮道士创建		《上海宗教志》
三元宫	在南门外大桥			民国《华娄续志残稿》
三官堂	在李塔明王庙侧		已圮，仅存四壁	民国《华娄续志残稿》
六里庙	在松江新桥乡梵廿二图沙家桥		系庙界城隍，有屋10余间	民国《华娄续志残稿》
刘猛将庙别庙	在斗富浜	建置年月无考	其侧有三元宫	民国《华娄续志残稿》
刘猛将庙别庙	在娄县官绍乡四十保十三图长溇东纤泾			民国《华娄续志残稿》
刘猛将庙别庙	在娄县官绍乡四十保十四图			民国《华娄续志残稿》
刘猛将庙别庙	在娄县官绍乡四十保十一图坛头阁			民国《华娄续志残稿》
刘猛将庙别庙	在娄县官绍乡四十保十一图西陆家库			民国《华娄续志残稿》
刘猛将庙别庙	在娄县官绍乡四十保十二图梅家浜			民国《华娄续志残稿》
刘猛将庙别庙	在松江新桥乡梵廿五图			民国《华娄续志残稿》
刘猛将庙别庙	在松江新桥乡十字三图		庙内所塑神像较他处为大，故俗呼“大猛将”	民国《华娄续志残稿》
杨侯庙别庙	在南放生桥			民国《华娄续志残稿》
城隍庙	在叶榭乡八保二十图		系华亭城隍庙别庙，俗称“罗许庄庙”	民国《华娄续志残稿》
靖江王庙别庙	在白龙潭西禅寺后大门南			民国《华娄续志残稿》

（续表）

道观名称	所处位置	创建时间（创建人）	历史大事　圮废时间	出　处
三官堂	在叶榭团结村杨家坟队		1937年日军入侵后烧毁，1944年重建。1958年毁	《叶榭镇志》
三官堂	在叶榭兴达村蒋家场		房8间，毁于全面抗战期间	《叶榭镇志》
西三官堂庙	在叶榭民立村	创建年代不详	1949年前后关停	《上海宗教通志》
三元宫	在广富林镇北三十八保三十一图良圩		祀尧舜禹	民国《青浦县续志》
华佗仙庙	在马路桥南	始建年代不详	亦称"野三官堂"。1949年前已毁	《岳阳街道志》
三官堂	在五库四渡浜田北队	始建年代不详	有房屋6间。1977年拆除后埭，前埭改设代销店，1958年"破四旧"时被拆除	《泖港镇志》
三官堂	在斜泾村老张泽塘外口		有和尚1人，房屋5间。1965年拆除	《松江县志》
三官堂	在叶榭南新庄漯水渡口，团结村横浜队		供施相公和王灵官像。长期为供渡人憩息之所，解放前毁	《叶榭镇志》
大猛将庙	在新浜庙浜村石家队		现虽庙宇已毁，但仍有不少信徒在原地烧香	《新桥镇志》
五圣灵官庙	在府衙后、县衙内		毁因不详	《中山街道志》
六磊庙	高桥村庙前生产队			《车墩镇志》
关帝庙	在城内钱家桥		毁因不详	《中山街道志》
关帝庙	在南禅寺右		废圮年代不详	《中山街道志》
关帝庙	在富家弄内	始建年代不详	1949年前已毁	《岳阳街道志》
关帝庙	在松江塔桥头	始建年代不详	1949年前已毁	《岳阳街道志》
关帝庙	在五库（今泖港镇）徐库村南黄队			《泖港镇志》
杨爷殿	在辰山街道街面上		有庙房一间。1949年后拆除	《佘山镇志》
财神庙	在松江府城西南（县府路之西）杨家桥		毁于兵事	《中山街道志》

（续表）

道观名称	所处位置	创建时间（创建人）	历史大事　圮废时间	出　处
财神庙	在松江青松石	始建年代不详	1949年前已毁	《岳阳街道志》
财神庙	在五库（今泖港）黄桥集镇	始建年代不详		《泖港镇志》
城隍庙	在新浜镇方家哈村		四开间，前后三埭。1949年后庙堂改为小学，80年代拆除	《新浜镇志》
草庵	在石湖荡新姚村		解放初期拆除另作他用	《松江县志》
施王庙	在城内秀水浜	始建年代不详	1949年前已毁	《岳阳街道志》
萧王庙	在九亭姚家角田村		有房14间，供蕲王像。“文化大革命”时拆除	《九亭镇志》
猛将庙	在洞泾镇百鸟村	始建不详		《中华佛教寺院名胜大典》（上海卷）
梁皇庙	在南场村何家桥东	始建年代不详	原有建筑11间，已拆除	《新桥镇志》
痘神庙	在北门口	始建毁废年代不详		《中山街道志》
回龙庙	在泖港镇腰泾桥南首		1957年拆除改作会场，周围有银杏树4棵，1975年砍去1棵，现存3棵，有三四百年树龄，列为上海市市级文物保护单位	《泖港镇志》
十字庙	在新桥乡庙浜村4队		中塑城隍像。有屋17间，分前后两进。1958年前埭被拆除，其余在1980年改为大队饲料厂。2004年该地被龙工集团征用	《新桥镇志》
六神庙	在松江五库田黄村杨西队	始建年代不详	有房屋一间。1958年“破四旧”时被拆毁	《泖港镇志》
史相公庙	在新桥镇陆家浜村李家队	始建年代不详	1958年拆除	《新桥镇志》
关帝庙	在叶榭镇镇南，今种畜场处		有房屋14间。1958年拆除	《松江县志》
关帝庙	在五库（今泖港镇）曙光村西首	始建年代不详	1958年被拆毁	《泖港镇志》
关帝庙	在五库茹塘村浜自然村	始建年代不详	1958年“大跃进”时拆除	《泖港镇志》

（续表）

道观名称	所处位置	创建时间（创建人）	历史大事　圮废时间	出　处
红庙	在五库（今泖港镇）曙星大队	始建年代不详	有房屋3间。1958年“破四旧”时被拆毁	《泖港镇志》
杨老太庙	在五厍镇戚家埭自然村	创建年代不详	1958年“大跃进”时拆除	《泖港镇志》
财神庙	在泖港徐村队		1958年“大跃进”时拆毁	《泖港镇志》
财神庙	在新浜彭家村自然村		1958年拆除	《新浜镇志》
张泖塘庙	在新浜西古村东		1958年拆除	《新浜镇志》
城隍庙	在五厍（今泖港镇）兴旺村		亦称“五舍明王庙”，房屋13间。1958年“大跃进”时分三次拆除	《泖港镇志》
城隍庙	在五厍（今泖港镇）茹塘村	创建年代不详	1958年“大跃进”时拆除	《泖港镇志》
城隍庙	在小昆山镇		1958年神像毁，庙改为养羊场。1961年改建打铁工场。1973年划归松江县林场，庙宇渐被拆除	《小昆山镇志》
施公庙	在张泽瑞安桥西，今种子场村处		俗称“南大桥庙”。1958年“人民公社化”时拆除	《张泽志》
猛将庙	在新桥庙浜村11队		由蒋顺虎看庙，1958年拆除	《新桥镇志》
关帝庙	在石湖荡镇圆泄泾河南，洙桥村北端		一埭三开间。1964年拆除	《中华佛教寺院名胜大典》（上海卷）
杏姑庙	在五厍（今泖港镇）兴旺村西娄队	创建年代不详	有房屋一间。1970年拆毁	《泖港镇志》
孟将庙	在五厍（今泖港镇）兴旺村南泖自然村	创建年代不详	1970年拆毁	《泖港镇志》

说明：已列为词目的场所不列入表内。

松江历代道教知名道士一览表

姓名	所处时代	字、号	籍贯	主要事迹	资料出处
叶太真	宋代			南宋绍兴三十一年(1161年),复建仙鹤观	正德《松江府志·华亭县》
陆景微	宋代			南宋宝庆二年(1226年),创建谷水道院	《上海道教碑刻资料集》
余子善	宋代			南宋淳祐八年(1248年),建龟蛇庙	《上海道教碑刻资料集》
曹绍武	元代			元大德年间(1297—1307),建玉清观	嘉庆《松江府志》
叶云	元代			元顺帝至元年间(1335—1340),建施水庵	正德《华亭县志》
李德安	元代			元至正三年(1343年),复建蓬莱道院	《上海道教碑刻资料集》
王玄静	元代			元至正十二年(1352年),建盟素道院	崇祯《松江府志·华亭县》
吴蟾友	元代			元至正十二年(1352年),建盟素道院	崇祯《松江府志·华亭县》
吴大亨	元代			元至正年间(1341—1368),重修仙鹤观府	正德《松江府志·华亭县》
陈玉琳	元代			仁济道院住持,建高王祠	《上海道教碑刻资料集》
张守玄	元代			元至正年间(1341—1368),建佑圣道院	崇祯《松江府志·华亭县》
陈仁常	明代			明洪武四年(1371年),建谷神道院	正德《松江府志·华亭县》
金志信	明代			明洪武十三年(1380年),重修蓬莱道院	正德《华亭县志》
杨德举	明代			明洪武十九年(1386年),重修朝真道院	崇祯《松江府志·华亭县》
叶云谷	明代			明洪武二十年(1387年),增修谷水道观	嘉庆《松江府志》
李朝阳	明代			明成化十九年(1483年),改建蓬莱道院	《上海道教碑刻资料集》
徐宗盛	明代	号东隐道人		明正统十一年(1446年)至景泰二年(1451年),重修龟蛇庙	《上海道教碑刻资料集》
李志道	明代			明正统十二年(1447年),来灵顺宫主其祀事。景泰至成化年间(1450—1487),任松江府道纪司道纪	《上海道教碑刻资料集》

（续表）

姓名	所处时代	字、号	籍贯	主要事迹	资料出处
张允真	明代			明天顺七年（1463年），建云西堂	正德《松江府志华亭县》
王大经	明代			明成化五年（1469年）旱，重修盟素道院	崇祯《松江府志·华亭县》
王惟端	明代			明成化五年（1469年），重修盟素道院	崇祯《松江府志·华亭县》
陆用初	明代			明成化八年（1472年），建钟鼓楼及外山门	《上海道教碑刻资料集》
江守澄	明代			明成化十九年（1483年），重修道院真武正殿	正德《华亭县志》
黄碧牕	明代			与里人冯骥重建谷水道观	正德《华亭县志》
薛头陀	明代			曾任石塘裨将。后弃官学道。明嘉靖三十三年（1554年），隐松城	嘉庆《松江府志》
卫大溥	明代			明嘉靖年间（1522—1566）初，重修蓬莱道院	《上海道教碑刻资料集》
丁盛周	明代			明万历三十年（1602年）前后，任松江府道纪司	《上海道教碑刻资料集》
陈景芳	明代			重修玄元道院	崇祯《松江府志·华亭县》
陆允中	清代			清初，始迁仙鹤观于府南朝真桥东，府道纪司所在	正德《松江府志·华亭县》
赵熙明	清代			谷水道院住持。清康熙十年（1671年），构道院三茅堂。曾得庄亲王赐"得一以盈"额	《上海道教碑刻资料集》
张尔宿	清代			正阳道院住持。清康熙二十一年（1682年）改道院大门南向为东向	
胡清臣	清代			清康熙年间（1662—1722），住江湾镇景德观，善五雷镇法	光绪《重修宝山县志》
王声万	清代			清乾隆五年（1740年），建斗姆阁。十四年，重修大殿。十六年，拓建两庑。置田200余亩	嘉庆《松江府志》
赵临谷	清代			王声万之师。清乾隆五年（1740年）以前任松江谷水道院住持	《上海道教碑刻资料集》
闵冲震	清代			城隍庙道士。清乾隆三十年（1765年）后在世。性孝，博识，善宋体字，能弈，嗜酒	《上海宗教史》

（续表）

姓名	所处时代	字、号	籍贯	主要事迹	资料出处
姚科钰	清代	字芝山		松江城隍庙道士。清乾隆三十年（1765年）亢旱，设坛庙，园法行即卒，年八十	嘉庆《松江府志》
曹汉冲	清代	字念劬		清乾隆三十年（1765年）前居城隍庙，通经藏，以符水祛疫疠，甚灵	嘉庆《松江府志》
邬叙祥	清代			清乾隆三十九年（1774年）时任松江府道纪	
戴儒珍	清代			清乾隆四十五年（1780年），募建蓬莱道院梓潼阁	光绪《华亭县志》
薛冷云	清代			清乾隆四十六年（1781年），重修庙宇	嘉庆《松江府志》
何丹山	清代			清嘉庆十八年（1813年），募建蓬莱道院利济侯后殿	光绪《华亭县志》
龚汉玉	清代			居细林山中。清嘉庆年间（1796—1820）大旱，祷雨立应	
曹昉	清代	字耕云		居神辰山。能诗，喜藏书	嘉庆《松江府志》
世清	清代			清光绪十年（1884年），重修财神庙	民国《华娄续志残稿》
孙楚卿	清代			清光绪十四年（1888年），住持火神庙	民国《华娄续志残稿》
江通恩	清代	号问渠		居谷水道院。道貌俨肃，泊然无营，治祟多神应。年近八十卒	光绪《华亭县志》
孙以达	清代			清光绪年间（1875—1908），修天王堂	光绪《重修华亭县志》
胡鹤松	清代			清宣统元年（1909年），住持通波门内艾家桥北安于道院，辟关神殿于右，塑关神像供奉，并置关桥一座	民国《华娄续志残稿》
朱栋辉	清代	号晓庄	华亭人	少工诗，习举业，旋即弃去。受西河道法。著《人镜芦诗钞》	
李澄	清代			继张尔宿任正阳道院住持，并继修道院	《上海道教碑刻资料集》
曹守昉	清代			住持崇真道院。建玉皇殿	《上海道教碑刻资料集》

说明：已列为词目的道士不列入表内。

松江道教历代碑刻一览表

留存状况	碑　名	撰（书）记人（立碑者）	时　间	存处或碑记、碑名出处
碑、记俱存者	纯阳道人自写像题记刻石	王晋刻	明天启四年（1624年）	现存松江区博物馆
	唐玄宗老子像御赞刻石		清代（1644—1911）	现存松江区博物馆
	《松江府城隍庙遗址》简介碑		20世纪末	立在府城隍庙遗址上
	松江府城隍庙《照壁》简介碑		20世纪末	立在照壁旁
	松江方塔园《天妃宫》简介碑		20世纪末	立在松江方塔园内
	松江方塔园《天妃宫记》碑		2002年	立于松江方塔公园天妃宫前西侧
	松江方塔园《天妃宫妈祖记》碑		2002年	立于松江方塔公园天妃宫前西侧
	重建松江东岳庙功德记碑		2007年	在庙内东侧墙地
碑佚记存者	华亭县社稷坛记碑	钟必万撰	南宋嘉泰元年（1201年）	清康熙《松江府志・坛庙》
	佘山玉宸道院记碑	卫荣武撰	元世祖至元二十年（1283年）	明正德《松江府志・寺观》
	上海顺济庙记碑	宋渤撰	元世祖至元二十七年（1290年）	明正德《松江府志・坛庙》
	松江长春道院记碑	杨载撰	元至治元年（1321年）	明正德《松江府志・寺观》
	重修松江府社稷坛记碑	陆居仁撰	元顺帝至元二年（1336年）	清康熙《松江府志・坛庙》
	重修松江府城隍庙记碑	吴暾撰	元至正五年（1345年）	崇祯《松江府志》
	吴辅国将军复庙记碑	秦裕伯撰	元至正十五年（1355年）	明正德《松江府志・坛庙》
	修二陆祠记碑	刘子青撰	元至正年间（1341—1368）	清康熙《松江府志・坛庙》
	重修松江府城隍庙告成祭文刻石	黄平撰	明正统十年（1445年）	崇祯《松江府志》
	重修松江龟蛇庙记碑	张璹撰	明天顺七年（1463年）	明正德《松江府志・坛庙》
	松江周文襄公祠记碑	钱溥撰	明成化十六年（1480年）	明正德《松江府志・坛庙》

（续表）

留存状况	碑名	撰（书）记人（立碑者）	时间	存处或碑记、碑名出处
碑佚记存者	重修镇西将军庙记碑	夏寅撰	明成化十六年（1480年）	明正德《松江府志·坛庙》
	重修松江府城隍庙记碑	张蓥撰	明弘治二年（1489年）	崇祯《松江府志》
	重修蓬莱道院记碑	钱溥撰	明正德三年（1508年）	崇祯《松江府志·道观》
	重建唐宋忠良祠记碑	周佐撰	明正德十五年（1520年）	清康熙《松江府志·坛庙》
	陆宣公祠记碑		明正德十五年（1520年）	明正德《华亭县志·坛庙》
	蓬莱道院重修记碑	孙承恩撰	明嘉靖十一年（1532年）	崇祯《松江府志·道观》
	平寇救民方公祠记碑	冯恩撰	明嘉靖三十五年（1556年）	清光绪《重修华亭县志》
	平寇救民周公祠记碑	冯恩撰	明嘉靖三十五年（1556年）	清光绪《重修华亭县志》
	平寇救民胡公祠记碑	冯恩撰	明嘉靖三十六年（1557年）	清光绪《重修华亭县志》
	二陆祠记碑	屠隆撰	明万历八年（1580年）	清康熙《松江府志·坛庙》
	平寇救民吴公祠记碑	莫如忠撰	明万历十年（1582年）	清光绪《重修华亭县志》
	张泽乡约所忠义庙恒产记碑	张惿撰	明万历二十七年（1599年）	清光绪《张泽志·方外志·寺庙》
	方正学先生祠记碑	陈继儒撰	明万历三十九年（1611年）	清康熙《松江府志·坛庙》
	松江水次仓新建关帝庙记碑	陆应阳撰	明天启二年（1622年）	现存于灌顶禅院
	松江西仓桥关帝庙卖田重修廊房记碑	王元瑞撰	明崇祯十七年（1644年）	现存于灌顶禅院
	福顺贤德大王祠记碑	杨景范撰	明代（1368—1644）	崇祯《松江府志·道院》
	崇真道院玉皇殿记碑	梁化凤撰	清康熙二年（1663年）	光绪《青浦县志·杂志·寺观》
	杜公祠记碑	杨瑄撰	清康熙年间（1662—1722）	清嘉庆《松江府志·建置志·坛庙》

（续表）

留存状况	碑　名	撰(书)记人(立碑者)	时　间	存处或碑记、碑名出处
碑佚记存者	谷水道院记碑	沈大成撰	清乾隆七年(1742年)	嘉庆《松江府志·名迹志·寺观上》
	崇真道院记碑	沈曰富撰	清乾隆二十五年(1760年)	光绪《青浦县志·艺文》
	松江谷水道院记碑	沈大成撰	清乾隆三十一年(1766年)	光绪《娄县续志》
	松江府城隍制诰刻石	董其昌书	清嘉庆二十年(1815年)	现《神制》真迹藏于南京博物院
仅存碑名者	《福顺延德大王庙诗》	许尚	宋代(960—1279)	《松江宗教志稿》(草)
	《陆司空祠诗》	许尚	宋代(960—1279)	《松江宗教志稿》(草)
	《东岳庙行祠诗》	许尚	宋代(960—1279)	《松江宗教志稿》(草)
	《顾侍郎祠诗》	成廷珪	元代(1271—1368)	《松江宗教志稿》(草)
	《方正学先生祠记》	董其昌	明代(1368—1644)	《松江宗教志稿》(草)
	《夏周二公祠建祠记》	钱溥	明代(1368—1644)	《松江宗教志稿》(草)
	《重修龟蛇庙记》	张璚	明代(1368—1644)	《松江宗教志稿》(草)
	《二陆庙别庙记略》	陆树声	明代(1368—1644)	《松江宗教志稿》(草)
	《五先生祠记》	董宜阳	明代(1368—1644)	《松江宗教志稿》(草)
	《求忠书院记》	黄之隽	清代(1644—1911)	《松江宗教志稿》(草)
	《夏周二公祠建祠记》	鲁超	清代(1644—1911)	《松江宗教志稿》(草)
	《夏周二公祠建祠记》	康基田	清代(1644—1911)	《松江宗教志稿》(草)
	《八月十五日过白庙诗》	高不骞	清代(1644—1911)	《松江宗教志稿》(草)
	《周先生有道诗》	许维新	清代(1644—1911)	《松江宗教志稿》(草)

说明：已列为词目的碑刻不列入表内。

松江区天主教现存教产及已湮没教堂一览表

堂名	建造年份	地址	土地面积（平方米）	建筑面积（平方米）	存没状况	备注
沙江庵天主堂	清嘉庆五年（1800年）	新桥乡沙江村	666.6	158	已湮没	
五里塘耶稣升天堂	清道光十年（1830年）	五里塘生生村	5 913.27	1 825	已湮没	与生生桥圣神降临堂一起置换易地建泰晤士圣神降临堂
车墩西王天主堂	清道光二十年（1840年）	车墩乡俞塘村	1 800	322	已湮没	
贵出浜圣母圣诞堂	清道光二十年（1840年）	洞泾乡砖桥村贵出浜	333.3	203	已湮没	
廿七图圣方济堂	清道光二十七年（1847年）	叶榭乡张星村	999.9	210	已湮没	
洋泾耶稣升天堂	清道光二十七年（1847年）	张泽乡新民大队	1 333.2	396	已湮没	
砚司浜进教之佑堂	清道光二十七年（1847年）	佘山镇北部			已湮没	
廿五渡圣若瑟堂	清道光二十八年（1848年）	叶榭乡车站村	1 799.8	272	已湮没	
冯家厍圣母七苦堂	清道光二十九年（1849年）	五里塘乡新苗村	5 693.4	98	已湮没	
陆家圣多默堂	清道光三十年（1850年）	华阳桥乡洋泾村三队	1 333.2	236	现存教产	
龙叙会光荣十字圣架堂	清道光三十年（1850年）	五里塘乡五龙村	1 453.18	373	已湮没	
宋家堂	清道光三十年（1850年）	车墩乡四号桥			已湮没	
奇江村圣玛窦堂	清道光三十年（1850年）	佘山镇新奇村新建队	1 133.2	82	现存教产	
朱家村天主堂	清道光三十年（1850年）	天马乡朱家村	2 999.7	361	已湮没	拆除，移地重建天马若瑟堂（栲栳圈）
五圣渡圣西满达陡堂	清道光三十年（1850年）	张泽乡五圣渡村新华生产队	1 333.2	180	已湮没	

（续表）

堂　名	建造年份	地　址	土地面积（平方米）	建筑面积（平方米）	存没状况	备　注
金鸡浜圣方济各堂	清咸丰元年（1851年）	仓桥乡文浜村	1 333.2	200	已湮没	
黄泥泾圣西满达陡堂	清咸丰元年（1851年）	新五乡徐泾村	2 528.4	601	现存教产	
志同湾善终堂	清咸丰六年（1856年）	仓桥乡薛家村	1 333.2	276	已湮没	
防泾圣西满堂	清咸丰六年（1856年）	泗联乡联合村防南生产队	366.6	160	已湮没	
东浜天主之母堂	清同治三年（1864年）	仓桥乡盐仓村	1 259.9	243	已湮没	
金家湾圣母领报堂	清同治九年（1870年）	华阳乡长楼村	523.28	166	现存教产	
沈家库额弥尔天神堂	清同治九年（1870年）	车墩乡车站附近			已湮没	
胡家浜三王堂	清同治十年（1871年）	泗联乡青松村二队	2 493.1	576	已湮没	
田村圣五伤方济各堂	清光绪二年（1876年）	仓桥乡田村	766.59	105	已湮没	
周家宅基安德肋堂	清光绪二年（1876年）	佘山镇王孟村	666.6	172	已湮没	
小涨泾圣母无原罪始胎堂	清光绪二年（1876年）	中山街道小涨泾15—18号	3 257.7	499.7	已湮没	原属私人奉献建造
松塘圣母领报堂	清光绪五年（1879年）	佘山镇松塘村八队	666.66	139.2	已湮没	
泗泾伯多禄堂	清光绪九年（1883年）	泗泾镇开江东路86弄9号北	13 731.96	1 049	已湮没	
吴家浜露德圣母堂	清光绪十一年（1885年）	九亭镇金吴村周家	1 333.2	344	已湮没	
陆家庄圣母圣诞堂	清光绪十二年（1886年）	五里塘乡徐塘村	1 133.2	222	已湮没	
焦墩浜天主堂	清光绪十二年（1886年）	卖花桥西面			已湮没	
南横泾圣弥额尔堂	清光绪十六年（1890年）	天马乡南横村	799.9	202	已湮没	

（续表）

堂　名	建造年份	地　址	土地面积（平方米）	建筑面积（平方米）	存没状况	备　注
槐家浜圣若瑟堂	清光绪二十一年（1895年）	泗联乡联合大队	1 999.8	348	已湮没	
姚家天主堂	清光绪二十四年（1898年）	新桥乡马汤村	1 999.8	154	已湮没	
廿四图天主堂	清光绪二十六年（1900年）	叶榭乡小桥村	1 999.8	132	已湮没	
生生桥圣神降临堂	清光绪三十一年（1905年）	理塘乡			已湮没	与五里塘耶稣升天堂一起置换易地建泰晤士圣神降临堂
桃子泾天主之母堂	清光绪三十三年（1907年）	叶榭乡毛家汇村	6 666.6	135	现存教产	房屋30余楹
蔡家浜耶稣圣心堂	清宣统元年（1909年）	洞泾乡砖桥村	1 999.8	417	已湮没	
石湖荡圣方济各堂	清宣统元年（1909年）	石湖荡镇	899.9	149	已湮没	
新桥达尼老堂	1916年	新桥镇新桥	3 333	800	已湮没	
芦荡泾圣母七苦堂	1920年	大港乡芦家村七队	656.6	82	已湮没	
陆其浜进教之佑堂	1920年	天马乡陆其村	1 666.5	273	已湮没	
角钓湾天主堂	1922年	新浜乡舟钩湾村	7 144.6	68	已湮没	
小昆山小德肋撒堂	1928年	昆岗乡新街	1 999.8	240	已湮没	
鸦雀浜耶稣君王堂	1928年	佘山镇江秋村			现存教产	
田渡浜圣方济各堂	1932年	新五乡联民村	1 739.8	251	已湮没	
陆家埭圣女小德肋撒堂	1933年	华阳乡陆家村十五队	1 031.9	140	已湮没	靠近米市渡
塘家厍圣方济各堂		九亭乡小寅村塘家厍生产队	730.6	168	已湮没	

（续表）

堂 名	建造年份	地 址	土地面积（平方米）	建筑面积（平方米）	存没状况	备 注
鹤颈湾圣若瑟堂		九亭乡庄家村二队	666.6	128	已湮没	
龚家圣母献堂		九亭乡小寅村龚家生产队	1 999.8	259	已湮没	
马家浜护守天神堂		泖港乡南马家浜村彭家村	666.6	176	已湮没	
薛家汇圣若瑟堂		塔汇乡金星村	1 666.5	138	已湮没	
孟家圣玛窦堂		九亭乡向阳村徐家生产队	666.6	60	已湮没	
白龙潭天主堂		松江镇人民北路			已湮没	原属私人奉献建造

说明：已列为词目的现存教产不列入表内。

词目笔画索引

说　明

一、本索引收录本书中的全部词目，词目右边的数字表示该词目所在正文的页码。

二、本索引按词目第一个字的笔画排列，首字画数相同的，按第一、二笔的笔形及字形结构（左右、上下、包围、整体）排列；同首字的，按词目字数多少排列；同字数的，按第二字的笔画笔顺分先后，第二字相同的，依第三字，余类推。

三、一、丨、丿、丶、乛以外的笔形作如下处理：提（㇀）归入横（一），捺（㇏）归入点（丶），笔形带钩或曲折的（如亅㇆𠃋乙㇈乚）等都归入折（乛）。

一画

二画

四画

五画

六画

七画

九画

十画

十一画

十二画

十三画

十四画